2017

海宁市史志编纂委员会 编

方志出版社

图书在版编目（CIP）数据

海宁年鉴. 2017 / 海宁市史志编纂委员会编. —北京：方志出版社，2017.10

ISBN 978-7-5144-2650-2

Ⅰ. ①海… Ⅱ. ①海… Ⅲ. ①海宁—2017—年鉴
Ⅳ. ①Z525.54

中国版本图书馆 CIP 数据核字（2017）第 273597 号

海宁年鉴（2017）

编　　者：海宁市史志编纂委员会
责任编辑：丛　珺

出 版 人：冀祥德
出 版 者：方志出版社
地址　北京市朝阳区潘家园东里 9 号（国家方志馆 4 层）
邮编　100021
网址　http://www.fzph.org
发　　行：方志出版社图书经销中心
电话（010）67110500
经　　销：各地新华书店
印　　刷：杭州余杭人民印刷有限公司

开　　本：787 × 1092　　1/16
彩　　页：16
印　　张：33
字　　数：809 千字
版　　次：2017 年 10 月第 1 版　　2017 年 10 月第 1 次印刷
印　　数：001 ~ 800 册

ISBN 978-7-5144-2650-2　　定价：120.00 元

海宁市史志编纂委员会

顾　问：朱建军
主　任：曹国良
副主任：沈雨祥　朱祥华　沈勤丽　吴关佳

成员由市纪委（监委）、市委办、市人大办、市府办、市政协办、市人武部、市法院、市检察院、市委组织部、市委宣传部、市发改局、市经信局、市教育局、市公安局、市财政局（地税局）、市国土资源局、市住建局（人防办）、市交通运输局、市水利局、市农经局（农办）、市商务局、市文广新局（体育局）、市卫生计生局、市统计局、长安镇（高新区）、经济开发区、经编产业园区、皮革城、市档案局（史志办）、市旅游局、市人民银行等部门的主要负责人组成

海宁年鉴编辑部

主　　编：柴伟梁
副 主 编：朱玉泉　徐炳林　郑红霞　吴忠建
　　　　　张新益
编　　辑：钱金霖　沈　赤　王国坚　邢祖康
　　　　　姚思嫄　俞　允　曾晓莲　张毅强
扉页题字：徐邦达
封面设计：海宁海蓝文化传媒有限公司
英文翻译：黄　丹

编 辑 说 明

一、《海宁年鉴》是由中共海宁市委员会、海宁市人民政府主办，海宁市史志编纂委员会组织编纂的地方综合性年鉴。以马克思列宁主义、毛泽东思想、邓小平理论、“三个代表”重要思想、科学发展观、习近平新时代中国特色社会主义思想为指导，全面真实地记载上一年度海宁市经济建设和社会发展的基本面貌。

二、《海宁年鉴（2017）》是海宁市第十九部地方综合性年鉴，记载时限从2016年1月1日至12月31日，一般不作历史追溯。特载中提前收录2017年的政府工作报告。

三、本书采用分类编辑法，分篇目、分目、条目三个层次。全书共40个篇目，下设244个分目、903个条目，配图片148张、表格94张，共80.9万字。

四、本书是一部集资料、知识、信息于一体的年度资料性文献，在坚持年鉴内容的稳定性和连续性基础上，突出年度特色和地方特色，注重实用性和可读性。

五、本书所采用的稿件，均由海宁市级各部门、各有关单位和各镇（街道）专人撰写，经供稿单位领导审核，并由市委保密办作保密审核。凡涉及海宁市国民经济和社会发展全局性的数据以市统计局公布的法定数据为准。统计局未作统计的，由各业务部门提供。

六、根据行文实际需要，文中部分机构使用简称，海宁市部分机构简称与全称对照表列于目录前。特载篇后集中附有部分名词注释。文中“上年”指2015年。姓名排列以首字汉语拼音字母顺序排列，不分先后。

七、本书配有双重检索系统，书前刊有中文详细目录和英文要目，书后配有索引。索引采用主题分析索引法，按主题词首字汉语拼音字母顺序排列。

⊙ 2016 年 4 月 19 日，全省“双下沉、两提升”工作现场会在海宁举行，图为省委书记夏宝龙（前左二）和省委副书记、省长李强（前右二）在海宁市中心医院考察（海宁市中心医院　提供）

⊙ 2016 年 3 月 14 日，省委副书记王辉忠（前左二）到海宁调研农村污水治理和河道清淤工作，图为在丁桥镇新仓村调研（沈达　摄）

2016年12月25—29日，中国共产党海宁市第十四次代表大会在市行政中心举行　（王超英　摄）

十四届市委常委合影。左起：彭林军、陶咏椿、王险峰、沈雨祥、朱建军、曹国良、姚建新、顾照荣、王建坤、郭真　（王超英　摄）

2016 年 10 月 17—18 日，首届海商大会在市行政中心举行，图为市委书记朱建军在会上讲话

（王超英　沈鑫　摄）

2016 年 10 月 17 日，举行海商大会项目签约仪式　（王超英　摄）

2016年9月29日，海宁市与杭州市余杭区举行区域战略合作开发签约仪式 （王超英 摄）

2016年12月18日，海宁市政府、盐官度假区管委会与北京中景旅游投资基金管理有限公司、陈向宏举行盐官旅游开发合作项目签约仪式 （沈益亮 摄）

2016 年 5 月 31 日，举行扩大有效投资工业项目集中开工暨浙江国能高性能动力电池产业园项目奠基仪式 （王超英　摄）

2016 年 8 月 8 日，海宁中国皮革城六期批发中心（电商配送中心）开业 （王超英　摄）

2016 年 12 月，工人路商业中心一期建成启用 （陈杰　摄）

2016年6月16日，2016中国·海宁潮国际博览会暨第二十三届海宁·中国皮革博览会开幕

（市旅游局　提供）

2016年6月16日，举行中国国际皮革裘皮服装流行趋势发布　（王超英　摄）

2016年3月3日，2016海宁·中国家用纺织品（春季）博览会开幕

（王超英　摄）

2016年9月15日，举行第二十三届钱江（海宁）观潮节开幕式（王超英 摄）

2016年9月18日的盐官一线潮（王超英 摄）

2016 年 8 月 17 日，海宁市政府与省交通投资集团举行杭州至海宁城际铁路项目战略合作框架协议签约仪式 （王超英　摄）

⊙ 2016年11月19日，举行“新月如歌”2016徐志摩音乐诗会暨第四届中国（海宁）·徐志摩微诗歌大赛颁奖典礼 （王超英 摄）

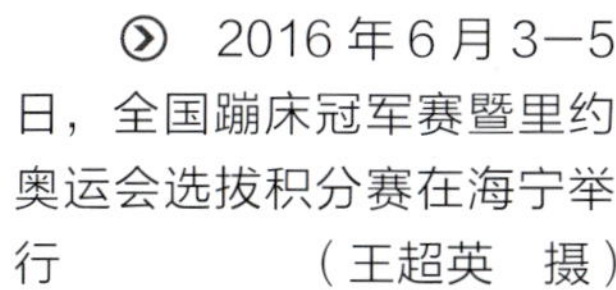

⊙ 2016年6月3—5日，全国蹦床冠军赛暨里约奥运会选拔积分赛在海宁举行 （王超英 摄）

⊙ 2016年1月，异地新建的海宁市妇幼保健院启用 （周建康 摄）

UNIVERSITY

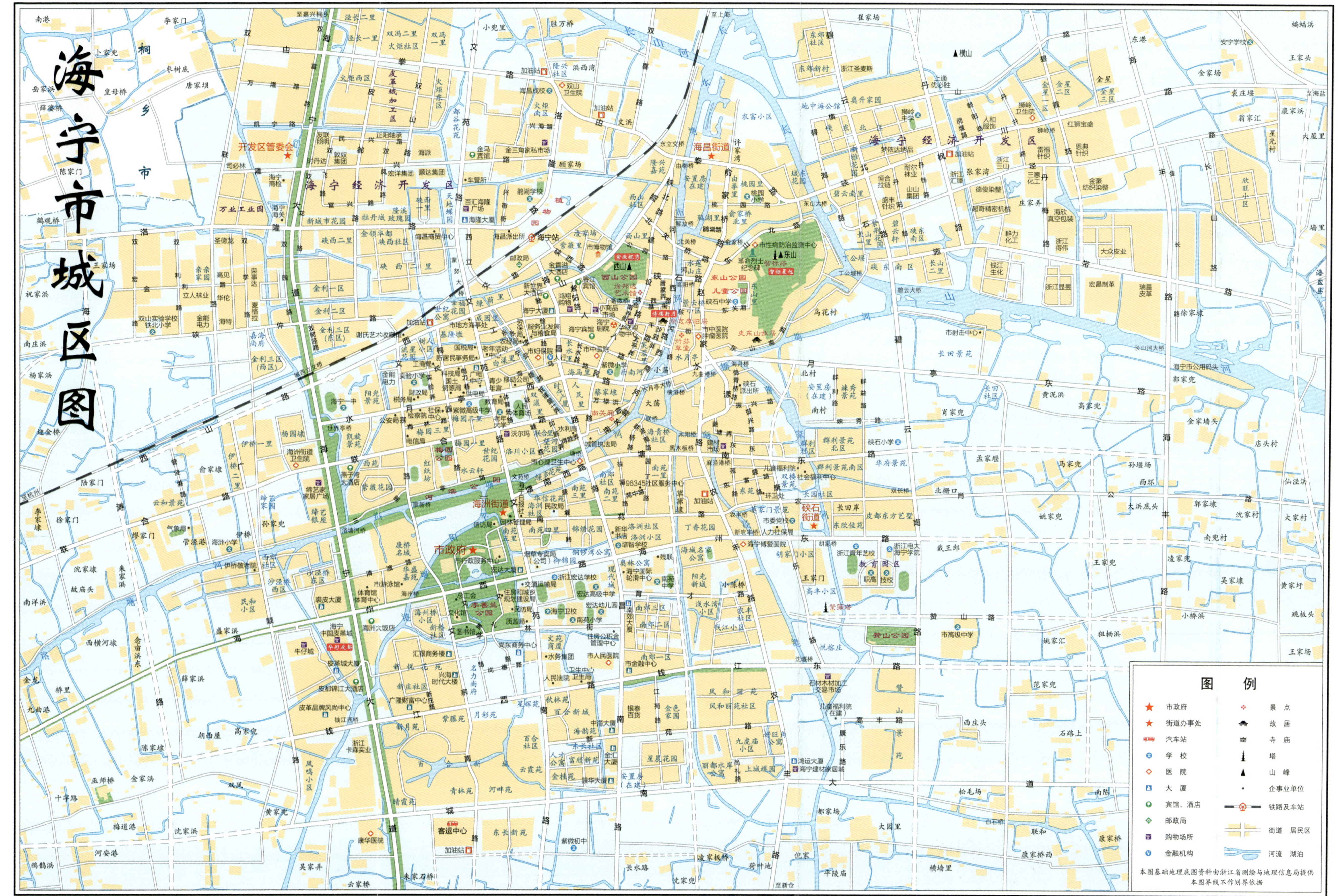

海宁市民政局地名办 浙江省区划地名档案馆 浙江省第一测绘院 编制 二〇一三年五月 地图审核号：浙S（2013）97号

海宁市民政局地名办 浙江省区划地名档案馆 浙江省第一测绘院 编制 二○一三年五月 地图审核号：浙S〔2013〕98号

2016 年 9 月 24 日，海宁市志愿服务总站揭牌启用（张庆中　摄）

文明出行，礼让斑马线（曹娟生　摄）

2016 年 12 月 12 日，许伟平家庭被评为全国文明家庭，图为许伟平在北京领奖时留影（许伟平　提供）

ⓒ ⓐ 2016 年 8 月，浙江大学国际联合学院（海宁国际校区）一期建成启用。9 月 10 日，校区开学

（王超英　陈杰　摄）

2016 年海宁便览

面积　862.74 平方千米

农用地	434.82 平方千米
建设用地	234.11 平方千米
未利用地	193.81 平方千米

户籍人口　681656 人

总户数	188143 户
男女性人口比重	95.93：100
人口自然增长率	4.86‰
人均预期寿命	82.90 岁

气候　北亚热带海洋性湿润气候

平均气温	17.2℃
年降水量	1542.9 毫米

行政区划　8 个镇 4 个街道

村民委员会	159 个
居民委员会	64 个

综合经济

生产总值	767.92 亿元
人均生产总值	113085 元
三次产业比重	2.8：54.0：43.2
财政总收入	123.88 亿元
其中公共财政预算收入	72 亿元
财政支出	78.09 亿元

主要产业

工业总产值（规模以上企业）	1466.69 亿元
其中皮革业	110.04 亿元
经编业	230.18 亿元
太阳能利用业	168.6 亿元
家纺业	149.83 亿元
农业总产值	34.27 亿元
旅游总收入	200.37 亿元

开放型经济

自营进出口总额	413.31 亿元
其中出口总额	365.64 亿元
合同利用外资及港澳台资	3.77 亿美元
实际利用外资及港澳台资	4.05 亿美元

就业保障

新增就业岗位	14391 个
基本养老保险参保人数累计	36.7 万人
基本医疗保险参保人数累计	39.9 万人
城镇登记失业率	2.90%

生活及人居环境

城镇居民人均可支配收入	51954 元
农村居民人均可支配收入	30200 元
城镇居民消费恩格尔系数	29.8%
农村居民消费恩格尔系数	29.2%
城镇居民人均使用用房面积	30.22 平方米
农村居民人均使用住房面积	63.95 平方米
市区建成区绿化覆盖率	46.12%
大气环境质量	Ⅰ、Ⅱ级天气占 80.9% 酸雨占总雨量的 70.1%
水质	主要河道监测断面Ⅳ类及以上水质占 86%

交通

村道及以上公路总里程	1419.6 千米
每百平方千米公路密度	202.8 千米
公交通村率	100%
货物周转量	198525 万吨千米
旅客周转量	24201 万人千米

说明：本页所载数据时限截至 2016 年 12 月 31 日，产值为当年价。

海宁市部分机构简称、全称对照表

简　　称	全　　称	简　　称	全　　称
市委	中共海宁市委员会	市科协	海宁市科学技术协会
市纪委	中共海宁市纪律检查委员会	市工商联	海宁市工商业联合会
市人大	海宁市人民代表大会常务委员会	市残联	海宁市残疾人联合会
市政府	海宁市人民政府	市文联	海宁市文学艺术界联合会
市政协	中国人民政治协商会议海宁市委员会	市科技局	海宁市科学技术局
市人武部	海宁市人民武装部	市人力社保局	海宁市人力资源和社会保障局
市法院	海宁市人民法院	市环保局	海宁市环境保护局
市检察院	海宁市人民检察院	市农经局	海宁市农业经济局
市委组织部	中共海宁市委组织部	市文广新局(体育局)	海宁市文化广电新闻出版局(体育局)
市委宣传部	中共海宁市委宣传部	市卫生计生局	海宁市卫生和计划生育局
市委统战部	中共海宁市委统一战线工作部	市广电台	海宁市广播电视台
市委政法委	中共海宁市委政法委员会	市供销总社	海宁市供销合作总社
市直机关党工委	中共海宁市直属机关工作委员会	市城投集团	海宁市城市发展投资集团有限公司
市信访局	中共海宁市委、海宁市人民政府信访局	市实投集团	海宁市实业投资集团有限公司
市编委办	海宁市机构编制委员会办公室	市水务集团	海宁市水务投资集团有限公司
市发改局	海宁市发展和改革局	市交投集团	海宁市交通投资集团有限公司
市经信局	海宁市经济和信息化局	市国税局	海宁市国家税务局
市服务业局	海宁市服务业发展局	市供电公司	国网浙江海宁市供电公司
市安监局	海宁市安全生产监督管理局	市邮政公司	中国邮政集团公司浙江省海宁市分公司
市市场监管局	海宁市市场监督管理局	市电信公司	中国电信股份有限公司海宁分公司
市综合执法局	海宁市综合行政执法局	市移动公司	浙江移动通信集团浙江有限公司海宁分公司
市住建局（人防办）	海宁市住房和城乡规划建设局（人民防空办公室）	市联通公司	中国联合网络通信有限公司海宁市分公司
市新居民局	海宁市新居民事务局	人民银行海宁市支行	中国人民银行海宁市支行
市关工委	海宁市关心下一代工作委员会	高新区	海宁高新技术产业园区
团市委	中国共产主义青年团海宁市委员会	盐官度假区	盐官旅游度假区
市妇联	海宁市妇女联合会	浙大国际校区	浙江大学国际联合学院(海宁国际校区)

目　　录

特　　载

专　　文

大事记

海宁概貌

农　业

工　业

皮　革

经济开发区

商贸·服务

开放型经济

财政·税务

金　融

经济管理与监督

科学技术

交通·邮政·通信

水利·海塘

市政公用事业

城乡建设与管理

建筑业·房地产业

生态环境

旅　游

中共海宁市委员会

海宁市人民代表大会常务委员会

海宁市人民政府

政协海宁市委员会

民主党派与工商联

人民团体

法　治

武　　装

教　　育

文　化

体　　育

传　　媒

卫　生

社会生活

镇·街道

名 录

统计资料

文件选编

附　录

索　引

Main Contents

Leather

Economic Development Zone

Trade and services

Open Economy

Public Finance & Tax

Finance

Economic Management & Supervision

Science & Technology

Traffic, Post & communication

Water Conservancy & Seawall

Municipal Public Utilities

Urban & Rural Construction and Management

Construction industry & Real Estate

Ecological Environment

Tourism

Haining Municipal Committee of the C.P.C.

Haining Standing Committee of People's Congress

Haining Municipal People's Government

Haining Committee of the C.P.P.C.C.

Democratic Parties and Federation of Industry & Commerce

People's Organizations

Rule of Law

Armed Forces

Education

Culture

Sports

Media

Hygiene

Social Life

Town & Sub-District

Name List

Statistical Data

Selected Documents

Appendix

Index

特　　载
Special Documents

干在实处　走在前列　勇立潮头
为全面建成小康社会标杆市而努力奋斗
——在中国共产党海宁市第十四次代表大会上的报告

中共海宁市委书记　朱建军

（2016年12月26日）

各位代表、同志们：

中国共产党海宁市第十四次代表大会，是在海宁迈入发展新阶段的关键时刻召开的一次重要会议。大会的主题是：高举中国特色社会主义伟大旗帜，深入学习贯彻党的十八大，十八届三中、四中、五中、六中全会精神和习近平总书记系列重要讲话精神，认真落实省委十三届十次全会精神，回顾总结过去五年工作，研究部署今后五年

市委书记朱建军在中国共产党海宁市第十四次代表大会上作报告　（沈鑫　摄）

任务，动员和带领全市各级党组织和广大党员干部群众，干在实处、走在前列、勇立潮头，为全面建成小康社会标杆市而努力奋斗！

现在，我代表中国共产党海宁市第十三届委员会向大会作工作报告，请予审议。

一、攻坚克难、砥砺奋进的五年

过去五年，市委团结带领全市人民，实干苦干、攻坚克难，抓改革、强投入、美环境、优民生，经济社会发展和党的建设取得显著成绩，胜利完成了市第十三次党代会确定的目标任务。

五年来，我们致力转型升级、加快发展，走上了争先进位、奋勇赶超的跨越新路。综合实力保持嘉兴首位、全省前列，预计2016年生产总值、财政总收入、一般公共预算收入分别达到750亿元、124亿元、72亿元，年均分别增长7.9%、11.5%、13.1%，人均生产总值达到16780美元。城镇和农村居民人均可支配收入分别达到51950元和30240元，年均分别增长9.5%、9.7%。预计规模以上工业总产值、社会消费品零售总额、出口总额分别达到1450亿元、373亿元、360亿元，是2011年的1.34倍、1.76倍、1.44倍。三次产业结构比由2011年末的4.64∶61.37∶33.99优化至2.2∶53.5∶44.3。现代农业发展综合评价列全省第13位。工业强县（市、区）综合评价列全省第11位，经济开发区列入长江经济带国家级转型升级示范区，晶科能源有限公司成为首个年产值超百亿元企业，“四换三名”深入推进，海宁市被评为省级“两化”深度融合国家示范区试点市。服务业增加值年均增长9.9%，入围省服务业强县（市）试点、省首批电子商务示范县（市、区），三个服务业集聚区成为全省示范。

五年来，我们致力招商选资、有效投入，打下了增创优势、增添后劲的坚实基础。累计完成固定资产投资2150亿元，年均增长15.6%。2016年工业投资突破230亿元，是2011年的1.75倍。始终把招商选资作为“一号工程”，累计引进市外内资616亿元，实际利用外资18.5亿美元，浙商回归到位资金总量连续四年列嘉兴首位，成功召开首届海商大会，引进国能电池、正泰新能源、精益集团汽车锻造铝轮毂、江森自控等重大产业项目。一批战略性项目取得重大突破，历史上单个投资规模最大项目杭州至海宁城际铁路开工建设，浙大国际联合学院（海宁国际校区）一期建成开学。以盐官古城为龙头的百里长廊开发建设初见成效，获批省级旅游度假区，盐官旅游开发合作项目正式签约。与余杭区签订区域战略合作开发协议。皮革时尚小镇入围第一批省级创建小镇，家纺城国际贸易中心建成运营，经编园区成为全国首批新型工业化产业示范基地、国家外贸转型升级专业型示范基地。

五年来，我们致力深化改革、创业创新，激发了敢为人先、先行先试的发展动力。要素市场化配置综合配套改革成为全省改革样板，海宁市成功创建全国国土资源节约集约模范县（市），用能权改革获国家发改委推广，建成浙江江南要素交易中心。推进行政体制改革，深化“四张清单一张网”建设，在全国率先开展气象审批制度改革试点，在全省率先开展企业投资项目不再审批制度改革试点，行政许可事项削减率64%，全面设立镇级企业服务代办中心。扎实推进国家深化县城基础设施投融资体制改革试点、国家市场采购贸易方式试点、国家循环经济示范城市建设。新增上市公司2家、“新三板”挂牌企业18家。全社会研究与试验发展经费支出、规模以上高新技术产业增加值均比2011年翻一番，市科创中心成为国家级孵化器，新增省级企业研究院12家、省重点企业研究院4家，天通控股股份有限公司成为国家企业技术中心。多渠道、多层次引进培育各类人才，其中国家、省“千人计划”人才49人，沪浙人力资源服务产业园获批省级园区。

五年来，我们致力全面融合、互动并进，展现了美丽宜居、江南特色的城乡风貌。统筹城乡发展水平位列全省第5位，率先在嘉兴完成多规合一试点工作规划成果报告。推进新城区精致建设、老城区有机更新，环东西山区块、皮革城组团、海宁大道、鹃湖公园、洛塘河绿道等日新月异，图书馆、银泰城、大脚板乐园等建成使用，南关厢历史街区开街。嘉绍高速、钱江通道、08省道、潮涌路、海涛路等建成通车，城市环城道路基本成形，成功创建全省美丽公路示范县，城乡公交健康发展，公共自行车服务系统投入运营。长安、许村、袁花、黄湾入选省级、嘉兴市级小城市建设试点，大力开展小城镇环境综合整治。完善村庄布点规划，荣获省美丽乡村创建先进县（市），90%以上村达到一星级创建标准。深入推进农村土地综合整治，在全省率先全面建立耕地保护补偿机制。开展以村级经营性物业建设为重点的薄弱村扶持，清理村级“三资”管理合同，建立完善市、镇（街道）、村三级资产交易平台。大力推进新一轮“六城联创”，列入全国文明城市提名城市，成功创建全国绿化模范县、省文明市、省级生态市、省级森林城市、省级环保模范城市。连续五年成功举办潮博会。

五年来，我们致力改善环境、造福百姓，构建了共建共享、彰显更多获得感的生动局面。荣获省“五水共治”优秀县（市）大禹鼎，农业面源污染得到有效治理，农村生活污水治理获全省优胜，省跨行政区域交接断面水质考核从合格提升到优秀，长水塘生态湿地、泰山港水源生态湿地建成投运。成功创建全省首批“基本无违建县（市）”，大力推进旧区改建、老旧小区改造，基本解决“马桶户”问题。入围省首批清洁能源示范县（市），空气质量优良率79%。成为全国首批义务教育发展基本均衡县（市）、省首批基本实现教育现代化县（市），医疗资源“双下沉、两提升”成为全省示范。就业创业工作不断推进，建立欠薪防处16条机制。城乡一体社会保险体系更加完善，城乡居民养老保障待遇稳步提高，大病保险制度全面实施。率先实现城乡社区居家养老服务照料中心全覆盖，创新实施“两富同行”温暖工程，列入全国适度普惠型儿童福利制度建设试点，残疾人保障水平走在全省前列。成功创建省首批公共文化服务体系示范区，农村文化礼堂建设获省级先进。推进“三社”联动，持证社工比例全省领先。圆满完成G20杭州峰会、世界互联网大会维稳安保任务，法治建设全国先进，平安海宁建设深入推进。新闻、广电、统计、气象、史志档案、老龄、新居民、妇女儿童、关心下一代、红十字等各项事业全面发展。

五年来，我们致力党要管党、从严治党，营造了干事创业、风清气正的政治生态。认真开展党的群众路线教育实践活动、“三严三实”专题教育、“两学一做”学习教育，启动“五事”主题教育实践活动。全国农村基层党建工作座谈会、全省新业态新领域党建现场会走进海宁，获省“五好”服务型乡镇（街道）建设先进县（市）。全省试点基层党建责任制、领导干部实绩记实和公示公议制，推行项目主办工作制，出台不合格党员处置办法、干部容错免责实施办法。全省首推基层党建责任清单、在职干部“两地双服务”，实施农村干部“选聘分离”、“第一书记”联镇挂村、党员干部“网组片”民情联系机制。全面推进公务员量化考核，公务员日志式管理在全省推广。严格落实意识形态工作责任制，牢牢掌握网络舆论主动权引导权，清朗网络空间。全面落实党风廉政建设主体责任和监督责任，推进“三转”等纪检体制改革。严格落实中央八项规定精神，深入实践监督执纪“四种形态”，突出源头治理，建立党风廉政巡查与经济责任审计“巡审联动”、公职人员防止利益冲突等机制。坚持和完善人民代表大会制度和中国共产党领导的多党合作和政治协商制度，充分发挥民主党派和工商联、工青妇等群团组织以及无党派人士作用。加强党管武装，切实做好老干部工作，民族、宗教、对台、侨务、外事等工作取得新成绩。

五年的攻坚克难、砥砺奋进，为我们积累了宝贵的经验。必须全力发挥市委统揽全局、协调各方的领导核心作用。始终坚持党是领导一切的核心力量，切实发挥基层党组织战斗堡垒作用、共产党员先锋模范作用，践行党员干部五（吾）带头，坚决贯彻落实中央、省委和嘉兴市委的决策部署，使我们的发展始终沿着正确方向前进。必须奋力推动加快发展、转型升级的第一要务。始终坚持打好转型升级系列“组合拳”，只有产业持续发展壮大，经济才有支撑点，城市才有竞争力，发展才能增底气，不断为长远发展打下坚实基础。必须努力把以人为本、执政为民作为工作的出发点和落脚点。始终坚持群众想什么我们就干什么，顺应人民群众对美好生活的向往，不断提升群众的获得感。必须大力弘扬敬业奉献、猛进如潮的海宁精神。始终坚持在前进中汇聚力量，紧紧依靠勤劳智慧的海宁人民，上下同欲、奋力拼搏，汇聚了心齐气顺、政通人和的强大合力。

这些成绩的取得，是全市各级党组织、广大党员和全市人民共同奋斗的结果，是历届市委打下坚实基础和老领导、老同志关心支持的结果，是各民主党派、人民团体和社会各界共同参与的结果。在此，我代表中国共产党海宁市第十三届委员会，向所有为海宁发展做出贡献的同志们，表示衷心的感谢和崇高的敬意！

同时，我们也清醒地认识到，对照高质量、均衡性的发展要求，还存在一些短板：从创新发展看，产业综合竞争力还不够强，科技创新和人才引育力度亟需加大，供给侧结构性改革还需深入推进，发展后劲有待积蓄；从协调发展看，城市与镇村之间、规模和质量之间、速度和效益之间、经济建设与社会建设之间、物质文明与精神文明之间，仍存在不平衡、不协调问题，协同发展水平有待提升；从绿色发展看，生态环境风险隐患仍较多，环境容量有限，环境治理任重道远，资源利用效率有待提高；从开放发展看，综合交通基础设施仍需加强，融入杭州都市经济圈的开放交通有待构建，发展国际化程度不高，开放型经济有待提质；从共享发展看，公共服务多元供给渠道仍不足，民生保障的结构性问题有待破解；从党员干部队伍看，党风廉洁建设和反腐败形势依然严峻，一些党组织管党治党责任还没有完全落实到位；一些党员干部能力素质与新使命新要求还有不相适应的地方，个别存在推诿扯皮、不能为、不敢为、不愿为等现象。对于这些问题，我们要保持清醒头脑，不忘初心，继续前进，推动海宁各项工作迈上新台阶。

二、以争当标杆的站位引领勇立潮头的方位，争做全面建成小康社会标杆市

当前，海宁发展正处在一个新的历史方位。回望过去：海宁撤县建市已走过了30年的历程，综合经济实力和发展水平有了新的提升，发展动力正在加快转换，发展空间不断拓展优化，为我们跨越发展提供了重要支撑。审视现在：“一带一路”、长江经济

带建设、长三角一体化等国家战略加快推进，开启了供给侧结构性改革的新实践。特别是杭州都市经济圈加快建设，区域重大交通工程全面布局，这些给我们提供了全方位、历史性的重大机遇。放眼未来：我们正勇立在迈向“钱塘江时代”的潮头上，正奔跑在融入“都市经济圈”的跑道上，正站立在高水平全面建成小康社会的新起点上。海宁完全可以站得更高、看得更远，拿出弄潮儿的勇气，树立当标杆的意识，成为全面建成小康社会标杆市。全市上下要进一步增强机遇意识、责任意识，以争当标杆的站位引领勇立潮头的方位，努力使今后五年成为海宁发展的“黄金五年”，继续走在全省乃至全国前列。

今后五年工作的指导思想：高举中国特色社会主义伟大旗帜，全面贯彻党的十八大和十八届三中、四中、五中、六中全会精神，以邓小平理论、“三个代表”重要思想、科学发展观为指导，深入学习贯彻习近平总书记系列重要讲话精神，牢固树立“五大发展”理念，落实“创新驱动、融杭接沪、强镇富村、生态优美、品质生活”五大战略，始终坚持工业强市不动摇，全力实施“十大工程”，大力推进“十大建设”，坚定不移推进全面从严治党，加快打造长三角“经济活力强市、文化旅游名市、生态宜居新市”升级版，为全面建成小康社会标杆市而努力奋斗。

今后五年的具体目标是，确保实现“双超、双千亿、五个更”。“双超”，即固定资产投资累计完成超3000亿元，大力优化投资结构，其中工业投资占比50%以上；年一般公共预算收入超100亿元。“双千亿”，即培育时尚产业和以新能源、新材料、节能环保、装备制造为主的战略性新兴产业两大千亿元产业，现代产业体系基本形成。“五个更”，即努力实现“综合实力更强、城乡发展更融合、生态环境更优美、市民生活更幸福、治理体系更完善”的“十三五”规划确定的目标。

全面建成小康社会标杆市，要进一步深化“一业一城一镇”和“一路一廊一楼”工作主线，切实做好既该干又能干成的大事，全力实施“十大工程”。一是中国制造2025海宁行动工程。着力振兴实体经济，确保在全省制造业强市中进阶升位。二是城际铁路产城融合发展带培育工程。杭州至海宁城际铁路确保2020年建成通车，成为融入杭州都市圈的“黄金路”、带动新型城镇化的“高速路”、培育产业发展的“腾飞路”，实现“鹃湖牵手西湖、潮城融入杭城”。三是鹃湖（国际）科技城建设工程。加快集聚高端要素、发展高端产业，打造引领未来发展的新引擎。四是以盐官古城为龙头的百里长廊旅游繁荣工程。盐乌联动、文城互动、潮艺生动，打造中国古镇旅游新标杆、中国古镇保护新样板、长三角产业文化融合新典范。五是现代城市经济活力工程。建设楼宇型现代服务业集聚区，发展城市经济新业态。六是小城市中心镇振兴工程。做强小城市、做特重点镇、做靓一般镇，打造一批产城融合、各具魅力的江南新市镇。七是综合立体交通构建工程。形成对外交通快速、对内交通畅通、内外衔接顺畅、公铁水空立体化的交通网络。八是全国文明城市创建提升工程。2017年跻身全国文明城市行列，向国内最先进城市看齐迈进。九是历史文化名城打造工程。推动文化事业和文化产业大发展，塑造城市文化品牌。十是民生福祉增进工程。以人民为中心，办好民生实事，实现发展成果由人民共享。“十大工程”是全面建成小康社会标杆市的突破口，是今后五年必须打赢的主动仗，要一年接着一年打，打开发展新天地，打出全面小康标杆新高度。

三、干在实处、走在前列，大力推进“十大建设”

（一）推进工业强市建设

1. 增强平台承载力。经济开发区（尖山新区）要高标准建设长江经济带国家级转型升级示范开发区，争创国家级开发区。高新区要升级扩容，实现区镇融合发展，争创国家级高新区。经编园区要加快南扩西拓，以资本为纽带与丁桥、斜桥共同联合开发。推进重点平台能级提升，完善基础设施、生产生活配套等功能，实现产城融合发展。狠抓“园中园”建设，推进重点平台时尚品牌产业园、国际装备制造产业园、国际现代新材料包装产业园、国际健康食品产业园等建设。加快镇工业功能区向专业园区转变，打造一批产业集聚的特色园区。

2. 增强产业竞争力。加快皮革、经编、家纺三大传统产业向高端发展，大力发展时尚产业；推进印染企业大升级，提升家纺、经编后整理水平。大力培育新材料、新能源、节能环保、装备制造、新厨电、信息技术、医疗产业、食品等八大新兴产业，加快推进智能制造。实施企业分类培育，确保制造业百亿元企业3家以上、制造业上市企业15家以上，精准培育一批竞争力强的“小巨人”企业、细分行业“单打冠军”，培育壮大本地企业，支持中小微企业发展。建设“建筑业强市”，推进绿色建筑和建筑工业化发展。支持企业品牌国际化、参与各类标准制定，建设品牌强市。

3. 增强项目招引力。虎口夺食招商选资，引进市外内资、实际利用外资实现新突破，浙商回归到位资金确保嘉兴前列。突出工业招商，锁定主导产业，重点瞄准世界500强、行业龙头企业和央企，抓好精准招商和产业链招商。进一步配强优化招商力量，打造一支懂政策、会谈判、能吃苦、有激情的招商队伍。每年举办海商大会，营造“重商、亲商、安商、富商”的发展环境。

4. 增强服务支撑力。坚持“围墙内的事企业办、围墙外的事政府管”的理念，全面落实稳增长各项政策措施，助力企业降成本、扩投资。创新财政支持经济发展方式，发挥政府产业基金引导作用，重点支持重大产业招商项目、科技创新、人才引进等，形成重点突出、导向鲜明的政策体系。强化项目保障，建立全市土地指标有机整合调剂机制，加大金融对产业的支持力度，鼓励企业对接资本市场。建立健全市、镇两级企业代办服务体系，推进行政审批、综合执法等权限向小城市、重点平台下放延伸。搭建企业家能力提升平台，引导企业家专注实业主业。

（二）推进创新新动能建设

1. 提升投资质效。大力优化投资结构，提高社会资本投资、工业性投资比例，增强投资可持续性。加大项目谋划力度，积极包装和向上争取重大产业项目，做到谋划一批、储备一批、实施一批。加快消化转而未供土地，收回腾退闲置低效利用土地，推动低效用地再开发。千方百计激活民间投资，深化投融资体制改革，优化民间资本进入社会领域政策环境，大力实施PPP项目。保持房地产业健康稳定发展。加强市、镇两级政府债务管理，上下联动、严控规模、优化结构、盘活存量。

2. 强化科技创新。全面建成浙大国际联合学院（海宁国际校区），积极引进沃顿商学院等知名院校入驻。高标准规划建设鹃湖（国际）科技城，全面运作浙大（海宁）国际技术研究院，大力引进高水平科研机构。做实市科创中心，推进高新区、经编园区科创分中心、科创园区建设。发挥企业主体作用，支持企业与高校、科研院所开展紧密合作，鼓励建设高新技术企业、科技型中小企业、省级企业研究院、省级制造业创新中心。创新科技金融，建设钱潮金融小镇科技金融专营机构聚集区，为科技型企业提供服务。

3. 加快人才集聚。推进人才集聚平台建设，建设一批高层次人才创业基地，建成省“千人计划”产业园，推进省级公共实训基地、众创空间等建设，积极对接下沙高教园区，把高新区、许村镇打造成为人才引进桥头堡。实施“潮乡英才”计划，着力引育创业创新领军人才、社会事业高层次紧缺型人才、海外专家、退休工程师、优秀企业家、高技能人才等，构建“大人才”格局。深入推进人才发展体制机制改革，放大省人力资源要素改革试验区效应，完善落实住房保障、子女入学、医疗保障等政策措施，打造全省人才生态最优市。

4. 发展创新经济。做实省信息经济发展示范区，推进服务型制造，推动工业设计、智慧物流、信息技术服务和互联网经济发展。建设“光网城市”，发展高速移动通信网络。建设省级服务业强市，突出皮革、经编、家纺服务业集聚区和商务楼宇，打造生产性服务业发展新平台。推动生活性服务业向便利化、精细化、品质化提升，发展现代商贸、教育培训等产业，增强现代城市经济活力。发展特色小镇，重点加快皮革时尚小镇、阳光科技小镇、布艺小镇、花卉小镇等建设。

5. 深化改革落地。统筹改革力度、企业承受度、社会认可度，继续深化供给侧结构性改革，强化“亩产效益”导向，健全资源要素差别化配置机制，引导企业加快转型升级。深化浙江江南要素交易中心市场化运行机制。积极推进绿色制造，强化污染治理，发展循环经济，淘汰落后产能，促进家庭作坊式企业提升规范发展。实施知识产权综合改革。联动推进涉审中介服务改革、跨部门全流程协同审批和高效审批，推动审批向监管、服务并重转型。深化国有企业改革，调整优化国资布局，推进国资公司由融资平台向经营性公司转变，增强市场竞争力。

（三）推进开放经济建设

1. 深度融入沪杭都市经济圈。健全区域交流合作机制，实施“融杭接沪”战略。全面推进与余杭区域战略合作开发，加大临杭新区开发建设力度，推动与杭州生态环境共保、公共服务共享，敞开融入杭州“西大门”，打造跨行政区合作开发典范。深化与上海漕河泾新兴技术开发区合作，建设钱塘江金融港湾重要节点，主动对接沪杭产业发展平台，加强产业转移承接和科技创新合作，打造沪杭先进制造业承接区。

2. 提升城市国际化水平。积极融入“一带一路”、长江经济带等国家战略，拓展对外开放新空间。依托浙大国际联合学院（海宁国际校区）、杭州至海宁城际铁路等，大力集聚国际资源要素，发展国际会展、国际赛事、国际教育、国际医疗等，进一步彰显经济、文化、社会、生态等国际特征。深化与友好城市交流合作。建设国际化设施与服务，培育开放包容、多元共融的城市文化，提升政府、企业和市民的国际意识。

3. 做强开放型经济。全力促进外贸稳增长、优结构，加快专业市场国际化发展，加大自主品牌出口企业培育力度，推进跨境电子商务园区、电商示范园区、智慧城、公共海外仓等平台建设，跨境电商出口力争实现新突破，打造全国跨境电商发展示范县（市）。支持企业抱团“走出去”，鼓励跨国并购重组、境外上市、承接海外工程，引导行业龙头企业建立海外营销网络或入驻境外合作园区。进一步提高利用外资质量。

（四）推进全域旅游建设

1. 推动盐官开发新突破。把盐官旅游合作开发作为做强旅游业的主攻方向，与市场主体深度合作，实施一体化开发建设，未来2至3年投资30亿元，积极争创国家级旅游度假区、AAAAA级景区。大力发展文化创意产业，打造符合市场趋势的旅游产品，让游客看起来、玩起来、留下来。全力加强项目服务和保障，建立良性互动的开发机制。以盐官古城为龙头，联动推进百里长廊开发建设。

2. 促进全域旅游新提升。以“富足、健康、快乐”引领旅游业发展，围绕皮革城、硖石等，导入城市旅游新业态，提升城市旅游吸引力。发展夜间消费经济，提升海宁旅游留客能力。推进旅游与农业、工业、文化体育、商贸业的融合发展，开发推出古镇线、名人线、乡村线、购物线等精品旅游线路，打造休闲度假新业态。

3. 撑起旅游发展新支点。打响“潮城海宁、四季等你”旅游品牌。大力开展推介活动，积极推动“旅游＋互联网”，线上线下联动拓展市场。创新观潮节、潮音乐节等潮博会特色节庆活动，不断扩大影响力。规划建设旅游集散中心，加强公共服务体系建设，提升综合服务功能。探索旅游发展综合改革，深化景区、景点体制机制改革，积极培育一批符合现代企业制度的旅游市场主体。

（五）推进城乡融合建设

1. 塑造城市品质特色。按照“精明城市、精品建设、精细管理、精致生活”的理念，实施“品质生活”战略，推动城市发展由扩张型向内涵型转变、粗放型向精细型转变。完成新一轮市域总规修编，强化规划刚性落地。推动城市中提、东扩、南连、西延、北进。中提就是推进城市有机更新，实施城中村征迁三年计划，全面完成老旧小区改造提升；启动硖石北湖综合改造，再现“东西山、南北湖”历史风貌。东扩就是加快鹃湖区块建设，打造国际化“城中城”。南连就是建成环城河道滨河绿化长廊，推动马桥街道做精做美、融入城区。西延就是加快建设皮革城区块。北进就是完善城北城市配套功能，加快路网建设。实施中心城区地下管网综合改造，全面建设城市绿道、自行车道，积极建设海绵城市。创新城市管理制度，引导群众共治共管，打造“智慧城市”。

2. 强化镇区承载功能。实施强镇富村战略，每年集中支持一个镇，梯次推进小城市、中心镇建设，长安要争当省级小城市建设排头兵，成为连杭重要城市组群；许村、袁花、黄湾要成为嘉兴产城融合小城市示范点。大力推进小城镇环境综合整治，实施六大专项行动，让小城镇更加宜居、更有特色、更富活力。加快户籍制度改革，创新安置方式，提高城镇化率。全面推进镇（街道）“四个平台”建设，进一步理顺市、镇（街道）财权、事权、管理权，创新实施个性化考核，激发干事创业活力。

3. 深化美丽乡村建设。争创省级美丽乡村示范县（市），做精美丽乡村节点，提升“一带两路”美丽乡村风景线，落实长效管理机制，发挥群众主人翁作用，做好房前屋后洁化、绿化、有序化，实现全域美丽。完善落实“1+X+Y”村庄布点规划，深入推进农村土地整治增减挂钩，引导农民自主有序搬迁，基本解决农村居民建房刚性需求。全面完成100万平方米村级经营性物业建设，全市所有村级经常性收入达到100万元以上。

4. 大力发展现代农业。加大农业产业投资，积极开展农业招商，培育沿潮涌路现代农业发展带，推进设施农业、智慧农业、休闲农业发展。发挥省农科院杨渡基地作用，使海宁成为新产品、新技术、新模式推广先行地。创建省农产品质量安全放心县。做强农业龙头企业，培育家庭农场等新型农业经营主体，规范农民专业合作社，鼓励规模化经营。推进农业“一区一镇”建设，保障粮食生产安全，调好调顺调优农业结构，推进养殖业控量提质，提高农业综合效益和竞争力。

（六）推进现代交通建设

1. 打造“大走廊”。推进杭州至海宁城际铁路沿线综合开发和产业布局，打造PPP示范项目，同步实施沿线交通接驳、改造等基础设施建设。积极争取长安至下沙城际铁路连接线、沪乍杭铁路建设，谋划推进市区火车站改造和综合交通网络建设。主动对接嘉兴轨道交通，谋划推进通用航空机场项目。

2. 完善“大路网”。推进钱江通道北延、硖许公路西延拓宽、海州路东延、姚九公路建设等项目，谋划建设立体化快速路网。全面打通连接余杭、下沙主干道路，配合做好杭州三环建设。提升改造现有公路，市域要重点实施01省道、硖崇公路、桐九公路等提升改造；城区要重点加快农丰路等20条断头路、瓶颈路打通改造，实施“白改黑”道路综合改造提升三年行动计划；镇、村要重点加快农村公路提升改造，提高出行安全性和舒适性。建设“两路两侧”生态保护林，打造“美丽公路”。

3. 复兴“大水运”。建设海宁港，实施“内河水运复兴”行动计划，推进骨干航道建设，建成洛塘河改道、杭平申、京杭运河二通道等项目。加快内河港口建设，建成“五区十四码头”，海昌货运综合枢纽要具备国际市场贸易（海关）、物流等综合功能，真正实现“通江达海”。

4. 推进“大公交”。落实公交优先权利，发展绿色交通，调整优化城乡公交线路，杭州至海宁城际铁路与公交实现无缝对接。加快公交枢纽、公交首末站及公交换乘站建设，大力发展定制公交、城乡守时公交、社区巴士等新型公交。完善公共出行信息和服务系统建设，提升便捷出行。积极推广应用新能源公交。推动公共自行车网点向平台、镇村延伸。

（七）推进生态环境建设

1. 加强自然生态建设。启动新一轮“811”美丽海宁建设专项行动，积极争创国家级、省级生态文明建设示范市。实施城区绿化三年建设计划，提升城市绿化品质，加快建设生态片林、林带林网防护林、彩色健康森林示范林，创建省森林城镇、省森林村庄。加快生态功能区建设，调整优化环境功能区划，实行严格的准入与开发制度，建成海宁东部（黄湾）生态功能区。深化生态体制机制改革，全面实施主要污染物排放总量财政收费和奖惩制度，建立吸引社会资本投入生态环境保护的市场化机制，推行环境污染第三方治理。

2. 加强环境综合治理。深化“河长制”，持续推进“五水共治”，全面消除地表水劣五类水体，在上游来水水质稳定改善基础上，达到市控以上断面基本以三类水为主体，集中式饮用水水源地原水水质达标。重点实施河湖清淤连通、污水厂扩容等项目，更加重视城乡生活污水设施运行维护。把治水重心转向防洪水、排涝水，加快推进扩大杭嘉湖南排海宁段、长山河海宁市区片水系综合治理等项目，建设城市防洪包围圈，启动城市强排项目建设。巩固提升“无违建”创建成果，全面处置存量违建，坚决遏制新增违建。实施土壤污染防治行动，重点加强对危险废物和污泥的监管，推进肥药减量。统筹推进“五气共治”，完成重点行业挥发性有机污染物治理，推进黄标车和老旧车辆淘汰，加强建筑工地扬尘、道路扬尘、餐饮油烟污染管控，刚性落实秸秆禁烧和烟花爆竹“双禁”。

3. 积极推进绿色发展。建设国家级循环经济示范市，培育园区循环经济发展体系，全面推行企业清洁生产，抓好高耗能行业资源消耗的减量化，推进农业标准化、清洁化生产。发展节能环保产业。强化节约集约用地，鼓励建设多层厂房，倡导“零增地”技改和招商。推进城乡生活垃圾分类村（社区）全覆盖，加快生活垃圾、工业垃圾无害化处理，建设再生资源回收利用体系。普及绿色消费生活方式，营造人人参与生态文明建设的社会氛围。

（八）推进文明文化建设

1. 建设文明城市。持续巩固全国文明城市创建成果，推动市区停车收费制度、开放式小区物业管理、占道经营、交通治堵、乱停车等难点问题的解决，实现创建常态长效。培育和践行社会主义核心价值观，深化“最美海宁人”主题实践活动，用好农村文化礼堂、社区文化家园，推动移风易俗，树立文明乡风，注重家教、家风、家训，推动形成社会主义家庭文明新风尚。深入实施全民科学素质行动计划，推进“书香城市”建设。深化群众性精神文明创建，加强和改进未成年人思想道德建设。倡导以邻里守望为重点的志愿服务，打造“全城志愿、文明海宁”品牌。

2. 提升文化事业。深化文化事业管理体制改革，推动政府由“办文化”向“管文化”转变。加大公共文体设施建设力度，吸引民间资本投入公共文化建设项目，建成全民健身中心等文体设施。扩大政府购买公共文化服务规模，建立“文化有约”服务平台，深化公共文化场馆免费开放工作。做强“潮乡”系列、“美丽海宁大舞台”等群众性文化品牌，进一步提升现代公共文化服务体系。繁荣潮文化、灯文化、名人文化，办好徐志摩诗歌节等活动，完善非遗活态保护体系，加强硖石灯彩、海宁皮影戏、潮神祭祀等保护传承。优化“海宁潮”文艺奖奖励机制，加强文艺精品扶持，繁荣文化艺术创作。

3. 壮大文创产业。以南关厢、干河街、横头街等为重点发展文化产业，做强百里长廊文旅产业带，完善文化产业布局。推进硖石保护开发，理顺管理体制，加快硖石老镇向“景区、商区、园区、社区”四区融合发展，全面修复改造历史文化街区，完成长安世遗运河古镇、路仲古镇保护性开发。培育中国灯彩文化产业示范基地，做大做强影视产业、体育产业，培养一批具有市场竞争力的文化企业和文化品牌。

（九）推进幸福海宁建设

1. 提升发展社会事业。推进公共服务多元化供给，建立健全海宁特色、优质均衡的公共服务体系。率先创建全省首批教育现代化县（市、区），深化教育领域综合改革，实施好国家学前教育改革发展实验区和省级教师“县管校聘”管理改革试点工作，推进中小学课程改革。加快以幼儿园为重点的学校项目建设，不断优化教育资源布局。推进教育内涵发展，着力提升高中教育质量，促进职业教育特色发展、各类教育协调发展。全面推进“健康海宁”建设，深化医药卫生体制改革，持续推进医疗资源“双下沉、两提升”，巩固提升沪杭医疗合作成果，促进市级医院上水平，完成镇（街道）卫生院改造提升，全面提升基层医疗机构服务水平。积极应对两孩政策实施，加强生育全过程的妇幼保健优质服务，提高出生人口素质。鼓励和规范社会力量办学办医，深入实施名校、名师、名院、名医工程，打造“医在海宁”“学在海宁”品牌。

2. 持续增加居民收入。完善公共就业服务体系，加强对高校毕业生等群体的就业援助，千方百计增加居民收入。鼓励大众创业、万众创新，支持青年创业、大学生创业和草根创业。加大高技能人才培养力度，提升劳动者就业能力。启动实施省和谐劳动关系示范区建设，从源头上完善欠薪预防和处置体制，落实职代会和企业工资集体协商制度，维护企业和劳动者合法权益。

3. 提高社会保障水平。完善社会保险制度和服务体系，大力推进全民参保，加强灵活就业人员等重点人群的养老保障，基本实现法定人员全覆盖。统筹整合各类养老保险制度和医疗保险制度，推进机关事业单位养老保险制度改革。健全新型社会救助体系，实施精准帮扶，以制度确保因病、因灾、因残等困难家庭不再致贫，完善儿童福利制度。加快保障性住房建设，加大农村危旧房改造力度。构建以居家为基础、社区为依托、机构为补充、医养相结合的养老服务体系，城乡社区居家养老服务照料中心实现星级全覆盖。打造“96345”智慧生活，发挥社会公共服务综合信息平台作用。

（十）推进治理能力建设

1. 加强基层基础建设。做实基层网格，推进党建、综治、市场监管、行政执法等网格统一管理，实现“多网合一、一员多职”，全面构建社会治理“一张网”格局。加强社会风险隐患排查化解，完善常态化管控机制，健全多元化“大调解”工作体系，发挥群防群治作用。落实重大决策前社会稳定风险评估机制，健全决策后评估和纠错制度。深化信访工作制度改革，完善党政领导定期接访下访制度。加强新居民服务、教育和管理，健全公共服务供给制度，保障新居民合法权益。创新推进“三社”联动，加强城乡社区建设，推进省级社区治理和服务创新实验区建设，发挥好社会组织、社工人才作用。

2. 维护社会公共安全。更加注重维稳安保长效机制建设，更加注重源头维稳、依法维稳、常态维稳，更加注重社会治理智能化水平提升。深化“平安海宁”建设，冲刺“十二连冠”、夺金鼎，打造城乡防控一体化升级版，落实重点行业、特殊商品销售实名制管理，提升反恐维稳水平。完善落实安全生产责任体制和工作机制，实行党政同责、一岗双责、失职追责，全面推进企业主体责任落实，全面排查整治重点区域、重点行业领域安全隐患，切实保障人民生命财产安全。加强食品药品安全监管，落实餐桌安全治理行动计划，打造全省领先的食品药品安全多元共治模式。加强依法治网，维护网络安全，推进信息化发展。完善防灾减灾体制机制，提高公民公共安全防范意识和能力。

3. 发展社会主义民主法治。坚持和完善人民代表大会制度，保证和发展人民当家做主。推进法治政府建设，全面推进依法行政。加强社会主义协商民主建设，健全完善政党协商、人大协商、政府协商、政协协商、人民团体协商、基层协商。加强“法治海宁”建设，落实司法体制改革举措，提高执法司法公信力。推进公共法律服务体系建设，积极开展“七五”普法工作，推动全社会增强法治观念、法治思维，促进法治德治相结合。加强基层群众自治组织建设，实现政府治理和社会调节、居民自治良性互动。健全权力制约和监督体系，深化监察体制改革，重视和加强新闻舆论监督，畅通群众监督渠道，充分发挥社会监督作用。

四、坚定不移推进全面从严治党

全面建成小康社会标杆市，党的领导是根本、干部队伍是关键。要认真贯彻落实中央对党的建设的一系列决策部署，切实强化管党治党责任，把全面从严治党要求落实到党的建设各个方面，推动各级党组织和广大党员干部更好地承担起全面建成小康社会标杆市的历史重任。

1. 从严加强思想政治建设。紧紧围绕坚定理想信念，深入学习习近平总书记系列重要讲话精神，巩固拓展党的群众路线教育实践活动、“三严三实”专题教育、“两学一做”学习教育的成果，切实增强政治意识、大局意识、核心意识、看齐意识，永葆绝对忠诚的政治本色。落实党委（党组）意识形态工作责任制，将意识形态工作纳入基层党建述职报告、领导班子专题民主生活会和领导班子及成员年度述职报告，管好用好各类意识形态阵地，牢牢掌握舆论主动权和领导权。加强和改进党委（党组）中心组学习，开展党性教育“补钙加油”等，统筹发挥党校等各类学习阵地、平台作用，引导广大党员干部特别是领导干部保持对远大理想和奋斗目标的执着追求。

2. 从严加强干部队伍建设。认真贯彻省委从严加强干部队伍建设的决定，鲜明选人用人导向，健全激励和容错机制，为敢于担当的干部担当、为敢于负责的干部负责，真正让“善谋事、敢担事、干实事、会共事、不出事”的“五事”干部得到褒奖和重用。切实提升党员干部履职能力，有针对性地开展专题培训，提升干部专业思维、专业素养和专业能力，增强领导能力，提高决策水平。深化干部人事制度改革，完善从严选拔、从严教育、从严管理制度链条，强化约束力。重视优秀年轻干部、女干部、党外干部培养。更加注重干部人文关怀，坚持完善干部谈心谈话、经济责任审计、重大事项报告等机制，加强对各级党政“一把手”和关键岗位、重要部门干部的监督。加强公务员职业道德建设，探索建立公务员交流轮岗平台，落实推进事业单位人事制度改革。加大治懒治庸力度，完善不适宜担任现职干部调整制度，不断提升干部执行力。改进离退休干部服务管理，加强离退休党支部建设，提高老干部工作水平。

3. 从严加强基层组织建设。强化党建工作责任制，建立健全党建责任考核与经济社会发展目标考核双向印证、双向促进机制，全面落实党委（党组）书记抓基层党建责任清单、领办基层党建项目制度，强化行业主管部门抓系统党建责任，全面实行村级各类组织向村党组织述职制度。强化基层服务型党组织建设，推进网格党建、产业链党建、社区大党委制、商圈楼宇党建等，加强国有企业党建，常态化开展软弱落后基层党组织整顿，推动基层党建全面进步、全面过硬。加强改进党员教育管理，深化党员“活力纯洁”工程，规范党费收缴，严肃处置不合格党员。完善基层干部“选、育、管、励”工作机制，加强党组织书记培养锻炼和选拔，深化农村社区专职工作者制度，健全村（社区）后备人才培育机制，加强农村“三小组长”建设。

4. 从严加强党的制度建设。坚持一手抓制度完善、一手抓制度执行，用制度管人管权管事，增强制度治党合力。全面加强和规范党内政治生活，认真执行《关于新形势下党内政治生活的若干准则》，着力增强党内政治生活的政治性、时代性、原则性、战斗性。严格落实民主生活会和组织生活会制度，用好批评和自我批评这个利器，及时发现和解决自身存在的问题。健全党员领导干部参加支部组织生活制度，严格规范“三会一课”、党内评议等党内组织生活制度，深化推进“三五”党员固定活动日、流动党员“假日班车”制度，增强组织生活仪式感、实效性。严格执行民主集中制，坚持集体领导制度，发扬党内民主和保障党员权利，规范党务、政务公开制度。进一步深化推进党代表任期制和镇（街道）党代会年会制。

5. 从严加强党风廉洁建设。严格落实党委主体责任和纪委监督责任，持续深化纪委“三转”，推进监察体制改革，实现对所有行使公权力的公职人员监察全覆盖。认真抓好党章党规党纪的贯彻执行，加大对上级和市委、市政府重大决策部署执行情况的监督检查，坚决查处有令不行、有禁不止行为。驰而不息纠正“四风”，严肃查处隐形变异的“四风”问题，建立健全作风建设长效机制，推动中央八项规定精神落地生根。持续保持惩治腐败高压态势，严肃查处违反党的“六大纪律”，特别是违反政治纪律和组织纪律行为，运用好监督执纪“四种形态”。注重标本兼治，加强反腐倡廉教育，发挥巡察监督利剑作用，织密权力制约的制度笼子，严肃整治查处发生在群众身边的不正之风和腐败问题，构建不敢腐、不能腐、不想腐的长效机制。

6. 不断加强和改进党的领导。切实发挥党委总揽全局、协调各方的领导核心作用，认真履行把方向、管大局、作决策、保落实的职责，从政治上、思想上、组织上加强对全市工作的领导，不断提高科学执政、民主执政、依法执政的水平。全力支持人大依法监督、政府依法行政、政协参政议政、法检两院依法独立行使职权。不断巩固和发展最广泛的爱国统一战线，加强同各民主党派、工商联和无党派人士的团结合作，全面落实党的民族、宗教、侨务、对台等政策。加强党管武装工作，维护和发展军政军民团结。加强和改进党的群团工作，突出政治性、先进性、群众性，着力发挥工青妇等群团组织联系群众的桥梁纽带作用，最大限度地凝聚各方力量。

全面建成小康社会标杆市，需要打造一支绝对忠诚、干事担当、干净自律、充满活力的海宁铁军，关键是广大党员干部要善谋事、敢担事、干实事、会共事、不出事。要坚定“干在实处、走在前列、勇立潮头”的工作导向。主动拉高标杆、勇当标尖，广大党员干部要敢于当先锋、打头阵、作示范，对发展雄心壮志，对工作创先争优，巩固嘉兴首位，走在全省前列。要坚守“实事求是、求真务实、行稳致远”的工作态度。讲真话、办实事，少一些形式主义、官僚主义，多一些真刀真枪、苦干实干，不搞虚假政绩、数字攀比，谋一件干一件成一件，积小胜为大胜，努力干出实实在在的业绩。要坚持“马上干、现场干、合力干”的工作作风。工作要看效率、看现场、看担当，干字当头、勇于担责，上下齐心协力、政企同频共振、干群群策群力，推动改革发展各项事业不断取得新的成绩。

各位代表、同志们，海宁正行进在新的征途上，让我们更加紧密地团结在以习近平同志为核心的党中央周围，干在实处，走在前列，勇立潮头，为全面建成小康社会标杆市而努力奋斗！

在市委十三届十二次全体（扩大）会议暨十四届市政府第十一次全体会议上的报告

中共海宁市委书记　朱建军

（2016年12月15日）

同志们：

现在，我代表市委常委会向大会作报告。

一、2016年经济社会发展回顾

2016年，面对复杂的经济形势和各种困难挑战，市委、市政府坚持稳中求进工作总基调，始终聚焦发展第一要务，始终把强工业作为主要导向，坚定不移打好转型升级系列组合拳，拉高标杆补短板，扎实开展“招商引资突破提质年”“转型发展服务提速年”活动，深入推进六大专项行动，全市经济平稳运行，社会保持和谐稳定，群众获得感持续增强，党建水平不断提升，实现了“十三五”良好开局。预计实现生产总值750亿元左右，增长7%；财政总收入124亿元，增长2.2%，其中一般公共预算收入72亿元，增长3.9%；城镇居民人均可支配收入51950元，农村居民人均可支配收入30240元，分别增长7.5%和8%。一年来，市委着重抓好六个方面工作：

1. 抓投资优化，发展后劲不断增强。坚持以项目促投资，以投资促发展，预计完成固定资产投资515亿元，总量与去年基本持平，其中工业技改投资210亿元，同比增长10%，民间投资324亿元，占比提高1.5个百分点。突出工业招商、产业招商，成功举办首届海商大会，成立海商总会，引进世界500强企业投资项目2个、总投资超亿美元项目3个。预计实际利用外资4亿美元，实到市外内资170亿元、增长10%，浙商回归到位资金59亿元。重点项目有力推进，浙大国际联合学院（海宁国际校区）一期建成并按时开学、二期工程进展顺利，杭州至海宁城际铁路征迁有序推进，先行段今天开工，国能高性能动力电池产业园、皮革时尚小镇核心区等开工建设，精益集团汽车锻造铝轮毂基地签约落户。与余杭区签订区域战略合作开发协议。强化项目要素保障，供应各类建设用地6648亩。大力开展项目推进百日攻坚行动、拔钉清障百日攻坚和土地转而未供供而未用清理专项行动，拔钉清障签约514户，完成率70%，盘活处置转而未供土地3441亩、供而未用土地2234亩。推进金融服务实体专项行动，注册资本1亿元的政策性担保公司年底前运行。

2. 抓产业提升，转型升级不断加快。加快产业结构调整，列全国工业百强县（市）第45位、全省第6位。深化“四换三名”，推进产业智能化，经编行业入选省“机器换人”分行业试点，经济开发区入选长江经济带国家级转型升级示范开发区。分别召开全市工业、旅游业、建筑业发展大会，“一企一策”扶持领军企业发展，出台企业减负政策37条，新增“新三板”挂牌企业10家，慕容控股香港上市通过审核。预计建成“两创”中心标准厂房31万平方米。科创中心跻身国家级科技企业孵化器，引进外国院士2人，培育国家“千人计划”人才2人、省“千人计划”人才4人，引育国家、省“千人计划”等各类人才项目21个，新增省级企业研究院3家、省重点企业研究院3家。当好企业服务“店小二”，企业服务代办中心年底实现镇（街道）、平台全覆盖。入选全省首批服务业强县试点，盐官古城引进战略合作主体并签订合作协议。预计实现出口总额360.6亿元，增长13%。成功创建省信息经济发展示范区，预计完成网络零售总额400亿元，增长17.3%，列嘉兴第1、全省第5，列全国跨境电商创业二十五佳县（市）第10名。楼宇入驻面积新增5.3万平方米，税收同比增长15.3%。农业现代化发展水平居嘉兴第1，养殖业加快转型提升，乡村旅游初显成效，推进农业“两区”建设，累计启动59个村级经营性物业项目建设。

3. 抓改革落地，创新活力不断激发。全力推进供给侧结构性改革，深化“三去一降一补”，实施第四轮亩产效益综合评价，用能权交易获国家发改委全国试点推广。整治提升低小散企业583家，腾退低效用地2000多亩，全面完成安置房、保障房年度去库存目标，浙江江南要素交易中心交易额突破200亿元，分类处置村级存量建设用地以及规划外工矿用地1331亩。深化“四张清单一张网”改革，企业投资项目高效审批提速30%以上。扎实推进三大国家级改革试点，市场采购贸易方式累计完成出口1.85亿美元，海宁港口岸监管场站正式启用；深化基础设施投融资体制改革，江南世家二期安置房、干河街历史文化街区等一批PPP项目加快建设，引入社会资本20亿元；国家循环经济示范城市建设顺利推进，3个项目获中央资金支持，3个项目获省循环经济“991行动计划”资金补助。深化农村“三权”改革，开展农村土地承包经营权确权、登记和颁证工作，实现城乡不动产统一登记发证。深化国企改革，重组整合城投集团与社发集团，水务集团与云南水务公司签署战略合作协议。沪浙人力资源服务产业园预计实现营业收入14.7亿元。

4. 抓环境治理，城乡面貌不断优化。长效推进“五水共治”，省跨行政区域交接断面水质考核保持“优秀”，四类及以上水体占86%。完成河道疏浚及综合整治184公里，城镇生活污水治理47.3平方公里，农村生活污水治理累计受益率92.5%，泰山港水源生态湿地投入运行。统筹抓好“五气共治”，空气质量优良率79.7%。推进企业有机废气整治，重点区域实现烟花爆竹“双禁”，刚性落实秸秆禁烧。实施“三改一拆”583万平方米，翻番完成嘉兴市下达任务，拆后利用率达81%。城市有机更新工人路商业中心一期基本建成。全域推进“四边三化”，完成公铁沿线环境整治1.5万处，改造新增平原绿化1.1万亩，东部（黄湾）生态功能区低小散企业签约腾退率98%，成功创建全国绿化模范县。扎实推进全国文明城市创建，统筹实施“优美环境、优良秩序、优质服务、文明素质”四大提升工程，老旧小区改造提升、“礼让斑马线”文明出行等40个项目有效落实，全省创建全国县级文明城市现场推进会在我市召开。加快推进星级美丽乡村创建和省美丽乡村示范县争创工作，11个村成为首批三星级美丽乡村，一星级美丽乡村创建率93.6%。启动美丽镇区和小城镇环境综合整治，联动推进美丽庭院、美丽厂区、美丽田野等建设。

5. 抓民生改善，公共服务不断提升。完善社会保障体系，推动医保个人账户家庭共济使用，启动贫困家庭残疾儿童集中养育康复工作。深化“两富同行”温暖工程，全面实施精准扶贫，累计有1984户困难户脱贫。30个居家养老服务照料中心实现专业化运营管理。加快危旧房治理，完成126幢危房解危。入选国家学前教育改革发展实验区，实验小学、梅园幼儿园等项目竣工，文苑小学、第五中学通过省标准化学校认定，海职高成功创建国家中等职业教育改革发展示范学校，成立海宁皮革职教集团。全省“双下沉、两提升”现场会在我市召开，县域内就诊率稳定在90%以上，入选省综合医改先行先试县（市、区），成功创建省红十字工作示范县（市、区）。完成国家公共文化服务体系示范区创建，新建30个农村文化礼堂和社区文化家园，举办2016年中国（海宁）·徐志摩诗歌节系列活动。提升社会治理能力，综合推进生产安全、食品药品安全等十一大专项整治，圆满完成G20杭州峰会、第三届世界互联网大会维稳安保任务，全市刑事警情同比下降16.4%，严厉打击侵财、黄赌毒违法犯罪，刑事打处387人，平安海宁实现“十一连冠”。推进“信访评议团”工作，建立统一政务咨询投诉举报平台。开展新居民素质提升工程。大力推进“三社”联动实践，扎实推进城乡一体化新社区建设，新增注册社会组织154家、全国社工证持证人员962名。

6. 抓从严治党，党建工作责任制不断夯实。高标准开展“两学一做”学习教育，启动“五事”主题教育实践活动，强力实施“整乡推进、整县提升”，大力选树“先锋书记”和优秀党员。加强换届作风建设，率先在嘉兴完成镇（街道）党委换届工作。完成全市党员集中轮训，承办全省首个新业态新领域党建现场推进会，市场网商党建经验面向全省推介。加强党管武装工作。召开全市统战和群团工作会议。落实意识形态工作责任制，巩固壮大主流舆论。落实全面从严治党要求，压实“两个责任”，对全市领导干部集中开展警示教育。加强基层党风廉政建设，对217个行政村（社区）开展基层作风巡查和二级巡察工作。从严落实中央八项规定精神，追究责任11人。严格纪律审查，给予党纪处分120人。严格“一案双查”，对履行主体责任不力的4个单位进行责任倒查。

这些成绩的取得，是全市各级党组织、广大党员干部和人民群众同心同德、艰苦奋斗的结果，得益于历届党委、政府打下的良好基础和社会各界人士的关心支持。在此，我代表市委、市政府，向全市广大党员干部群众，向各位老同志，向各民主党派、工商联、人民团体和无党派人士，向所有为海宁发展做出贡献的同志们表示衷心的感谢和崇高的敬意！

同时，我们也清醒地看到，经济社会发展中还存在一些不足：经济发展上，驾驭经济发展的能力、服务企业水平还不够高，投资结构有待优化，大好高项目不多，平台承载力不够强，转型升级步伐有待进一步加快；环境建设上，源头治理、长效管理机制还不健全，群众参与度仍不高，美丽镇村建设和小城镇环境有待进一步提升；社会管理上，安全生产、交通事故、火灾等仍然多发，社会治理常态化体制机制有待进一步建立健全；党的建设上，“四风”问题存在反弹压力，违反中央八项规定等现象仍有发生，对照“五事”要求干部队伍建设有待进一步深化。对此，我们必须高度重视，切实采取措施加以解决，努力把工作做得更好。

二、2017年全市经济社会发展的主要任务

2017年是党的十九大召开之年，是实施“十三五”规划的重要一年，也是新一届市委、市政府开局之年。明年工作的指导思想是：全面贯彻落实党的十八大和十八届三

中、四中、五中、六中全会，省委十三届十次全会精神，高举中国特色社会主义伟大旗帜，坚持以邓小平理论、“三个代表”重要思想、科学发展观为指导，深入学习贯彻习近平总书记系列重要讲话精神，坚持稳中求进工作总基调，咬定工业发展不放松，扎实开展“招商引资年”“优质服务年”活动，加快建设“一业一城一镇”“一路一廊一楼”，干在实处、走在前列、勇立潮头，努力实现新一届市委、市政府工作的良好开局，为全面建成小康社会标杆市打下坚实基础。

主要预期目标建议是：地区生产总值增长7%，一般公共预算收入增长6.5%，固定资产投资增长10%，出口增长5%，社会消费品零售总额增长10%，城镇居民人均可支配收入、农村居民人均可支配收入分别增长7%和7.5%；主要河道全面消除劣五类水体，空气质量优良率80%，完成上级下达的节能减排任务；成功创建全国文明城市，平安海宁建设实现“十二连冠”，夺金鼎。

完成2017年工作，项目是龙头，干部是保障。要一手抓项目，把各项工作项目化，作为推进工作的主要载体；要一手抓干部队伍建设，建设“五事”干部队伍，打造一支海宁铁军。重点做好五个方面工作：

（一）坚持做强产业，进一步崇尚创新发展

1. *狠下决心招大引强*。高起点实施招商选资，强化工业招商，将招商选资与主导产业发展紧密结合，重点瞄准世界500强、行业龙头企业和央企，以虎口夺食的勇气引进大好高项目。聚焦重点企业、主导产业上下游配套项目，实现从“优惠政策招商”向“产业集群招商”“综合环境招商”转变。加大外资招引力度，实际利用外资4亿美元，召开好第二届海商大会，确保实到市外内资180亿元，浙商回归到位资金60亿元。力争引进世界500强、全球行业龙头企业投资项目或总投资超亿美元生产性项目5个，引进总投资超20亿元项目5个以上，其中超50亿元产业类生产性项目2个。按照“懂政策、会谈判、能吃苦、有激情”的要求，加强招商队伍建设，切实提高招商人员对经济发展大势的判断能力、产业发展趋势的洞察能力、招商谈判技巧的把握能力及外语能力等四种能力。

2. *做优做强产业*。实施“中国制造2025海宁行动计划”，大力振兴实体经济，加快培育大产业、大企业、大项目、大平台，推进“全国质量强市示范市”创建，着力提升重点行业质量竞争力。新增超百亿元企业1家。推进经编行业省级“机器换人”试点工作，实施300项“机器换人”项目，扎实推进100项重点产业项目，争取列入省技改重大项目8个以上，工业投资占固定资产投资总额的50%以上。加快平台升级扩容，经济开发区（尖山新区）不断完善公共配套服务，提升平台集聚力、吸引力，争创国家级开发区；高新区加快向北扩容，与长安小城市融合发展；以资本为纽带，推动经编园区跨区域发展；镇工业功能区突出主导产业向特色化、专业化发展。加快建设“建筑业强市”，推动绿色建筑和建筑工业化。加快发展现代服务业，壮大现代城市经济新业态，谋划推动环城河以北马桥区域等生产性服务业发展，培育特色楼宇，保持房地产市场稳定健康发展。着力加快百里长廊征迁扫尾，加快战略合作主体实质性开发，确保投资15亿元以上。推进硖石景区建设，加快环东西山、三大历史街区改造提升。加快农业现代化进程，积极培育新型农业经营主体，大力发展设施农业、观光农业、休闲农业，完成农业有效投入6亿元。

3. *加强优质服务*。深入开展“服务发展、勇立潮头”百日大行动，主动服务、靠前服务、优质服务、精准服务，加大对三大传统产业转型升级的政策支持力度，实施“百企千人”培训。深化市领导和部门、属地走访联系企业机制，规模以上企业实现全覆盖走访，建立每半个月一次的会商制度，切实解决企业的实际困难和需求。大力实施企业分类培育，对行业领军企业，加快实施一企一策、一事一策，重点服务、重点保障；对科技成长型企业，强化要素支撑、政策扶持，培育一批竞争力强、成长性好、市场占有率高的行业“隐形冠军”；对中小微企业，帮助破解政策、空间、融资、服务等难题，打造育小、扶小、活小、强小的制度环境，增强企业发展信心。聚焦实体经济，发挥好产业基金作用，财政扶持资金重点支持重大产业招商项目、科技创新型企业和人才项目。深化简政放权，扎实推进行政审批制度改革，深化企业服务代办工作，切实降低企业税费、融资、用气、制度性交易等成本。深入推进拔钉清障和转而未供供而未用土地清理专项行动，加强土地供应差别化管理，建立全市土地指标有机整合调剂机制，盘活存量闲置用地。加强金融对实体经济的精准服务，引导和鼓励更多后备企业股改上市，新增 IPO 上市企业 1 家，力争 2 家，新增“新三板”挂牌企业 10 家、股份制企业 20 家。

4. 提升改革创新效能。以改革创新推动产业转型升级，谋划推进鹃湖区域开发，启动建设鹃湖国际科技城，实质性推进浙大国际技术转移基地项目。建设高新区、经编园区科创分中心，建设家纺产业研究院，完善孵化平台体系。深化人力资源要素改革试验区建设，发挥对周边地区的辐射带动作用。结合产业发展需求，突出企业主体作用，大力引进“千人计划”创新人才、外国专家和高校科研院所技术成果，有效保障人才的居住、子女入学、就医等现实需求。推进供给侧结构性改革，坚持亩产论英雄导向，创新排污指标跨行业流动、全市域调剂机制，新增“两创”中心标准厂房 30 万平方米以上，退散进集企业 500 家以上。推进投融资体制改革，减少政府性投资，提高社会资本投资比重，推进干河街开发等 PPP 项目。推动融资性平台向实体性平台转型，加快市场化运作。深化农村“三权”改革，推进农村土地承包经营权确权登记颁证和农村社区“政经分离”工作。

（二）坚持城乡统筹，进一步注重协调发展

1. 创建全国文明城市。提升城市管理智能化、信息化水平，强化精细化管理，深入开展乱停车、乱张贴、越门经营、渣土车等专项整治，着力推进创建常态长效。进一步培育和践行社会主义核心价值观，实施文明出行、美德传承、志愿服务、移风易俗“四大主题”活动，抓好“十大最美”选树、道德模范和身边好人基层系列宣讲。完善城市基础设施，启动 13 个“城中村”改造、征迁工作，完成 5 个老旧小区立面改造，实施 7 条市区道路“白改黑”提升改造，加快中心城区地下管网综合改造。规划推进快速交通路网建设，启动硖许公路拓宽西延工程，加快推进平阳路、九虎路南延等城南区块路网建设和海州路东延、宗海路等鹃湖区块路网建设，打通断头路、拓宽瓶颈路 4 条。建设完善城市绿道、自行车道等慢行系统，启动新建中心菜场项目。

2. 加快建设美丽镇村。加快编制新一轮城市总体规划，实施长安镇省级小城市新一轮三年行动计划，重点支持袁花镇小城市建设，许村镇加快区镇融合一体化发展，黄湾镇加快基础设施配套，其他各镇实现洁化、美化、序化。扎实推进特色小镇建设，皮革时尚小镇创意核心区建成投运，确保通过省考核命名授牌；袁花阳光小镇争创嘉兴市级优秀特色小镇，争取列入省级特色小镇。成功创建省级美丽乡村示范市，扎实推进星级美丽乡村建设和长效管理，发动更多群众参与，统筹建设美丽庭院、美丽厂区、美丽田野等。完善“1+X+Y”村庄布点规划，稳步推进农房集聚改造工作，有序解决农村刚性建房需求。完成农村土地整治复垦2500亩，分类处置村级存量建设用地及规划外工矿用地1000亩。

3. 着力提升文化发展活力。加大对外文化交流，重点办好全国性徐志摩诗歌节等文化活动。促进公共文化服务均衡发展，做好农村文化礼堂、城市社区文化家园“建、管、用、育”一体化建设，提升基层综合性文化服务中心建设水平。实施文化精品工程，抓实文化领军人才引进，培育多元化文化创作主体，拓展多样化推介渠道。推动全市历史文化资源整合，加大历史文化遗产的挖掘与保护力度，加快南关厢、横头街、干河街三大历史街区的开发建设。申报创建中国元宵文化传承基地，推进海塘申遗工作。大力发展影视、会展、灯彩等文化产业，加大中国灯彩文化产业示范基地建设力度，举办海宁斯诺克国际公开赛、中国海宁速度轮滑公开赛、全国成人游泳锦标赛等特色品牌赛事，引进发展更多更具影响力的国际国内大赛，把文化活动、体育活动打造成为海宁的一张靓丽名片。提高公共体育设施档次，推进街心绿地体育设施建设，全面启动建设镇（街道）土建式游泳池。

（三）坚持标本兼治，进一步倡导绿色发展

1. 强化生态文明建设。积极创建省级生态文明建设示范市，调整优化环境功能区划，深化以海宁东部（黄湾）为重点的生态功能区建设。国家循环经济示范城市试点确保通过中期评估，突出循环型工业、废弃物综合利用、绿色城市建设等十大重点领域，全面实施93个循环经济重点项目。推进生态型、循环型园区建设，经编园区力争列入省级园区循环化改造示范试点。推动节能减排，推广清洁能源，加快高新区全省清洁生产示范园区建设。完善垃圾处理基础设施，提高垃圾处理能力，推进垃圾源头减量和资源化利用，城乡生活垃圾分类实现村（社区）全覆盖。

2. 强化水气污染治理。巩固提升“五水共治”成果，完善“清三河”防反弹长效管理机制，主要河道全面消除劣五类水体。建立完善城镇、农村生活污水运维体系，逐步推广全程第三方运维模式。加快实施城区雨污分流、长山河水系综合治理等项目，基本完成洛塘河整治工程，实施上塘河水体修复，启动饮用水水源地规范化建设，完成150公里镇、村河道生态治理。加强工业污水治理，推进重点水污染行业废水深度处理。抓防洪排涝、防灾减灾，推进扩大杭嘉湖南排海宁段工程、城市防洪二期前期等工程，建设海绵城市。深化“五气共治”，完成热电行业超低排放改造，推进后整理、家具、合成革等行业废气清洁排放改造，整治提升发展平台工业废气，全面完成燃煤小锅炉淘汰改造和重点耗煤企业锅炉改造工作。巩固烟花爆竹“双禁”成效。

3. 强化城乡环境整治。以城乡危旧房治理改造、“三改一拆”、棚户区改造、“四无”企业（作坊）集中整治等为主要载体，全力打好治危拆违攻坚战。扎实开展小城镇环境综合整治六大专项行动，力争所有城镇完成以管理为重点的整治任务，袁花、长安、尖山新区及黄湾老集镇、盐官镇通过省级考核验收。全力争创省级“无违建县（市）”，网格化推进确权确违，聚焦重点区域加快存量违建处置，拆后土地利用率80%以上。深化开展“两路两侧、四边三化”整治行动，消除交通干道沿线脏乱差现象。建管并举推进平原绿化提质，重点突出城市绿化、道路绿化、河道绿化、镇村绿化、农田林带林网等五大板块，改造新增绿化5000亩以上。

（四）坚持融入融合，进一步厚植开放发展

1. 加速融入杭州大都市圈。杭州至海宁城际铁路确保6月全线开工建设，加快沿线城镇开发和产业布局谋划，统筹规划建设基础设施配套，力争启动开发建设1000亩以上。浙大国际联合学院（海宁国际校区）全面竣工。深化与余杭区域战略合作，全面完成合作区征迁工作，推进交通无缝衔接、功能统一布局、配套共同承担。高新区加速与下沙规划对接、道路对接和产业协同发展。钱江通道北岸接线工程（杭浦高速至沪杭高速段）项目开工建设。加快融入钱塘江金融港湾，建设钱潮金融小镇。

2. 强化开放型经济发展。加大企业走出去政策支持力度，鼓励企业参加各类国际性展会，培育一批创新型外贸龙头企业。支持企业开展跨国并购重组，建设海外仓、生产基地等，建成3个皮革企业海外直销平台。积极推进专业市场国际化发展，不断完善市场外贸服务体系和功能配套，加快市场外贸转型升级。积极发展会展经济。提升利用外资质量和水平，继续优化外资来源结构和外资产业结构，重点引进装备制造、新能源、新材料、节能环保、电子信息等战略性新兴产业的外资项目。创新利用外资方式，鼓励企业以海外上市、引入战略投资者等方式与外商合资合作。

3. 构筑多元化开放平台。推进海宁港建设，杭平申航道改造工程海宁段完工，完成京杭运河二通道征迁等前期工作，推进乡镇码头建设，基本建成“五区十四码头”，实施硖尖线航道养护工程。深化与上海漕河泾新兴技术开发区合作。主动对接沪杭都市圈产业集聚区，谋划合作建立专业园、分园，加快国际装备制造产业园、国际现代新材料包装产业园、国际健康食品产业园、时尚产业园等园中园建设。大力发展跨境电商，推进斜桥、马桥、丁桥等电商产业园建设，引导企业入驻跨境电商第三方交易平台。

（五）坚持富民惠民，进一步推进共享发展

1. 推进社会保障提质扩面。实施全员参保提标推进工程，提高社保基金支付能力，实现法定人员社保全覆盖。落实低保新政，适当扩大低保覆盖范围。深化精准扶贫工程，全面落实困难群众医疗费用救助工作，完善孤儿和困境儿童生活费补贴制度。开展高校毕业生、就业困难人员、转产转业人员等重点群体的就业援助。进一步完善住房保障体系，完成得胜里区块安置房、农丰公寓房、云和景苑五期公租房等保障性住房建设。

2. 促进公共服务均衡供给。争创全省首批教育现代化县（市、区）。深化教育综合改革，强化与华师大校地合作。深化国家学前教育改革发展实验区试点工作，加快发展高品质民办教育。启动第一初中改建、丁桥初中和谈桥中心小学改扩建项目，加快推进百合区块、马桥桐溪、海昌中心幼儿园等项目。创新集团化办学，探索教育均衡发展新模式。牢固树立大健康理念，全面推进“健康海宁”建设，巩固与沪杭三甲医院合作成果。完善“双下沉、两提升”长效运行机制，抓好分级诊疗制度建设。推进公立医院综合改革，加快建立现代医院管理制度。提升基层服务能力，推进许村、斜桥卫生院项目，启动盐官卫生院建设。加快发展医疗健康产业，社区医养结合示范点实现镇（街道）全覆盖，稳步推进养老机构公建民营。积极应对全面两孩政策实施，加强生育全程妇幼计生健康服务，推进流动人口基本公共卫生计生服务均等化。实施社区治理和服务创新实验区项目，深化“三社”联动机制，推进政府购买服务和公益创投。

3. 提升社会治理能力水平。建立健全常态化日常管控机制，打造立体化防控体系，完善社会治安智慧视频系统。做实基层网格，强化群防群治，完成世界互联网大会、观潮节等重大活动安保任务。推进信访规范化办理，开展信访积案集中化解活动，打造“12345”政务服务热线新品牌。健全完善安全生产责任体系，落实安全生产“党政同责、一岗双责”和企业主体责任，深入开展以危险化学品、烟花爆竹、“三场所两企业”为重点的专项整治，坚决遏制重特大事故发生。推进省级食品安全市创建，提升食品安全治理能力。加强人民调解工作，推进司法体制改革，提升公共法律服务，建设更高水平的法治海宁。

三、切实加强党的领导，凝聚干事创业强大合力

1. 加强思想建党，坚守精神家园。将学习宣传贯彻党的十八届六中全会精神作为首要政治任务来抓，长效做好“两学一做”学习教育，严格规范党内政治生活，推进思想政治建设常态化制度化，教育引导广大党员切实增强政治意识、大局意识、核心意识、看齐意识。落实党委（党组）意识形态工作责任制，重点强化新闻、网络、讲座论坛、文化场所等意识形态阵地的管理。加强网络文明和文化建设，做好社会热点问题舆论引导和重大活动期间的网络舆情引导，不断提升主流媒体的传播影响力。

2. 夯实基层组织，提升凝聚力战斗力。深入推进“双整”工作，提升基层党建整体水平，加快6条基层党建示范带和26个基层党建示范群建设，创建嘉兴基层党建先锋县（市、区）。稳妥有序抓好村级组织换届，配强村班子和带头人，实施新一轮“先锋领雁”计划。深化“党建+”“互联网+”，常态实施党员队伍“活力纯洁”“补钙加油”工程，深化好人好事银行、红立方志愿服务等，健全镇（街道）“96345”党员志愿服务工作运作机制。健全党组织书记抓基层党建责任清单、专项述职、民主评议、领办基层党建重点项目等工作制度，落实基层党建主体责任。

3. 坚持好干部标准，建设“五事”干部队伍。深化干部人事制度改革，努力构建能者上、庸者下、劣者汰的用人导向和从政环境，建设绝对忠诚、干事担当、干净自律、充满活力的“海宁铁军”。深入开展“五事”主题教育实践活动，推进“攻坚破难敢担当”“补好短板当标尖”“三走进转作风”等行动，引导干部在一线练就真功夫、硬本领。突出敢担当导向，做好市级机关部门换届人事调整配备工作。注重干部日常人文关怀，着力营造心情舒畅、气顺劲足的干事氛围。加强市委对换届工作的领导，确保市人大、市政府、市政协领导班子换届任务和镇人大换届选举高质量完成。

4. 注重严管长治，深化党风廉洁建设。按照全面从严的要求，抓好“关键少数”，推动领导干部发挥榜样和标杆作用，带头遵守党章党规党纪，带头严格执行“4+1”责任落实制度。把严明党的政治纪律作为关键来抓，紧紧围绕上级和市委、市政府重大决策部署执行情况，健全“3+2”纪律保障措施，坚决查处有令不行、有禁不止行为。推进监察体制改革，整合反腐败资源力量，实现对所有行使公权力的公职人员监察全覆盖。驰而不息纠正“四风”，严肃查处违反党的“六项纪律”行为，运用好监督执纪“四种形态”。深化完善巡审联动机制，探索开展党风廉政建设区域化联动巡察，推动全面从严治党向基层一线延伸。

同志们，新一年的工作任务已经明确，全面建成小康社会标杆市重任在肩。让我们一张蓝图绘到底、一个目标干到底、一个战略实施到底，干在实处、走在前列、勇立潮头，以优异成绩迎接市十四次党代会和党的十九大召开！

政府工作报告

——在海宁市第十五届人民代表大会第一次会议上

海宁市代市长　曹国良

（2017 年 2 月 14 日）

各位代表：

现在，我代表市人民政府向大会作政府工作报告，请予审议，并请参加大会的市政协委员和其他列席人员提出意见。

代市长曹国良在海宁市第十五届人民代表大会第一次会议上作政府工作报告　（石晨阳　摄）

一、过去五年回顾和 2016 年主要工作

2012 年以来，本届市政府在中共海宁市委的正确领导下，高举中国特色社会主义伟大旗帜，认真贯彻落实党的十八大和十八届三中、四中、五中、六中全会精神和习近平总书记系列重要讲话精神，主动顺应宏观形势变化，积极应对诸多困难挑战，拉高标杆补短板，勇立潮头走前列，顺利完成了市十四届人大一次会议确定的主要目标任务，全市经济社会各项工作迈上新台阶。

综合实力明显提升。五年来，面对经济下行压力不断加大的现实，我们始终保持发展定力、聚焦实体经济、聚力转型升级，及时制定出台工业经济 27 条等一系列稳增长、促发展的政策措施，综合实力保持嘉兴首位、全省前列。2016 年地区生产总值 744 亿元，年均增长 7.8%；一般公共预算收入 72 亿元，年均增长 13.2%；城镇和农村居民人均可支配收入分别达到 51954 元和 30200 元，年均增长 9.5% 和 9.7%。两次召开全市工业发展大会，大力推进“工业强市”建设，获省级“两化”深度融合国家示范区域，经济开发区成功创建长江经济带国家级转型升级示范开发区，晶科能源有限公司成为首家年产值超百亿元企业。海宁市成为首批“中国建筑之乡”，累计完成建筑业总产值1031亿元，年均增长6.1%。举全市之力开发建设以盐官古城为龙头的百里钱塘国际旅游长廊，成功举办五届中国·海宁潮国际博览会，成为全省唯一拥有3个省级现代服务业集聚示范区的县（市），入围省服务业强县（市）试点和省首批电子商务示范县（市）。持续深化农业“两区”建设，在全省率先全面建立耕地保护补偿机制。加快养殖业转型提升，大力扶持发展以经营性物业建设为重点的村级集体经济，现代农业发展综合评价列全省第13位、嘉兴首位。

发展后劲不断增强。五年来，我们始终把扩大有效投资作为主抓手，不断增强经济社会发展支撑能力。成功引进世界500强、全球行业龙头企业投资项目和总投资超亿美元外资生产性项目24个，实际利用外资18.6亿美元，引进市外内资622亿元，浙商回归综合考核连续五年获得嘉兴一等奖。正泰新能源、银泰城、家纺城国际贸易中心等项目相继建成，历史上单个投资规模最大项目杭州至海宁城际铁路开工建设，累计完成固定资产投资2190亿元，年均增长17.4%。坚持用改革的办法破解发展难题，要素市场化配置综合配套改革成为全省样板，建成江南要素交易中心，成功创建全国国土资源节约集约模范县（市）。在全省率先开展企业投资项目不再审批制度改革，行政许可事项削减率64%。市场采购贸易方式、基础设施投融资体制、循环经济示范城市创建等列入国家级改革试点。提高财政资金保障能力和管理水平，市财政局被评为全国财政系统先进集体。深入推进商事登记制度改革，市场主体总量突破7万家大关。市科创中心成功创建国家级孵化器，全市规模以上高新技术产业增加值比2011年翻一番。引进国家、省“千人计划”人才49人，居嘉兴各县（市、区）前列。

城乡环境显著改善。五年来，我们始终把改善生态环境作为最大的民生来抓，从2012年开始率先全面推行“河长制”治水，省跨行政区域交接断面水质考核从合格提升到优秀，主要河道实现了以四类水为主体的历史性转变，农村生活污水治理获全省优胜，荣获省治水最高奖“大禹鼎”，长水塘水源生态湿地获得中国人居环境奖。全面开展工业废气、建筑扬尘、餐饮油烟、秸秆焚烧整治，淘汰燃煤小锅炉599台、黄标车5167辆，重点区域实现烟花爆竹禁售禁放，全市大气环境质量逐年好转。打造海宁东部（黄湾）生态功能区，探索出一条以“两创”中心建设为载体，以低小散企业腾退为抓手的“退散进集”黄湾模式。大力开展“三改一拆”，累计完成拆改面积2966万平方米，成功创建省首批“基本无违建县（市）”。全面实施城镇有机更新，持续推进旧区改建和老旧小区改造，累计受益居民达1.8万户，基本解决“马桶家庭”问题。新08省道、硖许公路、潮涌路等一批重大交通项目建成通车，“两横三纵”高速路网和“一绕三横九纵十连”的干线公路网基本建成。城乡公交创新发展，公共自行车服务系统投入运营。开展星级美丽乡村创建，29个村成功创建三星级，一星级创建率达95.3%，海宁市获评省美丽乡村创建先进县（市）。建成以洛塘河绿道为代表的生态绿道161公里。成功创建全国绿化模范县、省文明市、省级森林城市、省级环保模范城市，列入全省首批美丽县城试点，统筹城乡发展水平居全省第5位。

民生福祉持续增进。五年来，我们始终坚持以人民为中心，努力做到“群众想什么，我们就干什么”，不断提升群众的获得感和满意度。坚持教育优先发展战略，成功创建全国首批义务教育发展基本均衡县（市），高考成绩连年实现“双创新高”。首轮“健康海宁”建设圆满收官，医疗资源“双下沉、两提升”成为全省示范，市域内就诊率稳定在90%以上。创新开展“两富同行”温暖工程，累计帮扶1992户困难家庭脱贫，适度普惠型儿童福利制度建设“海宁模式”获全国推广。全面完成养老机构三年提升改造计划，率先实现城乡社区居家养老服务照料中心全覆盖。全面实施残疾人“两项补贴”。实质性推进环东西山开发建设，新图书馆、大脚板乐园、鹃湖公园等建成启用，南关厢历史街区开街。成功创建省首批公共文化服务体系示范区，大运河（海宁段）成为世界文化遗产。完成18家农贸市场新建（改扩建），其中9家成为省级“放心市场”。平安海宁实现“十一连冠”，市公安局荣获“全国优秀公安局”称号。新闻广电、史志档案、气象、关心下一代、慈善、红十字等各项事业全面发展，工青妇、老干部、民族宗教、对台、侨务、外事等工作取得新成绩。

政府建设全面加强。五年来，我们始终坚持转作风优服务，认真开展党的群众路线教育实践活动、“三严三实”专题教育、“两学一做”学习教育，聚焦突出问题，狠抓整改落实，努力以政府的“辛苦指数”，提升城乡的“发展指数”和群众的“幸福指数”。制定出台《海宁市人民政府工作规则》《海宁市人民政府重大行政决策程序规定》等一系列规章制度，自觉接受人大、政协和社会监督，累计办理人大代表议案建议1279件、政协提案1371件，法治政府建设走在全省前列。深入推进以“四张清单一张网”为重点的政府自身改革，持续深化政府信息公开，不断提高政府工作的透明度和规范性。深入贯彻中央八项规定精神，坚持正风肃纪不停步、追责问责动真格、严惩腐败“零容忍”，“三公”经费年均下降27%，全市政风建设取得明显成效。

刚刚过去的2016年是“十三五”开局之年，面对复杂严峻的外部环境和困难挑战，我们始终坚持稳中求进的工作总基调，始终聚焦发展第一要务，扎实开展“招商选资突破提质年”“转型发展服务提速年”活动，深入推进六大专项行动，坚定不移打好转型升级系列组合拳，全市经济平稳运行，社会保持和谐稳定，实现了“十三五”良好开局。重点做了以下五个方面工作：

（一）更加注重有效投资质量，经济运行稳中有进

突出招大引强选优，成功举办首届海商大会，引进国能高性能动力电池产业园、精益集团汽车铝轮毂等一批重大产业项目。皮革时尚小镇核心区等开工建设，浙大国际联合学院（海宁国际校区）一期建成开学。完成固定资产投资555亿元，增长8%，其中工业技改投资210亿元，增长11%，民间投资346亿元，占比提高1个百分点。大力开展拔钉清障百日攻坚和土地转而未供供而未用清理专项行动，拔钉清障签约514户，完成率70%，消化处置转而未供土地3985亩、供而未用土地2493亩，供应各类建设用地7777亩。推进金融服务实体专项行动，鼓励企业对接多层次资本市场，新增“新三板”挂牌公司10家，慕容控股、安正时尚成功上市。

（二）坚定不移推进工业强市建设，三次产业提升发展

高规格召开全市工业、旅游业、建筑业发展大会，出台“一企一策”扶持领军企业发展、加快建筑业转型升级等政策措施。工业强县（市、区）综合评价列全省第11位，经编园区成为全国首批新型工业化产业示范基地。完成规模以上工业总产值1456亿元，增长3.6%；外贸出口366亿元，增长14.1%。推进旅游与农业、工业、文化体育、商贸业融合发展，盐官旅游合作开发项目正式签约，全市旅游总收入200亿元，增长18.1%。实现社会消费品零售总额370亿元，增长10.7%。完成网络零售额457亿元，增长34%，列全省第2、嘉兴第1。新增楼宇入驻面积5.9万平方米，楼宇税收同比增长23%。新建粮食生产功能区2.5万亩，生猪规模化养殖存栏量控制在1.4万头左右，累计启动村级经营性物业项目建设70万平方米。深化服务当好“店小二”，全面设立镇级企业项目代办服务中心，建成“两创”中心标准厂房31万平方米，注册资本1亿元的政策性担保公司正式运行。

（三）坚持改革创新引领发展，发展动力持续增强

深入推进供给侧结构性改革，整治提升低小散企业583家，收回腾退低效用地3201亩，全面完成安置房、保障房年度去库存目标任务。认真落实企业减负37条等政策措施，直接减轻企业负担25.5亿元。深化完善县域经济体制综合改革，实施第四轮亩产效益综合评价，用能权交易改革获全国试点推广，江南要素交易中心交易额达370亿元。开展农村土地承包经营权确权、登记和颁证工作，实现城乡不动产统一登记发证。深化国企改革，城投集团与社发集团实现合并重组，水务集团与云南水务公司签署战略合作协议。新增省级企业研究院3家、省重点企业研究院1家，天通公司获评国家企业技术中心，我市国家级企业创新平台实现零的突破。

（四）注重实效推进环境治理，美丽城乡不断深化

巩固“五水共治”成果，“智水平台”投入使用，主要河道四类及以上水体占比达86.1%，提高11.7个百分点。完成河道清淤及综合整治211公里，完善城乡污水治理运维体系，城镇生活污水治理47.3平方公里，农村生活污水治理累计受益率92.5%。泰山港水源生态湿地投入运行。成立“五气共治”办，统筹推进治气工作，空气质量优良率达到80.9%，提高8.8个百分点。持续推进“三改一拆”，拆后利用率达81%，工人路人民广场商业中心一期建成开放。深入开展“四边三化”和“两路两侧”环境整治，改造新增平原绿化面积1.1万亩。深化全国文明城市创建，全省创建全国县级文明城市现场会在我市召开。全面启动小城镇环境综合整治，联动实施美丽庭院、美丽厂区、美丽田野等建设，149个村（社区）率先开展城乡生活垃圾分类收集和处理工作。全面完成上级下达的节能减排任务。

（五）推进改革发展成果共享，社会保持和谐稳定

坚持以人为本，年初确定的10个政府民生实事项目全面完成。创新建立大病医疗困难救助新机制，实现医保个人账户家庭共济使用，启动贫困家庭残疾儿童集中养育康复“添翼计划”，首次将支出型贫困家庭纳入低保救助范围。加快危旧房治理，完成126幢危房解危。学前教育第二轮行动计划顺利收官，梅园幼儿园、实验小学等项目竣工，义务教育公办学校全部通过省标准化学校认定，海职高成功创建国家中等职业教育改革发展示范学校。老年大学新校建成启用。全省“双下沉、两提升”工作现场会在我市召开，入选省综合医改先行先试县（市），成功创建省红十字工作示范县（市）。举办全国蹦床冠军赛、中国速度轮滑公开赛和徐志摩诗歌节系列活动。综合推进生产安全、食品药品安全等十一大专项整治，圆满完成G20杭州峰会、第三届世界互联网大会维稳安保任务，群众安全感满意率居全省前列。建成统一政务咨询投诉举报平台，“百人信访评议团”工作获全国首届法治信访进步奖。创新城乡社区治理模式，完成3个城市社区规划调整和6个城乡一体新社区建设试点，新增注册社会组织200家，全国社工证持证人员达962人。

各位代表，回顾过去五年的历程，我们深切感受到，要做好海宁的各项工作，必须始终聚焦发展第一要务。发展依然是当前解决所有问题的关键，要牢牢把握经济建设这一中心和发展实体经济这一基础，把推动发展的立足点转到提高质量效益上来，努力实现发展速度和结构质量效益相统一。必须始终坚持扬优势补短板，这是实现高质量、均衡性发展的内在要求，也是我们在新常态下、新方位中推动事业发展的重要方法。必须努力将我市的优势发挥至极致，努力将现有的短板迅速转化为后发优势，这样才能引领海宁发展行稳致远、走在前列。必须紧紧依靠广大干部群众。这些年来，全市干部群众特别是基层一线的广大干部群众，始终鼓足那么一股子劲，敢于担当、勇于负责、无私付出，以过硬的本领和务实的作风，有力有效地推动了各项重点难点工作的落实。

五年的成绩来之不易，这些成绩的取得，凝聚着全市人民的智慧和汗水，得益于方方面面的关心和支持。在此，我谨代表市人民政府向各位代表和委员，向全市各行各业的劳动者和离退休老同志，向各民主党派及工商联、无党派人士、各人民团体、驻海宁部队全体官兵，以及所有关心支持海宁发展的海内外朋友们，表示诚挚的感谢和崇高的敬意！

在肯定成绩的同时，我们也清醒地看到，我市经济社会发展中还存在一些不足：在经济发展方面，产业综合竞争力还不够强，大好高项目不多，平台承载能力有限，部分企业生产经营仍然比较困难；政府性债务规模总体偏大，风险管控和财政收支平衡压力持续加大。在城乡统筹方面，小城镇建设相对滞后，新市镇集聚和辐射功能需要进一步增强，美丽乡村创建长效管理机制有待完善提升，基层群众的主体作用还未有效发挥。在社会民生方面，加强公共服务供给的任务还比较重，在一些事关群众切身利益的民生领域还不同程度存在短板，城乡居民持续增收难度加大。安全生产、消防安全等方面还有一些薄弱环节。在自身建设方面，部分政府公职人员法治观念、服务意识、担当精神还不够强，能力素质与新使命新要求还有差距，个别存在不能为、不敢为、不愿为的现象。对此，我们必须保持清醒头脑，采取更加有力有效的措施认真加以解决。

二、今后五年的总体要求

各位代表，未来五年是海宁深入实施“十三五”规划的关键时期，也是全面建成小康社会标杆市的决战决胜阶段。根据市第十四次党代会的总体部署，今后五年政府工作的指导思想是：高举中国特色社会主义伟大旗帜，以邓小平理论、“三个代表”重要思想、科学发展观为指导，深入学习贯彻习近平总书记系列重要讲话精神，牢固树立“五大发展理念”，落实“创新驱动、融杭接沪、强镇富村、生态优美、品质生活”五大战略，始终坚持工业强市不动摇，全力实施“十大工程”，大力推进“十大建设”，加快打造长三角“经济活力强市、文化旅游名市、生态宜居新市”升级版，为全面建成小康社会标杆市而努力奋斗。

经过五年的努力，要确保实现“双超、双千亿、五个更”的目标。“双超”，即固定资产投资累计完成超3000亿元，大力优化投资结构，其中工业投资占比50%以上；一般公共预算收入规模超100亿元。“双千亿”，即培育时尚产业和以新能源、新材料、节能环保、装备制造为主的战略性新兴产业两大千亿元产业，现代产业体系基本形成。“五个更”，即努力实现“综合实力更强、城乡发展更融合、生态环境更优美、市民生活更幸福、治理体系更完善”的“十三五”规划确定的目标。

实现上述目标，是全市人民的热切期盼，是新一届政府的庄严使命。做好今后五年的工作，必须紧紧围绕市第十四次党代会提出的各项要求，进一步深化“一业一城一镇”“一路一廊一楼”工作主线，朝着高质量、均衡性的发展目标迈进，重点做到“五个坚定不移”。

坚定不移加快产业发展和平台建设两大提升，构建新格局。工业强市建设进入全省十强。进一步打开产业优化升级的通道，深入实施“中国制造2025海宁行动”工程，推动皮革、经编、家纺三大传统特色产业向高端发展，积极引进和培育新能源、新材料、节能环保、装备制造、新厨电等新兴产业，加快形成以先进制造业为主导的产业结构。大力实施“互联网+”“标准化+”，推动企业以“工匠精神”打造比较优势，经过五年的努力，确保制造业百亿元企业3家以上、制造业上市企业15家以上。建设省级服务业强市。大力实施以盐官古城为龙头的百里长廊旅游繁荣工程，推进全域旅游建设，提升海宁旅游留客能力，盐官旅游度假区争创国家级旅游度假区。加快实施以楼宇经济为重点的现代城市经济活力工程，培育一批税收超千万元的特色楼宇，打造生产性服务业发展新平台。农业现代化发展水平保持全省前列。调优农业结构，保障粮食生产安全，推进特色农业强镇建设。大力发展高效生态农业，鼓励适度规模经营，加强与农业大专院校和科研院所的合作，使海宁成为新品种、新技术、新模式推广先行地，不断提高农业综合效益和竞争力。平台能级提升取得突破。加快资源整合和体制创新，不断提升平台能级和承载力，实现产城融合发展。经济开发区全力争创国家级开发区，高新区积极争创国家级高新区，经编园区加快推进与周边区域协同发展，各镇级工业功能区围绕主导产业，加快向特色园区、专业园区、美丽园区转变。

坚定不移强化科技创新和人才队伍两大支撑，增添新优势。努力使科技创新环境更优。把科技创新摆在引领发展的核心位置，加快实施鹃湖（国际）科技城建设工程，大力推进创新新动能建设，通过完善区域创新体系，培育提升创新平台，制定出台创新政策，推动科技成果向现实生产力转化。推进科技与金融对接。完善“淘科技”市场建设，建成线上线下融合发展的科技交易大市场。努力使科技创新主体更强。更加突出企业创新主体地位，深入实施高新技术企业、科技型中小企业、省级企业研究院三大倍增计划，支持企业与高校、科研机构联合建立实验室、研究中心和企业技术中心，共同开发关键核心技术。发挥好市科创中心国家级孵化器作用，推进高新区、经编园区科创分中心建设。努力使人才体系更完善。全面实施“潮乡英才计划”，突出“高、精、尖、缺”，改革人才流动、评价、激励和成果转化等机制，完善落实住房、医疗、子女教育等方面的政策措施，大力引育创业创新领军人才、社会事业高层次紧缺人才、海外专家、退休工程师、高技能人才等，构建“大人才”格局。充分利用市内高校资源，加快推进人才本土化建设。建成省“千人计划”海宁产业园，打造全省人才生态最优市。

坚定不移推进区域合作和城乡融合两大统筹，激发新活力。加快县域经济向城市经济转型。以实施城际铁路产城融合发展带培育工程和综合立体交通构建工程为契机，深入推进开放经济建设和现代交通建设，积极融入杭州都市经济圈。全面推进与余杭战略合作开发，打通连接余杭、下沙主干道路，配合做好杭州三环建设，加快实现与杭州生态环境共保、公共服务共享。打造沪杭先进制造业承接区。加强与上海漕河泾新兴技术开发区、杭州市经济技术开发区等沪杭重点发展平台全方位合作，建好浙大国际联合学院（海宁国际校区），推进中法产学研产业园建设，强化产业转移承接和科技创新合作。大力提升国际化高端服务配套水平，探索引入国际学校、国际医院等设施，吸引更多高端制造业企业和人才来我市集聚发展。实现更高水平的城乡融合发展。按照“精明城市、精品建设、精细管理、精致生活”的理念，推动市区中提、东扩、南连、西延、北进，实现城市发展由扩张型向内涵型转变，粗放型向精细型转变。实施小城市中心镇振兴工程，“一镇一策”加大扶持发展力度，进一步理顺市镇（街道）财权、事权、管理权，梯次推进小城市、中心镇建设。长安镇争当省级小城市建设排头兵，许村镇、袁花镇、黄湾镇成为嘉兴产城融合小城市示范点。加快户籍制度改革，创新安置方式，提高户籍人口城镇化率。全面完成100万平方米村级经营性物业建设，全市所有村级经常性收入达到100万元以上。

坚定不移深化生态环境和文明创建两大攻坚，扮靓新家园。坚持见污必治。持续推进生态环境建设，坚定不移打好转型升级系列组合拳，全面消除地表水劣五类水体，在上游来水水质稳定改善基础上，达到市控以上断面基本以三类水为主体，集中式饮用水水源地原水水质达标。将治气工作摆在更加突出的位置，进一步健全空气环境综合整治机制，全面提升大气环境质量。开展土壤污染防治行动，实施土壤修复，确保土壤质量稳中有升。积极争创国家级、省级生态文明建设示范市，重现水清岸绿鱼游、天蓝地净景美的江南水乡风貌。坚持见违必纠，巩固提升“无违建”创建成果，全面处置存量违建，坚决遏制新发违建，争创省“无违建县（市）”。以提升执法能力为核心推进综合行政执法体制改革，加快由“管得着”向“管得好”迈进。坚持见乱必整。深入实施全国文明城市创建提升工程和历史文化名城打造工程，全方位推进文明文化建设，有效推动乱占道、乱停车、乱堆放等不文明现象的长效整治。持续开展“最美海宁人”主题实践活动和“书香城市”建设，努力实现经济发展与文化软实力提升同步、城市建设与人文素质提升同步、物质富裕与精神富有同步。

坚定不移构筑民生幸福和社会平安两大保障，共享新成果。始终坚持人民对美好生活的向往就是我们的奋斗目标，大力实施民生福祉增进工程，推进幸福海宁建设。要让所有孩子有学上上好学。深化教育综合改革，扩大教育开放，推进教育内涵发展，进一步优化以幼儿园建设为重点的教育资源布局，推进普通高中优质发展，促进职业教育特色发展，全面提升各类教育质量，成功创建全省首批教育现代化县（市）。要让患病群众病可看看好病。牢固树立“没有全民健康就没有全面小康”的理念，深入实施“健康海宁2030行动计划”，巩固与沪杭大医院合作成果，持续推进医疗资源“双下沉、两提升”，全面完成镇（街道）卫生院改造提升项目，强化妇幼健康全程服务，进一步提升基本医疗卫生计生服务均等化水平。要让城乡居民有房住住好房。将化解农户刚需建房矛盾作为实施民生福祉增进工程的首要任务，进一步完善落实“1+X+Y”村庄布点规划，优先保障规划空间和土地指标，多措并举、综合施策，基本解决农村居民刚性建房需求。加快建立顺应市场规律、符合海宁实际的房地产平稳健康发展长效机制，促进房地产回归实体经济本源。要让困难人员有所养有所依。更加注重对特殊困难群体的精准帮扶，以制度确保病、灾、残等困难家庭不再致贫、返贫，阻断贫困代际传递。加快构建以居家为基础、社区为依托、机构为补充、医养相结合的养老服务体系，全面提升养老服务质量。支持帮助农村转移人员、残疾人、大学生等就业创业，千方百计增加居民收入。要让全体市民筑平安享和谐。大力推进社会治理能力建设，全面构建社会治理“一张网”格局，持续加大对食品药品、环境等领域违法犯罪的打击防范力度。进一步完善落实安全生产责任制，统筹做好企业安全、消防安全、道路交通安全等工作。深化信访工作制度改革，积极开展“七五”普法，健全多元化大调解工作体系。强化精准服务和素质提升，加快新居民融合步伐。深化“三社”联动，加快构建共建共治共享的社会治理新模式。完善优抚安置体系建设，争创新一轮省双拥模范城。

三、2017 年政府工作主要任务

2017 年是党的十九大召开之年，也是新一届政府的开局之年，做好各项工作意义重大。当前，国际形势依然错综复杂，世界经济低速增长，国内经济发展进入新常态，挑战与机遇并存。我们必须进一步增强机遇意识和忧患意识，把振兴实体、服务企业摆在更加重要的位置，做好应对各种困难挑战的准备，依靠改革开放 30 多年的能量集聚，依靠全市上下的力量智慧，攻坚克难、开拓奋进，全力巩固经济社会发展的良好势头，向全市人民交出一份满意的答卷。

今年政府工作的基本要求是：全面贯彻落实市第十四次党代会的决策部署，坚持稳中求进工作总基调，咬定工业发展不放松，扎实开展“招商选资年”“优质服务年”活动，加快建设“一业一城一镇”“一路一廊一楼”，干在实处、走在前列、勇立潮头，努力实现新一届市政府工作的良好开局，为全面建成小康社会标杆市打下坚实基础。

2017 年全市经济社会发展的主要预期目标是：地区生产总值增长 7%，一般公共预算收入增长 6.5%，固定资产投资增长 11%，出口增长 5%，社会消费品零售总额增长 10%，城镇和农村居民人均可支配收入分别增长 7%和 7.5%；主要河道全面消除劣五类水体，空气质量优良率稳定在 80%以上，完成上级下达的节能减排任务；成功创建全国文明城市，平安海宁建设实现“十二连冠”，夺金鼎。

围绕上述目标要求，今年着重抓好以下五方面工作：

（一）突出招商选资“一号工程”，着力夯实经济发展基础

持续提升有效投资拉动力。更加突出投资的有效性，做到扩大总量与优化投向并重，全年固定资产投资突破 600 亿元，其中“四个重大”投资分别增长 15%以上。强化招商选资“一号工程”，召开好第二届海商大会，注重以商引商、驻点招商、中介招商和产业链招商。发扬“四千”精神，以虎口夺食的勇气重点招引大好高项目，力争引进世界 500 强、全球行业龙头企业投资项目或总投资超亿美元生产性项目 5 个，引进总投资超 20 亿元项目 5 个以上，其中超 50 亿元产业类生产性项目 2 个以上，全年确保实际利用外资 4 亿美元，实到市外内资 180 亿元，浙商回归到位资金 60 亿元。加强招商人才培养，努力打造一支“懂政策、会谈判、能吃苦、有激情”的招商队伍。加快时尚品牌产业园、国际装备制造产业园、国际包装新材料产业园等建设。深入推进拔钉清障和转而未供供而未用土地清理专项行动，建立全市土地指标有机整合调剂机制，盘活存量闲置用地。扎实推进特色小镇建设，省级皮革时尚小镇创意核心区初具形象，阳光科技小镇争创省级特色小镇，加快推进花卉小镇、布艺小镇等建设。

有效激发改革创新驱动力。深入推进供给侧结构性改革，持续抓好去产能、去库存、降成本等各项举措落地，整治提升低小散企业500家以上，新增“两创”中心标准厂房30万平方米以上。全面落实减轻企业负担各项政策措施，帮助企业降低生产经营性成本，特别是制度性交易成本。完善要素市场化配置改革，强化亩产效益导向，深化江南要素交易中心市场化运作，创新排污指标跨行业流动、全市域调剂机制。创新财政支持经济发展方式，修订完善新一轮财政扶持政策，发挥政府产业基金在招引重大项目、高端人才等方面的引导作用。深化国企改革，优化国资结构布局，推动国资公司由融资平台向经营性公司转变。扎实推进投融资体制改革，持续提高社会资本投资比重，严格控制政府性债务规模。完善科技孵化平台体系，启动建设鹃湖（国际）科技城，实质性推进浙大国际技术转移基地项目。全年新增高新技术企业20家。启动实施“潮乡英才计划”，结合我市产业发展需求，大力引进“千人计划”创新人才、外国专家和高校科研院所技术成果。

不断增强开放融合带动力。加快推进杭州至海宁城际铁路项目，确保6月全线开工建设，统筹谋划沿线产业布局和城镇开发。推进与余杭战略合作，全面完成合作区域征迁工作。加快实施钱江通道北接线项目建设，钱潮金融小镇努力打造成为大钱塘江金融港湾县域金融创新发展示范区。用足用好漕河泾海宁分区名片，加快建设成为接轨上海的现代产业园区。依托沪杭资源优势，有效集聚国际资源要素，大力发展国际教育、国际赛事等，进一步提升城市国际化水平。加大企业“走出去”政策支持力度，鼓励企业开展跨国兼并重组，支持企业以海外上市、引入战略投资者等方式与外商合资合作。积极推进皮革城、家纺城等专业市场国际化发展，推动设立特色产业海外直销平台。

（二）突出工业经济主导地位，着力加快产业转型升级

始终咬定工业发展不放松。把振兴实体经济放在重中之重的位置，启动实施“中国制造2025海宁行动”工程，加快培育大平台、大产业、大企业、大项目，推进“全国质量强市示范市”创建，着力提升重点行业质量竞争力。制定出台三大传统特色产业提升计划，积极引导扶持皮革、经编、家纺产业向时尚产业发展。大力培育发展高新技术制造业，主攻电子信息、装备制造、新能源、新材料等新兴产业的引进和培育。启动实施企业登高计划，坚持扶大育强并重，在深入实施“一企一策”支持领军企业加快发展的同时，继续深化“小微企业三年成长计划”，帮助破解政策、空间、融资等难题，着力培育一批成长性好、科技含量高、竞争力强的“小巨人”企业和细分行业“单打冠军”，全年新增产值超百亿元企业1家、IPO上市企业2家、“新三板”挂牌企业10家。加快重点平台提升发展步伐，经济开发区（尖山新区）进一步明确产业定位，加大优质公共资源配置力度，提升平台集聚力、吸引力和竞争力；高新区依托连杭资源优势，加快扩容区块开发，实现区镇融合发展；经编园区加快南扩西拓，推进与丁桥、斜桥联动发展。大力实施制造业与互联网深度融合，扎实推进经编行业省级“机器换人”试点，鼓励企业实施“零地”技改，全年工业投资增长13%以上。加快建设“建筑业强市”，推进绿色建筑和建筑工业化。积极支持企业品牌国际化、参与各类标准制定，建设品牌强市。

大力培育发展现代服务业。加快服务业强市建设，推动制造业和服务业深度融合，完善楼宇经济和生产性服务业扶持发展政策，全年引进生产性服务业企业100家以上，服务业增加值增长8%以上，服务业占比提高1个百分点。高质量推进服务业集聚区建设，加快盐官古城征迁扫尾，推动战略合作主体实质性开发，积极打造潮韵小镇。加快推进以南关厢、干河街、横头街等为核心的硖石景区建设。加强楼宇招商，打造覆盖全产业链的专业化产业楼宇，新增楼宇入驻面积5万平方米，新增税收千万元楼宇4幢。不断完善影视产业链条，提升影视产业发展水平。统筹供应房地产开发、拆迁安置及保障房用地，保持房地产市场平稳健康发展。加快电子商务园区建设，提升电子商务发展水平。

努力构建现代农业发展体系。把增加优质农产品供给摆在农业发展的重要位置，大力发展高效生态农业，统筹抓好土壤污染防治和肥药减量等各项工作，实施农产品质量安全智慧监管。坚持科技兴农，加大农业产业投资，加快推进省农科院科技牧场搬迁等重点项目。抓好农业“一区一镇”规划，推进长安省级特色农业强镇建设，新增粮食生产功能区8000亩。因地制宜发展休闲观光农业和民宿业态，促进美丽乡村经济发展。深化农村“三权”改革，把村级集体经济股权纳入农村集体产权交易中心交易内容，基本完成全市农村土地承包确权登记颁证工作。

（三）突出生态治理常态长效，着力优化城乡人居环境

坚决打好治水治气攻坚战。围绕剿灭劣五类水目标，有效落实“清三河”防反弹长效管理机制，完成“五水共治”智慧平台二期建设。加快开展老旧工业区管网整治提升，进一步完善城镇、农村生活污水运维体系，逐步推广全程第三方运维模式。加快推进城区雨污分流、长山河水系综合治理等项目，实施上塘河水体修复，完成150公里镇、村河道生态治理。继续做好防洪排涝、保供节用等工作，加快推进扩大杭嘉湖南排海宁段、城市防洪二期前期等项目。深化“五气共治”，编制大气环境质量限期达标规划，启动扣板等行业粉尘治理，持续推进重点行业工业废气清洁排放改造，完成热电行业超低排放改造、燃煤小锅炉淘汰改造和重点耗煤企业锅炉清洁排放改造，深化工地扬尘和餐饮油烟治理，巩固秸秆禁烧、烟花爆竹“双禁”成效，努力减少全年重污染天气数量。

全力打好治危拆违纵深战。以争创省“无违建县（市）”为引领，巩固深化“无违建村（社区）”“无违建镇（街道）”创建成果，加快推进农房确权，统筹做好“三改一拆”、“四无”企业（作坊）集中整治等工作。以数字城管为依托，切实落实市、镇、村三级网格化管控机制，坚决杜绝新发违建，加快拆后土地利用，确保拆后利用率80%以上。深入开展“四边三化”整治行动，消除交通干道沿线脏乱差现象，将精品示范道路创建成效向城乡各级道路联创延伸，改造新增绿化面积5000亩以上。建立健全日常巡查和应急处置机制，持续加大城乡危旧房治理改造力度。

深入打好生态建设持久战。启动省级生态文明建设示范市创建，调整优化环境功能区划，加快“退散进集”，重点推进海宁东部（黄湾）生态功能区建设。大力推进国家循环经济示范城市“双十”行动，加大经济开发区、经编园区循环化改造力度，积极建设省级餐厨垃圾资源化利用和无害化处置试点。加强节能减排，推广清洁能源利用，新增新能源公交车20辆。加快完善垃圾处理基础设施的布局提升，强化宣传引导，推进垃圾源头减量和资源化利用工作，城乡生活垃圾分类实现村（社区）全覆盖，严厉查处各类违法违规处置垃圾污染环境的案件。

（四）突出城乡全域文明美丽，着力提

升新型城市化水平

成功创建全国文明城市。坚持问题导向，深入推进创建全国文明城市攻坚年各项工作，统筹抓好优美环境、优良秩序、优质服务和文明素质四大类共52个创建项目的落实，进一步提升城市管理智能化、信息化、精细化水平，确保顺利通过全国文明城市创建考核。进一步践行社会主义核心价值观，大力培育传承良好家风家教、校风校训和乡贤文化，开展第五届海宁市道德模范暨“最美海宁人”评选活动。推进社会诚信体系建设，树立和宣传诚信先进典型。大力培植发展爱心联盟、海宁义工等公益慈善类、社区服务类社会组织，打响“全城志愿、文明海宁”品牌。

深化美丽镇村建设。加快修编新一轮市域总体规划，联动推进小城市试点镇、重点镇和一般镇建设。实施长安镇省级小城市新一轮三年行动计划，重点支持袁花镇小城市建设，许村镇加快打造融杭桥头堡，黄湾镇强化基础设施配套。全面实施小城镇环境综合整治六大专项行动，力争所有城镇完成以管理为重点的整治任务，袁花、长安、尖山新区及黄湾老集镇、盐官通过省级考核验收。落实强镇扩权政策，调整完善新一轮市镇（街道）财政管理体制。积极发动群众参与美丽乡村建设，完善落实长效管理机制，争创省美丽乡村示范县（市）。进一步培育村级集体经济“造血功能”，鼓励抱团、组团发展，全面完成村（农村社区）发展经营性物业壮大集体经济三年行动计划。

提升城市功能品质。以高起点、高标准、高质量的要求加快完善城市综合交通体系，推进重点区块整治提升和基础配套建设。实施硖许公路拓宽西延项目，加快推进九虎路延伸、海州路东延等重点区域路网建设，打通断头路、拓宽瓶颈路4条，实施7条市区道路“白改黑”提升改造。加快建设完善城市绿道、自行车道等慢行系统，全年新建绿道5.8公里。推进海宁港建设，杭平申航道改造工程海宁段完工，完成京杭运河二通道征迁等前期工作，力争年内开工。因地制宜，加快推进老旧小区和城郊接合部综合改造提升，启动13个“城中村”三年改造行动计划，完成5个沿街沿河小区的立面改造。加快建设中心菜场项目。实施老城区地下管网和城乡防洪排涝设施的建设改造，编制完成“海绵城市”建设规划。持续优化城乡水务管网布局，建成供水管网35公里、污水管网90公里。

（五）突出发展惠民利民导向，着力增强人民群众获得感

健全社会保障网络。推进全员参保提标，实现法定人员社保全覆盖。切实加强就业再就业工作，重点解决好高校毕业生、城镇就业困难人员、农村转移就业人员等的就业问题，扶持创业带动就业。深入实施精准扶贫，全面落实困难群众合理诊疗医疗费用救助工作。创建省级残疾人小康阳光庇护中心2家。提高孤儿和困境儿童基本生活费补助标准。加强养老服务改革创新，市福利中心二期建成投入使用，探索实施公建民营模式，全面提升养老服务质量。启动“1+X+Y”村庄布点规划的优化完善，多措并举保障刚需建房规划空间和用地指标，研究制定有效有序解决农户建房难题的政策措施，营造农村建房依法公平环境。进一步完善住房保障体系，完成得胜里区块安置房、云和景苑五期公租房等保障性住房建设。

繁荣发展社会事业。加快文苑幼儿园、海昌中心幼儿园等项目建设，强化与华师大务实合作，稳步推进省级“县管校聘”管理改革工作，探索教育均衡发展新模式，努力创建省首批教育现代化县（市）。制定实施“健康海宁2030行动计划”，启动与沪杭大医院新一轮合作，完善“双下沉、两提升”

长效运行机制，大力推进责任医生规范签约工作。提升基层医疗服务能力，注重全科医生培养，推进许村、斜桥、盐官卫生院项目建设。加快发展医疗健康产业，社区医养结合示范点实现镇（街道）全覆盖。加强生育全程妇幼计生健康服务，积极应对全面两孩政策实施。大力发展群众性文化体育活动，举办斯诺克国际公开赛、国际速度轮滑公开赛等特色品牌赛事。推进长安世遗运河古镇、路仲古镇等保护性开发，“海宁海塘”争取列入世界文化遗产预备清单。

提升社会治理水平。深化平安海宁建设，加强科技和信息化应用，推进“智慧警务”建设，打造立体化防控体系，完成世界互联网大会、观潮安保等重大活动的服务保障工作。健全安全生产责任体系，深入开展重点行业、重点区域和人员密集场所的安全隐患专项治理和消防安全大排查大整治，坚决遏制重特大事故发生。推进省级食品安全示范市创建，打造全省领先的食品药品安全多元共治模式。启动省级和谐劳动关系综合试验区建设，以建筑领域和租赁企业为重点，从源头上完善欠薪防处工作机制。提升信访规范化办理水平，打造“12345”政务服务热线新品牌。扎实推进城乡一体新社区建设，深入实施省级社区治理和服务创新实验区项目。加强人民调解工作，提高公共法律服务水平，建设更高水平的法治海宁。

今年，市政府将继续按照民生实事“群众提、大家定、政府办”的理念，认真办好水环境治理、大气治理、社会治安保障、公共服务完善、市区停车综合治理、城乡餐桌安全保障提升、城市地下空间管网改造、城市路网结构优化、老旧小区供水设施防冻保暖、失能人员长期护理保险等十个方面的民生实事项目，着力解决人民群众普遍关心的突出问题。

四、积极建设有为政府

各位代表，做好今年的政府工作，确保本届政府开好局、起好步，必须切实增强政治意识、大局意识、核心意识、看齐意识，深入开展“五事”主题教育实践活动，以铁军精神全面加强政府自身建设。

要以铁的毅力勤学善政。经济新常态下我们不熟悉、不了解的新事物越来越多，面临问题、解决问题的复杂程度也远超以往。要适应快速变化的新形势，就必须深入学习党中央治国理政的新理念、新思想、新战略，及时更新补充新技术、新业态、新经济方面的知识。坚持有的放矢地学，深入一线，注重向市场学、向企业家学、向群众学，熟悉掌握市场经济知识，不断提高按市场规律谋大事出实招的能力；坚持与时俱进地学，注重紧跟时代脉搏，提升思维深度，切实增强研判形势、把握大局、应对复杂局面的能力；坚持持之以恒地学，做到学习工作化、工作学习化，真正将学习成果转化为应对经济社会快速发展的新思路、新举措、新对策。

要以铁的责任依法行政。把诚信守法作为建设法治政府的基本要求，按照授予有据、行使有规、监督有效的原则，切实规范行政行为，依法有效预防化解行政争议。坚持科学民主依法决策，完善落实重大事项公众参与、专家论证、合法性审查制度。大力推进政府信息公开，充分保障群众的知情权、参与权和监督权。健全行政权力监督制约机制，自觉接受人大依法监督、政协民主监督、监察监督和司法监督，加强政府内部层级监督和审计监督，主动接受社会监督、舆论监督。

要以铁的担当实干兴政。牢固树立“政府就是服务”的理念，坚持“围墙内的事企业办、围墙外的事政府管”，持续加大简政放权、放管结合、优化服务力度。以群众和企业到政府办事“最多跑一次”为目标，进一步深化行政审批制度改革，健全企业服务代办机制，全面推行“互联网＋政务服务”。坚持以人为本，深入推行“一线工作法”，大处着眼、小处着手、说到做到，全力推动群众就学难、就医难、停车难等问题的有效解决。继续推动政府管理重心下移，坚决惩治各种慵懒散等不良风气，以功成不必在我的责任担当，一步一个脚印推进工作，决不畏首畏尾，决不把问题留给后人，确保谋一件、干一件、成一件，切实当好人民群众和企业的“店小二”。

要以铁的纪律从严治政。坚持把纪律挺在前面，将全面从严治党要求贯彻落实到政府自身建设各个方面，严格执行党章、党规、党纪，自觉落实“一岗双责”。坚定不移执行好中央八项规定精神及作风建设各项规定，持之以恒反对“四风”。深入推进党风廉政建设，严厉惩治腐败，严查行政审批、土地出让、工程建设等重点领域和关键环节的腐败问题，严惩截留侵吞、优亲厚友、虚报冒领等侵害群众利益的违纪违法行为。加强国有资产监管，严格控制和压缩政府一般性支出，把有限的资金和资源更多地用在改善民生、保障发展上。

各位代表，新的工作任务已经明确，新的使命担当催人奋进，努力奋斗才能梦想成真，让我们更加紧密地团结在以习近平同志为核心的党中央周围，在中共海宁市委的坚强领导下，以更加开阔的视野、更加昂扬的斗志、更加扎实的作风，不忘初心、继续前进，以优异成绩迎接党的十九大胜利召开！

附：特载篇名词注释

四换三名：四换，即腾笼换鸟、机器换人、空间换地、电商换市；三名，即名企、名品、名家。

“两化”融合：以信息化带动工业化，以工业化促进信息化，走新型工业化道路。

四张清单一张网：四张清单，即行政权力清单、政府责任清单、投资负面清单、财政专项资金管理清单；一张网，即政务服务网。

农村“三资”：农村集体的资金、资产、资源。

新一轮“六城联创”：全国文明城市暨浙江省文明市、国家卫生城市、国家级生态市、国家级环保模范城市、国家历史文化名城和省级森林城市的创建（申报、复评）。

五水共治：治污水，防洪水，排涝水，保供水，抓节水。

双下沉、两提升：以“人才下沉、资源下沉”为手段，支持基层医疗卫生机构“服务能力提升、服务效率提升”。

三社：社区、社会组织、社会工作专业人才。

三严三实：习近平关于推进作风建设的重要论述，既严以修身、严以用权、严以律己，又谋事要实、创业要实、做人要实。

两学一做：学党章党规、学系列讲话，做合格党员。

五事：善谋事，敢担事，干实事，会共事，不出事。

两地双服务：指党员干部到居住地和成长地报到认岗服务社区、服务新农村。

纪委“三转”：纪委转职能、转方式、转作风。

监督执纪“四种形态”：党内关系要正常化，批评和自我批评要经常开展，让咬耳扯袖、红脸出汗成为常态；党纪轻处分和组织处理要成为大多数；对严重违纪的重处分、做出重大职务调整应当是少数；而严重违纪涉嫌违法立案审查的只能是极少数。

一带一路：丝绸之路经济带和21世纪

海上丝绸之路。

一业一城一镇： 一业，指把工业作为强市之本、立市之基；一城，指加快建设鹃湖（国际）科技城；一镇，指推进小城市、中心镇建设。

一路一廊一楼： 一路，指规划建设好杭州至海宁城际铁路；一廊，指推进以盐官古城为龙头的百里长廊开发建设；一楼，指发展总部楼宇经济。

盐乌联动、文城互动、潮艺生动： 盐乌联动，指盐官、乌镇客流互通叠加共享；文城互动，指在盐官古城开发中导入文化产业，形成互动发展态势；潮艺生动，指观潮与节庆演出交相辉映，打造生动活泼有吸引力的旅游产品。

PPP： 即 Public-Private-Partnership 的字母缩写，指政府与社会资本合作。

镇（街道）“四个平台”： 指镇（街道）综治工作、市场监管、综合执法、便民服务四个功能性平台。

“一带两路”美丽乡村风景线： 指沿江百里农耕文化体验带、果园飘香富农路、桑田绿韵宜居路三条风景线。

“1+X+Y”村庄布点规划： 将村庄分为新市镇和新社区优化点（1+X 点）、保留提升点（Y 点）、近期撤并点和中远期控制点。

农业“一区一镇”： 农业产业集聚区和现代特色农业强镇。

五区十四码头： 海昌、许村、星光、城东、尖山五个作业区，双联、科同、长安、周王庙、盐官、斜桥、丁桥、马桥、袁花、五丰、军民、南漾、长山、光耀十四个码头。

道路“白改黑”： 把水泥混凝土路面（灰白色）改建为沥青混凝土路面（黑色）。

新一轮“811”美丽海宁建设： 开展绿色经济培育、节能减排、“五水共治”、大气污染防治、土壤污染防治、“三改一拆”、美丽乡村建设、生态屏障建设、灾害防控、生态人文、制度创新 11 项专项行动，实现绿色经济培育、环境质量、节能减排、污染防治、生态保护、生态人文、制度创新 8 个方面的主要目标。

五气共治： 治理燃煤烟气、有机废气、汽车尾气、餐饮油烟以及工地扬尘。

烟花爆竹“双禁”： 在划定区域内实行烟花爆竹禁售、禁放。

农村“三小组长”： 指农村党小组长、村民小组长、妇女小组长。

三会一课： 定期召开支部党员大会、支部委员会、党小组会，按时上好党课。

“三五”党员固定活动日： 每月 5 日为党性学习日，每月 15 日为民情走访日，每月 25 日为先锋服务日。

四风： 形式主义、官僚主义、享乐主义和奢靡之风。

党的“六大纪律”： 中国共产党的政治纪律、组织纪律、廉洁纪律、群众纪律、工作纪律、生活纪律。

小城镇环境综合整治六大专项行动： 规划设计引领专项行动、卫生镇创建专项行动、“道乱占”治理专项行动、“车乱开”治理专项行动、“线乱拉”治理专项行动、低小散块状行业治理专项行动。

两创： 创业、创新。

小升规： 指年应税销售收入 2000 万元以下的工业小微企业转为规模以上工业企业。

个转企： 指个体工商户利用现有的生产经营条件，依法重新登记有限公司（含一人有限公司）、个人独资企业、合伙企业等各类企业。

农业“两区”： 粮食生产功能区和现代农业园区。

三去一降一补： 去产能，去库存，去杠杆，降成本，补短板。

农村“三权”： 农村集体建设用地使用权、农村宅基地使用权、农村集体土地所有权。

三改一拆：改造旧住宅区、旧厂区、城中村，拆除违法建筑。

四边三化：在公路边、铁路边、河边、山边等区域开展洁化、绿化、美化行动。

两个责任：党的十八届三中全会提出的落实党风廉政建设责任制，党委负主体责任，纪委负监督责任。

一案双查：纪检监察机关在查处案件时，既要查清当事人的违纪问题，又要查清主管领导或分管领导的责任范围及责任。

清“三河”：治理黑河、臭河、垃圾河。

“四无”企业（作坊）：无证无照、无安全保障、无合法场所、无环保措施的企业（作坊）。

三场所两企业：有限空间作业场所、涉及可燃爆粉尘作业场所、喷涂作业场所，船舶修造企业、涉氨制冷企业。

“双整”工作：干部纪律作风整顿和社会治安综合整治集中活动。

“4+1”责任制度：“4”，即党委履行主体责任清单，党委主要负责人履行“第一责任人”责任清单，党委班子成员履行“一岗双责”责任清单，纪委履行监督责任清单；“1”，即1项落实保障制度。

“3+2”纪律保障措施：“3”，指事项抽查、情况追查和问题移送制度三项调查制度；“2”，指纪律处理和组织处理两个处理办法。

“两横三纵”高速路网：“两横”，即杭州湾环线高速、沪昆高速；“三纵”，即杭州绕城高速、钱江通道、嘉绍高速。

“一绕三横九纵十连”干线公路网：“一绕”，指市区外围的绕城公路，由嘉海公路、杭沪线（S101）、08省道、湖盐公路、硖崇公路、环西二路组成；“三横”，指三条东西走向的主干道，即潮涌公路、杭沪线（S101）、硖许公路；“九纵”，指九条南北走向的主干道，即硖尖公路、08省道、嘉海公路、桐九公路、骑荆公路、观潮大道、崇长公路、科天公路、塘许公路；“十连”，指连接市域各主干道的十条具有连接功能的公路。

残疾人“两项补贴”：困难残疾人生活补贴和重度残疾人护理补贴。

“三公”经费：财政拨款支出安排的出国（境）费、车辆购置及运行费、公务接待费三项经费。

“四个重大”投资：重大基础设施、重大产业、高新技术产业、生态保护和环境治理投资。

“四千”精神：走遍千山万水，说尽千言万语，想尽千方百计，吃尽千辛万苦。

“双十”行动：发展循环经济十大重点领域，实施循环经济十大重点任务。十大重点领域指循环型工业领域、园区循环化改造领域、废弃物综合利用领域、清洁能源发展和应对气候变化领域、污染综合防治领域、循环型农业领域、绿色城市建设领域、循环型流通领域、节约型社会建设领域、再生资源回收利用领域；十大重点任务指坚持规划引领、推动改革深化、加强科技创新、滚动实施项目、优化政策保障、加强统计工作、注重示范带动、培育典型模式、倡导绿色文化、强化宣传引导。

［编辑：曾晓莲］

专　　文

Specialty Article

创建全国文明城市

2016年，开展“创建全国文明城市提升年”活动，以优美环境、优良秩序、优质服务为目标，实施文明素质提升行动，城市面貌和功能显著改善，城市人文素质逐步提升，海宁市连续两年在全省12个提名城市统一测评中获第1名。12月，全省创建全国县级文明城市现场推进会在海宁召开。12月12日，许伟平家庭被评为首届全国文明家庭，到北京参加表彰大会，受到中共中央总书记习近平接见。

一、坚持五大机制，强化工作力度

坚持项目化推进机制。坚持“做一片成一片文明一片”的理念，在2015年实施50个项目基础上，2016年确定40个重点项目。每个项目明确牵头单位、时间节点、推进举措和责任领导，一项一项抓落实，农贸市场管理、网吧管理、建筑工地管理等一大批重点难点问题得到有效解决。

坚持常态化督考机制。制订镇（街道）、部门（单位）目标责任制考核办法，街道考核分6.5分，镇考核分3分。对街道实行双月考核、镇半年度考核，考核结果在媒体公布，并折算到年终考核中。以日常督察、专项督察、限期督办相结合的方式，加大对农贸市场、小餐饮、建筑工地、越门经营等难点问题的督察，全年发送抄告单231份，抄告问题1216个，跟踪督办主要领导交办事项71项。

坚持网格化管理机制。每名市领导联系一个网格，每个部门认领一条道路，市委书记和市长每周到社区走访，现场办公，形成领导牵头，重点部门、街道、社区共同推进的工作格局。风和丽苑社区、梅园社区的一些老大难问题得到有效解决。

坚持全域化创建机制。创建工作以突出城市为主，坚持城乡统筹、覆盖全域，推进村和社区文明创建。在村级层面，继续推进星级美丽乡村创建，37个村创建为一星级美丽乡村，累计193个村创建为星级美丽乡村，占总数的86.5%，农村环境极大改善。在社区层面，继续推进文明和谐社区创建，成功创建文明和谐社区10个，文明和谐社区比例90.2%。

坚持立体化宣传机制。按照“报纸天天有文字，电视天天有图像，电台天天有声音”的目标，市级新闻媒体常年开设《文明创建进行时》专栏，刊发宣传报道和评论118期，并依托“文明海宁”微信公众号、微博和文明网及时宣传。落实公益广告宣传比例不少于30%的要求，市区基本实现百步之内看得见公益广告。开展公益广告大赛、不文明行为评选、文艺巡回演出等各类宣传活动。

二、实施两大工程，提升城市形象

按照精明城市、精品建设、精细管理、精致生活的理念，从补短板和拉长板两个方面入手，大力整治城市脏乱差现象，打造具有海宁地域特色的亮点。

补短板，实施城市顽疾整治工程。整治小餐饮行业，成立全市小餐饮油烟管理办公室。开展培训宣传，实施严厉处罚，设立“红黑榜”制度，小餐饮卫生、安全等问题显著改善，全市所有餐饮店开展文明餐桌行动。整治建筑工地，定期检查施工扬尘防治、工地污水处理排放、垃圾收集清运、食堂卫生、现场环境卫生等，检查未达标的工地取消海宁市级及以上“建筑安全文明施工标准化工地”评审资格。整治农贸市场，市市场监管局班子成员分别担任建成区范围内农贸市场责任场长，开展常态化执法检查、文明劝导、考核监督。整治老旧小区，开展排水管道改造、监控系统增设、道路整修、绿化提升、管线整治等工程，综合改造老旧小区40个。整治“牛皮癣”，实行市场化招标，包片清理乱张贴、乱涂写，开展楼道保洁、卫生监督、“牛皮癣”清理三项行动，有效遏制“牛皮癣”蔓延。

拉长板，实施城市形象提升工程。提升休闲绿化水平，重点做好鹃湖公园、东山公园和洛塘河公园绿化景观和休闲设施。提升城市家具档次，对遮阳棚、电话亭、环卫设施、邮箱报栏、路标路牌、公园座椅等分批进行统一改造，基础设施更完善，视觉效果更美观。提升垃圾分类覆盖面，市区1万余户居民实行垃圾分类，市区垃圾分类小区达到50%。提升空气质量，自7月1日起，市中心区域以及经济开发区、盐官度假区全面禁售、禁放烟花爆竹，空气质量优良率比上年提高10%。

三、深化六大特色，打造道德品牌

以“人人讲文明，共创文明城”系列主题活动为总载体，倡导礼让斑马线、文明过马路、礼仪待宾客、排队守秩序，深化十大文明素质提升行动，传承邻里节、海宁文明周等精品活动，在六个方面进一步打造海宁特色和道德品牌。

“全城志愿、文明海宁”行动。建成海宁市志愿服务总站，有注册志愿者12.1万人，每7人中有1名志愿者。实施第二批学雷锋志愿服务伙伴计划，共发布项目72个，募集项目资金40.9万元，新培育“志愿潮城便民集市”“文明海宁一道走”等优秀项目。南关厢素食馆公益造血模式不断扩散，全国各地到素食馆学习累计近百批次。新推出机关党员干部“公交亭长制”，机关干部就近认领公交亭，提供卫生保洁、文明劝导、公益宣传等服务。

文明出行渐成社会风尚。公交车先行开展“礼让斑马线”活动，推行“5321”工作法，司机在距路口50米处瞭望，30米处降速至25码，20米处降速至15码，10米处制动并礼让。对不文明行为进行处罚整治，市区安装不礼让斑马线抓拍设备，抓拍量逐月减少。开展文明劝导，志愿者定期在主要路口进行文明劝导。开发文明单位车辆和驾驶人自律系统，建立数据库，定期开展车辆“大体检”，对违法9次以上的车辆和单位在媒体曝光，对违法5次以上的车辆抄告所在单位进行整改。

“最美”选树形成两大阵营。从人和物两个角度，进一步完善市、镇（街道）、村、行业四级“最美”选树体系。开展市级“海宁好人”、镇级“最美”系列、村级“最美婆媳”、行业“最美新居民”等各类选树活动，各级好人层出不穷，全年入选“中国好人榜”1人、“浙江好人榜”11人。宋杰创新设立“好人漂流奖金”。开展“最美河道”“最美厂区”“最美酒店”“最美阳台”等侧重环境的各类“最美”选树活动，发挥文明城市创建中的典型示范作用。

“书香城市”透射人文底蕴。在市区3个人口集中区域分别建设24小时自助图书馆，在银泰商场等商业综合体建立“图书商品MALL”，在车站、医院、皮革城等人员密集场所设置移动图书馆18个，建成汽车图书馆并开通公交化服务，阅读阵地不断拓展。《海宁日报》开设阅读专版，FM96大潮之声每周一至周五晚开设阅读专栏，营造全民阅读氛围。图书馆全年举办读书讲座44场、图文展览57场、培训187场，征集“阅读推广人”700余人，主持开展瑜伽读书会、阅读公开课等活动316场。

移风易俗树立文明乡风。继续深化乡风文明“七个一”①活动，整治农村红白喜事大操大办、铺张浪费等不良风气，重点开展“文明餐桌，节俭办事”主题宣传，改变农民生活陋习。许村镇建立农户办酒席信息收集网络，提前介入走访，开展乡村厨师责任签约，制订文明餐桌公约，评选文明餐桌示范户，实行集体餐厅准入制，推进文明餐桌进农村。许村镇报国村王荣华家庭户发挥党员示范带头作用，节俭办婚礼，将省下的钱结对贫困学生，受到社会广泛赞誉。

未成年人活动稳中求进。寒暑假期间，组织开展第十六届“万名学生下社区进村落”活动，承办嘉兴市暑期“春泥计划”启动活动，发掘共建单位、公益组织、返乡大学生、社工、社区党员等资源，丰富学生假期生活。开展“我是文明小使者”评选、乡村学校少年宫特色项目征集、“春泥计划”优秀案例评选、“童心向党”优秀童谣歌咏比赛、经典诵读比赛等活动，完成“城市、乡村学校少年宫”网站建设，新建38个青少年校外教育基地，2幅童谣作品分获浙江省第二届童谣征集活动一等奖、三等奖。开展美丽（文明）校园评创活动，2所学校被评为嘉兴市文明校园创建示范点。

（叶　杰）

浙江大学国际联合学院（海宁国际校区）开学

浙江大学国际联合学院（海宁国际校区）（以下简称浙大国际校区）项目是进一步促进海宁经济转型、提升城市文化内涵和城市品位的需要，是省重点建设项目。省委、省政府高度重视该项目，省长李强专门召开会议研究项目建设工作。浙江大学与海宁市委、市政府多次召开专题会议，要求在建立健全工程质量、安全生产、廉政工程、

① 七个一：指一选树、一传播、一协议、一队、一榜、一桌、一训。

集体决策等管理机制基础上，认真组织招标等工作，选择在施工、管理等方面符合建设国际一流校区要求的优质企业承担基建任务，把浙大国际校区项目建设成为经得起历史检验的优质工程。

2013 年 6 月 17 日，浙江大学与海宁市政府签署共建浙大国际校区合作协议，由海宁市政府出资负责基本建设。2013 年 8 月 5 日、10 月 16 日，省政府和教育部支持浙江大学与海宁市共建浙大国际校区。2014 年 6 月 10 日，省发改委批复建筑工程可行性研究报告。2015 年 10 月 11 日，教育部正式批复同意浙江大学在海宁建设国际校区。

项目总用地面积 80 公顷，总建筑面积 39.9 万平方米，其中地上建筑面积 34.7 万平方米、地下建筑面积 5.2 万平方米，概算总投资 32.2 亿元。项目分两期实施。一期工程 11.1 万平方米，由湖东综合体、书院甲、综合体育馆、校医院四大部分组成，其中湖东综合体包括基础教学楼 A 栋、基础教学楼 B 栋、图书信息中心、文理学院、学生服务中心、学生商业街 6 个单体。2014 年 6 月 30 日，一期桩基工程开工，2016 年 8 月完工交付。二期工程 28.8 万平方米，由教工俱乐部、教学北区、教学南区、书院乙、书院丙、书院丁、西区书院七大部分组成。2015 年 4 月，二期桩基工程进场施工，计划于 2017 年 9 月全部完工。

加强项目建设管理。2014 年 7 月 8 日，浙江大学、嘉兴市政府、海宁市政府三方在海宁举行项目推进会。2014 年 10 月，成立项目建设指挥部，指挥部下设项目建设办公室，在现场进行项目建设管理。市财政全力保障项目建设资金。项目建设办公室与市检察院成立联合工作领导小组，制订工程建设中共同开展预防职务违法违纪工作实施方案，协同开展预防工作。市审计局成立项目跟踪审计小组，进行项目跟踪审计，监督建设施工管理，规范项目建设操作程序。加强现场外来务工人员管理，成立临时警务室，直接参与项目治安和消防安全管理。

校园设计尊重自然，三条水系及一条景观轴贯通湿地与鹃湖，形成“湿地书院”格局。校园布局突破以功能分区的传统架构，采用“书院 + 公共教学科研平台 + 学生服务综合体”的结构，形成以学术大讲堂为核心的学科群综合体、以图书馆为核心的教学生活综合体。校区定位为国际化办学，集聚优质资源，与世界排名前二十、单一学科排名前五的特色高校合作。融合多元文化，师资队伍中外籍教师不少于 1/3。创新教育理念，采用完全住宿式书院制及联合文理学院教学。设计招收学生 8000 人，研究生和本科生比例 4：6，国际生不少于 30%。

2014 年 12 月 16 日，浙江大学与英国爱丁堡大学签署合作协议。2015 年 7 月 31 日，浙江大学与伊利诺伊大学厄巴纳香槟校区签署合作协议。2016 年 2 月 1 日，教育部批准成立浙江大学爱丁堡大学联合学院和浙江大学伊利诺伊大学厄巴纳香槟校区联合学院。2016 年 3 月 15 日，浙大国际校区成立。2016 年 8 月 16 日，浙江大学爱丁堡大学联合学院和浙江大学伊利诺伊大学厄巴纳香槟校区联合学院、浙江大学中国学中心入驻浙大国际校区。2016 年 9 月 10 日，浙大国际校区正式开学。首年招收中外学生 106 人，其中浙江大学伊利诺伊大学厄巴纳香槟校区联合学院和浙江大学爱丁堡大学联合学院共招收 52 名国内本科生，浙江大学中国学中心招收 54 名硕士留学生。

（朱薇薇）

［编辑：曾晓莲］

大事记

Chronicle of Events

2016年实事项目完成情况[①]

一、加大雾霾治理力度

完成大都市热电有限公司燃煤机组超低排放技术改造；市区建筑工地扬尘治理率95%以上；市区餐饮油烟治理率95%以上；淘汰改造80台燃煤小锅炉；对燃煤排放污染物实施差别化排污收费，开征VOCs（挥发性有机化合物）排污费；完成印刷包装、涂装、纺织后整理有机废气治理，全面淘汰黄标车。项目投入9500万元。大都市热电有限公司4台锅炉全部完成除尘、脱硫超低排放改造，1台锅炉基本完成脱硝超低排放改造。开展复工安全生产大检查。至年底，市区在建工地157个，扬尘治理率96.2%。全年检查餐饮单位1600余家次，发放整改意见书240余份，处理信访举报150余起，查处违规排放油烟违法行为3起；中型以上餐饮单位、机关事业单位食堂全部安装油烟净化器，市区餐饮单位油烟净化器安装率72.3%。累计淘汰燃煤小锅炉65台。320家企业完成VOCs整治；实施差别化排污收费，对实际排放浓度（总量）超过排放标准（总量）的企业实施加倍排污收费，排放浓度低于排放标准50%以上的实施减半征收，适时开征VOCs排污费。完成省定黄标车淘汰任务119辆。企业自筹完成投入1.2亿元。

二、河道综合整治项目

实施全市河道清淤和综合整治130千米，其中河道综合整治50千米，河道清淤80千米；完成市、镇、村河道绿化面积93.3公顷；打通断头浜26条以上。项目投入2亿元。全市完成河道疏浚及综合整治177.7千米，完成率136.67%，其中河道综合整治63.3千米，河道清淤114.4千米。完成市、镇、村河道绿化面积106.1公顷。打通断头浜32条。下拨2135万元市级财政补助资金到各镇（街道），剩余20%的补助资金待绩效考核完成后下拨。

三、健康海宁APP扩容项目

推进“健康海宁”建设，建成由“健康海宁APP+微信公众号”组成的区域健康信息查询矩阵，利用共享卫生大数据，方便群众预约挂号、掌握就诊流程以及查询健康信息、开展健康咨询和健康管理，提高就诊效率及满意度。项目投入47万元。全市6家市级公立医院全部接入健康海宁APP门诊预约挂号功能。在原有健康海宁APP基础上，开发健康海宁微信版，新增叫号查询、健康管理、中医体质辨识及建议、满意度调查等健康信息查询及互动功能模块。市财政安排经费22万元，健康海宁APP累计

① 文中黑体字为计划，宋体字为实施情况。

注册用户5.1万户，3900余人次实施自助预约挂号，47.3万人次享受智慧医疗便捷服务。

四、农村家庭集体聚餐食品安全保障项目

在各镇（街道）有条件的村（社区）新建或提升改造30个农村家宴中心，并对各家宴中心规范化建设分A、B、C三级进行达标评定；实施农村家宴中心餐具统一配送和餐饮具消毒工作；实施农村家宴中心厨师资质（申报、培训、体检）统一认定；实施农村家宴中心在线监测并对主要食品材料开展风险监测。项目投入500万～800万元。全市建成标准化农村家宴服务中心30个、农村家宴服务中心“阳光厨房”30个。出台《农村家宴厨师服务操作规范》地方标准，完成农村家宴厨师主体资质认证1103人次，办理农村家宴服务管理个体工商户营业执照349张，催生农村家宴餐饮管理公司12家（签约农村家宴厨师347人）。开展农村家宴食材风险性评价抽检536批次、一次性消毒餐具监督性抽检348批次，全市就餐人数100人以上的农村家宴全部纳入食品安全责任保险。家宴服务中心建设总投资近1亿元，其中厨房装修和设施设备采购支出1500余万元。

五、社会治安视频监控建设项目

新建480个高清数字监控探头，改造1375个模拟视频监控探头。新建及改造均采用“购买服务”的租赁形式，租期五年，期满后设备产权归政府所有，到期后视情况续租（支付网络费和电费）。项目投入450万元。根据市委要求，明确在全市新建并接入公安平台的公共区域视频监控探头1480个，完成模拟监控探头高清化改造（模改数）2751个，总计建设和改造4231个，总投资1.49亿元。至年底，基本完成全市勘查工作，基本选定点位设置，硖石街道、周王庙镇开工建设。

六、老旧小区楼道灯维修项目

在硖石、海洲、海昌3个街道实施老旧小区楼道灯维修项目，涉及18个社区114个开放式小区，维修更新2115只住宅楼道灯，惠及居民25415户。项目投入10万元。经调查摸底统计，3个街道共有2097只楼道灯需维修，其中硖石街道1333个、海洲街道577个、海昌街道187个。至年底，老旧居民住宅楼道灯维修工程全部完工，共修复楼道灯2097只，施工方资金测算13万余元。

七、市区停车管理项目

完善市区公共停车点导向系统建设，盘活社会闲置区块，停车管理系统投入465万元，由市财政负担；重点区域改造投入1270万元，市财政负担420万元；停车场建设投入4335万元。启动停车诱导系统建设。银泰城及浙大国际校区周边、南关厢及火车站区域、新苑路（文苑路至蒋家新桥段）、碧云路（海州路至水月亭路段）交通设施完成改造，华联南寺街区块封闭式改建市政设施基本完成，工人路沿线四个广场隔离设施完成安装。建成人才公寓二期临时停车场、塘桥东南堍停车场、南苑路原老汽车站停车场、紫阳路原高新电脑城地下停车场并投入使用，桃园幼儿园北地下停车场和西山北坡地下停车场完成建设。

八、公交提升项目

全年新增5条公交线路，调整5条公交线路。加快“绿色公交”建设，全年新购公交车20辆，其中气电或油电混合动力车不少于10辆，设置公交充电桩10个。提升改造6条农村公路，共计5.9千米，其中马桥街道卫胡线0.9千米，马桥街道镇西路（国榷路）0.4千米，盐官镇宁袁塘路二期0.6千米，盐官镇莲花路一期1.2千米，袁花镇新长路2.1千米，黄湾镇育才路0.7千米。公交车购买、充电桩建设共投入850万元，市财政负担508万元；农村公路建设投入2350万元。至年底，新增6条公交

线路，调整6条公交线路，新增23辆公交车。建成10个公交充电桩并投入使用，其中8个混合动力车充电桩、2个纯电动车充电桩。公交车购买、充电桩建设完成投入523.7万元。农村公路马桥街道卫胡线、镇西路二期，袁花镇新长路，黄湾镇育才路，盐官镇宁袁塘路二期、莲花路一期完工。

九、就业援助行动

鼓励企业吸纳就业困难人员，给予岗位补贴、社保补贴，实现就业困难人员充分就业。受惠人员2万人，其中就业困难人员享受就业援助政策1.5万人（其中开发公益性岗位200人），应届高校毕业生初次就业3000人，转移就业2000人。重点排摸农业养殖业和腾退企业转移人员，通过岗位推荐、再就业技能培训、创业帮扶等实施就业援助。项目投入7093万元。全年举办招聘会83期，提供就业岗位9.5万个，吸引求职人员6.4万人。“海宁市人才网”微信公众号推送招聘会岗位信息和就业创业培训信息281条，点击阅读量285万人次。推荐就业困难人员、高校毕业生等简历3800余份，成功推荐2276人次。实施企业稳岗补贴政策，受理申报企业1397家，涉及金额1660余万元。受惠就业困难人员15297人（其中开发公益性岗位203人），农业养殖业和腾退企业转移失业人员就业2030人，应届高校毕业生初次就业3128人，完成投入5003万元。

十、危桥改造项目

完成农村桥梁改造33座，其中水利类危桥20座、交通类危桥13座。项目投入1200万元。全年完成危桥改造33座，其中水利类危桥20座、交通类危桥13座。完成投资1250万元。

（潘冰洁）

2016年海宁市大事记

1月

4日 全市扩大有效投资重大项目集中开工仪式在长安镇（高新区）举行，11个重大项目集中开工。嘉兴市副市长张仁贵参加开工仪式。

6日 海宁市“6+2”住房保障体系[①]获住建部“中国人居环境范例奖”，是浙江省唯一获该奖项的住房保障项目。

同日 海宁市入选2015年国家循环经济示范城市（县）建设地区。

7日 浙江凯盈新材料有限公司法人李志勇入选第十二批国家创业“千人计划”名单，海宁市培育创业国家“千人计划”人才实现零突破。

8日 海涛路（环西二路）跨沪昆铁路大桥正式通车。

13日 海宁市被评为全省2015年“清三河”达标县（市、区）。

15日 环西二路（江南大道至01省道）正式通车。

19日 市妇幼保健院整体搬迁至新院址，新院位于市区水月亭东路309号。

21日 市青少年宫与妇儿活动中心开工建设。

23日 召开“招商选资突破提质年”活动动员大会，市四套班子领导参加会议。

24日 海宁市影视产业协会成立。

26日 举行2016年海宁市政银企合作签约仪式。

① “6+2”住房保障体系：指以解困房、廉租住房、经济适用住房、公共租赁住房、农民工公寓、人才公寓和老居住区（危旧房）改造、农村危旧房改造为主要内容的住房保障体系。

28日 海宁皮革城国家市场采购贸易方式试点首单正式通关。

是月 洛塘河13千米绿道全线贯通。

是月 美大集团有限公司入围浙江省第二批“三名”培育试点，全市共有2家企业列入省“三名”培育试点。

2月

1日 召开市委十三届九次全体（扩大）会议暨十四届市政府第九次全体会议，审议通过《中共海宁市委关于制定海宁市国民经济和社会发展第十三个五年规划的建议》。

同日 召开全市生态环保与“五水共治”工作会议，启动国家级环保模范城市创建。

14日 召开全市三级干部大会，表彰2015年度各级先进集体和先进个人。市四套班子领导出席会议。

24日 沪杭甬高速公路许村互通式立交开通启用。

25日 副省长梁黎明到海宁调研市场采购贸易方式试点工作，实地考察许村家纺城。

同日 全省农村生活垃圾减量化资源化处理技术对接会在海宁举行。

29日 在省委、省政府召开的全省“五水共治”工作视频会议上，海宁市获浙江省“五水共治”工作优秀县（市、区）大禹鼎。

是月 海宁市被全国普法办评为全国法治县（市、区）创建活动先进单位。

是月 海宁市入选国家学前教育改革发展实验区。

3月

3日 副省长熊建平到海宁调研城乡建设工作。

3—5日 举办2016海宁·中国家用纺织品（春季）博览会。

5—8日 市政协十二届五次会议在市行政中心举行。

6—9日 市十四届人大第五次会议在市行政中心举行。会议审查和批准《海宁市国民经济和社会发展第十三个五年规划纲要》。

9日 浙江万凯新材料有限公司与日本伊藤忠商事株式会社举行签约仪式，世界500强企业项目落户尖山新区。

10日 海宁市与上海漕河泾新兴技术开发区发展总公司签订全面合作协议。

14日 省委副书记王辉忠到海宁调研平原河网地区农村污水治理和河道清淤工作。

19日 在东山森林公园入口广场举行“人人讲文明，共创文明城——做文明有礼海宁人”活动启动仪式。

21日 9个项目在经济开发区集中开工，总投资11.2亿元。

22日 省政协督导组、嘉兴市政协督察组到海宁开展三级政协“五水共治”民主监督“万千行”活动。

同日 中央电视台《工匠精神》栏目组到浙江火星人厨具有限公司举行开机揭幕仪式。浙江火星人厨具有限公司入选《工匠精神》纪录片拍摄，是全国集成灶行业唯一入选企业。

25日 省政协副主席王建满到海宁调研农村生活污水治理工作。

26日 海宁中国皮革城六期国际馆开业。

27日 市政协在东山森林公园入口广场举办“让政协走进群众，让群众走近政协”系列活动暨“共创文明城市，共建美丽乡村”界别系列活动启动仪式。

29日 省政协副主席孙文友到海宁调研丝绸产业传承发展情况。

是月 市科创中心晋升为国家级科技企业孵化器。

4月

5日 中共浙江省委决定（浙委干〔2016〕100号）：朱建军任中共海宁市委委员、常委、书记。

同日 召开生态建设暨“五气共治”工作会议，部署“五气共治”工作。

11日 全市首个残疾人助残社会工作室——海宁市花蕾社会工作室挂牌成立。

12日 美国伊利诺伊大学厄巴纳香槟分校（UIUC）校长Barbara J.Wilson率代表团到海宁参观浙大国际校区。

同日 浙江省城乡社区治理“十三五”发展规划座谈会在盐官镇桃园村召开。

14日 德累斯顿理工大学欧洲学院执行院长Uwe·Reese率德国德累斯顿访问团到海宁考察经济社会发展情况。

15日 在全省“三改一拆”工作视频会议上，海宁市被评为全省2015年度“基本无违建县（市、区）”。

19日 全省“双下沉、两提升”工作现场会在海宁市中心医院召开。省委书记夏宝龙出席会议并讲话，省委副书记、省长李强主持会议。

同日 副省长郑继伟到海宁调研基层教育、文化、卫生工作。

20日 海宁市不动产登记服务中心在市国土资源局挂牌，完成不动产登记职责整合和机构组建工作。

同日 海宁市获2015年度浙江省“平安县（市、区）”称号，实现“平安海宁”建设“十一连冠”。

21日 省人大常委会副主任刘力伟率调研组到海宁开展大气污染防治法贯彻执行情况检查和“五水共治”工作专项监督调研。

21—22日 全省公安理论研讨会在海宁召开。

22日 市政府新闻办组织召开“转型发展服务提速年”活动暨“营改增”工作新闻发布会。

同日 海宁市爱心联盟综合党委成立，是全市首个志愿服务联盟型综合党委。

26日 嘉兴市“五水共治”河湖清淤、水系连通现场会在海宁召开。

同日 浙江川洋家居股份有限公司在“新三板”挂牌。

28日 举行五一国际劳动节暨第八届职工技能运动会开幕式，表彰最美职工、最美职工娘家人、优秀职工等先进代表。

同日 举行纪念五四运动97周年暨第十一届“海宁市十佳青年标兵”颁奖典礼。

是月 海宁海派供应链管理有限公司在英国曼彻斯特设立的海外仓列入嘉兴市首个省级跨境电商公共海外仓试点。

5月

1日 海宁市大病医疗救助新政开始施行。印发《关于实施精准扶贫和化解因病因灾致贫问题的工作意见》。

5日 中央护路办常务副主任乔信率全国护路办主任到许村镇观摩铁路护路信息化工作。

10日 召开全市城乡环境综合整治百日攻坚暨深化美丽镇村建设创建美丽乡村示范市工作动员大会，市四套班子领导参加会议。

同日 举行“两学一做”专题党课暨学习教育部署会，全市学习教育活动正式启动，市委书记朱建军在会上上专题党课。

9—10日 浙江民间灯彩艺术专业委员会成立大会暨首届浙江灯彩文化传承与产业

发展研讨会在海宁举行。

12日 山东省淄博市党政代表团到海宁考察特色小镇、美丽乡村建设等工作。

18日 省生态文明建设督察组到海宁督察生态文明建设工作推进情况。

22日 上海工程技术大学校长夏建国到海宁开展校地合作交流。

23日 河北省肃宁县党政代表团到海宁考察经济社会发展情况。

同日 位于经济开发区普泰国际物流园的海宁港口岸监管场站开通启用。

24日 召开城镇、农村社区生活垃圾分类试点扩面推进会。

25日 中央信访工作联席会议督察组到海宁督察信访工作。

26日 省委副书记、政法委书记王辉忠到海宁调研G20杭州峰会维稳安保工作。

31日 举行扩大有效投资工业项目集中开工暨浙江国能高性能动力电池产业园项目奠基仪式。

是月 启动编制新一轮市域总体规划。

6月

1—3日 市长戴锋率经济发展主平台和有关部门负责人到深圳、东莞学习考察。

2日 全省新领域新业态党建现场推进会在海宁召开。

同日 国家发改委公布长江经济带国家级转型升级示范开发区名单，海宁经济开发区入选。

3日 召开第八届“海宁潮”文学艺术奖颁奖大会，授予28件文艺作品“海宁潮”文学艺术奖。

3—6日 2016年全国蹦床冠军赛暨里约奥运会选拔积分赛在海宁举行。

12日 市党政考察团到义乌市学习考察“大众创业、万众创新”、国际贸易综合改革、跨境电子商务等工作，市领导朱建军、徐辉、张炜芬、周红霞等参加考察。

13—15日 全国部分县（市、区）人大工作交流会第四十六次会议在海宁召开。

13—15日 市政协主席张炜芬带队到四川绵阳学习考察文明创建工作。

15日 山东省淄博市淄川区党政考察团到海宁考察。

16日 2016中国·海宁潮国际博览会暨第二十三届海宁·中国皮革博览会在会展中心开幕。

20日 嘉兴市人大常委会主任刘冬生到海宁调研基层人大和民主政治建设情况。

21—23日 市人大常委会主任徐辉带队到福建晋江学习考察质量和品牌工作。

22日 市政府召开全市烟花爆竹“双禁”工作动员部署会。自7月1日起，在划定区域范围内禁止销售、燃放烟花爆竹。

28日 全市不动产权证首发仪式在市行政服务中心举行。

29日 2016年亚洲发展中国家领导能力建设研修班女官员到盐官镇桃园村考察新农村建设。

30日 全市庆祝中国共产党成立95周年大会在市文化馆举行。

同日 全省铁路护路联防工作会议在海宁召开，海宁市被评为2015年度浙江省平安铁路示范县（市、区）。

7月

1日 召开全市旅游业发展大会，5个项目在会上签约，市四套班子领导参加会议。

同日 召开全市责任医生签约工作动员会，全市启动责任医生签约服务。

8日 海宁跨境电商产业园在经编产业园区开园。

16—17日 中国（海宁）速度轮滑公

开赛在海宁举行。

20日 全市首个供电所光伏发电项目在盐官并网运行。

22日 全省扩大有效投资重大项目集中开工活动嘉兴分会场开工仪式在黄湾镇（尖山新区）举行。嘉兴市四套班子领导、海宁市四套班子领导出席开工仪式。

同日 嘉兴市扩大有效投资重大项目推进会在海宁召开。

23日 市政协主办的“尺素海宁——当代信札展”开幕式暨《尺素海宁——当代信札展作品集》首发式在张宗祥书画院举行。

25日 嘉兴市“双推”（推进重点工作、推动争先晋位）活动在海宁举行。

同日 召开社会组织综合党委成立暨全市社会组织党建工作现场推进会，组建成立全市社会组织综合党委。

27日 副省长梁黎明到海宁调研外经贸工作。

30日 金华市委常委、义乌市委书记盛秋平，金华市副市长、义乌市市长林毅率义乌市党政考察团到海宁考察。

是月 海宁市入选全省首批服务业强县（市）试点。

是月 杭沪线（S101）海宁段入选“2016浙江十大最美公路”。

8月

2日 召开创建国家循环经济示范市动员大会。

同日 浙江财经大学法学院与市民政局共建社会工作科研教学实践基地签约，浙江财经大学法学院首个科研教学实践基地落户海宁。

8日 副省长孙景淼到海宁调研交通建设工作。

同日 海宁中国皮革城六期批发中心（电商配送中心）开业。

12日 海宁市入选第一批省级社区治理和服务创新实验区。

17日 海宁市政府与省交通投资集团举行杭州至海宁城际铁路项目战略合作框架协议签约仪式。

18日 嘉兴市委副书记、市长胡海峰率督察组到海宁开展重点工作专题督察。

19日 2016年中国服装产业集群发展会议暨全国服装行业统计工作会议在海宁举行，海宁市被中国服装协会评为中国服装行业“十三五”创新示范基地。

21日 2016海宁·中国家用纺织品（秋季）博览会在许村镇开幕。

22日 嘉兴市委书记鲁俊到海宁督察平安建设情况。

23日 《海宁市统一政务咨询投诉举报平台建设实施方案》经十四届市政府第六十次常务会议审议通过正式出台。“12345”市长电话更名为“12345”政务服务热线，优化整合28条非紧急类政务服务热线。

30日 市十四届人大第六次会议在市行政中心举行，表决通过《关于同意建设杭州至海宁城际铁路的决定》。

31日 市总工会召开十六届五次全委会，选举许忠德为市总工会第十六届委员会委员、常委、主席。

9月

1日 市公共自行车三期项目投入运营，设站点43个，投放自行车700辆。

7日 举行庆祝第32个教师节暨第五届“感动潮乡·十佳教师”表彰大会。

8日 2016首届中国家纺布艺产业互联网大会在海宁召开。

10日 浙大国际校区开学。

12日 省委副书记、政法委书记王辉忠到海宁调研。

同日 《中国节日志·观潮节》举行首发式。

同日 2016首届中国海宁百里钱塘国际雕塑大展开幕，雕塑公园开园。

13日 召开全市公务用车制度改革工作动员会议。

同日 台湾南投市市长宋怀琳率访问团到海宁考察交流。

13—22日 第二十三届钱江（海宁）观潮节在盐官度假区举行。

15日 受台风“莫兰蒂”外围影响，全市召开紧急会议，全面部署落实防汛防台排涝抢险工作，启动防汛Ⅳ级应急响应。

20日 市人大常委会召开农户刚需建房特定问题调查动员大会，是海宁人大历史上首次启动特定问题调查程序。

同日 西山雅集·春蜂踏歌——纪念春蜂乐会成立90周年暨钱君匋及其同时代音乐作品鉴赏研讨系列活动启幕。

22日 杭州至海宁城际铁路项目工程可行性研究报告获省发改委批复，项目正式进入实施阶段。

23日 海宁皮革时尚小镇核心区块——皮革时尚小镇创意区开工建设。

同日 云和县委书记张建明率党政考察团到海宁考察旅游产业发展、美丽县城建设、特色小镇建设等工作。

24日 市志愿服务总站在市青年中心揭牌启用。

29日 海宁市与杭州市余杭区举行区域战略合作开发签约仪式。

同日 全省小微企业三年成长计划“互学互查互促”交流活动在海宁举行。

30日 在东山革命烈士陵园举行烈士纪念日公祭活动，市四套班子领导与各界代表参加。

10月

1日 郑州海宁皮革城开业。

12日 由市委宣传部、海宁澳亚影视传媒有限公司等共同出品的大型历史文化纪录片《中国历史上的腐败与反腐败》在杭州举行开机仪式。

13日 举行全市“五事”主题教育实践活动部署会。

17日 蒙古人民党主席、国家大呼拉尔主席（议长）米·恩赫包勒德率蒙古人民党代表团到海宁访问。

17—18日 首届海商大会在市行政中心举行，成立海商总会。

18日 企业进出口信用管理系统“关企合作平台”上线。

26日 嘉兴市委书记鲁俊到海宁调研经济社会发展情况

29日 海宁大道洛塘河大桥开工新建。

31日 中共嘉兴市委决定（嘉委干〔2016〕44号）：免去戴锋的中共海宁市委副书记、常委、委员职务，曹国良任中共海宁市委委员、常委、副书记。

是月 启动创建首批五星级美丽乡村，11个村（社区）申报。

是月 海宁苏河汇众创空间由省级众创空间上升为国家级众创空间，成为海宁首个国家级众创空间。

11月

1日 嘉兴市小城镇环境综合整治、美丽乡村建设和“三改一拆”工作现场推进会在海宁召开。

同日 马桥街道首批公共自行车启用，设站点16个，投放公共自行车480辆。

3日 副省长高兴夫到海宁调研综合交

通工作，考察杭州至海宁城际铁路项目。

4日 平湖市委书记盛付祥率党政考察团到海宁考察公共服务配套、城市有机更新等建设情况。

11日 召开市、镇两级人大换届选举工作部署会，选举工作全面启动，依法确定12月20日为全市选举日。

同日 长安镇（高新区）首个大型商业综合体——长安佳源中心广场开业。

16日 安徽省广德县党政考察团到海宁考察农村改革相关工作。

同日 国家卫计委调研组到海宁调研基层卫生改革工作。

18—20日 第七届王国维戏曲论文奖颁奖典礼暨“网络时代的戏曲走向”学术研讨会在海宁举行。

19日 “新月如歌”2016徐志摩音乐诗会暨第四届中国（海宁）·徐志摩微诗歌大赛颁奖典礼在市文化馆举行。

22日 13时25分，位于经编产业园区的浙江海利得新材料股份有限公司发生火灾。事故造成2人死亡，3人受伤。

23日 市十四届人大常委会第四十二次会议决定（海人大〔2016〕35号）：任命曹国良为海宁市人民政府副市长；接受戴锋因工作调动辞去海宁市人民政府市长职务的请求；决定副市长曹国良代理海宁市人民政府市长职务。

是月 海宁市被确定为浙江省综合医改先行先试县（市、区）。

是月 海宁市入选第二批省级红十字工作示范县（市）。

是月 经编行业入选2017年度省“机器换人”分行业试点。

12月

1—2日 全省创建全国县级文明城市现场推进会在海宁召开。

5日 市党政考察团到嘉兴经济技术开发区、平湖市、嘉兴港区学习考察招商引资、平台建设等工作。

7日 开化县代县长童炜鑫率考察团到海宁考察城乡垃圾处理工作。

9日 海宁市与宁波精益集团举行签约仪式，总投资67亿元的汽车锻造铝轮毂制造产业基地项目落户尖山新区。

同日 市水务投资集团有限公司与云南水务投资股份有限公司签约，成立合资公司。

12日 首届全国文明家庭表彰大会在北京举行，海洲街道许伟平家庭被评为全国文明家庭。

15日 市委十三届十二次全体（扩大）会议暨十四届市政府第十一次全体会议在市行政中心召开。

同日 杭州至海宁城际铁路先行段开工。

16日 海宁公交总站（汽车北站）投入使用。

18日 海宁市政府、盐官度假区管委会与北京中景旅游投资基金管理有限公司、陈向宏举行盐官旅游开发合作项目签约仪式。

20—21日 全国流动人口计生协工作经验交流暨年度工作研讨会在海宁召开。

21日 市工商联（总商会）第十次会员代表大会召开。

22日 老年大学新校区落成启用。

25—29日 中国共产党海宁市第十四次代表大会召开。12月26日开幕。

30日 尖山码头主体工程完工。

是月 海宁中国皮革城被国家知识产权局列为第一批国家级知识产权保护规范化市场。

（档案局　史志办）

［编辑：曾晓莲］

海宁概貌

General Information of Haining

地理环境

【地理位置】 海宁市位于浙江省东北部，嘉兴市南部。地理坐标北纬 30°15′～30°36′，东经 120°18′～120°53′。东邻海盐县；南濒钱塘江，与绍兴市上虞区、杭州市萧山区隔江相望；西接杭州市余杭区；北连桐乡市、嘉兴市秀洲区。东距上海 125 千米。沪杭铁路、101 省道杭沪复线、杭浦高速公路东西横贯市域，沪杭高铁、沪杭高速公路、320 国道越过北境，杭州绕城公路东线穿行西部。以“三横九纵五连”为主框架，市、镇、村公路纵横交错，形成现代化交通网络，短途客运便捷，村村通城乡公交。定级内河航道 48 条，主干线航道与京杭大运河相连。

【自然环境】 海宁市域地处长江三角洲杭嘉湖平原，全市行政区域总面积 862.74 平方千米，其中内陆面积 731.8 平方千米（全国第二次土地调查数据）。地形狭长，东西最长处 51.87 千米，南北最宽处 33.4 千米。地势平坦，自西南向东北倾斜，陆地海拔 3～5 米（1985 国家高程，下同），古陆残屿与低丘集中分布在境东北和东南部，高阳山最高，海拔 251.58 米（主峰在海盐县境内），其他在 200 米以下。海宁属北亚热带海洋性湿润气候区，气候温和，雨量较丰，日照充足，四季分明。因地处中纬度，冷暖空气经常在此交会，有旱、涝等灾害性天气出现。耕地土质南砂北黏，结构良好，水气协调，酸碱度适中，适宜多种作物生长。海宁属太湖流域水网地带，境内有上塘河和运河两个水系。水资源以河网径量为主，外来水利用率高，地下水控制开采，总量能满足工农业生产和人民生活需要。自然条件优越，至今约有 730 种植物和 500 余种动物在此地域生长繁衍。海宁居钱塘江河口北岸，境内岸线长 55.92 千米，钱塘江水域（不含尖山围垦）面积 130.94 平方千米，海塘（不含围垦海塘）长 53.6 千米。海宁潮是世界著名的自然景观。

（史志办）

建置沿革

【建置】 据考古资料证明，距今约六七千年，在海宁土地上已有先民生息。春秋战国时，海宁是越、吴、楚的武原乡、槜李乡、御儿乡属地。秦时在海盐县、由拳县境内。东汉建安八年（203）陆逊任海昌屯田都尉并领县事。三国吴黄武二年（223），析海盐、由拳，置盐官县，属吴郡，隶扬州，为海宁建县之始。唐武德七年（624）并入钱塘县，贞观四年（630）复置盐官县。元元贞元年（1295）升盐官州，天历二年

（1329）改名为海宁州。明洪武二年（1369）降为海宁县，属杭州府。清乾隆三十八年（1773）改县为州。民国元年（1912）改州为县，直属浙江省。民国21年（1932）属第二县政督察区（1935年6月改为行政督察区），专属驻嘉兴。民国27年（1938）属第三行政督察区，专属驻绍兴。民国29年（1940）浙江省增设第十区，海宁县属第十行政督察区，专属驻嘉兴。民国36年（1937），直属浙江省。民国37年（1948）属第一行政督察区。1949年5月海宁解放，属嘉兴专区。1958年11月海盐县并入海宁县，至1961年12月海盐县分置。1983年8月，撤嘉兴地区行政公署，分设嘉兴市、湖州市，海宁隶属嘉兴市。1986年11月，海宁撤县设市（县级市），属嘉兴市。历史上海宁县治长期在盐官镇。抗日战争期间，曾先后迁移袁花一带乡间及县境以外，抗日战争胜利后设于硖石镇，1949年3月还治盐官镇。1949年6月，县人民政府移驻硖石镇。2003年11月，调整行政区划，市人民政府驻地海洲街道。

【政区】 据散见于典籍、金石部分的记载，唐以前有二市、三镇、七乡、七里、四村。宋咸淳年间（1265—1274），县辖6乡。元初有10乡，后并为6乡。明时有6乡，统3镇32都。清雍正六年（1728），设6乡、4镇和市都、安都、石都、上下都；宣统二年（1910），有1城、2镇、5乡共8个自治区。民国初沿袭清制，后推行村里制、保甲制，行政区划多次变动。民国34年（1945），全县4个区、55个乡镇；民国35年（1946）缩编为44个乡镇；民国36年（1947）又调整为25个乡镇。1949年5月，县人民政府建7个区、25个乡镇。1950年改为6个区、68个乡镇。1956年撤销区建制，设22个乡、6个镇。1958年11月实行人民公社，海盐县并入海宁县，合建13个人民公社。1959年，恢复5个镇的建制。1961年5月，调整公社规模，设7个镇、37个公社；12月，海宁县、海盐县分设，复置海盐县，海宁置24个公社、5个镇。1984年撤社建乡，设5个镇、23个乡。1998年全市设15个镇、10个乡。1999年11月，调整为14个镇、4个乡。2001年10月，完善乡镇行政区划，全市调整为13个镇。2003年11月，行政区划进一步调整，全市设8个镇、4个街道。至2016年，全市仍为8个镇、4个街道。

（史志办）

历史人文

【名胜古迹】 海宁素有“鱼米之乡、丝绸之府、文化之邦、皮革之都”的美誉，名胜古迹众多，是著名的“观潮胜地”。2004年被国家旅游局命名为中国优秀旅游城市。盐官度假区和海宁中国皮革城是国家AAAA级景区。盐官度假区以盐官古城为核心，包括观潮胜地公园、陈阁老宅、海神庙、花居雅舍、江南民俗风情馆、王国维故居、金庸书院等景点。海宁中国皮革城是全国皮革业龙头市场，全国皮革服装、皮毛、皮革的集散中心，建于1993年，2005年整体搬迁。至2016年，新皮革城完成六期工程建设。其他较知名的名胜古迹有市区的西山、东山、徐志摩旧居、南关厢历史街区，“世遗小镇”长安，古镇路仲等。

【海宁潮】 海宁潮即钱塘江涌潮，史称钱塘潮，亦称钱江潮，被誉为“天下奇观”。海宁潮是在月亮、太阳的引力和地球自转产生的离心力作用下形成的。海宁成为“观潮胜地”，与其独特的地理条件和历代江道变迁有关。钱塘江杭州湾外宽内窄，外深内浅，是一个典型的喇叭状海湾。出海口宽100千米，往西至海宁盐官一带时，江面仅3000米宽。起潮时，由于江面迅速收缩变浅，后浪推前浪，形成陡立的水墙。海宁境内可“一潮三看”，即丁桥大缺口的“碰头潮”、盐官占鳌塔的“一线潮”和盐仓丁字坝的“回头潮”。海宁潮每天有日、夜两潮，尤以农历初一至初五、十五至二十的潮为大，一年有120个观潮佳日。南宋时，海宁百姓为纪念先贤，将农历八月十八定为“海神日”，千百年沿袭形成传统观潮节。1994年始，由政府主导在盐官举办一年一度的中国国际钱江（海宁）观潮节。

【硖石灯彩】 硖石灯彩始于唐，盛于宋，是中国民间艺术的瑰宝。其制作工艺独特精湛，在海宁硖石世代相传，主要以拗、扎、结、裱、刻、画、针、糊“八字技法”见长，尤以针刺花纹精巧细美取胜。硖石灯彩一般分座灯、提灯、壁灯、挂灯和礼品灯五大类，融工艺、书画于一体，集诗词、书法、篆刻、刺绣等艺术门类之大成。硖石灯彩在宋代被列为贡品。在清宣统二年（1910）“南洋劝业会”和民国23年（1934）法国“巴黎万国博览会”上展出并获奖。1955年，周恩来将一对硖石灯彩作为国礼赠送给斯里兰卡贵宾。2001年，硖石灯彩赴新西兰展出，海宁市政府将一对宫灯赠送给新西兰总理。2006年5月，硖石灯彩经国务院批准列入首批国家级非物质文化遗产名录。与硖石灯彩相随的“灯会”“灯展”自南宋以来在民间相沿，蔚然成风。较大型的有民国2年（1913）灯会、民国23年（1934）灯会、1953年灯会、1980年灯会和2013年灯会等。

【历代名人】 海宁数千年的文化积淀孕育了众多名人名家：东晋有学者干宝；唐代有忠臣许远，诗人顾况；宋代有女词人朱淑真；明代有戏曲家陈与郊，史学家谈迁、查继佐；清代有大学士陈之遴、陈元龙、陈世倌，诗人查慎行，棋圣范西屏、施定庵，书法家陈奕禧、查昇，学者周春，藏书家吴骞、蒋光煦；近现代有国学大师王国维，诗人徐志摩、穆旦，作家金庸、陈学昭，医学家王士雄，数学家李善兰，军事理论家蒋百里，佛学家太虚法师、印顺法师，书法家张宗祥，训诂学家朱起凤，铁道学家徐骝良，文史学家宋云彬，红学家吴世昌，戏剧家沙可夫，教育家郑晓沧，电影艺术家史东山，版本目录学家赵万里，漫画家米谷，书画家钱君匋，英语教育家许国璋，香港实业家查济民，书画鉴定家徐邦达及“两院”院士苏元复、钱崇澍、沈鸿、张直中、张效祥、叶奇蓁、周志炎等。

（史志办）

气候及水文

【气候特征】 2016年，全市年平均气温较常年[①]略偏高，年降水量较常年偏多两成，年日照时数较常年偏少13.6%。冬季阶段性天气特征明显，气温起伏大；春季温高多雨，4—5月雨量异常偏多；夏季前期对流天气较频繁，后期持续高温酷热；秋季多阴雨寡照，受两次台风影响。全年气象条件一般偏差。主要气象灾害为年初的极端低温、“7·27”强对流天气、台风“莫兰蒂”和“海马”，给全市各行各业带来一定的不利影响。

年平均气温17.2℃，比常年高0.8℃。年总降水量1542.9毫米，比常年多286.5毫

① 常年平均值统计年限为1981—2010年。

米。年总降水日数 169 天，比常年多 29.1 天。年总日照时数 1598.9 小时，比常年少 251.5 小时，接近常年略偏少。年总蒸发量 830.4 毫米（大型蒸发仪器测得，下同）。年最大日蒸发量 7.7 毫米，出现在 8 月 28 日；年最小日蒸发量 0 毫米，出现在 1 月 28 日。年平均相对湿度 83%，比常年高 3%。日平均气温稳定通过 10℃的回暖初日出现在 3 月 27 日，终日出现在 11 月 23 日。终霜日出现在 3 月 12 日，比常年早 2 天；初霜日出现在 11 月 27 日，比常年晚 12 天；无霜期历时 259 天，属略偏多年份。终冰日出现在 3 月 12 日，初冰日出现在 12 月 15 日。年极端最高气温 39.5℃，出现在 7 月 26 日；年极端最低气温 -7.2℃，出现在 1 月 25 日。年最大日降水量 55.8 毫米，出现在 9 月 15 日。

低温雨雪冰冻　受强冷空气影响，1 月下旬全市出现严重的低温雨雪冰冻天气，21—22 日出现降雪，西部地区普遍出现 1 厘米左右积雪，海宁气象站测得最大积雪深度 2 厘米，中东部无明显积雪。22—25 日，日最低气温过程降温幅度 8.2℃，24—26 日连续 3 天出现 -5℃以下的极端低温，其中 25 日气温低至 -7.2℃，创 1992 年以来全市日最低气温纪录。

春季连阴雨　4—5 月降水异常偏多，月降水量均突破历年同期极值，其间出现三段连续阴雨寡照天气，分别是 4 月下旬、5 月上旬和 5 月下旬，严重影响春粮收割和春播春种。

梅雨　6 月 11 日入梅，接近常年（6 月 12 日）；7 月 5 日出梅，较常年（7 月 8 日）略偏早。梅汛期持续 24 天，与常年（24.4 天）基本持平；梅雨量 230.1 毫米，较常年略偏少。主要强降水过程有 3 次，分别出现在 6 月 12 日、15 日和 24—25 日。

高温热浪　受副热带高压持续稳定控制影响，7—8 月出现两段连续的高温热浪天气，高温日数 24 天，其中 38℃以上天数 8 天。从持续时间及强度看，2016 年高温为历史（1961 年以来）第 3 位。

台风　年内主要受两次台风影响。9 月 14—16 日，受台风“莫兰蒂”影响，全市普遍出现强降雨天气，其中 14 日凌晨普遍出现大到暴雨，15 日下午至 16 日早晨普遍出现暴雨到大暴雨，过程降雨量最大为海洲街道气象站测得 156.9 毫米。10 月 22—23 日，受台风“海马”减弱后的低气压和冷空气共同影响，全市大部分地区出现暴雨和 6～7 级东北大风。

强对流　7 月 27 日傍晚，受强对流云团影响，全市大部分地区出现 8～10 级大风。盐仓气象站出现最大 11 级大风，许村镇个别地区雨中夹杂黄豆大小的冰雹，造成许村和长安镇不少农业设施大棚损坏、行道树折断、广告牌倒伏及大面积停电等损害。7 月 29 日下午，个别地区再次发生强对流天气，硖石街道出现 8 级大风，部分村庄出现阵雨夹小冰雹天气。

秋季连阴雨　10—11 月，全市出现秋季连阴雨天气，其中 10 月降水异常偏多，光照异常偏少，破历年 10 月日照时数最低纪录。特别是中下旬的温高阴雨寡照天气，对各类作物生长均不利。11 月中旬至下旬前期，再次出现连阴雨寡照天气，适逢秋收冬种关键时期，严重影响晚稻收晒和冬种作物播种进度。

雾霾　全年大雾日数 99 天，较常年明显偏多，春、秋、冬季大雾均多发。大雾多发的原因：一是年内降水偏多，湿度条件好，利于大雾形成；二是观测站搬迁至周王庙镇，下垫面情况发生变化，城市热岛效应减低，辐射降温条件好，易观测大雾。全年霾日数 46 天，持续呈下降趋势。霾天气主要集中在上半年的 1—4 月，其中 2 月和 3

2016 年超历史（1961—2015 年）
表 1 异常气象纪录

4 月降水量	227.1 毫米	历史同期最多值
5 月降水量	256.1 毫米	历史同期最多值
5 月下旬降水量	113.8 毫米	历史同期最多值
5 月下旬日照时数	14.4 小时	历史同期最少值
6 月降水日数	22 天	历史同期最多值
7 月最高气温	39.5℃	历史同期最高值
8 月最低气温	17.1℃	历史同期最低值
10 月下旬降水量	91.5 毫米	历史同期最多值
10 月日照时数	38.9 小时	历史同期最少值
10 月中旬日照时数	11.2 小时	历史同期最少值
10 月下旬日照时数	3.9 小时	历史同期最少值

月最多，各有 14 天。全年出现轻微霾 34 天、轻度霾 9 天、中度霾 3 天，未出现重度和严重霾。

【水文】 据硖石水文站统计，全年降雨 150 天，累计降雨量 1591.5 毫米。其中梅雨期降雨 16 天，累计降雨 262.5 毫米，接近多年梅期平均降雨量，属正常年份。

一、内河水位

下塘河水位 硖石（洛塘河）全年最高水位 3.99 米，高于警戒水位 0.19 米，出现日期 9 月 16 日；全年最低水位 2.78 米，出现日期 3 月 5 日；全年平均水位 3.24 米。长安镇（崇长港）下河全年最高水位 4.11 米，高于警戒水位 0.31 米，出现日期 6 月 25 日；全年最低水位 3.01 米，出现日期 2 月 21 日；全年平均水位 3.40 米。

上塘河水位 长安镇上河全年最高水位 5.07 米，高于警戒水位 0.27 米，出现日期 4 月 6 日；全年最低水位 4.26 米，出现日期 7 月 11 日；全年平均水位 4.68 米。黄湾花山汇上河全年最高水位 5.17 米，出现日期 10 月 26 日；全年最低水位 3.51 米，出现日期 5 月 15 日；全年平均水位 4.39 米。

二、钱塘江水文（盐官）

潮位 全年最高潮位 8.29 米，出现日期 8 月 29 日，全年高潮位平均 6.26 米。全年最低潮位 2.67 米，出现日期 8 月 14 日，全年低潮位平均 3.32 米。

涨潮差 全年最大涨潮差 4.68 米，出现日期 9 月 19 日；全年最小涨潮差 0.70 米，出现日期 3 月 3 日；全年平均涨潮差 2.94 米。

落潮差 全年最大落潮差 4.82 米，出现日期 9 月 19 日；全年最小落潮差 0.70 米，出现日期 3 月 4 日；全年平均落潮差 2.94 米。

涨潮历时 全年最大历时 3 小时 18 分，出现日期 11 月 22 日；全年最小历时 1 小时 11 分，出现日期 7 月 23 日；全年平均历时 1 小时 56 分。

落潮历时 全年最大历时 11 小时 59 分，出现日期 4 月 16 日；全年最小历时 9 小时 10 分，出现日期 10 月 10 日；全年平均历时 10 小时 30 分。

蒸发量 全年最大日蒸发量 7.3 毫米，出现日期 8 月 27 日；全年最小日蒸发量 0.10 毫米，出现日期 1 月 28 日；全年总蒸发量 695.4 毫米。

潮含氯度 全年最大值 3.40 克 / 千克，出现日期 12 月 16 日，年最大平均 0.69 克 /千克。全年最小值 0.10 克 / 千克，出现日期 1 月 1 日，年最小平均 0.41 克 / 千克。

（朱情逸 吴龙华）

行政区划及人口

【行政区划】 2016 年，全市有许村、长安、周王庙、盐官、丁桥、斜桥、袁花、黄湾8个镇和硖石、海洲、海昌、马桥4个街道。年内，硖石街道撤销群利社区、长园社区，新建群园社区；海洲街道撤销康桥社区、新桥社区，合并成新的新桥社区；海昌街道撤销双冯村、泾长村，新建胜利社区；长安镇新建聆涛社区。至年底，共有村159个、社区64个，其中撤村建居社区18个。

表2　2016年海宁市村（社区）基本情况

镇(街道)名称	村		社区	
	数量(个)	名　称	数量(个)	名　称
许村镇	27	荡湾　孙桥　庄湾　团结　新益　永福　许桥　双联　南联　杨渡　文桥　新华　报国　李家　科同　联盟　茗山　红旗　巷东　花园　景树　前进　胜利　海王　塘桥　翁埠　许巷	2	许村　许巷
长安镇	20	东陈　肖王　金港　天明　新民　老庄　城东　虹金　褚石　辛江　泰山　兴城　德丰　陆泽　大型　兴福　东升　红色　盐仓　鹿耳	6	虹桥　怡院　修川　港湾　聆涛　**长郊**
周王庙镇	13	上林　长春　联民　双涧　陈桥　星火　新建　博儒桥　石井　胡斗　荆山　云龙　之江	1	周王庙
盐官镇	17	联农　祝会　新星　安星　城北　群益　桃园　联丰　郭店　广福　包王　红友　联群　丰士　万寿　盐官　中新	4	春熙　安澜　郭溪　丰兴
丁桥镇	14	民利　群海　海星　永胜　芦湾　两丰　丁桥　诸桥　金扬　利群　新仓　海潮　万新　保胜	1	丁桥
斜桥镇	16	乐农　斜西　仲乐　新农　三联　黄墩　斜桥　庆云　华丰　路仲　永合　光明　万星　金石　祝场　祝东	3	斜桥　庆云　洛溪
袁花镇	14	镇东　新袁　双丰　龙联　镇西　红新　红晓　夹山　长啸　梨园　彭墩　谈桥　东风　濮桥	4	河东街　河西街　**天仙街**　**彭墩**
黄湾镇	7	黄湾　闸口　钱江　黄山　五丰　尖山　大临	2	黄湾　尖山
硖石街道	8	荷叶　联和　军民　永丰　南漾　双合　西环　杨汇桥	16	新苑　竦秀　南苑　东苑　东山　由拳　新华　西山　沙泗浜　南关厢　海青桥　风和丽苑　群园　**高丰**　**农丰**　**长田**
海洲街道	5	民和　伊桥　金龙　张店　双凤	14	洛洲　海洲　成园　梨园　梅园　白漾　联塘　百合　新桥　**新庄**　**西郊**　**南郊**　**联合**　**东长**
海昌街道	10	迎丰　利民　双喜　双山　长山　星光　光耀　金星　勤民　利峰	10	碧云　洛隆　胜利　**硖西**　**金利**　**火炬**　**隆兴**　**硖东**　**东郊**　**丁公堰**
马桥街道	8	民胜　马桥　新场　柏士　先锋　正阳　利众　新塘	1	桐溪

说明：黑体字为撤村建居社区

【人口】 至年底，全市户籍总人口681656人，比上年增加5178人；总户数188143户，增加1463户，平均每户3.62人。在总人口中，男性人口333748人，女性人口347908人，男女性别比为95.93∶100。年内，全市出生人口7974人，出生率11.74‰，上升3.46个千分点；死亡人口4677人，死亡率6.89‰，下降0.22个千分点；人口自然增长率4.86‰，上升3.69个千分点。全年迁入人口7262人，迁出人口4893人，净迁入2369人。全市城乡居民平均预期寿命82.9岁，其中男性为80.83岁，女性为84.99岁。按公安部门户籍统计，全市共有27个少数民族，总人口3052人，其中人口较多的分别是壮族、苗族、土家族、彝族和回族。

（刘宏亮　陈佳靖）

国民经济和社会发展

【概况】 2016年，全市地区生产总值767.92亿元，按可比价计算，比上年增长6.5%。其中第一产业增加值21.68亿元，增长1.1%；第二产业增加值414.74亿元，增长5.1%；第三产业增加值331.5亿元，增长8.7%，占GDP比重提高1.1个百分点，对GDP增长贡献率54.47%。三次产业结构比为2.8∶54.0∶43.2。按户籍人口计算，人均生产总值113085元（按年平均汇率计算为17030美元），增长2.1%。全年居民消费价格累计上涨2%。实现财政总收入123.88亿元，增长2.3%，其中公共财政预算收入72亿元，增长4.2%。城镇常住居民人均可支配收入51954元，增长7.5%；农村常住居民人均可支配收入30200元，增长7.8%。完成固定资产投资555.43亿元，增长8%，其中工业生产性投资252.25亿元，增长11.1%；政府投资计划项目完成投资110.67亿元（其中引入社会资本项目完成投资13.18亿元），增长35.6%。实现进出口总额413.31亿元，增长13.6%，其中出口总额365.64亿元，增长14.1%。社会消费品零售总额370.22亿元，增长9.4%。

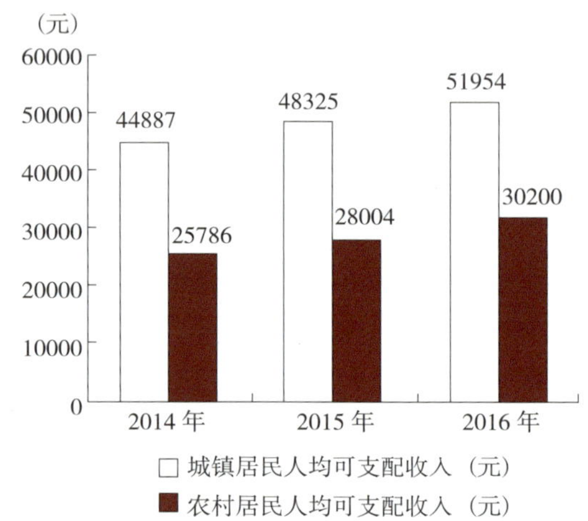

图1　2014—2016年城乡居民人均可支配收入

【经济平稳发展】 全市先后召开工业、旅游业、海商、建筑业等大会，制订出台一系列稳增长、促发展的政策意见。重大基础设施投资、生态环保投资分别比上年增长54.7%和20%。推进工业强市建设，制订实施“中国制造2025海宁行动”计划，海宁市列入省信息经济发展示范区。新增“新三板”挂牌企业10家。建筑业转型升级，实现建筑业产值214.29亿元。海宁市入围省服务业强县（市）试点，北京中景旅游投资基金管理有限公司与盐官度假区签订开发合作协议。新增楼宇入驻面积5.3万平方米，楼宇税收增长23%。网络零售额列全省县（市、区）第5位。发展现代都市型生态农业，新增粮食生产功能区1665.3公顷。全年出口额占嘉兴市的23.6%，提高1.1个百分点。

表 3 2016 年海宁市分季度经济运行情况及与嘉兴市、浙江省比较

经济运行主要指标	海宁市				嘉兴市全年	浙江省全年
	一季度	上半年	前三季度	全年		
地区生产总值增速（%）	6.8	6.8	6.5	6.5	7.0	7.5
社会消费品零售总额增速（%）	8.4	10.2	10.4	10.7	10.8	12.4
固定资产投资增速（%）	13.0	9.0	10.1	8.0	11.0	10.9
出口增速（%）	5.1	15.0	14.7	14.1	9.0	3.0

【重大项目建设】 推进重大项目建设，杭州至海宁城际铁路先行段开工建设，扩大杭嘉湖南排海宁段工程、皮革时尚小镇核心区等项目有序推进，浙大国际校区开学招生，泰山港水源生态湿地投入运行，人民广场商业中心一期建成开放，江南世家一期、月亮湾等安置房交付使用。海宁港口岸监管场站正式启用。北京国能高性能动力电池产业园、宁波精益集团汽车锻造铝轮毂基地等项目落户海宁。

【推进科技创新】 高新技术产业增加值占规模以上工业增加值的 43.8%。市科创中心创建为国家级孵化器。实施创新主体培育工程，新增高新技术企业 40 家、科技型中小企业 98 家、省级企业研究院 4 家。天通控股股份有限公司被评为国家企业技术中心。启动创建全国质量强市示范城市，新增浙江名牌产品 6 个、著名商标 3 件。加大人才引进培育力度，新增国家、省“千人计划”人才 15 人、院士 2 人，累计有高层次人才 4300 人。

【全面深化改革】 推进供给侧结构性改革，整治“僵尸企业”31 家、低小散企业（作坊）583 家，淘汰落后设备 3044 台套。要素改革向纵深发展，实施第四轮亩产效益综合评价，调整完善差别化措施，浙江江南要素交易中心交易额 370.4 亿元。推进“四张清单一张网”和审批制度改革，推动企业服务代办中心全覆盖。实现不动产统一发证。深化国有企业改革，合并重组市城投集团与社发集团，市水务集团与云南水务投资股份有限公司签署战略合作协议。推进市场采购贸易方式改革，累计完成出口额 1.85 亿美元。深化基础设施投融资体制改革，成立 PPP 项目服务中心，引入社会资本 20 亿元。推动海宁市创建国家循环经济示范城市，推动项目库动态管理，启动资源产出率统计调查。推进融杭接沪，海宁市与余杭区签订区域战略合作开发协议，公交 IC 卡实现与上海互通。

城乡新貌（大脚板乐园区块） （王超英 摄）

泰山港水源生态湿地（王超英 摄）

【统筹社会发展】 推动全员参保提标，全市职工基本养老、基本医疗、失业、工伤、生育保险总参保人数分别为36.7万人、39.9万人、20.7万人、27.8万人、25.9万人，实行医保个人账户家庭共济使用。关注弱势群体，实施“精准帮扶、消除贫困”和残疾人全面小康工程。完善养老服务，每千名老人拥有养老床位36张。义务教育公办学校全部通过省标准化学校认定，海宁市入选国家学前教育改革发展实验区。完成国家公共文化服务体系示范区创建，推进公共图书馆服务体系建设。海宁市列入省综合医改先行先试县（市、区），有三甲技术学科13个。开展“全城志愿、文明海宁”活动，全省创建全国县级文明城市现场推进会在海宁召开。

【生态环境综合治理】 推进“五水共治”，省跨行政区域交接断面水质考核保持优秀，市级河道监测断面四类及以上水体占比86%，完成河道疏浚及综合整治211千米。开展“五气共治”，全面完成省定黄标车淘汰任务，新增清洁能源和新能源公交车34辆，重点区域实现烟花爆竹“双禁”，光伏累计装机395兆瓦，大气质量优良天数占比80.9%。实施“三改一拆”583万平方米。改造新增平原绿化面积731.6公顷，海宁市创建为全国绿化模范县（市）。启动美丽镇区和小城镇环境综合整治，联动推进美丽庭院、美丽厂区、美丽田野等建设。全面推进城乡生活垃圾分类收集和处理工作。海宁市列入首批省级餐厨垃圾资源化综合利用和无害化处置示范试点城市。

（陈占峻）

［编辑：邢祖康］

农　　业

Agriculture

综　　述

2016 年，实现农业总产值 34.27 亿元，比上年增长 1.6%；农业增加值 21.68 亿元，增长 1.1%。农村居民人均可支配收入 30200 元，增长 7.8%，连续六年居嘉兴市首位。农村经济总收入 1316.16 亿元，增长 5.3%，其中村组集体经营收入 3.09 亿元、农民家庭经营收入 926.27 亿元、农民专业合作社收入 2.67 亿元、其他经营性收入 384.12 亿元。全市现代农业发展水平居全省第 13 位，统筹城乡发展水平居全省第 5 位。海宁市创建为全国绿化模范县（市），被评为全国首批"互联网 + 花卉"产品营销模式示范单位。

提升农业产业。优化完善粮食生产功能区规划，新建成粮食生产功能区 1665.3 公顷；累计建成粮食生产功能区 116 个，面积 1.1 万公顷。常规晚稻高产创建示范方单产每公顷 11776.5 千克，刷新全省示范方常规晚粳稻高产纪录。全市粮食播种面积 2.1 万公顷，总产量 14 万吨。创建省美丽牧场 2 个。水果、花卉、苗木三大绿色产业发展至 7463.3 公顷。完成平原绿化面积 731.6 公顷，新增省森林村庄 2 个。累计命名省森林城镇 5 个、省森林村庄 15 个、嘉兴市绿化示范村 96 个。完成农业有效投入 10 亿元，农业招商引资项目新增投入 2.45 亿元。

表 4　2016 年海宁市农村三次产业收入构成

分　类	金额（万元）	构成（%）	比上年增长（%）
合　计	13161634	100	5.3
第一产业收入	410807	3.1	0.3
第二产业收入	12182372	92.6	5.3
第三产业收入	568455	4.3	9.2

培育新型农业主体。全市共有农业龙头企业 43 家、农民专业合作社 211 家、家庭农场 388 家。43 家企业通过海宁市级年度复审，2 家企业被取消海宁市级农业龙头企业资格；推荐 1 家企业申报嘉兴市级农业龙头企业，完成 32 家嘉兴市级农业龙头企业年度监测初审。新认定 9 家海宁市规范化家庭农场，27 家农场通过年度审查，2 家家庭农场被评定为嘉兴市示范性家庭农场，6 家家庭农场通过嘉兴市示范性监测复查。10 月，在斜桥镇成立海宁市杭嘉禾粮油专业合作社联合社，是全市首个粮油专业合作社联合社。

拓展农业功能。新认定省级农家乐集聚村 1 个、四星级农家乐经营（特色）点 2 个。探索发展农家乐休闲旅游新业态，黄湾镇钱江村、尖山村有 5 户农户尝试民宿经营，启动3个民宿示范点建设。全市农家乐和休闲农业接待游客数量、营业收入均比上年增长20%以上。农产品电子商务年交易额2700余万元。新建成农业园区和林园地农业高效节水喷滴灌面积353.3公顷、各类大棚设施4600公顷，新增流转土地1466.7公顷。

提升农业服务能力。新建成“1+N”[①]服务基地10个、省级现代农业科技示范基地4个。全年培训农民1.3万人，培育新型职业农民300人，招收农民大学生24人。水稻机插秧704公顷，平均机插率5.9%，全年统防统治面积4867公顷。强化农村“三资”管理，村集体产权全部进平台交易，累计交易额2亿余元。建立农村集体“三资”监测中心。清理不规范村级经营性合同1550份，一次性为村集体增收1200万元。

加强农业监管。加强动植物疫病防控和农产品质量安全监管，全市未发生重大动物疫情和农产品质量安全事故，完成创建省农产品质量安全可追溯示范县和省农产品质量安全放心县，待省农业厅验收。建成农产品质量可追溯示范点100个，242个生产主体纳入追溯平台主体信息库。全年开展农产品定量定性检测7411批次，合格率98.7%。加强农业安全生产监管，开展肉品和初级水产品安全专项整治“百日会战”、农产品质量安全专项整治、“雷霆”系列森林消防专项行动等，全年未发生重大农业安全生产事故和森林火灾。强化农林渔业行政执法，开展“春潮2016”渔业执法行动，遏制电力捕捞，生产、销售假劣农资，乱捕滥杀野生动物等违法行为。

开展政策性农业保险。全市设政策性农业保险15种，分别是水稻、油菜、小麦、大麦、公益林、能繁母猪、生猪、鸡、大棚蔬菜、蔬菜大棚（钢棚）、葡萄棚（竹棚）、露地蔬菜、葡萄、蚕、梨。政策性水稻、小麦、大麦和油菜险种在全市实施通保。政策性养蚕保险在中国蚕桑丝织文化遗产生态园试点基础上，2016年自中秋蚕饲养期起在全市范围推开。印发《海宁市梨种植保险工作方案（试行）》，新增政策性梨种植保险。扩大水稻、大麦、小麦、油菜、生猪等险种保险责任范围。全年保费收入931.8万元，发生理赔案件504件，赔付金额810.5万元，简单赔付率86.98%。

组织农产品展销。全年组织企业参加嘉兴市级以上农产品展示展销会5次。1月27—31日，29家单位参加2016年嘉兴农产品展销会，实现销售收入170余万元，海宁市四角桥食品厂等3家参展单位获优质产品金奖，海宁市朱万昌食品厂等3家参展单位获优质奖。11月25—29日，11家企业参加2016年浙江省农业博览会，累计销售收入40余万元，“乐尔福”牌姜茶获金奖，“斜桥”牌榨菜、“潮乡”牌宴球获优质奖，海宁市获“农博会组织工作先进单位”称号。

（市农经局）

粮　油

【概况】 2016年，全市粮食播种面积20566公顷，总产量14万吨，单产每公顷6821千克，分别比上年减少109公顷、851吨、5千克。谷物播种面积16581公顷，总产量12.4万吨，单产每公顷7466千克，其

① 1+N：“1”指镇农业公共服务中心。“N”指以镇农业公共服务中心为基础，联合相关部门，依托农民专业合作社、农业企业、种养大户等，在农业“两区”或其他合适的地点建设的服务基地（点）；依托村民委员会和村级集体经济组织等，与村级便民服务中心建设相结合设立的农业服务站点。

中水稻播种面积 11962 公顷，总产量 10.3 万吨，单产每公顷 8580 千克，分别减少 360 公顷、1794 吨，增加 105 千克。大麦播种面积 61 公顷，总产量 267 吨，单产每公顷 4358 千克，分别减少 230 公顷、1036 吨、112 千克。小麦播种面积 3564 公顷，总产量 1.6 万吨，单产每公顷 4470 千克，分别增加 424 公顷、1474 吨，减少 135 千克。玉米播种面积 913 公顷，总产量 4639 吨，单产每公顷 5082 千克，分别减少 19 公顷、30 吨，增加 71 千克。豆类播种面积 3221 公顷，总产量 1.2 万吨，单产每公顷 3797 千克，其中大豆播种面积 2458 公顷，总产量 9616 吨，单产每公顷 3912 千克，分别减少 104 公顷、232 吨，增加 68 千克。薯类播种面积 764 公顷，总产量 4266 吨，单产每公顷 5585 千克，其中马铃薯播种面积 365 公顷，总产量 1762 吨，单产每公顷 4827 千克，分别增加 82 公顷、350 吨，减少 156 千克。全市油料播种面积 3921 公顷，总产量 1 万余吨，单产每公顷 2578 千克，其中油菜籽播种面积 3869 公顷，总产量 1 万余吨，单产每公顷 2590 千克。花生播种面积 18 公顷，总产量 36 吨。芝麻播种面积 34 公顷，总产量 51 吨。

全市水稻种子由上年的国有种子公司供应转为社会公司供应，水稻种子全部由绍兴市舜达种业有限公司海宁分公司供应。供应数量 33.7 万千克，其中常规稻种子 33.4 万千克、杂交稻种子 2486 千克。新通过海宁市级认定的粮食生产功能区 21 个，累计建成粮食生产功能区 116 个。

【水稻“两壮两高”栽培技术推广】 全市继续推广浙江省主推水稻“两壮两高”（壮秧、壮秆，高颖花量、高充实度）栽培技术，推广面积 2367 公顷。该技术以提高颖花量和充实度为结果，在海宁应用表现为秧苗壮，茎秆粗，穗型增大，总粒数增加，结实率和粒重提高，产量增加。技术包括适时早播、降低用种量、低龄早栽、浅插、合理掌握基本苗、配合施用氮磷钾、前氮后移、分阶段做好水浆管理、及早搁田、综合防治病虫草害、完熟收获等环节。

【常规晚粳稻高产示范创建】 市农作物技术服务站组织实施省粮油产业技术团队项目水稻百亩示范基地暨水稻高产创建百亩攻关方，在海昌街道双喜村种粮大户高春燕田块种植常规晚粳稻品种“嘉 67”，面积 13.3 公顷。经中国水稻研究所和杭州、嘉善等地水稻专家测产，三块代表田面积分别为 742 平方米、920 平方米、781.3 平方米，单产每公顷分别为 11239.5 千克、11154 千克、11776.5 千克，平均单产每公顷 11389.5 千克，超过浙江省示范方平均单产每公顷 11250 千克、单块田最高单产每公顷 11674.5 千克的纪录。

海昌街道双喜村高春燕晚稻示范田收割 （王超英 摄）

【杂交晚粳稻示范单产创新高】 嘉兴市农业科学院与海宁市农作物技术服务站组织实施杂交晚粳稻示范项目，在海昌街道双喜村种粮大户高春燕田块种植杂交晚粳稻品种“嘉优5号”，面积6.8公顷。经中国水稻研究所和余姚、嘉善、秀洲等地农技专家测产，三块代表田面积分别为766.7平方米、690.7平方米、773.3平方米，单产每公顷分别为12138千克、11856千克、12447千克，平均单产每公顷12147千克，突破海宁平均单产每公顷12000千克的纪录。

【麦稻规模种植补贴】 继续对大小麦、水稻复种面积1.3公顷及以上的大户、家庭农场，以及经市农业部门认定、运作规范、以粮食生产为主的专业合作社发放水稻补贴每公顷3600元、大小麦补贴每公顷900元，其中粮食生产功能区内水稻每公顷再增加补贴1500元。全市麦稻规模种植共核定补贴面积6020.5公顷，其中大小麦1231.3公顷、水稻4789.2公顷（含粮食生产功能区水稻4104.1公顷）。共发放补贴资金2450.6万元，比上年增长54.8%。

【优化完善粮食生产功能区规划】 2015年，启动优化粮食生产功能区规划。经摸底调查，征求国土、财政、规划等部门和各镇（街道）意见，不断修改完善规划。具体工作包括：对现有规划功能区重新归并，优进劣出；细化明确每个功能区的四至范围及每个图斑具体要素；多规合一，解决功能区规划与土地利用、基本农田保护等规划不衔接、边建边用问题；开发手持式终端，引入网页版等。2016年12月16日，粮食生产功能区优化规划通过海宁市评审；12月30日，规划优化修编稿报省粮食生产功能区建设协调小组办公室备案，完成规划优化完善工作。

（周海浪　孙洁明）

蚕　桑

【概况】 2016年，全市有121个村32884户农户从事种桑养蚕，养蚕农户比上年减少23.1%。桑园总面积4262公顷，减少401.4公顷；全年饲养蚕种100086张，减少26079张；总产蚕茧3583吨，减少1417吨；每公顷桑产茧840.8千克，减少21.6%。全市仅周王庙镇蚕茧年产量超千吨，饲养蚕种26571张，产茧1324吨，蚕茧产量占全市的37%。全市春茧均价每吨31200元，夏茧均价每吨25753元，中秋茧均价每吨34736元，晚秋茧均价每吨35970元，全年平均茧价每吨32476元。全年繁育嫁接桑苗1.6亿株，增长1.6%，是2008年以来育苗量最多的一年。

【政策性养蚕保险全市推广】 政策性养蚕保险经过2014年、2015年在周王庙、盐官、长安3个镇试点扩面后，2016年自中秋蚕饲养期起在全市普及。全年共投保蚕种12455.5张，涉及农户11422户次；损失蚕种117.7张，理赔95户次，赔付金额4.4万元。

【全龄人工饲料四季养蚕示范项目】 年内，海宁市在全省率先推出“互联网+蚕室”养蚕模式。2015年省级现代农业提升发展资金项目——全龄人工饲料四季养蚕示范项目落户周王庙镇云龙村。项目采用玻璃温室、地缘热泵空调、新型轨道式蚕台、高密度蚕框、农业物联网智能控制系统等新技术、新设备，用全龄人工饲料养蚕，实现四季养蚕示范。通过电脑或手机实时监控蚕室环境温湿度和视频图像，远程控制各种环境调控设备。项目于年底通过市农经局验收并开始应用，投资85.7万元，其中省补资金

75 万元。

【省蚕桑产业技术团队项目启动】 省蚕桑产业技术团队由全省各级科研教学和推广领域专家组成，通过资源集聚、优势互补，开展蚕桑应用技术研究和集成，以及先进适用技术的试验、示范、推广与服务等工作。在全省建立 4 个区域试验站和 12 个县（市）级示范基地，海宁市是唯一既建立试验站又建立示范基地的县（市）。

【迁建的蚕种催青室投入使用】 建于 1992 年的海宁市综合催青室位于三里亭红纸坊区块，因城市有机更新，于 2016 年 7 月拆除。蚕种催青室迁入市农经局综合楼，采用计算机测控技术，对蚕种催青环境进行全自动信息测量、采集、传递、处理、存储和可视化监控。全年完成 4 期蚕种催青，使用效果良好。

【桑黄规模化生产】 海宁宏欣农业生物科技有限公司从省农业科学院蚕桑研究所引进珍稀药用菌桑黄栽培技术。在 2015 年规模化栽培取得初步成功基础上，2016 年培育桑黄 35 万袋，收获桑黄干品 1900 千克，比上年增长 24 倍。年底，企业追加投资，改造无菌接种车间、液体发酵车间、菌袋培养车间设施，建成 8 万平方米栽培大棚，年生产能力近 100 万袋。

（陈伟国）

海宁宏欣农业生物科技有限公司桑黄种植基地　（王超英　摄）

畜　牧

【概况】 2016 年，全市畜牧产业总体呈减量态势。全年畜牧业实现产值 6.5 万元，比上年下降 15.2%。生猪饲养量 5.8 万头，其中出栏 3.6 万头，分别下降 35.8%和 47.5%；湖羊饲养量 35.9 万头，其中出栏 14.8 万头，分别下降 7.7%和 12.2%；家禽饲养量 1128 万羽，其中出栏 866 万羽，分别下降 6.4%和 4%；兔饲养量 11 万只，下降 3.8%。

推进畜牧业转型升级。浙江群大畜牧养殖有限公司种鸡场和周王庙镇儒兴生态养殖场通过首批省级美丽生态牧场创建验收。浙江群大畜牧养殖有限公司成立子公司，探索推进“互联网 + 畜牧业”发展模式。5 家企业保留生猪规模养殖，并提升污染治理模式，其中 1 家规模养殖场纳入畜禽养殖智慧监控系统建设试点，首次实现养殖污染线上监管。

【全面推行动物检疫电子签证】 启动浙江省智慧畜牧业云平台建

浙江群大畜牧养殖有限公司种鸡场　（市农经局　提供）

设，动物检疫全面实行电子签证。至年底，基本完成养殖基础信息上传，为建设畜牧兽医生产管理体系、监管服务体系及畜产品安全信息查询服务体系奠定基础。

【死亡动物无害化处理】　全市配有专业无害化收集队伍12支，配备收集人员38人、收集运输车36辆，其中更新车辆11辆，死亡生猪无害化全部纳入统一处理体系。全市无害化处理死亡家畜6.2万头、家禽68万羽。下拨养殖环节无害化处理补助资金289.6万元，屠宰环节无害化处理补助资金及损失补助资金83.9万元。

（朱佳倚）

水　　产

【概况】　全市水产养殖总面积1835公顷。水产品总产量21559吨，比上年下降10.7%，其中淡水产品19700吨、海水产品65吨。全市渔业经济总产值7.78亿元，下降11.6%，其中淡水产品养殖5.9亿元、海水产品养殖240万元、水产苗种产值8187万元、涉渔工业和建筑业产值3862万元、涉渔水产流通和服务业产值5150万元（产值根据省渔业系统统计年报当年价，下同）。全年特种水产养殖面积1070公顷，其中中华鳖452公顷、南美白对虾109公顷、罗氏沼虾366公顷、青虾31公顷、鳗鲡35公顷；特种水产养殖产量10767吨，其中中华鳖4542吨、南美白对虾633吨、罗氏沼虾2592吨、青虾106吨、鳗鲡579吨、其他鱼类972吨；特种水产产值4.96亿元。全年共生产中华鳖稚鳖3620万只、淡化南美白对虾苗6.3亿尾、澳洲淡水龙虾苗200万尾、稚龟285万只。

【基层渔技推广体系建设】　推进基层渔技推广体系改革与建设补助，年内获上级补助资金20万元。聘任基层渔技指导员24人，培育基层渔技科技示范户100户，建设基层渔技示范基地2个，开展基层渔技培训3期。项目被省海洋与渔业局专家组考核为优秀。

【池塘多品种种养技术模式推广】　申报实施池塘多品种生态种养技术模式的推广与应用项目，获嘉兴市农业丰收奖一等奖。通过项目实施，在全市示范推广池塘虾稻共生、池塘稻鳖共生、池塘菱鳖共生、池塘虾菜共生、池塘虾菜轮作、澳洲淡水龙虾与轮叶黑藻共生6种池塘多品种种养技术模式。总结汇编各模式的技术要点和典型案例，出台海宁市地方标准《虾塘种稻技术操作规程》。全年推广池塘多品种种养技术模式103.3公顷，其中池塘种稻58公顷；总产水产品

404.7 吨，增产水产品 46.7 吨、稻谷 77.4 吨、蔬菜 78.6 吨，总产值 1808.8 万元，总增效 220 万元；减排尾水 18.8 万吨，节约化肥 14 吨、农药 58 千克。

（钱 伦）

林果花卉

【概况】 全年完成平原绿化面积 731.6 公顷，其中城市绿化 90.1 公顷，道路绿化 100.9 公顷，河道绿化 111.8 公顷，林带林网 20.7 公顷，镇村绿化 153.5 公顷，百里钱塘绿化 13.3 公顷，生态片林等其他造林 241.3 公顷。年内，马桥街道新塘村、袁花镇新袁村通过省森林村庄验收。苗圃种植面积 3780 公顷，水果种植面积 3053.3 公顷，花卉种植面积 630 公顷。全年苗圃、水果、花卉三大产业总产值 9 亿元，其中苗木价格普降，产值 1.3 亿元，水果产值 4.5 亿元，花卉产值 3.2 亿元。市绿化委员会办公室制订《浙江省新植 1 亿株珍贵树五年行动计划》实施方案。全年种植浙江楠、紫楠、鸡爪槭、黄檀、榉树、银杏、金钱松、红豆杉等彩色珍贵树 14 万株。

【古树名木调查】 开展新一轮古树名木清查摸底工作。全市有古树名木 100 株，分属 17 科 23 种，分布于全市 12 个镇（街道）。记录每株古树名木健康状况、权属、责任单位、传说记载等情况及图像资料，一树一册建立信息档案。

（陈文海 童 敏）

蔬菜瓜类

【概况】 全年蔬菜种植面积 12351 公顷，总产量 33 万吨，单产每公顷 26688 千克，分别比上年增长 2.6%、7.6%和减少 5%。果用瓜（西瓜、甜瓜、草莓）栽培面积 1295 公顷，总产量 33683 吨，单产每公顷 26010 千克，分别增长 7.1%、32.1%和 23.4%，其中西瓜栽培面积 1002 公顷，总产量 27832 吨，单产每公顷 27776 千克，分别增长 3.6%、38.7%和 33.8%。甘蔗种植面积 405 公顷，总产量 23598 吨，分别减少 2.4%和 0.1%，单产每公顷 58249 千克，增长 2.3%。全市食用菌（鲜品）总产量 3352 吨，增长 48.7%。其中种植秀珍菇 722 万袋，总产量 2773 吨；平菇 51 万袋，总产量 278 吨；黑木耳 75 万棒，总产量 36 吨；香菇 2.4 万平方米，总产量 117 吨；大球盖菇 4.5 公顷，总产量 78 吨；其他食用菌 70 吨。

蔬菜种植：叶菜类 7907 公顷，总产量 177642 吨；瓜菜类 672 公顷，总产量 42012 吨；块根块茎类 662 公顷，总产量 27579 吨；茄果类 533 公顷，总产量 41636 吨；葱蒜类 1420 公顷，总产量 21232 吨；菜用豆类 765 公顷，总产量 11693 吨；水生菜类 69 公顷，总产量 2361 吨；多年生蔬菜 120 公顷，总产量 1165 吨；其他蔬菜 203 公顷，总产量 4301 吨。

【蔬菜基地使用海洋生物肥料】 海宁市民盈蔬菜有限公司、黄湾镇益平蔬菜种植园、海宁市安保生态农业有限公司、袁花镇绿舟蔬菜种植园等规模化蔬菜基地，在种植中使用海藻生物有机肥、土壤调理剂、海藻有机无机复混肥等海洋生物肥料，在秋冬露地（设施）蔬菜、保温越冬蔬菜上示范应用。蔬菜种植品种包括叶菜类、茄果类、瓜菜类等，示范面积 36.7 公顷，应用海洋生物肥料（土壤调理剂）80 余吨。

（钱晓明）

农业机械化

【概况】 2016年，全市农机化总投入2630.4万元，农机总动力21.4万千瓦，农业作业机械动力水平84.7%，比上年增长1.1个百分点。实现农机经营总收入1.12亿元，完成机耕面积1.9万公顷、机播面积4715公顷、机电灌溉面积1.3万公顷、机械植保面积6774公顷、机收面积1.7万公顷，其中水稻机耕面积9893公顷、机械种植面积2720公顷、机收面积1.2万公顷。农机跨区作业面积3420公顷，农机运输作业量4781万吨千米。全市水稻耕种收综合机械化率76.5%。

深化农机安全管理。全年发放农机安全宣传资料1.4万份，举办农机安全教育培训班24期，培训拖拉机驾驶员411人次。检查农机经营服务组织505个次，检查农田作业机械2446台套，备案登记外省籍拖拉机1014辆、驾驶员1069人，实地检验农业机械715台，办理拖拉机及驾驶员牌证业务1203件。全市有省级平安农机示范镇（街道）5个，省级平安农机示范村6个，嘉兴市级平安农机示范村35个，海宁市级平安农机示范村86个，嘉兴市级平安农机示范合作社4家，农业专业合作社22家。

全年核实结算资金4批次，财政补贴机具225台套、秧盘1万只，受益农户73户。补贴资金266.4万元，其中国家补助资金190.9万元，省补助资金18.5万元，海宁市补助资金57万元。补贴报废农业机械133台，补贴资金27.5万元，其中省补助资金11万元，海宁市补助资金16.5万元。

【新型农机具推广】 全市新增秧盘1万只，完成机插水稻面积704公顷，覆盖11个镇（街道）；新增精量穴直播机9台，完成水稻穴直播面积157公顷，覆盖4个镇（街道）；全年单季晚稻无人机植保作业面积267公顷。新增烘干机21台、烘干中心3个，烘干能力增加229吨。全市累计建成烘干中心20个，批烘干能力1088.5吨。海宁市民兴农机专业合作社首次引进旋耕开沟施肥播种一体机1台。

（朱立成　徐文豪）

海宁市民兴农机专业合作社引进的旋耕开沟施肥播种一体机

（市农经局　提供）

农业产业化

【概况】 围绕“万亩产业园区”空间布局，启动长安花卉产业省级特色农业强镇建设，完成袁花镇长啸、宏欣2个食用菌基地建设。全年完成农业有效投入10亿元；全市在建100万元以上农业招商项目37个，年内新增投入2.45亿元。现代农业发展水平居全省第13位、嘉兴市首位。

培育壮大新型农业主体。浙江光大种禽业有限公司等43家企业通过海宁市级年度复审；海宁市钱海肠衣有限公司、海宁市金顿实业有限责任公司2家企业因搬（拆）迁原因未申报监测材料，被取消海宁市级农业龙头企业资格；推荐海宁市维亨食品有限公司申报嘉兴市级农业龙头企业，完成32家嘉兴市级农业龙头企业年度监测初审。至年底，全市有农业龙头企业43家，其中国家级1家、省级5家、嘉兴市级26家、海宁市级11家。斜桥镇乐农村、新农村、金石村申报海宁市金新乐农业科技有限公司现代农业项目，争取省财政补助资金2100万元、海宁市级财政补助资金404万元。完成农民专业合作社年度备案，186家合作社进行网上备案登记。新认定盐官镇千田家庭农场等9家农场为海宁市规范化家庭农场，周王庙镇一洲农场等27家农场通过年审复查，丁桥镇沈园果蔬农场和海宁市大鱼池农场2家农场示范性监测不合格，其余26家农场继续保留“海宁市示范性家庭农场”称号。海宁市袁花有家家庭农场、斜桥镇甜圆家庭农场被评定为嘉兴市示范性家庭农场，海宁市翠丰生态鳖放养园等6家家庭农场通过嘉兴市示范性监测复查。累计有家庭农场388家，其中省级示范性6家、嘉兴示范性8家、海宁示范性26家、海宁规范化36家。新成立农民专业合作社联合社2家，分别是海宁市杭嘉禾粮油专业合作社联合社和海宁市长丰食用菌专业合作社联合社。

提升发展农业园区。袁花长啸村和宏欣农业生物科技有限公司“农光互补”食用菌基地完成建设。农业园区高效节水灌溉工程全面启动，全年完成建设项目29个，建设面积232.1公顷，完成年度任务的125.9%。制订《海宁市美丽田园建设暨农业生产管理用房整治工作实施方案》，全面开展美丽田园建设工作。全年完成农业设施外立面改造9.2万平方米，种植绿化2.7万平方米，拆除破旧管理房和简易棚1.9万平方米。

4月16日，丁桥镇新仓村举行亲子插秧活动（市农经局　提供）

发展农家乐休闲农业。全市累计创建农家乐休闲旅游村（点）14个，其中省农家乐特色村4个、四星级农家乐经营点2个、省农家乐经营点2个、嘉兴市农家乐经营点3个、海宁市农家乐特色村1个、海宁市农家乐经营点2个。命名星级农家乐经营户（点）50家，其中三星级农家乐经营户32家。新仓村、美林湾和布洛瓦3个省级农家乐创建村（点）通过省级验收并命名。黄湾镇5家民宿取得特种行业经营许可证，民宿经营合法化，4家农户开展民宿示范户创建。全年农家乐乡村旅游点共接待游客267.8万人次，直接经营收入1.97亿元，分别比上年增长28.3%和23.7%。举办第二届虹越园艺节、第三届周王庙蚕俗文化节、第九届杨梅采摘节、丁桥乡村文化旅游节等农事节庆活动。

【花卉特色农业强镇创建】 2016年，长安镇花卉种植面积420公顷，其中鲜切花面积300公顷，年产鲜切花3.4亿支，种植品种有香水百合、郁金香、玫瑰、扶郎、天堂鸟等。从事花卉种植农户585户1355人，全镇花卉产业总产值3.6亿元。长安花卉特色农业强镇列入全省农业“一区一镇”首批创建名单，启动长安花卉特色农业强镇规划。海宁市政府向国际植物繁育者协会提出申办首届世界花卉大会申请获批复同意，基础设施建设和招商引资同步推进。推进花卉大棚、花卉种植基地、灌溉系统、小镇客厅、花园民宿、艺术家村落等基础设施和配套设施建设。引进一批招商项目，美国驻上海总领事馆农业贸易处出资建设的中美园艺技术交流中心落户。

（朱忠强　孙毓鸿）

农业科技

【概况】 开展各级农技推广基金会项目申报与管理，全年立项项目8个，其中省级2个、嘉兴市级2个、海宁市级4个，总资助资金64万元。开展2015年嘉兴市农业丰收奖项目验收，桑树新品种“强桑1号”繁育推广项目获一等奖，彩色树种在平原地区营造林中栽培技术研究及应用、秸秆资源化利用技术集成与推广2个项目获三等奖。实施“嫁接苦瓜＋西葫芦高产高效栽培示范”等6个2015—2016年度农业“三新”（新品种、新技术、新模式）项目。出台《海宁市农业标准化示范项目管理办法》。围绕花卉苗木、水果、粮油、蔬菜、蚕桑、畜牧6个主导产业，主推品种53个、技术40项、农机具4大类。培育农业科技示范户480户，带动周边农户5000户。15个农业主体列入省级现代农业科技示范基地创建计划，年内完成创建4个。新建成“1+N”基地10个，全市累计建成“1+N”基地60个、村级服务站点102个。

组织市、镇两级农技人员140人次参加远程培训6期，选送100名农技人员到浙江大学、省农业科学院等科研院校参加知识更新培训。评选2015年“农民素质提升工程”绩效评价优秀镇（街道）6个，18个“两创”实用人才培训班、29个农业专业技能培训班通过考核验收。出台《海宁市农民素质提升工程项目管理办法》《海宁市农民素质提升工程项目资金管理办法》。全市共培训农村劳动力1.3万人，其中农业专业技能培训3625人、农村“两创”实用人才培训869人、新型职业农民培训435人（其中省高级班135人）、农村预备劳动力培训193人、“双证制”培训816人、农民学历教育培训24人、务工农民岗位技能培训3720人、农民转移就业培训3729人。培训后转移就业3151人，转移就业率84.5%。全年投入培训资金304.6万元，其中财政补助262.3万元。

全市农技推广单位开展各类农技咨询活动45次，咨询农民1.2万人。发放农技资料50类3.5万份、技术书籍13种1530册、宣传手册15类2万余份、政策资料800册、科普挂图2000幅，展出农业法律和农村能源宣传图板10块，展示农业新品种15种，展示、推介实用农资和农机技术26种，投入资金 20.8 万元。

【农业标准与品牌】 年内，有 14 家单位、14 个基地、15 个产品申报省无公害农产品产地认定和国家无公害农产品认证，10 家单位、10 个无公害农产品复查换证。4 家单位、5 个产品申报国家绿色食品认证，完成 7 家单位、22 个绿色食品年检。全市累计有国家无公害农产品 85 个、绿色食品 22 个、有机食品 1 个。有嘉兴市级以上著名商标 36 个，其中省级 6 个；嘉兴市名牌产品 13 个，省名牌产品 2 个。实施农业标准化示范项目 3 个，农业标准化率 63.3%。

【农业科技合作】 继续与省农业科学院开展农业科技合作。在许村镇新增省级专家基层工作室 1 个，全市累计 5 个。蔬菜集约化穴盘育苗技术引进示范、仿野生桑黄栽培生产示范、“浙丝 30”丝瓜引种与高效栽培技术示范 3 个院市合作项目通过验收。分 10 批在省农业科学院杨渡基地开展集中授课和实践教学，培训农民 600 余人。

【食用菌产业发展】 对利用桑枝条粉生产食用菌进行补助，补助标准为黑木耳每袋 0.3 元，桑黄每袋 0.2 元，其他食用菌每袋 0.1 元。对食用菌生产设备实施以奖代补，对列入基金会采购计划的设备给予每套不超过 80%的奖励。市农技推广基金会与 5 个食用菌生产基地的 14 户生产户签订生产合同，全年共生产食用菌 817.7 万袋。在 2015 年利用晚稻草栽培大球盖菇试验初步成功基础上，2016 年扩大种植面积。大球盖菇试验种植户 5 户，种植面积 3.97 公顷，每公顷补助 7.5 万元，共补助资金 29.8 万元；大球盖菇菌种生产户 1 户，生产菌种 3 万包，每包补助 1 元，共补助资金 3 万元。

（李金鑫）

农业生态

【概况】 2016 年，以农业面源污染治理和发展生态循环农业为重点，开展农作物秸秆综合利用、省级现代生态循环农业示范主体创建、农村沼气安全管理、农田面源污染监测等工作。创建省级现代生态循环农业示范主体 11 个，畜禽养殖排泄物综合利用率 98.4%，基本建成死亡动物无害化处理体系，露天焚烧秸秆现象得到遏制。加强沼气安全生产管理，集中处置已关停的养殖场沼气池，拆除填埋废弃沼气池 2497 只，转型处置 150 只。加强农田土壤污染防治，遏制农田土壤环境恶化，全市建设农田土壤污染监测点 26 个，其中在永久基本农田内建设常规监测点 16 个，在农业“两区”规划内建设综合监测点 10 个。

【秸秆禁烧与综合利用】 春花作物和晚稻收获期间，进行秸秆综合利用及禁烧宣传。发放《秸秆综合利用和禁烧告知书》10 万份，宣传秸秆肥料化、能源化等综合利用新途径。在微信公众号“海宁三农”发布综合利用专题。采取肥料化、饲料化、能源化、原料化、基料化等方式对秸秆进行利用。探索农作物秸秆分散收集、统一储运管理的集约型模式，培育秸秆收集主体和经纪人，全市共建立收集点 30 个。推动秸秆机械化粉碎还田技术应用，全年农作物秸秆综合利用率 95.3%。市财政用于秸秆收集、还田资金 111.6 万元。200 余户种粮大户与属地政府签订承诺书，镇（街道）与种植农户签订秸秆综合利用协议书。

【生态循环农业示范创建】 完善长安省级生态循环农业示范区建设。新申报 19 个生态循环农业示范主体，其中浙江发展园林实业有限公司海宁分公司、许村佳辉家庭农场、海宁长陆农业有限公司、斜桥镇晶菁蔬菜种植场、斜桥镇乐农土地专业合作社、海宁市上农农业科技开发有限公司、海宁市菌宝康食用菌专业合作社、海宁市宏欣农业生物科技有限公司、海宁长啸兴旺果蔬专业合作社、海宁市泥土香特色种养专业合作社、海宁市兴盛果蔬专业合作社 11 个循环主体通过省农业厅、嘉兴市农经局验收。

12 月 14 日，“南方湿润平原区—稻油轮作”省级农业面源污染监测项目竣工验收　（市农经局　提供）

【农田面源污染监测】　在马桥街道民胜村建设“南方湿润平原区—稻油轮作”省级农业面源污染监测点 1 个，12 月 14 日完成主体工程竣工验收，12 月 28 日启动监测运行。开展 2 个国控点（农业部设立的全国性监测网点）的地表径流面源污染监测，全年完成 38 批次 404 个水样的采集与检测。

【农作物重大病虫害监测与防控】　新增梨小食心虫系统监测点 4 个、玉米螟监测点 1 个。受极端气候影响，2016 年全市小麦赤霉病发病程度为近 10 年来最重，损失最大。全市累计发病面积 2133.3 公顷，其中 20.5 公顷产量损失确定为全损（损失 80%以上），293.1 公顷产量损失为重度损失（损失 50%～80%），634.9 公顷产量损失为中度损失（损失 20%～50%）。经济作物斜纹夜蛾为大发生，水稻重大病虫总体为中等发生。全年发布各类病虫情报 10 期，其中粮油作物 7 期、经济作物 3 期，重大病虫害防控工作完成情况良好。

【肥药减量增效】　根据 2014—2017 年肥药减量增效实施方案，2016 年完成测土配方施肥面积 34800 公顷，推广商品有机肥8957 吨，分别减少不合理肥料、农药用量 346 吨和 25.3 吨。完成统防统治面积 4867 公顷，推广应用绿色防控融合技术面积 3366.7 公顷，农药减量技术应用面积 1.6 万公顷。

（徐许臻越　尤滨乾　陈国祥）

农业行政执法

【概况】　加强农业普法宣传。编印《农业依法行政法律法规选编》，发送到各镇（街道）、村（社区）。组织法律顾问夜学说法，推进农业法律下乡入户，开展普法活动 878 次；举办法制培训班 199 次，培训人员

5044人次；举办法制讲座3次，参加人员271人次；会议宣传352次，参加人员6626人次；集中学法4次，广播宣传60期，电视宣传18期，出刊农村黑板报86期；开展执法检查133次，送法下乡10次；现场咨询13次，发放各类书籍1877册、资料27.4万份。完成社会应急联动处置任务95件、数字城管任务2件。调解民事纠纷21件。

开展专项执法行动。组织开展“绿剑”系列集中执法行动、农产品质量安全专项整治、肉品和初级水产品安全专项整治“百日会战”等农业执法行动。加强“放心菜”基地和农产品产地监控，以及饲料、兽药、种子、农药、肥料等农业投入品监管。开展“雷霆”系列森林消防专项行动和陆生野生动物保护宣传活动。全年出动执法检查人员2172人次，检查生产经营单位和个人1312个次，立案查处各类案件27件，办结21件，罚没款112.1万元，未出现申诉、复议案件。“未取得生产许可证生产饲料案”被评为2016年海宁市十佳说理性行政处罚案卷和省级规范案卷，该案件及其行政处罚决定书被农业部评为2016年全国农业行政处罚优秀案卷和全国农业行政处罚优秀文书。“某公司擅自修改标签内容的肥料案”被评为嘉兴市优秀行政执法案卷。

强化监督抽检。抽检农药等农业投入品100批次、农产品40批次；检测时令蔬菜、水果等7411批次，合格率98.7%；抽检鸡肉、猪肉等禽畜产品59批次，检测“瘦肉精”尿样11733批次，未发现阳性。配合农业部、省农业厅和嘉兴市农经局下达的抽检任务，对全市蔬果、水产品、畜产品定量抽检抽测244批次，合格率100%。海宁市农产品质量安全检测站通过竣工验收。

全年签发木材采伐证4份，采伐木材46.9立方米，突破采伐限额；签发木材运输证4191份、森林植物检疫证6905份；审批野生动物驯养繁殖许可证2件、经营利用核准证2件（以上数据为全市合计数，包括镇级办理点）。

【“绿剑”系列专项执法行动】　开展春、夏、秋三季“绿剑”系列专项执法行动，以规范农药、兽药、种子、肥料、饲料及饲料添加剂等农业投入品市场秩序和保障农产品质量安全为重点，检查农资生产经营单位、规模种植养殖场、农民专业合作社等共166家，出动执法人员430人次。立案查处违法行为10起，简易程序处罚4起，共计罚没款109.5万元，没收违法产品7088.8千克。

【植物疫情普查与防控】　组织开展梨树疫病、黄瓜绿斑驳花叶病毒病、瓜类果斑病、甘薯茎腐病、水稻细菌性穗枯病、稻水象甲、玉米致死性坏死病、李痘病等专项普查，共普查梨、西瓜、甘薯、水稻、玉米、桃等作物1.5万公顷，未发现上述检疫性有害生物。组织春、秋两季加拿大一枝黄花防控，防控率均为100%。春季以化学防治为主，结合土地流转、复耕复种、消灭抛荒，共施用草甘膦除草剂7.2吨，防治面积80.6公顷；秋季以人工清除为主，结合化学防治，防治面积39.4公顷。

【渔业安全生产监管】　开展“春潮2016”专项执法行动，严厉打击电力捕捞、无证捕捞等非法捕捞行为，组织属地清除河道非法捕捞网具，排查整治渔船安全隐患。共出动执法人员800余人次，巡查执法350余次，打击非法捕捞行为100余起，立案5起，罚款4500元，拆除河道非法设置的板网、地笼、簖网1300余只(张)。开展2016年度渔船年检与捕捞证年审，年检渔船155艘，收取资源保护费12.1万元，与全市登记在册渔船签订安全生产承诺书。开展春、夏两季

2月26日，渔业资源增殖放流活动　　　　（市农经局　提供）

渔业资源增殖放流活动，放流淡水鱼、虾品种5个，共计620.9万尾。

【野生动物保护执法】 全年市林业执法部门受理各类来电举报72次，出动警力300余人次，救助野生动物80余只。与黄湾镇政府、护林员队伍、当地派出所、志愿者多次上山清剿鸟网，拆除销毁各类捕鸟网具72件。联合市市场监管局、综合执法局等单位检查野生动物经营场所及山场林地70余处（次）。查办野生动物刑事案件15起、行政案件4起，共处罚款1.4万元。

（徐文浩　马晓芳　印沈超）

气　　象

【概况】 做好天气气候监测分析与预报预测服务。重点围绕低温雨雪冰冻、梅雨、台风等重大天气过程和世界互联网大会、观潮节等重大活动，做好公共和决策气象服务，全年市气象局共发布各类气象预警信号61次。巩固广播、电视、报纸、气象网站、手机短信、声讯电话和气象显示屏等传统服务，拓展微信、微博、APP等新型互联网服务。启用周王庙国家观测站，完成极轨卫星接收系统建设。推进防雷减灾体制改革，与市住建局等部门完成建设工程防雷许可交接。强化气象安全监管，探索与市综合执法局联合开展气象执法，联合市安监局开展易燃易爆危险化学品防雷安全检查。推进基层气象防灾减灾建设，新增3个气象防灾减灾标准村，5家气象灾害防御重点单位通过应急认证。防雷重点单位定期检查率和问题整改率均为100%。

【气候对农作物的影响】 大小麦：播种出苗期间出现连续阴雨寡照天气，播种进度缓慢，长势不佳。越冬期出现连续阴雨天气，2016年1月又遇持续强寒低温冻害，影响长势。拔节生长期温高光足，利于生长，生育进程加快，利于有机质积累，长势有所恢复。抽穗灌浆期出现连阴雨，赤霉病偏重，不利于抽穗灌浆及后期生长，持续降雨还造成部分大田积水。成熟收割期仍多持续性降雨天气，收割受阻。

油菜：苗期出现连续阴雨寡照天气，栽种进度缓慢，长势不佳。越冬期仍多阴雨天气，极端低温，出现冻害，影响长势。蕾苔期晴多雨少，温光适宜，有利于减轻前期的不利影响，生育进程加快。开花结荚期出现春季连阴雨，影响干物质积累，并导致菌核病发生，对灌浆、绿熟不利，影响产量提高。成熟收割期多持续性降雨，对收割较为不利。

单季晚稻：单季晚稻全生育期积温明显偏多，日照除抽穗期外均偏少，雨量除抽穗期外均偏多，全生育期气象条件一般，受病虫害影响较小，属丰产年份。育秧期多连阴雨天气，光照严重不足，秧苗长势一般。移栽分蘖生长前期多阵性降雨，出梅后气温上升，光照条件好转，有利于分蘖发棵。7月下旬出现持续高温酷热天气，晚稻分蘖旺盛。7月27日受强对流影响，出现大风，对晚稻生长不利。孕穗抽穗期温光适宜，长势良好，病虫害较轻，特别是9月初破口关键期天气晴好，抽穗扬花得以顺利完成。灌浆收割期受台风“莫兰蒂”影响，9月14—16日全市普遍出现暴雨到大暴雨，部分农田被淹，影响长势；10月出现连续阴雨寡照天气，光照严重不足，不利于晚稻灌浆生长。收割期仍多阴雨寡照天气，收割机无法下田，秋收工作滞缓严重，11月底天气好转后全面抢收。

蚕桑：3月上旬气温明显回升，“农桑14号”于3月3日脱苞（比上年提早14天），3月5日燕口。3月11日凌晨，受强冷空气影响，最低气温降至 –2.6℃，早生桑受冻害严重。3月中下旬气温回升后重新发芽，但发芽率明显降低，由于温光适宜，春桑生长较快。4月阴雨天气多，光照偏少，对春桑生长略有影响。7月、8月受持续高温影响，降雨少，桑叶新陈代谢加快，老叶枯黄凋落，新嫩叶片停止生长，中秋、晚秋桑叶产量明显下降。

春蚕于4月29日发种。平均气温与常年持平，湿度总体略偏大，饲养期间前段和后段均出现连阴雨，特别是5龄期及上蔟期间的连续阴雨多湿天气，造成蚕不结茧的情况较多，严重影响茧子产量和质量。中秋蚕于8月22日发种。小蚕期气温偏高，中期气象条件较有利，上蔟前后出现连续降雨，湿度大，影响茧子产量和质量。晚秋蚕于9月22日发种。饲养前期气象条件适宜，小蚕期生长发育良好；大眠期间，遇阴雨天气，再加上气温偏低，部分农户为保温不注意开门通风，导致蚕病发生；上蔟期间多湿，影响蚕茧质量。2016年气象条件中等偏差，表现在：一是早春冻害影响春叶产量；二是受上蔟阶段阴雨天气影响，不结茧的蚕增多，春茧和晚秋茧茧质较差。

鲜切花：1月中旬前气候条件适宜，未出现明显的低温和连阴雨寡照天气，鲜切花长势较好。1月下旬出现极端低温天气，连续三天最低气温都在 –5℃以下，百合和扶郎冻伤严重，经济损失较大。2—3月气温偏高、日照偏多，对灾后恢复有利，但恢复能力有限。4—5月气温偏高，出现阴雨寡照天气，强降水多发，土壤含水量大，导致产量下降，百合出现烂球现象。7—8月天气炎热，连续出现两段高温热浪，不利于扶郎产量提高，影响百合挖球和种球下种。7月27日出现雷雨大风过程，市域西部地区部分花卉大棚受损。9月天气条件对鲜切花生长较有利，鲜切花长势较好。10月、11月多次出现阴雨寡照天气，特别是10月气温明显偏高，扶郎植株抵抗力弱，发病较重，产量下降。连阴雨天气影响百合成品花质量，三代球下种有所推迟。

蔬菜：全年气温偏高，降水多，蔬菜种植分别受极端低温、连阴雨、高温干旱等不利天气影响。1月下旬全市出现极端低温天气，大棚蔬菜受冻严重。4—5月和10—11月均出现连阴雨天气，降水多光照匮乏，土壤水分饱和，作物生长缓慢，大棚瓜果蔬菜开花受阻，落叶严重，部分出现黄叶、腐烂、甚至死亡现象，产量和品质降低。7—8月出现连续晴热高温少雨天气，蔬菜瓜果生长速度变慢，坐果率降低。

表 5

2016 年各月日照资料

要素＼月份	1 月	2 月	3 月	4 月	5 月	6 月	7 月	8 月	9 月	10 月	11 月	12 月	全年
日照时数（小时）	84.1	174.3	140.8	120.6	128.0	102.8	197.9	291.6	125.4	38.9	70.9	123.6	1598.9
历年平均日照时数（小时）	112.9	107.7	126.7	149.6	174.2	151.7	219.9	216.8	162.8	158.0	135.4	134.7	1850.4
日照百分率（%）	26	54	38	31	30	24	46	71	34	11	22	39	36
历年日照百分率（%）	35	34	34	39	41	36	51	53	44	45	43	43	42

2016 年各月气温资料

表 6

单位：℃

要素＼月份	1 月	2 月	3 月	4 月	5 月	6 月	7 月	8 月	9 月	10 月	11 月	12 月	全年
平均气温	4.1	6.6	11.2	16.6	20.6	24.5	29.8	29.0	23.8	20.1	12.4	8.1	17.2
历年平均气温	4.1	5.9	9.6	15.3	20.7	24.4	28.5	27.9	23.7	18.4	12.4	6.4	16.4
极端最高气温	18.3	25.1	26.8	28.9	31.0	36.5	39.5	38.9	34.7	32.2	25.3	19.9	39.5
历年极端最高气温	22.9	28.0	30.7	36.1	37.7	37.5	39.5	42.0	38.1	34.2	30.3	25.2	42.0
极端最低气温	−7.2	−4.6	−2.6	7.8	9.6	16.1	23.2	17.1	17.0	11.8	1.0	−2.5	−7.2
历年极端最低气温	−12.4	−10.0	−4.7	−1.7	6.3	12.9	17.3	17.1	11.2	1.7	−4.3	−9.9	−12.4

表 7

2016 年各月降水、相对湿度资料

要素＼月份	1 月	2 月	3 月	4 月	5 月	6 月	7 月	8 月	9 月	10 月	11 月	12 月	全年
降水量（毫米）	130.7	34.8	47.9	227.1	256.1	283.2	72.0	52.0	197.1	139.5	59.8	42.7	1542.9
历年平均降水量（毫米）	71.5	77.5	121.4	104.2	110.2	192.7	155.1	148.5	107.7	60.8	60.7	46.1	1256.4
降水日数（天）	18	6	7	19	20	22	16	9	14	16	14	8	169
历年平均降水日数（天）	11.8	11.9	14.4	13.6	12.3	14.5	12.1	12.9	10.9	8.8	8.7	8	139.9
暴雨日数（天）	0	0	0	0	1	1	0	0	2	1	0	0	5
历年平均暴雨日数（天）	0	0	0.03	0.03	0.07	0.33	0.23	0.2	0.13	0.07	0.03	0	1.13
相对湿度（%）	84	73	74	84	83	88	81	79	86	89	88	84	83
历年平均相对湿度（%）	78	78	79	78	78	83	81	82	83	80	79	76	80

说明：历年平均值统计年限为 1981—2010 年，历年极端值统计年限为 1961—2015 年

（朱情逸）

[编辑：邢祖康]

工　业

Industry

综　述

2016年，推进“工业强市”建设，开展“招商选资突破提质年”和“转型发展服务提速年”活动，全市工业经济保持持续健康发展。全年实现规模以上工业产值1466.69亿元，比上年增长3.6%，增速提高2.1个百分点，高出嘉兴市平均0.2个百分点；实现工业增加值361.36亿元，增长5.7%，占地区生产总值的47.1%，其中规模以上工业增加值280.5亿元，增长5.2%，增速提高1.9个百分点。工业用电增长较快，全市工业用电量63.68亿千瓦小时，增长10.3%，增速提高10.4个百分点。

重点企业支撑较强。101家大中型工业企业实现产值653.24亿元，比上年增长8.1%，增幅高于全市平均4.5个百分点；利税总额84.92亿元，增长18.9%，其中利润57.18亿元，增长26.6%。全市规模以上工业企业实现主营业务收入1411.94亿元，增长5%；产销率96.9%，提高1.91个百分点；产成品存货93.29亿元，下降0.1%。14个主要行业中，除食品、光伏和汽配产销率有所下降外，其余11个行业均有所提高，其中化工医药、袜业分别提高12.85个和4.25个百分点。全市规模以上工业增加值率19.5%，提高0.9个百分点；规模以上工业企业主营业务收入利润率6%，提高0.82个百分点。规模以上工业企业从业人员数增长1.3%，全员劳动生产率17.6万元/人，提高7.0%。工业固定资产投资与主营业务收入的比率为18%，提高1个百分点。推进结构调整和企业减负，全市1111家规模以上工业企业实现利税总额141.76亿元，增长13.9%，其中利润85.31亿元，增长22.2%。规模以上企业中亏损企业132家，下降11.3%；亏损企业亏损额4.95亿元，下降9.5%；盈利企业盈利额87.26亿元，增长19.6%。规模以上企业资产总计1502.98亿元，增长5.5%。

外贸出口稳定。全市进出口总额413.31亿元，比上年增长13.6%，其中出口365.64亿元，增长14.1%。全市出口交货值367.71亿元，增长8.3%，占工业销售产值的26.1%，增速提高7.5个百分点。家具及制品、太阳能利用两大类产品出口势头良好，分别增长15.1%和66.1%；纺织产品扭转上年下降趋势，出口额增长3.7%。

产业结构继续优化。“两高一新”产业成为带动工业增长的新引擎。全市战略性新兴产业、高新技术产业和高端装备制造业分别实现规模以上增加值89.93亿元、122.74亿元、74.34亿元，分别比上年增长5%、9.1%、16.8%，占全市规模以上工业增加值的比重分别为32.1%、43.8%和26.5%，其中高新技术产业和高端装备制造业占比分别提高 1.6 个和 3 个百分点。

工业经济节约集约发展。全市规模以上工业单位用地增加值 1116 万元 / 公顷，比上年提高 2.7%；单位用水工业增加值 6834 元 / 立方米，提高 9.0%。受用电量增长过快、原材料价格低位运行等因素影响，全年单位能耗工业增加值 1.4 万元 / 吨标煤，下降 1.6%。落实各项差别化措施，倒逼低效企业转型升级。全年整治提升太阳能利用、物流、纺织后整理、扣板等行业低小散企业 583 家，其中关停 433 家；淘汰落后设备 3078 台套，减少 COD（化学需氧量）排放量 74.1 吨，腾出用能 4.1 万吨标煤。全年腾退低效用地项目 66 个，涉及土地 139.1 公顷。淘汰落后产能涉及企业 224 家，61 家 C 类企业完成整治提升。

技术改造成为推动投资增长的主动力。工业投资由外延式扩张向内涵式提升转变，全年完成工业投资 252.25 亿元，比上年增长 11.1%；设备投入 162.25 亿元，技改投入 210.14 亿元。全年下达工业投资奖励资金 5900 万元，增长 9%。全市 595 个“机器换人”项目完成投资 169.98 亿元，增长 78.4%。海宁经编行业列入全省 2016 年“机器换人”分行业试点。

创新能力稳步增强。全市规模以上工业企业新产品产值 614.13 亿元，比上年增长 9.5%；新产品产值率 42.2%，提高 2.3 个百分点。规模以上工业研究与试验发展经费支出 20.62 亿元，增长 9.5%。天通控股股份有限公司通过国家企业技术中心认定，成为全市首个国家级企业创新平台。浙江万凯新材料有限公司创建为第三批省级“三名”培育试点企业，全市省级“三名”培育试点企业 3 家，占嘉兴市总数的 1/3。

新进项目质量提升。232 个工业内资项目实到市外内资 107.48 亿元，比上年增长 12.3%；36 家工业企业实际利用外资 11787 万美元，下降 47.3%。新引进国际行业龙头企业投资项目 1 个（铁三角集团投资的海宁铁三角科技有限公司），中国 500 强企业投资项目 3 个（中广核集团兼并浙江旭辉新能源公司、娃哈哈集团投资的浙江娃哈哈饮用水有限公司和浙江娃哈哈宏振饮用水有限公司）；新引进总投资 1 亿元以上项目 9 个，其中总投资超 50 亿元项目 1 个（北京国能电池科技有限公司投资的浙江国能新能源有限公司）。

平台不断扩容升级。海宁经济开发区列入长江经济带国家级转型升级示范开发区，海宁国际装备制造产业园开工建设，袁花阳光科技小镇申报省级特色小镇。推进小微企业创业园区建设，全市准入“两创”中心项目 18 个，计划总投资 21.65 亿元，累计完成投资 5.5 亿元。新增标准厂房面积 33.2 万平方米，6 个项目结顶。

“两化”融合继续推进。全市信息化指数 0.98，其中信息经济核心产业发展指数进入全省前 10 位。信息经济综合评价 103 分，列全省第 13 位，海宁市入围省级信息经济发展示范区。全市有省级“两化”融合示范企业 2 家（浙江晶科能源有限公司、海宁正泰新能源有限公司）、省级“两化”融合试点企业 4 家、嘉兴市“互联网 + 工业”示范企业 11 家、嘉兴市“互联网 + 工业”试点企业 5 家。电子信息制造业完成产值 213.15 亿元，比上年增长 14%。浙江晶科能源有限公司入围中国电子信息百强企业，天通控股股份有限公司入选 2015 年中国电子元件百强企业。

2016年全市规模以上工业经济指标完成及在嘉兴市排名情况

表8

指　标	完成实绩（亿元）	在嘉兴市排名	增幅在嘉兴市排名
工业总产值	1466.69	1	5
工业增加值	361.36	2	6
工业生产性投资	252.25	4	5
工业利润	85.31	4	5
工业实到市外内资	107.48	—	—

2016年海宁市重点技术改造项目完成情况（1亿元及以上）

表9　　单位：万元

序号	企业名称	项目内容	计划总投资	至2015年年底累计完成投资	2016年完成投资
1	浙江高达新材料有限公司	年新增1.2亿平方米新型产业用经编织物技改项目	22659	13988	11482
2	浙江海利得新材料股份有限公司	年产4万吨车用差别化涤纶工业丝技改项目	38200	21193	20719
3	海宁海派家具有限公司	时尚沙发产业园二期项目	10000	—	11470
4	海宁博库信息技术有限公司	年产5500万套图书、文化用品包装项目	19910	172	11048
5	浙江华德利纺织印染有限公司	年新增3000吨经编面料印染加工项目	21141	—	24022
6	海宁德宇包装材料有限公司	年产1.8万吨真空镀铝新型包装材料技改项目	15566	—	16250
7	天通控股股份有限公司	智能移动终端应用大尺寸蓝宝石晶片项目	118411	65048	26591
8	浙江晨丰科技股份有限公司	LED绿色照明结构组件项目	21869	—	12108
9	海宁欧派工贸有限公司	年产800万平方米PVC新型建材新建项目	13200	2017	11183
10	浙江晶科能源有限公司	太阳能电池片、组件生产线技术改造项目	12200	—	12200
11	浙江晶科能源有限公司	太阳能发电技术应用研究院建设及提升项目	11825	—	11824
12	海宁市周氏纺织有限公司	年产8000吨高档经编面料搬迁项目	17000	—	17000
13	浙江晶科能源有限公司	节能与组件生产线技术改造项目	23240	—	23306
14	浙江晶科能源有限公司	年产1500兆瓦太阳能电池片生产线设备升级技改项目	16482	—	16213
15	浙江晶科能源有限公司	电池生产线PERC技改项目	21309	—	25600
16	海宁和平新材料有限公司	年产1万吨汽车内饰布技改项目	18000	2620	12557
17	海宁正泰新能源有限公司	年产1200兆瓦光伏晶硅组件制造项目	55368	8970	21830

续表 9

序号	企业名称	项目内容	计划总投资	至 2015 年年底累计完成投资	2016 年完成投资
18	浙江万凯新材料有限公司	年新增 50 万吨包装新材料（瓶片）技改项目	80000	19890	40100
19	浙江海利得新材料股份有限公司	年产 3.1 万平方米柔性广告灯箱布项目	69100	35489	11350
20	浙江晶科能源有限公司	年产 550 兆瓦太阳能电池组件项目	26200	550	25603
21	海宁续笙新能源科技有限公司	年产 1.3 亿片多晶硅太阳能硅片投资项目	41685	—	52873

（朱宁佳）

经　　编

【概况】 至年底，全市有经编企业 430 余家，其中上市企业 2 家（宏达高科控股股份有限公司、浙江海利得新材料股份有限公司），从业人员 2 万余人。有规模以上经编企业 215 家，完成工业总产值 230.18 亿元，比上年增长 1.4%；利润总额 11.74 亿元，增长 32.1%；缴纳税金 9.19 亿元，增长 8.3%。经编出口企业 234 家，全年出口额 6.33 亿美元，占全市出口总额的 10.3%，主要出口市场为欧盟、东盟、俄罗斯和美国等。

调整产品结构，以适销对路和附加值高的产品为主导，取代常规产品，浙江明士达新材料有限公司、浙江锦达新材料股份有限公司、浙江港龙新材料有限公司等骨干企业利润率快速提高。服饰与装饰用经编（KS）行情起伏大，至 9 月市场行情基本平稳，10 月后化纤原料价格上涨，服饰与装饰用经编市场供不应求，多数企业库存量短期内降为零，流动资金回收快速。双轴向及产业用经编自 2014 年 9 月进入低谷以来，连续三年处于市场需求严重不足局面。革基布产品逐渐趋向多元化和个性化风格，传统的无光绒、仿棉绒的价格分别为每吨 1.4 万元和每吨 1.5 万元，每吨比上年增长 2500 元以上。11 月中下旬后，革基布市场刚性需求很大，革基布无光绒、仿棉绒、仿羊绒、丝光绒等个性化产品市场供不应求，企业基本无囤积库存。全市有经编面料后整理印染企业 11 家，大部分在马桥街道。自实施工业企业亩产效益综合评价以来，专业的后整理印染企业全部被列为 B 类及 C 类企业。

加强品牌建设。浙江区域名牌“马桥经编”使用企业 41 家，涵盖经编及相关产品 57 项。海宁市天宇基布有限公司被认定为海宁市名牌，浙江宇立塑胶有限公司被认定为嘉兴市著名商标，海宁八方布业有限公司被认定为浙江省著名商标，浙江港龙新材料有限公司的“港龙”被认定为省级出口名牌。组织企业召开联盟标准复审会，复审《合成纤维土工格栅》《玻璃纤维土工格栅》《经编双轴向涤纶基布》《篷盖材料用 PVC 膜》《柔性灯箱布用 PVC 膜》5 个联盟标准，修改相关技术参数。年内，组织 66 家次会员企业参加法兰克福家纺展、俄罗斯产业用布展和南非国际贸易展等 15 个国际展会。组织 156 家次企业参加中国国际家用纺织品（春夏）博览会、中国国际纺织面料及辅料（春夏）博览会等 8 个国内展会，总参展面积 2600 平方米。

【经编行业入选省“机器换人”分行业试点】　11月3日，省经济和信息化委员会、省财政厅公布2017年度“机器换人”分行业试点名单，海宁经编行业成为全省10个试点之一。制订试点实施计划，力争到2018年，经编企业生产效率大幅提高，劳动环节和节能环保效果明显改善，形成长效的“机器换人”推进机制；培育和引进一批装备制造企业，基本形成工程服务、技术培训、售后服务等为一体的“机器换人”服务体系；经编产品的市场占有率大幅度提高，产业综合竞争力明显提升。

【巴西关于PVC涂料布反倾销案后续】　2016年6月20日，巴西政府发布公告，宣布对中国出口巴西的PVC涂料布征收反倾销税。海宁市经编行业协会及时转发终裁通报，并继续与巴西律师事务所、企业保持联系，了解巴西市场动态，撰写《巴西征收PVC涂料布反倾销税后对海宁市经编行业的影响》报告。7月29日，组织协会成员召开国内灯箱布篷布及产业链企业形势分析会，就应对PVC涂料布不断下滑的生产经营形势开展交流。会后，组团到PVC涂料布企业集中地河北，与PVC涂料布企业对接，达成PVC涂料布销售提价5%的意向。

（姚纪元）

家　纺

【概况】　至年底，全市有家纺企业1万余家（包括个体工商户），从业人员6万余人，公司型企业5000家。有规模以上家纺企业174家，实现工业总产值149.83亿元，比上年增长1.3%；利税13.21亿元，增长2.2%，其中利润7.4亿元，增长6.5%。主要产品有沙发布、窗帘布、床上用品、工程布、墙布、家居用布等，国内市场占有率稳定在35%，产品销售覆盖国内30余个省、市、自治区，远销世界40余个国家和地区。

产业集聚特色明显，家纺业主要集中在许村镇，占全市家纺规模以上产值的95%以上。许村工业园区为省级家纺特色产业专业园区，由许村、许巷、沈士3个工业功能区块组成。至年底，完成基础设施建设投入2.12亿元，开发面积533公顷，落户企业300余家。更新家纺生产设备，许村镇实施“机器换人”工程，许村家纺企业有数码织机3500余台。2016年，海宁家纺企业内销销售量比往年有不同程度下降，市场消费量逐渐减少，至第四季度略有增幅。全市家纺产品主要出口中东、东南亚、欧洲及美国、俄罗斯等国家和地区。原材料价格普遍上涨，部分外贸企业外贸订单下降。

“帘到家”平台汇聚海宁家纺布艺品牌58个，营销网点遍布全国30余个省、市。在全国设立29家省级运营商，线下服务体验店1378家，签约合作网点4115个。全年“帘到家”线上交易额2亿余元，带动线下门店销售额超5亿元。至年底，家纺行业累计有浙江名牌5个、嘉兴名牌6个、海宁名牌6个，“海宁家纺”浙江区域名牌授权使用单位42家。加强家纺知识产权保护。5月，许村镇被中国纺织工业联合会评为2015年度纺织行业创新示范集群，市家纺协会会长曹咬强被评为2015年度纺织产业集群工作先进个人。6月，组织18家家纺企业到美国参加高点家纺展，拓展美国高点沙发布市场。8月，组织230家企业参加在上海举办的第二十二届中国国际家用纺织品（秋冬）博览会，参展面积2.3万平方米，达成意向成交额3.8亿元。

【2016海宁·中国家用纺织品博览会】　2016海宁·中国家用纺织品博览会分春、秋

2016海宁·中国家用纺织品（秋季）博览会人气软装十佳作品获得者 （王超英 摄）

两季举行，地点均在许村镇的海宁中国家纺城国际贸易中心。博览会由中国家用纺织品行业协会、中国国际贸易促进委员会纺织行业分会主办，海宁市政府承办。3月3—5日，举行春季博览会。设展馆面积50余万平方米，3100余个国内外家纺布艺、家居软装行业知名品牌参展。举办室内设计与家纺产品创新论坛等活动，家居设计师、经销商及采购团体等17.9万人观展。8月21—23日，举办秋季博览会。8月21日开幕，中国家用纺织品行业协会会长杨兆华、中国纺织品商业协会副会长韩云钢、海宁市副市长胡燕子等领导和企业代表出席开幕式。展会设3200个展位，展馆面积50余万平方米。举办2015年度海宁家纺优秀产品展、2016中国国际家用纺织品创意设计大赛作品展、2016海宁·中国家用纺织品（秋季）博览会人气软装十佳作品展、2017年（海宁家纺）家用纺织品面料流行趋势发布展等活动。观展人数4.8万人次，达成意向交易额11.6亿元。

【首届中国家纺布艺产业互联网大会】 于9月8日在海宁盐官举行。大会由海宁市贞越电子商务有限公司主办，以“创融”为主题。中国家用纺织品行业协会秘书长李杰、京东服饰家居事业部总经理周新元、中国建筑与室内设计师网CEO全勇以及嘉兴市、海宁市的有关领导出席会议。与会人员围绕产业结构优化、产业供应链变革、产业创新发展等话题开展探讨。会上，为海宁市家纺布艺产业电商转型试点企业、“帘到家”优秀入驻品牌厂家、“帘到家”优秀分公司、“帘到家”2016年十佳专店颁奖，举行“帘到家”商学院成立及启动仪式。

（李钱萍）

电子信息

【概况】 至年底，全市有规模以上电子信息企业77家，实现工业总产值213.15亿元，比上年增长14.0%；利润15.61亿元，增长29.7%。总产值超亿元企业14家，其中超100亿元企业1家、超10亿元企业2家。形成以光伏新能源、电子新材料为主导的特色产业集群，培育浙江晶科能源有限公司、海宁正泰新能源有限公司、浙江芯能光伏科技股份有限公司、天通控股股份有限公司、海宁联丰磁业股份有限公司等领军企业。浙江晶科能源有限公司入选2015年省电子信息制造业重点企业30强，列第9位；天通控股股份有限公司入选2015年省电子信息成长性特色企业50强、2015年中国电子元件百强企业；浙江晶科能源有限公司、海宁正泰新能源有限公司入选2016年全省“两化”融合示范企业。总投资50亿元的国能高性能动力电池产业园项目、总投资30亿元的天通控股股份有限公司泛半导体产业项目、总投资20亿元的海宁正泰新能源有限公司基地项目签约入驻海宁。

上半年，传统照明产品行情持续下滑，订单量持续减少，企业以做库存为主，部分企业仍然停机，开机率80%。新兴LED照明市场日渐成熟，LED照明企业逐步开拓市场，拥有稳定客源，销售渠道逐渐完善。LED灯具生产配套企业增加，产业链日趋完善，市场综合竞争力稳步提升。全市照明行业LED企业及配套企业约占全行业的1/3，产值占全行业的30%～40%。HID氙气灯照明产品一直以出口为主，国内外市场份额逐年下降。2016年，HID氙气灯行情继续下滑，订单量严重不足。商业照明灯具主要以传统节日照明灯具为主，传统节日照明灯具市场逐步被LED产品取代。

【正泰新能源有限公司落户海宁】　海宁正泰新能源有限公司是浙江正泰集团的全资子公司，位于尖山新区。公司占地15.2公顷，建筑面积79771平方米。项目于2015年6月16日签约，一期总投资3亿余元。2015年10月开工建设。2016年2月，完成第一阶段设备调试，3月开始试生产，规划光伏组件年产能1.5兆瓦。2016年11月底，完成第二阶段设备架设和调试，全面实现设计产能。

【天通控股股份有限公司通过国家企业技术中心认定】　12月15日，天通控股股份有限公司技术中心被国家发改委、科技部、财政部等认定为国家企业技术中心，是海宁首个国家级企业创新平台。该公司企业技术中心成立于1999年，重点开展电子信息材料及上下游配套产品的研发。2000年被评为省级高新技术研究开发中心，2007年被认定为省级企业技术中心，2011年申报创建国家企业技术中心。先后建立浙江省新型信息材料技术研究重点实验室、浙江省天通电子信息材料重点企业研究院、浙江省企业技术标准创新基地，设立实验室和天河系列超级计算机生产基地。

（徐江彪）

包装印刷

【概况】　至年底，全市有包装印刷企业309家，其中出版物印刷2家、包装装潢印刷265家、专项装订制版11家、其他印刷企业31家。印刷企业资产总额74.94亿元，销售收入59.86亿元，利润总额2.31亿元，工业总产值60.34亿元，工业增加值15.44亿元，工业总产出60.02亿元。全行业有省级名牌产品5个、嘉兴名牌产品4个、海宁名牌产品2个。

包装印刷企业相对比较分散，小企业偏多，高新技术在包装印刷企业的应用比重较低。全市包装印刷行业设备水平参差不齐，既有高速、高档、处于世界领先的进口印刷机，又有技术含量低、品质低劣的印刷设备。特别是大部分中小型包装印刷企业由于缺乏资金，大多使用中低档印刷设备，印后工序生产设备落后。包装产业层次相对较低，简单、普通包装产品所占比重较大，高技术、功能性包装产品发展不够，重包装制品生产，轻包装材料生产，产品更新换代慢，品牌建设力度不够，名牌产品较少。4月，组织33家企业参加在上海举行的第三十届中国国际塑料橡胶工业展览会。

【实施省级联盟标准项目】 组织企业实施《耐蒸煮复合膜、袋》省级联盟标准项目。制订实施方案，推广实施管理办法，制订联盟标准标识使用管理规则、监督检查制度、专项资金管理制度等。围绕联盟标准举办培训、座谈会以及考察共15场次。制订《耐蒸煮复合膜、袋》联盟标准。16家企业加入联盟标准，其中A级标准化良好行为企业10家。年底，《耐蒸煮复合膜、袋》联盟标准省级标准化项目通过省质监局验收。

（李钱萍）

装备制造

【概况】 至年底，全市有规模以上装备制造业企业228家，实现工业总产值351.02亿元，比上年增长12.1%；销售收入343.02亿元，增长13.7%；利税39.28亿元，增长24.9%，其中利润22.99亿元，增长29.9%。全年规模以上装备制造业企业完成技改投入24.28亿元，占全市总量的11.6%。装备制造业签约项目2个，分别为立体停车库及控制系统项目和虹际通风设备有限公司通风设备生产项目。

全市机械产业根据产品种类分成印刷包装机械、环保机械、轴承机械、纺织机械、电梯机械、工程机械六大类。2016年，装备制造业各项指标均呈增长态势，纺织机械类稳增长，工程机械类比上年略增，环保机械类与上年持平，电梯机械类和印刷包装机械类整体均下降。电梯企业产品结构发生明显变化，逐步从商用及小区住宅用电梯向别墅家用电梯转型，浙江嘉联电梯有限公司推出立体停车库系列产品，受到市场认可。工程机械类企业形势较好，天通吉成机器技术有限公司生产的晶体材料专用设备供不应求。8月28日至9月8日，组织装备制造业企业代表19人到德国学习考察现代化制造企业工厂。11月18—21日，组织天通吉成机器技术有限公司、曼斯顿电梯（浙江）有限公司、浙江凯达奔克起重设备有限公司、海宁诚达机械有限公司、美大集团有限公司5家企业，参加2016中国义乌国际装备博览会。

（李钱萍）

太阳能利用

【概况】 至年底，全市有规模以上光伏企业20家，实现工业产值158.6亿元，比上年增长16%；销售收入157.2亿元，增长15.3%；利税19.7亿元，增长23%，其中利润12.0亿元，增长21.4%。全市光伏产品出口额58.5亿元，增长108%。光伏电池片产能2900兆瓦，组件产能3000兆瓦。光伏应用发电进一步发展细分，家庭用户占比提升。全市光伏企业业绩平均增长15%。传统的中小型光伏生产企业做精做强，向下游产业链延伸，基本实现生产与应用产业链整合。

全市有各类太阳能热水器及配件生产企业635家，其中整机生产企业176家，年产太阳能热水器约320万台，真空集热管生产企业23家，各类配件生产企业265家。生产企业主要集中于袁花镇和黄湾镇（尖山新区）及市区周边地区，从业人员1万余人。全市太阳能光热行业实现销售收入35.3亿元，比上年下降11.8%。出口总额4.71亿元，下降3.9%。产品主要出口拉丁美洲、墨西哥、越南和印度等国家和地区。全市太阳能光热行业有浙江名牌1个、嘉兴名牌5个、海宁名牌10个，浙江省著名商标1个、嘉兴市著名商标8个、海宁市著名商标11个、中国驰名商标38个。

光伏特色小镇——袁花镇　　（市经信局　提供）

加大联盟标准推广和实施力度，开展联盟标准各类宣传活动。海宁市太阳能行业协会联合省太阳能检测中心开展区域名牌建设系列活动。开展外贸预警，提升太阳能利用企业对外贸易风险意识和应对国际贸易摩擦能力。受政策及大环境低迷等因素影响，全市太阳能热水器行业零售市场下降明显，工程市场增长较快，太阳能利用企业基本以普通的真空管太阳能生产为主。因印度政府终止太阳能热水器补贴，出口印度市场急剧下滑，全年出口2776万元，比上年下降50.5%。对拉丁美洲的出口增速迅猛，其中对墨西哥出口2.01亿元，占出口总额的42.7%。

3月，组织企业参加在国际展览中心举办的2016第十三届中国国际（石家庄）太阳能热利用产品博览会，并宣传海宁太阳能产业区域品牌。同月，在省太阳能检测中心举办太阳能产品多国认证及能效方案解析培训会。5月，举办P4P（对等网络的升级版）进阶之路培训会。12月，在省太阳能检测中心举办涉ODS（操作数据存储）太阳能企业环保知识宣贯会。

【创建阳光科技小镇】　袁花镇聚焦光伏、光热、光电优势产业特色，邀请省发展规划研究院规划设计，以“创新阳光科技、发展阳光产业、感受阳光生活、畅享阳光旅游”为理念，强化产业化、科技化、城镇化“三化驱动”。规划小镇总面积3.4平方千米，围绕“阳光科创＋智造应用”主线，创建阳光科技小镇，打造全省阳光产业高端装备制造示范。

（李钱萍）

汽车及零部件

【概况】　至年底，全市有规模以上汽车及零部件生产企业10家，其中销售额亿元以上企业2家。规模以上汽车及零部件生产企业实现工业产值6.15亿元；销售收入5.75亿元，比上年增长14.6%；利税0.64亿元，下降1.4%，其中利润0.35亿元，增长8.4%。汽车及零部件生产企业主要集聚在尖山新区和长安镇（高新区），产品主要涉及离合器、轮毂、刹车鼓、轮毂轴承总成、膜片弹簧、碟形弹簧、铜铝散热器、中冷器、油底壳、风扇、鼓式制动器衬片、盘式制动器衬片、万向节十字轴、圆锥滚子轴承、汽车齿轮离合器从动盘总成、汽车用调整臂等。

经编产品向车用领域渗透。宏达控股集团有限公司的内饰产品进入宝马供应链。汽车行业领先供应商江森自控有限公司与浙江万方新材料股份有限公司合作设立面料生产基地，主要应用于汽车座椅和内饰产品，为国内外主要汽车制造商供货。浙江海利得新材料股份有限公司的帘子布为住友橡胶（中国)有限公司、米其林集团等大牌轮胎生产厂家供货，高弹纤维为安全带、安全气囊厂家供货。

（李钱萍）

袜　业

【概况】 至年底，全市有袜业企业500余家，从业人员2.6万人。有规模以上袜业企业49家，实现工业产值29.57亿元，比上年下降1.4%；销售收入30.33亿元，增长2.4%；利税3.02亿元，下降2.9%，其中利润1.48亿元，增长6.1%。袜业企业主要分布在海昌街道、海洲街道、硖石街道、马桥街道、袁花镇、经济开发区等区域，其中经济开发区约有袜业企业300家，占全市总数的60%以上。全市共有各类袜机1.5万台，其中大部分是进口袜机。海宁袜业以出口为主，主要销往欧美、日本等国家和地区，全年袜子产品出口19.3亿元，增长5.1%。

3月25日，举办“当前经济形势下海宁袜业如何突围”专题论坛。5月24日，举办袜子设计培训讲座。8月5日，中国针织工业协会秘书长瞿静到海宁调研袜子行业发展情况。9月13—16日，组织10家企业参加在日本大阪举行的浙江出口商品（大阪）交易会，海宁金百利袜业有限公司现场成交额1万美元。

（李钱萍）

家具制造

【概况】 至年底，全市家具行业有生产企业170余家，从业人员4万余人。有规模以上家具生产企业43家，实现工业总产值80.77亿元，比上年增长5.8%；利税7.07亿元，增长3.7%，其中利润3.69亿元，增长1.6%。因统计口径关系，加上未统计在家具行业的一些集团企业的产值，全年家具行业工业总产值115亿元，增长10%。

有出口企业85家，全年家具及制品出口50.79亿元，比上年增长15.1%，占全市出口总额的13.9%。成品沙发出口45.12亿元，增长16.2%，其中布沙发出口25.43亿元，增长12.4%，皮沙发出口19.69亿元，增长21.5%。布沙发套出口6.27亿元，下降4%；皮沙发套出口3.37亿元，下降15.7%。家具出口市场以美国为主，占出口总额的80%以上。有30余家家具企业出口额超1000万美元，其中慕容集团有限公司、海宁海派家具有限公司、浙江海宁卡雷诺家私有限公司等出口增幅均超20%。从产品类别看，固定类、摇椅等成品沙发订单充足，床垫、床头板等小类别软体家具呈增长态势。餐椅类产品新开小工厂较多，欧洲市场需求下降，整体竞争趋于激烈。

【承办浙江省软体家具精益生产技术交流会】

会议于3月25日在海宁举行，由浙江省家具行业协会、海宁市家具行业协会联合主办，力克系统（上海）有限公司承办。全省50家软体家具生产企业的110名代表参加会议，省家具行业协会副理事长兼秘书长马志翔致欢迎辞。与会人员围绕软体家具的国内外市场，消费者的心理及需求，精益生产理念与产品设计、开发、生产相融合等课题开展探讨。

【浙江川洋家居股份有限公司在“新三板”挂牌】　4月26日，浙江川洋家居股份有限公司在“新三板”挂牌。股票简称：川洋家居。股票代码：837386。浙江川洋家居股份有限公司创建于1986年，前身是海宁同心家私厂。公司是集设计、生产、销售和服务于一体的大型现代化家居企业，中国沙发出口重点企业。公司占地5.8公顷，建筑面积6.6万平方米，有员工600余人。公司在全国范围建立销售网络，产品远销美国、加拿大、英国、澳大利亚、南非等几十个国家和地区，2016年销售额3.25亿元。

（李钱萍）

4月26日，浙江川洋家居股份有限公司在“新三板”挂牌

（市经信局　提供）

建　　材

【概况】　至年底，全市有规模以上建材企业28家，比上年增加3家；实现主营业务收入23.77亿元，下降1.9%；利税1.53亿元，下降12.5%，其中利润6254万元，下降30.9%。建材行业发展形势严峻，规模以上企业中有亏损企业10家，亏损面35.7%。全市建材进出口外贸公司及生产企业共70余家，产品出口至108个国家及地区，全年出口额12亿元，下降0.5%。

全市有新墙材企业11家，全年生产新墙材7.28亿块标砖，比上年增长11.5%。其中烧结砖类墙材产量0.52亿块标砖，增长88.7%；混凝土砖类产量1.32亿块标砖，下降0.8%；蒸压加气砌块类产量47万立方米，增长15.1%；板材类产量696.6万平方米，增长4.7%。全年新墙材销售量7.14亿块标砖，增长11.5%。开展“用新型墙材，享绿色生活”新墙材进农村宣传活动，推进农民自建房应用新墙材。

全市有1家水泥生产企业（海宁市欣河水泥有限公司）。全年水泥生产量19.8万吨，比上年增长9.1%；水泥散装量16.1万吨，下降2.5%，散装率81.34%。全年散装水泥可节约标煤2464.9吨，减排粉尘1616吨、二氧化碳7236吨、二氧化硫5.4吨。

全市有8家预拌混凝土生产企业，分别是海宁南方混凝土有限公司、海宁市嘉海混凝土有限公司、海宁长荣商品混凝土有限公司、海宁市金鑫混凝土有限公司、海宁市红宝商品混凝土有限公司、海宁海泰建材有限公司、海宁许桥南方混凝土有限公司、海宁市中胜建材有限公司。全年预拌混凝土供应量325万立方米，可节约水泥26万吨、标煤4.3万吨，综合利用工业固体废物58.5万吨。有 2 家预拌砂浆生产企业，分别是海宁南方新材料科技有限公司和海宁潮乡新型建材有限公司。全年完成预拌砂浆 8.3 万吨，可节约水泥 3573.3 吨、标煤 594.4 吨。

（李钱萍　沈王克）

重点企业（非皮革类）

【安正时尚集团股份有限公司】　2016 年，公司实现工业总产值 17.21 亿元，营业收入 12.06 亿元，缴纳税费 2 亿余元，净利润 2.36 亿元。在全国建有 900 余个销售门店。全年开展研发项目 12 个，其中省级新产品立项 6 个、自主立项 6 个。获专利授权 63 件，其中发明专利 1 件、实用新型专利 7 件、外观设计专利 55 件；获软件著作权 6 项、美术作品版权 13 项。建设企业文化，参与公益活动，向社会公益基金会捐赠 9.6 万元，开展自闭症儿童合作项目；向海宁市慈善总会捐赠 20 万元，向安正慈善基金会捐赠 65 万元。开展各类扶贫救助、西部助学等活动。2016 年，公司被评为中国纺织服装行业品牌价值 50 强企业，企业品牌价值 21 亿元；被评为浙江省级重点企业设计院、浙江省 AAA 级“守合同重信用”企业、浙江省“两化”融合试点企业、浙江省高新技术企业、重点跟踪培育服装家纺自主品牌企业；获中国纺织工业联合会“十二五”产品开发突出贡献奖、浙江省卓越经营奖、海宁市市长质量奖等荣誉。“玖姿”品牌获中国 2016 最佳时尚女装品牌奖，“斐娜晨”品牌获中国国际时装周 2016 年度时尚品牌奖。

（吴春梅）

【宏达控股集团有限公司】　2016 年年底，集团有下属子公司 30 家。实现工业总产值 13.7 亿元，销售收入 13.1 亿元，利税 7.3 亿元，其中利润 5.8 亿元。公司总资产 73.9 亿元，占地面积 57.8 公顷，在册员工 2058 人。宏达高科控股股份有限公司通过各项管理体系国际认证和清洁生产审核。主要产品为汽车内饰面料、高档服装面料和其他产业用布，其中乘用车汽车顶篷布产量约占国内市场的 1/3。企业被认定为中国汽车内饰面料测试中心和服装面料测试中心，通过国家实验室（CNAS）认证。全年开展“A932 拉伸渐变色材料”“L36A 贴身防滑移塑身材料”“E55 高强度立体透气座椅材料”等技术革新项目 12 个，投入资金 1600 余万元，项目列入浙江省重点技术创新计划、浙江省新产品计划。全年取得专利 7 件，其中实用新型专利 3 件、外观专利 4 件。累计取得专利 52 件。投资渤海证券股份有限公司、宁德时代新能源股份有限公司 2 个项目，投入资金 3.9 亿元。2016 年，公司被人力资源和社会保障部、中国纺织工业联合会评为全国纺织工业先进集体，获中国纺织工业联合会年度新产品开发贡献奖；宏达集团党委被评为浙江省先进基层党组织、嘉兴市先进基层党组织、海宁市先进基层党组织、许村镇先进基层党组织；宏达高科控股股份有限公司当选为嘉兴市上市公司发展促进协会副会长单位，被延续认定为浙江省著名商标、浙江省重合同守信用单位，被海宁市总工会评为“最美厂区”。

（周美玲）

【美大集团有限公司】　2016 年，集团实现工业总产值 14.33 亿元，比上年增长 28%；销售收入 13.16 亿元，增长 28.5%；利税4.37 亿元，增长 80%。开展涡轮增压系列集成灶、侧吸式系列集成灶产品全面升级等技术创新项目；开发多功能烤箱式集成灶、电蒸箱式集成灶、多元智能化控制集成灶、带洗碗机功能集成水槽等新品 5 款，投入研发费用 3900 余万元。2016 年，公司列入浙江省“三名”培育试点企业，被评为嘉兴市十大创新型企业、嘉兴市市长质量奖、厨电行业优秀智能制造企业、海宁市 2016 年度亩产效益优秀企业、海宁市 2016 年度工业纳税优秀企业等。产品被评为 2016 年中国集成灶高效净化环保之星、2016 年度集成灶十大品牌、中国厨电十大品牌，获中国家电艾普兰奖。

浙江晶科能源有限公司外景（浙江晶科能源有限公司　提供）

（徐　红）

【兄弟科技股份有限公司】　2016 年 5 月，兄弟科技股份有限公司总部迁址海宁市学林街 1 号。公司主要从事维生素产品（K_3、B_3、B_1、B_5）和皮革化学品（铬鞣剂、皮革助剂）等精细化工产品的研发、生产与销售，是全球最大的维生素 K_3 供应商，拥有海宁、江苏大丰、江西彭泽 3 个生产基地。“兄弟（Brother）”品牌先后被评为浙江省知名商号、浙江省著名商标、浙江名牌产品。公司发展循环经济和资源综合利用，在维生素 K_3 和铬鞣剂生产中采用联产工艺，将维生素 K_3 生产过程中产生的含铬废液进行综合利用，用于铬鞣剂生产，降低污染排放。2016 年，公司实现销售收入 10.6 亿元，利税 2.9 亿元，利润 1.91 亿元。开展技术研发与创新，完成多个技术创新项目。至年底，公司累计拥有专利 8 件。

（罗　琴）

【浙江晶科能源有限公司】　2016 年，公司实现销售收入 114.73 亿元。投入 6.4 亿元，实施节能与组件生产线技术改造、年产 1500 兆瓦太阳能电池片生产线设备升级技改、电池生产线 PERC 技改项目。对公司原有电池生产线、组件生产线、公用工程进行自动化改造。全年投入研发经费 3.51 亿元。在光伏电池和组件领域累计申报专利 109 件，其中发明专利 46 件；2016 年获专利授权 40 件，其中发明专利 7 件。申报省级重点创新项目 1 个、科技计划项目 1 个、嘉兴市电子信息产业化项目 1 个，实施省级优秀新产品项目 1 个，4 项新产品通过验收，登记 8 项科技成果。“双 85PID-free 高性能组件”获浙江省科技进步三等奖、嘉兴市科技进步一等奖，“氧化铝背钝化晶硅电池”获海宁市科技进步一等奖，“长期抗 PID 组件 JKMxxxP -60”获浙江省优秀工业新产品三等奖，“1500V 耐高压低成本组件”获嘉兴市十大品质创新产品。“两化”融合管理体系通过评定。11 月，晶科能源的干法黑硅技术（RIE）、背钝化技术（PERC）、双玻技术和 1500V 技术，通过国内权威机构 CGC 的先进技术领跑者认证。2016 年，公司被评为全国电子信息百强企业、浙江省 AAA 守合同重信用企业、浙江省信用管理示范企业、浙江省“两化”融合管理示范企业、浙江省电子信息制造业 30 家重点企业、浙江省知名商号、浙江省管理创新单项奖、浙江省高端装备制造业骨干企业、嘉兴市创新型企业、嘉兴市市长质量奖、嘉兴市“互联网+工业”示范企业。

（沈玲霞）

【浙江海利得新材料股份有限公司】 2016年，公司实现营业收入25.66亿元，营业利润2.94亿元，利润总额3.08亿元，归属于上市公司股东的净利润2.55亿元。研发生产的“一种柔性静音自沉式止滑地板”获国家实用新型专利。开发的PET高清喷绘材料、皮筏艇布两个新产品通过省级新产品鉴定。研发生产的有色（黑色）安全带涤纶工业长丝、阻燃安全带涤纶工业长丝两个新产品通过省级新产品鉴定，气囊用加弹涤纶工业丝申报发明专利，安全带锁边线涤纶工业丝通过省级新产品备案。研发中、高强型原丝及高尺寸稳定型原丝；研发生产的单部位6头纺多功能HMLS涤纶工业丝获海宁市科技进步二等奖。开发的高强高尺寸稳定型1440dtex/2帘布和新型高黏合性能浸胶帘子布申报省级新产品。加快项目建设进度，推进年产31000万平方米柔性广告灯箱布迁（扩）建项目建设，部分经编设备从马桥厂区搬迁至尖山厂区；地板二台压延线（7号、8号线）4月投产，压延3号线7月投产，地板UV涂布—回火2号线、地板3号自动冲床、地板大削边倒角机8月投产，贴合7号线、地板压延6号线11月投产，天然气锅炉7月投入运用。3号、4号压延车间建设项目分别于9月、12月底竣工并投入运用。2016年，公司被评为浙江省高新技术百强企业，获中国纺织工业联合会产品开发贡献奖、全国化纤行业“十二五”最具技术创新突破奖和全国化纤行业“十二五”最具服务满意奖。

（田晨润）

【浙江娃哈哈昌盛饮料集团有限公司】 公司主要生产娃哈哈超净热灌装饮料、碳酸饮料、瓶装水饮料、风味饮料等20余种产品，其中包括营养快线、营养发酵快线、呦呦系列奶咖及奶茶、果汁、钙好喝、碳酸系列等。2016年，公司实现工业总产值5.01亿元，销售收入4.59亿元，上缴税金7157.6万元，利润1.53亿元，年产饮料2.02亿瓶。年内，公司通过诚信体系监督审核，通过食品安全管理体系年度监督审核。获“长安镇（高新区）品牌工会建设先进单位”“工人先锋号”等称号。

（石江全）

【浙江芯能光伏科技股份有限公司】 2016年，公司资产总计16.81亿元，实现营业收入11.49亿元，利润总额9716万元，净资产收益率8.62%；利税总额1.38亿元，利税率14.59%。在光伏产品制造领域，掺镓抗衰减多晶硅片156型、高效单晶光伏组件、157P高效太阳能多晶硅片3个产品通过省级新产品鉴定验收，并获海宁市科技进步奖。抗衰减共掺高效单晶硅片、低跨度电阻率掺镓高效多晶硅片、新型双玻组件、抗PID光伏组件、低能耗半融工艺高效多晶硅片通过省级工业新产品开发项目备案。公司与国内外科研院校和研究机构合作开展项目研发，在分布式太阳能发电综合服务领域取得优秀成果。年内，获10件实用新型专利，3件发明专利进入实质审查。2016年，公司被《证券时报》和中国风险投资研究院评为首届“新三板”百强企业，被评为嘉兴市“互联网+工业”示范企业。董事长张利忠被评为“新三板”金牌董事长创新成长之星、嘉兴市第五届“十大风云人物”。

（陈　晓）

［编辑：邢祖康］

皮　　革

Leather

综　　述

2016年，受国内皮革业产能过剩、供大于求的影响，海宁皮革行业陷入经营困局。至年底，全市有规模以上皮革企业92家，实现工业产值110.04亿元，比上年下降5.2%，占全市规模以上工业总产值的11.3%；销售收入103.13亿元，下降7.6%；利税总额10.16亿元，增长13.6%，其中利润5.9亿元，增长35.5%。完成固定资产投资11.35亿元，其中技改投资6.26亿元。科技投入2.49亿元，研究与开发经费支出1.36亿元，新产品产值47.09亿元。全市年产皮革服装3136万件（套），鞣制革皮产量折合牛皮457万张。皮革类（不含成品沙发）出口额10.41亿元，下降3.9%，其中皮革服装出口3.36亿元，下降10.9%。全市自营出口企业中，慕容集团有限公司、浙江卡森实业集团有限公司、海宁佳联皮革有限公司等皮革企业列出口前十强。

受实体经济普遍低迷、消费者购买力不足等影响，海宁贴牌企业和自主品牌企业销售额下降。92家规模以上企业中亏损企业28家，占企业总数的30.4%。原材料价格波动较大，2016年全球貂皮产量550万张，是2011年以来最低水平。受需求不足影响，貂皮价格在下半年略有上涨后又迅速回落，牛皮、羊皮价格下半年略有上涨，但仍低于上年。企业用工需求减少，减员情况普遍，平均减员10%～20%，设计人员向松散合作方向发展。据“中国·海宁皮革指数”信息系统监测，12月，皮革产品月价格总指数报收于106.51点，环比上涨1.56点，环比涨幅1.5%，比上年同期下跌11.14点，跌幅9.5%；12月景气总指数1165.27点，环比上涨29.94点，涨幅2.6%，比上年同期下跌166.75点，跌幅12.5%。

海宁中国皮革城总部G座国际馆、H座批发中心、重庆海宁皮革城、郑州海宁皮革城开业。举办第二十三届海宁·中国皮革博览会、第九届中国皮革时尚周、2016—2017中国国际皮革裘皮服装流行趋势发布、第十九届“真皮标志杯”中国国际皮革裘皮服装设计大奖赛、2016中国海宁时尚产业论坛、2016中国设计趋势高峰论坛等活动。海宁中国皮革城被国家知识产权局确认为第一批国家级知识产权保护规范化市场。原译时尚设计创意有限公司在北京老佛爷、上海新天地等开设7家连锁店。海宁皮革城进出口有限公司创建为首批省级重点培育外贸综合服务企业，皮城金融入选全国互联网金融百强平台。启动编制皮革时尚小镇控制性详细规划，完成投资主体组建。

全市皮革产业有国家级高新技术企业8家、省级高新技术企业1家、嘉兴市级高新技术企业4家。有国家级企业技术研发中心

1个、省级企业技术研发中心12个、嘉兴市级企业技术研发中心4个、海宁市级企业技术研发中心10个。年内，3家企业成功申报2016年中国皮革协会真皮标志，2家企业通过中国皮革协会五星级生活馆考评。至年底，全市皮革产业有中国驰名商标4个、浙江名牌产品8个、浙江区域名牌1个、浙江服务名牌1个、嘉兴名牌7个、海宁名牌8个。

2016年海宁皮革产品出口情况

表10

序号	产品名称	累计出口额（万元）	比上年增长（%）
1	皮革服装	33637	-10.9
2	票夹箱包	29768	50.2
3	毛皮裘革	2047	-59.5
4	皮沙发套	33732	-15.7
5	皮沙发	196897	21.5
6	其他	4923	-13.0

2016年海宁皮革产品出口国家情况

表11

序号	出口国家（地区）	累计出口额（万元）	比上年增长（%）
1	美国	214108	23.9
2	欧盟	23526	-18.0
3	加拿大	10725	-23.4
4	日本	10443	-0.1
5	韩国	8205	-33.6
6	英国	7569	-4.7
7	俄罗斯	6820	-7.9
8	东盟	2245	-62.0
9	墨西哥	2218	131.0
10	印度	2035	63.2

（张　倩　张　虹）

海宁中国皮革城

【概况】 2016年，海宁中国皮革城总部接待旅游大巴1.1万辆，市场客流量556万人次。实现成交额141.2亿元，营业收入8.79亿元，税费2.01亿元。总部市场包括A座（皮装·裘皮·箱包皮具交易区）、B座（皮装·鞋业广场）、C座（皮草广场）、D座（裘皮广场）、E座（品牌女装馆）、F座（品牌生活馆）、G座（国际馆）、H座（批发中心）、原辅料市场、品牌风尚中心（设计基地）、网商创业园、皮都锦江大酒店、会展中心等区块，有经营户6000余家。总部G座国际馆等4个皮革市场开业，海宁皮革时尚小镇创意区开工。年内，海宁中国皮革城被评为浙江省商贸流通业诚信示范企业、第一批国家级知识产权保护规范化市场、“十二五”浙江省商贸百强企业。

推进皮革时尚小镇建设，组建投资开发主体，浙江嘉兴转型升级产业基金有限公司、海宁市转型升级产业基金有限公司、建信资本管理有限责任公司和海宁中国皮革城股份有限公司合资成立海宁皮革时尚小镇投资开发有限公司。小镇规划区内完成有效固定资产投资20.13亿元，其中皮革城区块8.2亿元。新开工项目7个、续建项目9个，袜业总部、鸿翔大厦、长海大厦、白领氏大厦、合力大厦、皮革城六期6个项目竣工。

【皮革城六期国际馆、批发中心开业】 海宁中国皮革城六期项目位于海州西路南、广顺路西侧，由海宁中国皮革城股份有限公司投资建设，总投资12.67亿元。占地面积9.8公顷，总建筑面积32.1万平方米。包括会展中心、国际馆和批发中心3幢主体建筑，其中会展中心于2014年启用。2016年

皮革城六期国际馆外景 （王超英 摄）

3月26日，六期国际馆开业。国际馆占地面积3.3公顷，建筑面积12.6万平方米，入驻经营户194户。分精品羊绒中心和韩国时尚中心等功能区，经营服装、化妆品、食品、小家电等生活商品，韩国商品工厂店、“原译”设计师集成店等门店开业。8月8日，六期批发中心（电商配送中心）开业。建筑面积16万平方米，有店铺2050间，入驻经营户2039户。主营皮革服装、裘皮服装批发贸易，集皮革水貂服饰批发、电商配送于一体。

【海宁皮革时尚小镇创意区开工】 海宁皮革时尚小镇是省政府于2015年5月确定的首批省级特色小镇创建项目，位于市区西侧，规划面积3.5平方千米。2016年9月23日，一期工程海宁皮革时尚小镇创意区开工，市领导朱建军、徐辉、张炜芬、胡燕子参加开工仪式。创意区整体规划突出环境和生态，以“设计+”为主线，吸引设计师、时尚创意机构、研发机构和国际时尚机构入驻。创意区占地面积11.5公顷，总建筑面积21万平方米，总投资12亿元。建设项目主要包括设计师创业梦工场、设计大师工作室、高级时装定制区、时尚教育培训学院、国际时尚发布中心、设计师人才公寓、“设计+”主题酒吧等。年内完成投资4.53亿元。

9月23日，海宁皮革时尚小镇创意区开工 （皮革城 提供）

【市场采购贸易试点】 1月25日，市场采购贸易试点落地实施。在皮革城设立外贸中心，开展外贸一条龙服务，引进经营主体和服务公司103家。组织企业参加美国拉斯维加斯、俄罗斯莫斯科、日本东京等地的服装展会。举办俄罗斯—中国海宁国际采购商对接会，60余名俄罗斯采购商到会对接。建成首个海外项目“海宁皮革城东京旗舰店”。全年完成出口2015笔，带动其他企业出口757笔，交货值1.85亿美元。

10月1日，郑州海宁皮革城开业　　（王超英　摄）

【重庆海宁皮革城时尚广场开业】　5月，海宁中国皮革城股份有限公司和重庆市钰茂地产有限公司签约重庆海宁皮革城项目。项目位于重庆市大渡口区松青路1048号，租赁建筑面积4万平方米，投入装修费用1200万元。9月28日，重庆海宁皮革城时尚广场开业。广场分水貂、布衣、羊绒等区块，入驻商户200余家。

【郑州海宁皮革城开业】　郑州海宁皮革城位于河南省郑州市中牟县，于2014年11月开工建设，2016年10月1日开业。占地面积10.5公顷，总建筑面积18.5万平方米，总投资8.46亿元。设皮革服装、裘皮服装、箱包鞋类交易区，旅游休闲中心，展示交易中心，流行趋势发布中心，创意研发中心及商务配套等区块。入驻商户214户。

（王　静）

第二十三届 海宁·中国皮革博览会

【概况】　第二十三届海宁·中国皮革博览会于3—10月举行。6月16日，与2016年中国·海宁潮国际博览会合并举行开幕式。博览会由浙江省人民政府、中国国际贸易促进委员会、中国轻工业联合会、中国皮革协会主办，中国国际贸易促进委员会浙江省分会、嘉兴市人民政府和海宁市人民政府联合承办。活动内容包括2016海宁中国皮革原料、辅料展，2016海宁中国皮革裘皮服装展，第九届中国皮革时尚周，第十九届“真皮标志杯”中国国际皮革裘皮服装设计大奖赛，2016中国·浙江皮革时尚产业发展论坛，2016中国海宁时尚产业论坛，2016海宁·中国微商高峰论坛，供给侧改革与金融创新发展论坛，2016中国设计趋势高峰论坛等。6月15—21日主展会期间，吸引国内外客商和专业观众8.9万人观摩订货，意向交易额27.5亿元。65家媒体对展会进行宣传报道。

【2016海宁中国皮革裘皮服装展】　于6月15—21日在海宁会展中心举行。展会以“设计+”为主题，汇集创新设计、工艺、面料等产品信息，展区面积1万平方米。来自海宁、佟二堡、辛集、桐乡、广东、北京等产业和销售基地的65家企业参展，6个意大利品牌参展。吸引专业客商和采购商4.4万人，意向成交额16亿元。

【第九届中国皮革时尚周】　于6月16—21日在海宁会展中心举行。时尚周以原创设计

3月11日，2016海宁中国皮革原料、辅料展暨中国皮革裘皮设计趋势展开幕　（皮革城　提供）

为重点，以2016—2017中国国际皮革裘皮服装流行趋势发布暨颁奖典礼为开幕秀，举办李坤、刘思聪、叶谦、海涛、赵萍等设计师品牌专场秀，以及以设计师名义发布的秀10场。14家企业和多名设计师参演，发布服装1000余套，吸引订货商和观众1.6万人次。

【2016海宁中国皮革原料、辅料展暨中国皮革裘皮设计趋势展】 于3月11—13日在海宁会展中心举行。参展企业83家，其中外国企业13家。展区总面积1.2万平方米，设展位255个，分原料特装区、国内原料展区、国际原料展区、设计师展区、静态展示区、羊剪绒面料等区块。展会期间，举行2016—2017中国皮革裘皮设计趋势静态展、2016—2017中国皮革流行趋势面料最佳研发企业评选活动、2016国际皮革皮草高峰论坛暨2016中国皮革行业趋势分析会等活动。原料、辅料展吸引观众近3万人次，意向交易额11.5亿元。

【第十九届“真皮标志杯”中国国际皮革裘皮服装设计大奖赛】 于2015年11月启动报名。大奖赛由中国皮革协会主办，海宁市人民政府、海宁中国皮革城承办。共收到来自中国美术学院、东华大学、浙江理工大学、宁波大学、美国萨凡纳艺术设计学院等高校及皮革企业、自由设计师的作品1000余幅。2016年2月，组织初评，评出29幅作品入围决赛，由企业制作成衣。6月15日，在海宁会展中心举行总

6月15日，第十九届“真皮标志杯”中国国际皮革裘皮服装设计大奖赛决赛现场　（皮革城　提供）

决赛，通过模特表演的形式展现作品。海宁市丰宇皮业有限公司张馨翌的作品《进化论》获金奖；海宁凯艺服饰有限公司贺萌萌的作品《方》、桐乡市中开裘皮制品有限公司范超和孙德春的组合作品《独白》获银奖；海宁爱朗服饰有限公司胡欣逸的作品《溯》、浙江上格时装有限公司凌清秀的作品《践行者》、海宁木木美子服饰有限公司李盛的作品《星空幻想》获铜奖；评出最佳创意奖、最佳工艺奖、最佳面料奖及最佳视觉奖4个单项奖。

浙江卡森实业集团有限公司成品检测取样点　（王超英　摄）

【2016中国·浙江皮革时尚产业发展论坛】 于6月16日在海宁会展中心举行。论坛由省皮革行业协会主办，海宁中国皮革城承办。以“新常态·新时尚·心相连”为主题，中国皮革协会常务副理事长兼秘书长李玉中、省皮革行业协会理事长李伟娟、省经信委技装处处长李京宁、东华大学服装学院教授陈彬等300余人参与论坛。陈彬发表“最新皮革裘皮时装流行趋势”主题演讲，与会人员围绕智能制造、品牌提升、时尚创新与文化传播等主题进行探讨交流。

（王　静）

重点企业（皮革类）

【浙江卡森实业集团有限公司】 浙江卡森实业集团有限公司是大型综合类跨国企业集团，拥有80余家控股、参股子公司，员工人数超万人。产业涉及皮革及家具制造业、国际农业开发、旅游综合体开发运营及旅游度假服务。

2016年，集团实现工业总产值30.2亿元，销售收入30.4亿元，利税总额4.9亿元。加大创新研发投入，推出抗污皮革、耐高温皮革、阻燃高铁皮革等产品。至年底，累计拥有专利15件。加大“机器换人”和“零土地”技改力度，引进高技术自动化设备。加快成立省级企业研究院，建立产学研创新平台。开发高档汽车内饰革、高铁（飞机）用皮革、环保牛皮沙发革等高技术含量、高附加值产品，推出功能强、款式新的沙发和家居产品，培育新的经济增长点。年内，成立阳光庇护中心公益性社会组织，安置残疾人就业160人。

（潘芳敏）

［编辑：邢祖康］

经济开发区

Economic Development Zone

综　述

至年底，海宁经济开发区、尖山新区、高新区和浙江海宁经编产业园区（以下简称经编产业园区）规划面积6576公顷，累计开发面积4210公顷，累计完成基础设施投入98.48亿元，入区企业3177家。年内新增开发面积53.4公顷，完成基础设施投入8.1亿元，新增入区企业604家。全年实现地区生产总值288.57亿元，财政总收入35.66亿元。全区有规模以上工业企业638家，实现工业产值836.28亿元，比上年增长6.2%；利税72.6亿元，增长14%。

完善基础设施。完成经济开发区双冯路东延、纬二路西延、双联路和文苑路（双冯段）北延、碧云路、采宝路改建，拓宽硖尖路；维修经编产业园区新城路、经都五路（领驭段）、经编七路、经编十六路、通振元达道路、红旗路、新兴路、启辉路、创智路。推进嘉兴内河港区尖山公用码头建设。新建经济开发区中心幼儿园，启动建设尖山新区全民健身中心，发展宽塘商业街，完善尖山新区公交和社区巴士服务。

推进招商选资。全年实到外资2.49亿美元，引进内资120亿元。引进工业项目38个，其中亿元以上工业项目20个。引进世界500强企业和行业龙头企业项目，世界500强企业日本伊藤忠商事株式会社与浙江万凯新材料有限公司开展战略合作，宁波精益集团汽车锻造铝轮毂项目、恒逸集团项目、北京国能电池项目、九丰光电手机屏项目等入驻，引入行业龙头项目娃哈哈纯净水、重大产业项目东城电子智能存取设备、三一重工专用机械改装项目等。全年完成固定资产投资264.62亿元，其中工业生产性投入161.8亿元，第三产业投入79.17亿元。投资工业项目（含技改和新建）488个，其中亿元以上项目20个。

产业集聚特色凸显。启动国际装备制造产业园建设，首期项目开工。推进海派家具、时尚产业园等项目建设，电子信息产业园一期、科技绿洲二期开工建设。推进小微企业园建设，区内有“两创”中心5个，占地36.2公顷，其中尖山中小企业产业园二期项目竣工，新增标准厂房3.1万平方米。以经编园区为核心的国家火炬特色产业基地——国家火炬海宁经编新材料及装备产业基地通过科技部火炬中心复核。年内，新增高新技术企业28家，累计97家；新增省级企业技术研发中心4家，累计34家。引进国家“千人计划”专家5人、省“千人计划”专家6人、嘉兴“金鹰引领计划”专家7人、海宁“潮乡精英引领计划”专家6人。整治提升“僵尸企业”，推进“退低进高”。全年腾退低效用地95.4公顷，整治提升低小散企业246家，淘汰落后设备1339

台；在腾退低效用地基础上实现土地“进高”94.5公顷。

（张 倩）

海宁经济开发区

【概况】 2016年，海宁经济开发区实现地区生产总值67.49亿元，比上年增长4.3%；税收收入16.45亿元，增长22.9%；财政体制收入6.46亿元，增长16.6%。区内有规模以上企业211家，完成规模以上工业总产值261.38亿元、利税27.37亿元、利润16.87亿元，分别增长0.8%、13.4%和25.4%。海宁经济开发区列2015年度浙江省级开发区综合考评第2位，列全省开发区（含国家级）工业强区第8位，被国家发改委评为长江经济带国家级转型升级示范开发区。

推进招商引资和有效投资。全年实到外资1.74亿美元，比上年增长4.6%；实到内资67.94亿元，增长4.5%；浙商回归到位资金38.99亿元，增长33.4%。引进项目36个，总投资225.78亿元，其中工业项目34个，投资213.58亿元。引进和培育“千人计划”专家6人、嘉兴领军人才8人、海宁领军人才9人。全球行业龙头铁三角电子智能产品项目等签约入驻。新成立漕河泾招商分局，推进上海驻点招商。全年固定资产投资70.43亿元，比上年增长15.1%，其中工业投入55.37亿元，三产服务业投入（含政府性投入）15.06亿元，分别增长12.7%和24.8%。建立代办中心，落实项目帮办代办，实行从项目对接到项目落地、建设、投产一条龙服务。推进海宁海派家具有限公司年产25万件时尚沙发新建项目、时尚创意产业园等项目建设，海宁国际装备制造产业园一期、漕河泾海宁科技绿洲二期开工建设。挖掘企业技改项目，做好零增地技改。推广分布式光伏发电，推进节能减排。

企业经济平稳运行。开展资源要素市场化配置改革，开发区企业亩均税收19.5万元，亩均销售收入375万元，分别高于全市平均48个和23个百分点。鼓励企业做大做强，对年产值10亿元以上企业实施“一企一策”扶持计划。出台《关于继续加快海宁经济开发区转型升级的若干政策意见》，每年投入3500万元财政资金扶持企业发展。年内新增高新技术企业14家，专利申请1005件，专利授权482件。累计有5家企业在“新三板”挂牌。4家企业完成兼并重组。

提升平台建设。长山村完成土地征收和人口安置，拆除房屋总面积46816平方米。完成政府项目投资2.29亿元。完成碧云路、硖仲路安置房，文苑路北延（双冯段）、兴业路、金三角市政基础设施改造，双冯路东延、硖尖线拓宽等工程。长山河海宁市区片水系综合治理项目开工，完成河道综合整治6.6千米。实施交通标志标线、路灯亮化、双联路北延、纬二路西延、开发区中心幼儿园新建、利民桥及引道等工程。黄标车整治、大气整治、小锅炉整治、三大行业整治完成率均为100%。5月底，开发区制革行业前道工序全部关停。完成“退低”23.5公顷，“进高”19.4公顷，淘汰落后设备243台套。培育集海宁纺织机械有限公司“科技+党建”、天通吉成机器技术有限公司“到点+到组+到人”快乐班组及“分层破难”党建机制、慕容集团有限公司“三双组合式”青春党建三大党建示范点于一体的党建示范带。

上海漕河泾新兴技术开发区海宁分区完成固定资产投资6.87亿元，其中工业生产性投入6.58亿元、三产投资0.29亿元。实现规模以上工业总产值39.03亿元、利润5.75亿元。推进海宁科技绿洲项目，总占地6.13公顷，总投资3.6亿元，规划建筑面积

9.9万平方米。一期项目于2014年5月完成建设，累计出租房屋2万余平方米，累计出租率90%，引进企业15家；二期项目于2016年年底开工建设。

【海宁经济开发区入选长江经济带国家级转型升级示范开发区】 5月，海宁经济开发区被国家发改委列为长江经济带国家级转型升级示范开发区。近年来，海宁经济开发区推进招商引资、有效投资、企业发展、平台建设四大重点工作。培育时尚产业，重点依托海宁皮革的区域品牌效应和时尚创意产业园建设，整合各类资源要素，壮大轻纺时尚产业集群。引导企业加强创新、设计、营销及融资上市，安正时尚集团有限公司入选全省首批企业设计研究院。聚集新兴产业，围绕装备制造及电子信息、新能源、新材料、食品和保健品四大新兴产业，开工建设国际装备制造产业园、中法产学研合作园。推进产城融合，延伸科技服务、总部经济、现代物流、金融商贸等生产性服务。推进中远普泰国际物流园、玉柴仓储物流综合产业园、通驰仓储经营服务管理平台等建设。推进跨区域园区合作，与上海漕河泾新兴技术开发区签订合作协议。健全企业服务机制，成立项目代办中心，开展项目审批、企业融资、政策咨询、办证办事等服务。

【海宁港口岸监管场站启用】 5月23日，位于海宁经济开发区普泰国际物流园内的海宁港口岸监管场站开通启用。该监管场站配备智能卡口、高清摄像头等监管设备，能自动对集装箱箱号、重量、车牌等信息进行采集识别，通过与海关系统内物流、单证等信息比对，实现自动进场、自动放行功能。承担海宁港区范围内货物进出口一般贸易的清关、报关、查验等功能，是海宁市场采购贸易国家级试点出口转关口岸。专为市场采购贸易经营者办理多品种、多批次、小批量外贸产品出口通关手续。该监管场站启用后，区域内企业的各类进出口货物可直接在海宁进行报关、报检、查验和通关。

【铁三角电子智能产品项目签约入驻】 3月1日，海宁经济开发区与杭州铁三角科技有限公司举行项目签约仪式。日本铁三角株式会社社长松下和雄，海宁市副市长俞亚明等出席签约仪式。签约项目为杭州铁三角科技有限公司租赁浙江万阳新能源有限公司6600平方米厂房，从事耳机、话筒及其他无线智能产品和设备的研发与生产。项目分两期实施，其中一期总投资3000万元，注册资本2000万元，年产耳机80万台、麦克风20万套。

5月23日，海宁港口岸监管场站启用 （陈杰 摄）

【海宁科技绿洲二期项目开工】 12 月 15 日，海宁科技绿洲二期项目举行开工仪式。上海漕河泾新兴技术开发区发展总公司副总经理何建国，海宁市委常委、常务副市长姚敏忠等出席开工仪式。二期项目占地 3.1 公顷，规划建筑面积 3.9 万平方米，投资 9640 万元。建设厂房 11 幢，面积 4 万余平方米，集研发创造、商务办公、物业服务于一体。

（施凯文）

海宁高新技术产业园区

【概况】 2016 年，高新区实现地区生产总值 123.28 亿元，财政总收入 16.42 亿元，其中地方财政收入 6.4 亿元。工业总产值 322 亿元，工业增加值 41.3 亿元。规模以上工业总产值 212 亿元、利税 18.7 亿元、利润总额 10.3 亿元。完成固定资产投资 76.9 亿元，其中工业生产性投资 38.7 亿元。实际利用外资 6402 万美元，引进市外内资 38.93 亿元。

调整工业投资内部结构，重点推进一般装备制造向高端装备制造发展，全面推进传统产业向高新化发展。超亿美元项目九丰光电手机屏、行业龙头项目娃哈哈纯净水、重大产业项目东城电子智能存取设备、三一重工专用机械改装项目等签约开工。强化项目建设全程跟踪，重点推进新建项目的开工及续建项目的竣工，对滞缓项目进行监督、服务。普洛斯电子商务及仓储服务平台项目、万纬仓储项目、台谊消防项目等一批新建项目开工建设。新设立企业代办和经济发展服务中心，党政班子成员带队分组走访重点企业，建立收集、研判、交办、督办、评价、反馈一条龙服务机制。加快 C 类企业腾退和转型，完成 1300 家工业企业亩产效益评价考核。集中整治区域内化工、印染、金属表面处理三大行业以及高能耗、低产出租赁企业，转让低效用地 9 宗 20 公顷。整治物流行业，对运输、仓储、快递、电商企业进行全覆盖、拉网式排查，8 家物流出租企业和 55 家承租企业搬离高新区，共腾出厂房面积 22.3 万平方米。完成土地整治项目 3 宗 24.5 公顷。全年新增高新技术企业 5 家，完成工业技改项目 151 个，总投资40.07 亿元，完成投资 31.4 亿元。专利申请 729 件，居全市首位，其中发明专利授权 43 件。完成 69 家企业 600 个奖励项目材料审核，加大科技奖励力度。推动产学研合作，海宁佳盛汽车零部件有限公司、浙江圣林包装有限公司与浙江理工大学达成合作意向。浙江特富锅炉有限公司建立省级企业研究院获省级认定。

【高新区科创中心被认定为嘉兴市级科技企业孵化器】 12 月 13 日，高新区科创中心被嘉兴市科技局认定为嘉兴市级科技企业孵化器。高新区科创中心有限公司成立于 2015 年 9 月，主要承担科创中心的日常管理工作。2015 年，高新区科创中心被认定为海宁市级科技企业孵化器。2016 年，科创中心引进国家“千人计划”人才 2 人、省“千人计划”人才 2 人、嘉兴“精英引领计划”人才 2 人、海宁“潮乡精英引领计划”人才 1 人。至年底，高新区科创中心引进孵化企业 15 家，其中经市科技局认定的科技孵化企业 8 家。入驻企业涉及电子信息技术、生物与医药技术、新材料技术、新能源及节能技术等领域。

【智能存取设备项目落户高新区】 11 月 9 日，长安镇（高新区）与杭州东城电子有限公司举行签约仪式，智能存取设备项目落户高新区。项目总投资 10 亿元，占地 8.2 公顷，年产智能快递柜 3 万套、智慧小屋 2500 套。

【浙江九丰光电实业有限公司光电模组项目落户高新区】 7月27日，浙江九丰光电实业有限公司光电模组项目落户高新区，是2016年全市首个超亿美元项目。浙江九丰光电实业有限公司由香港大中华金融资产管理有限公司投资设立，主要从事光电子元器件、光学组件、手机、计算机等相关电子模组的研发制造。项目占地5.7公顷，投资1亿美元，主要生产智能手机屏幕光电模组。

（顾一民）

11月9日，长安镇（高新区）与杭州东城电子有限公司举行智能存取设备项目签约仪式 （高新区 提供）

尖山新区

【概况】 2016年，尖山新区实现地区生产总值49.33亿元，比上年增长15.8%；财政总收入4.4亿元，增长31.7%，其中地方财政收入2.03亿元。有规模以上工业企业72家、年产值亿元以上企业29家、30亿元以上和60亿元以上企业各1家。规模以上企业工业总产值212.75亿元，增长14.9%；利税13.48亿元，增长32.8%，其中利润8.4亿元，增长49.9%。完成固定资产投资82.03亿元，增长21%，其中第一产业投入6523万元，第二产业投入54.42亿元，第三产业投入26.97亿元（包括政府性投入4.4亿元）。海宁经济开发区、尖山新区联动招商，全年“两区”实到外资1.74亿美元，引进内资67.94亿元。

强化以商引商、中介招商，提出“园中园”概念，建设汽车及零部件产业园、新材料产业园、先进装备和新能源产业园等，有序引导产业布局。引进世界500强企业日本伊藤忠商事株式会社与浙江万凯新材料有限公司开展战略合作；引进总投资50亿元以上项目2个（国能高性能动力电池产业园项目和宁波精益集团汽车锻造铝轮毂项目），其中汽车锻造铝轮毂项目为海宁历史上单次引进工业投资项目金额最高。建立企业服务代办中心，深化片管员制度，制订“一企一策”培育方案。以浙江万凯新材料有限公司、海宁正泰新能源有限公司、浙江联鑫板材科技有限公司、浙江星驰汽车有限公司、浙江凯耀智能照明科技有限公司等为代表的新材料、新能源和装备制造业成为主导产业。推动企业科技创新，全年新建省级企业技术研发中心1家，引进省“千人计划”专家2人。完善要素市场化配置改革，评价范围扩展至用地0.07公顷（1亩）以上工业企业。通过司法拍卖、兼并重组等，全年“退低”项目8个34.7公顷，完成“进高”项目7个27.1公顷，处置“僵尸企业”2家(浙江益华新能源有限公司和浙江星梁包装有限公司)。继续实施333.3公顷（500亩）水果主导产业示范区建设，高阳山果蔬专业合作社园区、中迅家庭农场园区、钱塘家庭农场园区三大示范园区全部完成基础设施建设。

完善平台功能。编制实施《尖山新区创新发展三年行动计划（2016—2018)》。黄湾镇入围嘉兴市级小城市培育试点，制订实施商贸配套、生产性服务业等措施25项。西部区块土方吹填、滨海路西延、采宝路改建等22个项目完成竣工验收。完成黄尖公路西延工程，推进育才路东延工程，实施新城路、菩提寺路大中修工程，镇联网公路亮化全覆盖。13条道路交通标志及信号灯完成验收并投入使用，主要路口信号灯及电子警察全覆盖。推进嘉兴内河港区尖山公用码头建设。完成千亩生态片林和主要道路和新开发区域的绿化改造工程。永丰路农贸市场完成提升改造并投入使用，启动建设全民健身中心。优化完善公交线路，运作社区巴士，推出定制公交。推动供电部门入驻尖山新区办公。

【希尔富电气项目通过竣工验收】 1月20日，浙江希尔富电气有限公司项目通过市经信局、国土资源局等部门组织的竣工验收。项目内容为年产150万套汽车空调系统蒸发风机总成、80万套冷凝风机总成和3000套车用冷冻冷藏机组，是尖山新区首个不再以审批形式立项、开工建设、竣工投产的工业项目。项目于2014年5月开工，用地面积2公顷，建筑面积1.5万平方米，总投资9800万元。

【国能高性能动力电池产业园项目落户尖山新区】 2月15日，国能高性能动力电池产业园项目落户尖山新区。项目由北京国能电池科技有限公司投资建设，引进国际先进的全自动动力电池生产线，投产后可装配家用新能源乘用车6万辆或纯电动客车8000辆。项目分两期实施，总投资50亿元。一期投资25亿元，建成后年产高性能动力电池生产线3亿安时。

【浙江万凯新材料有限公司与伊藤忠商事株式会社签约合作项目】 3月9日，浙江万凯新材料有限公司与伊藤忠商事株式会社举行项目签约仪式。伊藤忠商事株式会社是从事石油、化工品、粮食、食品等各种商品进出口及国外贸易的世界500强企业。浙江万凯新材料有限公司位于尖山新区，是一家专业从事瓶级PET研发、生产和经营的大型现代化企业。伊藤忠商事株式会社入股浙江万凯新材料有限公司三期项目，内容为年产50万吨包装新材料（瓶片)。三期项目总投

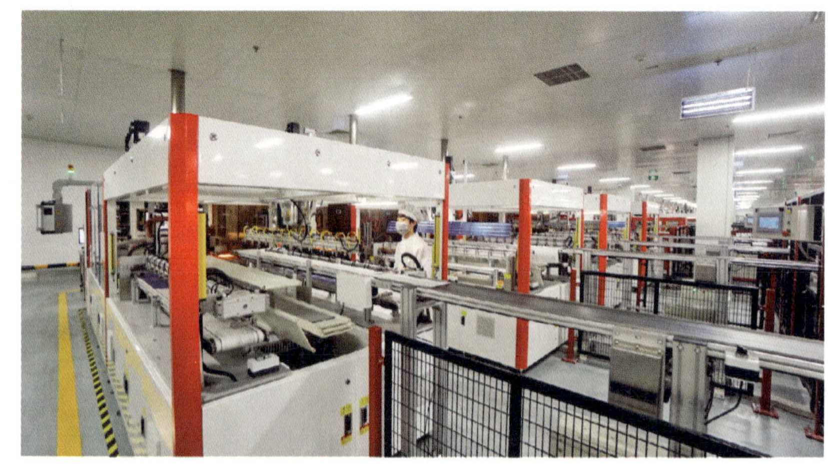

位于尖山新区的海宁正泰新能源科技有限公司太阳能产品生产车间

（王超英　摄)

资 8.7 亿元，用地面积 13.5 公顷，建筑面积 3.9 万平方米。

【浙江大学技术转移中心潮邦工作站揭牌】 3 月 22 日，浙江大学技术转移中心潮邦工作站签约和揭牌仪式在浙江潮邦厨具电器有限公司举行。海宁企业与浙江大学首次进行深度、长远合作，开启校企合作新模式。建立工作站后，浙江潮邦厨具电器有限公司与浙江大学开展全方位产学研合作。公司根据智能新产品的开发和创新设计需求，与浙江大学各院系专家合作，共同研发；不定时邀请浙江大学专家到企业授课指导；在浙江大学开展校园招聘，引进优秀人才进企业，并计划在公司内设立浙江大学实习基地，在浙江大学开设奖学金，鼓励学生开展集成灶产品的试验与研究；利用浙江大学实验设备优势进行产品原材料检测。

（姚添誉）

浙江海宁经编产业园区

【概况】 2016 年，经编产业园区实现技工贸收入 309.98 亿元，比上年增长 6.2%；利税 20.61 亿元，增长 12.4%。其中工业产值 160.01 亿元，增长 1%；销售收入 161.09 亿元，增长 3.2%；利税 14.65 亿元，增长 15.5%；利润 8.48 亿元，增长 26.5%。建筑业产值 79.11 亿元，销售收入 56.88 亿元，利税 2.51 亿元。服务业营业收入 92.02 亿元，增长 13.3%；利税 3.45 亿元。规模以上工业产值 137.49 亿元，下降 0.1%；销售收入 136.72 亿元，增长 3%；利润 6.83 亿元，增长 26.6%；税金 5.69 亿元，增长 2.5%。引进市外内资 13.15 亿元，实到外资 2809 万美元，浙商回归项目到位资金 37.34 亿元。引进国家“千人计划”人才项目 3 个、嘉兴领军人才项目 1 个、海宁潮乡精英人才项目 5 个。全年新增专利申请 367 件、专利授权 121 件；省级新产品立项 77 项，新增高新技术企业 3 家、浙江省科技型企业 14 家；申报海宁市科技进步奖 9 项、海宁市专利示范企业 5 家、海宁市企业研发（技术）中心 9 家，上报“机器换人”项目 59 个。

全年为 17 个项目供地，出让土地 16.9 公顷，总投资 8.5 亿元。完成工业技改投入 12.61 亿元，比上年增长 13.6%。浙江明士达新材料有限公司购置压延生产线 5 条、涂贴生产线 10 条，总投资 1.8 亿元，新增年产 1.65 亿平方米功能性复合环保材料技改项目。浙江博阳新材料有限公司新征地 2.1 公顷，建造生产用房 2.9 万平方米，总投资 1.11 亿元，新增年产 5000 万平方米高档数码喷绘灯箱布项目。完成文宗路（丰收路至环南五路）7200 平方米绿化改造和丰收路北侧 1.5 万平方米复绿草坪项目。拆除蓝色屋面面积 2044 平方米，4 万平方米蓝色屋面改色。投资 10 万元，组建经编园区水质监测中心。全年处理污水 690 万吨。

组建园区党支部、工会、团委、妇代会等组织，实施党群组织全覆盖，每一幢楼宇配套党群服务和活动用房。各大平台共同开展信息发布、安全生产、商务英语、文体联谊等培训和活动。建立党建指导员、项目招商员、企业服务员“三员合一”服务小分队，上门送政策。以楼宇为单位，通过创业路演、公益志愿、爱心联盟、青春沙龙等载体，整合楼宇资源，实行项目联创。利用经编交易会资源，组织企业到上海参展。12 月 23 日，经编产业园区入选省货物贸易和服务贸易协调发展基地，形成经编总部贸易与创新型金融、科技服务、人力资源服务、信息服务、创意设计相融合的服务业发展布局。6 月 29 日，园区被国家质检总局命名为全国经编产业知名品牌创建示范区。

浙江海宁经编产业园区外景 （陈杰 摄）

【海宁智慧城建设】 7月8日，万营·海宁跨境电商产业园开园仪式暨高峰论坛在经编总部大厦举行，海宁智慧城区块“三园一小镇”服务业格局初显。“三园”即上海工程技术大学国家科技园海宁分园、沪浙人力资源服务产业园和万营·海宁跨境电商产业园，“一小镇”即钱潮金融小镇。年底，海宁智慧城累计注册单位457家，其中2016年新增107家。全年实现营业收入69.31亿元，比上年增长30.7%；利润1.92亿元，增长23.5%；税金1.4亿元，增长39%。

【海宁苏河汇获国家级“众创空间”牌照】

10月，海宁苏河汇投资管理有限公司（以下简称海宁苏河汇）被科技部评为第三批“众创空间”。海宁苏河汇是上海苏河汇投资管理有限公司在海宁经编产业园区设立的区域性孵化机构，旗下设苏河汇领投基金和苏学堂、苏河投、Family Night等多元化业务板块，分别为不同阶段的创业者提供定制化服务。至年底，海宁苏河汇共投资优秀项目26个，其中14个项目入驻海宁苏河汇“众创空间”。

【经编产业园区获全国纺织产业集群地区发展服务优秀奖】 12月20日，浙江海宁经编产业园区被中国纺织工业联合会授予纺织产业集群地区发展服务优秀奖（2014—2016年）。三年来，园区在嘉兴范围内推广全程办事代理制服务。依托沪浙人力资源服务产业园，为企业提供专业的人才服务。每年举办中国·马桥经编交易会，组织企业参加国内外专业展会。引进、成立荣年融资租赁（中国）股份有限公司、海宁嘉丰担保股份有限公司、鸿丰小额贷款股份有限公司等，定期举办银企对接活动。每年举办经编职业技能竞赛，组织企业参加全国经编职业技能竞赛。发挥商会和经编协会作用，组织召开行业会议，开展行业维权活动。

【首个楼宇联合工会成立】 6月20日，举行经编产业园区总部大厦联合工会成立大会，海宁首个楼宇联合工会成立。80余名会员参加大会，选举产生首届楼宇联合工会委员会。80余家入驻经编产业园区总部大厦的主要企业中，除外单位设立的企业办事处外，符合参加联合工会的企业有46家，36家条件成熟的企业申请入会。楼宇工会旨在为职工交流学习、教育、培训、文化生活、权益保障等提供服务。

（朱静贤）

［编辑：邢祖康］

商贸·服务

Trade and Services

综　述

2016年，全市实现社会消费品零售总额370.22亿元，比上年增长9.4%。其中城镇消费品零售额344.18亿元，增长10.7%，拉动消费品市场增长9.9个百分点；乡村消费品零售额26.03亿元，增长3.4%，拉动消费品市场增长0.8个百分点。按行业分，批发和零售贸易业零售额326.14亿元，增长8.7%；住宿餐饮业零售额31.68亿元，增长18.8%。批发和零售贸易业实现增加值117.1亿元，增长6.3%，占全市生产总值的15.3%，占全市第三产业增加值的35.3%；住宿餐饮业实现增加值8.35亿元，增长4.6%，占全市生产总值的1.1%，占全市第三产业增加值的2.5%。

至年底，全市有批发和零售企业4832家，其中限额以上326家。限额以上批发和零售企业零售额增长较大的有：干鲜果品类比上年增长26.7%，肉禽蛋类增长21.9%，儿童玩具类增长16.5%，化妆品类增长6.9%，家用电器和音像器材类增长5.7%，烟酒类增长2.6%。批发零售业发展平稳，实现销售额1484.86亿元，增长10%，其中批发业销售额928.59亿元、零售业销售额556.27亿元，分别增长8.8%和12.1%。5月11日，农工商超市长埭路最后一家门店停业。全市有各类商品交易市场65个，新增4个，成交额超亿元的市场27个。全年城乡集市贸易成交额330.59亿元。

加强市场监测和管理。至年底，商务部商贸流通业统计分析系统样本企业8家，商贸流通业统计监测系统样本企业7家，生活必需品市场监测系统样本企业2家，重要生产资料市场监测系统样本企业1家，生活必需品应急数据库管理平台样本企业12家，商贸行业季度分析系统样本企业5家，浙江省融资租赁行业综合服务信息系统样本企业5家，浙江省成品油资源管理信息系统样本企业2家，信息泵采集分析系统样本企业1家。海宁中国皮革城股份有限公司和浙江康安融资租赁股份有限公司获“2016年浙江省商贸流通业诚信示范企业”称号。

举办2016海宁休闲购物节，举行百家商场大联动、春季汽车博览会、虹越花卉园艺节、文化进商场、夜游南关厢、盐官追潮风筝季等11项活动。各商贸流通企业、餐饮协会、旅游协会、浙江锦绣江南灯彩文化产业有限公司等200余家商家参与活动。实现线上线下销售总额3.25亿元，比上年增长8.3%。

生猪购销总量下降，全年市食品公司向肉商批发生猪3.8万头，比上年下降17.8%；自行批发销售生猪4.5万头，下降2.2%；定点屠宰生猪15万头，下降21.7%。做好生猪定点屠宰检验检疫工作，防止病害猪进入流通消费环节。

全市有典当企业5家，分别为浙江物宝典当有限责任公司、海宁市鑫成典当有限责任公司、海宁市鼎益典当有限责任公司、海宁涌潮典当有限责任公司和海宁荣生典当有限责任公司。年末总资产2.03亿元，总营业收入833.8万元，净利润357.7万元。

全市有私营商业企业7929家，其中批发和零售业5885家、住宿餐饮业240家、金融业42家、房地产业283家、租赁和商业服务业1280家、居民服务和其他服务业199家，注册资本（出资金额）713.32亿元。有个体商业经营户38138家，其中批发零售业28559家、住宿餐饮业4694家、金融业3家、房地产业113家、租赁和商业服务业707家、居民其他服务业4062家，投入资金31.53亿元。

全市实现服务业增加值326.83亿元，比上年增长8.4%；服务业增加值占全市生产总值的比重为43.9%，提高1.9个百分点。编制完成《海宁市服务业“十三五”发展规划》《海宁市商业网点布局规划》，制订服务业强市培育试点方案。优化政策引导，全年对157个企业（项目）兑现资金6159.6万元。新增亿元服务业企业10家、限额以上服务业企业79家。制订服务业重点企业“一企一策”精准服务实施意见，上门走访服务120余次。举办服务业发展专题培训班1期。成立海宁市寄递安全协会。

全年服务业实到外资2.78亿美元，比上年增长31%；实到市外内资67.65亿元，增长20.1%。组织举办海宁现代服务业（上海）招商对接会、北京招商推介会，到境外招商2批次，招商小分队到北京、上海、杭州等地招商95人次，深圳平安不动产有限公司等客商到海宁考察71批次。梳理排查土地资源28宗279.1公顷、客商资源788条，准入项目15个。引进新时代商业商务大楼等经营性重大服务业项目5个。

推进服务业项目建设，全年完成服务业投资295.62亿元，比上年增长5.1%，其中生产性服务业投资121.21亿元，占比41.0%，提高7.1个百分点。开展有效投资“百日攻坚”行动和“转而未供、供而未用”专项检查，建立以属地为主的项目推进责任制。全年走访项目65个，为海宁港冷链物流等项目争取中央预算内投资补贴1280万元。年内，皮革时尚小镇创意区等12个项目开工建设，福特汽车4S店等9个项目结顶，长安佳源城市广场等12个项目建成开业，36个嘉兴市考核项目开工率、竣工率分别为84.3%和85%。7月18日，经省政府批准,海宁市入选省首批服务业强县(市)试点，成为省服务业发展重点培育对象。

促进楼宇经济发展，全市楼宇招商实到市外内资8.49亿元，新增楼宇入驻面积5.9万平方米，平均注册率95.5%。实现楼宇税收总额11.7亿元，比上年增长23%。新增税收千万元楼宇2幢。海宁市网商大厦、金汇大厦、科创大厦、景华大厦、金融中心5幢商务楼宇被评为嘉兴市级第二批重点楼宇，皮革城设计大厦被评为嘉兴市级文化创意特色楼宇。制订服务业重点企业培育计划，建立服务业产业龙头企业培育机制。12月，市政府在北京举办2016海宁现代服务业暨楼宇经济招商推介会。

（杨震中　贺朝洁　许海东　孙月庆）

粮　食

【概况】 2016年，全市共收购粮食3.2万吨，其中订单晚粳谷2.7万吨、订单外晚稻谷0.5万吨，收购总量比上年增长13.3%。新增地方储备粮1万吨，完成地方储备粮增储计划。轮换储备晚粳谷1.3万吨、小麦

0.3万吨。储备粮轮换逆差646万元，其中稻谷428万元、小麦218万元。按照“先散户、后大户”实施阳光粮食订单，实行分类分步签约，与12个镇（街道）、106个村的2179户种粮农户签订粮食订单，签约面积5692.2公顷，数量2.7万吨，分别增长38.2%和25.9%。全年代农烘干潮粮2.4万吨，增长19.2%。市粮食储备库二期工程竣工并投入使用，粮食收储中心丁桥粮库完成主体工程。开展全社会粮食流通统计、粮食供需平衡调查、粮食经营者库存量核查、军粮供应等工作。市粮食储备库完成储备成品粮恒温库改造，11台粮食烘干机由燃煤加温改为蒸汽加温。投入300余万元，购置充氮气调机械并投入使用。10月，市粮食储备库通过嘉兴市级规范化评定。11月23日，省粮食局总工程师叶晓云率检查组到海宁检查安全储粮和粮食行业安全生产工作。

【粮食储备库二期工程投入使用】 2016年1月14日，市粮食储备库二期工程通过竣工验收并投入使用。项目于2010年7月28日立项，2013年8月27日开工。由市粮食购销有限公司投资建设，占地面积4.8公顷，总建筑面积17608平方米，总投资8319万元。建设粮食仓库6幢，仓容3.4万吨；储油罐2只，容量1500吨。设有11台低温粮食烘干机，日烘干能力148吨，配套建设机械设备房、麻袋药剂间、管理用房、传达室、码头等设施。

（孙月庆）

供　　销

【概况】 2016年，全市供销系统总经营额61.34亿元，比上年下降3.4%；商品销售总额38.01亿元，增长8.6%；利润总额2492.8万元，增长12%；净资产4.7亿元，增值率43.75%；全系统资产经营收入2960.3万元，下降27.4%。市供销合作总社连续六年获浙江省供销社系统综合业绩考核特等奖，连续三年被评为全省供销社综合改革试点先进单位。

重点推进市农副产品批发市场迁建二期、三期（水果批发市场），许村景泰苑和农资配送中心4个项目建设，总投资3.67亿元，占地面积6.5公顷，建筑面积10.8万平方米，全年投入资金1.36亿元。市农副产品批发市场迁建二期完成地下室基础工程，三期（水果批发市场）进行桩基施工，许村景泰苑主楼结顶，农资配送中心开展前期工作。

完成市基本农药（农资）配送网点三年提升规划的实施（2014年起实施），全市构建以市农资公司为龙头，11家农资示范店、53家农资放心店和海宁市网上庄稼医院为网络，线上线下于一体的现代农资经营服务体系。全年基本农药零差价销售额1261万元，让利农民480万元，回收废弃农药包装物1106万只（瓶），无害化处理率100%。农资淡季储备化肥6500吨、农药300吨、农膜100吨。市农资公司列2015年中国农资流通企业综合竞争力百强第81位。

全年农产品销售额27.7亿元，比上年下降1.1%。市农副产品批发市场农产品交易额10.83亿元，增长16.9%；市蚕茧公司收购鲜茧2.9万担，销售额4689万元，下降27.5%；斜桥榨菜食品有限公司榨菜订单收购面积133.3公顷，农产品收购1.5万吨，销售额2583.7万元，下降3.4%。市菜篮子配送公司为30余家政府机关、学校、企事业单位食堂及10个社区开展农产品配送业务，全年配送额942.8万元，增长21%。

深化日用品、再生资源等经营网络建设。全年生活资料零售额8.4亿元，与上年持平；再生资源交易额7184万元，增长38%。加强市区流动收购经营户管理，构建以市再生资源市场为主体的市区废旧商品回收利用体系，推进废旧商品回收服务中心平台建设。推进农业全程社会化服务。全年为农业经营主体开展测土配方施肥867公顷、统防统治1000公顷、农机作业1067公顷。举办各类培训班12期，培训人数1073人，其中“两创”实用人才培训班3期，培训人数203人。市诚信农业贷款担保服务有限公司为涉农中小企业、种养大户提供担保79笔，担保金额5206万元，期末在保余额5107万元。

6月1日，海宁市网上庄稼医院上线　（市供销总社　提供）

【市农民合作经济组织联合会二届二次会员代表大会】　于9月12日在市行政中心召开。来自各镇（街道）农民合作经济组织联合会、基层供销社涉农企业的代表70人参加大会。会议审议通过《海宁市农民合作经济组织联合会章程》和《海宁市农民合作经济组织联合会选举办法》，选举产生新的理事会和监事会。同日，分别召开理事会和监事会第一次会议，选举产生理事长、副理事长和监事长、副监事长。王建坤当选为理事长，朱孝华当选为监事长。聘请理事会执行委员会，主要依托市供销合作总社管理执行机构负责组建。

【许村镇现代农业综合服务中心成立】　参见第385页“许村镇现代农业综合服务中心成立”条目。

【网上庄稼医院上线】　6月1日，海宁市网上庄稼医院正式上线。该服务平台利用物联网、地理信息系统、移动通信终端等现代信息技术，集在线庄稼医院、农技培训、市场信息发布、智能化农业生产设施示范推广、优质农资商品展示展销于一体。66名从事农药化肥经营、生产及科技推广的专业服务人员组成网上专家团队，结合线下庄稼医院及服务点，开展线上线下问诊、出诊和农资经营一体化服务。

【首个农村资金互助会成立】　12月16日，海宁市首个农村资金互助会——许村镇农村资金互助会成立。该互助会以许村镇农民合作经济组织联合会成员为基础，由农民专业合作社及基层供销社、农业龙头企业、家庭农场、种养大户等自愿入会组成，为会员提供资金融通和贷款担保服务，属非营利性社会组织。有会员单位59个，筹集入会资金281.5万元。

【基层供销社建设】 全系统有基层供销社10家，在册职工36人。至年底，资产总额8571.7万元。有日用消费品经营网点283个、农资经营网点73个、农贸市场4个。各基层供销社全年新建综合服务社14家，累计92家；新建农村电商服务站15家，累计25家；参办、领办专业合作社6家，累计58家（含3家农民专业合作社联合社）。全年实现商品销售总额4.07亿元，比上年增长3.4%；资产经营收入924.4万元，增长12.9%。5月，硖石供销社和马桥供销社被评为2015年全国供销社系统基层社标杆社。

【中级庄稼医生培训班】 4月23—27日，市供销合作总社在市行政中心举办海宁市中级庄稼医生培训班。70名从事庄稼医生、植保工作学员参加培训。浙江“中农在线”电子商务有限公司市场总监王进、浙江大学教授石伟勇、嘉兴供销社组导业务处处长巩启兵、省农业行政执法总队何卫军分别讲授智慧农资、网上庄稼医院、农资经营转型思路与技术服务要求、现代农资经营服务体系建设及庄稼医院建设标准等内容。培训结束后学员参加考试，67人考核合格，获由人力资源和社会保障部、中华全国供销合作总社颁发的国家职业资格证书。

（张　杰）

盐　　业

【概况】 2016年，销售各类盐产品20837吨，比上年下降24.3%。其中销售食盐11092吨，下降20.3%；口食盐4525吨（小包装碘盐4450吨、小包装非碘盐75吨），增长13.7%；工业盐5220吨，下降45.3%。实现销售收入4740万元，下降41.7%。

【盐业运销】 强化计划衔接和调运，确保腌制用盐市场有效供应。榨菜腌制期间，供应腌制用盐3000吨，比上年下降40%。继续完善食盐直配终端服务，加强边界和西部地区日常巡查，实施购进、储存、出仓及运输全程质量监控，确保盐产品质量安全。增加盐类品种，推出300克澳洲海盐，替代精细型日晒盐。

【盐业市场管理】 开展食品加工盐专项检查，对农户家中的食用盐进行抽样检测，防止食品加工盐进入口食盐市场，严防食盐安全事故发生。全年开展盐政检查541人次，检查用盐企业1000余家。与市卫生计生局、地方病防治办公室等部门开展碘缺乏病防治宣传。全市碘盐覆盖率100%，合格碘盐食用率100%。

（卜娟利）

烟　　草

【概况】 2016年，市烟草专卖局（分公司）全年销售卷烟33046箱，实现销售额15.05亿元、利税4.43亿元。推进对标管理，实现综合管理晋档升位。开展分层分类对标活动，在全省烟草系统分层对标评比中，海宁市列第一梯队综合排名第3位。组织两项QC成果参加2016年第四届“省质协杯”QC成果发布赛，均获一等奖。省级创新项目“烟草行政审批移动信息化研究”结题。“烟草专卖零售许可证行政许可案”和“未在当地烟草专卖批发企业进货案”两个案卷分别被评为海宁市十佳行政许可案卷和海宁市十佳说理性行政处罚案卷。以春蚕志愿者为核心，组织开展各类公益活动。与3户低保家庭结对，与马桥街道湖塘小学2名贫困学生结对，每年开展送温暖活动，全年捐赠各类扶贫结对资金 20 万元。2016 年，市烟草专卖局（分公司）获嘉兴市卷烟打假工作先进集体、海宁市依法行政工作先进单位等荣誉 20 余项。

【烟草专卖管理】 构建打击、防范、管理、服务“四位一体”监管模式，提高市场净化率。全年查获涉烟违法案件 256 起，其中 5 万元以上真烟案件 33 起。查获违法卷烟 19476 条，案值 441.3 万元。全年办理卷烟零售许可证 313 份，变更 26 份，注销 437 起，歇业 102 起，延续 1238 户。至年底，全市有卷烟零售许可证 3958 份，正常经营户 3715 户。

【破获“3·21”假烟网络案】 3 月 21 日，市烟草专卖局接到群众举报，反映 3 月 19 日福建省安溪县破获一起假烟运输案，假烟通过远成物流发往全国各地，其中涉及部分海宁籍人员。经排查、确认，该案涉及福建、浙江两省。福建云霄籍犯罪嫌疑人通过 QQ 交友平台邀约，与海宁犯罪嫌疑人黄某通过 QQ 平台下单、财付通支付平台付款，并通过多家物流公司分别从福建云霄、广东东莞等地将假烟运输至海宁销售。11 月 27 日，市烟草专卖局与公安局成功告破该案件。逮捕犯罪嫌疑人 3 人，查获假烟 308.7 条，涉案金额 115.7 万元。

（沈金月）

住宿餐饮业

【概况】 2016 年，全市有星级住宿（餐饮）店 17 家，从业人员 1726 人，有床位 4076 张、餐位 7099 个。全年星级住宿业实现营业额 3.29 亿元，比上年下降 6.8%。全市有餐饮业经营单位 5245 家，其中大中型餐饮单位 394 家、小型餐饮单位 3897 家、学校及幼托机构食堂 151 家、企事业单位及建筑工地食堂 803 家。年内登记开业 955 家，净增 73 家。全年餐饮业实现营业额 41.23 亿元，增长 4.1%，其中限额以上餐饮业营业额 8619 万元，下降 20.3%。

12 月 5 日，市烟草专卖局人员上门开展漫画普法宣传活动

（市烟草专卖局 提供）

开展星级饭店的创建与评定，皮都锦江大酒店、海洲大饭店通过五星级旅游饭店复核，天鹅会酒店通过三星级旅游饭店评定。玉龙国际商务酒店获“海宁市第十三届消费者信得过单位”称号，花园酒店获海宁“最美酒店”称号。假日国际酒店、香榭丽酒店加大与美团网、携程网、艺龙网的

合作，推广订房和餐饮促销活动。海宁宾馆因城市有机更新暂停营业。

【海宁市饮食服务有限责任公司】 全年实现营业收入982.1万元（蓝天彩印厂业务除外），比上年下降5%；总费用支出860.6万元，下降4.2%；利润121.5万元，下降35.5%；上缴税金182.6万元，下降18.5%。所属企业有海宁饭店、硖石浴室、优家小宾馆、锦霞馆、硖石饭店、友谊旅馆、蓝天彩印厂，其中海宁饭店、优家小宾馆（12月30日关停）、硖石浴室3家企业由公司经营，其他均为租赁经营企业。

【星级饭店特色餐饮活动】 海洲大饭店推出春、夏、秋、冬四季养生套菜和台牌菜，推出"阁老迎宾宴""海宁灯宴""徐志摩宴""全菌蔬宴"四大主题文化宴。皮都锦江大酒店与网络、微信平台合作，推出"住在锦江、吃在锦江"活动。凯元国际酒店推广美团套餐。龙祥大酒店与各大网站合作，推出亲情套餐二期活动。花园酒店结合季节时令推出时令野菜、第七届龙虾啤酒美食节、大闸蟹促销、圣诞自助等活动。

（朱云霞　许海东　蒋春海）

大中型商场

【华联大厦】 经营范围有：百货、针纺织品、日用杂品、五金家电、食品、金银首饰、通信设备、家具、音像制品、装饰材料、药品、医疗器械等。全年实现商品总销售额11.84亿元，比上年下降2.8%；利润3949万元，增长2.1%。全年组织各种促销活动517次，其中公司整体促销9次、主题节日促销9次、商品部门促销458次。八大传统节日促销活动实现销售额3.68亿元，占总销售额的31%；"双11"促销活动实现销售额1063万元。年内新引进品牌174个，淘汰品牌184个，品牌更新率10.6%，品牌淘汰率11.2%。全年销售额超百万元的品牌有260个，销售额8.59亿元，占总销售额的72.6%；销售额超千万元的品牌有16个，销售额2.42亿元，占总销售额的20.5%。拓展连锁销售，抢占社区和农村市场。年内新开连锁网点4家，淘汰连锁网点1家。23家连锁网点全年销售额2.48亿元，增长13.9%。提升会员客户服务，继续开展商品送货上门和免费安装维修服务。推行移动支付，全年微信、支付宝支付7427万元。2016年，海宁市华联大厦有限公司被评为"十二五"省商贸百强企业、浙江省连锁杰出贡献企业、省级连锁业星级门店和优秀店长单位、嘉兴市第十二届消费者信得过单位、海宁市第十三届消费者信得过单位。

（贺朝洁）

【海宁大厦】 经营范围有：预包装（散装）食品、保健食品、卷烟、雪茄烟（零售）、百货、杂货、针纺织品、劳保用品、五金家电、家电安装维修、农副产品、冷库服务等。全年实现商品销售总额3.24亿元，比上年下降3.4%；利润1012万元，下降4.4%；综合效益1177万元，下降3.6%；上缴税费546万元，下降21%。主营格力空调、晶弘冰箱、大松生活电器批发代理，代理区域为海宁、桐乡、嘉善3个县（市）。全年家电批发销售额3.14亿元，下降3.2%，其中格力空调销售额2.81亿元，保持浙江省首位。全年食品超市销售额935万元，下降32.5%。冷链物流配送中心储存肉禽、蔬菜（水果）751吨、冷饮8.5万箱，销售冰块180吨，冷藏费收入42万元。2016年，海宁大厦被评为海宁市第十三届消费者信得过单位。

（张　杰）

【鸿翔购物中心】 经营机构有：鸿翔时尚广场，长安鸿翔生活广场超市，爱心超市南苑店、海高店等8家连锁超市。经营范围有：服装、针织品、床上用品、化妆品、鞋帽、银制品、玉器、食品、烟酒、小家电、粮油、纸品、干果、滋补品、日用百货等。全年实现销售额1.04亿元，比上年下降12.3%；利税270.1万元，下降9.3%。做好团购营销，全年团购总额912万元，占零售总额的20%。长安鸿翔生活广场超市为公司最大的单体直营店，实施精细化操作和错位经营。全年销售额3401.4万元，下降8.1%；利润79.6万元，下降18.1%。2016年，鸿翔购物中心有限公司及下属长安鸿翔生活广场超市分别被评为嘉兴市第十二届消费者信得过单位、海宁市第十三届消费者信得过单位。

（张亚平）

【海港超市】 经营范围有：食品、乳制品（含婴儿配方乳粉）、卷烟、雪茄烟（批发兼零售）、食盐、鲜猪肉、水果、蔬菜、日用百货、五金家电、针纺织品、建筑材料、工艺品、金银饰品、电子产品、音像制品、体育用品等。全年实现销售额3.2亿元，比上年增长24.3%；利税620余万元。公司有门店50余家，员工600余人。年内新开门店2家，新增面积3000平方米。2016年，浙江海港超市连锁有限公司被评为浙江省农超对接示范流通企业、浙江省城乡连锁超市龙头企业培育单位、嘉兴市第十二届消费者信得过单位、嘉兴市巾帼文明示范岗、嘉兴市青年文明号、海宁市诚信示范企业、海宁市热心慈善单位。

（陆敏燕）

【正翔商业广场】 广场占地面积2万平方米，建筑面积3.9万平方米，商用面积2万平方米。商场以沃尔玛超市、横店影视城、屈臣氏等为主力店，有肯德基、宏图三胞、星巴克等经营商户60家。经营品类有：精品服饰、品牌餐饮、珠宝首饰、婴童用品、儿童娱乐、家居家纺、休闲食品、生活配套等。全年策划组织大型活动5场，组织慈善义卖、便民服务等社会公益活动8场。全年商品销售总额2亿元（沃尔玛超市1.3亿元），比上年增长15%，其中餐饮类营业额增长20%，服装零售类营业额增长10%，生活配套类营业额增长15%。

（黄依超）

【海宁银泰城】 经营范围有：日用百货、日用杂品、针纺织品、服装、皮革制品、五金家电、家具、建筑装饰材料、金银饰品、通信设备、验光及配镜（非医疗）等。主力商业建筑面积27万平方米，品牌约1000个（含项目外铺），停车位2700个。全年实现商品总销售额12亿元（不含房产），上缴税收8000万元；客流量1400万人次。在营品牌980个，本地独有率55%。与各单位联合举办活动30余场，开展“银泰走出去”活动，到镇（街道）、企业开展活动近20场。常年开设银泰爱心驿站和银泰i志愿服务站，8000人次参与公益活动。2016年，银泰城被评为嘉兴市先进消费维权联络站、海宁市“3·15”诚信联盟单位和诚信品牌、海宁市第十三届消费者信得过单位。

（李海霞）

【浙江奥特莱斯广场】 广场占地面积13万平方米，营业面积8万平方米，停车位4500个。有250余家工厂直销和折扣商铺，400余个国内外知名品牌。A区主要为国际一线品牌，包括Gucci、BV、PP、Armani

等；B区和C区主要为国际知名运动休闲品牌、国际二线品牌以及国内著名品牌。广场内设有餐饮休闲区，入驻避风塘、星巴克、肯德基、哈根达斯等餐饮品牌，提供就业岗位2000余个。全年商品销售额17.2亿元，比上年增长9.3%，上缴税收1.65亿元。累计VIP会员6万人，全年会员消费1.36亿元，占总销售额的13.7%。

（顾一民）

市　场

【概况】 至年底，全市有各类市场65个，其中消费品市场63个（农贸市场38个、农副产品批发市场2个、工业品消费市场23个），生产资料市场2个。全年市场总成交额330.59亿元，比上年增长5.9%。其中消费品市场成交额323.14亿元，增长7.7%；生产资料市场成交额7.45亿元，下降62%。海宁中国皮革城成交额141.2亿元，海宁中国家纺装饰城成交额79.8亿元，海宁市杭东农副产品批发市场成交额20.42亿元，海宁市农副产品批发市场成交额10.05亿元，四大市场全年总成交额251.47亿元，占全市市场份额的76.1%。全年查处各类市场违法违章案件81起，收缴罚没款128.4万元。

商品交易市场中，有星级市场36个，创星率55.4%。有五星级市场1个，即海宁中国皮革城；四星级市场2个，分别是海宁市东苑农贸市场、海宁市南苑菜场；三星级市场15个，分别是海宁中国家纺装饰城、海宁市中心菜场、海宁城南农贸市场、海宁小商品市场、海宁城西农贸市场、长安镇农贸市场、斜桥综合农贸市场、海宁市高新电脑电子市场、许村镇农贸市场、袁花菜场、盐官镇郭店农贸市场、海宁市金星农贸市场、海宁市城北农贸市场、海洲农贸市场、海宁市硖东菜场；二星级市场14个，分别是海宁市二手车市场、海宁市城东菜场、海宁市农副产品批发市场、盐官镇丰兴农贸市场、许村镇沈士农贸市场、周王庙镇农贸市场、海宁市新庄农贸市场、海宁海杭建材市场、海宁市农业开发区农贸市场、长安镇城西农贸市场、斜桥农贸市场、尖山农贸市场、海宁市杭东农副产品批发市场、马桥农贸市场；一星级市场4个，分别是许村镇科同农贸市场、丁桥新仓农贸市场、盐官镇丰士农贸市场、盐官度假区农贸市场。星级市场的级别和个数居嘉兴市前列。全市新建、改造市场7个，共投入资金3.6亿元。全市登记在册汽车4S店29家，全年汽车上牌总量21374辆，实现销售额(含维修)40.47亿元。

浙江江南要素交易中心全年完成各类交易1405场次，比上年增长12%，交易总额370.4亿元。其中限额以上工程招投标373场次，成交金额50.6亿元，下降0.8%，资金节约率10.7%；政府采购231场次，成交金额224.7亿元（其中棚户区改造项目85.2亿元、杭州至海宁城际铁路项目136.1亿元），扣除棚户区改造和城际铁路项目后交易总额3.4亿元，增长6.6%，资金节约率15.3%；进场分散采购184场次，成交金额1.6亿元，资金节约率9%；土地一级市场完成招拍挂25场次，出让地块174宗，成交金额55.1亿元，增长106%，溢价率32.8%；土地二级市场完成招拍挂26场次，成交地块27宗，成交金额5.4亿元，增长4.2%；产权交易83场次，成交产权284宗，成交金额9692万元，下降46%，溢价率39.9%。农村集体产权交易166场次，成交产权190宗，成交金额9400万元，增长1.7倍，溢价率7.2%；排污权一级市场交易246场次，成交金额7124万元，增长5%；排污权二级市场交易23场次，成交金额1227万元，增长15.7%；用能权指标交易

40 场次，成交金额 567 万元，增长 106%；年内新增公款存放交易 7 场次，交易标的 42 项，存放金额 30.2 亿元。

按照国有（集体）要素资源交易目录推进新的要素进场交易，2016 年新增罚没物品处置、公款竞争性存放、涉税定点服务采购、股权质押、垃圾特许经营权采购、债券发行承销商招标等项目进场交易。全市要素资源进场交易覆盖 5 大类 11 小类。3 月，江南要素交易中心与浙江产权交易所签订战略合作协议，双方在产权·浙江共同市场的规则协同、项目合作、信息共享、客户推荐等方面开展全方位合作。10 月，海宁市政府与南南全球技术产权交易所、上海农村产权交易所签订战略合作框架协议，江南要素交易中心汇集各平台信息，集聚资源，开展专业交易服务。

【农贸市场】 全市有农贸市场 40 个（含 2 个批发市场），其中市区 14 个、镇（街道）26 个。总投资 3.66 亿元。总营业面积 14.6 万平方米，摊位（营业用房）8739 个，全年成交额 55.15 亿元。有浙江省放心农贸市场 9 个，分别是海宁市南苑菜场、海宁市东苑农贸市场、许村镇农贸市场、海宁城南农贸市场、海宁市城西农贸市场、长安镇农贸市场、海宁市城北农贸市场、盐官镇郭店农贸市场、海宁市中心菜场。有星级农贸市场 30 个，其中四星级 2 个、三星级 12 个、二星级 12 个、一星级 4 个。6 月，市农副产品批发市场二期项目开工；12 月，海宁市中心菜场新建项目启动建设。

【丁桥镇农贸市场投入运营】 3 月 8 日，新建的丁桥镇农贸市场开业。市场位于丁桥镇公园东路 67 号，占地面积 0.2 公顷，营业面积 2000 平方米，其中自产自销区面积 200 平方米。总投资 3400 万元。主要经营蔬菜、副食品、粮油制品、冷冻食品、豆制品、水产品、肉类等，设摊位 133 个。

【赞山农贸市场投入运营】 9 月 28 日，赞山农贸市场开业。市场位于硖石街道高丰路 59 号，占地面积 1.2 公顷，营业面积 3554 平方米，其中自产自销区面积 100 平方米。总投资 500 万元。主要经营蔬菜、副食品、粮油制品、冷冻食品、豆制品、水产品、禽类、肉类等，设商铺 19 个、摊位 56个。

【小商品市场】 全市有小商品市场 4 个，分别是海宁市小商品市场、海宁城中城服装市场、长安工业品市场、海宁市花样潮流汇服饰城，其中规模较大的是海宁市小商品市场和长安工业品市场。海宁市小商品市场有营业用房 580 间，经营户 420 户，从业人员近 500 人。占地面积 0.6 公顷，建筑面积 1.4 万平方米，全年市场成交额 2.1 亿元。长安工业品市场占地面积 1 公顷，建筑面积 6000 平方米，有经营户 180 户，全年市场

9 月 28 日，赞山农贸市场开业 （王超英 摄）

成交额 2.3 亿元。

【建筑装饰材料市场】 全市有建筑装饰材料市场 3 个，分别是海杭建材市场、缔艺家家居广场、海宁市建材家居城。海杭建材市场占地面积 3.9 公顷，建筑面积 1.2 万平方米，有营业用房 100 间，经营户 110 户。市场主要经营石材、建筑装饰材料、五金、木材等，全年成交额 3.25 亿元。缔艺家家居广场占地面积 1.9 公顷，建筑面积 7.8 万平方米，有经营户 94 户。市场主要经营建筑装饰材料、家具、五金等，全年成交额 1.85 亿元。海宁市建材家居城占地面积 4.1 公顷，营业面积 6.9 万平方米，有营业用房260 间，经营户 228 户，全年成交额 5.15 亿元。

【海宁中国家纺装饰城】 海宁中国家纺装饰城市场及配套设施总建筑面积近 50 万平方米，分被面装饰布市场（沙发布交易区）、家纺装饰城（窗帘布、床上用品交易区）、展览中心（窗帘布、床上用品交易区）、联托运市场（家纺物流区）、原料交易中心（纺织原料交易区），以及家纺城国际贸易中心（窗帘布、沙发布品牌交易区）等区块。主要经营窗帘布、沙发布、轻纺原料、家纺成品，具备货物联托运功能。入驻经营户 2435 户，全年成交额 79.8 亿元。

【市级行政事业单位公款竞争性存放】 按照《市级行政事业单位公款竞争性存放管理暂行办法》，规范公款存放管理，防止利益冲突和利益输送。公款存放招标采用综合评分法，评分指标由定期存款利率报价和对地方经济社会发展的贡献度组成。全年组织 4 个季度公款存放招投标，投标银行 80 家次，存放金额 30.2 亿元，增加利息收入 7844 万元。

（沈曙正　宋海励）

会展业

【概况】 全年举办各类会议论坛、展览展示、节庆活动 28 项，重要展会和重大活动 14 项，涵盖文化、体育、旅游、休闲、经贸洽谈和项目推进等领域，吸引来自 20 余个国家和地区的客商和游客参与。6 项专业产业类展会和 8 项国际性、全国性活动为潮博会正式项目，实现贸易成交额和意向协议额 50 余亿元。中央电视台、新华社、人民网、新浪网等 40 余家媒体报道展会情况。全年在海宁会展中心举办 2016 海宁中国皮革原料、辅料展，中国·海宁潮国际博览会时尚产业展暨高峰论坛，第二十三届海宁·中国皮革博览会等 13 项展会。未列入潮博会项目的活动和展会有第十届家装建材博览会、2016 海宁结婚采购大会、第十三届春季房地产博览会、2016 春季汽车博览会等14 项。

【2016 中国·海宁潮国际博览会】 5 月 27 日，2016 中国·海宁潮国际博览会新闻发布会在杭州西湖博览会博物馆举行。6 月 16 日，博览会在海宁会展中心开幕。该博览会由浙江省人民政府、中国轻工业联合会、中国皮革协会等单位主办，嘉兴市人民政府、海宁市人民政府等单位承办。中国轻工业联合会副会长王世成、中国皮革协会常务副理事长兼秘书长李玉中、中国服装协会常务副会长陈大鹏等出席开幕式。潮博会各项活动贯穿全年，立项项目 14 个，分别为 2016 中国·海宁潮国际博览会时尚产业展暨高峰论坛，2016 海宁·中国家用纺织品（春季）博览会，2016 海宁中国皮革原料、辅料展，第二十三届海宁·中国皮革博览会，2016 海宁·中国家用纺织品（秋季）博览会，第七届中国·马桥经编交易会，2016 年全国蹦床

冠军赛暨里约奥运会选拔积分赛，2016年中国海宁速度轮滑公开赛，第二十三届中国钱江（海宁）观潮节，2016海宁潮音乐节，第十九届全国成人游泳锦标赛，2016中国经济潮流人物评选，2016CBSA海宁斯诺克国际公开赛，2016中国（海宁）·徐志摩诗歌节。博览会以“潮城海宁、博览时尚”为主题，发挥潮博会综合性平台作用。深化“1+X”办展模式，既办好潮博会时尚产业展这“1”个实体展，激活时尚产业发展氛围，又举办多项专业产业类展会。

潮博会时尚产业展展区一角　　（市会展办　提供）

【时尚产业展暨高峰论坛】　于6月16—21日在海宁会展中心举行。展会以“生活·潮·未来”为主题，设时尚产业展和高峰论坛两个板块。展会与皮革博览会同时举办，由海宁潮国际博览会办公室与海宁中国皮革城共同策展承办。亚洲设计管理协会秘书长海军、NCS自然色彩体系全球副总裁Kail Johan Bertilsson、法国女装成衣协会驻华总代表皮骄尔·塔勒比、浙江耐特利尔皮革公司董事长朱卫明等专家学者、原创设计师等参与论坛分享交流，探讨设计风潮下的创意趋势。时尚产业展还原以“造物”为主题的生活现场和以“观心”为主题的工作现场，设独立设计、智能科技、时尚生活、美食体验等板块，参展品牌16个。来自全国各地的4400余名观众观展。展会期间共组织活动5场。

（丁家雷）

电子商务

【概况】　2016年，继续完善优化电子商务工作机制和产业政策体系，出台《关于大力促进电子商务发展的扶持办法》。推动“产业集群+电子商务”发展，探索电子商务与传统产业集群融合发展。融合线上线下资源，提升专业市场服务能力。经编产业列为首批省级产业集群跨境电子商务发展试点。鼓励农业企业发展电子商务，拓展网上销售市场。

全年新增工商注册电子商务主体512家。至年底，全市注册天猫店1100家，注册淘宝店铺3.3万家，其中活跃淘宝店铺2万家；注册各类电子商务企业3000余家。全年实现网络零售总额456.95亿元，居全省县（市）第2位。全年跨境电子商务带动出口超1亿美元。建设40个农村电子商务便民服务点。2016年，海宁市列阿里巴巴智慧外贸示范县（市）第10位、全国电商百强县（市）第5位。定期举办“电商大讲堂”系列培训班，全年举办电子商务培训40场，培训人员3500人。

6月15日，举办第三届中国时尚之都网络模特大赛总决赛
（市商务局　提供）

【2016海宁电商资源对接大会】 9月19日，2016海宁电商资源对接大会暨浙江省电商公共服务资源对接会（海宁站）在海宁会展中心举行。大会由海宁市商务局、浙江天猫技术有限公司共同主办，以“创新、互联、融合”为主题，副市长沈铁蕾出席会议并致辞。大会公布海宁市电子商务领军企业和杰出人物评选结果，并举行颁奖仪式。入选企业代表浙江火星人厨具有限公司及杰出人物代表郑希分别在会上发言。浙江大学和上海交通大学特聘教授、杭州秋意浓实业有限公司董事长余煜明作“互联网+皮革O2O电商之路”主题发言，海宁中国皮革城股份有限公司副总经理王红晖作“互联网皮革供应链的变革”主题发言。会后，举办皮装行业秋冬新品发布会及皮革线上线下资源对接会。

【万营·海宁跨境电商产业园开园】 7月8日，万营·海宁跨境电商产业园开园，常务副市长姚敏忠出席开园仪式。产业园位于浙江海宁经编产业园区，由浙江万营科技有限公司和浙江海宁智慧城投资开发有限公司投资设立。总规划面积2万平方米，首期启动经编总部商城2~3层楼及中鑫创业园标准厂房改造仓储空间项目。至年底，入驻电子商务企业19家，其中跨境电子商务企业7家。园区企业主营平台包括速卖通、淘宝、天猫、ebay等。

【第三届中国时尚之都网络模特大赛】 于5月启动。大赛由中国皮革协会主办，海宁市皮革行业协会、海宁市电子商务协会、海宁市广播电视台承办。来自全国各地的200名选手参加大赛，经过初赛、晋级赛的选拔，30名选手入围总决赛。6月15日，在海宁会展中心举行总决赛。浙江体育职业技术学院的张文辉获冠军，上海视觉艺术学院的肖泳茹和山东工艺美术学院的辛汉天获亚军，上海视觉艺术学院的丁瑞获季军，5名选手分获各单项奖。

（张正飞）

［编辑：邢祖康］

开放型经济

Open Economy

综　述

2016年，全市进出口总额413.31亿元，比上年增长13.6%。其中出口365.64亿元，增长14.1%；进口47.67亿元，增长9.7%。进出口总额、增幅及出口总额、增幅均列嘉兴市首位。全市新设外商及港澳台商投资企业46家，合同利用外资及港澳台资3.77亿美元，实际利用外资及港澳台资4.05亿美元。引进重大项目7个，其中世界500强、全球行业龙头企业投资项目3个，总投资超亿美元外商投资生产性项目3个，总投资超50亿元生产性项目1个。全市服务外包合同签约额1.35亿元，合同执行额1.29亿元，其中离岸服务外包执行额1239万美元。全年市场采购贸易出口累计1.85亿美元。新核准境外投资项目16个，投资总额5603万美元，完成对外直接投资3016万美元。

建立健全市场采购管理体系，优化联网信息平台，建立海关监管场站并正常运营，开展市场采购贸易宣传推介和业务培训。开展“招商选资突破提质年”活动。优化驻外招商体制，在上海、深圳新设立国资公司，与北京国资公司共同分片负责长三角、珠三角和京津冀三个地区的驻点招商（招才）工作。各投资促进分中心与四大平台及驻外招商（招才）机构深度融合。优化招商队伍，全市招商人员数量比上年翻一番。举办2016央企、世界500强北京对接会和深圳智能制造产业推介会等专题招商活动。举办首届海商大会，签约重大项目29个，投资总额293.89亿元。其中外商及港澳台商投资项目5个，投资总额13亿元；内资项目24个，投资总额280.89亿元。签约项目以工业实体经济为主，涵盖新能源、新材料、电子信息、装备制造等战略性新兴产业。18个工业项目总投资175.9亿元，占投资总额的60%。鼓励工业企业分离外包服务，针对目标企业开展点对点上门业务指导。加强海外并购指导，推动和指导天通控股股份有限公司、海宁中国皮革城股份有限公司等企业开展境外投资并购业务。

（刘　佳）

对外及港澳台贸易

【概况】　2016年，全市实现进出口总额413.31亿元，其中出口365.64亿元。全年纺织品出口162.39亿元，比上年增长3.7%，占全市出口总额的44.4%；家具制品出口50.79亿元，增长15.1%；机电高新产品出口83.98亿元，增长43.1%，其中光伏产品出口20.1亿元，增长66.1%。皮革产品出口持续回落，下降3.9%。

对美国市场出口继续企稳回升，全年出

口 100.16 亿元，比上年增长 10.5%；对欧盟市场出口发展平稳，出口 53.63 亿元，增长 4.6%；对新兴市场出口持续增长，出口 159.73 亿元，增长 22.9%，其中对“一带一路”市场出口相对活跃，出口 132.58 亿元，增长 28.2%；对传统市场出口 204.02 亿元，增长 8.2%。

一般贸易出口仍占主要地位，加工贸易出口持续下滑，市场采购贸易比重保持稳定。全市一般贸易出口 319.71 亿元，比上年增长 12.5%，占出口总额的 87.4%，下降 1.3 个百分点。加工贸易自下半年起连续 6 个月负增长，全年出口 33.66 亿元，下降 7.1%，占全市出口总额的 9.2%，下降 2.1 个百分点。市场采购是外贸新业态，全年出口 12.27 亿元，占全市出口总额的 3.4%。

加强企业培训指导，出台《2016 年海宁市外贸转型发展服务提速专项行动实施方案》，统筹全年外贸转型粗调工作。11 月，出台《海宁市关于促进外贸回稳向好的若干意见》，加大出口品牌建设、开拓国际市场、优化服务企业等支持力度，保障外经贸稳定持续发展。

【自主品牌培育】 推进品牌建设，发挥企业自主品牌出口在外贸转型发展中的引领作用，促进产业结构优化。11 月 10 日，制订发布《海宁市自主品牌出口企业培育实施方案》，给予符合条件的企业 3 年品牌培育。鼓励企业申报商务部、浙江省出口名牌，支持企业境内外注册商标和专利，认证国际通行质量，设立海外营销机构等，引导出口名牌企业参加国际性展会。年内新增境外商标 12 个，累计有境外商标 23 个。

【市场采购贸易发展】 出台《市场采购贸易集聚区认定办法》，制订经营者、供货商、采购商备案管理办法，市场采购贸易交易信息管理，经营者信用评价，知识产权保护等 14 个管理办法，基本建成与市场采购贸易相应的综合管理体系，优化联网信息平台。海关监管场站正常运营。皮革城和家纺城分别建立专业外贸交易区，总面积 2 万余平方米，配备业务咨询、培训、翻译、商务洽谈等配套服务。完善政策，出台兑付细则，对培育市场经营主体、拓展国际市场予以重点支持，对市场采购贸易出口给予奖励。至年底，皮革城引进外贸经营户 78 家、货代物流 7 家、报关行 3 家；家纺城引进外贸经营户 18 家、翻译培训机构 1 家。

表 12　2016 年海宁商品对各大洲出口情况

洲别	出口总额（万元）	比上年增长（%）	占总额比重（%）
亚洲	1240341	25.9	33.9
非洲	208417	14.4	5.7
欧洲	843357	7.0	23.1
拉丁美洲	210374	5.6	5.8
北美洲	1059226	10.1	29.0
大洋洲	94654	9.2	2.6

表 13　2016 年海宁商品对主要国家（地区）出口情况

国家（地区）	出口总额（万元）	比上年增长（%）	占总额比重（%）
美国	1001578	10.5	27.4
欧盟	536305	4.6	14.6
东盟	389455	47.5	10.7
日本	175743	4.5	4.8
俄罗斯	147499	1.8	4.0
印度	123175	83.8	3.4

续表 13

国家（地区）	出口总额（万元）	比上年增长（%）	占总额比重（%）
英国	103701	13.4	2.8
伊朗	89119	15.6	2.4
澳大利亚	86712	8.6	2.4
墨西哥	69852	10.6	1.9
土耳其	66328	-6.9	1.8
加拿大	57648	2.7	1.6
韩国	55199	15.6	1.5
阿联酋	53255	-10.2	1.5
南非	45743	5.6	1.3

2016 年海宁市主要商品出口情况

表 14

产品名称	出口总额（万元）	比上年增长（%）	占总额比重（%）
家纺	60543	3.8	16.7
经编	34447	-1	10.2
服装	16703	9	6
袜子	16595	5.1	5.3
布沙发套	6575	-4	1.7
纺织原料	13224	9.9	4.5
成品皮沙发	19427	21.5	5.4
成品布沙发	27106	12.4	7.0
机械电子	72469	30.2	20.1
太阳能光伏	23742	66.1	5.5
太阳能光热	4107	-3.9	1.3
高新技术（非机电）	9943	355.1	2.9
印刷包装	9653	3.0	4
医药化工	4229	-5.8	1.3
建材	12019	-0.5	3.4

说明：皮革产品出口情况参见皮革篇综述分目表 10

2016 年海宁市主要进口市场情况

表 15

国别（地区）	进口总额（万元）	比上年增长（%）	占总额比重（%）
欧盟	108772	57.5	22.8
台湾	72222	-3.5	15.2
东盟	55577	24.4	11.7
美国	38225	-22.7	8.0
沙特阿拉伯	37754	271.5	7.9
韩国	34764	20.8	7.3
日本	29598	52.5	6.2
澳大利亚	24898	-44.2	5.2
巴西	15283	-40.0	3.2
新西兰	10688	17.6	2.2
土耳其	8935	92.9	1.9
加拿大	7889	-49.2	1.7
南非	4711	93.9	1.0
智利	4368	-30.2	0.9
瑞士	3600	206.1	0.8

（张　虹）

招商引资

【概况】 完善招商引资体制机制，创新招商引资方式，拓展招商引资领域，优化资源要素配置，科学规划产业定位，建立协同发展体系，降低企业综合成本。2016 年，全市新设外商及港澳台商投资企业 46 家，合同利用外资及港澳台资 3.77 亿美元，实际利用外资及港澳台资 4.05 亿美元。全市各大招商平台中，经济开发区（黄湾镇、尖山新区）合同利用外资及港澳台资 2.12 亿美元，实际利用外资及港澳台资 1.73 亿美元；

长安镇（高新区）合同利用外资及港澳台资1.46亿美元，实际利用外资及港澳台资4729万美元；经编园区合同利用外资及港澳台资3257万美元，实际利用外资及港澳台资2809万美元。全市新批总投资1000万～3000万美元项目15个，合同利用外资及港澳台资1.31亿美元；新批总投资3000万美元以上项目8个，合同利用外资及港澳台资1.77亿美元。新批世界500强企业项目2个，分别是浙江万凯新材料有限公司和嘉兴海耀建设有限公司项目。新批投资总额1亿美元以上项目3个，分别是：海宁市路仲文化产业有限公司项目，投资总额和合同利用外资及港澳台资分别为1亿美元和1020万美元；浙江九丰光电实业有限公司项目，投资总额和合同利用外资及港澳台资分别为1亿美元和3360万美元；盈都桥梁钢构工程有限公司项目，投资总额和合同利用外资及港澳台资分别为1.79亿美元和3159万美元。投资来源以中国香港为主，合同利用资金3.01亿美元，实际利用资金2.61亿美元，分别占总额的79.7%和64.5%。

全年新引进内资项目269个（含169个再建或增资项目），计划总投资266.45亿元，比上年增长124.4%；平均单个项目投资规模9905万元，增长11.8%。全年实到市外内资项目348个（含往年引进项目），实到市外内资175.87亿元，比上年增长13.8%，其中注册资金到位41.62亿元，增长15.4%。引进全球行业龙头企业投资项目1个，为经济开发区（尖山新区）引进的海宁铁三角科技有限公司项目；中国500强企业投资项目3个，为经济开发区（尖山新区）引进的中广核集团兼并浙江旭辉新能源公司项目，长安镇（高新区）引进的娃哈哈集团投资的2个净水项目。新引进总投资超1亿元项目15个。其中总投资超50亿元项目1个，为经济开发区（尖山新区）引进的北京国能电池科技有限公司高性能动力电池生产线项目；总投资超20亿元项目1个，为丁桥镇引进的海宁东正蓝海并购投资合伙企业项目。

开展“招商选资突破提质年”活动，出台《关于开展“招商选资突破提质年”活动的实施意见》。开展多批次、主题化、专业性的系列招商活动。组织香港经贸考察，2016央企、世界500强北京对接会，2016接轨上海招商推介会，首届海商大会，2016海宁市智能制造产业投资发展推介会等活动。组团参加第四届中国（上海）国际技术进出口交易会、第十八届中国浙江投资贸易洽谈会、2016中国国际投资贸易洽谈会、2016嘉兴创新发展投资贸易洽谈会等活动。

【首届海商大会】 参见第262页“首届海商大会”条目。

【2016央企、世界500强北京对接会】 5月26日，在北京举行2016央企、世界500强北京对接会。来自国家有关部委和中央企业、国有企业、世界500强企业的代表共50余人参加会议。市委常委、常务副市长姚敏忠主持会议，市委书记朱建军出席大会并致辞，工信部原材料工业司副司长潘爱华出席会议并讲话。市商务局就区域优势、投资环境、发展潜力和近年来经济发展新成就、新亮点进行主题推介。长安镇（高新区）、经济开发区（尖山新区）、经编产业园区、盐官度假区分别介绍区域投资环境。

【2016接轨上海招商推介会】 于7月15日在上海举行。西门子医疗器械有限公司、IHI株式会社、上海汽车股份有限公司乘用车分公司、凯众材料科技股份有限公司等30余家在上海的企业参加推介会。市委常委、常务副市长姚敏忠出席推介会并致辞。市商务局

介绍海宁市投资环境，经济开发区（尖山新区）、长安镇(高新区)、经编产业园区介绍各自平台的投资环境和优势特色。天通控股股份有限公司、宏达高科控股股份有限公司、浙江美大实业股份有限公司、虎霸集团有限公司、浙江富邦集团有限公司相关负责人与上海重点企业进行对接交流。

7月15日，在上海举行2016接轨上海招商推介会
（市商务局 提供）

【2016海宁市智能制造产业投资发展推介会】 于12月21日在深圳举行。邀请大族激光科技产业集团股份有限公司、深圳市奋达科技股份有限公司、茂硕电源科技股份有限公司等30余家企业参加，主要涉及智能制造、新能源、电子信息等产业。经济开发区(尖山新区)、长安镇（高新区）、经编产业园区就各自平台优势进行介绍。在线网络对推介会进行互动直播。

【海宁现代服务业（上海)招商对接会】 于4月28日在上海举行。对接会由海宁市政府主办，来自上海智会堂、大中华酒店管理集团（香港)、上海汇橙投资管理有限公司、中国五洲投资控股集团有限公司等企业的客商代表参加对接会。会上，播放海宁投资环境宣传片，介绍海宁服务业发展概况、服务业重点发展平台及相关政策情况，重点推介旅游、金融、文化产业招商项目。

2016年新批（增资）外商和港澳台商投资项目（1000万美元及以上）情况

表16

单位：万美元

序号	企业名称	经营范围	投资总额	注册资本	合同资金	投资者名称	国家（地区）
1	海宁资未服装有限公司	针织服装制造、加工	1200	1000	1000	香港资未服装有限公司	中国香港
2	浙江天山食品有限公司	饮料（果汁及植物饮料)、糕点的批发	1200	600	420	杭州济创贸易有限公司	中国浙江
						香港天山国际食品（集团）有限公司	中国香港
3	浙江贝纶丝线有限公司	工业单丝、纱线、线轴、塑料制品、化纤的技术开发、制造加工；上述产品和单丝的生产设备及测试设备的批发和进出口业务（涉证商品凭许可证经营)、佣金代理（拍卖除外)；提供相关配套服务和技术咨询	1250	500	500	PerlonNextrusion Hongkong Limited	中国香港

续表 16

序号	企业名称	经营范围	投资总额	注册资本	合同资金	投资者名称	国家（地区）
4	海宁市路仲文化产业有限公司	路仲古镇基础设施的建设及经营；文化旅游产业项目开发及管理、养生产业项目开发及管理（房地产除外）；文化旅游产业项目的策划、咨询服务；文化艺术创意；酒店管理；投资管理；企业经营性资产管理	10000	3400	1020	浙江路仲文化创意发展有限公司	中国浙江
						中国香港米雀集团有限公司	中国香港
5	海宁灵嘉新材料科技有限公司	汽车、高铁、飞机用内饰新材料的研发；汽车内饰片材及坐垫的制造、加工；软件开发；会务服务	1500	1000	300	海宁灵仁贸易有限公司	中国浙江
						嘉允国际有限公司	中国香港
6	海宁优韵家居有限公司	床上用品、窗帘、其他家用纺织制品制造、加工；装饰布转移印花加工（国家限制或禁止的除外，涉及前置审批的除外）	1200	1000	1000	爱丁堡国际家居有限公司	中国香港
7	海宁悦翔纸业有限公司	瓦楞纸、纸制品、塑料包装制品（不含印刷）制造、加工（依法须经批准的项目，经相关部门批准后方可开展经营活动）；装饰布、沙发布、窗帘布制造、加工	1500	1000	1000	香港悦翔贸易有限公司	中国香港
8	海宁凯瑟服装有限公司	纺织服装制造、加工	2800	2800	2800	香港凯瑟服装有限公司	中国香港
9	浙江金金服饰有限公司	服装制造、加工	1000	600	600	香港金金服饰有限公司	中国香港
10	浙江九丰光电实业有限公司	光电子元器件、光学组件、电声器件、激光半导体器件、触摸屏及液晶显示模块、摄像头模块、手机、计算机、电视机及组件、电子数控设备、工模具的设计、制造、加工；上述产品的技术开发、技术服务、系统集成；光电显示及控制系统、网络及工业自动化工程的设计与安装；芯片封装测试；自有房屋租赁，物业管理；自有仓储服务（不含危险化学品和易制毒化学品仓储，不含物流配送）	10000	3360	3360	大中华金融资产管理有限公司	中国香港
11	浙江昱鑫光电科技有限公司	光电子元器件、光学组件、电声器件、激光半导体器件、触摸屏及液晶显示模块、摄像头模块、手机、计算机、电视机及组件、电子数控设备、工模具的设计、制造、加工；上述产品的技术开发、技术服务、系统集成；光电显示及控制系统、网络及工业自动化工程的设计与安装；芯片封装测试；自有房屋租赁，物业管理；自有仓储服务（不含危险化学品和易制毒化学品仓储，不含物流配送）	2998	1600	1600	同欣有限公司	塞舌尔
12	海宁景怡昇茂新能源科技有限公司	太阳能光伏发电项目的研发设计、建设；光伏发电设备的技术咨询、设计、安装、维修；安防工程、高低压线路安装工程；通信设备安装工程；外电安装工程；市政工程施工；光伏发电设备及零配件、工矿设备及配件、安防设备、电脑设备及配件、通信器材的批发。涉及许可证的凭证经营。（以上经营范围国家法律法规规定限制的除外，依法须经批准的项目，经相关部门批准后方可开展经营活动）	1000	500	500	聚阳清洁能源有限公司	中国香港

续表 16

序号	企业名称	经营范围	投资总额	注册资本	合同资金	投资者名称	国家（地区）
13	盈都桥梁钢构工程有限公司	钢结构、幕墙的设计；钢结构桁架及配件、钢结构网架及配件的制造、加工、安装；土建工程；机械配件、建筑材料、五金家电、化工原料（不含化学危险品）、轻纺原料（不含茧丝）的批发；承包与其实力、规模、业绩相适应的对外承包工程项目，并派遣实施上述对外承包工程项目所需的劳务人员；经营本企业自产产品的出口业务和本企业生产所需的机械设备、零配件、原辅材料及技术的进出口业务。上述涉及许可证的凭证经营	17935	6447	3159	浙江鹏润物资有限公司	中国浙江
						江苏盈都钢构有限公司	中国江苏
						金丽萍	中国
						都娟妹	中国
						华融（美国）国际投资有限公司	中国香港
14	浙江烁宇智能光电科技有限公司	智能 LED 路灯，智能 LED 植物生长灯及各种 LED 灯；配件以及传统灯具的制造加工	1300	1000	490	DAMING LIGHTING CO. LTD	英国
						海宁市明帅照明科技有限公司	中国浙江
15	嘉兴海耀建设有限公司	市政公用工程、园林绿化工程的施工、管理及咨询	4484	1495	1495	中建国际投资（中国）有限公司	中国广东
16	浙江鼎聚融资租赁有限公司	融资租赁业务；租赁业务；向国内外购买租赁的财产；租赁财产的残值处理和维修；租赁交易咨询和担保；投资和资产管理；兼营与主营业务有关的商业保理业务（涉及行政许可的凭证经营）	7500	2550	2550	凯得实业集团有限公司	中国香港
17	海宁川普汽配有限公司	汽车配件（列入外商投资准入特别管理措施清单内的项目除外）制造、加工；模具设计、加工（依法须经批准的项目，经相关部门批准后方可开展经营活动）	1000	500	500	九鼎（中国）实业有限公司	中国香港
18	浙江凯洛企业管理有限公司	企业管理咨询；财务咨询（不得从事代理记账）；企业营销策划服务；企业形象策划服务	1016	508	508	KAIROUS IPAY LIMITED	中国香港
19	海宁康锐建材科技有限公司	塑料管及管件、型材的研发、制造；大理石切割加工	1350	900	900	香港辉皇实业有限公司	中国香港
20	海宁玖荣建材科技有限公司	塑料管及管件、型材的研发、制造；大理石切割加工	3050	2100	2100	铭豪建材科技有限公司	中国香港
21	浙江圣帝亚建筑科技有限公司	防水保温材料、涂料、装饰材料的生产及销售。	3800	2000	2000	远盛（香港）投资有限公司	中国香港
22	海宁中广核新能源有限公司	太阳能发电项目的开发；太阳能光伏发电；依法须经批准的项目，经相关部门批准后方可开展经营活动	5000	2000	2000	中广核新能源投资（深圳）有限公司	中国广东
23	浙江得伟纺织科技有限公司	高档纺织材料的研发；纺织品织造；功能性复合材料的制造及其后整理深加工，纺织面料及其他纺织机械配件的批发及其进出口业务。涉及许可证的凭证经营	1500	1000	1000	亚杰有限责任公司	美国

2016年全市各镇（街道）、开发区利用外资及港澳台资情况

表17

序号	镇（街道）、开发区	项目实绩（个）	总投资（万美元）	注册资本（万美元）	合同资金（万美元）	比上年增长（%）	实到资金（万美元）	比上年增长（%）
	合计	61(增5)(减4)(转5)(变1)	87328.7	40075.1	37736.8	-66.2	40466.7	-9.1
1	长安镇（高新区）	15(减1)(转1)	43831.1	17892.1	14607	-34.9	4729.4	-52.8
2	经济开发区（黄湾镇、尖山新区）	26(增3)(减3)(转1)	25606.6	14892	21220.7	-27.0	17348.3	4.6
3	马桥街道（经编园区）	6(增1)(转1)(变1)	1147.34	647.3	3256.9	-15.7	2808.6	-4.6
4	许村镇	2	162.8	162.8	1101.6	—	1053.4	5167.0
5	周王庙镇	—	—	—	249.7	135.6	269.7	30.0
6	盐官镇	2（增1）	536.2	528.2	298.3	-87.3	20.0	-98.3
7	斜桥镇	3（转1）	11500.0	4400.0	2959.9	—	45.2	-97.8
8	袁花镇	2（转1）	4483.8	1494.6	-6005.4	-111.9	15261.6	305.2
9	海洲街道	3	42.0	40.0	30.0	-97.9	84.8	-93.6
10	其他	2	18.9	18.1	18.1	-96.7	-1154.3	—

说明：项目实绩栏“增”指增资项目，“减”指减资项目，“转”指股权转让，“变”指变更项目。盐官度假区、丁桥镇、硖石街道、海昌街道年内无项目实绩

2016年全市引进的市外内资项目（1亿元及以上）情况

表18

单位：万元

序号	投资企业	项目落户地	投资领域	计划总投资	注册资金
1	海宁东正蓝海并购投资合伙企业	丁桥镇	生产性服务业	206400	—
2	海宁市志摩故里文化创意发展有限公司	硖石街道	生产性服务业	16627	10000
3	海宁康华医院有限公司（兼并）	海洲街道	生产性服务业	48000	36000
4	浙江海利得新材料股份有限公司（募投）	马桥街道	新材料产业	38200	—
5	浙江海宁国安睿威投资合伙企业（有限合伙）（兼并）	马桥街道	生产性服务业	280000	—
6	海宁沣泰投资合伙企业（有限合伙）	马桥街道	生产性服务业	11230	11230
7	海宁融朴股权投资合伙企业（有限合伙）	长安镇（高新区）	生产性服务业	20000	—
8	浙江咸亨创新产业中心有限公司	长安镇（高新区）	装备制造业	20000	3000
9	浙江娃哈哈饮用水有限公司	长安镇（高新区）	传统产业	11000	4400
10	浙江娃哈哈宏振饮用水有限公司	长安镇（高新区）	传统产业	11000	4400

续表 18

序号	投资企业	项目落户地	投资领域	计划总投资	注册资金
11	浙江源嘉包装科技有限公司	经济开发区	传统产业	45000	15000
12	浙江旭辉新能源有限公司（兼并）	尖山新区	新能源产业	11810	—
13	兴三星云科技有限公司	尖山新区	新材料产业	31060	5000
14	浙江国能新能源有限公司	尖山新区	新能源产业	500000	20000
15	海宁续笙新能源科技有限公司	尖山新区	新能源产业	36369	10000

2016 年全市各镇（街道）、开发区引进市外内资情况

表 19

序号	镇（街道）、开发区	引资项目（个）	实到市外内资（万元）	比上年增长（%）	实到注册资金（万元）	比上年增长（%）
1	许村镇	20	67655	65	5033	-16.2
2	周王庙镇	18	69923	30.2	0	-100
3	盐官镇	7	63692	-22.4	3246	-83.3
4	斜桥镇	13	31333	-40.2	10893	13.8
5	丁桥镇	16	46680	26.1	9857	-36.5
6	袁花镇	8	151484	44.6	151484	1623.8
7	硖石街道	3	16214	-21.8	11010	6.5
8	海洲街道	6	41388	-25.5	38343	103.4
9	海昌街道	5	4620	720.6	2600	361.8
10	马桥街道（经编园区）	14	141537	48	11263	-70.6
11	长安镇（高新区）	103	389297	29.2	14576	-18.6
12	经济开发区（黄湾镇、尖山新区）	102	679359	4.5	123046	-29.5
13	盐官度假区	33	55531	10	34887	6.2

（钱韡　沈秉　孙月庆）

服务外包

【概况】 2016 年，全市服务外包合同签约额 1.35 亿元，比上年增长 35.8%，完成目标任务的 122.8%；合同执行额 1.29 亿元，增长 41.7%，完成目标任务的 129.2%，其中离岸执行额 1239 万美元，增长 28.3%，完成目标任务的 112.7%。全年国际服务贸易出口额 11.64 亿元，增长 19.3%。以目标管理推动工作进程，建立网格化管理制度，明确责任主体，构建组织网格，业务下沉到各主体平台。开展目标企业排摸，上门开展

政策宣传，鼓励示范园区、服务外包企业和服务贸易企业发展。推动市场拓展，组织参加中国（上海）国际技术进出口交易会、中国（北京）国际服务贸易交易会、中国国际软件和信息服务交易会、中国浙江商务服务交易博览会等展会。协助企业拓展对外业务渠道，扩大业务来源和规模，对接产业合作。开展服务贸易培训，组织参加省商务厅和嘉兴市商务局组织的服务外包、服务贸易业务培训，组织召开服务贸易企业座谈会，组织申报省级文化出口重点企业、项目和服务贸易发展基地。浙江海宁经编产业园区成功申报省级货物贸易和服务贸易协调发展基地，中国（浙江）影视产业国际合作实验区海宁基地成功申报省级文化出口基地。

（杨伊琴）

对外及港澳台经济技术合作

【概况】 2016年，全市新核准境外投资项目16个，其中新设项目12个、并购增资项目4个，项目数量为历年之最。投资总额5603万美元，其中中方投资额3016万美元，比上年增长100.4%。境外承包工程营业额557.7万美元，增长295.7%，带动出口2.32亿美元。投资领域涵盖皮革、纺织、电子、机械、医疗、化工、影视等行业，投资区域包括美国、德国、日本、韩国、马来西亚、泰国、缅甸、巴基斯坦等国家和中国香港地区，投资类型为海外营销网络、设计研发机构、生产加工企业、影视合作项目等。

【影视产业首次开展境外投资合作】 年内，海宁壹颗心影视文化有限公司在中国香港设立壹心娱乐国际有限公司，主要从事演员经纪服务、影视文化信息咨询等业务；海宁华丽视听影视文化有限公司在韩国通过并购股份有限公司菁，开展演出策划及演出展示，国内外影像制作及代理，电视剧、电影制作，演出视频、影像制作、复制、发行及版权委托管理和海外影像、音源的进出口等业务；海宁新鼎明影视文化投资管理有限公司在中国香港设立海宁新鼎明香港有限公司，开展影视文化信息咨询、艺人经纪服务和电影、电视剧剧本策划、创作等业务。

【慕容集团有限公司全资收购杰妮芙股份有限公司】 2011年，慕容集团有限公司收购美国家具行业上市公司——杰妮芙股份有限公司90.1%的股权。2016年追加投资，完成对杰妮芙股份有限公司的全资收购，总投资3341.7万美元。是海宁市境外投资额最大的并购案例。

（戴炜皓）

海　关

【概况】 2016年，嘉兴海关驻海宁办事处监管货运量15.4万吨、征收税款5187.1万元。7月31日，嘉兴海关驻海宁办事处从市区洛隆路366号搬迁至经济开发区漕河泾路88号海宁港口岸联检大楼内。推进市场采购贸易试点，根据地方政府主管部门统筹，加强与市场监管、国税等监管部门的沟通协作，为海宁中国皮革城的中小企业和个体经营户自主出口提供便利。1月28日，首单市场采购贸易方式货物在嘉兴海关驻海宁办事处申报出口。G20杭州峰会期间，嘉兴海关驻海宁办事处通过设立物资通关、查验专用窗口，向辖区主要进出口企业、报关代理宣传海关政策，每日开展监管场所实地巡查，加强监控检查。定期走访地方政府及相关部门，参与招商引资等外经贸活动，提供海关政策咨询服务；开展企业调研，召开各项业务宣讲辅导会，帮助企业解决问题；参与“五水共治”“两富同行”等重点工作，定期与结对村开展共建活动，组织看望慰问结对的困难户及老党员。

【海关监管场站启用】 5月23日，嘉兴内河港海宁港区环城河（海昌）作业区海关监管场站正式启用。该监管场站为公路转关监管点。启用首日，嘉兴海关驻海宁办事处共监管集装箱28标箱、货运量210吨。启用前，对在建监管场站开展工作调研，通过座谈交流和实地勘察，对场站内部物流流程、场地功能划分、弱电线路布局、智能卡口建设等提出指导意见，协调做好验收前准备工作。组织辖区新设监管场站业务管理人员及各代理报关企业开展业务培训，强化安全和规范意识。

（徐加鑫）

出入境检验检疫

【概况】 2016年，嘉兴出入境检验检疫局海宁办事处共检验检疫进出口货物3.9万批，比上年增长4.9%；货值52.84亿元，增长3.1%。检出不合格产品32批，货值1亿元。签发各类原产地证书2.6万份，签证金额59.81亿元，其中区域性优惠原产地证书8870份，签证金额17.77亿元，减免关税8889.6万元。区域性优惠原产地证书签发量前两位的分别是：中国—东盟自贸区原产地证书4041份，签证金额9.15亿元；中国—澳大利亚自贸区原产地证书2250份，签证金额3.32亿元。推进省重点项目海宁港建设，海宁港口岸监管场站建成启用。加强事中事后监管，探索以“提前申报、集中监管、快速核放”为核心，以“信用管理、风险管理”为手段的市场采购贸易方式检验检疫监管管理办法。配合嘉兴出入境检验检疫局市场采购贸易方式出口商品技术贸易壁垒预警小组，加强对与产业相关的信息采集，在市场采购贸易联网信息平台发布最新技术贸易壁垒信息、预警及建议，并通报相关部门及入驻商户。

7月6日，嘉兴出入境检验检疫局海宁办事处人员查看输巴西灯箱布喷绘效果 （嘉兴出入境检验检疫局海宁办事处 提供）

【贸易便利化服务】 推进实施信用签证、签证无纸化、备案无纸化、取消年审、对诚信企业给予更多优惠、加快国外退证查询答复等原产地业务便利化措施。多渠道宣传贯彻原产地优惠政策。向新入驻商户企业和外贸公司宣传原产地证的作用。探索签证前置、核销签证等原产地签证新做法。

（章益萍）

［编辑：姚思嫄］

财政·税务

Public Finance & Tax

财　　政

【概况】 2016年，全市财政总收入123.88亿元，比上年增长2.3%，其中一般公共预算收入72亿元，增长4.2%。一般公共预算收入占财政总收入的58.1%。税收收入65.9亿元，增长2.4%，占一般公共预算收入的91.5%。全市政府性基金收入51.89亿元，增长105.1%；国有资本经营预算收入1.2亿元，下降49.6%；社会保险基金收入63.35亿元，增长18%。全市一般公共预算支出78.09亿元，增长1.8%；政府性基金支出51.42亿元，增长73.7%；国有资本经营预算支出1.38亿元，下降37.2%；社会保险基金支出57.92亿元，增长22%。全年财政收支平衡，执行情况总体良好，收入结构持续优化，重点支出保障有力。

落实财政政策。支持供给侧结构性改革和“三去一降一补”工作，落实促进房地产业健康发展政策，全年兑现商品房购房补贴4194万元。落实清费减负政策，参与制订意见37条，降低企业成本，减轻企业负担。取消、停征收费项目9个，减免各类行政事业性收费6253万元。优化财政资金扶持方式，推进财政支持经济转型发展专项资金分配方式改革，制订若干意见，试行财政扶持资金竞争性择优分配，全年兑现财政扶持资金6.23亿元。深化基础设施投融资体制改革，推广运用PPP模式，引入省财政基础设施投资基金6亿元，设立市基础设施投资基金15亿元，争取中国政企合作基金出资13亿元共同参与杭州至海宁城际铁路项目建设。参与制订《促进大众创业万众创新政策意见实施细则》，完善创业创新贷款融资服务政策，全年拨付领军人才、技术创新团队等奖励资金4654万元。

【保障民生事业】 全年民生支出占一般公共预算支出的80.5%，比上年提高0.7个百分点。加大教育投入，提高各教育阶段生均公用经费标准，其中小学、初中分别提高至1227元、1840元，中等职业学校生均公用经费2519元。支持农业农村发展，深化财政支农体制机制改革，市级财政支农资金支出8.78亿元，增长12.6%，实施“一事一议”项目37个。支持完善医疗资源能级配置，提高城乡居民基本医疗保险和基本公共卫生服务财政补助标准，分别提高至每人每年778元、48元。支持养老服务体系建设，推进机关事业单位养老保险制度改革，落实企业退休人员基本养老金动态调整机制，人均月增加152元。

【财政改革】 推进全口径预算体系建设，一般公共预算、政府性基金预算、国有资本经营预算、社会保险基金预算全部提交人代会审议。公开地方政府债务限额情况，指导市级部门及镇（街道）公开部门预决算和本级政府预决算。盘活存量资金及基建专户结余资金 1.5 亿元，核减预算指标 2.5 亿元。推进政府购买服务，全年预算支出 5.74 亿元，比上年增长 73.9%，涉及 129 个项目。治安视频监控服务项目入选省首批政府购买服务试点经验典型项目。推进国库集中支付改革，出台市级国库集中支付实拨业务电子化管理暂行办法，深化镇（街道）国库集中支付改革，资金覆盖率 95%。开展市级预算单位个人公务卡使用管理专项检查，规范公务支出。创新政府采购模式，海宁市列入应用“政采云”平台全省试点县（市）。实施公务用车制度改革，全市 68 个部门（单位）按期实施改革，涉改车辆 543 辆，核减公务用车 118 辆，公务交通费用节支率 8.1%。

【产业基金运作】 与社会资本共同设立东方天力创新产业基金，重点投向高端装备、高端材料、新能源技术等产业和领域，投资 2.78 亿元，带动 8 个项目社会资本投资 40.6 亿元。投资 1 亿元，争取省产业基金 2 亿元，带动社会资本 7 亿元组建海宁皮革时尚小镇开发公司。首期规模 1 亿元的影视产业基金和首期规模 5000 万元的民宿旅游基金完成合作洽谈，按程序报批合作事项。

【财政监管】 实施公款竞争性存放，全年存放规模 76 亿元。深化预算绩效管理，29 个市级专项及市级部门、镇（街道）开展绩效自评。对旅游业发展专项资金、科技发展专项资金两个人大委托项目和食品农产品安全民生实事工程实施绩效评价。加强“三公”经费管理，全年“三公”经费比上年下降 21.7%，其中公务接待费下降 28.3%。全年完成政府投资概预算审核项目 99 个，净核减资金 4 亿元，综合净核减率 7.6%。加强政府性债务管理，制订化解债务风险工作方案，规范国有公司融资行为。全年完成存量债务置换 58.74 亿元，节约财务费用 2.3 亿元。开展行政事业单位内部控制规范和示范点建设，成立内部控制委员会，建立内部控制制度体系。强化审批服务事项事中事后管理，下放会计从业资格申领办理权限至镇（街道）。推行会计从业资格证书网上申领、在线服务、快递送达，网上办证量占 55%。开展企业管理会计试点，强化会计诚信考核。

（许立锋）

7 月 26 日，召开行政事业单位内部控制建设动员大会

（市财政局　提供）

国家税务

【概况】 2016年，全市完成国税收入72.72亿元，比上年增长13.1%，税收总量居嘉兴市首位。组织地方财政总收入68.31亿元，增长14.3%，占全市财政总收入的55.1%；地方公共财政预算收入27.66亿元，增长50.4%，占公共财政预算收入的38.4%。全年办理各类减免税10.21亿元，其中支持残疾人就业减免1.3亿元，鼓励高新技术发展减免1.24亿元，促进小微企业发展减免2.31亿元。办理出口退（免）税46亿元。自5月1日起，全面推开营业税改征增值税（以下简称“营改增”）试点。10月8日，“金税三期”工程优化版上线运行。开展便民办税春风行动，完善各项纳税服务举措。推进“互联网+”创新，在全省率先推出二维码一次性告知服务，联合技术服务单位开发应用极速开票软件，被《中国税务报》头版报道。拓展自助办税业务范围，推广自助代开发票和网上涉税事项办理。提升纳税服务质量，建立大厅现场管理制度，各办税服务厅在“营改增”和“金税三期”上线期间增设应急窗口30%以上。

【税收征管】 推进税收风险管理，制订税收风险管理计划和税收风险管理事项清册，研究开发税收风险管理统筹软件。全年推送风险管理任务6001户，入库税款3.42亿元。实现建筑业增值税信息化管理。强化皮革、家纺两个市场个体税收征管。开展商贸企业专用发票专项核查，完成2015年度企业所得税汇算清缴和后续审核任务，做好反避税和非居民税收管理工作，加强大企业和国际税收管理。深化国税、地税征管体制改革。

【推进国税、地税合作】 落实中央《深化国税、地税征管体制改革方案》，成立改革工作领导小组。落实《国（地）税合作规范（3.0版）》，推进融合“五证合一”、联合办税等服务，整合风险管理、欠税管理等执法行动，聚合内部信息，推进第三方信息共享。10月，在市地税局袁花税务分局成立国税、地税联合办税服务厅。至年底，涉及县级层面的51项改革措施全部实施。

10月8日，位于市地税局袁花税务分局的国税、地税联合办税服务厅启用 （市地税局 提供）

【依法治税】 开展法治教育，落实“七五”普法各项工作，分级分类开展法律知识教育培训，开展税收宣传活动。推进依法治税，规范税收执法，建立落实依法治税相关制度。推进简政放权，公开行政审批事项清单目录，按照法定权限、范围、条件、程序实施行政许可。强化执法行为监督，开展税收执法督察。规范税收秩序，打击虚假发票，开展税务稽查。

（都仁杰）

地方税务

【概况】 2016年，全市共组织各项地方税费基金收入88.01亿元，比上年减少3.06亿元，下降3.4%。其中地方税收收入48.57亿元，减少6.74亿元，下降12.2%；费（基金）收入39.44亿元，增加3.68亿元，增长10.3%。地方税分税种收入为：营业税8.68亿元，减少7.91亿元，下降47.7%；企业所得税8.03亿元，减少1.12亿元，下降12.2%；个人所得税8.44亿元，增加7855万元，增长10.3%；地方“七税”（增值税、城建税、印花税、个人所得税、营业税、房产税、企业所得税）18.46亿元，增加1.68亿元，增长10%；契税、耕地占用税4.98亿元，减少1751万元，下降3.4%。

开展第二轮服务业企业亩产税收评价，完善评价体系，采集土地、税收等主要数据，评价企业184家。优化纳税服务，开展第25个“税收宣传月”活动。“奔跑吧，税收”等活动被《中国税务报》、国家税务总局微信公众号等平台报道。推进行政审批制度改革，强化事中事后管理。实施“银税互动”模式，55家小微企业通过“税易贷”等平台融资贷款4280万元。全年走访企业1257家次，解决涉税问题427个，收集意见建议378条。

【税（费）管理】 关注相关税制改革动向及实体经济发展和重点产业变化趋势，建立国（地）税全口径税收分析机制。推进精细化征管，完善重点税源企业管理办法，对实缴税收50万元以上的纳税企业进行分析。全年入库税收91.42亿元，占全市总税收的75.4%。应用第三方涉税信息实现税收收入5.56亿元，比上年增长11.6%。开展税务稽查，打击偷税骗税行为，全年查补入库税费4179万元，检查企业399家。强化社保费征管，召开征收联席会议，强化扩覆增收。建立税收风险管理质量评价体系，全年推送风险项目16个，涉及风险纳税人推送1587户次，入库税费7039万元，增长64.5%。

【落实清费减负政策】 全面推开“营改增”试点，完善抵扣链条，避免重复征税，实现所有行业税负只减不增。落实结构性减税和清费减负政策、小微企业税收优惠政策，地税部门全年减免各类税费12.93亿元，比上年增长29.3%。落实地方水利建设基金减免、停征等优惠政策，全年减免企业税费1.06亿元。临时性下调失业保险费单位缴费，降至1%；对部分企业职工基本医疗保险单位缴费部分临时性减征1个月，减征社会保险费1.07亿元。

【“营改增”试点全面铺开】 建立财政、国税、地税联合协调机制，制订工作方案并逐级分解任务。4月22日，市委宣传部联合国税、地税部门召开“营改增”工作新闻发布会。自5月1日起，全面推开“营改增”试点。扩大行业范围，13019户建筑业、房地产业、金融业和生活服务业纳税人纳入试点范围，完成试点行业新旧税制转换，建筑业和房地产业适用11%税率，金融业和生活服务业适用6%税率。扩大抵扣范围，新增不动产纳入抵扣范围，制造业、商业等原增值税纳税人以及“营改增”试点纳税人，均允许抵扣新增不动产所含增值税。5月1日，市地税部门开出“营改增”后个人出租房业务首张增值税普通发票。做好销售不动产和其他个人出租不动产增值税代征代开工作，年内地税部门接待“营改增”业务纳税人1万余人次，代开增值税发票5046张，代征税款4210万元。

10月8日，“金税三期”工程上线运行 （市地税局 提供）

【“金税三期”工程上线运行】 金税工程是国务院批准的国家级电子政务“十二金”工程[①]之一，是税收管理信息系统工程的总称。10月8日，“金税三期”工程上线运行。该系统统一国税、地税核心征管系统，实现税收征管与服务的统一规范。成立推广工作领导小组，确定工作方案。清理数据26万条，完成双系统运行业务5652户次，开展人海压力测试2次。开展全员轮训和按需培训，涉及纳税人2.6万户次。年内，通过“金税三期”系统办理各项业务6万余笔，征收税费15.88亿元。

（许立锋）

［编辑：姚思嫄］

① “十二金”工程：指面向政府办公业务建立的12个重点信息应用系统。

金　融

Finance

综　述

2016年年底，全市有银行23家、规模保险公司12家、证券机构4家、期货公司2家、小额贷款公司3家。全市经济缓中趋稳，稳中向好。金融运行总体平稳，社会融资总规模适度增长，存贷款同比增多，信贷结构不断优化，企业融资成本不断下降。

各项存款增长良好，住户存款增长较多。年底，全市金融机构本外币各项存款余额1228.62亿元，比上年增加84.99亿元，增长7.4%，增速提高1.6个百分点。其中企业存款余额405.81亿元，增加5.27亿元，增长1.3%；住户存款余额650.52亿元，增加60.54亿元，增长10.3%。住户存款增多的主要原因：一是房地产市场火热，异地购房资金大量流入，绝大部分转化为存款；二是资本市场活跃度同比大幅下降，部分资金从证券机构回流到银行。

各项贷款增势较好，信贷结构有所变化。年底，全市金融机构本外币各项贷款余额950.27亿元。加上政府债务置换的34.71亿元，以及农业发展银行海宁市支行、光大银行嘉兴海宁支行、绍兴银行海宁支行、邮政储蓄银行海宁支行4家银行统计在上级行的贷款21.67亿元，实际新增本外币贷款89.13亿元。本外币余额存贷比77.3%，比年初回落3.6个百分点。制造业贷款有所减少，金融机构本外币制造业贷款余额361.02亿元，比年初减少8.08亿元。个人贷款新增较多，按揭贷款大幅增加。个人贷款余额253.53亿元，比年初增加37.36亿元，增长17.3%，占全部实际新增贷款的41.9%，其中住户中长期贷款余额166.23亿元，新增40.67亿元，增长32.4%。农业贷款减少较多，本外币农、林、牧、渔业贷款余额23.19亿元，比年初减少11.83亿元，下降33.8%。政府性贷款增长平稳，以政府类贷款为主的本外币贷款余额162.31亿元，加上政府债务置换贷款，实际贷款余额197.02亿元，比年初增加39.27亿元，占全部实际新增贷款的44.1%。金融机构陆续推出排污权质押贷款、专利权质押贷款、个体工商户信用贷款、科技金融贷款、出口退税贷款、光伏贷、电商贷、农房抵押贷款、土地流转经营权抵押贷款等贷款类型。年底，全市“两权”（土地承包经营权和农村居民房屋产权）抵押贷款余额1535万元，商标权质押贷款余额3350万元，应收账款质押贷款余额31.06亿元，科技金融贷款余额126.18亿元。以小微企业为发放对象的个人经营性贷款减少较多。年底，个人经营性贷款余额70.62亿元，比年初减少19.46亿元，下降21.6%；小微企业贷款余额364.76亿元，比年初增加31.1亿元，增长9.8%。贷款利率持续下降。商业银行加大对企业的减负力度，大部分企业选择利率较低的票据融资，大型优质企业选择直接融资。全年规模以上企业利息净支出 18.78 亿元，增长 3.2%，低于实际贷款（加上政府债务置换数）增幅 6.5 个百分点。银行利润总额 24.06 亿元。

外币贷款下降较多，跨境收支金额下降。年底，全市外币存款余额 5.4 亿美元，比上年增加 1813 万美元，增长 3.5%；外币贷款余额 1.51 亿美元，减少 2.96 亿美元，下降 66.1%。外汇贷款下降的主要原因：一是一些出口贸易企业受转口贸易融资政策影响，转口贸易融资下降较多，导致外汇贷款减少；二是人民币汇率预期发生变化，美联储加息，美元走强，导致企业外汇贷款减少。全年银行结售汇下滑较多，全市银行累计结售汇 45.56 亿美元，其中结汇 38.86 亿美元，售汇支出 6.7 亿美元，结售汇顺差 31.42 亿美元，增长 7.4%。开展中资企业外债试点业务，放宽企业使用外币外债限制，中资企业可按规定自主开展本外币跨境融资。各银行加大业务推广力度，打通境内外融资通道。支持企业开展跨境人民币工作，完善工作机制，指导银行办理境外直接投资人民币结算业务。拓宽人民币跨境流动渠道，拓展业务范围，指导商业银行开办人民币境外投资、内保外贷、外商人民币直接投资、人民币外债等业务。全年跨境贸易人民币结算业务量大幅回降，累计进出口收付额 48.16 亿元，下降 43%。其中跨境收入 30.99 亿元，下降 41.8%；跨境支出 17.17 亿元，下降 44.9%。

推进征信服务示范点建设。改造人民银行海宁市支行服务大厅，实现服务配置标准化、服务规范流程化，初步建成征信服务示范点。引导准金融机构接入征信系统，引导小额贷款公司、担保公司和融资租赁公司接入互联网征信平台。推进农村信用体系建设，海宁农商银行采集录入信用村农户数据，累计建立农户信用档案 14.3 万户，评定信用农户 10.6 万户。

融资规模增长平稳，直接融资占比上升。全市社会融资总规模比上年增加 148.99 亿元。从融资结构看：一是间接融资占比下降。间接融资新增 53.48 亿元，新增占社会融资总规模的 35%（不含政府债务置换数）。二是直接融资新增良好。直接融资新增 90.83 亿元，新增占社会融资总规模的 61%。其中短期融资券及超短期融资券新增 32 亿元，占社会融资总规模的 21.5%；企业定向债务新增 30 亿元，占社会融资总规模的 20.1%。三是企业非金融机构融资补充有力。小额贷款公司贷款余额 16.07 亿元，比年初增加 1.43 亿元，增长 23.9%。

资产质量保持稳定，保费收入增加较多。年底，全市金融机构按五级分类本外币不良贷款余额 8.66 亿元，比上年增加 1.14 亿元，不良贷款占比 0.9%，提高 0.09 个百分点。全市处置不良贷款 11.73 亿元，其中核销 4.29 亿元。全年证券交易额 3831.16 亿元，下降 47.8%。规模以上保险公司保费收入 17.92 亿元，增长 19%；累计赔款和给付支出 3.19 亿元，增长 22%。

防控金融风险。扩展风险监测覆盖面，围绕跨区域金融风险的监测评估、信息沟通预警、风险化解处置等工作，形成信贷信息功效协作长效机制。完善“四欠”（欠水费、欠息、欠税、欠薪）企业突发事件信息共享机制，定期排查金融领域风险隐患，做好“四欠”监测制度，及时向政府和有关部门交流通报。推进实施存款保险制度，核算保费缴纳基数，对两家投保机构风险状况进行评价，推进投保机构存款保险风险评级。推进金融机构稳健性现场评估。对浦发银行海宁支行不良资产真实性进行评估，掌握银行资产分布情况。防范系统性金融风险。对房地产运行情况、光伏行业运行情况和文交所代理点在海宁开户情况做摸底调查并上报。开展非法集资、互联网金融等领域风险排查，打击恶意逃废银行债务行为。妥善处置浙江致远软包装有限公司、浙江晨丰科技股份有限公司等企业资金链和担保圈风险。建立新兴行业统计监测体系，跟踪反映新兴行业发展动向，建立信息交流制度。加大外汇业务核查力度，监测货物贸易，核查资金流出，清理企业重点监测库，检测重心偏向流出型企业。优化重点监测库企业结构，对全市18家企业开展货物贸易现场核查，其中2家企业被降为B类企业。开展“控流出”专项核查，对2家企业签发风险提示函。查处“12·23”非法经营外汇案和浙江勒托机械有限公司擅自改变资本金结汇资金用途案。

开展主办银行和联合授信管理机制，探索企业授信总额联合管理模式，加强贷款精细化管理。至年底，单一主办807户，授信126.8亿元；联合主办852户，授信202.66亿元；银团制44户，授信15.17亿元。合计纳入授信总额管理344.63亿元，占全部贷款的49.6%。开展“清雷防险”和“两加强、两遏制”（加强内部管控、加强外部监管，遏制违规经营、遏制违法犯罪）回头看专项行动。制订《海宁市P2P网络借贷风险专项整治工作实施方案》，开展互联网金融专项整治，完成网络借贷公司和财富类公司摸底排查，开展校园网贷风险提示。督促银行落实理财专区同步录音录像工作，处理信访、投诉27起。

推动企业对接资本市场，鼓励企业股改挂牌上市。出台《关于推动企业利用资本市场加快发展的若干意见》，在《海宁日报》等媒体开展政策宣传，在各镇（街道）、开发区举办政策宣讲会、培训班和座谈会15场。完善企业股改上市挂牌服务机制，全年服务企业200余家次。全年新增上市过会企业[①]2家、境内外IPO上市报会企业[②]3家、“新三板”挂牌企业10家、省股权交易中心挂牌企业3家、股份制公司35家。召开上市公司座谈会，引导上市公司利用资本市场募集资金。浙江海利得新材料股份有限公司非公开发行募集资金6亿元全部投入海宁市；海宁中国皮革城股份有限公司发行短期融资28亿元，非公开发行17.4亿元。引导29家已挂牌上市公司参与兼并重组和平台打造。

培育金融产业。聘请浙江大学金融研究院专家编制《海宁市金融业“十三五”发展规划》，钱潮金融小镇纳入浙江省钱塘江金融港湾发展规划。年底，全市融资租赁公司租赁余额42.76亿元，比上年增长21.3%；7家担保公司在保余额20.09亿元；海宁民间融资服务中心集合民间资金余额4.19亿元。与中国进出口银行浙江省分行、国家开发银行浙江省分行加强联系，引入省内优质低成本资金。完成浙商资本回归24.82亿元，完成率229%。全年引进股权投资机构93家，认缴资本84亿元。

优化金融服务。举办2016年政银企合作签约仪式，签约资金和资本共229亿元。开展金融服务企业发展“百日攻坚”行动，召开融资对接会6场。出台《海宁市政策性担保公司组建方案》，在原海宁市诚信农业贷款担保服务有限责任公司基础上，改组设立海宁市诚信担保公司，注册资金1亿元。建立监测通报制度，定期对制造业贷款、重点项目银企对接、小微企业金融服务、企业授信总额联合管理、不良贷款及核销等工作

① 过会企业：指提出IPO申请并通过股票发行审核委员会审核的企业。

② 报会企业：指提出IPO申请、等待股票发行审核委员会审核的企业。

进行监测通报。2015年5月至2016年6月，组织百名金融指导员开展驻企服务，23家银行对接900家规模以上企业。金融指导员为企业服务4135天，开展各类指导服务6581次，解决问题471个，新增对接企业融资金额54.61亿元，为企业节约财务成本2651.5万元，帮助防范或化解信贷财务风险金额2848万元。拓宽普惠金融服务领域，加大对小微企业、“三农”领域、科技创新项目的金融支持，推动信贷产品、担保方式和还款方式创新。推动农房抵押贷款工作，深化农村集体经济改革，拓展农村消费信贷市场。农业银行海宁支行、海宁农商银行、邮储银行海宁支行、德商村镇银行均专门设计产品发放农房抵押贷款；22家银行推出小微企业还贷方式创新产品43项，受惠企业2089家，累计发放还款创新方式贷款53.52亿元。举办“3·15”金融消费权益日大型宣传咨询活动，开展金融知识普及月暨海宁市第四届金融服务节大型宣传活动。联合《海宁日报》对各银行金融消保做法进行专版宣传，商业银行开展金融消保自评。公示行政许可和行政执法信息，其中公示企业账户许可信息1074条、金融机构行政处罚信息1条。

(茹国新　陈　超　许　鑫)

1月26日，举办2016年银政企合作推进有效投入合作签约仪式

(人民银行海宁市支行　提供)

银行业

【概况】　年底，全市有银行23家。全市银行人民币各项存款余额1191.17亿元，比上年增加81.82亿元，增长7.3%，增速提高0.52个百分点；人民币各项贷款余额939.77亿元，增加51.29亿元，增长5.8%，增速下降6.25个百分点。

人民银行海宁市支行出台《关于优化信贷供给服务实体经济提质增效工作指导意见》，优化信贷投向和结构，加强宏观审慎管理，推进利率监督。参与存款招标审核，严格执行定期存款招标利率定价工作要求。开展法人机构全面评估和专项评估，对海宁农商银行和德商村镇银行MPA（宏观审慎评估体系）利率实行定价评分。推进普惠金融发展。对农业银行海宁支行和15家开业满4年的银行开展信贷政策导向评估，组织召开金融支农工作暨“两权”重点推进工作会议，加大“两权”抵押贷款力度。打造金融支小平台，引导商业银行满足小微企业“短、小、频、急”等融资需求。组织开展银企对接活动。举办银政企合作推进有效投入合作签约仪式，23家商业银行签约新增贷款融资承诺书。开展“连心结对”企业走访活动，走访企业15家，走访情况录入“企情e点通”系统。推广融资产品，举办应收账款融资服务平台培训会，全年应收账

6月3日，举办“智慧支付、普惠万家”电子支付知识竞赛
（人民银行海宁市支行　提供）

款质押贷款成交金额29.52亿元。推进商标质押融资，召开商标质押百亿融资行动工作推进会，完善创业投融资机制，盘活企业商标无形资产。

对23家银行进行2016年度综合评价，评出A类银行7家、B类银行15家、C类银行1家。对华夏银行海宁支行、湖州银行海宁支行征信业务进行专项检查，对海宁农商银行进行金融统计执法检查，对建设银行海宁支行、平安银行海宁支行人民币收付和假币收缴业务进行执法检查。推进“智慧支付”工程建设。推广诊间结算（银医通）项目，指导银行创建智慧医疗支付项目，在市中医院和人民医院运行基础上，推进市第二人民医院、妇幼保健院和中心医院开展该项目。推进“智慧菜场”建设，组织召开南苑“智慧菜场”便民支付工程工作推进会。至年底，南苑菜场累计交易23.3万笔，交易额491万元。推进市农副产品批发市场与海宁农商银行开展“智慧支付”工程建设。启动南关厢“移动支付”项目。举办“智慧支付、普惠万家”电子支付知识竞赛，推进电子支付在农村地区的应用。引导居民使用电子支付工具，协调相关银行、镇、村共同参与，开展电子支付示范镇、示范村创建。推进村级电子商务服务点与助农服务点合作共建。加大“反洗钱、反假币”工作力度，指导海宁农商银行与德商村镇银行开展法人机构反洗钱结对帮扶工作。配合公安部门排查反洗钱案件线索，向公安部门移送可疑交易线索1件。组织银行开展反假币大型现场宣传活动和进农村、进社区、进学校、进市场宣传活动。

年底，工商银行海宁支行本外币各项存款余额172.71亿元，比年初增加2.45亿元；本外币各项贷款余额115.23亿元，增加2.28亿元。资产质量稳中有升，不良资产率降至0.82%；国际业务获外汇管理局年度外汇诚信建设考评A类银行“八连冠”。全年完成国际结算业务14.87亿美元，完成跨境人民币9.04亿美元。在全省系统内县域重点支行经营绩效综合考评中列第5位，被工商银行浙江省分行评为优质服务五星级网点和文化进网点试点。农业银行海宁支行有营业网点19家。有小微企业客户268户，贷款余额34.7亿元，增加2.77亿元。对10家上市公司投放贷款18亿元，对大型工贸企业投放贷款26亿元，对8家“新三板”企业投放贷款2.5亿元。获2016年度海宁市金融机构支持地方经济发展业绩考核一等奖。建设银行海宁支行一般性存款时点余额116.17亿元，各项贷款余额102.95亿元。全年实现中间业务收入8843万元，账面利润 2.82 亿元；年末不良贷款余额 4962.2 万元，不良率 0.5%。中国银行海宁支行本外币日均存款增加 1.91 亿元，本外币贷款增加 2.35 亿元，贷存比提高 2.1 个百分比。完成对海宁市正益输配电有限公司和浙江致远软包装有限公司的不良资产清收。3 月 28 日，中国银行海宁工人路支行正式营业。

海宁农商银行率先在全省农信系统使用 CPU 模式加载 IC 卡行业应用，开发智慧校园卡移动 APP，发卡 6720 张。拓展移动支付和电子商务行业应用，开通新奥燃气自助充值、企业网银实时结汇、电商平台在线支付等功能。加快网点建设，新建 2 家丰收驿站，设立 15 个 ETC 一站式服务点。设立金融市场部，多元化配置资产。连接省农信联社外汇清算平台，降低客户汇款成本。农业发展银行海宁市支行开展信贷服务，支持水利和农业农村基础设施建设，全年发放各项贷款 14.9 亿元。各项贷款余额 42.29 亿元，日均贷款 43.82 亿元；各项存款余额 9.65 亿元，日均存款 11.41 亿元；实现账面利润 8194.6 万元。年内通过农业发展银行总行文明单位、浙江省分行文明单位及海宁市级文明单位复评。华夏银行海宁支行一般性存款余额 16.78 亿元，一般性存款日均 18.84 亿元，其中对公存款余额 13.62 亿元，对公存款日均 16.3 亿元；个人存款余额 3.26 亿元，个人存款日均 2.72 亿元；贷款余额 20.53 亿元。浦发银行海宁支行各项本外币存款余额 10.6 亿元，本外币贷款余额 20.3 亿元，存贷比 197.7%；不良贷款 125 万元；全年国际业务结算量 2.75 亿美元。新增文苑路自助银行 1 个。调整业务结构，加快投行业务、资产私募证券化、资本市场等合意资产项目的落地和投放，完成 1 家股份有限公司理财资金专项投资项目 1.4 亿元。嘉兴银行海宁支行有营业网点 4 个，各项存款余额 28.85 亿元，各项贷款余额 21.06 亿元，理财产品销售额 13.4 亿元。新增用信 7.1 亿元。成立嘉兴银行首家社区银行——荆山社区支行。浙商银行海宁支行被省国资委评为 2016 年先进基层党组织，是浙商银行系统唯一一家获评单位。杭州联合银行海宁支行有营业网点 3 个，年内完成社区银行基本布局。中信银行海宁支行本外币存款余额 44.32 亿元，日均存款余额 40.5 亿元；本外币一般性贷款余额 30.6 亿元；全年理财产品销售额 21 亿元，年末理财产品保有量 7.8 亿元；进出口收付汇量 3.66 亿美元；税前利润 1.07 亿元。8 月，签订首单“家族信托”业务合同。邮政储蓄银行海宁支行推进“村社建档、信息比对、分岗管户、营销策划、精准走访、营销实施”客户经营六步法。至年底，邮储余额 24.49 亿元，新增 6.79 亿元，代理金融业务收入 3476.1 万元。招商银行海宁支行各项人民币存款余额 8.46 亿元，减少 5.05 亿元；人民币贷款余额 13.8 亿元，增长 2.8 亿元。新增 AUM①1.52 亿元，新增信用卡用户 2607 户。全年土地出让金收入 2.85 亿元，发放经编产业园区金福项目二期贷款 1.2 亿元。新增天通控股股份有限公司授信 3.5 亿元、浙江钱江生物化学股份有限公司授信 0.8 亿元、宏达控股集团授信 1.15 亿元、兄弟控股集团授信 0.5 亿元、浙江敦奴实业股份有限公司授信 0.5 亿元，浙江海利得新材料股份有限公司授信提用 0.4 亿元。

【人民银行海宁市支行推进市场采购贸易试点】 起草《国务院市场采购贸易方式试点地区外汇管理联席会议合作备忘录（征求意见稿）》，建立义乌、海宁、海门联席会议机

① AUM：指衡量金融机构资产管理业务规模的指标，是该机构当前管理客户资产的总市值。

制，定期交流市场采购贸易情况。年底，海宁市场采购贸易累计出口 2792 笔，总金额 1.85 亿美元；市场采购贸易收汇 25 笔，金额 102.9 万美元。对市场采购改革试点中的出口不收汇问题，形成汇报材料上报人民银行嘉兴支行及政府部门，获嘉兴市副市长盛全生批示。督促政府相关部门完善联网信息平台建设。完善联网信息平台异地货源信息录入和增加币种的功能，确定报送电子口岸修改意见。

【人民银行海宁市支行发放支农再贷款 3000 万元】 8 月 26 日，人民银行海宁市支行向德商村镇银行发放支农再贷款 3000 万元，受益客户 60 余户。该贷款期限 1 年，年利率 2.75%，是 1999 年中央人民银行发放支农再贷款以来海宁首次引入央行支农再贷款。支农再贷款是中国人民银行为引导扩大涉农信贷投放，降低“三农”融资成本向地方法人金融机构发放的信贷政策支持再贷款，金融机构将取得支持资金全部用于发放涉农贷款。德商村镇银行取得再贷款资金后，以低于 5.75%的优惠利率支持农户、农村各类组织和小微企业，重点支持农村种植养殖业、“两权”抵押贷款和民用光伏事业。

【中资企业外债业务】 5 月 26 日，中资民营企业海宁吉恩仕国际贸易公司向中国建设银行悉尼分行借款 617 万美元短期外债，国家外汇管理局海宁支局完成外债登记业务。该外债一年期借款利率 1.48%，比国内银行一年期贷款利率低 5%—6%。至年底，海宁吉恩仕国际贸易公司完成 4 笔中资企业外债业务，累计获境外外债 1846 万美元。

（茹国新）

【工商银行海宁支行智能化服务】 6 月 19 日，工商银行南苑分理处转型为“智能 +理财”网点。至年底，2 个网点转为“智能 +理财”网点，11 个网点完成智能化改造。9 月 29 日，联合人民银行海宁市支行启动“智慧关厢、智慧支付”南关厢便民支付工程。全行有自助银行 26 家、ATM118 台，覆盖全市 12 个镇（街道）。年内，工商银行海宁支行被评为电子商票业务竞赛优胜单位和电子支付应用创新优秀单位。

（姜黎黎）

【建设银行海宁支行拓宽企业融资渠道】 年内，该行办理全省首笔中资企业借用外债的跨境融资业务、全省首单支持特色小镇的

7 月 15 日，建设银行海宁支行与市市场监管局签署“工商注册通”产品合作协议 （建设银行海宁支行 提供）

投行资管业务、全省首笔“建信通”业务、嘉兴首笔“影视贷”业务。退出小微企业快贷业务。与市市场监管局签署“工商注册通”产品合作协议。

（郑　志）

【农业银行海宁支行服务“三农”】 畅通“三农”服务网络。至年底，全行农户贷款957户，贷款余额3.86亿元。累计创建2个“三农”服务站、17个金融自治村、44个“三农”金融服务工作室。布放惠农通机具166台，实现镇、村全覆盖，提供刷卡消费、自助农贷、惠农理财、代理缴费等便民服务。选派业务骨干到镇挂职，指导开展金融为农服务。

（潘伟明）

【海宁农商银行支农支小金融服务】 推出“潮”系列个人消费贷款、养老贷、税银贷、出口退税融资、专利权质押贷款、商标权质押贷款、光伏分期宝、大学生创业贷等产品，年末贷款户11538户。引进德国IPC微贷技术，探索50万元以下无抵押微小贷款业务。

（张建标）

【兴业银行海宁支行推进银企合作】 为海宁中国皮革城股份有限公司承销超短期融资券23亿元。与市住房公积金中心合作，发放该行首笔公积金贷款。4月，对公客户“兴管家”APP上线，扩大手机银行客户服务范围。年内，该行获“百名金融指导员进驻企业服务”活动先进单位称号，获海宁市政府金融支持地方实体经济发展二等奖，被评为海宁市银行业金融机构综合考评A类银行。

（冯双霜）

【华夏银行海宁支行拓展零售客户】 根据皮革市场特点，依托POS和自然人保证贷款，拓展零售客户。至年底，开发小企业客户39户，其中85%的客户为500万元以下小微企业客户。年内，皮革城新增POS机367台，累计装机数量1000余台。

（祝震宇）

【嘉兴银行海宁支行推进小微业务】 自主开发“嘉银易贷”系列贷款产品，包括“经编行业”“皮革城商圈”“家纺城商圈”等五个批量化产品，支持小微企业信用贷款。

（顾水红）

【杭州联合银行海宁支行“五进”活动】 制订《2016年海宁支行进社区、进市场、进机关、进园区、进行业协会走访客户活动方案》，细化“五进”活动产品配套要求。社区以理财、小额贷款产品为主，机关以优易贷产品为主，市场以个人生产经营性贷款为主，园区、行业协会以设备通、票据宝等贷款产品为主。

（任力维）

【光大银行嘉兴海宁小微企业专营支行探索银担合作】 与海宁皮城担保公司合作，拓宽皮革产业集群的中小企业担保渠道。重点与技术含量高、市场竞争力强、内部管理体制良好的中小企业合作，开展短期贷款、银行承兑汇票、保函、保付代理等业务。

（汪逸清）

【中信银行海宁支行办理首笔非牌照公司债】 由中信银行海宁支行推荐、中信建投证券承销的2016海宁城投非公开发行公司债发行，注册发行金额20亿元，发行期限5年。7月6日，首笔募集资金10亿元进入监管账户，完成首笔非公开发行公司债。

（张凌志）

【招商银行海宁支行拓展无贷户开户】 至年底，累计新开对公账户 232 户，其中基本户 79 户。马桥基金小镇新开户 22 户，到位注册资金近 2 亿元；影视基地新开户 50 余户，到位注册资金 5000 万元；经济开发区外币资本金账户新开户 6 户，到位资本金 549 万美元。 （马 黎）

保险业

【概况】 年内，注销华泰财产保险股份有限公司海宁公司。至年底，全市有保险公司 29 家。其中财产保险公司 17 家，全年实现保费收入 8.46 亿元，比上年增长 7%，其中企业财产险收入 5979.2 万元；财产险赔付支出 4.72 亿元，上升 6.9%，其中企业财产险赔付支出 2002.2 万元。人寿保险公司 12 家，全年保费收入 11.42 亿元，赔付支出 2.96 亿元。保费 3000 万元以上的规模财产保险公司 6 家，全年保费收入 6.71 亿元，占全市保费总量的 79.3%；保费 5000 万元以上的规模人寿保险公司 6 家，全年保费收入 11.21 亿元，占全市保费总量的 98.3%。

中国太平洋财产保险股份有限公司海宁支公司全年保费收入 1.02 亿元，比上年增加 781 万元，增长 8.3%。其中车险业务保费收入 8612.7 万元，增加 835.2 万元，增长 10.8%；非车险业务保费收入 1543.4 万元，减少 54.2 万元，下降 3.4%。全年处理各类理赔案件 10214 件，总赔款支出 6695 万元，增加 740.2 万元，增长 12.4%。其中车险业务赔款支出 5678.3 万元，非车险业务赔款支出 1016.7 万元。中国平安财产保险股份有限公司海宁支公司全年保费收入 1.08 亿元，比上年增长 21.5%，其中车险收入 1.03 亿元、财产险收入 471 万元、意健险收入 222 万元；赔款支出 4962 万元，其中车险赔款支出 4581 万元、财产险赔款支出 362 万元、意健险赔款支出 19 万元。中国太平洋人寿保险公司海宁支公司全年保费收入 2.14 亿元，赔付支出 6095 万元。中华联合财产保险公司海宁支公司保费收入 3604 万元，下降 5.5%，其中车险收入 2280.7 万元、财产险收入 1046.7 万元、其他险收入 276.7 万元；支付赔款 1958.7 万元，简单赔付率 54.35%；实现承保利润 25.3 万元。长安责任保险海宁支公司全年保费收入 1818.2 万元，增长 0.04%；赔付支出 734.4 万元，下降 0.1%。

（李 月）

【中国人民财产保险海宁支公司拓展展业模式和渠道】 该公司全年保费收入 3.38 亿元，比上年增长 9.3%。创新展业模式，运用手机销售如意行旅意险、悦享人生、摩托车驾意险等十余个品种。拓展展业渠道，加入旅游行业协会，利用车博会、小型车险团购会等机会走访市场，完善商业非车险和车险渠道。对接“嘉兴人保之友俱乐部”微信公众号，拓展积分兑换洗车、上线年检、电影券、家政服务等增值服务。

（沈徐奕）

【中国平安财产保险海宁支公司推进线上服务】 1 月 8 日，平安好车主 APP 正式升级为 3.0 版本。该版本涵盖车主的车保险、车服务、车生活，主要解决用户投保、理赔、服务等问题。10 月，平安好车主 APP 获“易观之星”大奖（互联网市场大数据奖项，由北京易观智库网络科技有限公司颁发）。推出移动在线保险创富平台——创保网，借助移动互联网技术，提供在线投保、客户管理、实时结算等线上服务。

（张 怡）

【中国人寿保险海宁支公司续推老年人意外伤害保险】　该公司联合市民政局，第二年推出海宁市老年人意外伤害保险。参保对象为年满60周岁的海宁市户籍老年人，满足条件的参保老人自动纳入保险范围。在海宁市范围内政府（含村、社区）开办的为老服务场所或政府（含村、社区）组织开展的相关活动范围内，保险项目包括意外伤害身故保险金、意外伤害伤残保险金、意外伤害医疗费用补助、意外伤害住院补贴、意外伤害骨折补贴。每人每年保费18元，2016年新单保费304万元，受益老人16.8万人。

（朱李佳）

【中国太平洋人寿保险海宁支公司服务社保工作】　配合社保部门做好医保工作，针对大病保险基金运行亏损现状，测算分析数据，向政府管理部门反馈。建立职工补充及大病基金筹资调整机制，缓解职工补充及大病基金运行压力。全年医保经办柜面受理医保及工伤生育报销26813件，大病保险审核10049件，外伤调查754件。审核发现问题拒付或部分拒付71件，调查发现问题138件，经审核和检查发现问题减少基金损失291.3万元。配合社保部门检查药店165家，发现问题22家。

（曹建忠）

【中华联合保险海宁支公司推出3款特色保险】　年内，推出交通重伤失能保险。推进“中华行”车险，连续零事故，保费4折起，异地出险，全国通赔通付，紧急救助享受“人伤绿色通道”服务。开发诉讼财产保全责任保险，为当事人因财产保全申请错误致使被申请人遭受损失提供保险保障。

（李慧英）

证券　期货

【概况】　年底，全市有证券机构4家，分别是财通证券股份有限公司海宁水月亭西路证券营业部、浙商证券股份有限公司海宁水月亭西路证券营业部、中信证券（浙江）有限责任公司海宁海昌南路证券营业部和国都证券有限公司海宁海州西路证券营业部。全年证券公司新开户21469户，证券成交额3831.16亿元，销售各类理财产品47.61亿元。财通证券海宁营业部新开户近7000户（含下设长安营业部），资产100余亿元，累计交易量1000余亿元；金融产品销售额10亿元；IB业务①新开户50户，成交量1100亿元；港股开户62户，权益6500万元（港币），交易量1500万元（港币）；融资融券开立账户53户，日均融资1.5亿元。协助海宁企业股权融资4000余万元。

有期货公司2家，分别是中大期货有限公司海宁营业部和南华期货股份有限公司海宁营业部。2016年，中大期货有限公司海宁营业部实现收入359万元，代理成交142万笔，金额595亿元，日均权益385万元。年内新增开户88户，其中自然人户81户、法人户7户；累计开户1377户，其中自然人户1306、法人户71户。

【财通证券海宁营业部投资教育宣传】　落实监管部门和公司各项规章制度，做好投资者适当性管理工作。在《海宁日报》定期刊登典型非法证券投资案例、反洗钱知识等内容；参与南关厢“邻里节”活动，向社区居民发放投资者宣传资料，普及反洗钱、投资者教育等知识；召开客户交流会，宣传理性

① IB业务：指证券公司受期货经纪商委托，为期货经纪商介绍客户的业务。

投资。

（姜春维）

【浙商证券海宁营业部提升客户服务】 推进“同创、同享、同成长”企业文化，以上市公司为标杆，提升合规风险控制能力，服务实体经济，以中高端客户为服务对象，提供专业化、个性化服务。搭建投资者财富管理平台，开展投资者教育工作，提高投资者风险意识，参与拍摄的微电影《爱的投资·礼物》参加上海证券交易所“做理性的投资人”评选，被评为投资者最喜爱的宣传短片。拓展财富管理业务，做好投资者理财规划。鼓励企业转型，向公司投资银行部推荐海宁企业，支持其主板IPO上市融资和“新三板”挂牌上市。年内，营业部新增开户数2419户，销售各类理财类产品9.3亿元。

（谢　栋）

【中信证券海宁营业部分级分类营销】 在原有分级分类服务基础上突出营销意识，结合分级分类强化营销的针对性和效率，侧重分析客户对消费和储蓄的控制程度、对金钱的兴趣和知识、对积累与消费的欲望、对专业顾问的信任和需要，以及客户的投资心理。对服务及营销进行合理分类，开展有针对性的产品营销。年内营业部A股成交量1874亿元，基金成交量28亿元，B股交易量3.25亿元。

（孙　磊）

【国都证券海宁营业部业务稳定增长】 营业部以市场为导向，以客户为中心，整合信托公司、期货公司、基金公司、保险公司、多家商业银行和投资公司等金融机构资源，构建多功能金融服务平台，满足客户个性化服务需求。至年底，客户总数3059户，资产总规模8.3亿元。全年证券成交额53亿元。

（庞　华）

【中大期货海宁营业部保证金封闭式运行】 依托中大期货业务平台，实行指定银行监管下的保证金封闭运行管理机制，与工商银行、建设银行、农业银行、中国银行、交通银行等建立合作关系，业务连接全国。采用分设账户、定向划转、统一调拨等方式划转资金，确保投资者权益，控制经营风险。建立内部资金管理流程和资金运作系统，保护投资者资金安全。

（陈丹斐）

其他金融业

【概况】 年底，全市有小额贷款公司3家，分别是宏达小额贷款股份有限公司、鸿丰小额贷款股份有限公司、嘉宝小额贷款股份有限公司。全年3家小额贷款公司发放贷款93.23亿元，贷款余额16.07亿元。2016年，宏达小额贷款公司发放贷款18917笔、金额68.3亿元，贷款余额9.1亿元。创新“宏达商票”业务，6月完成首笔商票授信审批、签发和贴现试点。至年底，“宏达商票”授信总额1.7亿元，累计签发5745万元。鸿丰小额贷款公司全年发放涉农贷款、小额贷款和帮扶贷款共2645笔、金额18.4亿元，实现各项税收1870.4万元。被评为2016中国小微金融机构竞争力百强，获2016中国小微金融机构最佳风险控制奖；公司董事长姚岳良被评为2016中国小微金融机构年度人物。

【融资租赁行业发展】 11月，成立浙江鼎聚融资租赁有限公司。至年底，全市共有融资租赁企业5家，分别是荣年融资租赁（中国）股份有限公司、浙江康安融资租赁股份有限公司、创佳融资租赁（浙江）有限公司、浙江晶科融资租赁有限公司和浙江鼎聚融资租赁有限公司。合计注册资本13.44亿元，总资产12.09亿元。全年总收入0.69亿元，占全市固定资产投资的0.1%。海宁市被评为2016年全省融资租赁服务实体经济工作年度考核优秀县（市）。

（杨震中）

【宏达小额贷款公司首次跨区域兼并重组】 2月19日，宏达小额贷款公司兼并重组海盐汇通小额贷款有限公司，更名为海盐宏达小额贷款股份有限公司，3月15日正式营业。海盐宏达小额贷款公司全年发放贷款11.96亿元，累计收回贷款10.93亿元，贷款余额1.03亿元，营业收入955.7万元，利润435.3万元。

（严有翼）

【鸿丰小额贷款公司融资服务】 参与“新三板”企业浙江兰博生物科技股份有限公司股权投资，向交通银行海宁支行融资2000万元。与嘉兴银行海宁支行合作推出“鸿丰商票保贴”业务，首期获1亿元授信额度。至年底，累计承兑商票业务14笔、金额4166万元。

（顾晓兰）

【嘉宝小额贷款公司支农支小服务】 年底，公司贷款余额1.75亿元，期末有效客户159户。全年发放贷款245户、金额6.53亿元。100万元及以下小额贷款和种植养殖业贷款季末平均占比83.3%，发放2个月以上贷款季末平均占比96.7%。扶持弱势群体，发放贷款23笔。收到2015年度财政补助及风险补偿金110.7万元。

（苏静华）

［编辑：姚思嫄］

经济管理与监督

Economic Management & Supervision

规划管理

【《海宁市国民经济和社会发展第十三个五年规划纲要》发布】 2月1日，召开市委十三届九次全体（扩大）会议暨十四届市政府第九次全体会议，审议通过《中共海宁市委关于制定国民经济和社会发展第十三个五年规划的建议》。3月6—9日，市十四届人大第五次会议审议批准《海宁市国民经济和社会发展第十三个五年规划纲要》。3月20日正式发布。

【"十三五"专项规划】 年内，有35个规划纳入"十三五"专项规划目录，其中包括《海宁市现代农业发展"十三五"规划》《海宁市先进制造业发展"十三五"规划》《海宁市服务业发展"十三五"规划》《海宁市综合交通运输发展"十三五"规划》等18个重点专项规划，以及《海宁市文化事业发展"十三五"规划》《海宁市卫生和计划生育事业发展"十三五"规划》《海宁市金融产业发展"十三五"规划》等17个一般专项规划。内容主要涉及现代农业、先进制造业、服务业、旅游业、文化创意产业、人才、科学技术和创新驱动、开放型经济、重大项目建设、综合交通运输、水利、能源、配电网、水务、环境保护和生态建设、人力资源和社会保障事业、住房保障与发展、安全生产等领域。至年底，35个专项规划全部发布。

（陈占峻）

物价管理

【概况】 2016年，海宁市居民消费价格总指数（CPI）为102。分类别看：食品烟酒价格上涨4.2%，衣着价格上涨3%，其他用品和服务价格上涨2.7%，教育文化和娱乐价格上涨2.2%，医疗保健价格上涨1.6%，生活用品及服务价格上涨1.4%，居住价格上涨0.5%，交通和通信价格下降0.6%。

加强节日期间价格监管。以市区为中心，开展市场价格检查，对市区、丁桥镇、盐官镇等地开展市场巡查，重点检查大商场、超市的节日价格促销行为，民用煤气的明码标价与重量，集贸市场的流通费用，旅游景点门票价格，交通运输企业的客运价格，停车收费等，重点整治粮食、肉禽蛋、食用植物油等商品和服务领域价格秩序。落实"12358"价格举报电话和社会应急电话专人值守，成立应急检查组，处置突发价格事件。1月，启动应对寒潮及雨雪冰冻天气市场价格监管工作预案，加强民生领域市场价格监管。

开展价格法规政策宣传，通过市商务局、旅游局等单位相关平台及社会价格监督网络向各商贸流通企业、经营者、涉旅企业下发《价格诚信提醒告诫书》，宣传相关价格法律法规。春节前，通过海宁电视台进行价格消费提醒。3月15日，在华联广场开展价格维权活动，现场受理价格投诉，解答价格咨询，发放《价格服务进万家手册》。12月4日，在火车站广场开展价格法规宣传活动。通过商贸平台向主要商业企业负责人和经办人员开展价格政策宣讲。12月15日，举办全市价格监督员培训班，200余人参加培训。

完善价格监测制度，调整价格监测品种和监测点，全年上报重要商品价格监测报告24期，完成月度分析12篇、单项价格分析20篇，公示民生价格48期。按照国家认证中心统一部署，价格认证改为价格认定。全年完成价格认定617件，标的总额1100余万元。推进天然气价格改革，出台下浮式阶梯气价，降低非居民生活用气价格。调研起草《关于降成本优服务深化供热管理工作的实施意见》，推进煤热联动机制改革。落实价格补助政策，审核上报尖山风电场二期上网电价、海宁绿色动力再生能源有限公司2016年垃圾焚烧发电项目运行情况，落实价格补贴1090.1万元。落实浙江宝隆米业有限公司粮食初加工用电价格补贴。

加强成本调查监审和信息公开，落实《浙江省政府制定价格成本监审目录》和分行业成本监审办法，完善分行业成本监审制度体系。全年对教育、养老、水务、天然气、公租房等25家单位的成本进行监审，审核企业成本13.41亿元，核减成本1.55亿元，核增2929万元。报经嘉兴核准海宁市妇幼保健院普通病房床位费标准，解决富春骨伤医院医疗服务收费问题。调整市际班线客运票价，调整宏达集团小学、初中、高中的民办教育收费，调查民工子弟学校、海宁卫生学校、幼儿园收费及管理情况，调整养老机构收费管理办法，调整居民污水处理费标准。降低燃煤机组上网电价和工商业销售电价，减轻工商企业负担。

继续做好清费治乱减负工作，改善投资环境，减轻农民负担。加强对收费单位事前事中监管，完善收费单位窗口公示制度。完善行政事业性收费清单制工作，印发《海宁市行政事业性收费目录清单》和《海宁市涉企行政事业性收费目录清单》，并向社会公示。加强中介服务收费管理，开展行政审批中介服务收费事项调查，对进驻市行政服务中心的中介机构进行摸底调查。进一步放开部分行政审批中介服务收费。开展行政审批中介服务收费政策评估，完善行政审批中介服务收费事中事后监管措施。落实经营服务收费目录清单制度，落实国家、省出台的各项收费减免政策。

【规范旅游市场价格秩序】 1月16日，向全市19家旅行社转发《浙江省物价局关于旅行社明码标价有关问题的通知》，规范旅行社明码标价行为。开展旅游景区价格行为专项整治，约谈有投诉行为的旅游景点负责人，落实价格政策。2月，由旅游发展领导小组牵头，联合市旅游局、物价局、市场监管局、交通运输局，开展A级景区专项检查，重点检查景点门票价格、优惠政策公示、餐饮和零售商店的明码标价情况。完成景区门票价格整治。

【收费监管方式改革】 落实行政事业性收费许可证制度及收费验审制度改革，建立完善五项机制：落实目录清单制度；健全收费公示制度；实施事中事后监管制度，开展行政事业性收费事中事后监管，抽查部分行政事业单位收费执行和收费公示情况；建立审核复查制度；完善收费统计报告制度。

（陈凤晓　夏海泳　沈泽恩）

国有资产管理

【概况】 加强国有资产管理，推进国有资本优化布局和资产盘活重组，完善国有资产监管机制，实现国有资产保值增值。全市行政事业单位国有资产60.51亿元，其中固定资产20.72亿元、对外投资2.79亿元。全市国有企业资产总额1523.7亿元，比上年增长8.7%；国有资产净值382.53亿元，增长7%。完成71个主管系统、430家行政事业单位的国有资产清查。印发《海宁市财政局关于开展2015年度市级国有资本收益收缴工作的通知》，明确分类收缴原则，全年收缴国有资产收益1.2亿元，其中股利股息收入2559万元、利润收入1264万元。出台《关于加强国有企业债务管理和提高债务资金使用效益的指导意见》，提出资金余额占债务余额比例、资产负债率“双降”目标，并将债务管理工作纳入市委、市政府目标责任制考核。全年国有企业货币资金余额占债务余额的11.6%，下降7.6个百分点。下达5个国资公司2015年度经营业绩考核情况及2016年度经营业绩考核指标，增加深化国企改革、国有资产管理创新、存量资产盘活等个性化指标，推动国有企业加快改革。印发《关于明确海宁市属国有企业2016年度新增员工薪酬问题有关事项的通知》，明确国有企业新增员工薪酬标准相关事项。完成国有企业2015年度工资总额结算及2016年度工资总额核定等工作，规范国有企业薪酬工资管理。

【完善国有企业管理】 加强国有企业对外投资管理，调整9家企业的16名国有产权代表。出台《海宁市市属国有企业公司章程管理办法》，制订章程范本。完善上市公司考核办法，细化年度各类考核指标和三年任期战略发展目标。转发国务院办公厅《关于建立国有企业违规经营投资责任追究制度的意见》及《浙江省省属企业经营投资资产损失责任追究暂行办法》，落实国有企业违规经营投资责任追究制度。完善国有企业信息化管理，加强国有企业信息数据审核和成果运用，全年纳入信息化管理系统企业110家。

【优化国资布局】 将原隶属市国土资源局、住建局下属事业单位的3家测绘机构与原主管单位脱钩，批复划转其国有股权给市实投集团，并组建成立海宁市中图测绘有限公司。指导市城投集团、社发集团进行资产清理，举行合并报表仪式，合并重组新的城投集团。开展资产证券化工作，指导市水务集团与云南水务投资股份有限公司合作经营，共同出资组建海云水务投资公司。将市交投集团下属海宁市通程石油有限责任公司持有的海宁市海盛交通新能源有限公司20%股权及部分加油车资产协议转让给市实投集团下属海宁中通石油有限公司，优化整合油气市场资源。完成市农经局下属4家国有企业清算批复，促进国有资本有序进退。

【细化存量资产管理】 印发《海宁市财政局关于下达2016年盘活国有存量资产计划的通知》，明确16个镇（街道）、国资公司的39个房产项目纳入年度盘活计划。至年底，全市盘活存量房产面积20.7万平方米，实现销售收入15.1亿元。开展存量资产引入社会资本项目，2家单位的3个项目存量资产引入社会资本。行政事业单位规划区外闲置资产划转属地政府，共划转移交规划区外市级行政事业单位闲置房地产39宗，涉及房产面积2.4万平方米、土地面积4.2万平方米。推进机关公务用车制度改革，收缴、封存全市车改所涉车辆及外借车辆，收缴公务用车85辆，封存警务用车107辆。

【创新融资方式】 开展影视产业基金、旅游民宿产业基金调研，审核完善运作方案。推进东方天力创新产业基金。配合天通控股股份有限公司开展资本运作，协助尖山新区以产业基金支持浙江万凯新材料有限公司产能扩容。调研兄弟科技股份有限公司、浙江美大实业股份有限公司和海利得新材料股份有限公司等上市公司，研究产业基金支持企业并购运作思路。市资产经营公司发行7年期年利率3.4%的公司债券10亿元，降低债务成本，支持浙大国际校区建设。

（邓石明　王蕴蕾）

统计管理

【概况】 推进统计教育培训。全年市、镇两级共开展各类教育培训279期，培训12509人次，其中市统计局开展业务培训77期，培训3904人次。采用政府购买服务方式，委托凯达信会计职业培训学校对西片镇（街道）统计工作人员开展岗位培训8期，培训1614人次。深化统计联审辅导机制，全市开展统计调查联审辅导172期，辅导企业1912家次、村级统计人员439人次、住户调查员216人次，其中市统计局专业人员参与培训40期。加强部门统计工作管理。推进GDP核算、名录库建设、固定资产投资等统计工作，推进各类统计监测评价资源互补、信息共享。加强统计业务指导和检查。推进基层统计“领头雁”工程①，发挥“领头雁”在统计基层基础建设中的引领作用。盐官镇、马桥街道、斜桥镇被评为嘉兴市五星级统计中心，许村镇、海洲街道被评为嘉兴市四星级统计中心，盐官镇和马桥街道被省统计局列为统计工作示范点。推进统计信息公开，通过统计信息网站、大潮网、《海宁日报》等载体，开展全方位数据解读。编印《统计年鉴》《数说海宁》《海宁经济动态》等资料。完成年度重点统计课题6个。编发各类统计分析、信息和专报168篇。

推进社情民意调查和监测评价。联合市社会科学界联合会开展公共服务反馈及企业（公司）需求调查，联合市委统战部开展新的社会阶层人士基本情况调查，配合市人大教科文卫工委开展全面两孩政策下育龄妇女生育意愿调查，配合市人大开展农户刚需建房特定问题抽样调查。开展嘉兴市医养结合机构及入住老人情况调查、制造业企业供给侧竞争力情况调查、“互联网+政务服务”情况调查、农村住户低收入家庭调查和“四众”（众创、众包、众扶、众筹）企业调查。联合市委政法委开展“平安海宁”调查，联合市妇联开展妇女儿童监测评价，联合市科技局开展科技进步监测评价，联合市发改局开展幸福指数监测评价。开展电子商务调查，共调查法人单位1572家、个体单位2021家、居民住户1020户。开展特色农产品调查，按季度调查全市特色农产品种植养殖情况，掌握铁皮石斛、灵芝、澳洲龙虾、水貂等日常报表以外的农产品种植养殖规模。开展蔬菜种植情况专项调查，分村、分品种调查蔬菜种植情况，掌握各类蔬菜普通种植和大棚种植的面积和产量。

【农业普查】 4月，组建市、镇（街道）普查机构，实行集中办公。6月，完成189个涉农村（社区）普查机构组建。10月，选聘普查指导员和普查员1600余人。开展普查试点，完成组织实施、宣传动员、业务培训、划区绘图、清查摸底、现场登记、试点总结等工作。开展农业普查宣传。清查摸

① “领头雁”工程：指以加强村党支部书记为重点的农村基层干部队伍建设系统工程。

底农户134033户、经营户757家。12月16日，进入现场登记调查阶段。

【统计名录库建设】 全年新入库法人单位2803家、产业活动单位297家，完成部门数据比对22658条，“个转企”单位入库446家。组织开展区划调整和城乡属性更新维护。规模以上工业企业、规模以上房地产业、限额以上服务业、限额以上批发零售住宿餐饮业单位入库167家，5000万元以上投资项目入库46个。

【城乡住户调查】 推进城乡住户调查工作。加强辅助调查员考核与管理，走访并辅导记账住户435户，其中市统计局走访154户。海洲街道、硖石街道、斜桥镇、长安镇等开展记账住户座谈会、健身走等活动，增强与记账住户的沟通联络，提高住户记账积极性。

【统计法制】 强化统计法制宣传，利用LED大屏幕、宣传橱窗、法治宣传一条街、网络、培训班等，开展统计法律法规宣传。制订全市统计稽查工作计划，全年稽查单位53家，其中警告并罚款10家，当场警告2家。继续执行统计执法检查单位回访制度。

（刘世富）

国土资源管理

【概况】 继续加大耕地开发垦造、保护和农村土地整治复垦。全年批准立项耕地开发垦造项目15个，实际垦造耕地178.7公顷，新增耕地285.2公顷。批准立项农村土地整治复垦项目10个，获增减挂钩指标55.3公顷。推进已批准立项整治复垦项目实施拆旧复垦，完成整治复垦新增耕地106.5公顷。完成耕地质量等级提升潜力调查，开展耕地质量定级与农用地估价试点。全年完成耕作层剥离项目6个，剥离耕作层土壤81.1公顷、土方37.5万立方米；完成标准农田补建项目10个，面积164.4公顷；“旱改水”建设项目10个，面积55.2公顷；耕地质量等级提升项目9个，面积481.3公顷。落实“十二五”时期高标准基本农田质量提升5733.3公顷和“十三五”时期高标准基本农田建设3166.7公顷。全市划定永久基本农田2.8万公顷，其中永久基本农田示范区1.7万公顷，并通过省国土资源厅数据库审查。全面推行农村土地民主管理制度，深化耕地保护补偿激励机制，核拨2015年度耕地（基本农田）保护补偿资金4466.8万元，其中市财政拨付3573.4万元，镇级财政承担893.4万元。对2012—2014年连续三年无新增违法用地的24个村（社区）再给予奖励96万元。

保障农户建房用地，整宗供应农户建房安置用地42宗133.1公顷，保障农户刚需建房用地2017户21公顷。实施征地“阳光工程”，履行征地批前“告知、听证、确认”和批后“两公告”(《征用土地公告》和《征地补偿安置方案公告》）制度。张贴征地告知书241份、听证告知书231份，签订征地协议241份，协议征收集体土地280.8公顷。及时足额支付征地补偿安置各项费用1.1亿元，办理被征地农民基本生活保障安置1374人。全年结算征地成本224宗311公顷3.89亿元。

全年供应各类建设用地518.5公顷，其中盘活供应存量土地211.4公顷，消化转而未供土地307.1公顷，合同出让金54.53亿元，比上年增长82%。按供地方式分，出让方式供地354宗518.5公顷：其中招拍挂公开出让经营性和工业用地167宗309.1公顷，合同出让金53亿元；协议出让20宗

19.8公顷，合同出让金1.28亿元；“先租后让”1宗5.2公顷；划拨用地117宗158.7公顷；批准集体使用49宗25.7公顷。按供地用途分：供应工业用地119宗186.5公顷，仓储用地4宗18.6公顷，商服用地30宗35.1公顷，普通商品住宅用地16宗69.5公顷，国有安置房用地8宗9.6公顷，公共管理和公共设施用地78宗50.2公顷，交通、水利及其他用地99宗149公顷。全年实际结算土地出让收入46亿元，增长70%。

加强土地二级市场管理，批准改变土地用途和增加容积率11宗，补缴土地出让金2312万元；行政划拨补办出让191宗0.9公顷，补缴土地出让金2643万元。推进农转用征收报批，全年审批计划批次17个、盘活批次5个、单独选址项目1个，建设用地总面积333.3公顷。年内获省国土资源厅下达奖励新增建设用地计划指标271.6公顷，比上年增长16%。推进土地市场诚信体系建设，制订《海宁市土地市场诚信信息管理办法和信用等级评定办法》，收集整理701家用地企业信息，录入土地市场诚信系统信息400条。出台试行办法，对各类建设用地实施指标分类保障和精准配置。

严格依法行政，强化执法监管，开展例行督察迎检整改工作，整改问题1347个，面积657.9公顷，金额719万元，整改问题完成率92.2%，面积完成率93.5%，金额完成率100%。结合年度土地利用变更调查联动开展土地卫片执法检查，做好国土资源部下发768个395.9公顷遥感监测图斑实地核查比对和套合叠加分析。督促限期拆除复垦违法用地78宗14.6公顷，移送综合执法部门立案查处12宗0.9公顷。开展严格执法“亮剑行动”。对临时用地审批监管和违法用地未依法处置到位问题进行专项清理整治，临时用地拆除复垦25宗8.7公顷，续办规范13宗12.4公顷，移送综合执法部门查处11宗12.6公顷，未依法处置到位违法用地已拆除复耕62宗17.2公顷。

开展矿山地质灾害隐患排查，实施汛期地质灾害预警，完成黄湾镇2处不稳定边坡治理工作并通过验收，妥善处置黄湾镇钱江村冷冰坞塌方事件。执行建设项目地质灾害危险性分区评估告知承诺制度，全市52处地面沉降监测水准点和6处地下水自动监测设施管护良好。完善国土资源数据。完成国土资源数据中心二期项目，数据中心综合平台在嘉兴国土资源云完成开发部署，实现与省国土资源厅行政审批、批后监管等系统实时数据接口交换，建设与嘉兴市局数据中心平台的数据备案接口。对移动“一张图”和国土财税共享平台进行版本升级和数据更新。推进全市“两新”集聚村庄数字地籍调查，完成2期村庄数字地籍调查项目建库、验收和入库并用于登记发证。

全年发放农村宅基地及农房登记证5046本。上半年（不动产统一登记发证前）发放国有和集体土地使用证10381本、土地他项权利证32本，注销抵押登记306宗，查封扣押土地使用权85宗，解除扣押137宗，接受公开查询1960宗；办理房产登记业务40629件，其中产权登记17658件、预告登记6604件、注销登记8622件、二手房交易1995件、抵押登记5750件。

规范土地征收“两公告”复议诉讼救济途径，全年无涉土重大群体性事件发生。全年受理涉土信访事件35件，均按规定及时办结；答辩行政诉讼案件10件，答复行政复议案件3件，无败诉或被撤销；受理答复政府信息依申请公开16件，责令限期交地1起。推进国土“阳光工程”建设，市国土资源局门户网站全年公开政务信息1536条。

【产业项目用地差别供应】 对135宗217.1公顷工业、服务业用地实行《国有建设用地出让合同》《项目投资管理合同》双合同多方履约监管。对116宗185.5公顷工业用地实施带亩均投资强度、亩均销售、亩均税收土地出让，纳入“3+5+X”分阶段评估[①]产权管理模式。对54宗54.7公顷工业用地实施弹性出让年限。对1宗5.2公顷工业用地实施“先租后让”带建筑物挂牌供地。对56宗117.9公顷战略性新兴产业、科技含量高、土地节约集约化程度高的工业项目和14宗17.5公顷重点服务业及村级经营性物业项目实施差别化地价修正扶持。

【推进用地节约集约利用】 开展转而未供、供而未用土地专项清理。成立4个督察组，每周通报清理处置进展情况。消化转而未供土地218宗265.7公顷，其中供应消化193宗219.1公顷；处置供而未用土地66宗166.2公顷，其中督促开工56宗136.3公顷，收回10宗29.9公顷。推进嘉兴市扩大有效投资消化供而未用土地专项行动，结合城镇有机更新和“三改一拆”，全年收回闲置低效利用建设用地61宗119.5公顷，兼并重组和转让腾退再利用52宗93.9公顷。更新2016年城镇低效用地调查数据47宗114.7公顷，完成低效用地再开发51宗132.2公顷。严格开工、竣工延期建设备案审查43宗259.6公顷，收缴违约金1730万元。推进土地出让履约保证，收缴履约保证金168宗1.19亿元，同期按规定退还46宗2533万元。加大闲置土地依法处置力度，收回土地16宗58.7公顷，置换4宗10.4公顷，征收闲置费3宗15.1公顷2730万元。复核验收工业用地34宗103.9公顷、经营性用地76宗186.7公顷。兑现3个单位和33家企业2015年度节约集约用地奖励614万元。推进村级存量集体建设用地分类处置，推进拆除置换、保留规范和整治提升处置，腾退拆除245宗88.7公顷，保留规范处置16宗7.8公顷，整治提升28宗6.1公顷。12月，海宁市被国土资源部列为全国国土资源节约集约“四个创新”[②]示范点。

【不动产统一登记职能整合】 完成不动产登记服务中心机构组建、挂牌和房产登记人员划转及业务培训。开发建设不动产登记信息系统平台，完成房地数据整合（一期）项目招标采购、开发及试运行。4月20日，市不动产登记服务中心挂牌，6月28日起正式实施不动产权统一确权颁证。至年底，受理不动产登记查询查档25529件，办结不动产登记60761件，其中不动产权证书21119本、登记证明26154本、注销登记12680本、查封或解封登记808笔。

表20　　2016年全市经营性用地出让情况

序号	受让人（使用权人）	所属镇（街道、开发区）	出让时间	供地方式	土地用途	地块位置	项目总面积（公顷）	出让面积（公顷）	出让总金额（万元）
1	海宁市房地产开发有限公司	硖石街道	2016-01-04	挂牌	商业住宅用地	市区江南大道北侧、康乐路东侧	2.00	1.27	3560

① “3+5+X”分阶段评估：指一般给予企业2—3年的建设期，3—5年的投产初始运行期，X为剩余土地使用年限，对建设情况和投产初始情况进行分阶段验收考核，并相应实施信贷等弹性管理和限制倒逼措施。

② 四个创新：指创新观念、创新内容、创新方式、创新手段。

续表 20

序号	受让人（使用权人）	所属镇（街道、开发区）	出让时间	供地方式	土地用途	地块位置	项目总面积（公顷）	出让面积（公顷）	出让总金额（万元）
2	海宁市长安镇城西置业有限公司	长安镇	2016-01-18	挂牌	商业商务用地	长安镇越川路西侧、开元路北侧	2.10	2.08	2120
3	海宁市盐官景区综合开发有限公司	盐官度假区	2016-03-04	挂牌	商业用地	盐官度假区春熙路南侧、海神庙广场西侧	0.18	0.18	270
4	海宁市太平投资有限公司	丁桥镇	2016-03-04	挂牌	商业用地	丁桥镇 01 省道北侧、环西二路东侧（A 地块）	0.90	0.90	655
5	海宁市太平投资有限公司	丁桥镇	2016-03-04	挂牌	商业用地	丁桥镇 01 省道北侧、环西二路东侧（B 地块）	0.38	0.38	265
6	海宁市盐官景区综合开发有限公司	盐官度假区	2016-05-03	挂牌	商业用地	盐官度假区小东门路南侧、校场路东侧	0.15	0.15	230
7	上海创安置业有限公司	硖石街道	2016-05-27	挂牌	商业住宅用地	市区江南大道南侧、新海公路西侧	6.33	6.33	43150
8	浙江嘉贝生物科技有限公司	海洲街道	2016-05-27	挂牌	商业商务用地	市区文苑路西侧、长丰路北侧	0.87	0.85	2040
9	海宁市许村新市镇投资开发有限公司	许村镇	2016-06-22	挂牌	商业用地	许村镇石桥路南侧、闸口路东侧	0.56	0.56	980
10	海宁中润化工贸易有限公司	长安镇	2016-06-22	挂牌	商业用地（配套停车场）	长安镇修川路东侧、秋实路南侧	0.46	0.24	145
11	鸿翔房地产有限公司	海洲街道	2016-06-22	挂牌	商业住宅用地	市区洛塘河南侧、规划道路西侧	4.27	4.21	25500
12	海宁市长安镇老庄股份经济合作社	长安镇	2016-06-22	挂牌	商业商务用地	长安镇汉帛星座西侧、长河路北侧	0.20	0.20	255
13	浙江五菱汽车销售服务有限公司	马桥街道	2016-06-22	挂牌	商业用地	经编产业园区环南五路北、庵桥港南侧	0.27	0.27	460
14	浙江五菱汽车销售服务有限公司	马桥街道	2016-06-22	挂牌	商业用地	经编产业园区环南五路北侧、经都一路西侧、庵桥港南侧	0.40	0.40	550
15	上海汇橙投资管理有限公司	硖石街道	2016-07-08	挂牌	商业用地（含宾馆）	市区洛塘河南侧、洛南路西侧	1.19	1.19	2900
16	浙江泰盾保安服务有限公司	海洲街道	2016-07-08	挂牌	商业商务用地	市区海宁大道西侧、加油站北侧	0.33	0.33	2060
17	海宁市盐官景区综合开发有限公司	盐官度假区	2016-08-05	挂牌	商业用地	盐官度假区春熙路、海神庙广场西侧	0.25	0.25	385
18	海宁市蓝金置业有限公司	马桥街道	2016-08-05	挂牌	商业商务用地	马桥街道红旗路南、镇西二路西侧	0.31	0.30	625

续表 20

序号	受让人（使用权人）	所属镇（街道、开发区）	出让时间	供地方式	土地用途	地块位置	项目总面积（公顷）	出让面积（公顷）	出让总金额（万元）
19	上海旭城置业有限公司	硖石街道	2016-08-05	挂牌	商业住宅用地	市区农丰路东侧、钱江路南侧	1.46	1.46	10600
20	海宁市志摩故里文化创意发展有限公司	硖石街道	2016-08-05	挂牌	商业商务用地	市区硖石路南侧、建设路东侧	1.40	1.40	4330
21	海宁市海昌东郊市场管理有限公司	海昌街道	2016-08-05	挂牌	商业用地	市区碧云路东侧、圣麦斯针织北侧	1.42	1.42	1270
22	海宁祥生房地产开发有限公司	高新区	2016-08-30	挂牌	商业住宅用地	高新区栋梁路东南、启潮路西北侧	10.00	10.00	28020
23	浙江和心控股集团有限公司	许村镇	2016-08-30	挂牌	商业商务用地	许村镇人民大道北侧、许村大道东侧	1.46	1.44	2885
24	海宁市农业生产资料有限公司	马桥街道	2016-08-30	挂牌	物流仓储兼商业商务用地	经编园区经编十路南侧、文苑南路西侧	1.57	1.57	1165
25	海宁市市场经营管理有限公司	硖石街道	2016-09-01	挂牌	商业商务用地	市区水月亭路南侧、曹家河东侧	1.90	1.90	3270
26	上海嘉天置业有限公司	马桥街道	2016-09-01	挂牌	商业住宅用地	马桥街道环南四路北侧、智丰路西侧	5.15	4.96	41000
27	海宁皮革时尚小镇投资开发有限公司	海洲街道	2016-09-13	挂牌	商业商务用地	市区广顺路西侧、规划道路南侧	1.64	1.64	4740
28	海宁皮革时尚小镇投资开发有限公司	海洲街道	2016-09-13	挂牌	商业商务、居住用地	市区广顺路西侧、规划道路北侧	10.78	9.90	33400
29	海宁市中国石化经营有限公司	长安镇	2016-10-11	挂牌	商业服务业设施用地	长安镇仰山路西侧、水桥港东侧	0.30	0.30	1260
30	海宁恒丰管理投资事务所有限公司	马桥街道	2016-10-11	挂牌	商业住宅用地	马桥街道国榷路西、红旗路南侧	1.86	1.86	6800
31	浙江贝利置业发展有限公司	马桥街道	2016-10-11	挂牌	商业住宅用地	马桥街道国榷路东侧、胜利路北侧	6.31	5.98	22300
32	海宁市中国石化经营有限公司	经济开发区	2016-10-11	挂牌	商业服务业设施用地	经济开发区盐湖公路南、环城东路西	0.30	0.30	1370
33	海宁万城房产有限公司	经济开发区	2016-10-11	挂牌	商业住宅用地	经济开发区硖仲路南侧、双学路西侧	4.10	3.74	15100
34	海宁金易达房地产有限公司	经济开发区	2016-10-11	挂牌	商业商务用地	经济开发区碧云路西侧、石泾路北侧	1.33	1.33	3310
35	上海创达置业有限公司	硖石街道	2016-10-24	挂牌	商业住宅用地	市区水月亭路南侧、润景嘉园西侧	4.07	3.63	23700

续表 20

序号	受让人（使用权人）	所属镇（街道、开发区）	出让时间	供地方式	土地用途	地块位置	项目总面积（公顷）	出让面积（公顷）	出让总金额（万元）
36	海宁市人泰液化气有限公司	长安镇	2016-11-11	挂牌	商业用地	长安镇水桥港东侧、仰山路西侧	0.52	0.52	560
37	昆山时代房地产开发有限公司	海洲街道	2016-11-11	挂牌	商业住宅用地	市区海宁大道西侧、洛塘河北侧	5.45	5.10	54200
38	海宁市农副产品批发市场有限公司	海洲街道	2016-11-11	挂牌	商业用地	市区联合路南侧、规划道路西侧	2.53	2.53	3740
39	浙江嘉丰房地产开发有限公司	许村镇	2016-12-15	挂牌	商业住宅用地	临杭新区人民大道南侧、锦绣路西侧	4.65	4.65	21000
40	吉翔置地集团有限公司	经济开发区	2016-12-15	挂牌	商业住宅用地	经济开发区碧海路西侧、横山路南侧	3.94	3.29	14700
41	海宁万城房产有限公司	斜桥镇	2016-12-15	挂牌	商业住宅用地	斜桥镇硖斜公路北侧、白狞港东侧	5.66	4.95	13600
42	浙江中天房地产集团有限公司	海洲街道	2016-12-15	挂牌	商业住宅用地	市区钱江路南侧、广顺路西侧	4.03	4.03	41000
43	中国石化销售有限公司浙江嘉兴海宁石油支公司	袁花镇	2016-07-22	协议出让	商业服务业设施用地（加油加气站用地）	袁花镇08省道西侧、盐秦公路北侧	0.34	0.19	755
44	海宁市鸿翔商业置业有限公司	硖石街道	2016-07-22	协议出让	商业住宅用地（配套绿化、道路）	市区农丰路东侧、钱江路南侧	0.31	0.31	2953
45	海宁市中国石化经营有限公司	经济开发区	2016-10-18	协议出让	商业服务业设施用地（加油加气站用地）	经济开发区环西二路西侧、硖仲路南侧	0.22	0.22	1020

（祁沈忠）

工商行政管理

【概况】 2016年，推进商事制度改革，全市市场主体稳步增长。新登记内资企业3150家、个体工商户10559户、外资及港澳台资企业（含分支机构）62家。新增各类市场主体13771家，比上年增长21.4%。累计实有各类市场主体73406家。注册资本（金）1615.76亿元（含外资折合人民币），增长16.1%。持续放宽市场主体准入，实行公司注册资本认缴登记制度。除特定行业外一律取消验资报告和注册资本最低限额要求，放宽住所（经营场所）登记条件，推行“工位号注册”①“一址多照”②“一照多

① 工位号注册：一个工位号就可注册一家公司。

② 一址多照：同一地址作为两个及以上企业的住所登记注册，形成一个地址核发多个营业执照。

址”[①]制度，全年办理“工位号注册”584户，“一址多照”2000余户。根据《关于“先照后证”[②]改革后加强事中事后监管的意见》，办理工商登记不再要求申请人提交相关审批部门的许可证件，由窗口发放并要求申请人签署“先照后证”告知承诺书，履行“双告知”[③]义务。全年告知申请人3753户次，告知相关部门后置事项4283项。简化登记审批工作流程，实行企业简易注销改革，办理企业简易注销登记30户，企业退出市场效率提升80%。

全年新增注册商标2827件，累计注册商标20426件；累计有中国驰名商标5件；新增浙江省著名商标3件，累计有浙江省著名商标51件；新增嘉兴市著名商标7件，累计有嘉兴市著名商标141件；新增海宁市著名商标4件，累计有海宁市著名商标69件。开展“商标质押百亿融资行动”，5家企业商标质押融资3800万元。

全年“12315”投诉举报平台受理各类投诉、举报、咨询7052件，比上年增长12.7%，其中投诉1851件、举报1348件。为消费者挽回经济损失599.4万元，增长183.2%。依托微信公众平台发布商品质量、广告宣传等信息126条。开展无照经营、敏感物资实名登记等专项排查整治。加强网络安全监管，开展以整治网络谣言、规范网络经营主体等为重点的“净网”行动。全年办结经检类案件222件，罚没款428.5万元，移送公安机关5件。开展互联网金融广告整治，对以投资理财名义从事金融活动进行专项整治，全年查处广告违法案件17件，其中大要案7件，罚没款61.9万元。

推进“市场强市”战略，扩大市场规模，提升市场档次，拓展省外市场和发展网上市场。出台《海宁市农贸市场长效管理考核实施办法》，率先在嘉兴市范围内对农贸市场实施长效管理考核，市区13家农贸市场实现规范化、标准化、制度化和常态化管理。实施市场改造提升和省级放心（星级）农贸市场创建，创建放心农贸市场3家，新创建三星级、二星级市场各1家。5月，海宁市被评为全省网上网下融合示范市场试点地区。

【市场监管模式改革】 依托全省企业信用信息公示系统，公示各类市场主体信息73711条。推进企业年报工作，企业自然年报率96.21%，其中农民专业合作社年报率93.86%、个体户年报率90.96%。在皮革行业整治提升行动中推行“双随机一盲样一公开”机制，即在监督抽查中随机抽取检查名单，随机选派检查人员，抽样后实行盲样检验，抽查情况及查处结果向社会公开。6月7日，市市场监管局入选国家工商总局20个企业监管工作基层联系点之一，为浙江省唯一入选单位。

【小微企业三年成长计划】 继续实施小微企业三年成长计划。年内新增七大产业小微企业1818家、科技型小微企业98家，整治淘汰不达标、违法生产企业（作坊）259家。推动15家小微企业在“新三板”和浙江股权交易中心挂牌，8家企业实现融资；

① 一照多址：公司或者个体户注册过程中，一本营业执照可登记多个经营场所地址。

② 先照后证：指改革工商登记制度，通过将工商登记前置审批事项改为后置审批，使商事主体登记与经营资格许可审批相分离。

③ 双告知：指工商办理注册登记后，告知市场主体和相关行政审批部门，及时办理后置审批事项；市场主体承诺办理工商登记后，及时到相关部门办理后置审批许可。

实现“个转企”459家，公司制企业占比100%。支持小微企业利用股权出资、股权质押、融资担保等形式开辟融资新渠道。全年办理股权出质登记65件，股权出资额55.66亿元，融资额77.09亿元。年内，海宁市被评为2015年度全省小微企业三年成长计划工作优秀县（市、区）和2015年度嘉兴市小微企业三年成长计划工作优秀县（市、区）。

（李　杨　朱　晓）

2016年各类企业登记情况

表21 单位：家（户）

企业类型	开业登记	注销登记	年底数
国有、集体企业	11	35	650
私营企业	3139	1559	20425
外资及港澳台资企业	62	18	672
个体工商户	10559	6303	51659

2016年在册企业登记注册类型

表22 单位：家

企业类型	数量
1.有限责任公司	15969
其中：私营企业	15424
中外合资经营企业	273
外资及港澳台资企业	272
2.股份有限公司	81
3.非公司企业法人	657
其中：全民所有制企业	26
集体企业	287
股份合作制企业	33
联营企业	2
合作社	309
4.个人独资企业	2996
5.合伙企业	305
6.企业分支机构及其他营业单位	568

质量技术监督管理

【概况】 推进“全国质量强市示范城市”创建申报，编制完成《海宁市“十三五”质量发展规划》。开展“千争创万导入”（千家企业争创政府质量奖，万有企业分类导入有效质量管理模式）活动，推行卓越绩效管理模式，指导帮扶15家政府质量奖培育企业。年内新增嘉兴市市长质量奖企业1家（浙江美大实业股份有限公司），累计有嘉兴市市长质量奖企业4家；新增海宁市市长质量奖企业3家（火星人厨具股份有限公司、浙江凯耀照明股份有限公司、安正时尚集团股份有限公司），累计有海宁市市长质量奖企业23家。浙江省太阳能产品质量检验中心创建为嘉兴市中小学质量教育社会实践基地，皮革行业协会、马桥经编行业协会成为嘉兴市首批行业协会质量工作改革试点。包装行业协会“制定实施《耐蒸煮复合膜、袋》联盟标准”和皮革研究院“制革产业循环经济标准化试点”2个省级标准化试点示范项目通过验收。推进企业标准自我声明公开工作，对已自我声明公开的企业产品标准进行监督抽查。6月，经编产业园区被国家质检总局命名为全国经编产业知名品牌创建示范区。开展重点产品分类监管、产品质量监督抽查等工作，共抽查4大类行业298家企业的产品298批次，专项抽查2大行业的5种产品152批次，整改完成率100%。开展皮革行业质量整治提升行动和蚕茧收购质量专项整治行动。开展计量惠民进社区、诚信计量进市场、健康计量进医院等活动，免费为12个镇（街道）的53家农贸市场、26家医院、157家社区卫生服务站检定各类电子秤3519台件、医疗计量器具4639台件。开展“蓝剑1-5号”系列专项执法行动，出动检查人员1598人次，检查企业680余家，立案查处33起，罚款70余万元。

【“浙江制造”品牌培育工程】 年内，海宁市列入全省第二批“浙江制造”品牌培育试点县（市、区）。制订《海宁市推进“浙江制造”品牌培育试点工作的实施意见》《海宁市开展“浙江制造”品牌培育试点工作实施方案》和《海宁市推进“浙江制造”品牌建设三年行动计划》等政策文件，对全市43家龙头骨干企业开展品牌培育宣传引导、政策普及、制度推广、指导帮扶等工作。召开“浙江制造”标准宣贯会，参加省、嘉兴市“浙江制造”品牌训练营。年内，2家企业的2个产品标准列入全省第二批“浙江制造”标准制订计划，其中浙江星益达增强材料有限公司、浙江中天纺检测有限公司主导制订的标准《膜结构用刀刮聚氯乙烯涂层织物》正式发布。浙江美大实业股份有限公司成为海宁市首个通过“浙江制造”认证的企业。全年新增浙江名牌产品6个、嘉兴名牌产品12个、海宁名牌产品10个。累计有浙江区域名牌4个、浙江名牌产品53个、嘉兴名牌产品78个、海宁名牌产品65个。名牌总数居嘉兴市首位。

【特种设备安全监管】 推进应急救援、隐患排查等工作。联合镇（街道）特种设备安全网格人员，开展特种设备超期未检整治活动，超期未检率从2015年年初的4.72%下降至2016年年底的0.45%。强化重大活动期间特种设备安全保障，加强重点区域、危险性较大或安全状况较差的重点设备的专项整治，联合有关部门开展特种设备安全督察。全年出动执法人员3789人次，检查特种设备使用单位1677家次，发现并排除安全事故隐患703条，发出《特种设备安全监察指令书》372份，查封超期未检或检验不合格的重大隐患设备60台，立案查处46起，其中发出处罚决定34份，罚款121万元。

7月8日，省质监局副局长赵孟进（前右二）在浙江美大实业股份有限公司调研　（市市场监管局　提供）

【“质监科技周”活动】 5月，组织开展全省“质监科技周”活动。开展质量科普知识宣传，受众767人次。优化行政审批，完成食品QS（质量安全）年检100批次；组织专家专场报告8场，技术咨询服务12场，惠民利企收费减负80.6万元；23名高水平专业技术人才驻企帮扶，服务对外贸易企业172家次，科研成果转化应用项目2个。浙江省经编产品质量检验中心、浙江省太阳能产品质量检验中心共开放检验检测设备323台套，179家企业利用开放实验室开展试验281批次，为企业节省产品研发、检验检测等成本268万元，增加产值2792.5万元、利润194.5万元，2项科研成果转化应用产生经济效益估值90万元。开展技术讲座、培训、交流会、技术咨询32次，服务企业192家，解决技术难题24个。

（李　杨）

食品药品监督管理

【概况】 2016年，继续保持重大食品安全事故零发生。至年底，全市生产加工环节有效取得生产许可证食品企业163家（正常生产155家），食品添加剂企业6家，食品小作坊许可单位50家，卤味烤禽备案48家，申报备案小作坊33家，保健食品生产企业6家；经营环节食品销售经营单位7597家；全市有餐饮单位5245家。对餐饮服务单位实行量化分级管理，4828家餐饮服务单位参加评定，3个月内新办证待评定417家。通过A级初评、复评39家，评定为B级2458家、C级2329家，A、B等级占比51.8%。

完善食品监管体制机制，召开全市食品安全工作会议，市政府与各镇（街道）、经济开发区签订食品安全工作目标责任书，将食品安全纳入年度综合目标责任制和平安建设考核内容。8月，出台《2016年食品安全工作考核办法》，强化镇（街道）、发展平台和食品安全委员会成员单位责任落实。推进基层食品安全办公室（政府部门下设的专业食品安全监督办公室，以下简称食安办）和基层站所规范化建设，50%的镇（街道）食安办实现规范化创建。加强基层市场监管所规范化建设，制订出台《海宁市食品安全“三安（食品安全监管部门、农产品质量安全监管部门和公安部门）联动”工作制度》，建立健全协调机构及食品安全监管部门派出机构协作配合机制。

实施农村集体聚餐食品安全保障工程。推进食品安全责任保险，出台《海宁市2017年食品安全责任保险承保公司公益资金管理办法》，成立食品安全责任保险承保公司服务指导联动工作小组，设立食品安全保险公益资金。市民监督团更名为“潮乡舌尖哨卫队”，全年检查食品生产经营企业2290家次，提交食品安全问题1180份、制度执行不到位问题3100余条。全年发放群众举报奖励1.2万元。实施食品安全“黑名

7月26日，市人大视察食品安全工作（市市场监管局　提供）

单”制度，发布第3期食品安全“黑名单”公告，1家企业被列入“黑榜”。开展食品安全主题宣传。到社区开展食品安全快速检测245批次；到学校开展食品安全主题教育实践活动，发放宣传读本200余份；到企业举办食品安全科普教育基地开放日活动；到超市和餐馆指导公众学习食品安全防范知识，树立理性消费观念；在《海宁日报》开辟食品安全专栏，定期发布桶装饮用水质量抽验公告、食品安全消费警示等。年内，官方平台发布推送70余条。

全市有药品零售企业273家，零售药店信用评定为守信的206家，评定为警示的18家，评定为失信的11家，评定为严重失信的3家。在全市药品经营企业推行“分级+动态评价”药品监管新模式。完善药品不良反应监测网络运行，全年上报药品不良反应（ADR）1021例、医疗器械不良事件（MDR）117例。开展“安全用药月”活动，举办药品安全网络知识竞赛、药品安全知识大讲堂、安全用药公益宣传及公益广告、科普广播等活动。对医用氧、药包材、辅料生产企业及非药品生产企业使用特殊药品开展专项督察。对中药饮片生产经营使用、体外诊断试剂开展专项检查，打击药品零售企业和个体诊所销售使用假冒伪劣药品，联合卫计部门开展医疗机构药械质量管理提升年活动，开展医疗器械整治回头看活动，监督检查互联网药品信息（交易）服务网站。全年出动执法人员2250人次，检查药品经营单位759家次、医疗机构（诊所）296家次。

【启动创建省食品安全市】 7月7日，召开创建省食品安全市动员部署会议。7月25日，出台《海宁市创建浙江省食品安全市工作方案》，明确目标任务和职责分工。成立创建工作领导小组和创建工作办公室，设立考核评价组、创建保障组、产业发展组、源头管控组、生产流通组、餐饮服务组、案件查处组、创建宣传组8个小组。至年底，食品相关产品风险监测覆盖率100%，集中消毒餐饮具重点生产环节电子监控探头安装率、抽检合格率均为100%。

【食品安全大排查大抽检大整治严打击专项行动】 3—8月，组织开展食品安全大排查大抽检大整治严打击专项行动，聚焦重点环节和重点区域，发挥食品安全网格作用，组织各级执法人员、协管员、网格员开展集中摸底和隐患排查。共出动执法人员9925人次、网格员（协管员、信息员）1056人次，检查种植养殖和生产经营企业4294家次，开展食品监督抽检557批次，核查学校食堂食品安全主体责任47家次。查处违法行为63起，关停违法企业24家，行政立案49起，移送公安机关1起，刑事立案1起。开展各类主体责任约谈51家次，培训4600余人次。

【食品安全重点领域治理】 推进食品生产加工小作坊、小食杂店、小餐饮店和农贸市场治理。对12个镇（街道）的餐饮服务单位食品安全管理员开展培训，参训4032人次；“阳光厨房”工程建设扩面，新建学校食堂“阳光厨房”4个，142个学校食堂安装视频监控系统，实现学校食堂“阳光厨房”全覆盖；新建养老机构“阳光厨房”3个、大型社会餐饮单位“阳光厨房”31个。开展市区市容专项整治。推进城区农贸市场“双体系”（质量追溯体系、免费检测体系）建设，完成率75%。开展食用农产品质量安全“清源”行动、农村食品安全“净流”行动、“扫雷”行动、食品违法犯罪“利剑”行动。开展网络订餐“净网”行动，排查互联网注册餐饮单位534家次。

【"食品安全开放日"主题活动】 于6月27日在银泰城举行。主题为"尚德守法，共治共享食品安全"，市人大常委会副主任朱祥华、副市长胡燕子、市政协副主席高兴龙等参加活动。市食品安全委员会主任、市场监管局局长章如强作全市食品安全工作情况通报。表彰市民监督团参与食品安全社会监督工作，将市民监督团命名为"潮乡舌尖哨卫队"，并为团队授旗。食品流通企业代表和餐饮企业代表作承诺发言。活动设置食品安全签名倡议、有奖提问等环节，市市场监管局、农经局、卫生计生局、综合执法局、公安局、海洲街道等部门人员现场接受群众咨询。FM96大潮之声对活动进行现场直播。

6月27日，举行食品安全开放日主题活动

（市市场监管局 提供）

【药品零售企业GSP认证】 开展新一轮药品零售企业GSP认证工作。继续严把认证标准，加强监督检查，组织开展21家新开零售药店（门店）GSP认证，依法核发药品经营质量管理规范认证证书。根据上一年检查情况及日常监督检查反馈情况，对83家零售药店（门店）开展GSP跟踪检查。

【医疗器械监管】 分级分类监管医疗器械生产企业，对列入国家重点监管目录和省级重点监管目录的海宁市绿健医疗用品有限公司，按照医疗器械生产质量管理规范要求实施全项目检查。检查全市9家医疗器械生产企业，约谈相关企业负责人。加强医疗器械经营企业监管，以无菌类、植入介入类、特殊验配类、体外诊断试剂类、避孕套、体验类等批发、经营企业为重点，对61家三类医疗器械经营企业和53家医疗机构使用医疗器械情况进行监督检查。

（陈青青 孙婧媛）

安全生产监督管理

【概况】 加强重点行业领域安全治理，健全隐患排查治理和风险预防控制体系。全市发生各类安全生产事故89起，死亡46人，其中工矿商贸企业发生事故7起，死亡8人。全市未发生较大及以上安全生产责任事故。落实安全生产责任，完善监管责任体系。逐级签订安全生产目标管理责任书，强化部门和属地监管责任。完善安全生产联席会议制度，研究解决安全生产重难点问题3个，落实市领导安全生产"联片包线"工作责任制。与省安全生产科学院合作，编制完成《海宁市安全生产"十三五"规划》。推动企业安全生产责任体系“五落实五到位”①，推进企业安全标准化（规范化）和诚信体系建设。1139 家规模以上工业企业和危险化学品从业企业完成标准化创建，对 760 家年主营收入 500 万～2000 万元的小微企业开展安全生产社会化服务。4 月 1 日，在丁桥镇召开嘉兴市安全生产社会化服务现场会。企业诚信等级向社会公开，与亩产效益评定挂钩，安全生产诚信机制评定为 C 级及以下的企业列入 A 类企业评级“一票否决”对象，并列入年度执法计划，对其加大执法力度和频度。

修订完善《重大行政处罚案件集体案审工作办法》，行政处罚权运行更透明、规范、公平。开展以危险化学品、烟花爆竹和重大事故隐患挂牌督办单位为主要对象的执法行动。开展蔬菜腌制行业有限空间排查整治，对企业主要负责人履行法定职责情况进行专项执法。全年检查生产经营单位 1777 家次，出具责令限期整改指令书 113 份、现场处理措施决定书 78 份，立案查处安全生产违法行为 26 起。G20 杭州峰会和第三届世界互联网大会·乌镇峰会期间，开展安全生产综合整治大行动，协调督促 8 家重大安全隐患挂牌单位和重要电力用户安全用电隐患整改。各镇（街道）、平台开展安全生产整治大行动。市安监局被评为嘉兴市保障服务重大国际峰会先进集体。

加强安全生产宣传教育，开展第十五个“安全生产月”活动。安全生产警示教育室对外开放。通过“海宁安监”微信公众号开展“十佳安全生产监察员”“十佳安全员”评选。加强企业“三类人员”（建设工程施工企业主要负责人、项目负责人和专职安全生产管理人员）和从业人员培训，各镇（街道）通过成人职业学校分地区、分类别开展培训。举办生产经营单位主要负责人、安全生产管理员和特种作业人员培训班 49 期，培训学员 4268 人次。

【安全隐患排查治理】 推广应用隐患排查治理信息系统，实时掌握企业隐患排查和整改情况。1559 家企业应用该系统，标准化企业、社会化服务企业、涉尘企业、液氨制冷企业实现全覆盖。对涉及重大安全隐患的 2 家企业实行嘉兴市级挂牌督办，14 家企业实行海宁市级挂牌督办，63 家企业实行镇级挂牌督办。对重大隐患挂牌督改单位实行整改资金、整改期限、责任人员、整改内容、应急预案“五落实”，按时完成整改。

【危险化学品行业安全监管】 开展区域安全风险评价，督促化工集聚区外的化工企业及时搬迁，关停、淘汰不符合安全要求的生产、经营单位 24 家。开展危险化学品行业安全专项整治和危险化学品平安仓库创建活动，开展危险化学品生产经营、使用环节安全整治和易燃易爆危险化学品场所消防安全整治。企业基本实现安全管理标准化、过程管理自动化、运行监控信息化、隐患排查治理规范化。建立东、中、西三个应急救援基地，形成半小时应急救援圈。6 月 16 日，开展液氨泄露实战应急救援演练。

【烟花爆竹安全监管】 常态化开展烟花爆竹领域打击非法违法生产经营活动。与余杭区政府签订《海宁市、余杭区烟花爆竹安全管理联防协议》，建立互动机制。取缔无证经营点 13 个，查获非法烟花爆竹 6000 余箱。配合公安部门捣毁非法烟花爆竹经营团

① 五落实五到位：指落实党政同责、安全生产一岗双责、安全生产组织领导机构、安全管理力量、安全生产报告制度，做到安全责任到位、安全投入到位、安全培训到位、安全管理到位、应急救援到位。

伙 1 个，查获非法烟花爆竹 2316 箱，刑事拘留 13 人。集中销毁非法烟花爆竹 7016 箱。在划定区域实行烟花爆竹“双禁”。

【职业安全监管】 加强新建、改建、扩建项目职业卫生设施“三同时”[①]监督管理，36 家企业开展“三同时”工作。全年职业病危害申报企业 226 家，累计申报 547 家。落实彩印包装、陶瓷生产、耐火材料制造和五金机械企业职业病危害专项整治，84 家彩印包装行业企业完成整治提升。建立市职业安全健康专家库。

【安全生产警示教育室对外开放】 在市职业高级中学建成安全生产警示教育室，6 月 6 日正式对外开放。该警示教育室投资 20 万元，占地 100 余平方米。设置领导重视、事故案例、责任追究、事故启示四个板块内容，配备三维动画情景游戏，模拟逃生演练。以“热爱生命、关注安全”为主题，展示 30 余个安全生产事故案例。

（朱新春）

个体私营经济管理

【概况】 全年新注册私营企业 3139 家，新注册个体工商户 10559 户。至年底，共有在册各类私营企业 20425 家，注册资本（出资金额）1950.95 亿元；在册个体工商户51659 户，投入资金 59.37 亿元。年内，认定海宁市级诚信企业 28 家、海宁市级诚信个体工商户 56 户，获评嘉兴市诚信民营企业 18 家、嘉兴市诚信个体工商户 20 户。开展“2016 最美党员经营户”评选，评出 10 名“2016 最美党员经营户”，并在《海宁日报》进行表彰。市个体劳动者协会增挂“海宁市个体工商户和商品交易市场党建工作办公室”牌子，市财政每年下拨 80 万元专项保障经费，其中 2016 年按半年下拨经费 40 余万元。

【网商党员经营户“三亮”】 在实体市场经营户“亮身份、亮承诺、亮形象”基础上，探索在网商等新业态领域开展“三亮”工作。查找海宁“网上市场”党员经营户，在“网上市场”设置党员身份管理模块。经过审核的网商党员，可在其网店首页展示统一设计制作的党员身份标识，并亮出党员承诺。至年底，入驻“海皮城”平台的近 20 户党员经营户完成“三亮”。该做法获省工商局党委书记冯水华和副书记吴国升批示肯定。6 月，全省工商系统非公党建工作现场会在海宁召开，海宁市在会上作交流发言。

【民营企业促进就业专场招聘会】 2 月 23 日，在市人力资源市场举办民营企业促进就业专场招聘会。495 家民营企业进场招聘，提供岗位 10773 个，吸引求职人员 8950 人，3874 人达成就业意向。

【科技、金融“双对接”活动】 11 月，在全省“双对接”（科技对接、金融对接）活动周期间，开展多项相关活动。11 月 15 日，召开“金融实务技术创新讲堂——企业商业秘密风险防范与保护”专场培训，参与企业 120 家。继续推进民营企业“双对接”工作。以太阳能利用和经编行业为重点，联合省太阳能检测中心、中天纺检测有限公司等技术机构，开展对接现代科技专项培训，参加企业 100 余家。引进江苏科技大学、嘉兴学院等高等院校相关专业人才，建成联合研究中心 4 个、研究生工作站 1 处，组建企

---

① 三同时：指同时设计、同时施工、同时投入生产和使用。

业研发中心 30 余个，开发省级新产品 60 余项。开放实验室先后为 200 余家次小微企业和创业个人提供技术服务。

（严　勇）

审　计

【概况】　全年市审计局完成审计项目 45 个，其中政策跟踪审计项目 5 个、财政审计项目 9 个、经济责任审计项目 9 个、民生审计项目 3 个、投资审计项目 19 个。查处违规资金 1761 万元、损失浪费资金 427 万元，管理不规范资金 4.44 亿元。完成 440 个单位工程价款结算审计，送审金额 39.59 亿元，净核减金额 2.53 亿元。完成 103 个政府投资项目竣工决算审计，审计金额 19.74 亿元，核减投资 2068 万元。移送问题线索 3 件，提交审计专报 4 篇，8 份审计材料获海宁市领导批示。

推进财政存量资金清理，促进盘活市财政局本级财政挂账存量资金 841 万元，收缴部门及下属单位结余结转资金 309 万元，督促市财政局收缴市人防办 5000 万元业务经费。对历年遗留财政周转资金清理不够有力、市经济发展投资公司部分长期投资不清晰、大量公司代管资金长期挂账等历史遗留问题进行审计，并持续跟踪督促，至年底共归还财政总会计账套调度款 7220 万元。对 2015 年度未整改到位的 27 个财政预算事项以清单形式通报。开展浙大国际校区项目跟踪审计，发出跟踪审计意见单 20 份，出具阶段性审计报告。审计发现设计变更过多、施工单位和监理单位人员未按投标承诺到位、隐蔽工程存在偷工减料等问题，项目建设指挥部督促相关参建单位进行整改。

探索审计监督与政协民主监督融合发展。8 月 8 日，市审计局首次向市十二届政协全体委员、各民主党派、工商联和知联会班子成员共 300 余人通报审计工作情况。市政协主席张炜芬要求政协委员结合审计监督成果加强对重点民生事项的监督。首次运用地理信息系统技术开展审计，在饮用水水源保护管理情况专项审计调查中，外聘浙江大学专家通过 Arcgis、CAD 技术，排查发现水源保护区存在的污染隐患。审计反映的跨行政区域水源地保护管理问题，被省审计厅年度审计工作报告采用，并列入全省审计工作报告整改任务清单。

推进内部审计，至年底，市内部审计协会共有会员单位 89 家，其中民营企业 37 家。全年组织内部审计人员参加省内部审计协会和嘉兴市内部审计协会后续培训十余期，参训 400 余人。海宁农商银行、市住建局的 2 个内部审计项目获浙江省 2015 年度内部审计表彰项目。

【社会保障基金审计】　对 2014—2015 年海宁市社会保障基金进行审计。走访相关部门单位，邀请专家座谈，重点对养老金支付能力快速下降的原因、对策措施进行分析，并从政策层面提出审计建议。《失土农民的征地补偿和社保政策亟须完善》等审计专报获市委书记朱建军和市政府领导批示，市政府及时研究会商相关政策。

【市、镇两级 2015 年度政府债务专项审计调查】　开展市、镇两级 2015 年度政府债务情况专项审计调查，重点关注债务管理、偿债能力、债务风险等情况。揭示资产变现能力较差且债务单位现金流不足、高负债与高存款并存、派生贷款导致债务规模虚增等问题。审计后，相关部门出台《国有企业融资管理工作规程》《关于加强国有企业债务管理和提高债务资金使用效益指导意见》等意见，推进债券置换存量债务，有计划盘活存量资产，加强债务资金统筹使用。年底，国有企业资金余额占债务余额比例明显下降。

【农村集体“三资”管理审计】 推动出台《关于进一步加强农村集体“三资”监督体系建设的实施方案》。市农经局、审计局、财政局联合成立农村集体经济审计协调小组，印发《海宁市2017—2019年度农村集体经济审计工作的实施方案》。针对前几年出现的共性问题，配合农经部门开展全市农村集体资产资源经营合同专项检查，1525份经营合同年租金收入比上年增加984万元，收回历年欠缴租金296万元。

【经济责任审计】 全年实施8家单位主要领导经济责任审计，审计经济责任人11人。出台《海宁市党政主要领导干部和国有企业领导人员经济责任审计中长期计划（2016—2020年)》，调整审计对象分类、审计周期、管理办法等，落实审计全覆盖要求。印发《海宁市领导干部经济责任审计读本》，发放给新任或转任的党政一把手。围绕被审计对象履职情况，重点揭示风险漏洞和管理不规范行为。审计发现马桥街道医疗保险筹资经办人员涉嫌挪用资金数百万元，市委书记朱建军、市长曹国良对审计专报分别作批示，督促马桥街道全面排查，追回资金600万元。配合嘉兴市审计局完成“六责联审”[①]试点工作。

【审计电子数据精细化管理】 11月，率先在县级审计机关出台《审计电子数据采集、存储和使用管理办法（试行)》，对电子数据实行精细化管理。建设电子数据存储中心，扩大相关业务数据采集范围。编制审计电子数据目录清单，按数据规划框架列明已存储管理的数据内容。周伟峰入选浙江省首批计算机审计专业领军人才，2个审计案例入选全省大数据审计案例。

（蒋家骏）

行政审批服务

【概况】 深化行政审批制度改革，推动审批服务从流程再造为主向完善运行机制、优化服务模式并举。率先在全省开展招投标“评定分离”试点。至年底，市行政服务中心共有20个职能部门（含消防大队）进驻，设有窗口125个。全年办理各类审批服务事项85.2万件（含分中心办理事项)，日均办理3200余件。推进简政放权。加强审批服务事项动态管理，标准化修订常用保留事项223项。清理报建审批事项，统一审批标准，简化审批手续，合并事项22项，保留报建审批事项25项。调整镇级审批权限，省级小城市试点长安镇下放审批权限105项，其他镇（街道）下放60～90项。实施行政审批服务事项委托办理，全年市行政服务中心办理委托事项261件。完善市教育局、民宗局等5个部门事项委托操作细则。

优化审批程序。优化项目审批流程，形成企业投资项目分阶段审批服务事项目录，各部门按阶段负责协调审批，审批项目部门间联审联批。施工图联审实行一个窗口受理、一套图纸送审、同步实施审查、成果统一口径反馈模式，平均审查时间从3个月缩短至10天。实行重大投资项目模拟审批，即重大投资项目获得准入未取得土地前，先进行技术审查，试行投资项目审批与企业取

① 六责联审：指重大决策责任、工作绩效责任、选人用人责任、机构编制责任、任期经济责任、自然资源资产保护责任的经济责任审计。

得土地过程同步并行。全面扩展PPP项目招标采购范围，杭州至海宁城际铁路、袁花镇安置房及工业园区、市城投集团2016年度市政基础设施、盐官公用码头、长安镇仰山幼儿园等13个PPP项目全部通过工程招标和政府采购公开招标确定投资人，投资总额170.09亿元。

【招投标“评定分离”试点】 率先在全省开展招投标“评定分离”试点。7月15日，《海宁市工程建设项目招标评标与定标试点方案》获省发改委批复。探索在PPP项目、服务类和货物类招标中实施“评定分离”，将评标委员会评标和招标人定标作为相对独立的两个环节进行分离，招标人在评标委员会评审和推荐基础上，根据招标文件规定的程序和方法进行定标，确定中标人，做到公正评标、阳光定标。落实工程建设项目业主负责制，实现权责统一。全年完成“评定分离”招标项目6个，中标价3950万元。

【企业投资项目审批改革试点】 开展企业投资项目审批制度改革试点。在环保领域，以排污许可证为核心，整合环境影响评价（以下简称环评）审批、“三同时”验收、事后监管等制度，探索实施排污许可证“一证式”管理。“零土地”技术改造项目不再实施环评，直接实行企业承诺、登记备案。工业项目节能评估（以下简称能评）由审批变备案，强化事中事后监管。全年实施1000吨标煤以上能评项目备案19个；委托中介机构环评备案535个，企业登记备案1105件。投资项目平均审批服务时间由6个月缩短至2个月，提速30%以上。

【市、镇两级联动代办服务】 完善投资项目市、镇两级联动代办队伍，推进镇（街道）平台代办服务工作制度化。10月18日，出台《海宁市镇（街道、平台）企业服务代办中心建设方案（试行）》，实现镇级企业服务代办中心全覆盖。健全镇（街道）代办员联系制度，形成全市代办协作机制。排摸各镇（街道）、招商平台需代办的投资项目，形成企业投资项目代办服务库，提供“管家式”代办服务，督促部门由窗口被动服务转为主动服务，限时办结审批事项。全年开展市、镇两级联动代办项目74个。

【完善中介管理】 健全实体与网络相结合的中介服务平台，督促各涉审中介机构完善注册信息。依托嘉兴市“淘中介”信息平台，完成中介机构备案137家，合同备案66项，中介服务实行一事一评。修订《行政审批中介服务事项目录（经营服务类）》，公布14个部门的41项常用中介服务。开展气象领域审批事项备案制改革，日常防雷安全检测服务向社会开放，全面取消新（改、扩）建项目防雷设计技术评价和防雷跟踪检测中介服务费用。实施水土保持方案区域统一编制，编制费用纳入财政预算，水土保持补偿费由市财政全额补助。

（宋海励）

［编辑：姚思嫄］

科学技术

Science & Technology

综　　述

2016年，市科技局围绕创新驱动发展战略，深化科技要素改革，提升科技创新能力。全市财政科技投入3.36亿元，比上年增长15.1%，占全市财政支出的2.6%。全市科技经费投入35.88亿元。全社会研究与试验发展经费20.62亿元，占全市生产总值的2.8%。规模以上企业技术开发经费34.23亿元，占主营业务收入的2.5%。市科创中心被科技部认定为国家级科技企业孵化器。海宁市最新科技进步变化情况综合评价居全省第15位，连续三年被评为省网上技术市场工作先进县（市、区）。皮革城通过首批国家级知识产权保护规范化市场认定。

2016年，新列入国家重点支持的高新技术企业40家，累计148家，总数居嘉兴市首位。高新技术产业产值633.99亿元，占规模以上工业总产值的43.5%。规模以上高新技术产业增加值122.74亿元，占规模以上工业增加值的43.8%。新认定省科技型中小企业98家，累计415家。新认定省级重点企业研究院1家、省级企业研究院3家、省级高新技术企业研发中心8家、省级农业企业科技研发中心1家、嘉兴市级高新技术企业研发中心16家、海宁市级企业研发（技术）中心52家。累计有省级重点企业研究院4家、省级企业研究院13家、省级高新技术企业研发中心53家、省级重点实验室1家、嘉兴市级高新技术企业研发中心81家、海宁市级企业研发（技术）中心388家。

全年实施各级各类科技计划项目1097个，获各级科技进步奖60项。开展各类科技对接活动56次，服务企业220家。全年专利申请5947件，比上年增长30.5%；专利授权2995件。发明专利授权量增长35%，增速高于全省11个百分点。新增各级专利示范企业22家。“淘科技”平台全年开展线下走访68家次。利用“淘科技”平台在线对接中心举办科技成果在线对接会4场，实现技术对接335次，32个项目在平台签约。经认定登记和网上技术市场签约技术合同71项，合同金额1.1亿元。全面取消专利服务券发放，将专利服务券使用操作接轨云平台创新券运行系统。海宁市连续两年被评为省“公众创业创新服务行动”考核优秀单位。市科技创业中心共有24家企业注册落户，注册资金合计1.72亿元。开展银企对接工作，宣传科技信贷政策，探索科技信贷新做法。

（贾静懿）

科技计划与高新技术产业化

【概况】 2016年，新列入各级各类科技计划项目1097个，其中省级1009个、海宁市级88个。科技计划项目实施情况较好，26个海宁市级以上项目通过验收，其中国家创新基金项目2个、国家“星火计划”项目2个、国家“火炬计划”项目1个、省重点研发和重大专项项目2个、海宁市级项目19个。新增海宁市级以上企业研发机构81家，新增高新技术企业40家。高新技术企业工业总产值550.42亿元，比上年增长17.2%；营业收入527.12亿元，增长17.1%；产品销售收入389.40亿元，增长38.9%；净利润35.19亿元，增长41.9%。营业收入超2亿元的企业58家。选派海宁市第九批科技特派员驻企服务，任期2年。

全年申报省级新产品1112项，列入试制计划三批1006项，年度立项总数比上年增长6%，居嘉兴市首位。修订印发《海宁市科技计划项目管理办法》，科技经费资助实行事后补助。建设海宁市级科技项目管理系统库和科技创新服务平台，实现立项网上专家评审。新增2016年科技计划项目88个，其中农业项目10个、工业项目37个、服务业项目41个，重点项目30个、一般项目58个。浙江凯盈新材料有限公司的太阳能电池正银电极材料国产化创业团队入选2015年度浙江省领军型创业团队。

【经编新材料及装备特色产业基地通过复核】 国家火炬海宁经编新材料及装备特色产业基地通过科技部火炬高技术产业开发中心复核。该基地于2005年通过科技部火炬中心批准认定，主导产业为经编产业。海宁经编纺织品行业先后申请并获认定国家高新技术企业13家、省级高新技术企业研发中心5家、嘉兴市高新技术研发中心7家、海宁市企业技术研发中心28家、省级企业研究院3家、省科技型企业44家、各级技术中心19家、各级专利示范企业22家、战略性新兴产业企业27家。先后承担国家“火炬计划”项目11个，拥有国家和省级新产品670余个，获国家和浙江省专利1000余件。有中国驰名商标4件、浙江区域名牌1个、各级著名商标和名牌产品52个。

【企业科研机构建设】 培育企业科研机构，2家企业申报省级重点企业研究院，其中浙江省天通电子信息材料重点企业研究院创建成功。4家企业申报省级企业研究院，浙江天通吉成高端电子专用智能装备研究院等3家创建成功。年内，新认定省级高新技术企业研发中心8家、嘉兴市级高新技术企业研发中心16家、海宁市级企业研发（技术）中心52家。2家企业申报浙江省农业企业科技研发中心，其中浙江森城实业有限公司认定成功。根据《关于加快工业强市建设若干政策意见的通知》精神，落实企业研发经费补助，39家企业符合补助要求，获补助经费931.3万元。

【浙江省天通电子信息材料重点企业研究院】 依托单位是天通控股股份有限公司。有专职研发人员280人、省重点企业技术创新团队1个、嘉兴市重点企业技术创新团队2个、省突出贡献中青年专家1人。有科研场地13530平方米，科研设备原值总额16260万元。拥有专利211件，其中发明专利35件、软件著作权11件；已制（修）订标准14个，其中国际标准2个、国家标准2个、行业标准10个。

【科技型企业培育】 培育发展新材料技术、新能源及节能技术等战略性新兴产业，推荐符合条件的企业申报高新技术企业。年内41家企业申报高新技术企业，40家申报成功，占嘉兴市总数的21.7%；14家资格到期企业通过重新认定。全市有高新技术企业

148 家，占嘉兴市总数的 22.1%。首次通过高新技术企业认定管理工作网完成 2015 年度知识产权、科技人员、研发费用、经营收入等年度发展情况填报。浙江晶科能源有限公司、浙江万凯新材料有限公司、浙江海利得新材料股份有限公司 3 家企业入选 2016 年省高新技术百强企业名单。培育科技型中小企业，120 家企业申报省科技型中小企业，98 家申报成功，其中 17 家企业列入 2016 年度浙江省高成长科技型中小企业名单。3 家企业申报浙江省农业科技企业，1 家申报成功。

（王晓丽）

科技成果及利用

【概况】 全年获各级科技进步奖 60 项，其中获浙江省科技进步奖三等奖 3 项，嘉兴市科技进步奖 19 项（一等奖 1 项、二等奖 4 项、三等奖 14 项），海宁市科技进步奖 38 项（一等奖 3 项、二等奖 10 项、三等奖 25 项）。

【新型环保型无锑聚酯及其缩聚催化剂研究】 由浙江万凯新材料有限公司承担完成。项目通过适当结构的含氮化合物与溶胶凝胶法制备的纳米二氧化钛（二氧化硅）纳米粒子中钛原子配位调控钛的化学状态，控制纳米粒子粒径，提高催化剂的催化活性。该钛系催化剂无毒、环保、催化活性高、添加量少，催化活性约为传统锑系催化剂的 50 倍，可显著降低 PET 生产成本，缩聚过程中副反应少，所制备 PET 熔点高、色泽好。项目应用推广后，实现钛系催化剂产业化应用，形成钛催化聚酯生产工艺，大幅度降低终缩聚反应温度，减少含锑废水的处理和排放。产业化推广至年底实现销售收入 18.56 亿元、利润 976.7 万元、税收 453.1 万元。项目获海宁市科技进步奖一等奖。

【双 85 PID-free 高性能组件】 由浙江晶科能源有限公司承担完成。在电池方面，项目通过调整扩散工艺和镀膜工艺，形成更稳定可靠的 P-N 结，降低表面累积电荷的有害影响，同时使电池表面的减反射膜更致密、更绝缘，增强电池片抵抗累计电荷与电池结构发生复合反应的概率及速率。在组件封装材料方面，主要研究摸索玻璃、EVA、硅胶及背板等对组件 PID 效应的影响，找出可抗 PID 效应的最优搭配。优化组件生产工艺，通过不同组装方式与产线常规工艺制作 PID 实验样品。项目于 2013 年 12 月投入生产，用于双 85 PID-Free 高性能组件，2014 年 1 月进入市场推广应用。至年底，累计实现销售收入 2.78 亿元。2016 年实现销售额 3.75 亿元，新增利润 3125.7 万元。项目获浙江省科技进步奖三等奖。

表 23　　2016 年度浙江省科技进步奖获奖项目

序号	项目名称	主要（参与）完成单位	获奖级别
1	智能沥青碎石同步封层车研究与应用	浙江美通筑路机械股份有限公司、长安大学	浙江省科技进步奖三等奖
2	双 85 PID-free 高性能组件	浙江晶科能源有限公司	浙江省科技进步奖三等奖
3	D16 膜结构高环保性汽车内饰面料	宏达高科控股股份有限公司	浙江省科技进步奖三等奖

表 24　2016 年度嘉兴市科技进步奖获奖项目

序号	项目名称	主要（参与）完成单位	获奖级别
1	双 85PID-free 高性能组件	浙江晶科能源有限公司	嘉兴市科技进步奖一等奖
2	CPG250 数控可转位刀片周边磨床	天通吉成机器技术有限公司	嘉兴市科技进步奖二等奖
3	新型环保型无锑聚酯及其缩聚催化剂研究	浙江万凯新材料有限公司	嘉兴市科技进步奖二等奖
4	纺前着色并列复合弹性纤维	海宁新高纤维有限公司、中国人民解放军总后勤部均需装备研究所	嘉兴市科技进步奖二等奖
5	大肠癌危险因素与癌及癌前期病变检出率关系的研究	海宁市中医院	嘉兴市科技进步奖二等奖
6	MB826 孳生系列型高效起毛机	海宁纺织机械有限公司	嘉兴市科技进步奖三等奖
7	新型双色效应汽车坐垫革	海宁森德皮革有限公司	嘉兴市科技进步奖三等奖
8	浙江省皮革清洁生产产业技术创新战略联盟	海宁皮革研究院、温州大学、海宁森德皮革有限公司、海宁市富升裘革有限公司、海宁瑞星皮革有限公司、兄弟科技股份有限公司、慕容集团有限公司、浙江蒙努实业有限公司	嘉兴市科技进步奖三等奖
9	注浆成型半透明氧化铝陶瓷管	浙江新光阳照明股份有限公司	嘉兴市科技进步奖三等奖
10	GMPD 型水泥窑头高温冷却除尘系统	浙江洁宇环保装备科技有限公司	嘉兴市科技进步奖三等奖
11	D16 膜结构高环保性汽车内饰面料	宏达高科控股股份有限公司	嘉兴市科技进步奖三等奖
12	高强抗低温耐磨型铁道篷布	浙江锦达膜材科技有限公司	嘉兴市科技进步奖三等奖
13	一种磷系共聚阻燃再生聚酯切片及其工业丝的生产方法	浙江金汇特材料有限公司	嘉兴市科技进步奖三等奖
14	5 米单丝压纹投影布	浙江宇立塑胶有限公司	嘉兴市科技进步奖三等奖
15	建筑加固用碳纤维布	海宁安捷复合材料有限责任公司	嘉兴市科技进步奖三等奖
16	运用于 LED 灯的恒流驱动系统	晋宝电气（浙江）有限公司	嘉兴市科技进步奖三等奖
17	基于 SNCR 工艺的水泥窑烟气高效脱硝装置	洁华控股股份有限公司	嘉兴市科技进步奖三等奖
18	一种新型荧光定量 PCR 探针研发及在 TaqMan-array 技术检测致病菌毒素方面应用	海宁市疾病预防控制中心、浙江省疾病预防控制中心	嘉兴市科技进步奖三等奖
19	微创可扩张通道下腰椎间盘摘除椎间植骨融合内固定的临床研究	海宁市人民医院	嘉兴市科技进步奖三等奖

（陈雨良）

科技合作与交流

【概况】 2016 年，开展科技大市场建设试点工作。推进沪杭地区高校科研人才与海宁民营企业对接合作，推进网上技术交易市场建设，推广电子科技创新券，拓展与高等院校和科研单位的科技合作。全年开展各类科技对接活动 56 次，服务企业 220 家。签订科技项目合作协议 71 项，合同金额 1.1 亿元。举办“淘科技”重点产业专场在线对接会，征集科技成果 452 项、企业技术需求 93 项，实现技术对接 335 次，企业与高校科研院所达成意向 30 次，23583 名访客在线观摩。

【科技大市场建设试点工作通过验收】 拓展技术经纪队伍，组织科技中介机构等参加技术经纪人培训，60 余家企事业单位和科技中介机构的 110 余人参加培训并通过考试。“淘科技”平台新增企业科技专员（技术经纪人）55 人。“淘科技”平台全年开展线下走访 68 家次，其中携专家教授进企业开展科技合作对接 30 次。年内平台签约项目 32 个，成交金额 1387.9 万元。4 月，引进上海 114 产学研协同创新服务平台，启动实施常春藤产学研合作计划。114 产学研协同创新服务平台在经编产业园区、长安镇（高新区）各举办产学研主题沙龙 1 场，37 家企业、19 名专家参加活动。11 月，科技大市场建设试点工作通过省科技厅验收。

【省网上技术市场建设】 组织企业参加省春季技术成果拍卖会，林肯电梯（中国）有限公司、浙江映山红纺织科技有限公司分别拍得杭州赛翔科技有限公司“变频扶梯一体化控制系统”、浙江理工大学“功能纺织品及生态染整技术研究开发”2 项科技成果，交易金额各为 100 万元。组织企业参加省技术成果拍卖交易暨网上技术市场活动周，浙江火星人厨具有限公司拍得浙江理工大学“集成灶内部风道优化和降噪技术”技术成果，成交价 100 万元；海宁市瑞银科技有限公司拍得浙江工业大学“背钝化电池用光伏背银浆料技术开发”技术成果，成交价 5 万元；浙江川洋家私有限公司拍得浙江农林大学“沙发舒适度评价技术及其设计优化”技术成果，成交价 60 万元；浙江和心控股集团有限公司拍得浙江理工大学“阻燃负氧离子复合功能织物的关键技术研究与窗帘面料开发”技术成果，成交价 30 万元。全年省网上技术市场海宁分市场成交项目 39 个，成交金额 9605.5 万元。

【完善科技创新券制度】 2 月 17 日，印发《关于进一步加强科技创新券规范管理的通知》，规范企业在使用创新券过程中需要提交的材料。依托云平台功能，前移创新券审核关口，加强事前事中审核力度。自 6 月 1 日起，全面取消专利服务券发放。年内，共有 264 家企业申领创新券 401 次，申领金额 518.1 万元，审批使用金额 317.3 万元（其中专利 219.6 万元、检测查新 97.7 万元）。累计有 341 家企业申领创新券 655 次，申领金额 972.7 万元。累计有 100 家服务机构确定与海宁开展科技创新券使用合作。

【清华大学研究生社会实践基地】 清华大学研究生社会实践海宁基地连续六年邀请清华大学博士研究生到海宁参加社会实践活动。年内共征集到 8 家企业的 16 个项目需求。来自清华大学热能工程系、电子工程系、精密仪器系、材料学院、环境学院的 9 名博士研究生到海宁市 5 家企业开展 8 个项目的科研攻关，其中 2 名研究生与 1 家企业签订在校博士生实习协议。

（周小倩）

知识产权（专利）保护

【概况】 2016 年，全市专利申请 5947 件，其中发明专利申请 2202 件、实用新型专利申请 2572 件、外观设计专利申请 1173 件，分别比上年增长 50.7%、25.2%和 12.7%。

专利授权 2995 件，其中发明专利授权 320 件、实用新型专利授权 1728 件、外观设计专利授权 947 件。专利申请量、发明专利申请量均居嘉兴市首位。专利申请结构进一步优化，发明、实用新型及外观设计专利申请占比约为 4∶4∶2，发明专利申请占比高于嘉兴市 12 个百分点、全省 13 个百分点。万人发明专利拥有量 10.83。落实专利奖励政策，全年下达专利专项资金 607.4 万元，其中专利申请或授权奖励 294.4 万元，专利服务券兑现 241.6 万元，专利权质押贷款融资贴息 46.5 万元，专利示范企业奖励 24 万元。海宁市被评为 2015 年度国家知识产权试点示范城市工作先进集体。

全年新增各级专利示范企业 22 家，其中省级 2 家、嘉兴市级 5 家、海宁市级 15 家。洁华控股股份有限公司通过国家知识产权优势企业复核。累计有各级专利示范企业 196 家，其中国家知识产权优势企业 1 家、省级专利示范企业 19 家、嘉兴市级专利示范企业 61 家、海宁市级专利示范企业 115 家。

完善知识产权政策。修订《专利专项资金管理办法》及其《补充通知》，降低国内个人专利补助额度，提高国外专利补助额度，增加专利奖和专利维权补助，引导企业申报国外专利和开展维权。推进企业专利工作，修订《海宁市专利示范企业管理办法》，提高专利示范企业累计拥有的有效专利数。推进专利权质押贷款，全年有 7 家企业办理专利质押贷款，共获专利质押贷款 5440 万元。4 家企业获贷款融资贴息奖励共 46.5 万元。组织 5 家企业参加首次省专利奖评审，国家皮革质量监督检验中心（浙江）申报的“一种皮革、合成革、纸张及纺织品中壬基酚聚氧乙烯醚的气相色谱—质谱检测方法”项目获省专利优秀奖。浙江美大实业股份有限公司获嘉兴市首届外观设计专利与创意外观设计大赛二等奖，浙江凯耀照明股份有限公司获三等奖。

推进各类知识产权培训宣传。开展“知识产权宣传周”活动，在皮革城举办“世界知识产权日”宣传咨询活动，参与许村家纺知识产权宣传咨询活动。7 月，开展知识产权进市场活动，向皮革城内 200 余家商铺发放知识产权资料 400 余份；9 月，在皮革城举办浙江知识产权团巡回宣讲活动，浙江省律师协会 2 名律师宣讲知识产权相关法律知识。组织企业参加浙江省企业知识产权管理业务培训、嘉兴市专利挖掘与撰写实战培训、专利信息分析利用实务初级培训等。

【知识产权维权援助】 修订完善知识产权维权援助制度及流程，完善维权援助方式，宣传“12330”热线及维权援助。进驻电子商务平台，参与全省电子商务领域专利执法行动，开展全市打击假冒专利行为专项行动。全年市知识产权维权援助中心走访服务企业 50 余家次，处理维权咨询电话 300 余个，为企业提供专利维权援助十余起，挽回经济损失近 300 万元。处理电子商务领域专利侵权案件 152 件，联合调解知识产权侵权纠纷案件 24 起。撰写发布集成灶、太阳能光热利用行业专利预警分析报告。

【专利行政执法】 6 月，开展打击假冒专利行为专项行动，排查多家大型超市，查获涉嫌假冒专利商品 26 件，对超市工作人员宣传《中华人民共和国专利法》《专利标识标注办法》等相关政策。8 月 2 日，市科技局联合市公安局、文广新局（体育局）等部门对皮革城 A 座相关店面进行执法检查。完成专利行政执法证件年检、申请换发和备案工作。

（施建强　王　莉）

科技创新平台建设

【海宁市科技创业中心】 2016年，海宁市科技创业中心（以下简称市科创中心）有24家企业注册落户，注册资金合计1.72亿元，注册资金千万元以上的企业8家。孵化企业产业涉及电子信息、新能源、生物医药、装备制造等领域。全年在孵企业及毕业企业总销售额（含税）4.7亿元，其中年营业额超千万元的企业15家。新增规模以上企业2家、国家高新技术企业3家。3月，市科创中心被科技部认定为国家级科技企业孵化器。上海工程技术大学国家大学海宁科技园、长安镇（高新区）科创中心升级为嘉兴市级孵化器。海宁苏河汇众创空间先后被认定为浙江省级、国家级众创空间。市科创中心二期工程完成外立面装饰、室内装修和室外附属设施施工，通过人防、土地、规划、消防及竣工验收。至年底，科创中心累计引进、培育国家“千人计划”人才12人、省“千人计划”人才9人、嘉兴市创业创新领军人才及项目26个、海宁市领军人才及项目15个。孵化企业总就业人数1100余人，其中硕士89人、博士68人。

【海宁市创业投资引导基金管理中心】 推进科技金融活动，举办科技型企业的资本之道讲座、初创期科技型企业银企对接会、初创期科技型企业融资技巧知识讲座、人才企业问诊服务4次大型科技金融服务活动。举办“千人计划”人才企业银企对接专项活动，掌握企业信贷需求并协助对接银行。更新市科技支行支持科技成长型企业入库名单，新增入库企业90家，删除入库企业9家，累计科技成长型企业308家。至年底，德商村镇银行、中国银行海宁支行、农业银行海宁支行3家科技支行贷款余额4.03亿元，全年支持科技型企业48家。海宁市创业投资引导基金管理中心加入浙江省创业风险投资行业协会，收集优秀科技创业类项目。海宁力合天使投资基金对浙江美达瑞新材料科技有限公司追加投资410万元，对浙江莱恩海思医疗科技有限公司投资200万元。海宁恒胜基金新投丸子地球、自助洗车、宅急修、凌泽科技4个项目，投资金额407.5万元。创业投资引导基金管理中心通过发布合作需求、平台推介、人员推介等方式，对接宁波景云信息科技有限公司、北京清科同润科技投资有限公司、清控银杏创业投资管理有限公司、深圳物明投资管理有限公司等企业，寻求与海宁政府引导基金合作的社会资本。

【浙江省皮革工业研究中心】 2016年，皮革研究院制订《微盐浸酸铬鞣工艺技术规范》与《皮革加工高级工自主评价标准》2

海宁市科创中心外景 （王超英　摄）

项联盟标准，修订1项国家标准，7项联盟标准在企业实现转化和推广实施。在制革企业宣传标准化制度，建立1套循环经济标准体系，建立标准化管理小组，成立皮革标准化委员会和技术、管理、工作分会，建立网格式、矩阵化标准管理模式。10月，标准化试点项目通过省标准管理机构验收。引导企业制订2项行业标准，通过国家“863”项目（国家高技术研究发展项目）和浙江省皮革产业创新战略联盟项目验收。开展功能型皮革加脂剂、含铬皮屑资源化利用、循环节水等研究。针对废水、废毛、污泥、臭气等处理技术要求，为多家制革企业提供新产品新工艺实验小试，其中铬鞣革无铬复鞣工艺研发实验小试9批次、绵羊皮无盐浸酸工艺技术小试15批次、再生铬粉用于绵羊皮铬复鞣工艺实验小试7批次。完成皮革加工工与皮革营业员培训鉴定99人。申报省级重点研发项目1个、海宁市重点计划项目1个，申报专利2件。“浙江省皮革清洁生产产业技术创新战略联盟”项目获2016年度嘉兴市科技进步奖三等奖。无铬鞣制技术在制革企业实现产业化应用。

（王连强　谈勤怡　孙翠翠　孙　鸣）

防震减灾工作

【概况】　加强震情监测，提高地震监测水平。加强学校防震减灾教育，海宁市通过防震减灾科普示范学校地震应急演练示范建设。市科技局、教育局联合推动全市中小学防震、防灾应急演练制度化工作，每所学校每学期至少进行一次防震、防灾应急疏散演练。结合防灾减灾日、科技“三下乡”等活动开展防震减灾宣传教育。南苑小学举行地震应急疏散演练，全校2000余名师生参加。加强抗震应急救援条件建设，与海宁潮乡救援队合作，支持救援队硬件建设。举办地震应急救援培训班，提升民间救援队伍应急救援能力。组织救援队观摩嘉兴蓝天救援队水上应急救援演练，组织队员在民兵训练基地训练，参加多部门联合举办的海宁市突发公共事件应急演练。宣传贯彻《中国地震动参数区划图》，为编制社会经济发展规划、国土利用规划、防震减灾规划、城乡规划等提供基础依据。

【地震监测预报】　完善地震前兆观测站设施，做好日常台站维护工作，提高监测数据的连续性，为省地震台网提供高质量的地震监测数据。地震观测资料质量获全国2015年地壳形变摆式倾斜仪观测台站优秀奖、全省2015年度数字化水平摆优秀奖、2015年度数字化前兆台站运行质量综合评比无人值守台站优秀奖、2015年度强震台优秀奖。

（陈雨良）

［编辑：姚思嫄］

交通·邮政·通信

Traffic, Post & Communication

道路运输

【概况】 至年底，全市村道以上公路总里程 1419.6 千米。按行政等级分：国道 90.8 千米、省道 97.2 千米、县道 317.6 千米、乡道 393.2 千米、专业公路 24.4 千米、村道 496.4 千米。按技术等级分：高速公路 101.2 千米、一级公路 203.1 千米、二级公路 125.8 千米、三级公路 198.7 千米、四级公路 680 千米、准四级公路 110.8 千米。每百平方千米公路密度 202.8 千米。

全年完成县道大中修项目 4 个（崇长线、塘许线、海新线、桐九线），共 19.3 千米，投资 3092.1 万元；乡村公路大中修项目 14 个，共 14.4 千米，投资 2338.5 万元。改造农村危桥 13 座，投资 702.4 万元，涉及许村、长安等 8 个镇（街道）。完成农村公路提升改造项目 6 个，分别为马桥街道卫胡线 0.9 千米、马桥街道镇西路（国榷路）0.4 千米、盐官镇宁袁塘路二期 0.5 千米、盐官镇莲花路一期 1.2 千米、袁花镇新长路 2 千米、黄湾镇育才路 0.7 千米，共 5.7 千米，投资 1946.2 万元。

【沪杭甬高速许村互通开通启用】 2 月 24 日，沪杭甬高速公路许村互通收费站开通运行。许村互通是海宁临杭新区连接杭州、上海的主要节点。许村互通收费站位于许村镇塘许公路倒庄里分离桥西侧，距长安出口 8 千米，距余杭互通 7 千米。采用单喇叭互通形式，出口设在高速公路北侧，与许村人民大道相接，主线起点桩号 K3+160，终点桩号 K4+570，全长 1410 米。项目实施内容为：路基填筑、路面工程等分项工程，新建 4 座桥梁，拓宽沪杭高速公路原有的 2座桥梁。于 2013 年 11 月开工，2015 年 10 月完工。用地面积 10.2 公顷，总投资 1.6 亿元。

【杭沪线（S101）路面大中修工程完工】 该工程于 6 月 30 日开工，9 月 15 日完工。近年来，杭沪线（S101）道路负荷加大，路面损害较多，存在裂缝、车辙、局部沉陷、坑槽等问题。大中修工程单幅计 14 千米，主要对路面进行修复，完善安全设施，总投资 1700 万元。

【环西二路工程竣工】 该工程于 2015 年 4 月 1 日开工，2016 年 1 月 16 日竣工。起点为杭沪线（S101），与联丁路相接，经丁桥镇、马桥街道、斜桥镇，终点与江南大道相交，全长 4.3 千米。按二级公路兼城市主干道路标准设计，双向四车道，设计速度每小时 60 千米，总投资 2.5 亿元。

【环西二路供电管道配套和两侧绿化工程完工】 供电管道配套工程于 1 月 1 日开工，

3月31日建成并投入使用。新建12孔电力管道4.5千米，新建电缆井85座并完善相关配套设施，总投资1010.9万元。两侧绿化工程于11月15日开工，12月30日完工。两侧绿化全长4千米，改造面积12公顷，投资2400万元。工程为PPP项目，融入社会资本，通过苗木种植培育保值、增值，并取得投资收益。

9月20日，新08省道养护工程开工（市交通运输局　提供）

【新08省道养护工程完工】　该工程于9月20日开工，10月底完工。工程单幅里程16.6千米，主要针对路面车辙、裂缝等损害，用高等强度预防性养护方式，加铺沥青砼，逐段进行道路半封闭施工。工程投资1000万元。

【高速公路出入口景观改造工程完工】　该工程于4月15日开工，6月15日完工。工程对市内沪昆高速长安、许村，绕城高速许村，杭浦高速长安、盐官，常台高速袁花、尖山7个主要出入口，在原有绿化景观基础上进行提升改造，改造面积15.8公顷，总投资2516.7万元。

（胡月梅　查晓元）

铁路运输

【概况】　铁路海宁站是沪昆线上的二等客运站，隶属上海铁路局嘉兴车务段。由行车（接发、调车）、客运、行李、售票四个班组组成，办理客运、行包等业务。因铁路体制改革，铁路货运班组由铁路杭州货运中心分管。2016年，海宁站日均接发客运、货运列车166列。其中旅客列车104列，在海宁站办理客运业务的旅客列车81列，覆盖全国20余个省、市、自治区，包括直达快速列车（Z字头）4.5对（杭州至北京1对、杭州至西安1对、杭州至哈尔滨1对、杭州至包头1对、长沙至上海南0.5对）；货物列车62列，包括特快货物班列和快速货物班列10列，货物零解列车6列。全年发送旅客144万人次，客运运输收入1.4亿元。实施购票实名制，包括窗口售票、互联网售票、电话订票、自助购票等方式。在海盐、桐乡设代理售票点，发售（预售）本地、异地到达全国各地的所有列车车票。长三角货物快运班列X696/X697次在海宁站办理零担快运业务，全年发送零散货物1269批241314件，到达零散货物430批30316件。广州至海宁直达货物班列（集装箱专列运输）全年到达11102辆。2016年，海宁站继续保持上海铁路局“标准中间站”

称号。

铁路长安镇站是沪昆线上的四等中间站，隶属上海铁路局嘉兴车务段。车站只办理长三角快运及货运业务，日均办理货运摘挂列车6列，办理长三角快运货物列车2列，其他通过客车、货物列车每昼夜180列左右。全年货物到发18万吨，运输收入440万元。到达货物以煤炭、纯碱、粮食类、化肥类和钢材类为主，发送货物以碎木块和汽车配件为主。高铁项目启用后，到达杭州地区交通便利，杭州、萧山地区部分公司和企业把原在杭州地区到发的部分业务移至长安镇站，货物到达量较大，其中煤炭到达量月均1万吨、纯碱月均1000吨。

铁路斜桥站是沪昆线上的四等中间站，隶属上海铁路局嘉兴车务段。车站主要承担列车的到发、会让等工作，确保列车运行安全。日均办理接发列车91对182列，其中旅客列车108列、货物列车74列。至年底，车站安全行车8179天，被全国铁路总工会评为全国铁路模范职工小家，被嘉兴车务段评为文明车站、先进车站。

沪杭高铁海宁西站位于许村镇，距海宁市区约35千米。车站配备自动售（取）票机、自动检票系统、广播系统、智能显示屏以及监控等设施，站房面积近5000平方米，候车大厅1520平方米。年内，三次调整列车运行图，实现海宁与沈阳、贵阳、昆明、深圳等城市间直达往返，接发客运列车增至56趟。全年发送旅客75.6万人次，比上年增长66.2%；运输收入4631.5万元，增长51.5%。至年底，实现安全行车2285天。车站联合许村镇党委开展学雷锋志愿服务，在车站候车室设立志愿服务台，提供义务咨询、党报党刊借阅以及招商引才政策介绍等便民服务。

（蒋卫峰　仲国庆　倪　明　周文涛）

水路运输

【概况】 至年底，全市有定级内河航道48条，总长417.7千米。其中四级以上干线航道2条（含规划建设），长20.9千米；五级、六级航道18条，长167.2千米；七级（含七级）以下航道28条，长229.6千米。

【杨汇桥港航道养护工程完工】 该工程于4月10日开工，8月22日完工。杨汇桥港航道为硖尖线向北连接杭平申的延伸航道，南北走向，起点为硖石街道东郊长山河东段，终点为袁硖港，全长4.9千米。工程疏浚土方7.2万立方米，新建护岸100米，设航标17座，养护里程4.4千米。工程预算303万元。

【丁桥公用码头动工建设】 8月，丁桥公用码头动工建设，是嘉兴范围内首个采用PPP模式投资建设的内河码头。码头位于丁桥镇、平阳堰港航道右侧。工程初步设计概算730万元，设计年吞吐量45万吨，特许经营时间103个月。

【辛江塘航道改造工程通过竣工验收】 该工程于9月12日通过省港航管理局组织的竣工验收。工程起点为袁花镇小虹桥，终点为丁桥镇辛江塘蒋家大桥西侧约100米处。工程开挖及疏浚土方9.6万立方米，新建护岸657米，投资501万元。航道改造后，可供300吨级船舶通行。

【尖山码头工程完工】 该工程于11月25日开工，12月30日完成主体工程建设。尖山码头位于尖山新区钱江村，设置15个300吨级泊位（水工结构按500吨级船舶设

尖山码头工程　　（市交投集团　提供）

计），配置10吨固定式吊机10台，20吨、40吨龙门式起重机各1台，内设桥梁1座，进港航道177米。年吞吐量265万吨，年通行能力270万吨。总建筑面积1.5万平方米，投资1.9亿元。

（胡月梅　查晓元）

交通管理

【概况】　至年底，全市有汽车运输经营单位2004家，拥有客货运汽车4547辆，其中客运班车41辆1891个客位、旅游包车84辆3345个客位、公交车442辆21606个客位、社区巴士46辆342个客位、出租车287辆、货车3647辆25598吨位。有货运站（场）（含货运配载、货运代理、仓储等）业户197家。全年完成道路客运量[①]311万人次，旅客周转量24201万人千米；完成公路（营运车辆）货运量1106万吨，货物周转量108792万吨千米；水路货运量750万吨，货物周转量89733万吨千米。水路货物发送量9.1万吨；港口货物吞吐量756.3万吨。征收水路规费50.8万元、航道通行费216.1万元。

全年完成交通建设投资9.35亿元，其中省下达计划项目完成投资4.53亿元，市政府下达计划项目完成投资3.36亿元，社会资本投资计划项目完成投资1.46亿元。省下达计划项目5个，分别为杭平申航道改造、尖山码头、老01省道（嘉海公路至观潮大道）改建、海昌作业区、汽车北站。海宁市政府下达计划项目包括环西二路、胡长公路、海宁大道洛塘河大桥、高速公路出入口改造、公共自行车三期、县道大中修、公路安保、海宁水上应急保障指挥中心等。各镇（街道）实施“打包”交通项目，包括乡村公路大中修、农村公路提升改造、危桥改造等。社会资本投资项目实施13个，分别为加油加气站7个、环西二路道路、环西二路两侧绿化、袁花码头、周王庙码头、盐官码头、丁桥码头。

5月，《海宁市综合交通运输“十三五”发展规划》通过市“十三五”规划编制工作领导小组组织的专家评审。自7月7日起，嘉兴市公路管理局将普通国道、省道公路占用、挖掘公路或使公路改线作业许可，

① 2016年，省道路运输管理局调整公路客运量和公路客运周转量统计口径，2016年道路客运量按新统计口径计算，2015年道路客运量按旧统计口径计算。

跨越、穿越公路作业许可，公路用地范围内架设、埋设管线等设施许可，建筑控制区内埋设管线等设施许可，增设公路平面交叉道口许可5项行政许可事项委托给海宁市公路管理段。自2月18日起，从市客运中心始发的长途、快客班线实施实名制购票，网上订票同步实行实名制。4月，海宁地方海事处对船舶登记情况进行重点排查，清理“休眠”船舶208艘，严厉打击“休眠”船舶非法航行行为。7月，杭沪线（S101）海宁段入选2016“浙江十大最美公路”，是嘉兴市唯一入选公路。年内，市交通运输局被嘉兴市政府评为2015年度“公铁”沿线环境整治工作先进基层单位，被省交通运输厅评为G20杭州峰会交通运输服务保障工作先进集体。

公路不停车超限检测系统 （市交通运输局 提供）

全市有驾驶培训学校9家，教练员700余人，全年培训驾驶学员24426人。自4月起，全市驾驶培训行业教练员由考试制改为聘用制，放开教练员从业门槛限制。自6月6日起，全面实行“双百”驾驶培训新模式，所有驾驶培训学校百分之百、教练车百分之百实行“先培训，后付费”。成立汽车技术协会维修同业发展联盟，实行抱团发展。

【公路不停车超限检测系统投入试运行】 该系统于2015年12月底建成，2016年1月18日投入试运行。系统安装在01省道海宁段37千米处，具有视频监控、车辆抓拍、号牌识别、动态称重、自动报警、数据处理等功能，能准确、快速识别超限嫌疑车辆，实现从“人工治超”向“科技治超”转变。项目总投资350万元。

【塘许公路首次运用新工艺大中修】 10月12日，县道塘许公路首次运用路基水稳就地再生工艺进行大中修。该工艺指在常温下使用就地冷再生机械，一次性完成旧路面基层的铣刨、破碎，添加水泥、水、新材料（根据试验比例）进行共同拌和、摊铺等作业过程，经压路机一压即成，可节约工程总价15%～20%。

【道路货运实行实名制】 自7月1日起，实施道路普通货物运输实名制。货运经营者应遵守安全查验制度，按照规定对客户身份进行查验并登记，对托运货物品名、数量等信息进行登记，登记台账至少保留18个月。禁止运输、寄递存在重大安全隐患或客户拒绝安全查验的物品。违规承运的，由主管部门处以10万元以上50万元以下罚款，并对直接负责的主管人员和其他直接责任人员处以 10 万元以下罚款。

【开通直达上海迪士尼乐园旅游巴士】 12 月 3 日，浙江大元行巴士股份有限公司推出海宁直通上海迪士尼乐园旅游专线。该专线每周六发班，全程 2 个半小时。市民可到市客运中心直接购票，或登录大元行旅游巴士公司官网订票（需提前一天订购），单程票价 50 元 / 人，往返票价 100 元 / 人。始发站为市客运中心，中途停靠市体育馆。

【开通网络预约客运服务】 8 月，浙江大元行巴士股份有限公司率先在嘉兴地区推出网络预约普通包车服务和机场接送服务。客户通过“浙江大元行”微信公众平台或“浙江大元行接送机在线”网络平台（www.zjdyx.cn）下单，便可预约旅游包车、接送机包车、企业通勤车、婚宴包车、企事业学校活动用车等服务。

【海宁大道被评为浙江最美绿化通道】 8 月，海宁大道被浙江省绿化与湿地保护委员会等部门评为浙江最美绿化通道，同时获“浙江十大最美入城大道”称号。海宁大道北起嘉兴与海宁交界处，南至翁金线（老 01 省道），道路总长 21 千米，道路路幅宽 60 米，两侧绿化带各宽30 米，中间隔离带宽 2.5 ~ 3.5 米，是海宁市“四横四纵”城市景观干道。自实施“三改一拆”行动以来，海宁市以示范道路标准打造海宁大道，通过拆除违章建筑、整治路边广告牌、清理废品收购点、拓宽路面、提升绿化景观、改造亮化工程等措施，建成特色景观大道。

8 月，海宁大道被评为浙江最美绿化通道和浙江十大最美入城大道 （王超英 摄）

【内河码头岸电工程推广】 自 6 月 1 日起，海宁市在全省率先推广内河码头岸电工程，计划到 2020 年，海宁港区实现智能岸电系统全覆盖。智能岸电系统指在码头安装智能岸电桩，船舶停靠期间由电网向船用设备供电代替传统柴油发电机发电，从而减少对码头周边的噪音和空气污染，降低船舶运行成本，改善码头区域整体环境。

【船舶油污水收集实行政府购买服务】 12 月 20 日，市港航管理处与市大元运输有限责任公司签订船舶油污水收集服务合同。市大元运输有限责任公司购置全市首艘油污 01 船，专用收集油污水，兼收船舶生活垃圾。该船配备围油栏、吸油毡和消油剂，可担负船舶溢油事故的应急抢险等任务。市港航管理处制订《海宁市船舶油污水收集考核办法》，要求船舶每月上航道收集油污水不少于 20 天，到硖石、袁花、长安、斜桥辖区作业时间不少于 3 天，作业前向辖区海事所报告。

【汽车维修行业建立电子档案】 10 月，启动全市汽车维修企业电子档案专项对接工作。

电子档案建档工作于年底完成。鼓励和引导一、二类维修企业在生产经营活动中使用机动车维修服务管理系统，实现汽车维修档案电子化管理，并升级或开放相应数据接口，完成与省汽车电子健康档案系统对接，实现承修机动车维修电子数据自动上传。全市有一、二类维修企业53家，全年维修汽车近30万辆次。

【大学生交通类创新实践教育基地建立】 12月1日，市交通运输局与西安长安大学经济与管理学院举行大学生创新实践教育基地签约暨揭牌仪式。海宁基地是西安长安大学经济与管理学院在外建立的首个大学生创新实践教育基地。今后5年，西安长安大学经济与管理学院的交通运输、物流管理、工程管理、会计、统计等专业本科生，及交通运输规划与管理、物流工程与管理、产业经济学、统计学等学科研究生在海宁开展实践教育和科学研究，涵盖公路建设、运输管理、交通经济等领域。

(胡月梅)

邮　　政

【概况】 至年底，全市有城乡邮政营业网点20个、村邮站185个、便民服务站56个，在岗职工196人。2016年，完成邮政业务总收入6836.1万元，比上年增长7.6%。其中邮务类业务收入3360万元（含函件业务收入471.5万元、包裹快递业务收入1286.9万元），减少8.5万元，下降0.3%；代理金融业务收入3476.1万元，增加493万元，增长16.5%。至年底，邮政储蓄余额24.49亿元，新增6.79亿元。3月24日，位于许村镇家纺城区的永福村收寄点开业，适应永福村周边淘宝电商需求，扩大海宁西部服务范围。

【农村电子商务发展】 至年底，完成建设邮掌柜（一款以邮乐网平台为基础的综合服务平台）站点227个，其中A类掌柜（考核合格的邮掌柜）30余个。全年邮掌柜开展金融联动活动178场，新发展金融会员6042个。以车险团购市场为切入点，采集客户车辆信息，做好客户服务。完善电子商务联络员队伍，每个村邮乐购（邮掌柜）站点有专人联络。加大对电子商务的资源配置，基本建立电子商务运营机构。市商务局对农村电子商务（邮掌柜小商超）开展政策支持，推进电子商务服务站建设。

【投递网改革】 以投递服务质量和投递能力为导向，调整市内转趟邮车作业时间，发车时间由14：00调整为14：30，并调整转趟作业次序，将收寄量大的点调至后面。提早邮车开启时间，调整优化邮路，实行城区电瓶车投递，郊区汽车投递。整合农村片区投递资源，大件和重件由片区汽车邮路投递。以许村、长安、盐官、袁花4个片区为中心，实行快包重点区域揽收。全年妥投率97.2%，PDA（掌上电脑）信息反馈及时率97%。

(朱春娟)

通　　信

【概况】 2016年，市电信公司完成业务收入2.99亿元，比上年增长0.9%。至年底，固定电话用户17.5万户，移动用户15.8万户，有线宽带用户15万户，天翼高清宽带电视（iTV）用户7.1万户。6月底，完成传统交换机全面退网（计4个母局40个模块局），49785户用户完成迁移。有线光宽带用户占93.6%，百兆宽带用户占53%。推进接入网改造升级，全年新增 90 个 PON 设备入网，新增容量 3 万线；城域网扩容升级，提供普通宽带用户出口带宽 440G。配合政府互联网信息安全要求，推进无线城市建设，通过 iWi-Fi 统一平台、统一认证、统一客户端接入，全年新增 iWi-Fi 接入点 2239 个。完善无线 4G 信号覆盖，全年新增 4G 远端射频模块（RRU）17 个。至年底，有宏基站 185 个、远端射频模块 136 个。推进电信用户实名制整改，8 月 15 日起，对仍未实名制登记的用户，依法停止提供通信服务；10 月 15 日起，对未实名登记的客户依法销户。G20 杭州峰会期间，新增检查卡点视频监控头 76 个。加强通信机房巡查，建立应急通信保障机制，开展中继光缆现场巡查。推出“电信营业厅”APP 应用，全年微信公众号受理各类电信业务 2000 余笔。继续推行“总经理接待日”制度。

市移动公司全年业务收入 5.36 亿元，比上年增长 1.7%。至年底，4G 客户 50 万户，宽带用户 10.1 万户，宽带电视用户 2.9 万户。全年建成 4G 站点 352 个、2G 站点 139 个，新建汇聚机房 5 个、OLT 机房 30 个，交付驻地网 76230 户。参与“智慧社区”系统建设，主要用于各类信息查询和广告投放等，年内签约 35 个点的互联网接入。硖石街道西山社区智慧党建工作 APP 上线。6 月 20 日，完成停车诱导项目服务器接电改造，为老城区 21 个路段的 778 个车位停车收费管理提供数据传输服务。4 月，市移动公司与市城市管理监督指挥中心签约数字城管运行维护项目。项目通过分布在市区的 58 路摄像头对数字城管业务流程进行拆解、分析，提高城市管理效率。组建移动志愿服务队，在梅园社区、南关厢、银泰城等服务点开展便民服务活动。与团市委、市志愿者协会共同承担“i 志愿·公益商店”志愿服务。

市联通公司全年主营业务收入 7550 万元。至年底，移动用户 10.5 万户，固定互联网宽带用户 4.2 万户，移动互联网用户 2.5 万户，固定电话用户 6700 余户。G20 杭州峰会期间，市联通公司配合嘉兴联通公司完成 2 条中央电视台电路、19 条金融行业跨越电路、169 条海宁大客户电路的保障工作。落实“宽带中国”国家战略，推进 4G 通信技术建设。提升“智慧城市”信息化水平，助力信息消费试点城市建设。4G 网络向城镇郊区、高话务量农村区域拓展，扩大 4G 网络基本覆盖面，4G 网络人口覆盖率提升至 90%。年内，新建 4G 基站 228 个，室分楼宇 66 幢。优化传输网络，海宁接入网传输物理成环率 82%左右。

【嘉兴政务云海宁分中心建成】 2 月，嘉兴政务云海宁分中心（容灾备份中心）通过验收。市政府信息中心与海宁电信技术支撑团队合署办公。6 月，市电信公司分别与市教育局和卫生计生局签订信息化合作协议。9 月 23 日，18 家医院数据上云平台。9 月 25 日，教育信息中心数据迁移上云平台和市政府办公系统，市人力社保局、城管局、工商局等系统数据陆续迁移上云平台。电子政务、教育、医疗数据中心全面上线，为政府减少网络、硬件设备、机房等方面投入 4000 余万元。

【电信信息化建设】 11 月，市电信公司中标 2016 年海宁市社会治安动态视频监控项目，新建视频监控点 811 个，模数改造监控点 1842 个，年底项目启动建设。5 月，与市环保局签订环保移动监控业务项目，通过电信物联网技术检测各地尾气污染排放，设置流动监控点 500 个。实现海宁市物流快递行业视频监控联网，建设监控点位 137 个。助推美丽乡村建设，以天翼高清宽带电视（iTV）为载体，搭建村务公开平台。至年底，全市5个村完成整村iTV建设，合计1201户用户上线。建设皮革城天翼对讲项目，电信天翼对讲手机替代皮革城管委会原自建基站的数字对讲机。在多家物业管理企业推广使用电信天翼对讲业务。

【盐官景区游客动态人口分析系统上线】 3月，旅游景区游客动态人口分析系统正式上线。市移动公司与盐官度假区管委会合作建设“旅游景区游客动态人口分析系统”。该系统利用移动信令分析结合大数据技术，为旅游管理部门提供景区客流的实时流量监控、历史流量查询、景区预警短信等服务。系统周期性地从移动运营商信令集中采集系统获取信令数据并进行预处理，利用移动通信基站与景区空间场所对应关系，建立移动信息与实体世界关联，进行信息整合和发布。

【数字社区智慧党建工作APP上线】 3月15日，全市首家数字社区智慧党建工作APP正式上线，市移动公司与硖石街道西山社区合作，借助移动集团彩云社区数字化管理，推出智慧党建APP平台。西山社区的370名党员成为首批下载客户。该平台组建各级群组，网格化归属社区居民信息，发布社区动态，组织社区党员、居民使用彩云APP软件，线上发布文明创建等信息。党员学习活动剪辑随时发布，第一时间接受居民监督，数字党建台账向社区居民发布，重大社区决策可上平台发布征求意见，并实现在线投票。利用彩云APP计步器功能，组织社区居民开展全民健身活动，对积极参与者给予流量红包奖励。

【市移动公司移动云视讯系统建设】 12月5日，市移动公司借助云视讯平台，为斜桥镇政府搭建一套完整的视频会议系统。斜桥镇政府作为海宁云视讯试点单位，率先以视频直播形式上党课。该系统连接16个村、3个社区、1个镇政府，解决全镇党员集中听党课问题。

【市联通公司“沃警务·防控云”平台建设】 完善“沃警务·防控云”平台建设，在“沃警务”构建基础上，将射频技术、传感技术、人脸识别等物联网技术应用于“智慧城市”建设。推进“沃联网”及“沃警务”双平台设计，拓宽行业应用领域，将交通、健康、教育、文化、旅游、社保、支付、城建、警务、市场监管、国防、党建等智慧应用数据汇总到一个智慧中枢，将应用项目开发延伸至出租房管理、公共停车区域车辆信息采集、新居民临时居住服务、犬类电子身份牌推广、环卫人力调度、垃圾处理跟踪、公共Wi-Fi安全监管、大额财产防盗、公共设施安全保障、公共自行车动态管理、旅游景区财产管理等领域。全市安装1200余套射频采集设备，覆盖7万余辆电瓶车及50余个场所。通过设备追回被盗电瓶车138辆，找回走失的老人、学生18人，破获偷盗重点公共设备案件1起。

（沈群利　梁湘瑜　马春蕾）

［编辑：沈　赤］

水利·海塘

Water Conservancy & Seawall

水　　利

【概况】 2016年，全市完成水利建设投资7.5亿元。完成河道疏浚及综合整治211千米，其中河道清淤137.4千米，完成土方167.3万立方米，河道综合整治73.6千米；打通断头浜33条。市、镇、村河道绿化面积105.7公顷。种植水生植物8379平方米，改造水利类危桥25座。全年争取中央及省级以上项目4个，争取上级资金12985万元，海宁市被评为“十二五”期间农田水利标准化建设工作先进县（市）。推进扩大杭嘉湖南排海宁段工程，完成长水塘整治和老洛塘河疏浚，全线开工建设洛塘河改道工程，建设护岸29.2千米，开挖土方187万立方米，年度投资3.05亿元。完成省级中小河流新塘河治理二期市级配套项目，投资908万元；实施新塘河西段二期整治工程，整治河道及绿化种植7.5千米，投资867万元。实施长山河海宁市区片水系综合整治工程，整治河道22.2千米，投资1.3亿元。完成辛江塘、麻泾港、洛塘河（长安段）绿化提升工程，共改造绿化面积15.6万平方米，投资785万元。实施市河（由拳路至长山河）西侧综合整治工程，搬迁物资仓库，绿化面积4.9公顷，投资5000万元。实施河湖生态修复工程，洛塘河（环西二路至海宁大道）提升整治工程被命名为2016年浙江省河道生态建设示范工程。全国第四届水生态大会在海宁召开。成功防御梅雨期洪水、短历时强降雨、超强台风“尼伯特”、太湖历史第二位流域性特大洪水等自然灾害，平安度过汛期。

【农田水利建设】 实施全市河道生态治理和河堤、河岸、河面植物绿化工程。提高农田水利基础设施建设标准，推进第五批、第八批中央财政小型农田水利项目工程，完成节水面积517.3公顷，投资3774万元。2015年度农田水利标准化建设考核、重点县绩效评价获省级优秀，成功申报浙江省2017年（第九批）中央财政小型农田水利项目县。推进圩区、灌区整治，整治圩区2213公顷，改造灌区泵房31座，更新机泵47台，衬砌渠道115.8千米，改建渡槽9座，建设喷微灌面积9.3公顷，改造阻水瓶颈4852米。完成上塘河中型灌区节水配套改造项目，投资2297万元。

【河湖养护管理】 深化洛塘河西段“河长制”管理，关停4家企业，8个组农村生活污水连片纳管，综合整治河道12条。实施市区河道栏杆更新工程，改造护栏3503米，投资220万元。加强鹃湖建设管理，建造停船码头，委托专业机构开展鹃湖水质检测。开展白漾河强排工程前期工作。承办数字城管交办件 37 件，办结率 100%。修复损坏栏杆等设施 28 次，修复水泥栏杆 46 米、石栏杆 64 米、铁链 6 米、护岸 18.2 米。

【防灾能力建设】 推进城市防洪二期前期工程，完成可行性研究报告编制修改。实施盐仓标准海塘挡浪墙维护和丁坝加固一期工程，投资 628.8 万元。完成花山汇排涝闸管理房改建工程，启动标准海塘白蚁防治普查。完成硖石水文站异地新建项目选址、方案比选等前期工作。加强监测预警能力，在上塘河主要闸站和沿江水利设施主要节点建成远程视频监控装置 21 处；优化防汛 APP 掌上通，建成“海宁防汛”微信群，防汛信息第一时间发布，防汛工作第一时间部署。加强各类防汛物资分级储备，建成市级防汛仓库长安分中心，组建水利应急排涝队伍和专业抢险队伍，组织开展防汛排涝应急抢险演练。做好水文测报，加强水雨情监测预警，全年拍发水雨情电报 567 份。全年上塘河流域总排涝时间 2414 小时，泄洪量 20416 万立方米。

【水政水资源管理】 加大水资源保护和节水宣传力度，“世界水日”“中国水周”期间，制作宣传图片 200 张，发放宣传单 3000 份，发送短信 7000 余条，悬挂横幅 51 条，《海宁日报》刊登专栏 2 期。加强取水户实时监测，实时监控系统第三期工程新安装站点 44 个。加强水资源费、占用水域费等征收管理，共征收各类水利规费 2785.8 万元。加大河道水域巡查频率，全年组织巡查大小河道 503 条次 1605 千米，制止和查处水事违法行为 27 起，立案查处 7 起，拆除涉水违法建筑 34 宗 50656 平方米。开展保护河道水域专项行动，组织专项执法巡查 54 次，出动人员 201 人次，巡查河道 253 条次 802 千米，发放督办单 11 份，清理或整改阻水瓶颈 19 处，清除河道障碍物 780 余立方米、弃船 3 只。

【水利工作改革】 出台《海宁市生产建设项目水土保持审批改革实施方案》，实施水土保持审批改革试点工作，完成 12 个镇（街道）和经济开发区水土保持统编总体方案的委托编制、组织评审、方案批复等工作，对列入统编范围内的开发建设项目水土保持方案全部实行备案制。对 16 个水土保持审批项目加强事中事后监管，共组织专项巡查 14 次，验收项目 6 个（含省级项目 4 个），开展水土保持方案评审 5 次。创新消防取水、临河围墙（围栏）备案工作，解决河道绿化和企业安全问题。全年受理、审批（备案）水行政许可 155 件。

河道巡查 （市水利局　提供）

【水利工程标准化管理】 贯彻落实省政府《关于全面推行水利工程标准化管理的意见》，出台《海宁市水利工程标准化管理实施方案（2016—2020）》，开展海塘、河道堤防、中型灌区（市管骨干工程）、水闸、泵站、水文测站、圩区七大类型标准化管理创建。至年底，完成1段海塘、1座中型水闸、1座中型泵站、1个中型灌区、25段堤防、1个圩区和2座水文测站共32个项目的标准化创建。

（贺诗明）

海　塘

【概况】 钱塘江海宁段海塘位于钱塘江北岸海宁市境内，西起余杭围垦交界处，东至海宁尖山围垦四号隔堤，一线海塘长度55.7千米，包括省管海塘34.2千米、地方管海塘21.5千米。一线临江省管标准海塘共有五段，分别为老盐仓大坝至秧田庙段海塘8千米、秧田庙至陈坟港段海塘14千米、陈坟港至平塘头段海塘10.6千米、平塘头至塔山坝段海塘1.1千米、塔山坝至西顺堤段海塘0.5千米，均为I级海塘。

全年巡查海塘228天。一般程序查处水事案件1起，结案1起，收缴罚款1万元；简易程序查处案件6起。办理审批项目4个，依法征收占用水域补偿费20万元。调整防汛组织机构成员，层层签订防汛防台责任书，编制《省管海塘防汛防台应急处置预案》。更新防汛编织袋6.8万条、救生衣200件。钱塘江管理处与市防汛防台指挥部建立联络协调机制，开展联动防汛指导服务。与市水利局联合开展汛前、汛中、汛后检查，梳理海塘安全隐患，反馈相关责任单位并督促整改。加强防汛防台应急响应能力，防御超强台风“尼伯特”、第14号台风“莫兰蒂”和第16号台风“马勒卡”等自然灾害。开展水利工程标准化管理，全年完成省管海塘工程制度手册、管理操作手册、岗位事项人员对应表、运行管理平台、标识标牌设施、工程划界方案、创标工程7项内容的标准化建设。

【观潮公共安全】 配合海宁市政府做好公共安全服务。大潮汛到达之前，对海宁段海塘（堤坝）沿线12个观潮区域，分三个强度等级向市政府报送《钱塘江海宁段观潮安全预警报告》，全年报送26份。观潮节期间，配合中央电视台直播海宁潮，预测涌潮大小与形态变化。

【省管海塘零星维护工程完工】 该工程于1月1日开工，12月10日完工，投资259.1万元。主要施工内容包括护塘地外排水沟修建，多处前坡勾缝，塔山坝坝头整治，7处头坦修复，千字文碑设计安装，护塘地堤顶填土拼宽加固。完成工程量：抛填块石370立方米，C30混凝土浇筑320立方米，勾缝6060立方米，水泥基勾缝1700平方米，浆砌石（花岗岩）100立方米，千字文碑设计安装179块，土方回填碾压25930平方米，上塘垃圾清运25930立方米。

【海塘整修工程完工】 该工程于9月10日开工，12月20日完工，投资194.6万元。工程主要对大缺口段部分海塘进行堤身培厚，实施海塘桩号为K98+480～K97+527，K97+765～K98+180，K97+590～K97+200。主要施工内容：清除原海塘后坡草皮，清除深度10厘米；原堤顶拼宽至8米，并沿坡顶按1∶3放坡至护塘地，土方回填完成后坡面播种草籽。（沈　捷）

［编辑：沈　赤］

市政公用事业

Municipal Public Utilities

综　述

2016年，开展市政施工企业三级资质核准变更工作，受理资质申请企业3家，受理企业资质证书变更8项。对35个房产项目市政配套方案进行会审，38个房产项目市政配套设施进行交付使用备案验收，房产项目建设期间进行工作指导20余次。办理市政施工许可证123件。对市政施工企业进行诚信考核，评出AAA级企业1家、AA级企业4家、A级企业5家。每季度开展质量安全市场行为专项检查，发出整改通知书20份，提出整改意见80余条。11个项目被评为"潮韵杯"市政工程优质奖，4个项目被评为"南湖杯"嘉兴市市政工程优质奖，11个市政项目被评为海宁市标准化工地。投入市政设施维修资金3500万元，维修人行道、广场、雨水管、桥梁等设施。

市供电公司实行低压业扩，构建"互联网+营销业务"创新体系。推进电力企业文化建设，规范工作人员廉洁从业行为。加强排水许可管理，全年核发排水许可证702件(包含权限下放乡镇)，委托具有计量认证资质的新世纪水务鉴定检测公司对17家办证的重点排水户实施水质监测抽查。市住建局与水务集团为困难户免费安装节水龙头480个。对92家C类企业下达2016年度用水计划，实施超计划用水累进加价制度。加强供排水行业监管，全市两座水厂及73个管网水检测点出厂水10项指标、42项指标、106项指标综合合格率均为100%。全年完成城镇建成区生活污水治理48.4平方千米。协调处理污水治理过程中的问题，召开例会24次、工作业务会议4次、现场会3次、推进会2次。

印发《海宁市城市燃气安全生产目标管理责任制考核办法（试行）》《海宁市2016年度燃气安全生产目标管理考核办法》，对属地政府、燃气企业进行安全生产考核。制订《2016年"安全生产月"活动实施方案》，开展"安全生产月"活动，发放宣传资料7000余份，悬挂横幅49条，开展应急演练7场，参与海宁电视台专访节目录制3期，《海宁日报》刊发燃气专版2期、专题新闻5篇，微信公众号推送燃气专题宣传2篇。每季度与市场监管部门开展瓶装燃气质量计量检查。

实施亮化管理，保障功能性照明。开展不定期、不定项督察考核亮化巡查及维保工作。对水路和陆路廊道周边亭台桥阁的部分重要节点进行恢复和提亮。全年更新绿地功能灯4处，节点恢复及更新25处，暗区提亮6处，新增景观节点6处，更新电缆线3处，对长埭路（海昌路至白漾桥段）实施景观造型路灯改造。

（顾沈欢　蒋晔嘉）

电　力

【概况】　至年底，全市有500千伏变电所1座；220千伏变电所6座，主变15台，总容量297万千伏安；110千伏变电所23座，主变48台，总容量234.6万千伏安；35千伏变电所5座，主变10台，总容量18.1万千伏安；20千伏配电变压器423台，总容量44.1万千伏安；10千伏配电变压器10902台，总容量440.3万千伏安。110千伏送电线路48条，总长357千米；35千伏送电线路21条，总长150千米；20千伏送电线路63条，总长304千米；10千伏配电线路562条，总长3985千米；低压线路总长6446千米。配电开关6097台，其中柱上开关1717台；户内开闭所133座，环网柜378座。用电户数32.6万户。变电设备一类占有率100%，设备完好率100%。全市电力最高负荷145.4万千瓦，比上年增长10.8%；网供最高负荷131.2万千瓦，增长7.3%；全社会用电量79.37亿千瓦小时，增长11.1%；售电量70.35亿千瓦小时，增长8%。完成固定资产投资1.66亿元。累计线损率3.36%，供电可靠率99.89%，综合电压合格率99.98%。

全年受理“95598”工单10956份，其中抢修工单9503份、非故障类工单1453份，处理率100%。发布停电信息社会公告3442条（次），周（日）停电通知38050次（户）。推出窗口立答、公开电网可开放容量等业扩提速措施，整合制作业扩验收卡，形成与客户互动的打卡式验收模式，确保工程在供电验收环节一次性通过，通电速度比上年提升15%。配合做好差别化电价工作，对135家企业征收差别化电费共630万元。

电能替代高速推进，实施电能替代双轨制（业务制、属地制）推进模式，建立电能替代互备式项目库。4个高速服务区快充站建成投运，完成城区公共快充站试点建设，新增华云集团公司8个快充站。市港航管理处印发《海宁市码头岸电项目实施方案》，结合市“五区十四码头”港区建设规划，实现公用码头岸电设施全覆盖。全年完成电能替代项目55个，替代电量3.78亿千瓦小时。海宁市富升裘革有限公司皮革烘干典型案例入选省《电能替代案例集萃》。

构建“互联网+营销业务”体系，实现低压“线上全天候受理，线下一站式办电”业扩报装全覆盖。提升线上办电业务渗透率，高压、低压客户线上办电渗透率100%。淘汰纸质账单，居民电子账单订阅率94.6%，年节约费用100余万元。推广掌上电力APP、电e宝等电子服务，累计客户13.3万户。“盐官供电所企业文化落地项目”获省电力公司立项并基本建成，“基于多方共赢的城镇内河码头岸电桩的应用推广”项目通过国家电网公司第一轮立项评审，《提高办电效率，打造“窗口立答用电方案”新模式》获省电力公司2015年度社会责任根植项目成果二等奖。调控中心、袁花供电所分获全国、浙江省“安康杯”竞赛“优胜班组”称号。

【电网建设】　年内，编制《海宁市“十三五”配电网发展规划》《“十三五”农网改造升级规划》和《省级园区配电网建设改造专项规划》。编制完成《220千伏嘉兴南部电网优化工程选线及可行性研究报告》《110千伏郭店输变电工程所址路径方案更新及可行性研究报告》《110千伏前进变输变电工程所址路径方案》。储备近、中、远期配电网项目，通过3批次45项配网项目可行性研究报告立项审批。开展省电力公司重大科研及示范项目“嘉兴海宁主动配电网试点工程”方案论证及可行性研究报告编制。《国网浙江海宁市供电公司小康电示范县建设实施方案》入选省电力公司《小康电示范县》编制范本，在全省推广。110千伏双联输变电工程投产。连杭至青石220千伏线路工程及嘉兴首个110千伏输变电属地化管理工程——110千伏城西输变电工程开工。推进钱江至乔司500千伏线路工程、连杭至青石220千伏线路工程海宁段属地政策处理，完成110千伏诸桥输变电工程选址储备手续。110千伏双联变和110千伏龙渡变10千伏配套工程投产。2015年第一、第二批14个新增城农网项目全部建成投运，推进实施2016年第一、第二批23个网改项目和第三批小城镇（中心村）网改项目。配网线路投产224千米，新增、改造配变台区304个，净增容量12.1万千伏安。配网线路互联互供比率比上年提升5%，电缆化率提升6%。市供电公司成为首批通过国家电网公司配网标准化建设验收单位。丁桥镇新仓村配网示范区入选省电力公司农村示范区。完成“两新”小区电力配套建设工程26项，完成投资1669万元。

5月19日，双联变电站5万千伏安主变器吊装

（市供电公司　提供）

【双联变电站运营】　6月30日，位于经济开发区俞家桥路西侧的双联变电站正式运营，为“十三五”期间海宁电网投运的首座110千伏变电站，总投资2.5亿元。主变压器2台，装机容量5万千伏安，110千伏出线2回，10千伏出线24回。

【盐官供电所屋顶光伏发电项目并网运行】　8月10日，海宁首个供电所光伏发电项目在盐官并网运行，为嘉兴市首个供电所屋顶分布式光伏发电项目。每小时发电量15千瓦小时，晴天可达20千瓦小时。日均发电8小时，年发电量3万千瓦小时。8年收回成本，主件使用寿命25年。

【电力安全生产】　开展电力安全生产稽查，检查施工、检修现场385个，稽查违章35起、不规范现象34处，发现问题2个，评定四星级现场119个、三星级现场233个、二星级现场33个。开展配电安全培训，全年开展各类演练23场次，参加人员472人次。严格安装类施工单位审核，13家施工企业通过安全资质查验。加强外包工程现场稽查，查处外包队违章65次，记161分，扣款1.8万元。

（沈　晓）

供水·排水

【概况】 2016年，全市自来水供应能力60万立方米/日。全年供水量9690万立方米，其中第三水厂供水5922万立方米，第二水厂供水3768万立方米。最高日供水33.7万立方米；全年售水量9161万立方米，其中居民生活用水3352万立方米，非居民生活生产用水5778万立方米，特种用水31万立方米。

全年供水项目投资3.43亿元。实施3项供水管道工程，建成供水管道46千米，完成投资3454万元。泰山港水源生态湿地工程通水调试，供水中心应急泵站具备调试条件，鹃湖水库至长水塘生态湿地贯通，海昌路市政管网提升工程完工。中水回用工程完工并投入运营。提升应急排涝抢险能力，更新西立交桥泵站水泵机组2台，增加排水能力每小时600立方米。整治内涝点4处，打通雨水主管出口6处。实施海昌路区域供排水设施提升改造工程，疏浚雨水管网150千米，清掏窨井1.2万座，安装雨水井防坠网1100只。完成城市应急抢险排涝作业5次，夜间应急联动36起。强化水表检验制度，全年首检水表46501只，周检水表5100只，纠纷水表31只，水表检验制度日趋制度化、规范化。完成“一户一表”改造770户，新建住宅安装“一户一表”27313户。按照《生活饮用水卫生标准》要求，通过自检、送检及抽检，全市两座水厂出厂水10项指标、42项指标、106项指标综合合格率均为100%；全市73个管网水检测点10项指标、42项指标、106项指标综合合格率均为100%。

【泰山港水源生态湿地工程通水】 该工程列入海宁市2014年度创新破难项目，建设规模为新建日净水能力30万吨人工湿地1座。湿地占地面积101.4公顷，总投资4.67亿元。2016年年底，工程完工并通水调试。

【供水设施防冻保暖改造】 针对年初罕见的冰冻灾害，市水务集团实施老旧小区供水设施防冻保暖改造。投入资金580万元，完成78个居民点改造，涉及用户15960户。

【水务合作项目签约】 12月9日，市水务集团与云南水务投资股份有限公司签约，组建浙江海云环保有限公司。云南水务投资股份有限公司总经理于龙，海宁市委书记朱建军，市委副书记、代市长曹国良等出席签约仪式。公司注册资本11亿元，其中海宁市水务集团出资51%，云南水务投资股份有限公司出资49%。新公司负责水务及环保项目投资、建设和运营，主要从事水环境综合保护及治理、湖泊河流整治、原水供应、中水回用、固废处理等基础设施建设。

（沈燕明　陆萍燕）

污水处理

【概况】 2016年，全市三座污水处理厂共处理污水9723万吨，其中丁桥污水处理厂处理污水4678万吨，盐仓污水处理厂处理污水3754万吨，尖山污水处理厂处理污水1291万吨。日均处理污水26.6万吨。三座污水处理厂出水水质指标达标率均为100%。全年污水项目完成投资3.28亿元。实施6项污水管道工程，建成污水管道225千米，完成投资2.33亿元。丁桥污水处理厂一级A提标工程及盐仓污水处理厂一期、二期提标工程完工试运行，尖山污水处理厂提标改造工程开工建设。开展农村、城镇建成区及市区生活污水治理工程，完成治理面积51平方千米，污水收集管网全覆盖。加强排污企业入网水质事后监管力度，不定期对重点排污企业进行抽样监测，全年发现超过申报值排放污水行为191家次，出水水质在省、市环保部门出水水质飞行检测中达标率100%。全年污水处理厂规范处置污泥77086吨，实现减排COD（化学需氧量）25499吨、氨氮2119吨。

【盐仓污水处理厂一期、二期提标工程完工】 该项目内容为改造水解池、A/O池，增加反硝化深床滤池、消毒池，对6万吨规模的处理能力进行改造，使尾水排放标准由二级提升至一级A。工程于2015年3月12日开工，2016年10月25日完工并投入运行，完成投资8930万元。

【丁桥污水处理厂一级A提标项目完工】 该项目是海宁治水治污、节能减排的重要工程。项目内容为在原厂区、原工艺基础上增设15万吨/日深床反硝化滤池及消毒一体池1座。项目于2015年9月30日开工建设，2016年9月19日完工并投入运行，总投资3500万元。

（沈燕明　陆萍燕）

石油·燃气

【概况】 年内，异地迁建加油站1座，即海宁中通石油有限公司九里桥加油站，位于市区环西二路，总投资1630万元，8月起对外营业。至年底，全市有加油站（点）58家，按隶属关系分：中国石化销售有限公司浙江嘉兴海宁支公司（以下简称中石化公司）39家，海宁市中油石油有限责任公司（以下简称中石油公司）6家，中华道达尔油品有限公司2家，浙江高速投资发展有限公司2家，海宁中通石油有限公司1家，中国中油天然气股份有限公司4家，民营企业4家。全年销售成品油35万吨，比上年增长2%，其中汽油21.7万吨、柴油13.3万吨。

中石化公司全年销售成品油26万吨，比上年增长2.7%。其中零售22.4万吨，增长2%；直销3.6万吨，增长5.9%。按销售品种分：销售汽油14.2万吨、柴油11.8万吨。另销售天然气332吨。非油品业务销售额4982.6万元，增长23.3%。发售加油卡4万余张，累计充值6.11亿元。IC卡持卡消费比例51.2%，加油卡业务比上年有所增长。中石油公司全年销售成品油及石化产品36.3万吨（含批发调拨及零售），其中销售成品油11.7万吨。实现销售额10.9亿元，超市销售额492万元。全面检修各加油站的加油机、电气设备及卸油房，改造卸油房、发电机房及长安站油气回收系统。改造各加油站排水系统，根据环保要求规范入网，取得污水入网许可证。全年培训员工55人次，其中从业人员上岗证培训42人次、安全管理员培训13人次。新成立海宁中通石油有限公司，全年销售各类石化产品6.2万吨，实现销售收入3.08亿元、利润160.6万元。

至年底，累计天然气居民用户69029户，比上年增加13589户；非居民用户671户，增加103户。全年销售天然气总量12025.7万立方米，其中居民用户1122.3万立方米、非居民用户10903.4万立方米。全年铺设中压管网54.9千米、低压管网365千米。累计铺设次高压管网82.9千米、中压及低压管网1478.8千米。整合液化气供气渠道，注销海宁市商业液化气有限公司。市民泰煤气有限责任公司整合乡镇煤气供应站资源，全年销售瓶装液化气2.1万吨，实现销售额7.17亿元。在盐官度假区建成嘉兴市首座移动式瓶装液化气供应站。加强燃气行业管理，市住建局牵头开展燃气用户安全使用保障工程专项治理，开展工商业用户、居民用户入户安全检查和燃气安全使用知识宣传。开发运用煤气配送 APP 服务软件。更换不合格或超期使用的减压阀和软管，其中居民用户 3 万余户、工商业用户 410 户。置换更新液化气钢瓶 7 万余只。

【燃气销售实名制管理】 实行瓶装液化气销售实名登记制度，建立用户信息，启动瓶装燃气信息化管控建设。全市建立瓶装燃气用户信息 21 万户、钢瓶信息 43 万个，24 万个钢瓶绑定电子二维码，钢瓶销售和使用全部实名制登记。

【燃气行业执法】 开展燃气行业专项整治行动，组织专项检查 900 余次，下发整改通知书 61 份、督办单 30 份，移交跨区域经营案件 6 起。属地政府牵头开展燃气企业、供应站专项整治，开展联合执法 118 次，参与执法人员 864 人次，取缔无证经营点 65 处，查扣钢瓶 106 个。

（陈小梅　潘文轶　顾沈欢　贺朝洁）

道路·桥梁

【概况】 市城投集团全年实施道路、桥梁项目 24 个，其中新建项目 11 个、续建项目 13 个。建成道路 8.5 千米，修复桥梁 8 座，总投资 4.86 亿元。年内开工项目 11 个，即湿地公园南侧道路（射击馆至碧云路），钱江东路（宗海路至 08 省道），长埭路（海昌路至河西路）、太平弄（工人路至长埭路）拓宽改造，缔艺家园周边道路，海州路东延（阆声路至 08 省道），北关桥路拓宽改线，人民路（长埭路至综合执法局）拓宽改造，竞芳路（水月亭路至海州路），宗海路（水月亭路至海州路），双长路（碧云路）桥梁工程，康华医院周边道路。完工项目 15 个，即文宗路南延（长丰路至丰收路），鹃湖西侧道路（海州路至江南大道），鹃湖东侧道路（海州路至江南大道），市农副产品批发市场配套道路，海洲小学北侧道路，新建市妇幼保健院周边道路，竞芳路（海州路至钱江路），人民路北段（工人路至长埭路）改线，2015 年度市区市政桥梁大修加固，钱江东路（宗海路至 08 省道），长埭路（海昌路至河西路）、太平弄（工人路至长埭路）拓宽改造，文苑路南延（长丰路至丰收路），湿地公园南侧道路，缔艺家园周边道路，市政道路电力管道改建工程。

加强市政设施养护，全年投入市政设施维修资金 3500 万元。维修沥青道路 5.6 万平方米、混凝土道路 1.3 万平方米，沥青灌缝 51 千米，维修人行道 5.7 万平方米、盲道 2.1 千米、侧石 5.9 千米、下水道 2.9 千米。改造文宗路、海州西路、水月亭路、海马路、干河街等部分路段人行道 2.4 万平方米。桥梁安全检测 60 座，清理桥梁伸缩缝 2.5 千米，提升改造塘桥整体景观 3500 平方米，更新港园桥、蒙努大桥、水月亭桥等栏杆 1.2 千米。完成东山大桥、茅桥等 8 座桥梁加固大修，消除市区所有 D 级桥梁。新增停车泊位 210 个，建设面积 9500 平方米，增设石立柱、圆球 450 个，封闭多余交通出口 11 处，优化调头岛设置 2 处。

【鹃湖东西两侧道路工程竣工】 鹃湖东侧新建道路（海州路至江南大道）长 1983 米，宽 30 米，人行道 2×2.5 米，绿化带 2×2.5 米，沿途设桥梁 2 座。项目于 2014 年 5 月 10 日开工，2016 年 3 月 31 日竣工，投资 8374 万元。鹃湖西侧新建道路（海州路至江南大道）总长 2222 米，其中城南大道至钱江路长 988 米、宽 30 米，钱江路至海州路长 1234 米、宽 20 米。设桥梁 1 座。项目于 2014 年 5 月 10 日开工，2016 年 3 月 10 日竣工，投资 7629 万元。

【文宗路南延（长丰路至丰收路）工程竣工】 文宗路南延（长丰路至丰收路）新建道路长 797 米，宽 30 米，两边各 3 米人行道及 1.5 米绿化隔离带，设桥梁 2 座。项目于 2013 年 12 月 8 日开工，2016 年 11 月 4 日竣工，总投资 4617 万元。

【人民路北段（工人路至长埭路）改线工程竣工】 因人民广场规划需要，实施人民路北段（工人路至长埭路）改线工程。原人民路工人路路口向东移，与建设路路口相衔接，道路线型向西南方向延伸至长埭路，与原长埭路路口相距约 60 米。原人民路路段（工人路至长埭路）改造成人民广场步行街。改线后的人民路长 227 米，宽 20 米，人行道 2×3 米。项目于 2015 年 11 月 1 日开工，2016 年 6 月 6 日竣工，总投资 500 万元。

【文苑路南延（长丰路至丰收路）工程竣工】 该工程北起长丰路，南至丰收路，新建道路长 825.6 米，沿途新建桥梁 2 座，同时建设排水、绿化、照明、公交站台及交通附属设施。项目于 2015 年 11 月 25 日开工，2016 年 9 月 23 日竣工，总投资 5269.4 万元。

【海州路东延（阆声路至 08 省道）工程开工】 该工程西起阆声路，东至 08 省道，新建道路长 1061 米，宽 58 米，沿途新建桥梁 2 座，同时建设公交站台、给排水、照明、绿化等配套设施。项目于 2016 年 9 月 10 日开工，总投资 1.5 亿元。

（高　丽　蒋晔嘉）

公共交通

【概况】 至年底，全市有公交线路 105 条，其中市内公交 36 条、城乡公交 69 条（城际公交 7 条、跨县公交 7 条、县内公交 45 条、社区公交 10 条）。城市公交日发 1533 个班次，城乡公交日发 1140 个班次。长途班线 49 条，其中跨省班线 27 条（包括对方公司开行班线 9 条）、跨市班线 22 条（包括对方公司开行班线 6 条）。长途班线日发 111.1个班次。年内，新建公共自行车服务站点 50 个，投放公共自行车 900 辆；累计建成公共自行车服务站点 189 个，投放公共自行车 3500 辆。推进公共自行车服务网点扩面建设，辐射至中心集镇等区域，马桥街道公共自行车系统首期投入使用。

全年新增公交线路 6 条：319 路（火车西站至省第六监狱）、325 路（马桥公交站至长啸村）、302 路（尖山新区至袁花公交站）、322 路（大临村至年长桥）、33 路（火车站至浙大国际校区北）、933 路（客运中心至浙大国际校区北）。调整公交线路 6 条：131 路（火车站至盐仓）、203 路（客运中心至尖山新区）、202 路（火车站至石墩村）、311 路（长安至许村公共服务中心）、9 路（紫微高中至公交总站）、105 路（客运中心至五丰）。8 月，浙大国际校区开通 33 路、933 路两条公交线路，33 路至海宁火车站，933 路至市客运中心。11 月 28 日，发行新版交通 IC 卡，可在嘉兴市五县两区装有刷卡机的城市公交刷卡乘车。全年新增公交车 23 辆，其中清洁能源车 6 辆（液化天然气）、新能源车 17 辆（纯电动）。袁花公交站建成启用。新增乡镇社区巴士 8 条，分别是袁花 1 号、2 号线，长安 1 号至 6 号线。新增社区巴士公交线路 11 条，其中长安镇

5 条、黄湾镇 4 条、袁花镇定点定线 2 条。

【海宁公交总站（汽车北站）启用】 12 月 16 日，海宁公交总站（汽车北站）正式投入使用，9 路、99 路公交车延伸到公交总站。公交总站位于市区由拳路北侧、文苑路东侧，占地面积 4.1 公顷，总建筑面积 2.3 万平方米。由大元运输有限责任公司投资建设，是海宁市首个民营资本参与大型客运站项目。按二级车站标准建设，主要建筑包括综合楼、候车厅、站台、加油加气站、汽车保养用房、停车场、出租车候车区等，其中停车场有客运车辆停车位 157 个，地下停车库有私家车停车位 80 个。

12 月 16 日启用的海宁公交总站（汽车北站）

（市交通运输局 提供）

【首批纯电动公交车运营】 4 月 27 日，首批 6 辆纯电动公交车运抵海宁，投入公交 15 路线运营。纯电动公交车车身长 8.5 米，具有无噪声、操作简单、起步平稳、乘坐舒适等特点，续驶里程约 180 千米。

4 月 27 日，首批纯电动公交车运抵海宁

（市交通运输局 提供）

【公共自行车系统三期投入使用】 公共自行车系统三期工程在一期、二期基础上进行站点加密和延伸，增设城东和城北站点。工程于 5 月 23 日开工，9 月 1 日完工并投入使用。新建服务网点 43 个，扩建服务网点 18 个，新增车位 1280 个，投放自行车 700 辆。

（胡月梅 查晓元）

［编辑：沈 赤］

城乡建设与管理

Urban & Rural Construction and Management

城乡规划

【概况】 2016年，共办理规划选址意见书109件，出具规划设计条件书300件；核发建设用地规划许可证299件，用地面积约580.4公顷；核发建设工程规划许可证382件，建筑面积约515.1万平方米。2016年，主城区建成区面积50.5平方千米。全市完成控制性详细规划编制面积14.8平方千米，调整控制性详细规划31个，中心城区实现控制性详细规划全覆盖，各镇控制性详细规划覆盖率95%。

【规划编制与协调】 完成《海宁市域总体规划编制前期研究》方案竞选，启动编制《海宁市域总体规划》。启动编制《城西新区城市设计及控制性详细规划》并完成评审。修改完善《历史文化名城保护规划》。做好控制性详细规划和专项规划的编制和协调，完成市区污水工程专项规划修编，海宁市污水泵站专项规划、海宁市通信基站布点规划、商业网点布局规划、户外广告设置专项规划等报批，完成停车场系统规划评审，启动海绵城市专项规划编制。按照村庄规划全覆盖要求，推进村庄规划编制，全年完成29个村庄规划报批，34个完成评审或征求部门意见，15个完成编制初步方案。完成8个保留提升点村庄设计。指导各镇开展小城镇环境综合整治规划编制。

【规划管理】 全年召开城乡规划委员会专题会议2次，审议重点规划项目7个、建设项目8个，通报规划项目3个、建设项目19个。组织完成各类规划、建设项目方案评审会77次。完成300余个项目工程规划验收，涉及建筑面积634万平方米，其中口头提出整改要求的项目56个，书面发放整改意见书的项目22个。共向市综合执法局出具要求违法查处的告知函件50件。全年发放规划核实确认书330份。

【测绘管理】 运维更新“数字海宁”平台，更新完成市区及乡镇30平方千米的1：500地形图数据，市区49.4平方千米范围地名地址及POI兴趣点数据，市区125千米地下综合管线数据，市区20平方千米及市域重要交通、水系等要素1：2000地形图数据，以及全市0.5米分辨率卫星影像数据。完善规划管理信息系统功能，完成地面沉降信息管理系统项目验收。召开全市地理空间信息协调委员会会议，与市公安局、综合执法局签订地理空间数据共建共享协议。完成海宁市地面沉降信息系统、公安PGIS、数字执法系统、海宁市供水管网地理信息系统、“五水共治”智慧管理平台5个应用示范建设。发布《海宁市基础测绘“十三五”规划》。完成海宁市第一次地理国情普查，成果数据通过省质监站验收。采集全市政务地理信息，校核政务地理信息记录 4104 条。开展全市涉密测绘成果保密检查，重点检查成果使用和生产单位 7 家。对 5 家测绘单位开展测绘资质巡查。开展《中华人民共和国测绘法》宣传，发放宣传资料 4500 余份。对 3 家测绘单位进行测绘与地理信息项目备案检查，对 5 家测绘资质单位进行测绘成果质量监督检查，对测绘成果质量不合格的单位进行行政处罚。对市图书馆、新华书店、火车站、客运中心等场所开展地图市场大检查。全年完成使用属于国家秘密基础测绘成果审批 26 件，测绘与地理信息项目实施前备案审核 888 件，地图审核 1 件。

【勘察设计】 全市有勘察设计测绘单位 6 家，即浙江华恒建筑设计有限公司（甲级）、浙江鸿翔建筑设计有限公司（甲级）、浙江经建建筑设计有限公司（乙级）、浙江水利勘察设计所（丙级）、海宁市规划设计研究院（丙级）、海宁市中图测绘有限公司（丙级）。年内，海宁市建设规划测绘队（丙级）、海宁市国土测绘规划院（丙级）、海宁市天平测绘有限责任公司（丁级）3 家测绘单位由市实投集团接收全部股权，于 7 月 27 日整合成立海宁市中图测绘有限公司（丙级）。全年外来勘察、设计单位备案项目 373 个。其中勘察单位备案项目 255 个，总建筑面积 440 万平方米；设计单位备案项目 118 个，总建筑面积 240 万平方米。

【施工图审查】 出台《海宁市施工图审查机构考核管理办法（试行）》，加强对施工图审查机构的监督管理，市住建局对施工图审查成果进行备案。建立随机抽查机制，按照 1 个季度不少于 1 次，每次不少于 5 个项目的要求抽检施工图审查成果质量，抽检结果作为审查机构诚信考核的重要依据。全年开展勘察、设计施工图审查质量检查 4 次，通报检查结果并要求落实整改，检查结果纳入年终考核。

（陶圣叶）

城市和村镇建设

【概况】 全年核发乡村建设规划许可证 11 件。村民建房备案信息系统备案乡村建设工程规划许可证（村民建房）1367 件，建筑面积 44.8 万平方米。10 月，成立小城镇环境综合整治行动领导小组，制订《海宁市小城镇环境综合整治行动实施方案》，明确整治对象、阶段目标和工作要求，开展小城镇环境综合整治专项行动。完成泥木工会员从业证和施工员证年度审核及换证，组织泥木工匠培训班 7 期、安全生产专题培训班 1 期，招收新会员 100 余人。

【工人路商业中心一期和人民花苑安置房项目完工】 2012 年下半年，市委、市政府印发《海宁市中心城区城市有机更新实施意见》，将工人路商业中心改造项目列为十大有机更新项目。项目由皮革城负责实施，市城镇有机更新有限公司具体运作。2013 年 7 月，启动工人路区块房屋征收工作。至 2016 年年底，该区块征收房屋 570 户。项目由上海高力国际物业服务有限公司进行规划定位，上海 Link 设计有限公司负责首期项目建筑方案和施工设计。规划总占地面积 5.9 公顷，其中商业中心一期占地面积 4.4 公顷，人民花苑占地面积 1.5 公顷；总建筑面积 34.6 万平方米，其中商业中心一期 25 万平方米，设计地下停车位 1700 个，人民花苑 9.6 万平方米，设计地下停车位 524 个；总投资概算 26.18 亿元，其中商业中心一期 20.09 亿元，人民花苑 6.09 亿元。商业中心一期于 2014 年 7 月开工建设，2016 年 12 月竣工，完成投资额 19.49 亿元。人民花苑于 2014 年 5 月开工建设，2016 年 9 月完工并交房，完成投资额 6.09 亿元。聘请杭州煦途地产策划公司对商业中心进行专业规划，完成商业中心内 A、B、C 座业态规划、商铺产权划分和商业规划，累计登记商铺租赁客户意向 409 组，涉及餐饮美食、服装鞋业、综合零售、儿童教育、休闲娱乐等业态。新华苑公寓式酒店项目于 2016 年 11 月 6 日正式开盘。改造后的工人路人民广场融商业、休闲、文化、居住于一体，建筑设计整体呈简欧风格。建筑设计方案获 2015 年度中国人居环境更新范例奖。

9 月，工人路区块人民花苑交房　（王超英　摄）

【省级美丽宜居示范村创建】　指导美丽宜居示范村创建，组织海宁专家指导小组对黄湾镇钱江村、周王庙镇双涧村和盐官镇红友村进行现场指导。钱江村、双涧村通过省级年中考核验收。12 月 21 日，红友村通过省美丽宜居村镇示范工作领导小组办公室督察考核。

【农村住房改造】　全年完成农村住房改造 1830 户。完成农村困难危旧房改造 50 户，发放市级补助资金 164 万元，发放到户率 100%。根据《关于全市刚需建房农户进新市镇新社区规划点建房的管理办法》，全年完成进点农房建设补助考核 373 户，补助资金 1412 万元。

表 25　2016 年镇（街道、开发区）主要市政建设项目

镇（街道）、开发区	项目名称	长度（米）	宽度（米）	面积（平方米）	造价（万元）
许村镇	崇文路（万隆路至迎春路）	290	28	8120	350
	迎春路（万隆路至东河港）	700	16	11200	480
	沈士园一路	517	10	5170	300
	万隆路拓宽	1400	13	18200	750
长安镇（高新区）	启辉路大修	610	17	10370	199.9
	海塘路大修	1510	9	13590	205.4
	新兴路杭浦下大修	西半幅 108 东半幅 92	8 7.5	1554	65.8

续表 25

镇（街道）、开发区	项目名称	长度（米）	宽度（米）	面积（平方米）	造价（万元）
长安镇（高新区）	秋潮路大修	1368	9	12312	281.5
	新兴路（启潮路至安澜路）大修	615	16	9840	516.3
	大堤路（海塘路至之江路）改建	1281	17	21777	1040
	潮韵路（海河路至创智路）	420	13	5460	274.9
	创智路北延（之江路至依江路）	245	34	8330	301.5
	竹山路（新明路至庙桥港）道路	960	30	28800	929
周王庙镇	创新路北段道路	218	12	2616	77.7
斜桥镇	新民路东延、西延	东延 186 西延 210	7	2772	125
	副中心支一路连通段	327	9	2943	176
	姚九公路镇区段	东段 998 中段 1127	东段 12 中段 6	18738	1200
黄湾镇（尖山新区）	滨海路西延（新城路至襄城路）	1061	24	25464	1463.5
	江南新城（西区）富江路（08 省道至襄城路）	2770	20	55400	3553.3

说明：表内项目为城镇建成区内新建道路、桥梁工程，不含通村公路、城镇规划区外建设的桥梁

（陶圣叶　陈雪霞　钟　娴）

新农村建设

【概况】 2016 年，推进“三位一体”（生产、供销、信用合作）农村新型合作体系改革，完成 12 个镇（街道）农村合作联合委员会（以下简称农合联）二届二次会议选举，召开市农合联二届二次代表大会并选举产生新一届理事会、监事会。推进农村宅基地置换市区公寓房交房工作，制订《海宁市农村宅基地置换市区公寓房相关政策解答》和《海宁市农村宅基地置换市区公寓房交房工作流程》，完成 35 户宅基地农户连户成片认定。542 户农户签订海宁市农村宅基地置换市区公寓房合同，其中 121 户农户完成交房手续。

继续开展美丽乡村建设。年内创建一星级美丽乡村 37 个、三星级美丽乡村 18 个。至年底，累计建成一星级美丽乡村 164 个、三星级美丽乡村 29 个。启动五星级美丽乡村建设。启动省美丽乡村示范县（市）创建，出台《海宁市创建省美丽乡村示范县（市）实施方案》，编制《海宁市“十三五”美丽乡村建设提升规划》，重点打造提升“果园飘香富农路”“桑田绿韵宜居路”“农耕文化体

验带”3条市级精品线路。黄湾镇、丁桥镇创建为省美丽乡村示范镇，周王庙镇云龙村、盐官镇桃园村、丁桥镇新仓村和袁花镇长啸村创建为省美丽乡村精品特色村。盐官镇桃园村、斜桥镇路仲村两个省级历史文化村落保护利用一般村完成建设。

丁桥镇新仓村美丽乡村 (王超英 摄)

全年有152个村约12万户农户开展垃圾分类处理工作，日均可堆肥垃圾收集量70吨。出台《海宁市农村生活垃圾分类收集资源化综合利用验收办法》《海宁市农村生活垃圾分类收集资源化综合利用专项资金管理暂行办法》，进一步规范垃圾分类考核验收和资金补助，建立农村生活垃圾分类处理督察通报制度，定期对垃圾分类处理工作进行通报。

继续实施低收入农户帮扶工作。出台《关于实施精准扶贫和化解因病因灾致贫问题的工作意见》，把低收入农户增收致富工作列入“补短板”工程。制订困难家庭帮扶政策，推出就业创业、医疗保障、突发灾难、成长新希望等六大类40条帮扶举措。2016年，1964户省定标准5500元以下低收入农户人均收入13574元，比上年增长17.6%。全市低保家庭人均收入8843元。

开展土地经营权流转。2016年，全市新增土地流转面积1936.8公顷。全市土地流转点面积16426.7公顷，土地流转率62.5%。其中整村流转涉及8个村，面积953.3公顷；整组流转191个组，面积1526.7公顷。全年审核、整理档案151册。下拨2015年度土地流转补助资金共734.7万元，其中土地流转补助590.2万元，土地专业合作社补助128万元，困难家庭补助16.5万元。全市新组建土地专业合作社14家，签订入股合同782份，入股土地面积165.1公顷。全市提取土地流转风险保障金421万元，其中市、镇两级财政93万元，村级财政28万元，流转受让方（承包大户）保证金300万元。

深化村集体经济股份制改革。开展股权流转工作，全年发放农村土地流转经营权证11份，涉及土地面积87.5公顷；累计发放126份，涉及土地面积1151.3公顷。全年办理农村土地流转经营权证抵押登记32次，贷款金额1780万元；累计办理66次，贷款金额3165万元。全年办理抵押贷款到期清偿注销登记25次，累计办理32次。实施“政经分离”，通过制订方案、划分职能、梳理账目、健全监管、完善交易等措施，推进农村行政事务、自治事务和集体经济组织经营事务三分离。18个村分设账户，3个撤村建居社区开设居民委员会独立账户，与股份经济合作社的资产、财务和业务核算分离。全年共有20个村（社区）经济合作社分红，分红金额2006.2万元。全年村经济合作社股权流转240宗，金额77.1万元；累计流转813宗，金额297.9万元。有67个村申报“一事一议”财政奖补项目72个。经审核，36个村的37个项目列入2016年度财政奖补计划，总投资5874.3万元。

继续推进新型职业农民培育。下拨2015年度新型农民教育补助资金79.7万元，其中农村“两创”实用人才培训补助47.6万元，农业专业技能培训补助11.5万元，农村广播电视学校种养专业中专班补助3.8万元，农民大学生毕业学费补助11.8万元，农民学校建设补助5万元。与浙江经贸学院联合举办农产品电子商务高级培训班1期，培训农民110人；与虹越园丁学院联合举办绿化园丁培训班3期，培训农民108人；委托镇（街道）成校开办村级资产管理员培训班2期，培训农民72人。出台《关于推进新型职业农民队伍培育工作的意见》。市农经局联合市委组织部、团市委、市人力社保局举办新型职业农民创业长训班，为期3年，完成筹备工作。

【农村土地承包经营权确权登记颁证全面铺开】 2015年，海宁市启动农村土地承包经营权确权登记颁证工作，2016年全面铺开。出台《关于进一步加强农村土地承包经营权确权登记颁证工作的通知》《农村土地承包经营权确权登记颁证有关政策与问题解答》等文件，印发《农村土地承包经营权确权登记颁证政策汇编》及《操作手册》。召开确权培训会169次，培训人员1984人，发放宣传资料13.1万份。开展清查承包档案资料、调查承包经营权、完善土地承包合同、换发承包经营权证书等工作。7月5日，召开全市农村土地承包经营权确权登记颁证工作推进会，工作组分片包干到85个村进行现场指导。黄湾试点镇需确权7个村166个组，涉及农户6553户。全市需确权153个村2687个组，涉及土地面积24063.4公顷。至年底，黄湾镇基本完成确权签约，签订承包合同6383份，涉及土地面积1806.7公顷，合同签订率97.4%。全市完成测绘2323个组，涉及土地面积22785.9公顷，完成测绘率94.69%。

【农村集体“三资”管理】 6月27日，市委、市政府印发《关于进一步加强农村集体“三资”监督体系建设的实施方案的通知》建立健全市、镇、村三级监管体系。建立海宁市农村集体“三资”监测中心，升级“金安易”农村集体“三资”监管系统，实行分级预警，出刊《农村集体“三资”监测动态》2期。10月19—21日，市农经局组织3个检查小组，对全市12个镇（街道）开展村级财务专项清理检查。

【村级集体经济帮扶】 出台《关于明确〈鼓励村（农村社区）发展经营性物业壮大集体经济的实施意见〉相关事宜的补充通知》和《关于鼓励发展村级经营性物业壮大村级集体经济的补充意见》，推进第六轮村扶工作的村级经营性物业项目建设。全市村级经营性物业项目完成立项84个，面积80余万平方米。累计启动项目68个，面积70余万平方米；完成项目34个，面积20余万平方米。第六轮扶持对象重点扶持村和一般扶持村33个项目列入第二批财政扶持计划，年内完成8个购置商铺项目，启动2个项目。对已完成、已启动的20个项目预拨补助资金481.7万元。

【农村文化礼堂建设】 全年新建文化礼堂20家，建成全市首个古建筑型文化礼堂，文化展示馆（室）新建率50%。发布文化礼堂服务菜单，提供点单式服务112项，全年点单式服务280余场。培育“我们的礼堂”系列活动品牌，全年开展各类民俗文化活动280余场、文明礼仪活动380余场、市内外文化礼堂走亲100余场、管理员专题培训30余场、片组交流活动12场。完善礼堂建设方案会审制和使用安全责任制，推进网络版文化礼堂建设。

【农村指导员工作】 强化指导员驻村工作的针对性和实效性，在各镇（街道）重点村（包括软弱落后村、经济薄弱村、重点工作推进困难村）中确定13个村，选拔13名优秀机关干部脱产驻村。全市选派农村工作指导员182人（其中8人为驻村书记），其中市派95人、镇派87人。至年底，落实经济发展项目58个，落实水、电、路等基础设施项目98个，争取落实扶持资金1669.7万元，捐赠资金和物资价值93.5万元。走访农户33448户，调处矛盾纠纷395起，制订（修订）村级规章制度174条。主讲党课139次，指导党组织生活513次。

（市农经局　市委宣传部）

历史文化街区建设

【概况】 推进南关厢历史街区建设。建成街区北段250米会源街（美食街），完成南关厢北延米市印象街设计方案和文旅创客荟区块基础设施，塘桥南堍游船码头建设主体竣工，制订洛塘河水上游览规划。5月，与上海汇橙集团签订南关厢及周边区块项目合作意向书，拓展街区南岸。投资3000万元，启动建设灯彩主题酒店和会源南街商业街区，完成桩基工程。

【干河街有机更新综合开发】 干河街有机更新综合开发项目分新建项目、历史建筑维修项目与保留建筑外立面整治项目3项工程，总投资约8亿元。新建项目总用地面积2.8公顷，总建筑面积38764平方米，分四个区块实施；历史建筑维修项目总面积27680平方米；保留建筑外立面整治项目总面积34394平方米。与浙江日报报业集团签订干河街区块整体开发建设和运营合作框架协议，注册成立海宁市志摩故里文化创意发展有限公司和海宁市志摩故里商业管理有限公司。12月30日，举办“甦醒”装置艺术展暨干河街历史文化街区保护与更新项目奠基仪式。至年底，完成前期投资5000万元，新建项目A区块取得土地，完成施工图设计。

【横头街历史建筑抢救性修缮】 横头街年久失修，大多数房屋无人居住，房屋建筑破损严重，年内投资300万元实施抢救性修缮。横头街西起原海青桥，东至大寨桥，南临横塘河，北靠东山南麓，全长300米，修缮面积1.3万平方米。项目于1月18日开工，5月25日通过竣工验收。

（张　燕　高　丽）

“三改一拆”工作

【概况】 2016年，深化“三改一拆”和“无违建”创建工作，结合“无违建”县（市）创建、小城镇环境综合整治、土地例行督察整改、拔钉清障专项攻坚等工作，加大环境整治力度。全年拆除各类违建151.9万平方米，其中非农违建147.5万平方米、农业违建4.4万平方米。通过拆违腾出土地总面积124.2万平方米，其中拆后土地复耕复绿及改造利用103.8万平方米，拆后土地利用率83.52%。全年“三改”完成439万平方米，其中改造旧住宅区119.3万平方米，改造旧厂区240.3万平方米，改造城中村79.4万平方米。

【“无违建”创建】 开展村级存量违建处置、缓拆违建处置、严重影响安全的违建清理专项行动。马桥街道、黄湾镇接受嘉兴市“无违建镇（街道）”复检。硖石街道、海洲街道创建为嘉兴市“无违建镇（街道）”。周王庙镇、袁花镇、长安镇创建为嘉兴市“基本无违建镇（街道）”，许村镇、海昌街道、盐官镇被评为嘉兴市“无违建”创建先进单位。4月，海宁市被省政府授予2015年度浙江省“无违建县（市）”称号。

【公路铁路沿线环境整治】 实施创建精品路段，整治蓝色屋面，开展环境整治大排查，重点为沪杭高铁、沪杭铁路、沪杭高速、杭浦高速、嘉绍高速、绕城高速、320国道、杭沪线（S101）、硖尖公路9条公路铁路沿线200米（高铁1000米）可视范围。35个市级部门“一对一”联系相关镇（街道）路段，助推环境整治工作。出台《蓝色屋面整治意见》和《海宁市城乡环境综合整治提升三年行动计划（2016—2018年）》，长安镇（高新区）分11个片组，包干将光伏产业运用和整治有机结合推广运用光伏产品。全年完成公路铁路沿线整治13458处，其中改造农房立面4946户，整治乱采滥挖（乱堆乱放）848处、乱搭乱建2590处、广告牌379处。整治蓝色屋面4695次，涉及面积520.2万平方米，其中整改500.7万平方米、拆除19.5万平方米；改造光伏设施50万平方米。

【拆改结合】 注重拆改建结合，以拆违促项目建设。海昌街道长水塘生态水源保护项目被评为2015年度省级“三改一拆”重点项目。黄湾镇以低小散企业“退散进集”为重点，打造海宁东部森林公园。基本完成324家低小散企业“退散进集”。市水务集团实施的第二水厂泰山港水源生态湿地项目基本建成并投入试运行。

【房屋征收】 全年完成7个区块的房屋征收，涉及被征收户281户，建筑面积5.2万平方米，用地面积10.4公顷。组建6个居民组和1个企业组，统筹推进区块内住宅、非住宅调查摸底、评估签约等工作，继续对市区广场弄、海马里、黑木板桥港西侧、红纸坊、凌家场、铁路领工区6个区块组织实施模拟征收，涉及被征收户546户，建筑面积9.6万平方米。5月，红纸坊区块完成征收；6月，启动联合路193弄2号房屋征收，涉及被征收户26户，建筑面积2708平方米；8月，启动北关桥路区块征收，涉及被征收户88户，建筑面积1.2万平方米；8月，重新启动广场弄区块征收，涉及被征收户54户，建筑面积4478.3平方米；9月，启动黑木板桥港西侧区块征收，11月完成征收；11月底，启动中华道达尔油品有限公司水月亭加油站和凌家场一期征收，涉及被征收户35户。开展“拔钉清障、百日攻坚”专项行动，排查已启动的73个征迁（收）区块766户遗留户（其中历年遗留区块532户、2016年新启动区块234户）、重点工程以及应开工建设项目。至年底，完成遗留户攻坚签约588户，签约率76.8%；腾房313户，腾房率41%；拆除279户，拆除率36%。

（居凤群　姜惠民）

住房保障

【概况】 2016年，实施安置房项目15个，其中新建项目2个、续建项目13个，总建筑面积172万平方米。年内开工项目2个，即红纸坊安置房项目和双凤二期南区块公寓房项目，建筑面积15.3万平方米；竣工项目7个，建筑面积89.1万平方米。完成建设排屋316套、公寓房4310套。全年治理改造城镇危旧住房154幢，合计面积6.1万平方米，完成三年（2015—2017年）改造总任务的73.7%（按幢计）。

【住房公积金】 至年底，全市建立住房公积金制度单位3271家，缴存职工人数62706人，全年净增缴存职工7788人。全年归集住房公积金10.36亿元，累计归集64.09亿元；提取住房公积金7.32亿元，累计提取41.09亿元，住房公积金余额23亿元。全年发放住房公积金个人贷款2447笔8.07亿元，年末贷款余额23.13亿元，存贷比为100.57%。自实施住房公积金个人贷款以来，累计为17887户家庭发放贷款39.53亿元。全年住房公积金用于住房消费14.37亿元。自10月9日起，暂缓受理商转公贷款，实行期房贷款轮候制（含组合贷款），自住房公积金贷款申请审批通过日起轮候6个月发放贷款。贷款受理业务前置到各银行，全市共有银行延伸服务网点42家，其中建设银行、农业银行实现网点全覆盖。12月，在建设银行海宁长安支行成立首个住房公积金综合业务服务网点，受理公积金贷款、归集与提取业务。

4月19日，举行2015年度市区经济适用住房选房抽签仪式

（王超英 摄）

【城镇住房保障】 出台《2016年度海宁市经济适用住房管理实施细则》《2016年度海宁市公共租赁住房保障实施细则》，首次发放经济适用住房货币补贴。完成2015年度311户经济适用住房申请家庭的调查、审核，265户家庭符合条件，其中实物配租140户、货币补贴125户。完成2015年度688户公共租赁住房申请家庭的调查、审核，630户家庭符合条件，其中实物配租87户、货币补贴543户。全年完成政府投资3.58亿元。其中云和景苑三期完工，完成投资1.07亿元；云和景苑五期基本完成主体和装修工程，完成配套工程招标，完成投资5700万元；缔艺家园完工，完成投资1.95亿元。

【市区直管公房】 市区直管公房住宅共517户，合计建筑面积3.13万平方米。其中砖混（或钢混）结构成套房426户，面积2.6万平方米；砖混结构非成套房57户，面积0.28万平方米；砖木结构非成套房34户，面积0.25万平方米。非住宅共111户，合计建筑面积0.8万平方米。公房征收续租待分配的成套直管公房中，现房1户，面积89.68平方米；期房12户，面积1086.75平方米。启动市区部分直管公房分类处置，盘活国有资产。处置对象分三类，分别为市区机关事业单位租用公房、与国有或集体企业共有非住宅公房、空置或征收产权置换公房。全年处置移交住宅直管公房81套、非住宅直管公房5套。

【江南世家一期完工】 项目位于江南大道南侧、海昌路东侧。用地面积11.6万平方米，建筑面积40万平方米，其中地上建筑面积28.5万平方米、地下建筑面积11.5万平方米；沿街商铺建筑面积4.2万平方米。共设18个建筑单体，总户数2151户。项目于2013年5月2日开工，2016年12月31日完工，总投资22.57亿元。

【洛河二期西区块安置房完工】 项目位于塘南路北侧、洛南路西侧、洛塘河南侧。用地面积1.6万平方米，建筑面积1.8万平方米，总户数166户。项目于2013年12月23日开工，2016年9月21日完工并交付使用，总投资2.11亿元。

【鹃湖排屋（锦田家园）完工】 项目位于碧云路东侧、海州路北侧。用地面积10万平方米，建筑面积9.9万平方米。由79幢四联排、1幢三联排和2幢公建用房组成，总户数319户，机动车停车位128个。房屋建筑工程于2013年12月27日开工，2015年7月完工；室外附属工程于2015年7月开工，2016年6月20日全部完工，2016年11月交付使用。概算总投资1.54亿元。

【月亮湾景苑完工】 项目位于水月亭路南侧、碧云路西侧、度善桥港北侧。用地面积7.5万平方米，建筑面积21.2万平方米，其中地上建筑面积15.1万平方米、地下建筑面积6.1万平方米。由26幢小高层及高层组成，住宅户数1198户。房屋建筑工程于2013年2月27日开工，2015年11月27日竣工；室外附属工程于2015年11月27日开工，2016年10月3日竣工。概算总投资11.02亿元。

【蔡家埭安置房完工】 项目位于人民路东侧、水月亭路南侧。用地面积1.4万平方米，建筑面积2.7万平方米，其中地上建筑面积1.9万平方米、地下建筑面积8453平方米。住宅户数162户，机动车停车位180个。项目于2014年3月21日开工，2016年7月15日通过竣工验收，概算总投资2.13亿元。

【得胜里安置房完工】 项目位于海昌路西侧、联合路南侧、印刷弄东侧、得胜弄北侧。用地面积1.8万平方米，建筑面积6.3万平方米，其中地上建筑面积4.5万平方米、地下建筑面积1.8万平方米。住宅户数417户，非机动车停车位1405个、机动车停车位362个。项目于2013年8月28日开工，2016年12月完工，概算总投资3.56亿元。

【人民里安置房完工】 项目位于海昌路东侧、联合路北侧、人民路西侧。用地面积1.5万平方米，建筑面积4.3万平方米，其中地上建筑面积3万平方米、地下建筑面积1.3万平方米。住宅户数216户，非机动车停车位1065个、机动车停车位245个。项目于2014年3月3日开工，2016年8月29日通过竣工验收，概算总投资2.13亿元。

（高　丽　施晓丽　陈雪霞）

城市管理

【概况】 深化综合行政执法改革，履行综合行政执法职能，全年办理行政许可215件，办结一般程序案件763起，罚款622万元，办理简易程序案件（包括违法停车简易处罚）5131起。出台《海宁市违法建筑即查即拆实施意见》，市、镇规划区内拆除新发及存量违法建筑133起，面积4.2万平方米；协助属地拆除违章建筑1463起，面积45.3万平方米。开展市容治理，发放宣传资料1500余份，劝导整改违法行为3000余起，实施强制措施100余起。关停东山大桥、梅园路、南苑一里北门3个蔬果设摊区及卡森广场步行街小百货疏导点，增设北关桥设摊区。整治中心城区露天烧烤店44家。专项治理餐饮油烟问题，查处餐饮油烟违法行为6起，处罚金额1.6万元。出台新一轮《户外广告五年规划》，整改店门招牌23块、其他户外广告及设施139块，更换371辆三轮车车身广告。改造市区非机动车道遮阳棚66个。综合治理市区停车乱点，规范犬类管理。

【综合行政执法】 推进综合执法体制改革，完成镇（街道）、开发区、度假区“一机构一平台一张网”（一个综合行政执法机构、一个综合行政执法联动平台、一张综合行政执法网）建设，搭建市、镇、村三级管理体制。周王庙镇借助执法平台和执法网，实施追责措施，开展小餐饮油烟扰民、洗车店外作业、违法搭建等执法治理。统筹整合监管资源，完善监管方式，硖石、海洲、马桥、周王庙4个镇（街道）派驻机构率先推行下沉属地管理，业务、人事管理均由属地负责，条线进行指导。

【停车乱点治理】 市区停车乱点治理项目是2016年政府实事工程。全年治理华联大厦、银泰城、南关厢、火车站等停车乱点5处，挖掘盘活资源，开辟地上、地下停车场5个，新增停车泊位909个。在硖西路西侧（老娘舅饭店至原皮革城管委会）新设下沉式停车泊位。对华联南寺街占道停车、硖西路西侧停车压占盲道、鑫泰城北侧无序停车等突出问题进行整改，整改率60%。

【犬类管理】 成立市犬类管理服务中心，实施犬只注册登记。在市区5家宠物医院设点，为171只犬只注册电子芯片，办证108张，形成限养区范围犬只饲养免疫、注册、登记、年检、查询等一条龙服务机制。完善犬类设施及管理队伍，增设犬只收容场所。在洛塘河步道建设17个公益犬厕，成立专业抓捕队伍。加强无主犬执法，受理犬类举报419起，捕捉流浪犬338只，收容15只。加强文明养犬宣传，设置宣传牌115块，发放宣传资料1万余册，配合社区教育劝导文明养犬155次。

【城市智能化管理】 数字城管拓展信息地图、热图标注等功能。全年平台受理有效案件28004件，办结27792件，结案率99.24%。10月，智慧综合执法平台试运行，引入“闭环管理、执法留痕、信息共享”理念，整合执法办案、联合审批、实时监察、数据分析、绩效评估、日常办公等功能，实现巡查建档、线索发现、案件办理全过程电子化操作。海宁智慧城管推出微信版本，更新临时设摊区、公共厕所等基础信息，新增垃圾上门收集服务。

（张　礼）

环境卫生

【概况】 2016年，市区保洁范围扩展至道路小区、公园绿地1200万平方米，河道390万平方米（包括市区28条河道及长山河、盐官下河、长水塘），公共厕所97座。全年垃圾收集量36.7万吨，比上年增长9.7%，日均收集1003吨。其中市垃圾焚烧厂无害化处理16.5万吨，黄湾卫生填埋场填埋9.4万吨，市外分流10.8万吨，无害化处理率100%。全年生化处理厂处理粪便6261吨，入网水质符合入网标准，无害化处理率100%。出台《海宁市“十三五”城乡环境卫生发展规划》，是海宁市环境卫生领域首个五年规划。提升环卫设施，改造梅园里垃圾中转站、垃圾分类宣教中心、生化

垃圾分类宣教中心（垃圾分类互动体验馆）外景

（市综合执法局　提供）

处理厂，新增垂直式垃圾压缩机5套，更新文苑南路、文苑北路等中转站；新增水平式垃圾集装箱3台，配套洛塘河中转站垃圾转运。安装不锈钢分类果壳箱300只。在市区56座公厕使用智能光感喷香机，定时喷洒香气，减少公厕异味。在市区中转站试用工业加湿器，喷洒微生物除臭剂。9月，启动黄湾卫生填埋场生态修复工程，处理垃圾渗滤液，修复生态绿化。完善长效保洁考核办法，拓展考核范围，对环卫从业企业实行备案登记制度。全年检查发现问题2722处，属地自查发现问题1821处，基本得到整改。

【保洁市场化】　推进市区环卫作业市场化，将道路、小区、绿化、河道保洁，垃圾粪便收运处置，环卫设备更新维护打包招标，通过政府购买服务形式进行市场化保洁。13家环卫作业公司和2家特许经营企业分工协作，建立保洁作业队伍，形成环卫部门监管、保洁市场运作、特许经营补充的多层次、专业化环卫公共服务供给体系，市场化作业率100%。

【垃圾分类】　出台《2016年度海宁市城镇生活垃圾分类推进方案》《海宁市城镇生活垃圾分类推进工作绩效考核及“以奖代补”办法（试行）》等文件，按照属地主抓、条线指导的模式，将6个垃圾分类试点小区移交属地管理。推进垃圾分类扩面。至年底，全市实行垃圾分类小区增至82个，3.7万户家庭参与，覆盖面50%以上。开展垃圾分类宣传，建成嘉兴市首个垃圾分类体验互动基地——海宁市垃圾分类宣教中心，年内参观人数4518人次。组织开展各类宣传活动24次，发放宣传资料5000余份。成立垃圾分类宣讲团，开展培训76场，培训人员4811人次。指导检查垃圾分类小区72次，半年度考核1次。

【餐厨垃圾处理】　将丁桥镇农村酒席垃圾、市区82个垃圾分类小区的餐厨垃圾、集镇餐饮单位和企业食堂餐厨废弃物、市农副产品批发市场有机餐厨垃圾纳入集中收运处置体系。全年备案收运协议723份，其中新签383份、续签340份，收运餐厨垃圾3.2万吨。出台《2016年度海宁市餐厨废弃物收运处置管理考核办法》，优化智慧环卫视频、称重、GPS监控系统功能，严格规范餐厨废弃物收运处置。

【建筑垃圾处理】　严格建筑垃圾处置行政审批，办理行政审批项目50个，处理建筑垃圾 329.9 万吨；办理小项目 327 个，处理建筑垃圾 7.8 万吨；零星办证 16697 个。建筑垃圾资源化项目进站 94796 车，处置建筑垃圾 14.2 万吨。出台《海宁市建筑垃圾经营服务企业及车辆准入核准审批办法》等 3 项管理制度，4 家运输企业暂停新增车辆，4 家不符合新规定的小黄车运输企业暂停准运资格。

（张　礼）

园林绿化

【概况】 至年底，建成区绿地面积 2163.36 公顷，城市绿化覆盖面积 2329 公顷，公园绿地面积 350.79 公顷，建成区绿化覆盖率 46.12%，绿地率 42.84%，人均公共绿地面积 16.23 平方米。年内新建绿道 4.2 千米，其中鹃湖公园一期东南区块新增绿道 1 千米，麻泾港两侧新增绿道 2.7 千米，钱江路北侧新增绿道 0.5 千米。至年底，百里长廊等钱塘江沿岸 3 个地段绿道总长 28.6 千米，市区绿道总长 132.63 千米。洛塘河绿道全线贯通。市城投集团实施绿化景观项目 10 个，面积 97.6 万平方米。完工项目 6 个，分别是鹃湖公园一期景观绿化、西山北坡绿化、麻泾港河浜绿化、钱江路北侧景观绿化、文博路东侧平原绿化、赞山公园景观项目，面积 65.3 万平方米。开工项目 2 个，分别是碧云路（碧云大桥至海州路）两侧景观绿化项目、江南大道东延（海新路至 08 省道）道路两侧景观绿化项目。海宁大道（盐湖线至长山河）绿化提升改造工程等 12 个政府投资项目完成竣工验收。实施电视发射塔亮化提升改造项目，11 月 22 日开工，年底完工。

全年受理行政审批 471 件，落实批管分离，审批事项申报材料标准化，加强审批后续监管，建立全过程、动态化监管模式。全年市园林企业完成产值 3.94 亿元，2 项工程被评为浙江省优秀园林工程，1 项工程被评为浙江省标准化工地，5 项工程获嘉兴市“南湖杯”优质工程奖，14 项工程获“潮韵杯”优质工程奖，7 家园林绿化施工企业经诚信考核被评定为 A 类企业。黄湾镇创建为省级园林镇。

【园林绿化管养】 年内，建成区新增绿地面积 113 公顷，新建碧云路、鹃湖、麻泾港等绿道 4.2 千米，完善提升俞家桥港、市河等绿道 2 千米。制订绿道 3 年建设计划，完成 23 个节点绿化改造，改造面积 1.8 万平方米。全面整修市区公共绿地内破损的基础设施，完成海宁大道马桥段乔木增植补绿工程。精细化养护公共绿地 374 万平方米、行道树 13746 株，绿化养护市场化运作率 100%。改造片林 26.7 公顷，鲜花上街 8000 平方米。绿化覆盖面积、绿地总面积、公园绿地面积三大指标均列嘉兴市首位。

【赞山公园景观项目完工】 赞山公园东临碧云路，北至文新路，西南连赞山港。新建绿地面积 10.6 万平方米，其中绿化面积 8.7 万平方米，园路广场铺装面积 1.5 万平方米，停车位面积 1566 平方米，水面面积 2375 平方米，辅助管理用房面积 590 平方米，同时建设桥梁、照明、给排水等附属设施。项目于 2015 年 12 月 20 日开工，2016 年 12 月 10 日竣工，总投资 4479.3 万元。

【洛塘河绿道全线贯通】 1 月初，洛塘河绿道全线贯通。该绿道于 2014 年 6 月开工建设，从斜桥镇卡森大桥至市区射击馆，全长 13 千米。工程总投资 2.92 亿元，沿途经过 9 座大桥，涉及河道清淤、绿道贯通、堤岸整治修复、布设景观等工程。整条绿道由市水利局、住建局、城投集团 3 家单位分段施工，既注重水乡风貌，又兼具现代感，同时融入海宁潮文化、灯文化和名人文化等设计元素。绿道建设尊重自然，保留水泥厂遗址、老伊桥墩原貌并加以改造。施工期间，洛塘河两岸腾退落后产能，关闭污染企业41家，拆迁农房和违章建筑400余户，关停养殖户12家，封堵排污口105个。投资8900万元实施洛塘河市区段全面禁航工程，改造绕行航道49千米。疏浚河道14.6千米，种植水生植物2.3万平方米。新增绿化面积45.2万平方米，新建木栈道1100米。

（蒋晔嘉　高　丽）

地名工作

【概况】 全年审核地名55个，其中道路名称22个、住宅小区和建筑物名称33个。开展第二次全国地名普查补查和修改完善，11大类6248个地名入数据库。对道路、群众自治组织、居民点等地名的来历、含义、历史沿革等进行修改调整和补充完善，处理部分重名的地名，标注地名普查工作图。监督管理标准地名使用情况，对地名申报单位开展地名政策法规宣传。根据历史地理文化特征拟定睢阳路、沿泾路等9条新建或规划道路的名称。完成浙大国际校区周边道路路牌设置。建设地名地址库，建成海宁傲图国家地名数据库GIS地名业务管理系统、海宁市门牌管理系统和地名审批系统，门牌管理系统新增信息18203条，累计信息442005条。《海宁地名故事》获浙江省民间文艺“映山红奖”入围奖、海宁市第八届“海宁潮”文学艺术奖入选奖。制订地名文化纪录片《大地有名》海宁部分拍摄方案，并完成有关拍摄工作。

【道路命名及调整】 道路命名19条，分别是：贯通硖石街道、马桥街道、海洲街道的平阳路；海洲街道广远路、睢阳路、沿泾路、万福路、云丰路、星光路；硖石街道永利路、宁安路、菊庄路、东苑北路、会源街、环秀坊；经济开发区双一路、双二路、双北路、兴业路、谷水路、北庄东路。道路调整1条，即盐官镇环城北路。道路延伸2条，即海洲街道杨园路、硖石街道竦秀路。

【住宅小区和建筑物命名、更名】 住宅小区命名22个，分别是：海洲街道印象公馆、红郡府邸、双凤公寓、桃花源公馆；硖石街道香缇锦园；海昌街道理想公馆；马桥街道鸿城悦墅；许村镇报国新苑、新华小区、前进小区、臻中园；长安镇新民雅苑、新语府、七里亭景苑；盐官镇杏花苑；丁桥镇龙新北苑、龙新西苑；斜桥镇华庭园、桂花园、红杉园；袁花镇梨兴苑、龙山景苑。住宅小区更名2个，即许村镇双联锦苑更名为施堰锦苑和龙渡锦苑。

建筑物命名8座，分别是：海洲街道海创汇大厦；硖石街道新华苑、金钻商业中心；马桥街道蓝科商厦；经济开发区普泰大厦、碧云金贸中心；斜桥镇森城农业科创中心；袁花镇龙鑫商厦。建筑物更名1座，即海洲街道世贸广场更名为星光汇商城。

【宁桐线界线界桩联合检查】 10月，开展第三轮行政区域界线联合检查，对海宁市和桐乡市行政区域界线（宁桐线）进行联合检查。界桩点、界桩方位物与界桩登记表记载一致，无移位情况；界桩表面文字清晰，样式规范；界线两侧地形、地物和界线标志物无明显变化，基本完好。因道路建设需要，完成杭嘉线5号界桩移位工作，该界桩位于长安镇农发区与杭州市下沙区交界处。

（陈海明）

［编辑：沈　赤］

建筑业·房地产业

Construction Industry & Real Estate

建 筑 业

【概况】 至年底，全市共有建筑业企业73家（换新证后），其中总承包企业34家（一级资质9家、二级资质7家、三级资质18家），专业承包企业30家（一级资质6家、二级资质6家、三级资质17家、不分专业企业1家），劳务分包企业3家，造价咨询企业1家，监理企业4家，检测企业1家。年内新增建筑业企业2家，分别是嘉兴同嘉智能技术有限公司、浙江庞源机械工程有限公司。

2016年，建筑行业项目资金紧张，跨年度工程减少，建筑业各项指标与上年同期基本持平，部分指标有所下降。全年建筑业企业签订合同总额254.54亿元，房屋建筑施工面积1392.9万平方米；完成建筑业总产值214.29亿元，其中省外产值18.16亿元；上缴税金5.73亿元，利润1.25亿元。全年办理施工许可255项，建筑面积672.5万平方米，合同造价103.25亿元；房屋建筑工程图审率100%，通过竣工验收交付使用的工程合格率100%。加强工程开工前安全审查备案，全年办理安全监督备案396项，其中房屋建筑工程249项、市政基础设施工程142项、其他施工工程5项，总建筑面积642.8万平方米，造价97亿元。全年办理房屋建筑质监登记1113个，建筑面积671万平方米；市政项目登记152个；竣工验收675个单位工程，建筑面积474万平方米。

全年申报浙江省建筑安全文明施工标准化工地16项，创嘉兴市建筑安全文明施工标准化工地38项。有8项工程获嘉兴市“南湖杯”优质工程奖，9项工程获嘉兴市优质结构工程奖。海宁市妇幼保健院迁建工程、异地新建海宁市第四人民医院、异地新建浙江省人民医院海宁医院3项工程获浙江省“钱江杯”优质工程奖。异地新建海宁市第四人民医院被评为嘉兴市绿色施工示范工程。

开展“工程质量治理两年行动”联合大检查4次，建筑原材料、住宅质量通病防治等专项检查6次，检查工程102项，建筑面积500余万平方米，造价70余亿元，签发工程质量整改通知书107份，对检查发现的问题督促落实整改。监督检测项目260个，检测出不合格参数77项，发出整改（处理）通知书56份。

开展安全生产隐患排查整治。开展季度安全生产大检查和夏季高温、G20杭州峰会、第三届世界互联网大会·乌镇峰会等安全检查活动。共检查（复查）工地1077个，涉及施工企业80家、监理企业44家，建筑面积2069万平方米。下发整改通知书526份，提出整改意见2600余条。约谈企业主要负责人24人次，下发通报12份，对2家建设单位、12 家施工企业、3 家监理企业、7 名项目经理、3 名总监理工程师进行通报批评并记入企业诚信记录。开展建筑工地文明施工专项整治，全市所有建筑工地实行封闭管理。联合相关部门、属地政府开展工地文明施工专项检查，重点检查施工扬尘和烟尘治理，检查项目 275 个，总建筑面积 400 万平方米。开展建筑工地施工扬尘污染防治评价，对考核等级未达到 B 级的项目，取消标准化工地评审资格。

【企业资质升级】 年内，1 家企业（嘉兴嘉盛景观工程有限公司）获消防设施工程专业承包二级资质；1 家企业（嘉兴同嘉智能技术有限公司）获电子与智能化工程专业承包二级资质；1 家企业（浙江鎏增古建园林工程有限公司）获古建筑工程专业承包二级资质；4 家企业获建筑工程施工总承包三级资质，分别是浙江鎏增古建园林工程有限公司、浙江唯真装饰工程有限公司、嘉兴市红枫环境工程有限公司、浙江鸿翔钢结构有限公司；1 家企业（浙江庞源机械工程有限公司）获起重设备安装工程专业承包三级资质；2 家企业获房屋建筑、市政工程监理丙级资质，分别是海宁市耀基工程咨询有限公司、浙江佳询工程管理有限公司；1 家企业（浙江海辰工程监理咨询有限公司）获工程招标代理机构暂定级资质。新迁入嘉兴博阳建设有限公司 1 家企业，企业资质为建筑工程施工总承包二级、钢结构工程专业承包三级、市政公用工程施工总承包三级。

【建筑工程桩基检测】 至年底，有 19 家检测机构在海宁进行备案登记，全年有 208 项工程进行检测备案并上传检测数据。2015 年 4 月 1 日，引入桩基检测联网综合管理平台，检测单位在原有数据实时上传基础上，对现场检测人员和检测活动进行定位监管，并将检测图片通过手机实时上传至指定的服务器，防止检测机构在检测活动中弄虚作假。

【建筑施工重大危险源管理】 组织开展危险性较大的分部分项工程专家论证。对高支模、深基坑、建筑起重机械加强管理，建立重大危险源公示制度、跟踪督促制度、验收制度。针对部分工业项目涉及消防水池基坑施工过程中存在的安全隐患等，市住建局制定《关于进一步加强建筑施工重大危险源安全管理工作的通知》，明确消防水池、承插型轮扣式支模架等分部分项工程安全管理要求。召开重大危险源管理座谈会，明确高支模等危险性较大的分部分项工程交底和验收制度，调整资料申报要求。

【建筑领域欠薪防控】 加大建筑领域欠薪防控力度，全面落实“两条线”（工程与工资款）拨付管理办法。配合市人力社保局、属地政府完善建筑领域劳动用工监管长效机制，制定“两条线”拨付实施细则。对合同造价在 3000 万元以上的工程全部推行“两条线”拨付管理，同时发挥属地政府网格化管理作用，加大隐患排查力度。联合市人力社保局劳动监察大队开展专项检查，共检查在建工程 27 个，下发督促整改建议书 27 份。做好欠薪调解工作，全年接待处理信访 31 件，涉及农民工工资 2201 万元，涉及农民工 1132 人次。

【建筑节能】 2016 年，新建建筑节能标准合格率 100%，全年受理审查项目 92 个，总建筑面积 248 万平方米。全市既有居住建筑节能改造、既有公共建筑节能改造、可再生能源建筑应用、星级绿色建筑等工程共获浙江省建筑节能专项资金补助 25 万元。

表 26　2016 年度嘉兴市优质结构工程

序号	工程名称	施工单位	项目经理
1	海宁市社会福利中心改扩建二期 1 号、2 号公寓楼	浙江鸿翔建设集团有限公司	朱家毅
2	袜业总部商办大楼（尚都银座）	浙江恒力建设有限公司	朱云飞
3	紫微大厦	浙江鸿翔建设集团有限公司	顾凤美
4	海宁市马桥农贸市场 1 号楼	海泰建设有限公司	张江萍
5	海宁市丁桥信用社综合用房	浙江恒力建设有限公司	陈怀玉
6	新建文苑小学（暂定名）	海宁嘉业建设有限公司	方吕福
7	海宁市科创中心三期	浙江景华建设有限公司	杨　勇
8	异地新建海宁老年大学	浙江鸿翔建设集团有限公司	黄志明
9	新建海宁市安澜学校	浙江恒力建设有限公司	林健强

表 27　2016 年度嘉兴市“南湖杯”优质工程

序号	工程名称	施工单位	项目经理
1	海宁市图书馆新馆和查济民纪念馆	浙江中海建设集团有限公司	李圣荣
2	海宁赛维尼机电有限公司综合楼	浙江鸿翔建设集团有限公司	陈　华
3	海昌街道便民服务中心	浙江恒力建设有限公司	金　城
4	海宁市西部给排水营业中心	海宁嘉业建设有限公司	金政威、羊金彪
5	异地新建浙江省人民医院海宁医院	浙江景华建设有限公司	徐海东
6	海宁市妇幼保健院迁建	浙江鸿翔建设集团有限公司	章　峰
7	异地新建海宁市第四人民医院	浙江鸿翔建设集团有限公司	沈荣华
8	海宁市塘南幼儿园（暂定名）	浙江中宁建设有限公司	张军华

（沈佳燕）

房地产业

【概况】　2016 年，海宁楼市总体呈量增价稳状态，房地产市场回暖明显。年内，出台《海宁市人民政府办公室印发关于促进房地产市场平稳健康发展若干意见的通知》《关于购买“城投”“两新”新建商品住宅奖励兑现操作意见的专题会议纪要》《关于印发〈海宁市个人购买新建商品住宅和新建商办性质商品房财政补贴兑现操作意见〉的通知》，从资质、销售、信息信用管理等方面加强监管，规范房地产项目开发环节，加强政策引导。年内新增房地产开发企业 12 家。至年底，全市有房地产开发企业 174 家，其中一级资质1家、二级资质8家、三级资质19家、四级资质33家、暂定级资质113家。

4月7日，2016年春季房地产博览会现场　　（王超英　摄）

全年核准商品房预售许可79份，许可面积164.4万平方米。商品房销售合同备案16459件，面积181.3万平方米，总金额145.3亿元。对56个房地产开发项目进行交付使用条件备案，建筑面积301.3万平方米。全市新建商品房住宅销售13825套，比上年增长91.8%；非住宅销售3789套，增长84.7%。全市商品房住宅销售额98.15亿元，增长67%。二手房交易量4344件，成交面积80.3万平方米，成交金额38.73亿元。新建商品房住宅销售均价8272元/平方米（不含经济适用房）；市区商品房住宅销售均价10037元/平方米，增长1.7%。

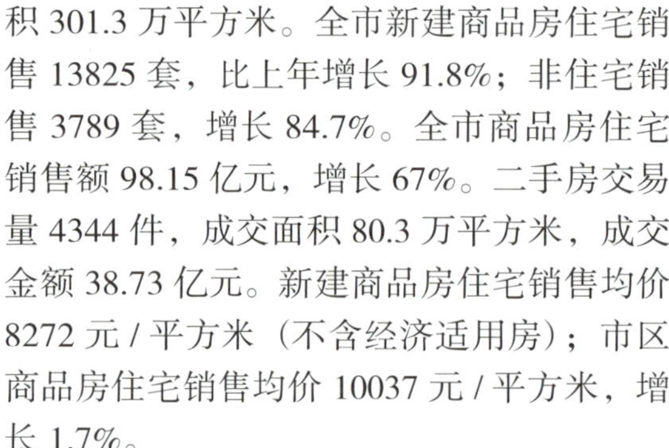

【商品房开发经营情况】 2016年，全市完成房地产投资72.25亿元（住宅54.33亿元），比上年增长24.5%；商品房施工面积687.9万平方米（住宅490.8万平方米），增长12.4%，其中新开工面积161.3万平方米（住宅118.4万平方米），增长192.6%；竣工面积196.4万平方米（住宅149.7万平方米），增长196.5%；销售面积139.2万平方米，增长66.8%；销售额110.51亿元，增长68%。

【不动产统一登记整合】 出台《关于整合不动产登记职责的通知》《海宁市不动产统一登记工作实施方案的通知》。6月，市住建局房地产管理处配合市国土资源局完成数据移交、人员划转以及不动产交易与登记的分离工作。全面完成不动产统一登记整合工作。重新梳理不动产交易流程，减少交易资料，全年完成不动产登记5109件。

【第十三届房地产博览会】 举办春、秋两季房地产博览会。春季房地产博览会于4月7—10日在会展中心举办。博览会以“春风送暖、宜居潮城”为主题，共有15家房地产企业参展，总成交房屋304套。秋季房地产博览会于10月21—24日在会展中心举办。博览会以“筑梦金秋、宜居潮城”为主题，共有17家房地产企业参展，总成交房屋138套。

【物业管理】 至年底，全市有物业服务企业70家，其中海宁市注册物业服务企业52家，外地备案经营物业服务企业18家；注册（备案）一级物业服务企业10家、二级物业服务企业6家、三级物业服务企业54家。全市物业从业人员6000余人，对253个项目实施物业服务，服务面积1800余万平方米。完善物业管理制度，出台《关于做好物业服务合同备案的通知》《海宁市物业服务行业专家库管理暂行办法》《关于修订海宁市物业服务企业监督考核办法》等文件，规范物业服务企业行为。规范物业专项维修资金、保修金的收缴和管理，全年缴存物业专项维修资金2.97亿元，使用361.5万元，缴存保修金8720万元。市物业管理工作领导小组组织市住建局、各镇（街道）、盐官度假区对物业服务企业实施监督考核，监督考核有住宅项目的物业服务企业38家。对物业服务企业资质升级、做强做大、创优夺杯、示范项目、市级优秀、特殊小区管理等进行财政专项补贴（分配），共补贴（分配）金额226.3万元，涉及企业29家。

表28　　2016年海宁市房地产开发楼盘一览

序号	建设单位	项目名称	地址	建筑面积（平方米）
1	浙江正山实业有限公司	长安商城	长安镇三里塘东侧、长安路北侧	33357.5
2	海宁市盐官景区综合开发有限公司	拱辰花园一期	盐官景区拱辰路北侧、北大街东侧	14800.4
3	海宁泽恒房地产有限公司	海港大厦	文宗路东侧、城南大道南侧	25403.8
4	海宁市蓝金置业有限公司	丁桥镇农贸市场	丁桥镇公园路南侧、文潮路西侧	7357.9
5	海宁市城郊建设投资有限公司	赞山景苑农贸市场	碧云路西侧、规划道路南侧	15383.6
6	海宁市佳源房地产开发有限公司	长安佳源中心广场1号、2号、3号、6号楼	长安镇健康路西侧、开元路南侧	80678.5
7	海宁市硖石城中村建设有限公司	新海佳苑（钱江新城）	农丰路东侧、杨家木桥南岸、麻泾港西岸、建材家居城北侧	173006.5
8	海宁市旧城改造与建设投资开发有限公司	海宁丝厂区块二期安置房	由拳路南侧、桃园路北侧、市河东侧	32049.3
9	海宁市旧城改造与建设投资开发有限公司	海宁丝厂区块一期安置房	由拳路南侧、市河东侧	52107.2
10	海宁市长安镇城建开发投资有限公司	长安镇寺弄拆迁安置房（运河苑）	长安镇青年路北侧	34654.4
11	浙江好立方房地产开发有限公司	华太商务广场	农发区汇安路东侧、新建河北侧	40907.2
12	海宁市马桥农贸市场有限公司	马桥农贸市场	马桥街道红旗路西侧、镇西二路东侧	15358.2
13	浙江金日房地产开发有限公司	白金公馆	江南大道北侧、碧云路西侧	34111.8
14	海宁市经济房建设发展中心	长安镇经济适用房（一期、二期）	长安镇工人路北侧	25553.6
15	海宁荣生房地产开发有限公司	家纺大厦	许村镇长许公路北侧、青寺河南侧	9405.7
16	海宁市城郊建设投资有限公司	南郊二组安置房东、西区块（硖南景苑）	塘南路南侧、硖南路东侧及西侧	16239.5
17	海宁金易达房地产有限公司	美易达大厦	海宁大道东侧、金利社区西侧	15850.1

续表 28

序号	建设单位	项目名称	地址	建筑面积（平方米）
18	海宁市新鸿翔置业有限公司	鸿翔海棠湾	钱江路北侧、新海公路西侧	57111.9
19	海宁万城房产有限公司	春晓公寓	赵家漾路东侧、规划纬一路南侧	53507.0
20	海宁市佳源鸿翔房地产开发有限公司	东方都市一期	碧云路东侧、赞山路北侧	78012.6
21	海宁市黄湾镇新市镇投资开发有限公司	尖山新区（黄湾镇）新民路公寓房（滨江嘉苑）	尖山新区新民路南侧、新城路西侧	79863.1
22	海宁银达实业有限公司	中达皮毛辅料商厦	海宁大道东侧、金利社区西侧	6843.4
23	海宁市盐官景区综合开发有限公司	盐官景区主入口商业街	环城南路南侧、春熙城门东	3723.4
24	海宁市工联房地产开发有限公司	四季香榭一期	海州路南侧、麻泾港东侧	106807.2
25	海宁市经济房建设发展中心	云和景苑二期	联合路北侧、海涛路东侧	50344.0
26	海宁市经济房建设发展中心	云和景苑四期 1～3 幢	联合路北侧、西山路南侧、海涛路东侧	16246.0
27	海宁卡森地产有限公司	卡森王庭世家北区 5 幢二期（名庭园 32～36 号楼）	斜桥镇华丰村硖斜公路北侧、洛塘河南侧	58041.1
28	海宁市蓝金置业有限公司	蓝金苑	丁桥镇公园路南侧、江潮路东侧	9180.4
29	海宁市城郊建设投资有限公司	民和三期东区块安置房	硖斜公路北侧、盛家浜东侧	13428.3
30	海宁市丁桥新市镇建设有限公司	丁桥镇龙新苑公寓房	丁桥镇联丁南、永潮路西侧	43472.1
31	海宁柳桥房地产开发有限公司	柳桥长安华府（二期）	长安镇开元路南侧、修川路西侧	74793.7
32	海宁市久鑫创园有限公司	久鑫创园标准厂房（1～8 号）	斜桥镇姚九线北侧、斜二路西侧	70997.1
33	浙江艺博汇家饰城经营管理有限公司	艺博家居城（1～2 号）	高新区启潮路北	78170.6
34	海宁市鸿翔万合置业有限公司	万隆府	人民路西侧、联合路北侧	29945.1
35	海宁开元名都置业有限公司	开元名都一期	海宁大道西侧、江南大道北侧	183567.4
36	海宁市旧城改造与建设投资开发有限公司	洛河二期西区块安置房工程	洛塘河南侧、塘南东路北侧	17536.5
37	浙江浙宝房地产开发有限公司	润和晨园	高新区安澜路	44371.9
38	海宁合力置业有限公司	合力大厦	海宁大道西侧、钱江西路南侧	71811.6
39	海宁嘉宇置业投资有限公司	宝君商务楼	经编产业园区	10157.4
40	海宁卡森地产有限公司	名庭园 1～8 号楼	斜桥镇硖斜公路北侧、洛塘河南侧	18095.6

续表 28

序号	建设单位	项目名称	地址	建筑面积（平方米）
41	海宁卡森地产有限公司	名庭园 9 ~ 31 号楼	斜桥镇硖斜公路北侧、洛塘河南侧	29247.4
42	海宁碧桂园房地产开发有限公司	碧桂园项目	临杭新区人民大道北侧、新城大道东侧	156802.8
43	浙江吉翔房地产开发有限公司	康桥名城（11 号、12 号、15 ~ 18 号楼、北商铺）	文宗路西侧、洛塘河南侧	87622.8
44	海宁市树诚房地产开发有限公司	望湖公馆	许村镇米兰路北侧、锦绣路西侧	78234.4
45	浙江领驭房地产开发有限公司	经都名庭（二期）	马桥街道红旗路南侧、经都名庭一期西侧	70298.9
46	海宁金易达房地产有限公司	阳光金街	群益路东侧、度善桥港南侧	1865.8
47	海宁市城南新市镇开发有限公司	马桥新城二期公寓房（桐溪景苑）	马桥街道海昌路东侧、干收路两侧	108022.5
48	海宁市佳源房地产开发有限公司	长安佳源中心广场（二期）4 ~ 5 号楼、7 ~ 10 号楼	长安镇长安路北侧、健康路西侧	55127.1
49	海宁市旧城改造与建设投资开发有限公司	洛南路东侧商业用房	洛塘河南侧、塘南路东侧	2374
50	海宁市绿洲投资开发建设有限公司	马桥街道环城河区块拆迁安置房（绿港嘉苑）	环南四路北侧、海昌路西侧	101882.8
51	海宁市周王庙镇联合投资开发有限公司	周王庙镇石井农贸市场	周王庙镇石云公路南侧、长埭港西侧	6976.7
52	海宁市城郊建设投资有限公司	月亮湾景苑	水月亭路南侧、碧云路西侧	150092.2
53	海宁融达置业有限公司	融达商厦	周王庙镇桑梓路西侧、硖许公路南侧	8058.3
54	海宁市经济房建设发展中心	缔艺家园	联合路南侧、广顺路东侧	245246.2
55	浙江慕容世家地产有限公司	慕容城二期	海宁大道东侧、隆兴路南侧	59473.4
56	浙江鸿翔建设集团有限公司	紫微大厦	海宁大道东侧、洛塘河南侧	49773.2

说明：以上开发楼盘是 2016 年通过交付使用条件备案项目

（何 欣 周 忠）

[编辑：沈 赤]

生态环境

Ecological Environment

综　述

全年省跨行政区域交接断面河道水质考核评价为优秀，市级主要河道 IV 类及以上水质水体占比 86%，比上年提高 15.7%。全年城区空气质量指数（AQI）优良率 80.9%，提高 9.1%。细颗粒物（PM2.5）平均浓度 46.8 微克 / 立方米，下降 3.2 微克 / 立方米。嘉兴市生态市建设考核和环保局局长目标责任制考核均获优秀。全年未发生重大突发环境事件和因环境问题引发的群体性事件。

环境空气质量监测采用 24 小时连续自动监测方式，监测项目为二氧化硫、二氧化氮、可吸入颗粒物、一氧化碳、臭氧最大 8 小时滑动平均和细颗粒物。环境空气质量状况在“海宁空气质量实时发布系统”实时发布，同时在海宁市环保官方网站、海宁市环境监测官方微博发布环境空气质量日报和周报。全年总监测天数 361 天，其中 I 级优天气 76 天、Ⅱ级良天气 216 天、Ⅲ级及以上天气 69 天。I 级、Ⅱ级天气占全年总天数的 80.9%。二氧化硫年平均值 15 微克 / 立方米，比上年下降 3 微克 / 立方米；二氧化氮年平均值 34 微克 / 立方米，下降 3 微克 / 立方米；可吸入颗粒物年平均值 78 微克 / 立方米，上升 1 微克 / 立方米；一氧化碳年平均值 1.0 毫克 / 立方米；臭氧最大 8 小时滑动平均年平均值 96 微克 / 立方米。城区环境空气中二氧化硫、二氧化氮浓度年平均值均达到国家空气质量二级标准，可吸入颗粒物、细颗粒物浓度年平均值超过国家空气质量二级标准。

降水监测为逢雨必测，监测项目为 pH 值、电导率、降水量、硫酸盐、硝酸盐、氟离子、氯离子、铵离子、钙、镁、钠和钾离子 12 项指标。2016 年，全市降水有效监测分析 89 次，降水 pH 值范围为 4.52 ~ 6.86，加权平均值 5.16，比上年上升 0.3。酸雨状况有所好转，但仍低于 5.60 的酸雨认定标准。总降水量 1563.4 毫米，酸雨样品率 75.3%，酸雨量占总降雨量的 70.1%。

饮用水水源地水质每月监测一次，监测点设在第三水厂和泰山桥，监测项目为水温、pH 值、溶解氧、硫酸盐、氯化物、硝酸盐、总磷、总氮、高锰酸盐指数、化学需氧量、五日生化需氧量、氟化物、挥发酚、

2016 年与 2015 年环境空气质量状况对比

表 29

年份	I 级天气数（天）	Ⅱ级天气数（天）	I 级、Ⅱ级天气占全年总天数的比率（%）	Ⅲ级及以上天气数（天）	Ⅲ级及以上天气占全年总天数的比率（%）
2015	41	222	72.1	102	27.9
2016	76	216	80.9	69	19.1

说明：环境空气质量状况采用环境空气质量指数（AQI）作为评价依据

石油类、氨氮、粪大肠菌群、阴离子表面活性剂、汞、氰化物、铁、锰、铜、锌、硒、砷、镉、铅、六价铬和硫化物29项指标。按2002年的《地表水环境质量标准》评价，第三水厂断面水质为Ⅳ类，泰山桥断面水质为Ⅴ类。第三水厂主要超标因子为五日生化需氧量，单项次超标率66.7%；泰山桥主要超标因子为总磷、溶解氧、五日生化需氧量、石油类和氨氮，单项次超标率分别为75%、66.7%、100%、75%、83.3%。

地表水水质实行单月监测，监测项目为水温、pH值、溶解氧、高锰酸盐指数、五日生化需氧量、氨氮、挥发酚、氰化物、砷、汞、六价铬、铅、镉、石油类、电导率、化学需氧量、总磷、氯化物18项指标。对境内长山河、洛塘河等10条主要河流12个断面的监测结果显示，最为严重的污染因子是氨氮、总磷和五日生化需氧量。全年12个断面氨氮、总磷、五日生化需氧量平均值分别为1.34毫克/升、0.24毫克/升、5.3毫克/升，均比上年有所下降。以18项监测指标来评价，全市10个水体中，劣Ⅴ类水体1个、Ⅴ类水体1个、Ⅳ类水体8个。与上年相比，劣Ⅴ类水体无增减，Ⅴ类水体减少7个，Ⅳ类水体增加7个。

2016年与2015年主要河流水质状况对比

表30

序号	河流名称	监测断面	定类污染指标	水质类别	
				2016年	2015年
1	长山河	双喜桥、松木漾桥	溶解氧、总磷、五日生化需氧量、化学需氧量、石油类	Ⅳ	Ⅳ
2	长水塘	嘉兴二县渔坝	五日生化需氧量、石油类	Ⅳ	Ⅴ
3	上塘河	许村大桥、水泥厂桥	氨氮	劣Ⅴ	劣Ⅴ
4	盐官下河	杭申公路桥	氨氮	Ⅴ	Ⅴ
5	辛江塘	丰士水泥厂桥	溶解氧、氨氮、总磷、五日生化需氧量、化学需氧量、石油类	Ⅳ	Ⅴ
6	洛塘河	货运中转站	溶解氧、氨氮、总磷、五日生化需氧量、化学需氧量	Ⅳ	Ⅴ
7	袁硖港	回龙桥	溶解氧、总磷、五日生化需氧量、化学需氧量、石油类	Ⅳ	Ⅴ
8	崇长港	友谊桥	溶解氧、总磷、五日生化需氧量、化学需氧量、石油类	Ⅳ	Ⅴ
9	市河	由拳桥	溶解氧、氨氮、总磷、五日生化需氧量、化学需氧量	Ⅳ	Ⅴ
10	麻泾港	农丰桥	溶解氧、氨氮、总磷、五日生化需氧量、化学需氧量、石油类	Ⅳ	Ⅴ

城区交通噪声监测为14条道路50个测点，道路总长47.2千米，道路加权平均声级64.7分贝，比上年上升0.8分贝。区域环境噪声共有网格数234个，有效测点180个，平均等效声级54.6分贝，下降0.1分贝。功能区噪声监测设有8个测点，其中1类区2个、2类区2个、3类区2个、4类区2个，昼夜连续等效声级均达到2008年的《声环境质量标准》规定的控制值。

（钱春民）

生态市建设

【概况】 制订全市生态文明建设工作系列实施方案，全面开展生态建设与环境保护工作。建立督察、考核机制，完善考核评价办法，指导、督促和推进“五水共治”“五气共治”、节能减排、城乡环境综合整治等工作。2016年，海宁市生态环境质量公众满意度得分74.8分，列嘉兴市首位。组织开展“改善环境质量，推动绿色发展”主题宣传、“增绿减霾、护我家园”骑行、“环保公众开放日”等活动。在《海宁日报》、海宁大潮网等媒体开设专栏，开展“五水共治”“五气共治”、行业整治、污染减排、环保法律法规等系列宣传报道。公开政府信息2257条，回应解读216次（篇）。组织法制宣讲20余场次，听众1500余人；开展生态环保宣讲25场次，听众3000余人，发放环保宣传册8000余份。开展网络宣传教育，提供公众互动交流平台。

【生态创建】 推进省级生态文明建设示范市创建。黄湾镇创建为省级园林镇，3所学校被评为省级绿色学校，4个村被命名为嘉兴市级生态村，4个家庭被命名为省级绿色家庭。完成《海宁市环境功能区划》编制，并经省政府批准实施。完成《海宁市生态功能小区建设规划》编制，推进生态功能小区建设。东部（黄湾）生态功能区低小散企业签约腾退率98%。全市累计创建一星级美丽乡村164个、三星级美丽乡村29个。

【首届“环保公众开放日”活动】 6月5日，市环保局联合海宁电视台FM96大潮之声共同推出世界环境日公益环保体验活动。市环保局局长姚卫东、环境监察大队负责人及环保志愿者等走进直播室，介绍海宁环保工作情况，并接听群众热线投诉。邀请10名市民参与体验活动。组织参观位于梅园路的大气环境监测站和标准实验室，技术人员介绍环境监测知识，进行监测设备演示操作；参观环保局环境自动监控中心，通过重点污染源自动监控系统观看重点排污企业运行情况；参观省级生态文明教育基地马桥中心小学中水回用项目，了解生活污水集中处理后用于绿化浇灌、冲洗厕所等情况。

（钱春民）

6月5日，首届“环保公众开放日”活动，图为市民参观环境自动监控中心

（市环保局　提供）

环境综合治理

【概况】 落实结构、项目和管理减排三大措施，加大对重污染行业和低小散企业整治力度，淘汰落后产能，推进产业结构调整。严格持证排污制度，严厉打击无证、超标、超总量排放行为。全年完成减排项目2个。严格落实全市饮用水水源地定期环境执法巡查制度，整治完成隐患点12个。泰山港水源生态湿地投入运行，长山河第三水厂饮用水水源核心保护区生态修复工程完成90%。全市累计建成投运农村生活污水“后一生态”治理项目370个、在线监控设施150套，累计受益农户8.1万户。推进“五气共治”，完成治理VOCs（挥发性有机物）行业8个、企业425家。整治淘汰10吨及以下燃煤小锅炉196台，完成32台10吨以上燃煤锅炉清洁排放改造，实施热电企业燃煤热电联产机组烟气超低排放改造，淘汰黄标车135辆。出台《海宁市城乡环境综合整治提升三年行动计划（2016—2018年）》和年度整治方案，开展城乡环境综合整治提升“百日攻坚”行动。实施烟花爆竹“双禁”。开展多部门联合执法督察，严查露天焚烧秸秆、垃圾现象。

【环境保护管理改革】 推进以排污许可证为核心的“一证式”改革，落实环评备案和项目登记备案制度，简化审批程序。实施环境污染责任险扩面，全年有110家企业完成投保（续保），总保额8200万元，总保费427.4万元。累计有6个行业的124家企业参加环境污染责任保险。推行环境污染第三方服务，新增第三方治理企业8家；实施企业污染源自动监控系统运行第三方运维改革，全面落实排污单位法定责任。

【智慧环保项目启动建设】 7月，完成项目招标，启动智慧环保项目建设。开发企业信息管理、建设项目管理、排污许可证管理、“三同时”（同时设计、同时施工、同时投产）验收、监测业务管理、污染源在线数据集成、环保行政处罚等8个子系统并上线运行，提升环保信息化管理水平。

【烟花爆竹“双禁”】 6月22日，出台《关于加强烟花爆竹禁止销售、禁止燃放工作的实施方案》。召开全市烟花爆竹“双禁”工作动员部署会。自7月1日起，在硖石街道、海洲街道、海昌街道、马桥街道及经济开发区所辖区域和盐官度假区禁止销售、燃放烟花爆竹。改善大气环境质量，减少因燃放烟花爆竹引起的人身伤害和火灾事故。在禁售、禁放区域内，所有烟花爆竹零售户注销烟花爆竹经营许可证，不再对外销售烟花爆竹。

（钱春民）

环境执法监管

【概况】 严格执行空间、总量、项目“三位一体”环境准入制度。全年备案建设项目1855个，其中环评备案661个，项目登记备案1052个，零土地技改项目备案130个，辐射项目备案12个；否决项目11个，涉及金额9.18亿元。加大建设项目后督察力度，强化事中事后监管。加大对环评中介机构的考核监管力度，严厉处罚违法违规行为。加大环保执法监管力度，开展“亮剑1号”“百日环保执法”“执法月”等系列专项行动，实施环保双随机抽查监管，清理整治违法违规项目6220个。全年出动环保执法人员2.2万人次，检查企业9890家次，关停企业（作坊）47家，责令停产197家，对

11 家企业实施查封、扣押，对 3 家企业实施限产、停产，对 2 家企业实施按日连续处罚；向公安机关移送案件 16 起，4 人被行政拘留，10 人被采取刑事强制措施，作出行政处罚决定案件 188 件，罚款 1007.7 万元。实施重复信访件和重点难点问题领导包案制，全年调处各类环境问题信访 1300 件，办结率 100%。

【环境监测】 采购红外测油仪、定硫仪等设备。通过计量认证复审及扩项现场评审，分析项目由原 6 个项目 130 个参数增至 9 个项目 138 个参数。加强 4 个地表水自动监测站和 2 个空气质量自动监测站的运行管理，监督监测与执法联动率 100%，监督性监测全指标完成率 100%，国控重点源自行监测公布率 100%，省控重点源自行监测公布率 96.7%。做好饮用水水源地、省跨行政区域交接断面和地表水水质、土壤、降尘、酸雨、交通噪声等各项环境监测，全年取得手工监测数据 39002 个，出具检测报告 1730 份，经营性收入 139.4 万元。

【承办嘉兴市突发辐射环境污染事故应急演练】 7 月 27 日，市环保局联合公安、消防、安监、卫生等部门开展突发辐射环境污染事故应急演练，嘉兴市环保局组织有关部门现场观摩。演练现场设在长安镇（高新区）一幢旧厂房内，模拟台风吹倒房屋Ⅳ类放射源被埋的场景。通过事故报告、启动应急预案、确定应急方案、展开事故调查、应急监测、应急救援、放射源搜寻等程序，最终找到放射源并妥善保管。最后确认事故现场环境未受到辐射污染，无人员受到辐射伤害，按规定解除应急响应。

（钱春民）

“五水共治”工作

【概况】 印发《2016 年全市主要河道水质、跨行政区域交接断面水质改善目标及镇级河道水质提升计划》，完善“四位一体”长效保洁机制，重点向小集镇、工业园区、新村点、池塘、断浜、小道等拓展延伸，共检查发现并整改问题 2865 处。推进治污清淤，消除涉河污染源。深化农村生活污水治理，受益农户 8.6 万户，受益率 92.5%。开展暗访督察工作，全年抽查河道 11076 条次，挂牌督办并完成整改摘牌 15 条。开展排水口标识工作，累计排查排水口 12856 个，整治封堵市区范围隐蔽超标排水口（排污口）8 个。全年省跨行政区域交接断面水质考核保持优秀，主要河道监测断面水质平均值Ⅳ类及以上占 86%，比上年提高 11.6 个百分点。全年完成“五水共治”项目投资 30 余亿元。建立履职述职机制，研发“潮乡智慧河长”巡河系统，建立“河长制”网上信息库。完善市、镇、村、户和第三方运行维护机构组成的“五位一体”运行维护体系，倡导第三方运行维护模式。开展多部门联动执法，出动执法人员 2.3 万人次，检查企业 9289 家次。在海宁电视台和《海宁日报》设立《曝光台》和《今日聚焦》等栏目，曝光 44 条问题河道，并跟进整治。

【“五水共治”智慧管理平台试运行】 利用现代地理信息“天地图”、云计算、大数据等先进技术，研发“五水共治”智慧管理平台（指挥中心），10 月 10 日试运行。平台建有“清三河”防反弹智慧监控、嘉兴市控以上考核水质断面智慧管控、城市排涝智慧管控、农村生活污水智慧管控、规模化畜禽养殖场智慧监控、河长制 APP 管理 6 个子

“五水共治”指挥中心　　（王超英　摄）

系统，对数据、视频、水质指标、设备运行状态进行调取，具备排污源实时监控、断面水质远程监测、污水排放自动统计、事故自动预警、人员数据录入调配等功能，实现设备远程启停操控。在污染事件、防洪排涝、自然灾害等特殊时期，实现部门间的高效协同办公。

【“河长制”管理】　1536 名市、镇、村三级河长严格执行定期巡河制度，建立问题联找、方案联订等工作制度。研发“潮乡智慧河长”巡河系统，建立“河长制”网上信息库，全年巡河 11.3 万次，发现问题并完成交办 3461 个。建立河长履职述职制度，召开全市河长履职述职大会，邀请市政协委员、人大代表和热心市民到会点评河长履职情况。鼓励广大党员、干部、私营企业主和群众担任“河长”，开展党员、青年、巾帼示范河道创建，选出海宁“最美河道”10 条。

【海宁市获全省治水最高奖大禹鼎】　2 月 29 日，在全省“五水共治”工作会议上，海宁市获全省治水最高奖——浙江省“五水共治”工作优秀县（市、区）大禹鼎。2013 年以来，海宁市通过科学治水、依法治水、全民治水、流域治水、生态治水等方式，全面开展水环境治理工作。至 2016 年年底，省跨行政区域河流交接断面水质考核由合格变为优秀。制订河道治理方案，成立专职指挥机构，确定 38 项投资 101 亿元的治理项目。在全省率先推行“河长制”，落实市、镇、村三级河长任务。开展脏乱黑臭河道专项治理，推进城乡生活污水治理。建立监测和通报机制，市级河道水质每月监测 3 次。落实督察曝光机制，在市级媒体曝光负面典型。加大对环境违法行为的查处打击力度，加强与余杭、桐乡等地的协调联动，建立健全边界联合执法机制。

（徐　渊）

［编辑：沈　赤］

旅　　游

Tourism

综　　述

2016年，完善旅游规划体系，推进旅游项目建设，提升旅游服务品质，引导乡村旅游发展。召开全市旅游业发展大会。以“一廊、一城”为旅游发展重点，出台《关于全面推进全域旅游提升发展的若干政策意见》，设立旅游专项资金2000万元。发布《海宁市“十三五”旅游业发展规划》，以盐官度假区建设为重点，推进全域旅游项目建设，打造核心旅游产品。完成生态绿带二期、雕塑公园、露营基地配套项目及路仲酒吧街、美食街项目建设，完成孔庙学宫和南山营装修，推进江南水乡非物质文化遗产馆一期、盐官度假区西学弄及春熙路前商业街一期、南关厢街区综合开发、干河街开发等项目建设。周王庙镇、丁桥镇、黄湾镇（尖山新区）等乡村旅游基础设施逐步完善。全市有涉旅项目51个，完成旅游投资59.07亿元。年底，全市有AA级及以上景区（点）7个，其中AAAA级景区2个、AAA级景区（点）1个。有旅游星级饭店10家，其中五星级2家、四星级2家；特色文化主题饭店1家。有旅行社16家（含2家国际社），杭州分社7家，旅行社服务网点35个，其中四星级旅行社4家、三星级3家。全年接待国内外游客1798.5万人次，旅游总收入200.37亿元，分别比上年增长13%和18.1%。

表31　　海宁市旅游景区（点）一览

景区（点）	地址	联系电话	门票价格（元）	等级
盐官景区（含观潮胜地公园、海神庙、陈阁老宅、花居雅舍、江南民俗风情馆、国棋圣院、王国维故居、金庸书院）	盐官度假区	87617200	100（联票）	AAAA
海宁中国皮革城	海州西路201号	87219222	免费	AAAA
谢氏艺术收藏馆	西山路1000号	87385888	免费	AAA
海宁博物馆	西山路542号	87023424	免费	AA
徐志摩旧居	干河街38号	87043528	10（海宁市户籍免费）	AA
钱君匋艺术研究馆	西山路493号	87028078	免费	AA
和田龙农庄	嘉海公路长山河桥堍	87278078	免费	AA

说明：以上票价以2016年12月31日票价为准

表 32 海宁市旅游星级饭店、特色文化主题饭店一览

名称	地址	总经理	联系电话	客房数（间）	床位数（张）	餐位数（个）	星级
皮都锦江大酒店	海宁大道 302 号	张同芳	87218888	313	473	1000	★★★★★
海洲大饭店	海州西路 199 号	张宏彬	87288888	312	530	2300	★★★★★
玉龙国际商务酒店	许村家纺城市场路 201 号	阮　存	87587888	94	164	500	★★★★
凯元国际酒店	火车站广场 65 号	徐益群	87227788	94	146	580	★★★★
海宁宾馆	长埭路 166 号	彭建芬	87286666	123	195	600	★★★
龙祥大酒店	海昌路 610 号	李小芹	87282828	165	280	800	★★★
花园酒店	水月亭路 280 号	仲　舫	87282999	71	119	300	★★★
假日国际大酒店	工人路 98 号	许振锋	87281888	188	326	350	★★★
香榭丽酒店	文宗南路 88 号	王婵娟	87788888	120	180	200	★★★
天鹅会大酒店	文宗南路 238 号	王娟平	87876868	85	146	100	★★★
百合天地度假酒店	文宗南路 185-15 号	李　强	87809000	50	61	50	特色文化主题饭店

说明：以上数据以 2016 年 12 月 31 日为准

表 33 海宁市旅行社一览

名称	地址	总经理	联系电话	星级
海宁市天地旅游有限公司	长埭路 356 号	施雨顺	87236868	★★★★
海宁经编园紫薇旅行社有限公司	海昌南路 199 号	俞晓红	87292778	★★★★
海宁市中青旅游有限公司	海昌路 193 号	孙云帆	87042000	★★★★
海宁市大元旅游有限责任公司	海马路 22 号	糜建华	87230488	★★★★
海宁市职工疗休养旅游有限公司	文苑南路 62 号	潘建根	87016996	★★★
海宁中星旅行社有限公司	盛堰路 5-1 号	黄玲丽	87235888	★★★
海宁黄金假日旅游有限责任公司	长埭路 11 号	钱玺华	87033658	★★★
海宁盐官古城旅行社有限公司	盐官度假区古邑路 1 号	姚文豪	87617599	—
海宁海潮旅行社有限公司	联合路 196 号	贝曙峰	87013522	—
海宁行天下旅行社有限公司	西山路 1001 号	蒋　骅	87275777	—
海宁假日中旅行社有限公司	海昌南路 158 号	吴灵佳	87251277	—
海宁金马旅行社有限公司	隆兴路 70-18 号	金雪丹	87277288	—
海宁市艾森旅行社有限公司	文宗路 193 ~ 195 号	陈张蕾	87295631	—

续表 33

名称	地址	总经理	联系电话	星级
海宁瑞驰旅游有限公司	南苑路 159～161 号	陈周琴	87783000	—
海宁市鹃湖旅行社有限公司	塘南东路 578 号	顾智繁	87260520	—
海宁来来旺旺旅游信息有限公司	海州西路 199 号	钟晨光	87015079	—
同程国际旅行社有限公司海宁分公司	海昌路 41 号	嵇先锋	82721800	—
杭州信达国际旅行社有限公司海宁分公司	工人路 377 号	金碧天	87178899	—
杭州海外旅游有限公司海宁分公司	长埭路 356 号	施雨顺	87236868	—
浙江省中国旅行社集团有限公司海宁分公司	海昌南路 199 号	俞晓红	87292778	—
浙江银星国际旅行社海宁分社	河东路 55 号	蒋振鑫	87381279	—
杭州云端旅行社有限公司海宁分公司	育才路 2 号	卢　纯	87022918	—
浙旅控股股份有限公司海宁市分公司	长安镇修川路 758 号	骆志勤	87486088	—

（杜倩露）

旅游市场开发

【概况】　推进旅游与农业、工业、文化、体育、商贸业融合发展，推出“潮城海宁，四季等你”主题活动，全年开发“灯迎春潮、果香夏潮、人约秋潮、衣暖冬潮”四季主题旅游活动 58 项，推出 3 期“海宁人游海宁”一日游、二日游体验活动。发布启用“潮城海宁”旅游形象标识。联合旅游饭店、休闲商铺推出旅游微信红包，扩大“潮城海宁”形象品牌影响力。四季观潮体验、四季购物体验、四季文化体验、四季运动体验和四季乡村体验五类旅游产品逐步成型。

【拓展客源市场】　举办海宁旅游（上海）推介会、江浙沪旅行社海宁旅游踩线体验活动、杭州旅游推广系列活动、江苏旅游推介会、潮城海宁疗休养旅游推介等十余场活动，组织涉旅企业参加上海、杭州、江苏等

10 月 18 日，在盐官度假区启动旅游系列活动之“海宁人游海宁”活动　（市旅游局　提供）

地的旅游交易会，推介“潮城海宁”应季旅游产品。支持企业开展宣传促销活动，举办长三角旅行社海宁旅游新春体验之旅、江浙沪商务旅行社海宁商务旅游考察体验、上海市徐汇区旅行社海宁考察体验活动。利用网络、电视平台，推广海宁旅游资源，拍摄《48 小时沿江海宁》《百事通中国行——潮城海宁》旅游节目，中央电视台《中国好歌曲》栏目组到尖山新区拍摄外景。邀请嘉兴中外旅行商合作人会的部分旅行商、马来西亚旅行商考察团到海宁重点旅游景区踩线考察，推介“景 + 住”二日游产品。

4 月 25 日，在海宁举办江浙沪旅行社海宁旅游推介会

（市旅游局　提供）

【旅游市场营销】　拓展与同程、携程、驴妈妈、途牛等旅游 OTA 平台的合作，推出盐官旅游门票、“酒 + 景”等产品。启用景区动态客流分析系统，网络订票统一进入智游宝平台，在售票窗口开通微信、支付宝支付服务。开设海宁旅游旗舰店，策划线下活动，推出海宁一日游、二日游线路，线上线下联动拓展杭州客源市场。开展微信联合营销，派送 G20 旅游微信红包。微信内容在“浙江去哪玩”等十余个主流微信平台投放，覆盖杭州地区及周边县（市）粉丝 200 万人。“海宁旅游”微信公众号与多个平台、部门合作开展线上活动。开发微信语音导游系统，为自驾游提供便利，粉丝关注量从年初的 7000 余人增至 8 万人。

【“潮城海宁”全域旅游联合营销活动】　观潮节期间，海宁中国皮革城、尖山宽塘民俗特色街、百联奥特莱斯广场联合开展优惠活动，推动全域观潮休闲旅游发展。皮革城推出观潮购物节，游客凭观潮联票参加抽奖和优惠换购等活动；举办尖山宽塘“潮市”活动，包括潮街秀、潮剧场、潮巡游、潮乐送、潮摄影等项目；宽塘、百联奥特莱斯广场部分商铺推出观潮联票抵扣购物消费活动。开展网红、旅游达人探访活动，以旅游攻略、软文等形式，推广“潮城海宁”旅游品牌。

（宋丹青）

旅游行业管理

【概况】　开展旅游合同签订情况专项检查，行风监督员开展质监暗访，加大行业监管力度。全年受理旅游投诉案件 20 件，理赔金额 3.4 万元，结案率 100%。年内，皮都锦江大酒店、海洲大饭店通过五星级旅游饭店复核，香榭丽酒店通过三星级旅游饭店复核，天鹅会酒店通过三星级旅游饭店评定；大元旅行社晋升为四星级品质旅行社。推进“平安旅游”创建，开展安全生产年、安全生产月、“平安护航 G20”和第三届世界互联网大会·乌镇峰会旅游安全专项整治等活动。春节、清明节、五一节、潮博会等节庆活动期间，开展安全生产督察，对特种设备、旅游用车进行联合检查，召开旅游安全生产、行业监管等会议 8 次。

【文明旅游活动】 印制《文明旅游与安全手册》，发放到全市涉旅单位和大元运输有限责任公司。参与全国文明城市创建，督促涉旅企业落实文明劝导、文明餐桌等工作。举办“文明与旅游同行”主题活动，参与活动 968 人次。

【海宁市导游大赛】 于 9 月 28 日在假日国际大酒店举行。比赛由市旅游局、文明办、总工会、人力社保局、团市委联合主办，来自 11 家旅行社和 1 个景区的 15 名导游参加比赛。比赛设笔试、风采展示、模拟讲解、知识问答和才艺表演 5 个环节。大元旅行社的邹静获一等奖，紫薇旅行社的杜佳炎、职工疗休养旅行社的张璐婕获二等奖，天地旅行社的陈晓玲、盐官度假区的方淼、中星旅行社的高冰利获三等奖。赛后，选派紫薇旅行社的杜佳炎和大元旅行社的邹静参加嘉兴市文明旅游导游大赛，分获三等奖和优秀奖。

（杜倩露）

节庆活动

【第二十三届钱江（海宁）观潮节】 于 9 月 13—22 日举行。9 月 15 日在盐官观潮胜地公园开幕。观潮节由浙江省旅游局、嘉兴市政府主办，海宁市政府承办。以“潮城海宁”为形象宣传品牌，举办观潮节开幕式暨网络直播海宁潮启动仪式、露营体验系列活动、“鲁瑾脱口秀”节目暨创客聚潮城活动、“梦想 +”潮市街、第七届海宁潮音乐节、中央电视台直播海宁潮、2016 首届中国海宁百里钱塘国际雕塑大展开幕式暨潮起东方雕塑园开园仪式、“潮城海宁”全域旅游联合营销活动、2016 年涌潮国际研讨会、祭祀潮神民俗表演 10 项活动。新浪、网易、斗鱼、今日头条 4 大知名网络平台进行网络直播，1000 余万名网民参与互动。同时开展旅游推介、旅游体验、在线互动等活动。中央电视台推出《钱塘观潮》专题节目，第八次直播海宁潮。观潮节期间，共接待游客 53.6 万人次，实现旅游票务收入 751.2 万元。

【百里钱塘国际雕塑大展暨雕塑公园开园】

9 月 12 日，潮起东方雕塑公园开园，同时举办首届中国海宁百里钱塘国际雕塑大展。雕塑展由中国雕塑学会和海宁市政府主办，中国雕塑学会展览部、盐官度假区管委会承办。中国雕塑学会会长、中国美术家协会副主席、清华大学美术学院副院长曾成钢，中国雕塑学会副会长、深圳雕塑院院长孙振华，中国雕塑学会副会长、上海大学美术学院院长杨剑平，美国新泽西大地雕塑公园（Grounds For Sculpture）首席策展人汤姆·莫兰（TOM MOran），海宁市领导孙浩彬、胡燕子、邵小文等出席开幕式。雕塑大展征集到来自 49 个国家和地区的 1299 件作品方案，评出入展作品 35 件，在潮起东方雕塑公园永久展出。对 35 件作品进行评奖，评出中国雕塑学会中国雕塑大奖一等奖 1 个、二等奖 2 个、三等奖 3 个，冯崇利的作品《风之痕》获一等奖。

【2016 年涌潮国际研讨会】 于 9 月 18 日在盐官度假区举行。来自国内外的专家、学者和科技工作者共 50 余人参加会议。与会专家从涌潮基本理论、涌潮数值模拟、涌潮现场和室内试验研究、涌潮文化等方面论述

9月15—18日，潮神祭祀仪式在盐官度假区白石台广场举行（市旅游局　提供）

涌潮及相关领域创新研究方向和主攻前沿，集中展现该领域的最新研究成果。同日，钱塘江涌潮观测站投入运行。该站有利于研究涌潮发生发展变化规律，提高涌潮强度预报的准确性。

【祭祀潮神民俗表演】

于9月15—18日在盐官度假区观潮胜地公园举行。改编潮神祭祀仪式的内容和表演形式，由杭州艺术表演团队表演，分篇章展现海宁人民无所畏惧的弄潮儿精神和充满民俗文化底蕴的祭神祈安、祭祀献礼活动。9月15日，来自浙大国际校区的64名外国留学生体验潮神祭祀民俗活动，参观海宁皮影戏、硖石灯彩等非物质文化遗产。

【第七届海宁潮音乐节】

于9月24—25日在盐官度假区观潮胜地公园举办。音乐节由盐官度假区管委会主办，海宁日报有限公司承办。以“梦想开始的地方”为主题，推出“鲁瑾脱口秀”节目，邀请齐秦、陈楚生、孙露、孙泊宁等偶像及新生代原创歌手现场演唱。吸引来自浙江、上海、北京、山东等地的歌迷、游客近4万人次。

【2016美丽交通走廊·环浙骑行在海宁举行】

7月2—3日，2016美丽交通走廊·环浙骑行活动第二站在海宁举行。活动由浙江省交

2016美丽交通走廊·环浙骑行活动在海宁举行（市交通运输局　提供）

12月，盐官度假区孔庙学宫工程完工　（王超英　摄）

通运输厅主办，海宁市政府、交通旅游导报、骑友网等协办。来自全国各地的56支车队近200名骑游爱好者参与活动，骑行活动途径翁金公路、海宁大道、潮涌路和观潮大道。

（宋丹青　朱　薇　胡月梅）

盐官旅游度假区

【概况】 2016年，盐官度假区实到市外内资5.51亿元；完成全社会固定资产投资11.5亿元，其中政府投资5.8亿元、社会投资5.7亿元。接待游客482.2万人次，旅游总收入3.3亿元。推进盐官度假区市场开发，组织参加台湾国际旅展、苏沪百家旅行社海宁旅游体验、浙江（上海）旅游交易会等主题营销活动8项。推出江南水乡过大年等特色旅游线路12条及春暖花开古城观潮套餐等旅游新产品8项。以江苏、浙江、上海市场为中心，开展新春之旅年味盐官、盐官追潮风筝季等四季主题旅游活动30余项。

年内，盐官古城内完成拆迁签约254户，面积4.9万平方米；盐官村1组、2组完成拆迁签约26户。实施安置房项目6个，拱辰花园二期完成建设，推进江苑一期、二期安置房建设，宣德路南、校场路东侧安置房，票务中心西侧安置房二期启动建设。实施古城复建项目6个，孔庙学宫、南山营、镇海门城楼城墙完成建设，推进江南水乡非物质文化遗产馆一期、西学弄及春熙路前商业街一期项目，完成拱辰路、古邑路、春熙路和敦庄路历史建筑维修工程，总建筑面积4719平方米。完成环城北路扩建工程，实施社区卫生服务中心二期工程、度假区市政基础设施及环境提升项目、度假区农村拆迁自建安置房市政配套设施项目、城镇建成区生活污水治理接户管工程、票务中心北侧临时停车场项目等公共服务设施建设。9月15日，“猛进如潮”匾额重新悬挂于观潮胜地公园内中山亭。匾额尺寸为1.5米×0.45米，由专业木雕匠人制作。

【盐官旅游开发合作项目签约】 12月18日，海宁市政府、盐官度假区管委会与北京中景旅游投资基金管理有限公司、北京中景旅游投资基金管理有限公司董事长陈向宏举行盐官旅游开发合作项目签约仪式。市领导朱建军、曹国良、徐辉、张炜芬，以及古镇联盟建筑设计有限公司负责人出席签约仪式。市委书记朱建军、陈向宏在签约仪式上致辞，盐官度假区管委会主任夏国平作项目介绍。项目一次规划，分期实施，由海宁市政府和北京中景旅游投资基金管理有限公司、陈向宏共同出资成立项目公司。项目内容包括新建和复建旅游度假休闲设施，建设基础设施和公共配套设施，修缮古建筑，改造提升现有景点设施，引入观赏性、互动性项目和文化产业类项目等旅游新业态。项目范围包括沿江生态绿带、盐官古城及古城西侧区块，总面积4.5平方千米，其中核心项目范围为盐官古城、观潮胜地公园及古城周边部分区块，面积2.1平方千米。项目总投资120亿元，其中核心项目投资40亿元。

10月16日，盐官度假区小普陀禅寺圆通宝殿落成暨全堂佛像开光庆典　（盐官度假区　提供）

【百里钱塘开发建设】 协调各镇加快征迁区块遗留户扫尾，年内完成遗留户攻坚签约22户，迁移坟墓800座。推进省钱塘江管理局嘉兴管理处预制场搬迁工作。生态绿带二期、百里钱塘提升一期、百里钱塘露营基地配套工程完成建设，潮起东方雕塑公园建成并投入使用。盐官古城开元观潮阁酒店开业，推进房车营地项目建设，京都影视文化中心项目基本完工。

【小普陀禅寺圆通宝殿落成暨全堂佛像开光庆典】 2016年10月16日，盐官度假区小普陀禅寺举行圆通宝殿落成暨全堂佛像开光庆典。嘉兴市委统战部副部长、嘉兴市民宗局局长陈国华，海宁市副市长朱海英，海宁市委统战部部长史丹夫等领导及佛教人士出席庆典活动，来自各地的信众4500人参加开光庆典。2010年，拆圆通宝殿并在原址重建，投资1200万元，建筑面积500平方米。建成后，小普陀禅寺圆通宝殿（观音殿）、天王殿、念佛堂、斋堂等对外开放。

（朱　薇）

［编辑：钱金霖］

中共海宁市委员会

Haining Municipal Committee of the C.P.C.

重要会议

【概况】 2016 年，市委召开全体会议 5 次、常委会会议 26 次、领导干部会议 7 次、各类专题会议 17 次。

【市委十三届九次全体（扩大）会议暨十四届市政府第九次全体会议】 于 2 月 1 日在市行政中心召开。会议总结 2015 年工作，部署 2016 年任务，审议通过《中共海宁市委关于制定海宁市国民经济和社会发展第十三个五年规划的建议》。号召全市上下坚定信心、保持定力、凝心聚力、持续发力，自觉践行五大发展理念，勇立潮头走在前列，为率先建成“四个全面”[①]战略布局先行市开好局、起好步。市委副书记、市长戴锋代表市委常委会、市政府班子在会上作报告。

【全市三级干部大会】 于 2 月 14 日在市行政中心召开。会议表彰 2015 年全市各条战线的先进集体和先进个人，提出要认真贯彻落实市委十三届九次全会精神，进一步动员和激励全市上下以“勇立潮头、勇当标杆”的精气神，全力落实“招商选资突破提质年”“转型发展服务提速年”活动各项任务。市委副书记、市长戴锋在会上讲话。

【全市工业发展暨互联网经济大会】 于 5 月 31 日在市行政中心召开。市委书记朱建军在会上强调，全市工业发展围绕强导向、强企业、强产业、强服务，推动企业迈上新台阶，实现海宁工业经济新飞跃。市委副书记、市长戴锋在会上部署工作。

【全市庆祝中国共产党成立95周年大会】 于 6 月 30 日在市文化馆召开。会议表彰近年来全市各条战线的“潮乡先锋共产党员”“潮乡先锋基层党组织”“优秀共产党员”“优秀党务工作者”“先进基层党组织”“优秀党员志愿者”“优秀村干部”“优秀社区干部”。市委书记朱建军在会上提出，全市各级党组织要不断增强创造力、凝聚力和战斗力，为加快建设“两个率先”提供坚强政治保证。广大党员要以更好的精神状态、更高的标准要求、更实的工作作风，齐心协力把潮乡大地建设得更加美丽，让全市人民生活得更加美好。

【市委十三届十次全体（扩大）会议暨十四届市政府第十次全体会议】 于 8 月 25 日

① 四个全面：全面建成小康社会排头兵、全面深化改革排头兵、全面依法治国排头兵、全面从严治党排头兵。

在市行政中心召开。会议回顾总结上半年工作，部署下半年任务，审议通过《中共海宁市委关于拉高标杆补齐短板的决定》，号召全市各级各部门和广大干部群众拉高标杆补短板，勇立潮头走前列，为全力完成“十三五”开局之年各项目标任务而努力奋斗。市委书记朱建军代表市委常委会向大会作报告，市委副书记、市长戴锋作会议小结。

【全市领导干部会议】 于11月1日在市行政中心召开。会议传达学习贯彻中共十八届六中全会精神，并结合海宁实际就学习贯彻落实全会精神作部署。市委书记朱建军在会上提出，要重点做到“五个深刻认识”①，要全力以赴做好当前各项重点工作，确保“十三五”发展良好开局，以优异成绩迎接中共十九大胜利召开。

【全市建筑业发展大会】 于11月24日在市行政中心召开。会议回顾总结“十二五”时期全市建筑业发展情况，部署今后一个时期建筑业发展目标任务和工作。市委书记朱建军在会上强调，要坚持以“品牌化、国际化、专业化、现代化、资本化”为抓手，开拓创新、积极有为，加快推进建筑行业转型发展，实现海宁市从“中国建筑之乡”到“建筑强市”的跨越。

【市委十三届十二次全体（扩大）会议暨十四届市政府第十一次全体会议】 于12月15日在市行政中心召开。会议回顾总结2016年工作，部署2017年任务，号召各地各部门要一张蓝图绘到底、一个目标干到底、一个战略实施到底，干在实处、走在前列、勇立潮头，以优异成绩迎接中共十九大召开。市委书记朱建军代表市委常委会向大会作报告，市委副书记、代市长曹国良作会议小结。

【中国共产党海宁市第十四次代表大会】 于12月25—29日在市行政中心召开。12月26日开幕，来自各条战线的371名党代表参加开幕式。开幕式由市委副书记、代市长曹国良主持，市委书记朱建军代表中共海宁市第十三届委员会向大会作《干在实处、走在前列、勇立潮头，为全面建成小康社会标杆市而努力奋斗》的报告，市委常委、市纪委书记王险峰代表中共海宁市第十三届纪律检查委员会向大会作《坚持全面从严治党，强化监督执纪问责，坚定不移把党风廉洁建设和反腐败工作引向深入》的报告。会议于12月29日闭幕。大会通过中共海宁市十四届委员会一次全体会议选举办法，选举产生新一届市委常委、书记、副书记，朱建军当选为书记，曹国良、沈雨祥当选为副书记。通过市纪委十四届一次全体会议选举产生的常委、书记、副书记名单。通过代表提案审查情况报告，通过十三届市委工作报告决议和市纪委工作报告决议，选举产生海宁市出席中共嘉兴市第八次代表大会代表。

（张　明）

重要决策和活动

【“两学一做”学习教育】 根据中央、省委和嘉兴市委部署要求，5月10日，召开全市“两学一做”专题党课暨学习教育部署

① 五个深刻认识：深刻认识全会明确习近平总书记核心地位的重大意义，深刻认识全面从严治党对于协调推进“四个全面”战略布局重大而深远的意义，深刻认识新形势下加强和规范党内政治生活的方向目标和任务举措，深刻认识加强党内监督的重点和途径，深刻认识领导干部的示范表率作用。

会，启动全市“两学一做”学习教育活动。市委常委以身示范，带头参加学习教育，带头上好专题党课，带头以普通党员身份参加支部学习和组织生活。市委常委会“两学一做”专题学习研讨交流4次，带动全市学习教育深入推进，把全面从严治党落实到每个支部、每名党员。

【出台《中共海宁市委关于制定海宁市国民经济和社会发展第十三个五年规划的建议》】 2月1日，市委十三届九次全体（扩大）会议暨十四届市政府第九次全体会议审议通过《中共海宁市委关于制定海宁市国民经济和社会发展第十三个五年规划的建议》。2月5日，出台《中共海宁市委关于制定海宁市国民经济和社会发展第十三个五年规划的建议》(以下简称《建议》)。《建议》提出：“十三五”时期，要按照“干在实处永无止境、走在前列要谋新篇”新使命和“更进一步、更快一步”总要求，围绕综合实力更强、城乡发展更协调、生态环境更优美、市民生活更幸福、治理体系更完善的发展目标，牢固树立创新、协调、绿色、开放、共享的发展理念，实施创新驱动、融杭接沪、强镇富村、生态优美、品质生活“五大战略”，打造长三角经济活力强市、文化旅游名市、生态宜居新市升级版，率先建成“四个全面”战略布局先行市，率先高水平全面建成小康社会。

【出台《中共海宁市委关于拉高标杆补齐短板的决定》】 8月25日，市委十三届十次全体（扩大）会议暨十四届市政府第十次全体会议审议通过《中共海宁市委关于拉高标杆补齐短板的决定》(以下简称《决定》)。《决定》提出：要坚持突出发展、把握重点、因地制宜、统筹结合的原则，通过3至5年时间，重点补齐产业竞争力、科技创新、交通基础设施、生态环境、公共服务能力、美丽镇村建设、改革落地7块短板，全面完成“十三五”规划确定的各项目标任务，打造长三角经济活力强市、文化旅游名市、生态宜居新市升级版，如期实现“四翻番”，率先建成“四个全面”战略布局先行市，率先高水平全面建成小康社会。

【“五事”主题教育实践活动】 10月9日，出台《关于在全市各级领导班子中开展“五事”主题教育实践活动的实施意见》(以下简称《意见》)。《意见》提出：为加强换届后领导班子思想政治建设，打造一支忠诚、干净、担当的干部队伍，进一步提升各级领导班子和领导干部“善谋事、敢担事、干实事、会共事、不出事”的能力水平，在全市各级领导班子中开展“五事”主题教育实践活动，进一步提升全市各级领导班子和干部科学决策、担当履职、高效执行、协同作战、廉洁干事的能力，进一步健全“五事”干部队伍建设机制，推进各项工作任务有效落实，带动并形成人人争当“五事”干部的良好氛围，为加快推进“四个全面”战略布局先行市和“两富”“两美”海宁建设提供坚强的组织保证。

【“招商选资突破提质年”“转型发展服务提速年”活动】 以招商选资大突破大提质为抓手，把突破营造招商氛围、突破调整招商领域、突破优化驻外招商体制、突破创新招商方式方法、突破完善考核奖励机制、突破提升平台能级、致力招商（招才）队伍提质、致力招商（招才）项目提质、致力招商（招才）服务提质作为工作重点，全力开创全市招商引资、招才引智工作新局面，为推动经济转型发展增添活力和后劲。以推进经济转型尤其是工业转型发展为重点，开展服务“暖心行动”、产业“春风行动”、主体

"去清行动"，实现服务提速、发展提质。

【"服务发展、勇立潮头"百日大行动】 自12月12日起，全市围绕"企业走访全覆盖、招商选资掀热潮、有效投资创新高"的总体要求，开展"服务发展、勇立潮头"百日大行动。一手抓2016年各项工作冲刺，一手抓2017年各项工作谋划。通过深入企业精准服务，排摸一批信息，解决一批问题，完善一批政策；开展奔跑招商，实施精准招商，拓展招商模式，强化招商保障；开展项目推进，加快落地一批、前期推进一批、加紧开工一批、问题解决一批等工作，确保全市各项工作继续走在嘉兴乃至全省前列。

【党政领导省内考察学习】 6月7日，市委书记朱建军率党政考察团到义乌学习考察市场发展、国际贸易综合改革等工作，听取义乌有关工作情况介绍。12月5日，市委书记朱建军率党政考察团到嘉兴经济技术开发区、平湖市、嘉兴港区学习考察平台建设、招商选资、企业服务等工作。市领导张炜芬、周红霞等陪同考察。

表34　　市委常委分工一览

姓名（任职期）	职　务	分管工作
朱建军（4月任）	市委书记	主持市委全面工作
戴　锋（10月免）	市委副书记	1—3月主持市委全面工作；4—10月主持市政府全面工作
曹国良（10月任）	市委副书记	主持市政府全面工作
周红霞（12月免）	市委副书记	协助市委书记处理市委日常事务，负责农业农村、统战、群众团体、信访、督察考评工作。分管市委办、市委政策研究室、保密委、督考办、市委统战部、农办、市直机关党工委、市委党校、信访局、史志办、总工会、团市委、妇联、科协、工商联、关工委。联系市人大常委会、市政协、各民主党派、残联、档案局、卫生计生局
沈雨祥（12月任）	市委副书记	负责组织和老干部工作，主持市委组织部工作，分管市委老干部局
孙　群（12月免）	市委常委	负责政法、综治和维稳工作，主持市委政法委工作，联系司法、新居民事务工作
姚敏忠（12月免）	市委常委	协助市长、代市长处理市政府常务工作
姚建新	市委常委	负责宣传和意识形态工作，主持市委宣传部工作，分管市文明办、文联、海宁日报社、广电台、联创办，联系文化体育、社会科学、新闻出版工作
王险峰	市委常委	负责党风、党纪和监察工作，主持市纪委工作
许金夫（10月免）	市委常委	主持连杭经济区、长安镇（高新区）工作
顾照荣	市委常委	负责公安工作，主持市公安局工作
成　立（12月免）	市委常委	负责人民武装工作

说明：市委常委陶咏椿、王建坤、彭林军、郭真年内无分工

（张　明）

纪检监察工作

【概况】 严明党的纪律规矩。加大监督执纪问责力度，市、镇两级共开展督察583次，问责85人，其中科（局）级领导干部4人，通报典型案例8起。围绕市、镇两级换届工作，开展巡回督察。召开领导干部警示教育大会，市委书记对换届纪律提出明确要求。严把干部选拔任用廉政意见回复关，廉政审核拟提任或转任重要岗位干部153人次，资格审查“两代表一委员”人选3407人次。宣传廉洁自律准则、纪律处分条例、问责条例等党内法规，通过集中专题辅导、“微廉课”点题宣讲等形式开展宣传辅导60余场次，受教育党员8400余人次。

落实管党治党责任。市委书记与10名市委常委、61个党委（党组）签订党风廉政建设责任书，全市科（局）级以上领导干部共领衔个性任务572项，其中市领导领衔16项。各级党组织向上一级党委、纪委提交党风廉政建设责任落实书面报告，各镇（街道）和5个重点部门党委（党组）主要负责人向市纪委报告履行“第一责任人”职责和廉洁自律情况，并接受纪委委员评议。依托党风廉政建设责任落实动态监管平台对各单位履行主体责任情况进行实时监督，对未达要求的26项个性化任务亮灯警示并责令限期整改。年底，市领导带队对镇（街道）和重点部门党风廉政建设责任制落实情况进行实地检查。严格责任追究，对履行主体责任不力的4家单位实行“一案双查”，问责5人，党（政）纪处分1人。

从严正风肃纪。紧盯重要节点和隐形“四风”问题，建立纪检监察组织与财税、审计等部门协作联动机制，常态化开展正风肃纪。全年开展正风肃纪督察246次，追究责任11人，党（政）纪处分5人，其中科（局）级领导干部2人，通报曝光违反中央“八项规定”的典型案例10起。开展落实中央“八项规定”精神“回头看”，严查违规收送节礼、违规发放津补贴、公款旅游、公车私用等行为。开展许汝霖、海宁查氏、王国维等廉洁家规家训研究，拍摄《忠廉耀后世、勤俭承家风——许伟平口述家规故事》专题片。开展“立家规、树家训、淳家风”主题活动，深化家规家风教育。

加强纪律审查。运用谈话函询、警示提醒、教育诫勉等手段，及时发现党员干部的苗头性、倾向性问题，全年谈话提醒883人，诫勉谈话68人。全年市纪委受理信访举报162件，处理问题线索247件，初步核实46件，谈话函询73件，其中谈话函询科（局）级领导干部57人；了结7件，立案139件，立案数比上年增长63.5%，给予纪律轻处分69人、纪律重处分68人。健全涉腐信息互通、案件分析会商等协作机制。注重纪法衔接，做好涉嫌违法犯罪党员“先处后移”工作。发挥信访举报主渠道作用，强化问题线索集中管理和分类处理。严格落实纪律审查各项规定，突出保护职能，对信访反映失实的及时澄清是非、消除影响，全市纪检监察组织为46名党员干部澄清不实信访问题。

推进纪检体制改革。全面启动监察体制改革试点，成立试点工作小组，做好市监察委员会组建、转隶等准备工作。实行镇（街道）纪委和派驻纪检机构问题线索一月一报告、线索处理情况一件一备案等制度。严格审核基层纪检组织纪律审查工作并跟踪督办，全年市纪委指导基层自办纪律审查案件9件，5个镇（街道）均完成首件自办案件。发挥派驻纪检机构作用，建立重大决策事项预告、人事决策事先介入、参加或列席被监督单位班子会议等制度，督促被监督单位规范履职，建立每季纪检组组长与党委（党组）书记工作意见建议交换、廉政抄告单等机制，强化问题处理。全年各派驻纪检机构共开展专项检查946次，发现问题535个，发出廉政抄告单30份，处理问题线索18条，给予纪律处分3人。

3月21日，市纪委听取市级部门（单位）落实主体责任情况口头汇报
（市纪委　提供）

深化巡察监督。做好省委巡视整改，开展公款竞争性存放、津补贴发放等专项检查。开展市级巡察，落实“巡审联动”工作机制，对许村镇、黄湾镇（尖山新区）、市民政局开展巡察，共发现问题28个，提出整改意见16条，移送问题线索4条，给予党（政）纪处分2人。全面推进农村基层作风巡查，重点查处虚报冒领、截留私分、以权谋私、吃拿卡要、刁难群众、欺压群众等侵害群众利益问题。巡查村（社区）及基层站所47家，发现问题131个，提出意见建议118条，提供问题线索8条，通报曝光基层侵害群众利益的典型案例8起。

【市纪委专题听取主体责任落实情况报告】 3月21—24日，市纪委组织市纪委委员听取12个镇（街道）和市经信局、民政局、人力社保局等5个市级部门（单位）落实主体责任情况口头报告。在党委（党组）履行主体责任情况进行书面重点报告基础上，党委（党组）主要负责人重点汇报个人履行“第一责任人”职责和廉洁自律情况。市纪委委员对存在问题进行点题询问，单位党委（党组）主要负责人当场回答。市纪委向各报告单位反馈评议综合排名、党风廉政建设责任制落实情况考核结果和存在的主要问题。

【全市警示教育大会】 于7月11日在市行政中心召开。会议由市委副书记周红霞主持，市四套班子成员及全市科（局）级领导干部500余人参加会议。市委书记朱建军以“把纪律和规矩挺在前面”为主题，上专题警示教育课。

【中共海宁市纪委十三届六次全体会议】 于2月19日在市行政中心召开。会议学习贯彻中共十八大及十八届三中、四中、五中全会和习近平系列重要讲话精神，按照上级纪委全会和市委十三届九次全体会议部署，回顾总结全市2015年纪律检查工作，研究部署2016年工作任务。市委副书记、市长戴锋出席会议并讲话，市领导徐辉、张炜芬、周红霞等出席会议。市委常委、市纪委书记王险峰代表市纪委常委会向全会作《全面从严治党，坚守责任担当，坚定不移推进党风廉政建设和反腐败工作》的报告。

（李明辉）

组织工作

【概况】 2016年，全市发展党员519人。至年底，全市共有党员42933人、基层党组织2280个。清理处理违纪违法党代表和党员319人，排查处理失联党员24人。开展“两学一做”学习教育，成立协调小组和6个督导组，市委常委带头推进“四讲四有”（讲政治、有信念，讲规矩、有纪律，讲道德、有品行，讲奉献、有作为）学习讨论、“补钙加油”集中培训、“双百双千”(百人讲师团、百个实践基地，千堂微党课、千道题库）专题党课、“一员双岗”（每名共产党员履行勤奋工作敬业岗、服务群众奉献岗两个岗位）履诺践诺等8个工作专题。开展“干部担当促转型行动”和机关党员进村(社区)“四在”行动（身份亮化在社区，承诺公开在社区，奉献服务在社区，党性闪光在社区）。开展村党组织书记、党员先锋站负责人和“两新”组织党组织书记专题培训，全市4万余名党员接受党性教育。建立村级“党性体检馆”。海宁市被评为2015年度全省市（县）党政领导人才工作目标责任制考核优秀单位。承办全省新领域新业态党建现场推进会，革命圣地“党史研究·党建实践联盟”理论与实践研讨活动在海宁举行。举办第九期组工干部培训班。《海宁打造“工作日志+主办项目”双系统，协同驱动干部“担当有为”》被中共中央国家机关工作委员会评为全国机关党建信息化优秀案例。9项工作获嘉兴市以上领导批示肯定。

完成镇（街道）领导班子集中换届，对镇（街道）班子进行综合研判6轮次。依托“青春风采”能力素质展示活动，遴选30名年轻后备干部。通过部务会议集体面谈制筛选镇（街道）事业干部、村干部和大学生“村官”。开展“清风正气行动”，制作“潮宝话换届”系列动漫，出台换届会议期间10项禁令。严把职数设置、推荐考察、结构调配三大环节。

推进领导班子和干部队伍建设。完善干部担当制度体系，出台《干部容错免责实施办法》《退出岗位领导干部管理办法》《科(局）级领导干部提醒、函询、诫勉和调整实施办法》。深化干部担当考评。推动干部跨地区、跨部门任职，全年有200余名领导干部交流轮岗。推进干部到上海挂职，安排

“四纵两横”基层党建示范带建设规划 （市委组织部 提供）

2名干部到上海漕河泾新兴技术开发区挂职，3名干部到上海宝山区挂职。镇（街道）换届后，开展“五事”主题教育实践活动。

推进人才队伍建设。全年引进培育各类高层次人才27人，其中“千人计划”专家15人。新入选国家“千人计划”专家1人、省“千人计划”专家4人、嘉兴领军人才15人，省“千人计划”培育数列嘉兴市首位，穆罕默德·西拉理入选浙江省首位国家首席外国专家。连续七年举办浙江（海宁）民营资本与海外人才智力合作交流大会，连续四年举办“潮起东方·赢在海宁”创业大赛。推进“双招双引·五同”工作机制，建立全市“双招双引”在谈重点及已评审项目跟踪落地制度。推进沪浙人力资源服务产业园建设。

推进基层党建工作。制订《海宁市“整乡推进、整县提升”三年行动计划》，推进全市“整乡推进、整县提升”工程，布点建设645个党员先锋站，14名村书记入选全省“千名好支书”。规划建设果园飘香富农、花海布艺风情、城乡融合共进、文明和谐幸福、农耕文化体验、桑田绿韵宜居6条党建示范带。建立镇（街道）党委书记抓基层党建责任清单、问题清单、任务清单制度。推行“三五”党员固定活动日（每月5日、15日、25日）、党员定期宣誓和规范使用党旗党徽、村级各类组织向党组织定期述职评议等制度。成立海宁爱心联盟综合党委和社会组织综合党委。

融合推进招才引智、招商引资工作，推行人员同配、任务同下、信息同享、考核同步、成果同享的“五同”工作机制，公开选派驻外蹲点招才招商专职人员近40人，派驻上海、杭州、深圳等地开展招才招商。推出住房补贴等20条保姆式服务，提供创业启动奖励资金、创业天使基金、投资引导基金、科技银行基准利率贷款、贷款贴息“5个最高500万元”人才招引政策。

【创设“假日班车”制度为党员补课】 针对农村外出党员难以参加组织生活会情况，创新设立“假日班车”制度，利用节假日为回乡党员、因工作等原因未及时参加党员活动的党员补课。各镇（街道）依托“智慧党建”云平台每季度进行数据分析，按村（社区）绘制党员参加固定活动日情况统计表。村（社区）以此为依据，对党员参加组织生活情况进行分析，排出需要补课的党员名单。定期督察通报村（社区）“假日班车”统计情况，将党员参加补课情况纳入先锋指数管理，对连续三个月未参加党员固定活动日活动又无故缺席补课的党员进行严肃处理，确保党员参加学习教育不掉队。

【实施干部“担当考评”机制】 突出工作总量、工作效率、工作难度、工作质量，对干部主办项目落实情况进行四维结构化评分，形成“担当系数”，作为干部调整使用的重要依据。结合领导干部年度考核“一表式”反馈工作，以四维图直观反映“担当系数”，实行“绿黄红”预警。对敢担当干部用绿灯鼓励，对不敢担当干部用黄灯提醒或红灯警示，并通过“部长寄语”对干部担当精神和年度工作给予评价，直接反馈所在班子和干部本人。全年结合干部担当考评约谈领导干部75人，免职11人。该做法在中共中央组织部《组工信息》上刊登介绍。

【政企干部“亲清”互挂】 印发《关于开展政企干部“亲清”互挂活动的通知》，召开政企干部互挂对接会。互挂活动采取驻企现场服务、联企帮办服务、骨干上挂锻炼3种方式，共有18家企业的19名中层干部挂职市发改局、经信局、农经局等9个机关部门，93名机关干部到企业开展项目申报、股改上市、电力指导、安全生产、审批代办等服务。

【创设村级“党性体检馆”】 将党建载体向镇（街道）延伸，在全省设立首个村级“党性体检馆”。每名党员每年接受体检2次，按党员宣誓、书记赠言、学习交流、对标检视、确认“短板”、贴号公示、分类提升、无记名投票评议等流程进行。推出党性体检“30+N”问，每一“问”设置良好、一般、较差3档，对应绿灯、黄灯、红灯。党员对照问题逐个对标检视，诊断“较差”即确认为“短板”，在亮短区贴号公示。党员在每月5日党性学习日汇报整改情况，经集体讨论确认整改完成后，可将该“短板”销号摘除。

【爱心联盟综合党委成立】 4月22日，依托海宁爱心联盟成立全国首个社团联盟型党组织——爱心联盟综合党委。综合党委利用联盟核心骨干党员居多优势，探索体制机制创新，由原垂直型单线型管理转为多点型双向型管理，由原行政体制模式转为党组织领导下社会组织自发模式，由原节点式、阶段性志愿服务转为项目化、个性化、常态化志愿服务。综合党委下属27家成员单位建立党组织，有党员2300余人。海宁爱心联盟被中共中央宣传部、中共中央组织部等13个部门评为全国“四个一百”[①]最佳志愿服务组织。

【全省新领域新业态党建现场推进会在海宁召开】 6月2日，全省新领域新业态党建现场推进会在海宁中国皮革城召开。省委组织部副部长、“两新”工委书记张学伟，省工商行政管理局党委书记、局长冯水华，嘉兴市委组织部副部长、“两新”工委书记方俊良，海宁市委书记朱建军，海宁市委副书记周红霞等领导和全省各地的代表100余人出席会议。会议聚焦商品交易市场和市场网商党建，总结交流党建工作典型经验，推广海宁等地的网商党建工作模式，部署2016年全省个体工商户和商品交易市场党建工作。海宁、平湖、文成、安吉、金华、杭州、宁波7个地区的代表在会上作典型交流发言。

（周　健）

宣传工作

【概况】 优化市委中心组学习选题，印发《2016年中共海宁市委中心组理论学习计划》。全年组织集中主题学习12次，市级领导牵头和参与课题19个。做好市委常委会“两学一做”4个专题的集中学习研讨工作。落实基层党委中心组理论学习，每季度下发集中学习情况通报，开展2次结对旁听工作。利用微信等方式，开展全市科（局）级领导干部理论测试。组建科（局）级领导干部宣讲团、市委党校宣讲团、微型党课宣讲团、乡音宣讲团和最美人物宣讲团等，开展治国理政新理念、中共十八届六中全会精神等宣讲600余场次，听众10万余人次。

做好正面宣传和舆论引导。组织开展中共十八届六中全会和市委十三届九次、十次全会精神等重大主题宣传。开设“两学一做”进行时、“五事”干部勇立潮头等宣传专题，将活动成效宣传、典型宣传与中心工作相结合。推出问诊海宁工业经济的深度报道，做强工业经济宣传。聚焦社会服务，做好烟花爆竹“双禁”工作、“河长制”、房屋征收、文明城市创建等民生宣传。全年市民监督团开展监督活动90余次。中央和省

---

① 四个一百：一百个最美志愿者，一百个最佳志愿服务项目，一百个最佳志愿服务组织，一百个最美志愿服务社区。

级主流媒体分别宣传报道海宁 54 篇（条）和 320 篇（条），其中《人民日报》刊发报道 6 篇，新华社刊发报道 43 篇，中央电视台《新闻联播》播出新闻 1 条，《浙江日报》刊发报道 75 篇（头版 7 篇），浙江卫视《新闻联播》播出新闻 164 条。与中央电视台合作，连续七年直播海宁潮。建立健全省、市、县三级联动和部门协同监测的网上舆情工作体系，处理网上负面信息，引导网上热点舆情。

海洲社区文化长廊　　（市委宣传部　提供）

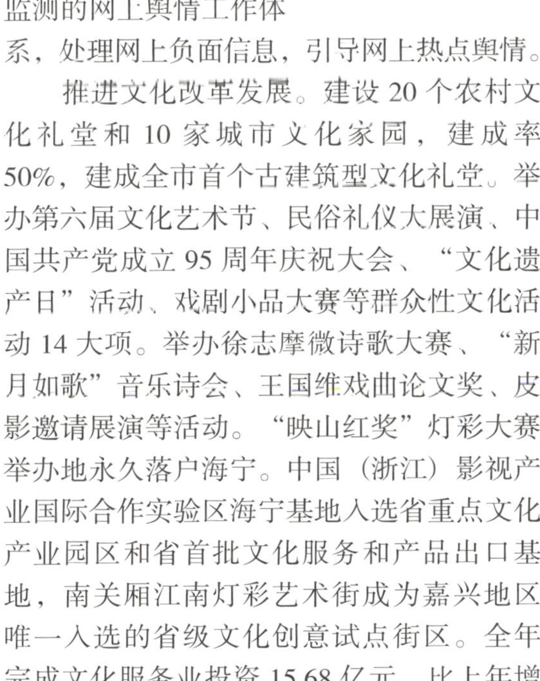

推进文化改革发展。建设 20 个农村文化礼堂和 10 家城市文化家园，建成率 50%，建成全市首个古建筑型文化礼堂。举办第六届文化艺术节、民俗礼仪大展演、中国共产党成立 95 周年庆祝大会、“文化遗产日”活动、戏剧小品大赛等群众性文化活动 14 大项。举办徐志摩微诗歌大赛、“新月如歌”音乐诗会、王国维戏曲论文奖、皮影邀请展演等活动。“映山红奖”灯彩大赛举办地永久落户海宁。中国（浙江）影视产业国际合作实验区海宁基地入选省重点文化产业园区和省首批文化服务和产品出口基地，南关厢江南灯彩艺术街成为嘉兴地区唯一入选的省级文化创意试点街区。全年完成文化服务业投资 15.68 亿元，比上年增长 57.4%。

贯彻落实基层宣传文化工作“四张清单”[①]，推进“基层工作加强年”活动。在省委党校举办中共十八届六中全会精神理论骨干培训班，举办全市村（社区）宣传委员、文化专管员、第十一期新闻发言人等培训班。深入基层调研，梳理工作短板 9 项。开展平安护航 G20 杭州峰会网络空间净化大行动，启动一级响应，设立网上不良信息举报平台。联合公安、经信等部门开展互联网综合治理，集体约谈 14 个资讯类微信公众号的负责人。查处网络谣言 20 余起。市委宣传部（市网络安全和信息化领导小组办公室）被评为嘉兴市重大国际峰会保障服务工作先进集体。

【意识形态工作】　贯彻中央《党委（党组）意识形态工作责任制实施办法》和省委《实施细则》，将学习好、宣传好、贯彻好中共十八届五中、六中全会精神作为首要政治任务，深化习近平系列重要讲话精神的学习宣传教育。协助市委做好统筹协调指导，把意

① 四张清单：指基层公共文化服务重点项目清单、基层宣传文化阵地设施建设清单、基层宣传文化机构和队伍建设清单、基层宣传文化工作政策保障清单。

识形态工作要求贯穿到理论武装、新闻舆论、文明创建、文化建设、网络管理的全过程。邀请嘉兴市委宣传部副部长、网信办主任王登峰作“意识形态工作责任制及网上舆论引导”专题辅导。做好全市党委（党组）意识形态工作汇报和专题督察。

【城市社区文化家园建设】 针对城市社区较多、居民对社区文化建设需求强烈等情况，探索开展城市社区文化家园建设。按照“建设文化家园，打造和谐社区”的定位，以“三个五”[①]为基本标准，以思想引领、道德教化、文明倡导、文化熏陶为主要功能，建成首批10个社区文化家园，发挥其提升社区居民素质、繁荣社区文化、促进社区和谐的作用。

（杨　波）

精神文明建设

【概况】 推进文明城市创建。坚持“做一片成一片文明一片”的理念，采取项目化运作、工程化实施、品牌化培育模式，统筹推进重点难点工作，建筑工地、农贸市场、老旧小区、“牛皮癣”整治等工作取得较大进展。完善创建督察、考核、宣传机制，对镇（街道）、部门加大考核力度和分值，对部门重点项目进度实施每季度督察通报，对镇（街道）实行双月（半年度）考核。年内，创建嘉兴市级文明单位10个、嘉兴市级文明村10个，海宁市级文明单位19个、海宁市级文明村14个、海宁市级文明和谐社区10个。至年底，全市累计有全国文明单位2个、全国文明村2个，省级文明单位25个、省级文明村11个、省级文明镇4个、省级文明街道1个、省级文明社区3个，嘉兴市级文明单位92个、嘉兴市级文明村37个、嘉兴市级文明镇3个、嘉兴市级文明街道2个、嘉兴市级文明社区8个，海宁市级文明单位344个、海宁市级文明村97个、海宁市级文明镇1个、海宁市级文明街道1个、海宁市级文明和谐社区43个。承办全省创建全国县级文明城市现场会。《浙江海宁扎实开展县级全国文明城市创建》报道被中共中央宣传部简报《宣传工作》录用，《海宁坚持四类创建让“潮闻名”变“文明潮”》报道获省委常委、宣传部部长葛慧君批示肯定。海宁市连续两年获全省创建全国县级文明城市年度测评第1名。

提升文明道德素质。开展乡风文明“七个一”活动。深化文明出行，“礼让斑马线”做法在全省示范。加大公益广告宣传力度，市区基本实现百步之内有公益广告。完善市、镇、村、行业四级“最美”选树体系，全年入选“中国好人榜”1人、“浙江好人榜”11人、“嘉兴好人榜”12人。宋杰设立“好人漂流奖金”。许伟平家庭被评为首届全国文明家庭。推进志愿服务工作，建成海宁市志愿服务总站。加强未成年人思想道德建设。组建市道德模范宣讲团，打造“最美”事迹宣讲进校园品牌。组织开展第十六届“万名学生下社区进村落”活动，承办嘉兴市暑期“春泥计划”启动活动。

【承办全省创建全国县级文明城市现场推进会】 12月1—2日，全省创建全国县级文明城市现场推进会在海宁召开。省委常委、

① 三个五：即“五个一”，一标识、一堂课、一中心、一长廊、一广场；“五个有”，有社区之歌、有社区公约、有特色队伍、有文化品牌、有评议活动；“五个要”，要建立组织领导机制、要建立管理使用机制、要建立常态活动机制、要建立人员保障机制、要建立经费筹措机制。

12 月 2 日，全省创建全国县级文明城市现场推进会在海宁召开　　（市文明办　提供）

宣传部部长、省文明委主任葛慧君，嘉兴市委书记鲁俊，嘉兴市委常委、宣传部部长陈越强，海宁市委书记朱建军，海宁市委副书记、代市长曹国良等出席会议。葛慧君一行考察盐官镇桃园村、海洲街道百合社区、南苑菜场、南关厢历史街区等地，全面了解海宁市文明城市创建情况。推进会上，葛慧君肯定海宁市文明城市创建工作，并就进一步开展县级文明城市创建工作作专题部署。朱建军在会上作交流发言。

【宋杰设立“好人漂流奖金”】　9 月 19 日，在“最美”就在身边好人故事会暨 2016 年“海宁文明周”启动仪式上，市公安局巡特警大队特警宋杰和队友出资设立“好人漂流奖金”。9 月 5 日，80 岁的刘奶奶赶火车因忘带身份证被困在安检处，离发车仅 20 分钟。正在执勤的宋杰和队友发现后抱起刘奶奶，快速办好临时身份证，并将刘奶奶送上火车。经媒体报道，宋杰的“公主抱”举动获无数人点赞。他和队员周忠达、俞妙斌、陆佳获阿里巴巴公益基金奖励 5000 元，其中 3000 元用于资助 1 名贫困大学生，剩余 2000 元成立“好人漂流奖金”。宋杰为“好人漂流奖金”首发站，待合适的好人出现后，奖金漂给第二站好人，以此类推。漂流奖金通过爱心接力方式，让更多的热心市民参与公益活动。

【许伟平家庭被评为全国文明家庭】　12 月 12 日，首届全国文明家庭表彰大会在北京举行，许伟平家庭获“全国文明家庭”称号，受到习近平、刘云山、刘延东、刘奇葆等中央领导接见。许伟平 63 岁，是邮电系统的一名退休工人，是清代著名清官许汝霖第十一代长孙，家住海洲街道成园社区。数十年来，一家人秉承“清慎勤”的祖训和许汝霖写下的《德星堂家订》，知足和睦、勤俭节约。他和妻子经常参加各类志愿活动，热心公益事业，资助贫困山区学生，参加无偿献血，慰问失独家庭。许伟平曾入选省委宣传部和省文明办主办的“发现最美浙江人·浙江好人榜”，其家庭被评为第十届全国五好文明家庭标兵户、浙江省 2015 年度最美家庭。

（杨　波）

统一战线工作

【概况】　组织全市统战干部参加嘉兴基层统战干部培训班，指导各民主党派、无党派人士开展坚持和发展中国特色社会主义主题实践活动。组建统一战线“同心同行”志愿服务团，各民主党派、统战团体开展“同心同行·共建文明”主题系列活动21次，服务中心工作30余次。参与举办首届海商大会，指导市工商联成立海商总会。组织重点平台、镇（街道）到台湾招商，举办“浙台合作周”活动、台资企业所得税知识讲座，开展侨资、台资企业服务月活动，召开经济形势宣讲会。

推进多党合作事业发展。协助市委制定政党协商机制，市委统战部与市委办制定《中共海宁市委与各民主党派工商联无党派人士2016年度协商计划》。坚持市委、市政府党员领导干部与党外代表人士联系结对制度，安排17名市领导与33名党外代表人士结对。建立政情信息发布机制，定期编印《民主党派知联会工作资料》。组织召开统战系统迎春恳谈会和党外代表人士座谈会，与市政协举办经济社会发展形势报告会、中秋茶话会。健全党外后备干部培养机制，与市委组织部出台《海宁市党外年轻干部培养工作实施意见》。指导各民主党派完成换届工作，市委提拔任用党外领导干部2人，其中1人作为民建海宁市基层委员会兼职干部被提拔为副科（局）级，1人由副科（局）级提任正科（局）级。

依法管理民族宗教事务。承办嘉兴市城市少数民族服务管理工作推进会，硖石街道西山社区被省民族宗教事务委员会列为民族团结进步重点示范培育点，被推荐申报第四批全国民族团结进步创建示范单位。完成新一轮民间信仰场所登记编号，12处民间信仰场所纳入登记编号管理。开展佛教场所和民间信仰活动场所消防安全等级评估，对全市15处佛教寺院和59处登记编号的民间信仰场所进行消防检查并实行分类管理。推行民间信仰活动场所财务管理“三统一”（统一票本、统一科目、统一做账）制度。指导市佛教协会完成换届工作。推进宗教场所视频安装联网，组织开展宗教场所百日消防安全隐患排查和环境整治。修编市民宗局公共服务权利清单，市民宗局所有行政许可事项实现委托、受理、审核、审批一站式办理，全年办理非通常性宗教活动（开光、上梁、开工、竣工等活动）行政许可11件、集体宗教活动行政许可2件。

做好港澳台同胞和海外侨胞统战工作。组织举办香港海宁同乡会、香港海宁籍青年创业联谊会联谊活动，多次到深圳开展联络联谊。举办2016年新春酒会、市第四届台资企业运动会、第十三届“得伟杯”少儿现场绘画比赛，邀请9名台胞参加首届海商大会，组织台胞参加嘉兴端午节“两岸同胞情”活动。协调台湾非也传播有限公司及东森电视台、中天电视台等媒体到海宁采访交流，组织参加跨越海峡摄影展，斜桥镇华丰村与台湾南投县水里乡北埔村结成友好邻里。对全市台资企业注册登记和生产经营情况进行调查摸底，42家台资企业信息纳入数据库。联络卫生系统到台湾开展医院管理与医疗服务培训，斜桥镇华丰村与台湾三之三国际教育集团签订幼儿园合办协议。筹备2017年台湾南投市灯会参展工作。

召开全市非公有制经济人士座谈会和民营企业家座谈会，逐条跟踪办理所提意见建议。开展“优化服务、提振信心”理想信念教育实践活动。制订新生代企业家培养引领计划，市新生代创业联谊会完成换届选举。选拔5名优秀新生代企业家到市级重点部门脱产锻炼，在复旦大学举办新生代企业家高级研修班。指导市工商联（总商会）完成换届。开展非公有制经济代表人士综合评价。

【市委召开专题协商会议】 12月7日，中共海宁市委召开专题协商会议，听取市各民

5月9日，市委召开全市统一战线工作会议（市委统战部 提供）

主党派、工商联和无党派人士代表对《中共海宁市第十四次代表大会工作报告（征求意见稿）》的意见建议。市委副书记周红霞主持会议并讲话，市政协副主席、市委统战部部长史丹夫参加会议。民盟海宁市基层委员会副主任委员沈勤丽、民建海宁市基层委员会副主任委员陈子强、民进海宁市基层委员会主任委员马海滨、农工党海宁市基层委员会主任委员魏国强、九三学社海宁市基层委员会副主任委员陈培玉、市工商联副主席周华国以及无党派人士代表王晓忠等发言，并提出意见建议。会议就市人大常委会班子、市政府班子、市政协班子及市法院院长、市检察院检察长调整情况进行协商通报。

【省委、嘉兴市委督察组到海宁督察】 6月8日，嘉兴市委督察组到海宁督察，听取统战工作情况汇报，督察贯彻落实上级统战政策执行情况。6月13日，省委督察组到海宁督察，实地走访鸿翔控股集团有限公司、硖石街道西山社区，召开党外代表人士座谈会，听取统战工作情况汇报。

（丁宇红）

政研工作

【概况】 市委政研室提出《关于制定海宁市国民经济和社会发展第十三个五年规划的建议》，在市委十三届九次全体会议上通过。组织各条线和各镇（街道）、平台查找短板、分析原因、提出对策，起草《中共海宁市委关于拉高标杆补齐短板的决定》，在市委十三届十次全体会议上通过。完成市党代会报告、市委全委会报告、全市工业大会讲话、全市旅游业发展大会讲话、市委主要领导各类调研讲话等材料起草工作。牵头完成市委书记重点调研课题“海宁市拉高标杆补齐短板的思路和举措研究”，组织相关职能部门完成15个市级领导重点调研课题。

注重调研成果的上报和交流，《积极构建“牵手合作型”办医模式》《干在实处、走在前列、勇立潮头，全面建成小康社会标杆市》刊登于省委《政策瞭望》；《干好“十大项目”，更进一步、更快一步建设“四个全面”战略布局先行市》《创建智慧治水新模式》《以星级美丽乡村建设为抓手，精心打造全域美丽潮乡海宁》等8篇调研文章被《新嘉兴》录用。参加嘉兴市党政系统优秀调研成果评选，海宁市报送的课题“海宁市拉高标杆补齐短板的思路和举措研究”获二等奖，“以PPP为重点，深化基础设施投融资体制创新的海宁实践”获三等奖。

【专题调研】 围绕改革创新，完成“关于切实降低企业成本减轻企业负担的若干建议”“关于建立完善鹃湖区块开发建设体制机制的建议”“加快产城融合，提升平台能级，推动园区配套完善、功能突破、转型发展”“加快建设美丽镇村，提升城市功能品位，打造‘两美’海宁”4个调研课题。

（樊海雄）

机关党务工作

【概况】 落实全面从严治党要求，开展“强党性、当标杆”活动，推进机关党组织思想、作风、文化等建设，提升机关党建科学化水平。青年干部成长“导师制”被评为浙江省机关党建工作十佳品牌，《海宁打造“工作日志＋主办项目”双系统，协同驱动干部“担当有为”》被中共中央国家机关工作委员会评为全国机关党建信息化优秀案例。

做好“两学一做”学习教育。印发《关于在市直机关开展“学党章党规、学系列讲话，做合格党员”学习教育的实施方案》，规定党员个人自学、专题学习讨论、创新党课方式等七方面内容。落实“三会一课”、先锋指数考评、民主评议党员、党员活动日等制度。开展支部“四讲四有”讨论、领导上党课、组织关系集中排查等工作。举办党务骨干培训、党员集中轮训、专题学习培训等集中辅导，受训党员3000人次，发放教育读本6000余册。开展纪念中国共产党成立95周年系列活动，举行千名党员集体宣誓、“红色基因传承”报告会、市直机关七一表彰大会活动。

开展“一部门一品牌”创建活动，2个服务品牌被命名为嘉兴市机关服务品牌。开展文明劝导、点亮微心愿、义务献血、关爱环卫工人等志愿服务，2650人次参加。推行文明指数积分制管理，规范机关党员干部文明行为。开展“两地双服务”（到居住地、成长地，服务社区、服务新农村），86个部门4600余名党员报到服务。推进社区共建，组织93个部门、42个金融机构与22个城市社区结对。

推进机关党组织规范化建设，规范支部“三会一课”、组织生活会等制度。指导基层党组织换届选举。推行党建在线考核，考评结果与各类先进评比、堡垒指数评定和目标责任制考核相结合。规范党员日常教育管理，推行党员先锋指数和“双诺双评”（岗位争优承诺、实事服务承诺，履诺践诺评议、“闪光言行”评选）。实施党员“活力纯洁”工程，全年发展党员42人，预备党员转正39人，处理不合格党员1人。

加强机关文化建设。举办机关“读书月”活动，完善党员学习室、图书室等设施，举办经典文化讲座、书画培训班、荐书赠书、微感悟评比等活动。推出2016年人文关怀10项举措，开展公务员积极心理资本提升工程。举办机关趣味运动会，组织户外拓展训练，开展“文体健康月”活动，举办女干部瑜伽、体质测试、健身辅导等培训。

【“强党性、当标杆”活动】 坚持从严治党，突出标杆意识，开展“强党性、当标杆”四个方面12项工作，活动开展情况纳入机关年度党建综合考核。四个方面工作分别为：学习培训育标杆，开展“两学一做”学习教育和党员“补钙加油”工程；评先评优树标杆，开展纪念中国共产党成立95周年系列活动和“最美公务员”评选，创建机关服务品牌；文明创建当标杆，开展社区共建活动，建设机关志愿团队，推行党员文明指数；考核评比强标杆，推进党建整体提升行动，推行党建绩效考核体系，推选考核优秀党组织。

6 月 30 日，千名党员在市行政中心广场集体宣誓

（市直机关党工委　提供）

【千名党员集体宣誓】 为纪念中国共产党成立 95 周年，6 月 30 日，市直机关党工委牵头组织机关党员在市行政中心广场集体宣誓，重温入党誓词。市委副书记周红霞主持宣誓仪式，市委书记朱建军出席并领誓，市四套班子党员领导干部、机关（部门）主要领导和党员代表近千人参加活动。宣誓仪式后，机关党员代表作表态发言，党员干部进行遵守党章签名承诺。

【机关服务品牌创建】 推进“一部门一品牌”创建，打造服务型基层党组织。市直机关党工委进行工作指导和检查。年初，有 34 个品牌申报海宁市机关服务品牌，经初审、实地考察、专家评审，命名潮乡美容师、残健同行、一人一亭文明交通行等 10 个海宁市机关服务品牌。市纪委“海纪讲坛”和市公安局 IPC“钱盾”服务品牌参与嘉兴市级评选，被命名为嘉兴市第四批机关服务品牌。

（徐凯毅）

老干部工作

【概况】 至年底，海宁市有离休干部 128 人，最低年龄 80 周岁，最高年龄 97 周岁，平均年龄 88.6 周岁。按参加革命工作时间分：抗日战争前期 2 人，抗日战争后期 15 人，解放战争时期 111 人。按行政级别分：厅（局）级 4 人，县（处）级 49 人，科（局）级 75 人。按原单位性质分：行政单位 43 人，事业单位 49 人，企业单位 36 人。代管省直属系统离休干部 17 人，易地安置在海宁离休干部 1 人。

组织全市离退休干部党员开展“两学一做”学习教育，举办知识竞赛、专题座谈会、中共十八届六中全会精神专题学习会等活动。开展“四大行动三大工程·发挥能量助发展”主题教育活动，实施“红色典藏”“走基层、看变化、促发展”“争做最美老干部”“银色人才志愿”四大行动和“党建引领”“阵地建设”“实事服务”三大工程共 24 项活动。老干部党校开办时政学习班、党建研究班、骨干培训班 13 期，培训老干部党员 2072 人次。提升离退休干部党支部建设，加强对各单位离退休干部党支部规范化建设检查指导。坚持三级联动机制，分 6 个片组定期开展支部工作交流，召开片组长单位交流汇报会两次。

组织副县（市）职以上离退休领导干部参加党代会、市委全委会、人大会议、政协会议、市委中心组（扩大）学习会、全市领导干部会议等活动，就近就地调研考察9次。举办全市离退休老干部经济形势报告会、读书会各1次，向离休干部传达文件18场次。元旦、春节、高温、重阳节期间，慰问全市离休干部和副县（市）职以上退休领导干部，每月3次探望住院离休干部，全年共走访慰问1500余人次。落实离休干部各项待遇政策，为离休干部无固定收入的配偶（遗孀）提供免费体检，为23名特殊困难离休干部及遗孀发放困难补助费。组织离休干部和副县（市）职以上退休领导干部进行健康检查。

完善“诊疗保健直通车”制度，协调解决老干部就医中遇到的问题，邀请市中医院、康华医院的专家定期为老干部作健康讲座。首次在离休干部中开展“健康之星”评比活动，19人获奖。《浙江老年报》作《养生之道》报道。为离休干部开展“寿星宝”手机跟踪服务。推进利用社区资源服务离退休干部。依托“福如海”专业老年看护服务公司，免费上门为全市离休干部和副县（市）职以上退休领导干部提供保健护理服务180人次。与独居离休干部开展“一对一”结对服务。

老干部活动中心举办“羊羊得意”元宵祈福会、“文明出行·你我同行”健身走、“欢乐重阳”游园会等大型活动，每项活动均有1000余名离退休干部参加。老年大学开设39个专业、63个教学班，有45名教师、2616人次学员。举办观景健身走、书画作品展、摄影比赛、文艺展演、歌咏比赛等活动，邀请社会各界专家举办讲座12场。

【“银立方”老干部志愿服务】 建立“文明劝导”和“爱心义卖”两个老干部志愿服务岗，健全三级活动网络，79支服务队开展“五水共治”、文明创建、和谐邻里、垃圾分类、关心下一代等志愿服务320余次。老干部活动中心“银龄服务队”被评为海宁市优秀志愿服务团队。

【紫薇园活动中心项目启动】 12月20日，位于江南大道南侧、文苑南路东侧的紫薇园活动中心项目启动。项目于3月正式立项，占地面积0.8公顷，建筑面积14950平方米，总投资6983万元。活动中心主要为离退休干部提供门球、台球、乒乓球、棋类、桥牌、书画、摄影等学习活动场所。

海宁老年大学新校舍（市委老干部局 提供）

【老年大学新校舍落成启用】 12月22日，异地新建的海宁老年大学竣工并举行启用仪式。市委书记朱建军，市委副书记、代市长曹国良出席仪式并讲话，嘉兴市委老干部局副局长陈双玉致辞，省委老干部局教育指导处副处长曹瑞，海宁市领导张炜芬、周红霞，老年大学名誉校长田永昌、杨双华等200余人出席仪式。新校区位于文苑南路455号，占地面积1.2公顷，建筑面积19594平方米，总投资8579.6万元。

（蒋明晔）

党校工作

【概况】 全年举办各类培训班136期，培训13609人次。其中主体班30期次，培训3504人次；企业经营管理者学院办班30期次，培训3941人次；联合办班和合作办班46期次，培训7521人次；对外举办培训班30期次，培训1842人次。创建“潮乡宣教”服务品牌。围绕全市“两学一做”学习教育和“党课下基层”活动，重点突出十八届五中、六中全会精神，习近平系列重要讲话精神，党纪党规，党史党章，红军长征胜利80周年，家风家训，美丽乡村建设等内容，形成94个专题通过校网公布。全年到部门、企业、镇（街道）、村（社区）进行宣讲433场次，听众3.6万人次。深化“领导干部上讲台”制度，制订2016年度市委、市政府领导党校主体班次授课安排表。年内，市委书记朱建军，市委副书记周红霞，市委常委、组织部部长沈雨祥等13名党政领导班子成员在主体班授课13次，16名部门党政领导在主体班授课26次。

全年立项课题31个，其中省委党校系统6个、省社会主义学院委托课题1个、环太湖发展研究中心2个、嘉兴市委党校系统11个、嘉兴市社会科学界联合会11个。全年课题结题24个，其中省委党校系统4个、省社会主义学院委托课题1个、环太湖发展研究中心1个、嘉兴市委党校系统7个、嘉兴市社会科学界联合会3个、海宁市社会科学界联合会8个。全校教师发表论文16篇，获省级、嘉兴市级奖项各5项。完善“调研月”制度，制订落实党校教师到市级有关部门、平台、镇（街道）、村（社区）挂职锻炼和蹲点调研办法。全年完成《调研成果参阅》4期，均得到市委有关领导批示。市委党校被评为2016年度浙江省委党校系统先进集体。

【突出理论教育和党性教育主课地位】 优化理论教育和党性教育专题设置，以原有教学模块为基础，完善马克思主义、毛泽东思想、中国特色社会主义理论、党章党规党纪、党史国史、党的优良传统和作风、道德品行、履职能力、综合素养等模块设计，形成理论、党性和能力“三位一体”教学布局。向社会公开教学专题94个，其中理论

12月5日，举办海宁市中共十八届六中全会精神理论骨干培训班

（市委党校　提供）

教育专题23个、党性教育专题36个。加大主体班次理论教育和党性教育比例，重点安排党章党规、习近平系列重要讲话精神等内容。全年30期主体班次教学中，理论教育课时占15%，党性教育课时占26%。

【现场教学基地建设】 围绕“要素市场化配置改革”和“基层党建”两个现场教学项目，组织召开现场教学基地建设对接会。参加嘉兴市委党校现场教学基地建设示范培训班，完成材料汇编，制订管理办法，落实一套教学方案、一套教学流程、一套运行机制、一套管理制度、一支专兼职师资队伍“五个一”标准，实现现场教学基地建设标准化和精品化。聘请常务副市长姚敏忠、市发改局副局长许明华为兼职讲师讲解要素市场化配置改革，串联江南要素市场、浙江敦奴联合实业股份有限公司零审批、美大集团有限公司“机器换人”三个现场教学点，形成“要素市场化配置改革”精品现场教学基地。全年承接省委党校、嘉兴市委党校、宁波奉化市委党校等市外培训班30期，培训1842人次。

（葛迎春）

史志工作

【概况】 推进改革开放时期党史专题编辑工作，内部出版《改革开放时期党史专题（第一辑）》，启动征集第二批专题。拟定党史三卷纲目与编纂方案。编印《市委文件选编（1978—1984）》。《海宁查氏家规家训探析》结题并入选《嘉兴名人家风家训》。12月，沈鸿纪念馆被中共浙江省委党史研究室公布为第三批浙江省党史教育基地。推进《海宁市志（1991—2010）》编纂工作，通过初审和复审。修改完善《海宁年鉴（2016）》框架，11月由方志出版社公开出版。完成《嘉兴年鉴》和《中国地方志年鉴浙江卷》海宁部分撰稿。推进珍稀史料文献整理，出版《吴骞集》《海宁历代碑记》《张惠衣文存》，启动《海昌备志》点校，推进《申报写海宁》资料整理及《云龙蚕桑志》修改完善。推进镇志、专业志指导和审稿，《许村镇志》公开出版，完成《丁桥镇志》《黄湾镇（尖山新区）志》《海宁市司法行政志》《盐官镇志》《海宁工业志（1991—2010）》审稿。深化史志大众化平台建设，史志学堂开课4次。在省级会议、城市社区开展党史宣讲，协助《红色故事汇（浙江篇）》摄制组人员拍摄沈鸿专题片。出刊《海宁档案史志》4期、《档案与史志》电子简报6期。开展《地方志工作条例》颁布10周年宣传活动。《海宁年鉴（2014）》在全国地方志优秀成果评选中获县（区）级综合年鉴二等奖。

【《海宁市2016—2020年史志工作实施意见》出台】 7月，制定出台《海宁市2016—2020年史志工作实施意见》（以下简称《意见》）。《意见》包括指导思想、基本原则、总体目标、主要任务和工作要求五个部分。提出到2020年，完成改革开放新时期党史专题编纂并出版，启动党史三卷编写；完成《海宁市志（1991—2010）》编纂出版；每年出版《海宁年鉴》；加大史志资料征编力度，开展口述史料的整理编纂和专题资政研究；完成珍稀史料文献丛书中旧志点校整理；指导镇（街道）志、专业（部门）志编纂；拓展史志宣教平台。

【纪念中国共产党成立95周年系列活动】 5月17日，举办“红色人生——夏之栩、陈学昭、沈鸿110周年诞辰”图片展，并在市行政中心、图书馆、南关厢历史街区及各中小学进行巡展。5月20日，联合市直机关党工委举办“红色基因传承”教育暨优秀党史人物革命事迹报告会，邀请陈学昭女儿陈亚男和沈鸿之子吴英分别讲述陈学昭和沈鸿的先进事迹，200余人参加报告会。6月29日，与市委组织部联合举办的“红色征途、光辉足迹——纪念中国共产党成立95周年暨红军长征胜利80周年图片展”在市行政中心开展，展出图片440余幅，全市机关党员干部观展。

6月30日，市委书记朱建军（前右一）等领导参观纪念中国共产党成立95周年暨红军长征胜利80周年图片展（石晨阳 摄）

【《海宁市志（1991—2010)》通过初审和复审】 1月26—27日，海宁市组织召开《海宁市志（1991—2010)》初审评审会。省地方志办公室主任潘捷军、嘉兴市档案局（地方志办公室）局长（主任）叶永强、省第二轮修志专家委员会指导专家及海宁市副市长朱海英等参加会议。总编柴伟梁汇报市志编纂情况，初审稿通过专家小组评审。6月，召开复审稿编纂动员会。9月，形成复审稿，分发至史志编纂委员会成员单位及相关领导、专家征求意见。12月14—15日，嘉兴市档案局（地方志办公室）组织在海宁召开《海宁市志(1991—2010)》复审评审会。省第二轮修志专家委员会专家组成员杨金荣、嵇发根、赵鹏团、邱阳、郭杰光等出席会议。总编柴伟梁汇报市志初审意见修改落实情况，复审稿通过专家小组评审。

【《吴骞集》列入“浙江文丛”出版】 6月，由市史志办组织点校、整理的《吴骞集》(五卷本）由浙江古籍出版社出版发行。该书收录了清代著名藏书家、海宁籍学者吴骞的《拜经楼诗集及续编》《拜经楼诗话》《愚谷文存及续编》《尖阳丛笔》《小桐溪随笔》《吴兔床日记》等作品，是吴骞著作的首次系统整理。该书于2011年启动资料收集和点校整理，至2015年初步完成。由虞坤林点校，省社会科学院研究员顾志兴审读。该书列入“浙江文丛”系列，是2015年度国家古籍整理出版专项经费资助项目。

（闻 捷）

信访工作

【概况】 2016年，市信访局本级受理群众信访21131件次，比上年增长6.5%，其中来信491件1624人次、来访981批3155人次、网上信访819件、市长电话18840件。有效处理集体上访97批1741人次。通过联合接访，妥善处理因建筑工地工程款纠纷引发的重复集体上访50余批次、因房产交付纠纷引发的集体上访20余批次，参与处理征地拆迁类集体上访10余批次和因意外事故受损类群体非理性上访20余批次。办结信访复查43件。推进责任信访、阳光信访、精准信访、法治信访建设，整合政务热线平台。

完成G20杭州峰会、第三届世界互联网大会·乌镇峰会等重要时段信访稳控工作目标。市信访局被评为G20杭州峰会信访工作先进单位、嘉兴市服务保障重大国际峰会先进集体，信访工作连续六年获嘉兴市考核第1名。

11月25日，海宁信访评议机制获首届全国法治信访进步奖，图为市信访局副局长陈正强（左二）在北京领奖

（市信访局 提供）

召开全市性信访部署会，开展矛盾纠纷动态排查，细化预案，落实措施，确保海宁在各级两会、G20杭州峰会、中共十八届六中全会和第三届世界互联网大会·乌镇峰会等重要时段无重大信访事件。开展信访督察专项行动，组建6个联络组，邀请第三方信访监督员参与。市领导带队到各镇（街道）、有关部门实地督察、指导化解信访案件，全年有51件信访积案和督察件全部化解或稳控。全年举办信访评议6次，信访当事人均未出现重复信访，化解率100%。海宁信访评议机制得到省委副书记袁家军批示肯定，获首届全国法治信访进步奖。

推出信访事项提速办理机制，制订实施初次信访事项10日办结制度，将初次信访事项办结时间从30日提速至10个工作日。全年转（交）办信访件100余件，10日办结率100%。依托省网上信访平台，引导信访群众在网上开展满意度评价，对信访办理过程进行监督。市信访局将评价不满意件列入信访督察范围，对办理不到位的信访件要求重新办理，每个月对群众满意率进行通报。全面开展通过法定途径分类处理信访投诉请求工作，进行清单梳理，通过法制部门审核，公布首批27个职能部门清单。建立涉法涉诉信访导入、导出对接机制，印发《海宁市依法分类处理信访投诉请求实施细则（试行）》，厘清信访途径与复议、仲裁、诉讼等其他法定渠道的界限，逐步做到精准分流、无缝对接。

【非紧急类政务热线整合】 开展政务热线整合专项调研，制订方案，提交市政府常务会议审议并发文，召开全市整合推进会。改造政务热线平台场地，进行系统升级。9月30日，完成全市20个部门（单位）28条非紧急类政务热线整合。“12345”市长电话更名为“12345”政务服务热线，市信访局增挂“海宁市统一政务咨询投诉举报平台”牌子，海宁市长电话受理中心更名为海宁市“12345”政务热线服务中心。招聘政务热线接线员7人，选调和招聘事业人员2人。全面扩容升级“12345”信息系统，实现“12345”一个号码对外，实现与省统一政务咨询投诉举报平台数据同步对接。

【市领导政务热线值机现场督办制度】 坚持市领导和镇（街道）、部门领导接访常态化制度。年内，推出市领导政务热线值机现场督办制度。明确市领导接听电话后，对市民反映的热点、难点问题，及时到现场查看，实现民生问题现场快速解决。全年有多名市领导现场督办信访件，有效化解一批疑难信访问题。

【信访事项规范化办理】 加强信访信息化建设，依托系统联网，推动规范办理。按照《浙江省信访事项系统操作程序》要求，实现信访事项受理、告知、办理、送达、复查复核等实时流转，信访事项受理机关和办理机关在程序和责任上无缝对接。按照《浙江省信访事项受理办理工作暂行办法》要求，以依法、及时、就地、妥善处理和方便信访人为原则，落实首办责任制，建立健全调查核实、直接送达制度，加大回访力度，提高一次性办结率。

（王筱惠）

机构编制工作

【概况】 推进行政体制改革和机构编制管理，全市机构编制总量保持稳定。至年底，设置市委工作部门9个、市政府工作部门25个、群团工作部门6个、政法系统工作部门4个；全市事业机构416个，其中市属事业单位344家、镇（街道）所属事业单位72家。年内，增加海宁市干部档案管理中心、海宁市统战与民族宗教事务服务中心2家事业单位。完善机构编制实名制管理。全年受理机关事业单位编制使用核准事项201件，中层职数使用核准83件，办理入（出）编核准手续759件，机关事业单位岗位合同工使用核准98件。全市事业单位新设立登记5家，变更登记108家，注销5家。完成全市365家事业单位2015年度报告公示，完成率100%。全市423家行政事业单位中文域名进行续缴费，实现党政机关、事业单位网站标识管理全覆盖，网站挂标数159家。

【权力清单、责任清单工作】 加强制度体系建设，出台《海宁市政府部门职责管理办法》《关于深化权力清单责任清单工作的通知》。加强考核监督，清单工作纳入全市目标责任制考核体系。调整权力清单，调整后市政府部门权力清单涉及行政权力（含审核转报事项）4415项。结合部门职责和工作实际，将282项重大决策部署和年度重点工作纳入责任清单。调整责任清单，厘清部门职责边界，增加责任清单1项，减少1项，调整40项。推进基本公共服务均等化，建立和完善基本公共服务清单。3月31日，调整完善后的责任清单向社会公布，涵盖主要职责511项，具体工作事项2165项，与相关部门职责边界90项，事中事后监管制度319项，公共服务事项298项（其中基本公共服务70项、直接提供的服务228项）。推进权力清单、责任清单全覆盖，组织8个镇、4个街道和5个功能区（其中3个与镇、街道合并编制）编制责任清单，完善权力清单。各镇（街道）和功能区责任清单于3月31日向社会公布，涵盖主要职责146项，具体工作事项644项，与相关部门职责边界90项，事中事后监管制度93项，公共服务事项285项（其中基本公共服务176项、直接提供的服务109项）。

【相关领域体制改革】 在周王庙镇、马桥街道试点构建综治工作、综合执法、市场监管、便民服务4个平台。创新市级部门派驻人员管理模式；实行“条块结合、以块为主”管理，除人员编制外，工资福利待遇、考核、成长发展等均由镇（街道）统一管理。整合优化非紧急类政务服务热线及网络平台功能，构建统一接收、按责转办、限时办结、统一督办、评价反馈的运行机制。

（陆东游）

督察考评工作

【督察工作】 全年跟踪督办事项1776件次，其中市领导批示（交办）件484件次，市委、市政府年度重点工作527件次，编发《督察通报》《督察专报》87期。推进办理代表建议、委员提案25件次。细化分解市委、市政府重点工作，明确时间节点、工作要求、担当人等，做好督察推进。围绕市主要领导相关批示交办事项和工作要求，即时交办相关工作，常态化催办、督办，持续跟进，直到办结销号。结合嘉兴“双推”（推进重点工作、推动争先晋位）活动、G20杭州峰会、第三届世界互联网大会·乌镇峰会等重大活动保障，第一时间抓跟办，主动发现问题，倒逼推进落实。突出招商引资、有效投资、生态建设、统筹城乡、文明创建和百日攻坚等专项工作，以及上级关注的重点、群众关注的热点（含媒体曝光）、工作推进的难点事项开展针对性督察。到现场核查指导，运用“互联网+”等新媒体，扩大督察工作影响。对完成进度滞后、落实质量较差的项目（单位）及时通报、倒逼落实，责成做出说明，提出整改措施并加以落实。加强工作调研，掌握动态信息，探究问题成因，向市领导提出经验推广和问题整改建议。

【考评工作】 结合区域特色、资源优势和发展方向，突出考评重点，兼顾共性个性，优化差异化考评。完善对镇（街道）和发展平台的考评，新设立省级开发区、重点镇（街道）、一般镇等竞争平台，以不同的考评指标和权重，衡量各竞争主体年度综合工作。在部门考评中，首次对群团组织进行单独考评。扩大常态化考核，在继续实施量化考核基础上，对省级开发区等平台设置对标考核内容，简化考核操作。增加常态考核内容，对年度定量指标及有具体要求的工作细化考核要求，实行常态管理。注重考评效果，加强业绩核实，提高考核的公平性。适度扩大测评范围，调整测评对象和数量，提高测评的精准性。推进阳光考核，向考核对象反馈其短板情况。

（朱　怡）

［编辑：王国坚］

海宁市人民代表大会常务委员会

Haining Standing Committee of People's Congress

重要会议

【市十四届人民代表大会第五次会议】 于3月6—9日在市行政中心举行。会议听取和审查市长戴锋所作的《政府工作报告》；审查和批准《海宁市2015年国民经济和社会发展计划执行情况、2016年国民经济和社会发展计划（草案）的报告》，批准《海宁市2016年国民经济和社会发展计划》；听取和审查《海宁市2015年财政预算执行情况与2016年财政预算（草案）的报告》，批准《海宁市2016年财政预算》；听取和审查市人大常委会主任徐辉所作的《海宁市人民代表大会常务委员会工作报告》；听取和审查市法院院长李斌所作的《海宁市人民法院工作报告》；听取和审查市检察院检察长陈建钢所作的《海宁市人民检察院工作报告》；审查市政府关于执行《海宁市第十四届人民代表大会第一次会议关于加快以盐官古城为龙头的百里钱塘国际旅游长廊开发建设的决定》情况的报告，并组织视察。会议选举张明华、茅伟明、滕敏忠为市十四届人民代表大会常务委员会委员。会议期间，共举行1次预备会议、3次全体会议、4次主席团会议、1次议案审查委员会会议，对第一次全体会议进行电视现场直播。会议共收到代表议案27件，工作建议、

3月7日，市人大常委会主任徐辉在市十四届人大第五次会议上作报告（石晨阳　摄）

批评、意见165件。邀请8名公民旁听两次全体会议。

【市十四届人民代表大会第六次会议】 于8月30日在市行政中心举行。会议听取和审查常务副市长姚敏忠所作的《关于杭州至海宁城际铁路规划建设情况的报告》，作出《关于同意建设杭州至海宁城际铁路的决定》。会议期间，共举行1次预备会议、2次全体会议、3次主席团会议。邀请8名公民旁听两次全体会议。

【市十四届人大常委会第三十四次至第四十四次会议】 市十四届人大常委会第三十四次会议于2月2—3日举行。会议听取和审议市政府《关于全市“十二五”规划执行与“十三五”规划纲要编制情况的报告》《关于海宁市2015年国民经济和社会发展计划执行情况、2016年国民经济和社会发展计划（草案）的报告》《关于海宁市2015年财政预算执行情况和2016年财政预算（草案）的报告》《关于2016年政府投资重大建设项目计划（草案）的报告》，对1个市级政府投资2亿元以上的基础性和公益性基本建设项目进行表决，同意将该项目列入2016年政府投资重大建设项目计划（草案），并提请人代会审查。听取和审议市政府《关于提请审议调整“十二五”规划GDP预期目标的议案》，表决通过《关于同意调整“十二五”规划GDP预期目标的决议》。听取和审议市政府《关于提请审议海宁市2015年地方政府债务限额的议案》，表决通过《关于同意海宁市2015年地方政府债务限额的决议》。听取和审议市政府《关于提请审议海宁市土地利用总体规划（2006—2020年）的议案》（2014年调整完善版），表决通过《关于同意调整完善海宁市土地利用总体规划（2006—2020年）的决议》（2014年调整完善版）。表决通过《海宁市人民代表大会常务委员会关于召开海宁市第十四届人民代表大会第五次会议的决定》《海宁市第十四届人民代表大会第五次会议列席人员名单》《海宁市人民代表大会及其常务委员会选举或任命的国家工作人员宪法宣誓办法》以及有关人事事项。

市十四届人大常委会第三十五次会议于2月15日举行。会议补选王马青为嘉兴市第七届人民代表大会代表。

市十四届人大常委会第三十六次会议于3月31日举行。会议听取和审议市法院院长李斌所作的《关于贯彻实施修订后民事诉讼法情况的报告》。

市十四届人大常委会第三十七次会议于5月26日举行。会议听取和审议市政府《关于全市法治宣传教育第六个五年规划执行和第七个五年规划编制情况的报告》《关于提请审议海宁市棚户区改造项目采用政府购买服务模式的议案》，表决通过《关于海宁市棚户区改造项目采用政府购买服务模式的决议》。决定任命何瑜为海宁市人民政府副市长。表决通过有关法律职务任免和人民陪审员职务任免事项。

市十四届人大常委会第三十八次会议于7月27—28日举行。会议听取和审议市政府《关于2016年上半年全市经济社会发展情况和下半年工作安排的报告》《关于海宁市2015年财政决算的报告》《关于海宁市2015年财政预算执行及其他财政收支情况的审计工作报告》《关于修订后的食品安全法贯彻实施情况的报告》《关于大气污染防治法律法规执行情况的报告》，作出《关于批准海宁市2015年财政决算的决议》。审议市人大常委会执法检查组《关于大气污染防治执法检查情况的报告》。听取和审议市政府《关于提请审议海宁市2016年地方政府债务限额及新增债务预算调整方案的议案》，表决通过《关于同意海宁市2016年地方政府债务限额及新增债务预算调整方案的决议》。决定任命沈铁蕾为海宁市人民政府副市长，决定免去金国强的海宁市人民政府副市长职务。听取和审议市人大常委会代表资格审查委员会《关于补选的海宁市第十四届人民代表大会代表的代表资格审查报告》及说明，表决通过代表资格审查报告，确认朱建军的代表资格有效。表决通过《海宁市人民代表大会常务委员会关于召开海宁市第十四届人民代表大会第六次会议的决定》《海宁市第十四届人民代表大会第六次会议列席人员名单》。

市十四届人大常委会第三十九次会议于8月23日举行。会议表决通过《海宁市人民代表大会常务委员会关于调整工作机构的决定》，决定设立海宁市人大常委会城乡建设与环境资源保护工作委员会、海宁市人大常委会农业与农村工作委员会，撤销海宁市人大常委会城乡建设农村经济工作委员会。决定接受陆靖英辞去海宁市第十四届人民代表大会常务委员会委员职务。表决通过《海宁市人民代表大会常务委员会关于许可对市人大代表苏振楚采取强制措施的决定》，通过有关人事任免和法律职务免职事项。

市十四届人大常委会第四十次会议于9月22—23日举行。会议听取和审议市政府《关于2016年1至8月份财政预算执行情况的报告》《关于2016年1至8月份政府投资重大建设项目计划执行情况的报告》《关于提请审议增列2016年度政府投资计划项目的议案》，表决通过《关于同意增列2016年度政府投资计划项目的决议》。会议根据主任会议的提请，表决通过《关于开展第七个五年法治宣传教育的决议》《关于组织农户刚需建房特定问题调查委员会并开展调查的决定》。通过有关人事任免和人民陪审员免职事项。

市十四届人大常委会第四十一次会议于11月4日举行。会议表决通过《海宁市人民代表大会常务委员会关于市、镇两级人民代表大会换届选举有关事项的决定》《海宁市人民代表大会常务委员会关于设立海宁市选举委员会的决定》《海宁市人民代表大会常务委员会关于设立各镇选举委员会、市选举委员会各街道办事处的决定》。

市十四届人大常委会第四十二次会议于11月23日举行。决定任命曹国良为海宁市人民政府副市长，接受戴锋因工作调动辞去海宁市人民政府市长职务的请求；决定设立海宁市人大常委会内务司法工作委员会、海宁市人大常委会预算工作委员会；决定副市长曹国良代理海宁市人民政府市长职务。

市十四届人大常委会第四十三次会议于11月30日举行。会议听取和审议市政府《关于海宁市2015年财政预算执行和其他财政收支审计发现问题整改情况的报告》《关于市十四届人大五次会议代表建议办理和市十四届人大四次会议代表建议落实工作情况的报告》《关于提请审议调整2016年财政预算的议案》，以及市经信局、民政局和海洲街道办事处关于本部门（单位）审计发现问题整改落实情况的报告，表决通过《关于调整2016年财政预算的决议》。

市十四届人大常委会第四十四次会议于12月12日举行。决定任命方兴为海宁市人民政府副市长，决定免去胡燕子的海宁市人民政府副市长职务。决定接受徐辉等辞去海宁市选举委员会职务，杜莹池等辞去各镇选举委员会职务。接受李斌因工作调动辞去海宁市人民法院院长职务的请求，并同时免去其海宁市人民法院审判委员会委员、审判员职务。接受陈建钢因工作调动辞去海宁市人民检察院检察长职务的请求，报嘉兴市人民检察院提请嘉兴市人民代表大会常务委员会批准，免去其海宁市人民检察院检察委员会委员、检察员职务。决定海宁市人民法院副院长陈建钢代理海宁市人民法院院长职务，海宁市人民检察院副检察长李斌代理海宁市人民检察院检察长职务，报嘉兴市人民检察院和嘉兴市人民代表大会常务委员会备案。接受倪继红辞去海宁市第十四届人民代表大会常务委员会委员职务。通过其他有关人事任免事项。

（许晓飞）

主要工作

【概况】 2016年，市人大常委会举行常委会会议11次，听取和审议“一府两院”工作报告18项，作出决议决定28项，形成审议意见11项，任免国家机关工作人员42人次，任免人民陪审员5人。对6部法律法规的贯彻执行情况进行监督，其中开展执法检查1次；对市政府报送的36件规范性文件进行备案审查。召开主任会议32次，听取和讨论工作汇报19项。组织视察12次，形成视察意见3项。参与上级人大对4部地方性法规（草案）进行立法调研。

3月8日，十四届人大五次会议代表视察百里钱塘（石晨阳　摄）

【人大监督民生重点】 继续监督百里钱塘开发建设工作，在人代会审议基础上，首次开展会中视察。推进“五水共治”，突出饮用水水源保护和农村生活污水治理两项监督重点，主任会议专题听取市政府关于饮用水水源保护和农村生活污水治理情况汇报。7月，全市五级人大代表在就近、就便、就岗开展巡查监督的同时，由400余名担任河长的人大干部和人大代表带头，对“已治理的河”开展集中监督检查。开展大气污染防治执法检查，重点跟踪上年常委会关于大气污染防治工作审议意见的落实情况，督促市政府全面开展污染源排查，启动PM2.5源解析工作，统筹推进“五气”治理。持续跟踪食品安全工作，对全市贯彻实施修订后的《中华人民共和国食品安全法》情况进行专题调研，听取审议贯彻实施情况报告，并跟踪审议意见的落实。监督政府民生实事项目实施情况，主任会议组织视察并听取汇报，对完成情况进行验收。对部分进度偏慢的项目，要求市政府落实针对性措施。对市食品农产品安全技术支撑体系项目开展绩效评估，组织代表视察食品药品检测中心，主任会议专题听取绩效评估情况汇报。专题视察全国文明城市创建工作，明察暗访乱停车、越门（占道）经营及流动摊贩等突出问题。专题视察医疗资源“双下沉、两提升”长效机制建设，实地查看部分市级医院与基层医疗机构的协作运行管理情况。专题调研全面两孩政策实施情况，到镇（街道）、医疗机构和教育部门听取意见建议。关注烟花爆竹“双禁”政策实施工作，市人大常委会向全市各级人大代表发出“不放烟花爆竹，共享蓝天白云”倡议，对政府及相关部门开展“双禁”工作进行监督。

【特定问题调查】 首次启用特定问题调查权。针对群众反映强烈的刚需建房问题，9月，市人大常委会作出《关于组织农户刚需建房特定问题调查委员会并开展调查的决定》，就农户刚需建房问题开展调查。特定问题调查委员会组织各镇(街道)进组入户调查，抽取镇（街道）上报的刚需建房户500户，组织统计人员入户开展抽样调查。召开市、镇、村相关部门和人员座谈会14次。抽取24户刚需建房户，由特定问题调查委员会成员入户核查数据准确性，并听取农户的真实意愿。搜集、掌握周边县（市）农户刚需建房问题和解决办法，形成特定问题调查报告，提交市人大常委会审议。

【审议决定重大事项】 2月，作出《关于同意调整“十二五”规划GDP预期目标的决议》《关于同意调整完善海宁市土地利用总体规划（2006—2020年）的决议》(2014年调整完善版)、《关于同意海宁市2015年地方政府债务限额的决议》。5月，作出《关于海宁市棚户区改造项目采用政府购买服务模式的决议》。7月，作出《关于批准海宁市2015年财政决算的决议》《关于同意海宁市2016年地方政府债务限额及新增债务预算调整方案的决议》。8月，作出《关于接受陆靖英辞去海宁市第十四届人民代表大会常务委员会委员职务的决定》。9月，作出《关于组织农户刚需建房特定问题调查委员会并开展调查的决定》《关于同意增列2016年度政府投资计划项目的决议》《关于开展第七个五年法治宣传教育的决议》。11月，作出《关于市、镇两级人民代表大会换届选举有关事项的决定》《关于接受戴锋同志辞去海宁市人民政府市长职务请求的决定》《关于曹国良副市长代理海宁市人民政府市长职务的决定》《关于设立海宁市人大常委会内务司法工作委员会、海宁市人大常委会预算工作委员会的决定》《关于调整2016年财政预算的决议》《关于设立海宁市选举委员会的决定》《关于设立各镇选举委员会、市选举委员会各街道办事处的决定》。12月，作出《关于接受李斌同志辞去海宁市人民法院院长职务请求的决定》《关于接受陈建钢同志辞去海宁市人民检察院检察长职务请求的决定》《关于陈建钢副院长代理海宁市人民法院院长职务的决定》《关于李斌副检察长代理海宁市人民检察院检察长职务的决定》《关于接受徐辉等辞去海宁市选举委员会职务的决定》《关于接受杜莹池等辞去各镇选举委员会职务的决定》。

【听取和审议专项工作报告】 市人大常委会先后听取和审议市政府《关于全市“十二五”规划执行与“十三五”规划纲要编制情况的报告》《关于海宁市2015年国民经济和社会发展计划执行情况、2016年国民经济和社会发展计划（草案）的报告》《关于海宁市2015年财政预算执行情况和2016年财政预算（草案）的报告》《关于2016年政府投资重大建设项目计划（草案）的报告》《关于全市法治宣传教育第六个五年规划执行和第七个五年规划编制情况的报告》《关于2016年上半年全市经济社会发展情况和下半年工作安排的报告》《关于海宁市2015年财政决算的报告》《关于海宁市2015年财政预算执行及其他财政资金收支情况的审计工作报告》《关于修订后的食品安全法贯彻实施情况的报告》《关于大气污染防治法律法规执行情况的报告》《关于2016年度1至8月份财政预算执行情况的报告》《关于

2016年1至8月份政府投资重大建设项目计划执行情况的报告》《关于海宁市2015年财政预算执行和其他财政收支审计发现问题整改落实情况的报告》《关于市十四届人大五次会议代表建议办理和市十四届人大四次会议代表建议落实工作情况的报告》。听取和审议市法院《关于贯彻实施修订后民事诉讼法情况的报告》。审议市人大常委会执法检查组《关于大气污染防治执法检查情况的报告》。

【代表工作】 推动代表与群众联系常态化。完善代表与人大常委会、代表与“一府两院”、代表与选民三大联系平台，鼓励和引导全市各级人大代表围绕全市经济社会发展发挥代表主体作用。57名领导干部人大代表带头到代表联络站（室）、企业、社区，接待走访选民群众，收集意见建议231件。继续组织全市各级人大代表开展“接待走访选民群众月”活动，734名人大代表参加，接待走访选民4467人次，收集意见建议703件，其中作为闭会期间建议处理7件，通过“民情直通车”处理128件，由镇（街道）直接处理568件。深化“民情直通车”活动，硖石街道和斜桥镇试行“民情直通车”微信版。跟踪上年“查找基层群众办事审批难事项”专题监督活动建议落实情况，助推市政府出台《海宁城乡社区盖章证明事项清单》，涉及社会救助、社会保障等事项14项，总量缩减近3/4，基层反应强烈的“社区开证明多”问题得到有效解决。

【代表议案、建议督办】 强化代表建议督办机制。继续实行重点督办，主任会议确定《关于给予物业管理小区政策资金扶持的建议》等7件代表议案、建议，由常委会领导牵头进行重点督办，各委室跟踪督办。指导全市人大代表小组重点跟踪督办承诺限期解决但未落实的跨年度建议。至年底，交办的193件市十四届人大五次会议代表建议中，解决或基本解决的118件，占61.1%；正在解决或列入计划解决的57件，占29.5%；因受条件限制留作参考的18件，占9.3%。闭会期间收到代表建议、批评和意见10件，其中解决或基本解决的6件，正在解决或列入计划解决的2件，因受条件限制留作参考的2件。代表对建议答复情况满意率97.9%，对建议办理结果满意和基本满意率100%。

【人大换届选举】 建立市、镇选举工作联席会议，依法设立市、镇（街道）换届选举工作机构，制定换届选举工作计划。11月11日，市委召开人大换届选举工作部署会，对市、镇两级人大换届选举工作进行动员部署。严守纪律关，汲取湖南衡阳破坏选举案和辽宁、四川南充拉票贿选案教训，营造风清气正的换届环境。严把代表入口关，合理调配代表比例，优化代表结构。组织业务培训，指导选区划分、选名登记、候选人推荐、选民投票、代表资格审查等工作。12月20日为全市选举日，依法选举产生市十五届人大代表261人，其中工人、农民占37.9%，专业技术人员占14.9%，党政干部占27.9%，中共党员占75.9%，非中共党员占24.1%，妇女占29.5%。依法选举产生镇人大代表645人。全市109个选区、273个镇代表选区共登记选民594271人，573239人参加投票选举，参选率97.18%。

【财政预（决）算监督】 完善财政预算审查程序，强化人代会会前审查工作机制，组织代表小组重点审查上会部门预算。在此基础上，常委会初审并提出审查结果报告，为人代会审查批准预算做准备。深化全口径预算决算审查监督。常委会听取审议预算执行、决算和审计等报告，审查批准《2015

年财政决算》《2016年地方政府债务限额》。常委会依法审议作出决议，同意调整2016年财政预算方案。推进问题整改，7月，听取上年度财政预算执行情况的审计工作报告并提出审议意见。11月，听取全市审计查出问题整改情况的报告，市政府逐项报告7月审计查出问题的整改落实情况，并对往年审计查出需要持续整改的问题进行跟踪。重点听取市经信局、民政局、海洲街道三个部门（单位）整改情况报告。主任会议听取讨论市、镇两级政府2015年度债务审计情况汇报，建议市政府及有关部门重视全市债务规模较大且增长较快的情况，科学测算债务上限，控制债务规模，加强债务管理。对2014年度、2015年度社会保险基金运行情况开展委托审计，主任会议听取专题汇报，全面分析基金收支失衡原因。主任会议专题听取市政府关于财政绩效管理工作情况汇报，对“市旅游发展扶持专项资金”和“市科技项目及专利专项资金”开展绩效评价。跟踪2012年以来财政专项资金绩效监督和审计监督查出问题的整改，共监督14个专项的资金使用情况，发现问题132个，整改落实114个，推动市政府及相关部门修改完善56项政策文件和12个项目资金预算安排。

【规范性文件备案审查】 对市政府报送的《海宁市生产建设项目水土保持审批改革实施方案》《大力促进电子商务发展扶持办法》《海宁市政府部门职责管理办法》《海宁市建设用地指标管理办法（试行）》《关于推进政府职能向社会组织转移工作意见》《促进房地产市场平稳健康发展若干意见》《关于“十三五”期间促进我市先进分布式光伏发电应用实施意见》《海宁市违法建筑即查即拆实施意见》《关于推动企业利用资本市场加快发展若干意见》《关于开展违法用地集中整治的意见》《关于进一步加快推进我市城镇危旧住房治理改造工作实施意见》《关于进一步加快建筑业转型升级实施意见》《海宁市自主品牌出口企业培育实施方案》《海宁市建筑施工企业排污申报和排污收费调整实施办法》等36个规范性文件进行备案审查。

表35　海宁市十四届人大五次会议代表优秀议案、建议

序号	领衔或提出代表	议案、建议内容
1	朱国英等10名代表	关于要求对08省道安装道路监控设施的议案
2	孙培松等14名代表	关于禁放烟花爆竹、建设文明城市的议案
3	李明辉等12名代表	关于关注农村慢病群体，完善现行居民医保制度，促进“健康海宁”从“看病”到“防病”转变的议案
4	金秋香等10名代表	关于要求加快拓宽硖许公路的议案
5	施振华等12名代表	关于振兴百年海中，助推长安小城市建设的议案
6	姚琴等11名代表	关于对开放式小区破损楼道窗进行整修的议案
7	许卫明等5名代表	关于完善市民卡相关工作的建议
8	邹忠浩	关于进一步完善农村建房政策的建议
9	翟建跃等4名代表	关于减轻工业企业负担的建议

续表 35

序号	领衔或提出代表	议案、建议内容
10	沈文华	关于在集镇建成区开通“微公交”的建议
11	都甫珍等 2 名代表	关于加强对征而未用土地管理的建议
12	邬　欣	关于保留现有青少年宫区块服务提升青少年综合素质功能的建议

（许晓飞）

人事任免

市十四届人大常委会第三十四次会议

免去：

徐燕如的海宁市人民法院副院长、审判委员会委员、审判员职务

蒋郭安的海宁市人民法院审判委员会委员职务

朱添翼的海宁市人民陪审员职务

市十四届人大常委会第三十七次会议

决定任命：

何瑜为海宁市人民政府副市长

免去：

周建华的海宁市人民法院审判员职务

任命：

金娟为海宁市人民陪审员

金艺光为海宁市人民陪审员

免去：

虞沨沨的海宁市人民陪审员职务

市十四届人大常委会第三十八次会议

决定任命：

沈铁蕾为海宁市人民政府副市长

决定免去：

金国强的海宁市人民政府副市长职务

市十四届人大常委会第三十九次会议

免去：

吴一平的海宁市人大常委会城乡建设农村经济工作委员会主任委员职务

顾慧敏的海宁市人大常委会城乡建设农村经济工作委员会副主任委员职务

任命：

吴一平为海宁市人大常委会城乡建设与环境资源保护工作委员会主任委员

王姚明为海宁市人大常委会农业与农村工作委员会主任委员

俞新甫为海宁市人大常委会财政经济工作委员会副主任委员

顾慧敏为海宁市人大常委会城乡建设与环境资源保护工作委员会副主任委员

王马升为海宁市人大常委会农业与农村工作委员会副主任委员

赵锋为海宁市人大常委会硖石街道工作委员会副主任

王荣华为海宁市人大常委会海昌街道工作委员会副主任

朱兆先为海宁市人大常委会马桥街道工作委员会副主任

决定任命：

马明浩为海宁市人民政府办公室主任

张伟锋为海宁市司法局局长

朱孝华为海宁市农业经济局局长

陆靖英为海宁市文化广电新闻出版局局长

决定免去：

夏坚辉的海宁市人民政府办公室主任职务

金中一的海宁市司法局局长职务

黄天云的海宁市农业经济局局长职务

吴建林的海宁市文化广电新闻出版局局长职务

免去：

谈水根的海宁市人民检察院检察员职务

市十四届人大常委会第四十次会议

免去：

姜雪来的海宁市人民陪审员职务

免去：

杜玉峰的海宁市人大常委会法制工作委员会副主任委员职务

任命：

茅伟明为海宁市第十四届人大常委会代表资格审查委员会副主任委员

市十四届人大常委会第四十二次会议

决定任命：

曹国良为海宁市人民政府副市长

决定：

接受戴铎因工作调动辞去海宁市人民政府市长职务的请求

决定：

副市长曹国良代理海宁市人民政府市长职务

市十四届人大常委会第四十四次会议

决定任命：

方兴为海宁市人民政府副市长

决定免去：

胡燕子的海宁市人民政府副市长职务

任命：

倪继红为海宁市民政局局长

许明华为海宁市环境保护局局长

免去：

刘纪清的海宁市民政局局长职务

姚卫东的海宁市环境保护局局长职务

任命：

张正阳为海宁市人大常委会办公室副主任

沈岳龙为海宁市人大常委会内务司法工作委员会副主任委员

谈敬一为海宁市人大常委会教科文卫工作委员会副主任委员

林友珍为海宁市人大常委会代表与选举任免工作委员会副主任委员

免去：

林友珍的海宁市人大常委会教科文卫工作委员会副主任委员职务

汤建成的海宁市人大常委会代表与选举任免工作委员会副主任委员职务

决定：

接受李斌因工作调动辞去海宁市人民法院院长职务的请求，同时免去其海宁市人民法院审判委员会委员、审判员职务

接受陈建钢因工作调动辞去海宁市人民检察院检察长职务的请求，同时免去其海宁市人民检察院检察委员会委员、检察员职务

任命：

陈建钢为海宁市人民法院审判员、审判委员会委员、副院长

李斌为海宁市人民检察院检察员、检察委员会委员、副检察长

决定：

副院长陈建钢代理海宁市人民法院院长职务

副检察长李斌代理海宁市人民检察院检察长职务

（许晓飞）

［编辑：王国坚］

海宁市人民政府

Haining Municipal People's Government

重要会议

【概况】 全年召开市政府常务会议17次，收看上级电视电话会议31次，召开党组专题民主生活会1次。

【市政府、市政协联席会议】 于1月7日召开。会议通报2015年政协重点工作，对接2016年市政协重点协商课题和视察工作，加强政府与政协之间的沟通联系。

【十四届市政府第五十一次至第六十七次常务会议】 十四届市政府第五十一次常务会议于1月21日召开。会议听取并原则同意《关于2015年国民经济和社会发展计划执行情况和2016年国民经济和社会发展计划（草案）报告》(送审稿)，听取市综合执法局关于海宁市餐厨废弃物无害化处理资源化利用PPP项目竞争性磋商文件的情况汇报，并进行讨论。会议要求，餐厨废弃物无害化处理资源化利用PPP项目事关公共领域安全，要依法依规按程序操作，由拥有先进技术和设备的专业主体进行规范化运营。会议原则同意《关于海宁市餐厨废弃物无害化处理资源化利用PPP项目竞争性磋商》。

十四届市政府第五十二次常务会议于2月22日召开。会议讨论“转型发展服务提速年”活动方案、实施精准扶贫和有效化解因病因灾致贫工作意见、大力促进电子商务发展扶持办法等议题。

十四届市政府第五十三次常务会议于3月26日召开。会议听取并原则同意市商务局《关于调整市场采购贸易奖励标准的情况汇报》。

十四届市政府第五十四次常务会议于4月11日召开。会议讨论海宁市降低企业成本减轻企业负担若干意见、促进房地产市场平稳健康发展的若干意见等议题。

十四届市政府第五十五次常务会议于4月20日召开。会议讨论关于进一步推进创建浙江省教育现代化县（市）的工作方案等议题。

十四届市政府第五十六次常务会议于5月19日召开。会议讨论2016年海宁市工业企业亩产效益综合评价实施意见、G20杭州峰会海宁市环境质量保障方案等议题。

十四届市政府第五十七次常务会议于6月20日召开。会议讨论幼儿园布局建设规划、责任医生签约服务、美丽镇区建设、烟花爆竹“双禁”等议题。

十四届市政府第五十八次常务会议于6月29日召开。会议讨论推动企业利用资本市场加快发展、防范化解企业资金风险等议题。

十四届市政府第五十九次常务会议于7月18日召开。会议讨论研究《海宁市支持工业企业兼并重组加快转型升级的实施意见》等文件，听取《关于杭州至海宁城际铁路项目有关情况的汇报》。

十四届市政府第六十次常务会议于8月10日召开。会议讨论研究《海宁市政策性担保公司组建方案》《海宁市困难残疾人生活补贴实施办法》和《海宁市重度残疾人护理补贴实施办法》等文件。

十四届市政府第六十一次常务会议于8月17日召开。会议听取杭州至海宁城际铁路项目与省交通投资集团合作洽谈情况等汇报。

十四届市政府第六十二次常务会议于9月20日召开。会议讨论研究《关于打破天然气市场垄断健全价格调整机制的实施方案》《进一步完善海宁市工业发展导向地价修正系数实施办法的意见》等文件。

十四届市政府第六十三次常务会议于10月8日召开。会议讨论研究《海宁市深化医药卫生体制综合改革实施方案》等文件，听取《关于杭州至海宁城际铁路项目有关情况的汇报》。

十四届市政府第六十四次常务会议于10月18日召开。会议讨论研究《海宁市建筑废弃物资源化利用项目特许经营方案（试行）》等文件。

十四届市政府第六十五次常务会议于11月7日召开。会议讨论研究《海宁市全民健身设施建设财政补助办法》《首批领军企业培育政策意见》《海宁市自主品牌出口企业培育实施方案》等文件。

十四届市政府第六十六次常务会议于11月17日召开。会议讨论研究《海宁市建筑施工企业排污申报和排污收费调整实施办法》《推行环境污染第三方治理的实施意见》《加快推进残疾人全面小康进程的实施意见》等文件，听取《关于杭州至海宁城际铁路项目PPP合作有关情况的汇报》。

十四届市政府第六十七次常务会议于12月8日召开。会议讨论研究《海宁市小城镇环境综合整治行动实施方案》等文件，听取《关于盐官旅游开发合作项目情况的汇报》。

【“招商选资突破提质年”活动大会】 于1月23日在市行政中心召开。市四套班子全体领导参加会议。市委副书记、市长戴锋在会上指出，要始终坚持招商首位工作不动摇，坚持实体为先、项目为王不动摇，坚持马上就办、要办就办好的作风不动摇，以招商选资的实际成效为率先高水平全面建成小康社会打下坚实基础。会议向25名经济招商顾问颁发聘书，与各责任主体签订军令状，7家单位作表态发言。

（万时霁）

重要政务

【海宁市与杭州市余杭区区域战略合作开发签约】 9月29日，海宁市与杭州市余杭区区域战略合作开发签约仪式在临平举行。杭州市委常委、余杭区委书记徐文光，余杭区区长朱华，海宁市委书记朱建军，海宁市领导姚敏忠、许煜威等参加签约仪式。“融杭接沪”是海宁经济社会发展的重要战略，自6月起，海宁市与余杭区就区域战略合作开发进行多轮对接与洽谈，就合作内容、方式等取得一致意见。战略合作开发区域规划定位以产业为主，打造产业互联网、时尚、电子商务三大产业园区。一次规划，分期开发，余杭区临平新城与海宁市许村镇在接壤区域共同进行开发。

【杭州至海宁城际铁路先行段开工建设】 2014年12月16日，国家发改委批复同意杭州至海宁城际铁路项目建设规划。项目概算总投资136.11亿元，线路总长约48千米，总用地210.6公顷，沿线经过杭州市余杭区、海宁市许村镇、长安镇、周王庙镇、盐官镇、斜桥镇、海宁主城区，设站13座（含1座预留站）。2016年5月，启动重大项目集体决策程序，就项目规划建设征求各界意见。8月17日，海宁市政府与省交通投资集团举行项目战略合作框架协议签约仪式。8月30日，市十四届人大第六次会议听取和审查市政府关于该项目规划建设情况的报告，通过《关于同意建设杭州至海宁城际铁路的决定》。9月22日，项目工程可行性研究报告获省发改委批复，项目正式进入实施阶段。9月27日，召开项目征迁工作动员会，城际铁路沿线征迁工作全面启动。10月17日，省发改委批复该工程先行段初步设计。12月15日，杭州至海宁城际铁路项目先行段开工建设。

【首届海商大会】 于10月17—18日在市行政中心举行。部分省外商会负责人、在外海宁商会会长及重点企业家代表、重点浙商回归项目业主及签约单位代表、市内有突出贡献的企业家代表、在海宁发展的“新海商”代表等600余人参加大会。大会以“海纳百川、勇立潮头”为主题，旨在推动海商回归、投身海宁建设。市委副书记周红霞主持会议，全国政协常委、省工商联主席南存辉出席会议并致辞，市委书记朱建军作大会主旨演讲。10月17日，成立海商总会并召开第一次会员大会。选举产生海商总会第一届理事会，选举钱培伦为理事会会长，30名知名海商为副会长。举行海商总会授牌、海商总会名誉会长授牌仪式，聘请杭州至海宁城际铁路项目总顾问和经济（招商）顾问，举行《天下海商》首发式。举行重大招商引资项目签约活动，29个重点项目签约，市政府与正泰集团签订全面战略合作协议。

【政银企合作签约】 1月26日，2016年海宁市政银企合作签约仪式在市行政中心举行。副市长俞亚明主持会议，市领导戴锋、姚敏忠、许煜威、高兴龙出席签约仪式。24家金融机构与24家企业签订授信意向协议，承诺为企业技改投入、转型发展提供资金保障。全市金融机构集体签订2016年度金融支持有效投入新增融资承诺书，承诺新增实体项目有效投入150亿元，比上年增长44%。107个实体企业项目与银行达成融资意向。3项社会资本参与政府基本建设项目

10月17日，海商总会授牌仪式 （沈鑫 摄）

合作签约，签约金额 20 亿元；3 家基金公司落户海宁，基金总规模 57 亿元；9 家风险投资股权投资机构与企业签订合作意向，意向投资 2 亿元。政银企合作意向签约共涉及资金和资本 229 亿元。

【宁波精益集团汽车锻造铝轮毂制造产业基地项目落户海宁】 12 月 9 日，海宁市政府、尖山新区管委会与宁波精益集团举行签约仪式，总投资 67 亿元的汽车锻造铝轮毂制造产业基地项目落户尖山新区。宁波精益集团董事长董祥义，海宁市领导朱建军、曹国良、徐辉等参加签约仪式，市委书记朱建军在签约仪式上致辞。项目由宁波精益集团和杭州鲲田投资有限公司联合投资建设，购置轻量化轮毂研发、生产、检测设备，形成年产 1750 万件锻造铝轮毂生产能力。项目一次规划，分期实施，一期投资 20 亿元，计划五年内全部达产。

【《海宁市深化医药卫生体制综合改革实施方案》出台】 11 月 4 日，出台《海宁市深化医药卫生体制综合改革实施方案》（以下简称《方案》）。《方案》提出：到2017 年，市域医疗资源配置进一步优化，基本实现大病不出县，其中基层医疗卫生机构诊疗量占总诊疗量比例≥65%，实现人人享有安全、有效、方便、价廉的基本医疗卫生服务；到 2020 年，全科医生签约服务覆盖所有家庭，基层医疗卫生机构诊疗量占比进一步提高，更加完善、更有质量、更高水平的基本医疗卫生制度全面覆盖城乡居民。成立深化医药卫生体制改革领导小组，统筹负责医疗、医保、医药联动改革，整体推进综合医改试点工作。全面推进公立医院综合改革，建立现代医院管理制度，完善药品耗材采购供应机制。建立健全“双下沉、两提升”长效机制，全面建立分级诊疗制度，完善全民医保体系。强化基层医疗卫生服务，发展智慧医疗服务，加快发展社会办医。

表 36　　市长分工一览

姓名（任职期）	职务	分管工作
戴　锋（11 月免）	市　长	主持市政府全面工作，负责财政、编制、审计工作。分管市财政局、编委办、审计局
曹国良（11 月任）	代市长	主持市政府全面工作，负责财政、编制、审计工作。分管市财政局、编委办、审计局
姚敏忠	常务副市长	负责市政府常务工作，协助市长负责发展改革、招商引资、监察、统计、政法、应急、外经贸、打私海防、国有资产管理、开发区、机关行政事务、经济技术协作、人民武装和征兵、议案建议及提案办理、道路安全工作。分管市发改局、监察局、统计局、公安局、商务局、机管局、经济开发区管委会、尖山新区管委会、高新区管委会、临杭新区管委会、经编产业园区管委会（7 月起分管）、资产经营公司、实业集团、社发集团、各驻外招商机构。联系政协工作。联系市人武部、法院、检察院、武警中队、预备役营、国税局、嘉兴海关驻海宁办事处、嘉兴出入境检验检疫局驻海宁办事处
朱海英	副市长	协助市长负责教育、卫生、人口与计划生育、民政（慈善）、残联、档案、地方志、民族宗教等工作。分管市教育局、卫生计生局、民政局、档案局、民宗局。联系市残联、史志办
曹　毅	副市长	协助市长负责土地管理、规划建设、交通、重点工程、人防、水务、邮电通信、无线电管理、春运等工作。分管市国土资源局、住建局、交通运输局、人防办（民防局）、水务集团、城投集团、交投集团、房屋征收办、“无违建”创建（三改一拆）办、重点办、无管办。联系市邮政公司、电信公司、移动公司、联通公司、铁路海宁站、沪杭高铁海宁西站

续表 36

姓名（任职期）	职务	分管工作
王建坤	副市长	协助市长负责农经、水利、环保、气象、信访、供销、水环境治理、城市管理等工作。分管市农经局（农办、海洋与渔业局、林业局）、水利局、环保局、气象局、供销总社、治水办、综合执法局。联系市信访局、各民主党派
俞亚明	副市长	协助市长负责工业经济、科技（7月起负责）、消防、安全生产、电力、金融等工作。分管市经信局、科技局（7月起分管）、安监局。联系市科协（7月起联系）、工商联、供电公司、各金融机构
胡燕子（12月免）	副市长	协助市长负责文化体育广电新闻出版、工商行政、食品药品监管、商贸流通、粮食、旅游、皮革城、烟草专卖、影视产业发展、文化创意产业等工作。分管市文广新局、市场监管局、服务业局、旅游局、皮革城管委会、盐官度假区管委会、文创办（历史文化街区管委会）。联系市烟草专卖局、盐务局、文联
金国强（7月免）	副市长	协助市长负责科技、新居民事务管理、侨务、台湾事务等工作，分管市科技局（地震局）、侨办、台办，联系市科协、新居民局
黄鸿鸿	副市长	协助市长负责法制、外事侨务、司法等工作。分管市府办（法制办、外事侨务办）、司法局。协助常务副市长姚敏忠分管发展改革工作，负责特色小镇和小城市建设、区域合作、接沪融杭、重大项目等工作。联系市总工会、团市委、妇联
沈铁蕾（7月任）	副市长	协助市长负责人力社保、行政审批、电子商务、新居民事务管理、台湾事务、对外宣传等工作。分管市人力社保局、行政服务中心、台办。联系市新居民局、广电台、海宁日报社。协助常务副市长姚敏忠分管经编产业园区管委会。联系市国税局、嘉兴海关驻海宁办事处、嘉兴出入境检验检疫局驻海宁办事处。配合副市长胡燕子分管文化产业工作

说明：副市长何瑜、方兴年内无分工

（万时雯）

体制改革

【概况】 以要素市场化配置综合配套改革为引领，全面推进县域经济体制综合改革。全年部署落实39个改革项目，出台25个改革政策文件。海宁市列入国家循环经济示范城市（县）建设地区、国家学前教育改革发展实验区、全省综合医改先行先试地区，经济开发区列入长江经济带国家级转型升级示范开发区。推进用能权改革，“双下沉、两提升”工作获国家和省级全面推广。

【亩产效益评价体系】 开展第四轮亩产效益综合评价。在大稳定的基础上实行微调，主要是将COD（化学需氧量）工业增加值指标改为主要污染物排放总量工业增加值。科技投入占比由原4%增加到10%，鼓励企业增加科技投入。提高印染、化工、制革前道三个行业的优秀企业进入A类企业比例。全市共评价0.2公顷（3亩）以上有土地使用权的企业（个体户）2058家。

【调整差别化措施】 根据改革推进进展情况，调整完善差别化措施，暂停B类企业差别水价、差别电价措施，下调排污权指标基准价格，污水处理费征收方式由入水口调整到出水口。全年征收差别化电费630万元，执收C类企业差别化水价244万元，征收排污权有偿使用费8351万元，落实所属城镇土地使用税、房产税差别化减免

24568万元。

【科技、人才、金融要素改革】 健全科技要素集聚机制，“淘科技”平台线上交易项目32个，成交金额1387.9万元。市科创中心列入国家级科创中心，新增3家省级企业研究院。健全人力资源要素集聚服务机制，沪浙人力资源服务产业园全年营业收入16.3亿元，首个省级高技能人才公共实训基地获批。企业人才集合年金参与企业119家，缴费人数310人，资金规模402万元。健全金融要素集聚机制，新增“新三板”挂牌企业10家，IPO（首次公开募股）在会企业4家。

【政府自身改革】 推行审批服务“一窗式”办理模式，整合各类审批事项，设立市场准入、项目建设、社会事业、产权登记、便民服务五类整合窗口资源，实行集中受理，实现关联事项全流程办理。试行环评备案制改革，对“零土地”技改项目和轻污染项目不再开展环境影响评价，直接实行企业承诺、登记备案，全年完成1592个项目登记备案。试行工业项目能评备案制，实行负面清单外项目承诺备案制，强化事中事后监管。深化气象审批制度改革，全面取消新（改、扩）建项目的防雷设计技术评价。推进图审提效，整合规划、建管、人防、气象、消防等施工图审查窗口，审查时间由原3个月缩短至8.5天。强化基层审批，推进市级执法力量下沉，整合部门在镇级的监管力量，建立市场监管、综治、综合执法、便民服务四大监管平台。

【推进基础设施投融资体制改革】 4月15日，出台《2016年海宁市深化基础设施投融资体制改革工作方案》。5月11日，成立海宁市政府和社会资本合作服务中心，建立PPP项目工作机制，形成策划、储备、推荐、方案、落地于一体的全流程推进模式。建立全市PPP项目储备库，加强项目宣传、推介、洽谈和推进，以财政部PPP示范项目杭州至海宁城际铁路项目为示范，整体推进PPP项目建设。收集各领域PPP项目典型案例14个，形成PPP项目理论研究指导文本，为全市各部门和其他地（市）开展PPP项目建设提供借鉴。

【海宁市入选国家循环经济示范城市建设地区】 1月6日，海宁市被国家发改委、财政部、住建部确定为国家循环经济示范城市（县）建设地区。5月，出台《海宁市创建国家循环经济示范城市“双十”行动实施方案》，提出通过五年时间（2015—2019年）创建，把海宁市建设成为循环发展体制机制创新先导区、城乡一体资源循环利用示范区、节能环保产业发展集聚区。12月，出台《循环经济“十三五”规划》，全面推行皮革、纺织、光伏等重点行业清洁生产，推进经济开发区和经编产业园区实施循环化改造，推进生活垃圾分类收集，开展差别化排污总量控制和排污权交易制度改革，加大新型生态循环农业示范企业培育力度，深化省级再生资源回收利用体系建设。全年有6个项目获中央和省专项资金支持，其中3个项目获中央预算内资金1555万元，3个项目获省发展与改革专项资金210万元。

【政策性农业保险和农村住房保险】 沿袭“政府引导、市场运作、政策支持、农户自愿”的做法，以保大灾、保大户、保主要品种为重点，坚持政府推动、农户自愿、市场运作的机制，做好水稻、油菜、葡萄等15个品种的续保和理赔工作。以种植养殖标的物化成本的50%～80%确定保险金额，保费金额、保费补贴和理赔支付等政策与上年相同。全年政策性农业保险参保户数42943

户，保费收入931.8万元。全市政策性农村住房保险保费（各级财政保费补贴、农户缴费）和保险标的不变，全年参保农户13.4万户，参保率99.58%，保费收入134.3万元。全年为受灾农户支付赔款38.4万元，简单赔付率28.59%。

（谢晓峰　赵洪涛）

法制办工作

【概况】　2016年，市政府法制办审核市政府各类政策性文件98件，涉及房屋征收补偿、亩产税收、楼宇经济发展与经济社会发展等重大事项。审核《海宁盐官旅游开发合作框架协议》《剧院项目战略合作意向书》等市政府行政合同17件。对以部门名义签订的行政机关合同实行备案审核，各部门共上报备案审核行政合同4件。依法受理各类行政复议申请145件，审核信访复查复核意见书19份。

服务“五水共治”、“无违建市”创建等中心工作，在对许村龙鑫织造厂等违法建筑实施强制拆除行为时启动法律咨询机制，严格依法办事。出具《关于星星港湾项目幼儿园配套用房能否转让的法律建议》《关于沿街商铺高音喇叭、音响扰民执法主体的建议》等法律建议书5份。加强行政执法监督，组织特邀行政执法监督员参与依法行政考核、案卷评查等工作，对市容市貌、餐饮油烟和安全生产行政执法开展专项监督检查，下发行政执法监督通知书。开展依法行政考核，公布2015年度依法行政工作示范单位3家、依法行政工作先进单位6家、依法行政工作先进个人6人。对全市33家行政执法单位工作实绩进行考核。对全市行政执法单位的117名行政执法人员进行综合法律知识培训，合格率82%。

【规范性文件管理】　深化规范性文件事前合法性审查制度，对全市行政规范性文件实行统一登记、统一编号、统一发布。出台《海宁市人民政府关于在划定区域内实行烟花爆竹禁售禁放的通告》《海宁市人民政府办公室关于印发海宁市城乡环境卫生“四位一体”长效保洁和生活垃圾减量提质财政补助办法的通知》等政策性文件98件，出具法律审核意见书98份。严格执行规范性文件备案审查制度，市政府规范性文件全部向嘉兴市政府和海宁市人大常委会上报备案，未出现被确认违法或撤销的情形，16件部门规范性文件全部实行网上报备。

【行政复议和诉讼】　全年收到行政复议申请145件，经审查，依法不予受理32件，告知并转送其他复议机关1件，依法受理112件；受理后审结112件，其中确认违法1件，撤销并责令限期履行2件，驳回29件，撤回7件，维持73件。出台《海宁市人民政府法制办公室关于印发海宁市行政复议听证制度的通知》，规范行政复议听证程序，保障和监督行政复议机关依法办理行政复议案件。全年有123件行政复议案件召开行政复议听证会，要求被申请人分管领导出席，听证出席情况纳入年度考核。办理以市政府为被申请人的行政复议案件4件、以市政府为被告的行政诉讼案件35件。行政诉讼案件一审全部胜诉，其中行政复议后申请人向人民法院提起行政诉讼4件，案结事了率96%。

【行政执法案卷评查】　11月，对2015年6月1日至2016年5月31日期间的行政执法案卷进行评查，随机抽查行政处罚案卷130个、行政许可案卷175个、行政指导案例

30个、行政强制案例13个。评出十佳说理性行政处罚案卷10个、十佳行政许可案卷10个、优秀行政指导案例5个和优秀行政强制案例5个，并予以通报表彰。

（吴琼贤）

人事人才工作

【概况】 2016年，公开招考录用公务员80人。招考工作坚持公开、平等、竞争、择优原则，招考录用按笔试、面试、体检、考察、公示程序进行，面试继续采用异地评委交流制和全程录像。完成公务员职务与职级审批1529人，并纳入常态化管理。办理公务员转任手续108人。评定2015年度公务员量化考核优秀示范单位，核定9家示范单位上浮平时考核优秀、良好比例。对2794名公务员进行考核（不含科局级领导），其中优秀484人、不定等次3人、基本称职5人。办理辞职手续7人，取消公务员录用1人。办理录用审批手续97人，办理登记99人。确定非领导职务主任科员2人、副主任科员1人。公务员职务职级晋升72人，转为职级2人。安置军转干部9人。组织225名企业军转干部健康体检。完成在职企业军转干部的工资低于全市城镇集体以上单位职工平均工资“补差”工作。组织2015年度末位告诫人员作风建设专题培训班。开展事业单位集中招聘，推出岗位53个，招聘62人，2414人报名。指导卫生、教育等系统开展事业单位自主招聘，编制2016—2017年度事业单位人才紧缺岗位目录和高层次急需人才目录。

完成专业技术职称初定302人，开展工程专业技术资格与技能职业资格互评认定，天通控股股份有限公司太阳能电池电极材料国产化项目及专家穆罕默德·西拉理入选国家首席外国专家项目，是嘉兴市唯一入选项目。开展自主实施的非公企业工程技术类职称评审。全年新增各类专业技术人才3092人，其中高级322人、中级1663人、初级1107人。培养高技能人才3321人，其中新技师236人。职业技能鉴定发证13101人。新增嘉兴市技能大师工作室2家、嘉兴市级首席技师2人。举办首次省级经编工职业技能大赛，包揽前5名。14名选手代表浙江省参加2016年全国纺织行业“润源杯”经编工职业技能竞赛全部获奖。11月1日，以海宁高级技工学校为建设主体的首个省级高技能人才公共实训基地获省人力资源和社会保障厅和省财政厅批准。

市人力资源市场线上线下两个市场同时运行。全年举办招聘活动86场次，进场单位8902家次，累计提供职位17.2万个，接待求职人数7.8万人次，初步达成意向3.3万人次。海宁市人才网全年发展新会员520家，累计会员3547家，共发布用工需求信息38.2万条次，18.4万人次通过人才网应聘。全年引进人才6603人，其中高层次人才489人，引进培育嘉兴市级以上创业创新高层次人才27人。完成2016年“潮乡特支”人才评价，46人申报，评出一类人才（比照博士）9人、二类人才（比照硕士）18人。全年为251名代理人员办理职称初定，为69名代理人员办理集体户口入户与迁移手续。为1916名应届大中专毕业生办理就业协议鉴证手续。全年接收人事档案4215份，转出档案1087份，收集材料归档7803份，接待阅档人员697人次，查（借）阅档案1133份。为流动人员办理商调手续418份。

至年底，沪浙人力资源服务产业园入驻企业41家。全年营业收入16.3亿元，税金（不含社保）3782万元。全年组织20场推介宣传活动。10月20日，应邀参加2016

中国（浙江）人力资源服务博览会。1月30日，沪浙人力资源服务产业园被评为省级人力资源服务产业园区，5月31日在宁波授牌。

沪浙人力资源服务产业园被评为省级人力资源服务产业园区，图为5月31日在宁波授牌　（市人力社保局　提供）

【第七届浙江（海宁）民营资本与海外人才智力合作交流大会系列活动】 组织开展上海“千人计划”专家沙龙、“千人计划”专家暨科研成果转化海宁—武汉专场推介会、华盛顿中美科技创新联盟海宁行、“海创智库”专家海宁行、先进焊接技术材料国际论坛、欧美精英创业协会海宁行等活动。近200名海内外高层次人才到海宁考察，开展项目对接。

【第四届“潮起东方·赢在海宁”创业大赛】 于1—5月举行。是第七届浙江（海宁）民营资本与海外人才智力合作交流大会系列活动之一。来自20余个国家和地区的176名海内外高层次人才携带项目参赛。项目涵盖节能环保、信息技术、新材料、新能源、医疗器械和高端装备制造六大领域，其中国家“千人计划”（万人计划）项目13个、省“千人计划”项目4个。各平台、招商办以及领军人才推荐项目50余个。最终决出特等奖1个、一等奖2个、二等奖3个、三等奖6个。10个项目落户海宁。

【人才奖励扶持资金使用】 全年拨付人才专项奖励资金4571.7万元，其中发放引进人才补助资金684.5万元。对海宁定美电子智能设备有限公司等31家企业发放创业启动奖励资金2990万元，对浙江美达瑞新材料科技有限公司等23家企业发放创业场所租金补贴86.6万元，对夏震宇等15名领军人才和创新团队核心成员发放购（租）房补贴113.7万元，对王珠银等6人发放省“千人计划”专家配套奖励196万元，对张亚萍等6人发放嘉兴市创新领军人才工作经费补助130万元，对孙沈良等6人和相关单位发放人才推介奖励58万元，对海宁蒙努皮革制品有限公司等2家企业发放创新团队一次性奖励40万元，对祝金山等18人发放重点产业（项目）企业引进人才个人专项补助81.6万元，对浙江虹越花卉有限公司等2家企业发放领军人才企业财政贡献奖励73.3万元，对浙江金汇特材料有限公司发放贷款贴息补助21.2万元，对天通控股股份有限公司发放引进国外智力项目配套奖励85万元，对省“151人才工程”和嘉兴市第六批新世纪专业技术带头人、后备人才发放奖励11.8万元。

（吴鑫淼）

档案工作

【概况】 全年接收纸质档案 2370 卷 11093 件、实物 9 件。征集档案 864 件、照片（电子版）393 张、家谱（电子版）3 种 34 册，其中包括夏之栩羊皮袄 1 件、张惠衣收藏的字画 4 件、贾祖璋档案 58 件、朱明尧档案 114 件等珍贵档案，张云鹏捐赠蒋百里、史东山、太虚等人的照片（电子版）294 张。整理装订历年收集的族谱 17 种，共 72 册 20876 页。收集全国性党报、党刊、档案学术期刊和反映海宁政治、经济、文化等方面的地方文献资料 1084 册。刊印《海宁市重点民生档案查询指引》，共分民生档案 88 类。全年查档窗口接待查档 4262 人次，出证 6467 份；民生档案远程利用受理 157 人次，档案共建共享利用平台受理 234 人次。实行全员接待查档、双休日预约查档等便民服务。

完成“十三五”时期馆藏重点档案保护与开发工作规划和全省国家重点档案信息普查。完成 1984—1985 年度档案开放鉴定和病档普查。全年爱国主义教育基地接待参观 900 余人次。开展中小学档案教育实践活动，共接待中小学生近 200 人次。举办第五届“档案馆日”系列活动。征集 20 户家庭建档示范户。编辑出版《张惠衣文存》《海宁历代碑记》、《宋云彬日记》(单行本)，编印《朱明尧师友书札墨迹》。完成馆藏名人文化、馆藏珍品布展。在海宁档案史志网举办钱雪军摄影作品展。出刊《海宁档案史志》4 期、简报 6 期。加强档案信息化建设，培育 10 家行政村档案共建共享利用平台示范单位。完成国家专业档案目录中 20%的民生档案登记备份。开展“县备市”和“异地备份”工作。11 月，市档案馆被国家档案馆评为国家级数字档案馆。年内，市档案局被评为嘉兴市“十二五”时期档案工作先进集体。

【《海宁市档案事业发展“十三五”规划》出台】 6 月，形成《海宁市档案事业发展“十三五”规划》(以下简称《规划》)征求意见稿，向社会征求意见。8 月，通过专家论证。10 月，与市发改局联合发文公布。《规划》包括发展环境、指导思想、总体目标、主要任务和保障措施五个部分。提出“十三五”时期档案事业发展的总体目标：以完善档案执法体制机制建设为基础，实现

6 月 8 日，举办“档案馆开放日”活动，图为市民参观档案馆（石晨阳　摄）

档案执法新突破，提高档案部门执法能力；以服务中心、服务发展、服务民生为重点，多渠道、深层次开展档案服务体系建设；推进馆室一体化建设，规范电子文件归档与电子档案移交接收，实现档案数据共建共享；提高档案安全监管水平，形成权责清晰、制度完备、运行有效、管理科学、监管到位的档案安全长效机制；完善档案馆“五位一体”功能，提高全市档案管理水平，社会发展领域内的重要档案得到重点监管。

【“承载历史、服务百姓”创建为嘉兴市机关服务品牌】 2月，“承载历史、服务百姓”被市直机关党工委命名为海宁市首批机关服务品牌；3月，创建为嘉兴市机关服务品牌。优化馆藏结构，侧重民生和二、三级单位的档案接收，馆藏共计232个全宗，档案数量312550卷179160件。加强档案资源建设，加大“三重一特”（重要人物、重点工程、重大活动、地方特色）档案征集力度，建立海宁籍名人档案全宗和图片、实物、音视频档案数据库。开展档案文化传播活动，赠送编研成果给看守所、学校、社区和图书馆。与海宁电视台联合拍摄12位海宁籍知名人士人文纪录片，并在海宁电视台、浙江国际频道、中国黄河电视台和美国斯科拉网络电视播出。举办海宁名人图片巡回展、纪念座谈会等活动。

【法治档案建设】 完成21个重点建设项目专项验收，其中省级重点工程2项。推进农村土地承包经营权确权登记档案管理，推进黄湾镇试点，与市农经局制订出台《海宁市农村土地承包经营权确权登记颁证档案整理细则》，举办培训班12期，开展不定期督察。推进“千村档案”和美丽乡村创建档案工作，配合市委农办做好历史底蕴村的确认，完成袁花、斜桥、黄湾等镇10个村的档案工作实地查看与指导。开展全市招投标平台档案执法检查和档案年检。配合嘉兴市档案局对经济开发区和经编产业园区开展档案执法检查。联合市民政局、教育局等开展档案规范化管理。完成5家省级、4家海宁市级档案目标管理，3家省级、6家规范化数字档案室创建。启动修订法定进馆单位《文件材料归档范围》和全宗卷规范化工作。海昌街道档案馆开馆并投入使用。承办嘉兴市档案监督指导和法制工作研讨会暨乡镇档案馆建设现场会。

（闻　捷）

外事工作

【概况】 全年办理因公出国（境）团组共45批118人次，其中自行组团20批84人次，县（处）级以上干部出访17批17人次。做好全市涉外管理工作，对在海宁工作生活的外国人加强管理和服务，全年办理邀请外国人来华审核转报480人次。加强对外友好交流与合作，全年接待重要涉外团组11批207人次。春节期间，市外事侨务办与市电视台联合策划，推出外国人在海宁系列报道。采访来自荷兰、英国、埃塞俄比亚、新西兰及日本等国的外籍人士，记录他们在海宁工作、经商、生活情况，相关报道在嘉兴、省级电视台同步播出。举办海外留学生迎新联谊活动，来自美国、英国、加拿大、澳大利亚等国的近60名留学生参加活动。

【重要国际交流与合作】 7月6—13日，应法国能源七号国际咨询公司和德国黑森州中国合作促进中心邀请，海宁市组团到法国和德国开展产学研项目对接和招商选资活动。

【首届“海宁日”活动】 7月8日，在法国巴黎举办首届“海宁日”活动。活动由法国能源七号国际咨询公司董事长杜文斯主持，法国工业联合会秘书长 Mare Ugolini、法国机械及冶金工业联合会秘书长 Jean-Pierre Fine、法国能源七号国际咨询公司总经理姜雅文、巴黎十大行政副校长 Francois 等企业家、高管共30人参加活动。海宁市政府办公室副主任王剑文代表海宁市政府发言，播放法文版海宁宣传片。海宁经济开发区管委会副主任顾亚兴介绍中法产学研合作园区的设想、规划、推进以及服务等情况。海宁市政府与法国能源七号国际咨询公司、法国工业联合会三方签署中法产学研合作园区项目合作协议。

推出外国人在海宁系列报道，图为采访海宁宏达学校外教本·杰明
（市外事侨务办 提供）

【重要出访活动】 5月29日至6月5日，市政协主席张炜芬率团到英国、意大利进行经贸招商活动。拜访英国伦敦总部基地，通过洽谈，伦敦总部基地将加大加快在海宁项目的投资，考虑设立海宁伦敦招商处；拜访意大利奥尔萨股份有限公司，就该企业在海宁增资达成初步意向；拜访意大利罗马华人华侨联合总会、方正贸易公司等企业，鼓励华人华侨回国投资创业。9月24日至10月1日，市人大常委会主任徐辉率团到瑞典、法国开展经贸项目洽谈。拜访艾略塔监测设备有限公司、华人工商联合总会，洽谈和落实项目引进事项；拜访菲德克进出口有限公司、施耐德电气有限公司、法国工业企业家协会等，就轨道交通、研发中心及产学研项目达成初步意向。

其他重要出访团组有：市委常委、常务副市长姚敏忠率团到俄罗斯、德国就皮革产业外拓、引进项目进行对接洽谈，率团到日本进行项目招商活动；市委常委、市委组织部部长沈雨祥率团到日本、美国开展招才引智工作；市委常委、连杭经济区管委会主任许金夫率团到美国开展项目洽谈和招商推介活动；市人大常委会副主任潘宇民率团到澳大利亚、新西兰进行友好访问和交流；市人大常委会副主任钱培伦率团到美国、韩国进行经贸洽谈；副市长朱海英随嘉兴市政府团组到澳大利亚、新西兰进行友好访问和教育合作交流；副市长王建坤随嘉兴市政府团组到以色列、克罗地亚进行友好访问，开展农业项目合作交流；副市长俞亚明率团到日本、美国进行重点经贸项目洽谈；副市长胡燕子率团到美国、加拿大就皮革产业外拓和三产招商项目进行洽谈；副市长金国强率团到美国、日本进行跨境电子商务项目合作洽谈；市政协副主席田耘率团到英国、荷兰开展农业产业招商活动。

【重要到访活动】 4月12日，美国伊利诺伊大学厄巴纳香槟分校（UIUC）校长Bacbara J.Wilson率代表团到海宁参观浙大国际校区。4月14日，德国德累斯顿理工大学欧洲学院执行院长Uwe.Reese率团到海宁访问，考察经济开发区和漕河泾新兴技术开发区海宁分区。6月29日，来自巴勒斯坦、巴拿马、墨西哥等23个发展中国家妇联、政府、国会、外交部等有关部门的女官员共62人到海宁考察，参观盐官镇桃园村、琳轩养生源和海宁中国皮革城，考察美丽乡村优美庭院建设、养老产业发展、皮革产业发展情况。9月21日，日本静冈县滨松商工所前任专务理事、医疗法人弘远会顾问坂本豁率滨松企业考察团到海宁考察，参观经济开发区和海宁中国皮革城。10月17日，蒙古人民党主席、国家大呼拉尔主席（议长）米·恩赫包勒德率代表团到海宁考察，参观海宁中国皮革城，考察浙江雪豹服饰有限公司，邀请海宁皮革企业访问蒙古，探讨双方在皮革皮毛原材料加工进口等方面的合作。10月28—30日，澳大利亚奥古斯特·玛格丽特河郡新任郡长伊恩·厄尔一行到海宁进行友好访问，了解社会经济和教育文化发展情况。11月30日，法国瓦滋河谷省常务副省长菲利普·舒赫一行访问海宁，了解经济开发区中法产学研合作园区项目建设情况，探讨双方合作机会。12月8日，印度驻沪总领事古光明到海宁访问，参观海宁中国皮革城，了解经济社会和皮革产业发展情况。

（钱亚萍）

侨务·港澳事务

【概况】 全年办理因公赴港澳团组4批7人次，其中自行组团2批5人次，县（处）级以上干部出访1批2人次。接待港澳同胞、海外侨胞和留学生24批100余人次。协调处理投资纠纷、拆迁补偿、祖屋翻建等涉侨来信来访7件次。

3月14日，组织13名侨商到江南总部基地和平湖市侨资企业考察。5月，召开专题会议，实施侨界空巢独居老人关爱行动。6月，开展“侨商企业服务月”活动，市委常委、组织部部长、市侨商服务联盟领导小组组长沈雨祥带队走访侨资

10月17日，蒙古人民党主席、国家大呼拉尔主席米·恩赫包勒德（左）到海宁访问，图为考察浙江雪豹服饰有限公司

（市外事侨务办 提供）

企业，协调解决企业困难和问题。9月6日，香港文化博物馆连凯恩一行到海宁盐官金庸书院、袁花镇金庸旧居和金庸母校袁花镇中心小学采集影像资料，丰富香港文化博物馆金庸展厅内容。10月，40余名海外侨商和部分嘉兴侨商会员参加首届海商大会。香港名力集团控股有限公司董事局主席查懋声被聘为海商总会名誉会长，殷春祥、邓惠燕、沈华、郑卫国、杨宇潇5名侨商当选为副会长，查浩明、都海良、孙跃平、李智勇、许峰5名侨商当选为理事，郑卫国、沈中平被聘为经济（招商）顾问。

7月17日，省侨联“海燕集结行动计划”海宁站活动

（市外事侨务办　提供）

【省侨联第二期“海燕集结行动计划”海宁站活动】　7月16—17日，省侨联第二期“海燕集结行动计划”集结营到海宁开展活动。省侨联副主席张维仁，省侨联秘书长周松一，嘉兴市侨联主席章一川，嘉兴市侨联副主席娄新生，海宁市领导戴锋、沈雨祥、史丹夫等，以及来自世界各高校的30名留学生参加活动。代表们听取海宁经济社会发展规划和创业创新实践介绍，参观市科创中心、浙大国际校区，开展沿百里钱塘骑行活动。

【国庆特别节目《跨越重洋的祝福》】　市外事侨务办与海宁电视台共同策划推出庆祝中华人民共和国成立67周年特别节目《跨越重洋的祝福》。录制南非浙江总商会会长殷春祥和俄罗斯浙商总会副会长邓惠燕等7名海外游子的视频，反映他们的工作生活情况以及对祖国和亲人的思念与祝福。节目在海宁电视台新闻综合频道国庆档播出。

【与香港开展经贸洽谈活动】　1月12—15日，市政协主席张炜芬率团到香港开展经贸洽谈活动。拜访香港查氏纺织集团公司、香港荣年有限公司、香港海宁同乡会等单位，就海宁新能纺织有限公司实施高技术弹性纤维项目、融资租赁等项目进行推介洽谈。推进合作项目，联络在港的海宁籍实业家共叙乡情，学习香港先进发展理念和管理理念，挖掘产业招商资源。

（黄永华　钱亚萍）

台湾事务

【概况】　全年接待到海宁经贸考察、交流、采访、旅游、探亲的台胞12564人次。海宁居民赴台探亲、居留、旅游4196人次，赴台公务、商务活动等20批64人次。市台办被中共中央台湾工作办公室宣传局评为中央台办“两刊”对台宣传工作先进单位。

1月，嘉兴市人民政府台湾事务办公室、嘉兴市台湾同胞投资企业协会和海宁市台办、嘉兴市台湾同胞投资企业协会海宁市联谊会（以下简称海宁市台商联谊会）组织人员到丁桥镇养老服务中心，开展寒冬送温暖送祝福活动。海宁市台商联谊会举办新春联谊活动。台湾非也传播有限公司制作人萧维文一行5人到海宁采访，制作《民国名媛》系列历史纪录片。观潮节期间，台湾东森电视台、中天电视台、年代电视台到海宁采访，报道海宁特色经济。5月，开展“台资企业服务月”活动，市领导带队走访全市24家台商联谊会会员企业，了解企业生产状况及服务需求。9月，台胞蒋祖怡将叔祖父蒋百里的8件文史资料和遗物捐赠给蒋百里纪念馆。台北海宁同乡会理事长陆兆友带团到家乡海宁参观考察。9名海宁籍台胞参加首届海商大会，陆兆友当选为首届海商总会副会长，浙江得伟纺织科技有限公司董事长施坤煌当选为理事，台湾推手媒体CEO谢侑霖被聘为经济（招商）顾问。

【海宁市第四届台资企业运动会】 于5月22日、5月28日分别在盐官度假区、海宁宏达学校举行。比赛由市台办、文广新局、台商联谊会主办，设乒乓球、篮球、羽毛球、拔河、50米迎面接力、飞镖等9个比赛项目。全市16家台资企业的408名运动员参赛。海宁亚东机械有限公司、浙江得伟染织有限公司、薛永兴浮水有限公司分获团体总分前三名。

【海宁考察团到台湾开展经贸交流】 5月10—16日，应台湾新北市工商管理发展协会邀请，副市长金国强率考察团一行9人到台湾开展经贸交流。考察台湾新竹科学工业园区、宣捷生物科技股份有限公司、台北市印刷商业同业公会，拜访台北海宁同乡会、台北市青年创业协会、新北市工商管理发展协会以及海宁台资企业在台湾的公司，组织交流座谈，对接洽谈科技合作项目，交流社会民生服务模式。

【台湾南投考察团到海宁参访】 3月27日，台湾南投县民意代表许淑华一行26人到海宁参访，双方达成长期友好往来共识。9月13—14日，台湾南投市市长宋怀琳一行20人到海宁考察灯文化、潮文化、殡葬事业、图书馆建设、特色街区等，宋怀琳邀请海宁参加2017年南投市首届花灯节，双方就建立长期友好关系达成共识。12月28日，台

9月13日，台湾南投市市长宋怀琳（左二）到海宁考察交流
（市台办 提供）

湾南投县议员谢明谋率鱼池乡妇女会一行26人到海宁参访。谢明谋邀请海宁市到南投县回访，考察南投县现代农业，探讨互惠共进渠道。

【华丰村和台湾南投县北埔村结成友好邻里】 7月1日，台湾南投县水里乡民众服务社理事长陈淑惠率水里乡北埔村、钜工村、民和村的19名台胞到海宁参访，水里乡北埔村和海宁市斜桥镇华丰村签订友好邻里协议。参访团对华丰村新农村建设及养老服务中心给予肯定。市政协副主席、市委统战部部长史丹夫陪同接待，并希望以签约为契机，海宁市与南投县、华丰村与北埔村建立基层互访交流机制，拓展交流领域。

（钱丹玲）

电子政务

【概况】 加强政务公开，加大政策解读回应力度，强化依申请公开管理和服务，规范公开程序，完善公开内容，明确公开重点。2016年，“中国·海宁”门户网站发布各类信息12459条，累计发布各类信息123695条；政府信息公开平台公开各类政府信息4615条，累计公开各类政府信息43411条。推进权力事项集中进驻、网上服务集中提供、政府信息集中公开、数据资源集中共享，建设智慧政府。推动政务服务网信息共享和基层延伸，基本完成行政处罚系统建设，在嘉兴市率先完成投资项目在线监管平台建设，海宁市被省政府评为2016年度政务服务网绩效考评优秀单位。

【电子政务网络基础设施建设】 对全市政务网网络及安全设备进行软硬件系统升级。加强全市电子公文交换及办公系统、公务邮箱、移动办公平台、干部日志等政务应用系统建设，为全市机关单位提供多样化的文件共享及信息交流平台。加强政府网站管理，开展网站普查和运维管理，对部门网站进行常态化监管，加大网站群集约化建设水平。

【大数据中心投入运行】 年初，大数据中心投入运行。大数据中心作为全市电子政务的基础平台，依托嘉兴政务云建设，成为嘉兴政务云分中心试点。至年底，有21个部门、48个应用系统、124台虚拟机运行其中。省政务服务网、经信、人社、民政、环保、住建、综合执法等多个应用系统陆续整合接入，成为华为政务云全球样板点。

（文怡武）

［编辑：王国坚］

政协海宁市委员会

Haining Committee of the C.P.P.C.C.

重要会议

【市政协十二届五次会议】 于3月5—8日在市行政中心举行。应出席委员255人，实到委员242人。会议听取和审议《政协海宁市第十二届委员会常务委员会工作报告》《政协海宁市第十二届委员会常务委员会关于十二届四次会议以来提案工作情况的报告》、海宁市人民政府关于2015年度政协建议案办理情况。审议通过《政协海宁市第十二届委员会第四次会议提案审查情况的报告》《政协海宁市第十二届委员会第五次会议决议》。会议期间，委员们列席市十四届人大第五次会议，听取和讨论政府工作报告、年度计划报告、年度财政预算报告、人民法院工作报告、人民检察院工作报告，听取市人大常委会工作报告。收到大会发言33篇，有10名委员代表各党派、团体和有关界别、联络委员会进行大会口头发言。组织“加快文化引领步伐，展现人文海宁风采”专题协商会。表彰市政协十二届四次会议以来优秀提案和2015年度优秀界别、优秀联络委员会、优秀民主监督小组、优秀社情民意信息工作先进个人。收到以提案形式提交的书面意见建议286件，经审查，立案254件，并案后为240件。

【市政协十二届十九次至二十五次常委会会议】 市政协十二届十九次常委会会议于2月2日举行。会议听取市政府关于2015年全市经济社会发展及2016年工作安排情况

3月5日，市政协主席张炜芬在市政协十二届五次会议上作报告

（王超英　摄）

的通报，协商讨论《政府工作报告（征求意见稿）》和《海宁市“十三五”规划纲要（草案）》。审定《市政协 2015 年工作总结和 2016 年工作要点》，审定各专门委员会、联络委员会《2015 年工作总结和 2016 年工作计划》，审定《关于召开政协海宁市第十二届委员会第五次会议的决定》。审议政协海宁市第十二届委员会第五次会议议程（草案）、日程（草案）。审定政协海宁市第十二届委员会常务委员会工作报告，推定报告人。审议政协海宁市第十二届委员会常务委员会关于十二届四次会议以来提案工作情况报告，推定报告人。审议通过有关人事事项。审议通过政协海宁市第十二届委员会第五次会议其他有关事项。

市政协十二届二十次常委会会议于 3 月 7 日举行。会议听取各组讨论情况汇报。审议《政协海宁市第十二届委员会提案委员会关于十二届五次会议提案审查情况的报告（草案）》《政协海宁市第十二届委员会第五次会议决议（草案）》。

市政协十二届二十一次常委会会议于 6 月 20 日举行。会议协商“新常态下海宁经济发展新动力研究”课题。委员建议，要加快转变政府职能，推动政府和社会信息对称，创新对实体经济的支持，继续优化创业创新环境，发挥市场主体作用。市委书记朱建军听取专题协商。

市政协十二届二十二次常委会会议于 7 月 25 日举行。会议主要协商杭州至海宁城际铁路建设项目事宜，听取市政府《关于杭州至海宁城际铁路项目建设情况汇报》。委员建议，要优化线型走向及站点设置，在满足功能要求的前提下严格控制地下站规模，早做准备，修筑通道，降低施工对群众出行的影响。

市政协十二届二十三次常委会会议于 9 月 30 日举行。会议围绕“民主党派聚焦‘五水共治’建治言”进行民主监督协商。各民主党派汇报“五水共治”监督调研情况。委员建议，要提高群众参与度，完善体制机制，邀请权威技术机构参与科学治水。审议通过有关人事事项。

市政协十二届二十四次常委会会议于 9 月 30 日举行。会议协商讨论“加强城乡社区协商，提高基层群众自治水平”课题。听取市政协十二届五次会议以来提案办理落实情况和市政协十二届一次会议以来 3 件重点提案办理落实情况通报。

市政协十二届二十五次常委会会议于 12 月 22 日举行。会议审议通过有关人事事项，协商决定市十三届政协委员名额、常委会组成人员名额和界别设置，协商决定市十三届政协委员名单。

（马　谦）

主要工作

【概况】 开展“两学一做”学习教育，市政协党员领导干部带头上党课，专题集中学习 6 次。邀请市纪委派驻第一纪检组组长作专题讲座。组织“学以立信——讲政治、有信念”“学以明纪——讲规矩、有纪律”“学以正行——讲道德、有品行”等专题学习会。配合做好禁放禁售烟花爆竹工作，向全体政协委员和机关干部发出“双禁”倡议，与市政协机关干部签订承诺书。通过政协中心组、常委会、主席会议、专门委员会、联络委员会、界别等组织，开展各类学习活动。开展强素质、促履职“五个一”活动[①]，组

① “五个一”活动：举办一次专题报告会，举办一期理论培训班，建好一个学习平台，开展一次读书活动，每名政协委员每年参加一次相关学习交流活动。

织政协常委、界别召集人、镇（街道）联络委员会负责人参加业务培训班，提升履职能力。召开工作联席会议，确定2016年度协商内容。市委办、市府办、市政协办联合下发《2016年度协商工作计划》，明确15个协商课题。举办全市经济社会发展情况、“五水共治”、文明城市创建等政情通报会，组织听取财政预算、政府投资项目计划安排及司法改革等情况，畅通委员知情咨政渠道。开展“让政协走进群众，让群众走近政协”系列走访活动，走访基层群众3000余人次。委员个人工作室接待群众494人，收集意见建议240条，形成提案13件，提交社情民意信息52条。《政协协商民主的互动机制研究》获省政协理论研讨会一等奖。围绕文明城市创建、重点提案、“五水共治”等内容，与市电视台、电台合作开办每月1期的《政协视点——政情民意交流站》栏目，播出《委员助力文明创建，长效常态为民惠民》《加强业主委员会建设，提升小区物业管理水平》等专题电视节目12期；与海宁日报社开办每月1期的《政协关注——政情民意交流站》专版，刊发《政协委员助力经济发展方式转变》等专稿12篇。出刊《海宁政协》期刊3期。通过海宁政协微信平台推送信息300余条。出版《徐申如——诗人徐志摩之父》。启动公安文史征集工作，编印3期《海宁文史》。开设文史资料丛书平台，出版《尺素海宁·当代信札展作品集》。挖掘洛塘河两岸文化遗存、文化元素，开展洛塘河历史文化研究。赠送近4000册文史资料、书籍至220余个村（社区）文化活动室。

【协商议政】 年内召开全体会议1次、常委会会议7次、主席会议16次。重点围绕“海宁经济发展新动力”“杭州至海宁城际铁路项目建设”“‘五水共治’民主监督”“加强城乡社区协商”等课题，组织调研协商。开展“新常态下海宁经济发展新动力研究”课题调研，形成调研报告，提出意见建议20余条。市委主要领导参加专题协商，肯定市政协所做工作，并要求有关部门吸收采纳调研成果。围绕杭州至海宁城际铁路建设事项，组织部分委员参与线路考察，参加专题座谈会，并召开常委会会议专题协商。围绕“五水共治”专题，组织5个民主党派分别开展监督调研和协商，提出意见建议十余条。立足基层群众自治，开展“城乡社区协商”课题调研，提出意见建议十余条。与市级有关部门协商财政预算工作和政府投资项目安排情况。视察协商医疗卫生事业共享发展、委员工作室建设、垃圾分类处置、生态功能区建设、有效投资等工作，重点协商“加强业主委员会建设”“发展乡村旅游”等课题。

【政协民主监督】 集中开展全域性三级（省、嘉兴市、海宁市）政协联动“万千行”、河长流域治理交叉民主监督、“蹲点调研、解剖麻雀”监督、5个民主党派聚焦“五水共治”监督调研等工作，发现并反馈问题100余个，提出意见建议近100条，编发工作信息30余篇，在地市级以上媒体、网站报道20余次。市政协主席张炜芬参加省政协组织的“五水共治”民主监督座谈会，推动“五水共治”专项民主监督活动开展。省政协副主席王建满对海宁市政协“五水共治”民主监督工作做批示。继续向14个部门（单位）派驻民主监督小组，各小组全年开展民主监督活动50余次，发出《民主监督意见书》11份、意见建议40余条。

【提案工作】 年内，政协委员、民主党派团体、界别和政协专门委员会、联络委员会共提出提案286件。经审查，立案254件，并案后为240件，其中党派团体、界别和专门委员会、联络委员会集体提案45件，委员联名提案22件，并案提案14件。所立提案与民生相关的占比超过60%。7件提案被列为市政协十二届五次会议重点提案，3件提案被列为市政协十二届三次、四次会议跨年度督办提案，3件提案被列为市政协十二届常委会民主评议提案。立案的提案提交市委及有关部门办理16件，提交市政府及有关部门办理224件，交办提案全部办复。191件提案所提意见建议被采纳落实或基本采纳落实，41件提案所提意见建议部分被采纳落实或列入计划逐步落实，8件提案所提意见建议因受客观条件制约或缺乏政策法规依据，一时难以采纳落实。委员们对提案答复情况及办理结果满意率均为100%。组织14个界别的99名政协委员分别对市领导领办的7件重点提案进行民主评议。对办理工作表示满意的占97.9%，基本满意的占2.1%；对办理结果表示满意的占89.8%，基本满意的占10.2%，满意率比上年提高2个百分点。开展提案质量双向测评、提案办理工作“回头看”等活动，6件提案被评为第一批最具影响力提案。

开展百名委员促办重点提案系列活动，完善重点提案协商办理机制，组织委员开展跟踪协商和民主评议。围绕“关于文明城市创建过程中提升市民文明素质”跨年度重点提案进行网络跟踪协商，采用“互联网+协商”形式，直播期间共收到现场政协委员及网民建议57条。围绕“关于丰富洛塘河公园内涵和功能的建议”重点提案进行视察协商和民主评议，推动提案办理落实。

4月29日，网络直播“构筑文明城市创建新聚焦，促进市民整体素养再提升”协商会暨跨年度重点提案督办会

（市政协办　提供）

【社情民意信息】　发挥社情民意信息“直通车”作用，全年编报社情民意信息252篇，其中报市级有关部门194篇、专报58篇。专报中报市级领导18篇，获批示11篇；报嘉兴市政协40篇，被采纳后经嘉兴市政协报省政协16篇，其中《关于推进我省简政放权工作的有关建议》《关于旧国旗统一回收应指定接收机构的建议》被省政协信息专报采纳。报嘉兴市有关部门13篇，其中《关于尽快建设嘉绍大桥服务区雨污分流工程的建议》获嘉兴市领导批示。《关于做好浙大国际联合学院（海宁校区）开学准备工作的几点建议》获市委、市政府主要领导批示。《加快洛塘河伊桥至卡森桥路段绿道配套设施建设的建议》交办后，市级有关部门召开专题会议，并与相关镇（街道）进行专题对接，及时实施河道绿化补植等配套设施建设工程。《建议将农村生活污水治理设施修复作为自建房标准配置统一纳入农村自建房验收范围》被市级有关部门采纳落实。

【联络联谊】 参加十九县（市、区）政协工作交流会，作“提升履职能力的基层政协委员管理体系建构研究”专题发言。协助各级政协调研组在海宁市调研。与市委统战部举办中秋茶话会。加强与港澳台同胞、海外侨胞和留学生的联系沟通，进一步巩固爱国统一战线。书画联谊会举办海宁历史建筑写真大型画展巡回展、纪念中国共产党成立 95 周年书法展、尺素海宁·当代信札展、中国篆刻艺术讲座、书画文化进村（社区）等活动。举办机关干部、政协委员书画培训班，240 余人参加培训。与兄弟县（市）政协开展书画笔会交流活动。

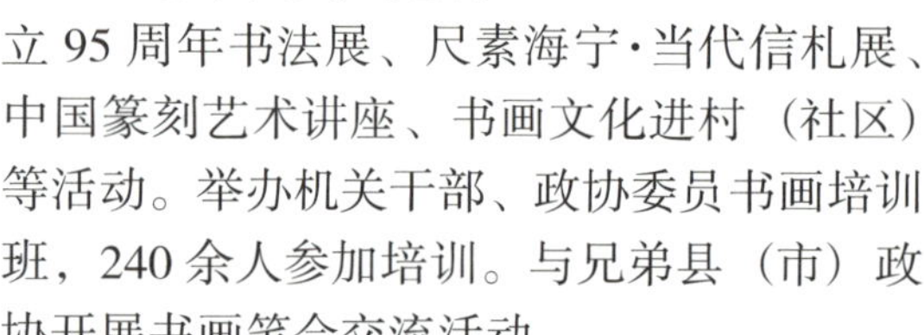

3 月 27 日，“让政协走进群众，让群众走近政协”系列活动启动仪式　　（市政协办　提供）

【界别和联络委员会工作】 继续开展“让政协走进群众，让群众走近政协”系列活动。委员走访本界别、本联络委员会群众 3000 余人次，收集意见建议 1200 余条，帮助解决民生问题 352 个。开展“界别 + 镇（街道）”组团式履职界别系列活动，组建 12 个界别活动组，分别结对 12 个村（社区），开展“共创文明城市，共建美丽乡村”界别系列活动。各结对界别活动组开展惠民文艺演出、全国文明城市创建和政协相关知识宣传、义诊、送文化下乡、社情民意信息征集、“五水共治”民主监督等活动 50 余次。各镇（街道）联络委员会围绕“五水共治”、文明城市创建、社区管理等重点工作进行选题，全年开展活动 131 次，开展基层民主协商 40 次，走访群众 2350 人次，收集意见建议 624 条，帮助解决问题 212 个，上报调研报告 13 篇，形成提案 79 件，上报社情民意信息 174 篇。

表 37　　市政协十二届五次会议以来优秀提案

提案编号	提案名称	提案者	承办单位
2	以供给侧改革为契机，切实转变经济发展方式的建议	民建海宁市基层委员会	市府办
4	关于丰富洛塘河公园内涵和功能的建议	王越舟、卢明华、王学海、吴少华、孙踏海、王玉良	市府办
17	关于弘扬培育乡贤文化正能量，践行社会主义核心价值观的建议	民盟海宁市基层委员会	市委办
37	关于打造中国 Boskoop 花卉小镇的建议	长安镇联络委员会	市府办

续表 37

提案编号	提案名称	提案者	承办单位
40	关于细化农村生活污水治理设施运行维护管理的思考与建议	周王庙镇联络委员会	市府办
223	关于加大财政投入，扎实推进农村废弃沼气池安全处置工作的建议	朱福康	市府办
3	关于加强农村家宴安全问题监管的建议	农工党海宁市基层委员会	市府办
12	关于支持小微企业特别是科创型小微企业发展的建议	九三学社海宁市基层委员会	市府办
27	关于我市纺织后整理行业废气治理的建议	科学技术界	市府办
59	基于“二孩”政策下的学前教育资源布局的建议	孙鸣、沈春燕	市教育局
155	关于完善推进“健康海宁互联网+”建设的建议	胡宏宇、杨曦帆	市卫生计生局
156	关于提前规划设计，增加城市停车场，缓解停车压力的建议	殷张萍	市综合执法局
90	关于将钱江潮（钱塘江古海塘）申报世界遗产的建议	王　晓	市文广新局
109	关于实施“机器换人”扩面升级，提升“海宁智造”水平的建议(联名并案)	曹冬、李建锋	市经信局
6	关于推动我市皮革服装行业提升发展的建议	工商联	市府办
217	关于改善市区老旧小区楼道灯管养缺位的建议	徐建华	市供电公司
22	关于加强禁毒工作、落实相关措施的建议	民进海宁市基层委员会	市府办
85	关于村规民约修订的几点建议	无党派人士	市府办
30	实施“二孩”政策对我市学前教育影响及对策	教育界	市府办
91	关于加快钱江潮和钱塘江海塘申遗步伐的建议	徐霞梅	市文广新局
93	关于在招商引资中发挥好本土企业作用的建议	张敏华	市商务局
232	关于加强我市燃放烟花爆竹管理的建议	吴陆明	市公安局
240	要重视加强对我市关停并转退企业绩效评估及跟踪服务的几点建议	曹立群	市经信局
38	关于推进美丽城镇建设的若干建议	长安镇联络委员会	市府办
219	关于加强对燃气设施检测维护确保公共安全的建议	曹建初	市住建局

（马　谦）

［编辑：王国坚］

民主党派与工商联

Democratic Parties and Federation of Industry & Commerce

民主党派

【概况】 全年吸收发展民主党派新成员 9 人，其中中国民主同盟（以下简称民盟）盟员 6 人、中国农工民主党（以下简称农工党）党员 2 人、九三学社社员 1 人。全市民主党派成员总数 300 人，其中中国国民党革命委员会党员 1 人、民盟海宁市基层委员会盟员 66 人、中国民主建国会（以下简称民建）海宁市基层委员会会员 66 人、中国民主促进会（以下简称民进）海宁市基层委员会会员 23 人、农工党海宁市基层委员会党员 71 人、九三学社海宁市基层委员会社员 72 人、台湾民主自治同盟（以下简称台盟）盟员 1 人。民主党派成员中有副科（局）级以上领导干部 18 人，其中副处级 2 人、正科（局）级 5 人、副科（局）级 11 人。

2016 年，全市各民主党派分别进行换届，经民主选举产生新一届领导班子。民盟、民进、农工党海宁市总支分别更名为海宁市基层委员会。至年底，全市 5 个民主党派基层组织均更名为基层委员会。民建海宁市基层委员会主任委员张敏华被民建中央委员会评为民建全国社会服务先进个人。

【民主党派参政议政】 在省、嘉兴、海宁三级两会期间，各民主党派共提交建议案、提案 124 件，其中民盟海宁市基层委员会 24 件、民建海宁市基层委员会 24 件、民进海宁市基层委员会 20 件、农工党海宁市基层委员会 18 件、九三学社海宁市基层委员会 37 件、台盟 1 件，内容涵盖垃圾分类、水资源循环利用、文化引领、政府投资效率、社会治理、“互联网 +”等方面。5 名民主党派、无党派人士代表在市政协十二届五次会议上作专题发言，12 件提案被评为优秀提案。《关于文明城市创建过程中提升市民文明素质的建议》等 5 件提案被评为市政协十二届一次会议以来第二批最具影响力提案。民建、民进、农工党界别被市政协评为 2016 年度优秀界别。各民主党派全年参与市委、市政府、市政协、市委统战部举办的协商会、座谈会、通报会十余次。参加统战系统迎春恳谈会、党外代表人士座谈会、全市经济社会发展情况报告会、党外代表人士通报座谈会等。与政府部门开展对口联系活动 20 余次。

【民主党派参与民主监督】 全市共有民主党派特约监督员 56 人，分别在 24 个部门、单位开展民主监督工作。5 个民主党派开展“五水共治”5 个子课题研究，开展民主监督工作。对换届工作、信访工作、社会养老服务体系建设、公务支出公款消费政策执行情况、旧城改造等进行专项监督，并提出意见建议。

【民主党派参与政治协商】 根据《中共海宁市委与各民主党派工商联无党派人士2016年度协商计划》，围绕中共海宁市代表大会工作报告，以及事关全市经济社会发展的重要决定、重大规划、重大问题和换届重要人事安排等议题开展专题协商。3月7日，各民主党派参与市政协组织的“加快文化引领步伐，展现人文海宁风采”专题协商会。

【民主党派服务社会】 民盟海宁市基层委员会到丰士小学开展“六一”联谊活动，参与村级文化礼堂建设、长安镇保护建设等活动。民建海宁市基层委员会通过举办正大海高奖学助学基金活动和参与美丽乡村建设等，资助困难学生和贫困村民20余人，捐助资金20.6万元。民进海宁市基层委员会继续开展助学结对、“春联万家”送福进村（社区）等活动。农工党海宁市基层委员会组织党员医生到村（社区）开展义诊及健康知识讲座十余次，为经济困难和弱势群体提供法律咨询30余人次。九三学社海宁市基层委员会举办公民素质培训和科普讲座十余次，参训人员350余人次，连续二十一年到市特殊教育中心开展健康体检和送书活动。

（叶春燕）

工商业联合会

【概况】 至年底，市工商联（总商会）有直属商会12个、基层商会13个、村级商会1个、异地商会3个。会员单位3965家，分布在制造、建筑、金融、服务、零售等行业。1月19日、7月28日，市工商联（总商会）召开九届执行委员会第七、第八次会议。市工商联（总商会）被评为2016年度嘉兴市工商联（总商会）系统优秀单位。

3月19日，海宁市中小企业经营者联合会成立，有会员80人。9月28日，海宁私贸商业创新发展联合会成立，有会员130人。10月17日，海商总会成立。6月21日，海宁市新生代创业联谊会召开第二次大会，完成换届选举。选送5名新生代会员到市委办、金融办、发改局、经信局、商务局培养锻炼。完善《基层商会工作考核办法》和《直属商会评价细则》，规范商会建设。4月21日，微信公众号“海商视角”启用。市政协工商联界别组团走访家纺、五金、皮革、经编4个行业的部分企业，形成《关于传统中小企业升级路径选择的思考》提案，在政协十二届五次会议发言。撰写的《关于推动我市皮革服装企业提升发展的建议》，作为集体提案提交大会。在非公有制经济人士座谈会上，18名企业家提出意见建议

12月23日，市委召开各民主党派、工商联负责人和无党派代表人士座谈会 （市委统战部 提供）

24 条。组织 184 名企业家到浙江财经大学东方学院、浙江机电职业技术学院参观学习。组织 6 名新生代企业家到深圳华为集团总部和松山湖基地参观。引导会员企业参与美丽乡村建设和“五水共治”，捐款 2000 万元。市工商联、民政局等部门联合举办“新希望、新梦想”爱心助学活动，收到会员单位、直属商会及郑州商会等捐款 16.2

9 月 11 日，举办“新希望、新梦想”爱心助学暨文艺演出活动
（市工商联　提供）

万元，资助贫困学生 300 人。

【市工商联（总商会）第十次会员代表大会】 于 12 月 21 日在市行政中心召开。参会代表 354 人，其中非公有制经济人士 330 人。嘉兴市政协副主席、工商联主席、总商会会长薛佳平到会祝贺，海宁市领导朱建军、徐辉、张炜芬、周红霞等参加会议，市委书记朱建军在会上讲话。天通控股股份有限公司董事长潘建清作《适应新常态、创造新优势，凝心聚力推进工商联事业再迈新台阶》工作报告。会议选举潘建清为市工商联（总商会）执行委员会主席（会长），4 人当选为驻会副主席（副会长），19 人当选为市工商联副主席，13 人当选为总商会副会长，139 人当选为执行委员会委员。

【非公有制经济人士素质提升工程】 3 月 11 日，召开非公有制经济人士座谈会，传达学习习近平在全国政协十二届四次会议民建、工商联界委员联组讨论会时的讲话精神，倡导构筑新型政商关系。推进党建工作向基层延伸，指导海宁市福建商会、海宁市郯城商会成立党支部。加强教育培训，组织 6 名企业家到香港理工大学、中央社会主义学院参加民营企业家研修班，组织 45 名新生代经济人士到复旦大学参加高级研修班。

【助推招商引资工作】 走访 25 名担任市级招商顾问的企业家，搜集招商信息。拜访成都、郑州、重庆嘉兴商会及部分企业家，邀请海宁籍企业家抱团回家乡投资。5 月 30 日，承办深圳嘉兴商会“嘉兴行”海宁站活动，考察团参观丁桥镇钱江工业园区、盐官度假区、海宁经编产业园区、海宁经济开发区等，参加海宁投资推介会。9 月 13—15 日，组织 29 名郑州嘉兴商会客商参加“2016 禾商海宁行”活动，举办海宁投资发展推介会。

（张　峰）

［编辑：钱金霖］

人民团体

People's Organizations

海宁市总工会

【概况】 2016 年，新增工会组织 57 家（单建工会组织 53 家、联合工会组织 4 家），其中新增楼宇商圈、社会组织工会 19 家，涵盖单位 185 家；职工新入会 12092 人。累计建立工会组织 2829 家，覆盖单位 9483 家；累计职工入会 32.4 万人。开展市、镇、企业三级联动劳动竞赛和第八届职工技能运动会。评选表彰一批爱岗敬业、精益求精的“最美职工”和“最美娘家人”，选树一批职业技能带头人和工人先锋号、劳动竞赛先进单位。年内，1 家企业获全国五一劳动奖状，新增省级高技能人才创新工作室 1 个、嘉兴市高技能人才创新工作室 3 个、嘉兴市工人发明家 1 人、嘉兴市职业技能带头人 2 人、嘉兴市以职工姓名命名的先进操作法 2 项，评选表彰“海宁市工人先锋号”23 家，选树镇（街道）职业技能带头人 120 人。推进镇（街道）“补短创标”①、基层工会“六有规范”②、工资集体协商提质增效、职代会建设扩面提升四大行动。全年新增工资协商示范点 33 个，其中行业性（区域性）工资集体协商典型 3 家，新签订集体合同（工资集体协商专项协议）73 家，续签率 100%。新增职代会建制单位和厂务

五一国际劳动节表彰活动 （市总工会 提供）

① 补短创标：指补短板，创美丽厂区，建快乐车间，做文明职工。

② 六有规范：指非公企业工会有办公设施、有规章制度、有工会经费、有职工活动场地、有正常和特色品牌工作、有职工信任度。

公开建制企业各37家。

组织96名退休劳模免费体检和疗休养。开展困难职工（困难劳模）一对一连心结对送温暖行动，帮扶困难职工1198人次，发放补助金89.4万元。发放助学补助金6万元，为16名困难职工子女圆大学梦。与康华医院合作建立“减负通道”，特困职工在康华医院住院治疗的，其住院费用自负部分1万元以下15%、1万元以上20%予以返还。扩大受益面，将特困职工家庭成员和重大困难职工列入减负对象。深化女职工关爱工程，新建“妈咪暖心小屋”36个（其中17个在公共场所）。与市妇幼保健院合作，为5家企业的2000余名女职工开展健康体检。各镇（街道、区）总工会通过提供就业和法律援助，以及赠送返乡车（机）票等形式，帮扶职工4369人。开展生猪退养低收入农户转产转型助业、助困、助学、助医“四助”活动，为146户生猪退养低收入农户发放补助金27.8万元，发放“金秋助学”救助金2户共8000元、重大疾病临时救助2户共4000元，为14人提供免费技能培训。开展职工医疗互助保障活动，完善点、站、中心三级服务网络。年内参保职工89563人，参保单位1169家，受益职工2236人次，发放互助金361.8万元。

开展劳动争议调处、劳动保护监督等工作，与1851家基层工会签订职工欠薪预警报告责任书，建立每月一报（特殊时段每日一报）、事发即报机制。全年报告并处置欠薪纠纷508起，调处成功497起，为1933名职工讨回欠薪2338.2万元。制订《全市工会深化职工欠薪预警机制护航G20杭州峰会和第三届世界互联网大会·乌镇峰会行动实施方案》，建立36个职工欠薪预警直报点，市总工会分4个组督察走访171家停产限产企业。各级工会严防和处置企业欠薪，排查企业3639家，调处矛盾111起。

开展防暑降温专项检查，市总工会检查企业14家，发现问题隐患32处；各镇（街道）组织检查企业1700余家。组织职工为企业安全生产查短板、补短板，收到职工合理化建议2900余条。参与安全事故调查9起。慰问企业（重点建设项目）19家（个），为2000余名一线职工发放防高温用品，价值9.5万元；全市各级工会慰问企业780余家，慰问职工2.4万人。开展“安康杯”职工安全生产竞赛，参赛企业占已建工会企业的95.6%，1个班组获全国优胜，1家企业和1个班组获省级优胜。2610家企业开展劳动保护分级管理，并录入数据库。深化和谐企业创建，9200余家企业参与创建，占全市企业的92.8%。联合人社等部门实地考核，命名第六批海宁市级和谐劳动关系先进单位32家。6家企业被评为嘉兴市和谐企业，1个园区被评为嘉兴市和谐工业园区。

开展文化惠工行动，举办广场纳凉电影展播11场，“做兰心慧智的父母”等公益讲座3场，书画、太极拳、茶艺等公益培训33期，服务职工4000余人。举办第四届职工文化艺术节，包括职工广场嘉年华、职工红色诗歌朗诵大赛、职工才艺大赛、全民广场舞大赛等活动10项。各镇（街道）工会组织开展文体活动146场，职工参与率80%以上。70支职工（劳模）志愿服务队开展志愿服务，形成马桥经编技术服务队、开发区连心桥联盟、长安“范大姐”、海医劳模服务队等一批特色志愿服务品牌。

【第八届职工技能运动会】 4月28日至11月15日，市总工会组织举办第八届职工技能运动会。制订《建功“十三五”、争当主力军竞赛活动实施意见》，在战略性新兴产业、高新技术产业和高端装备制造业、重点建设工程等领域组织竞赛。市级层面举办数控车床、电子商务、导游、普惠金融等10

项技能竞赛和1项省级经编工技能大赛，58名选手参赛。各镇（街道）、产业局举办区域性技能竞赛23项，1261家企业以车间、班组为单位开展岗位立功竞赛，职工参与率68%。经层层选拔，99名选手获“海宁市操作技术能手”称号。

【“两新”组织工会建设】 实施“两新”组织（新经济形态组织、新社会组织）工会建设。在经编产业园区探索建立经编总部大厦联合工会和创智大厦联合工会，覆盖“两新”组织65家，吸收会员350余人。在盐官镇建立全市首家农业合作社工会——郭溪行道树苗木协会联合工会，吸收会员4000余人。在双凤二期安置房项目工地建立全市首个建筑工地项目工会，建立工地职工之家，吸收会员200人。在南关厢历史街区建立全市首个社会组织工会——南关厢志愿商铺联盟工会，覆盖商铺35家，吸收会员69人。

【“创美丽厂区（企业）、建快乐车间、做文明职工”专项行动】 市总工会与经信局等部门共同制订“厂容厂貌美、生产经营美、企业文化美”以及“蓝色屋面整治”等16项美丽厂区认定标准，对106家首批申报企业进行综合考评。与新闻单位合作，开展寻找“2016海宁最美厂区”随手拍及评选活动，评出“最美厂区”和“环境优美厂区”各10家。全年新增38家“快乐车间”。6月28日，省人大常委会副主任、省总工会主席厉志海到海宁调研快乐车间（驿站）创建试点工作。

【寻找“潮工匠”大型新闻行动】 4月15日至5月10日，市总工会与海宁电视台合作开展寻找“潮工匠”大型新闻行动。市总工会与电视台记者到新艺机电有限公司、人民机械厂、安正时尚集团股份有限公司等皮革、家纺、光伏制造企业，寻找15名专注于技术研发、追求卓越的技术工人，拍摄其劳动场景，弘扬“工匠精神”。海宁电视台开设专栏，在每晚黄金时间连续播出该项目。

（杨国祥）

共青团海宁市委员会

【概况】 2016年，新成立金融团工委。至年底，建有基层团委81个，派驻基层团工委4个，团总支49个，团支部1239个。新建非公企业团组织24家、新社会组织团组织12家、农村专业合作组织团组织7家、农村直属团组织13家。新发展青少年成长俱乐部、联心社工事务所、爱志愿公益商店3家社会组织。全市12个镇（街道）建立青少年综合服务站，36个村（社区）建立青少年综合服务点。新发展共青团员1690人，全市有共青团员30388人，经推优入党130人。大学生“村官”兼任村（社区）团（总）支部书记30人。

加强创业人才队伍培育、服务，人才总量稳步增长。联合市总工会、妇联出台青年创业小额贷款贴息政策。建立海宁首个青年创业圈。12月12日，联合市人力社保局举办“潮青年·创未来”创业精英赛。举办青年创业（就业）培训班42期，培训2700人次，实现创业203人次，其中青年网商创业培训653人次，带动网商创业就业411人次。新命名嘉兴市级青年文明号3家、海宁市级青年文明号27家。表彰青年岗位能手16人。全市有国家级青年文明号2家、嘉兴市级青年文明号29家、海宁市级青年文明号111家，省级青年岗位能手1人、嘉兴市级青年岗位能手6人、海宁市级青年岗位能手34人。

“青春潮”微信公众号吸引粉丝1.9万

人次，推送信息423条。做好团中央网络平台“青年之声”开通工作，依托各类线下资源提供服务。开展“互联网+”活动，提出“禁放烟花爆竹我带头”和“节俭办婚丧喜事”倡议，评选“我最中意的潮公益伙伴计划项目”，征集护航G20“潮乡爱哥阿姐”称号，开展评选“最美校服”活动。开辟新媒体阵地“青春微课堂”，284名基层团干部参与学习。

开展“学党史、知党情、跟党走”“红领巾相约中国梦——关注‘十三五’，创造新生活”“学习习总书记回信，弘扬大陈岛垦荒精神”“我是文明小使者”等主题教育活动79场次，参与活动8100余人次。开展第二十三期学生干部培训班，29所初中、高中的101名学生干部参加培训。举办团干部培训班23期，培训1100人次。12人参加省级及以上团干部培训班。

实施志愿服务三年（2015—2017年）行动计划，完善志愿服务制度。建成志愿服务总站，各村（社区）设立学雷锋志愿服务驿站225个。至年底，全市有注册志愿者12.1万人，志愿服务总队217支，特色志愿服务队103支，其中专业队伍67支，社会公益型社团19个。颁布实施《海宁市志愿服务礼遇保障制度》，设计制作礼遇产品。举办第二期“潮公益”学雷锋志愿服务伙伴计划，征集项目72个，筹集资金40.9万元。引进杭州第九世界“公益小天使”项目，推广“12355心灵花园”体验项目，1200余人参与体检。全年参与潮博会、潮音乐节、海商大会、追潮马拉松赛等大型节庆赛事志愿服务3296场次，服务群众7.9万人次。

【中国少年先锋队海宁市第十一次代表大会】 于12月2日在市行政中心举行。会议应到代表249人，实到代表238人。共青团嘉兴市委副书记、嘉兴市少工委主任于会游，海宁市领导周红霞、严海城、朱海英、郑进良出席大会。会议听取和审议中国少年先锋队海宁市第十届工作委员会工作报告，部署今后三年工作目标和主要任务。选举产生中国少年先锋队海宁市第十一届工作委员会主任、副主任，许笑云当选为主任，金新宇当选为副主任，27人当选为委员。

12月2日，中国少年先锋队海宁市第十一次代表大会在市行政中心举行（沈浩明　摄）

【青年创业圈成立】 6月，团市委、市人力社保局、广电台联合成立海宁市首个青年创业圈，首批成员42人。创业圈以服务青年为宗旨，开展政策支持、活动交流、商铺宣传、产品展示等活动，为不同行业的初次创业青年提供支持。至年底，大潮网为10名创业圈成员进行微信专版宣传推送。团市委、市人力社保局定期组织创业圈成员开展公益志愿活动。

第十一届“海宁市十佳青年标兵” （团市委 提供）

【志愿服务总站启用】 9月24日，举行海宁市志愿服务总站揭牌启用仪式。共青团嘉兴市委副书记俞奕凌与中共海宁市委常委、宣传部部长姚建新为志愿服务总站揭牌。有关部门领导、志愿服务阵地代表等70余人参加启用仪式。志愿服务总站位于市青年中心二楼，总面积290平方米。站内设置“执着追求”“结伴同行”“礼遇嘉许”“志愿印记”“岁月痕迹”“万象更新”6个板块内容，宣传志愿服务。围绕志愿服务制度化、社会化、项目化、品牌化、常态化，全面推广和展示志愿者管理系统和礼遇制度。志愿者可在总站进行志愿注册，开展体验、交流、观摩和积分兑换等活动。

【第十一届“海宁市十佳青年标兵”评选】 3月，在全市启动评选活动。经各级推报和组委会初审，确定20名候选人。开展线上线下投票和专家评审，来自医疗、金融、公安等领域的10名青年被评为第十一届“海宁市十佳青年标兵”，分别是吕兰、羊一帆、孙珍珍、苏晓逸、张卓皎、陈淑娣、赵杰、胡一帆、姚鹏申、顾佳妮。4月28日，在市行政中心举行颁奖典礼，市委副书记周红霞出席活动并为青年标兵颁奖。

（金枭思）

海宁市妇女联合会

【概况】 加强与女企业家协会、女性创业联盟协会、女性创智协会的联系，深化“丽人有约”品牌活动，引领创业女性改革创新。推进南关厢女大学生创业基地建设，新培育TOUCH（咖啡店）、谨鲜寿司、南洋记忆、亦园（服装店）、弄糖西点5个女大学生创业项目，对茶芝兰（奶茶）、水云间（艺术微景观）、钰花苑（花店）等11个优质项目发放房租补助11.6万元。下沉培训资源，培训妇女3000余人次，开展育婴员、养老护理等巾帼家政培训3期。鼓励妇女参与“大众创业、万众创新”，联合市总工会、团市委开展“小额贷你飞”创业创新活动，培育许村镇卜嘉纺织厂、斜桥镇蜜糖蛋糕等6个女性创业项目。持续开展“五月阳光”巾帼创业帮扶行动，帮助9名困难家庭女性发展生产脱贫增收。全年新增省级巾帼文明岗3个、嘉兴级巾帼文明岗4个、海宁市级巾帼文明岗17个。

开展家风微故事、好家风征集展示活动，共收到家规家训661条、家风微故事193篇。开展寻找“最美家庭”活动，通过最美直播间、最美故事巡展等选树并宣传“最美家庭”风采。许伟平家庭被评为全国五好文明家庭标兵户和首届全国文明家庭。开展优美庭院示范户网络评选。全年新创建嘉兴市级优美庭院示范村7个、海宁市级优美庭院示范村16个。推进省级家庭教育指导服务体系试点县（市）建设，组织科学家教城乡行暨送百场惠民万家活动，全年举办各类家庭教育讲座484场，培训家长4万余人次。举办家庭教育骨干教师培训和家庭教育微课比赛，实施12个家庭教育公益项目。利用传媒和“互联网+”模式，推进智慧家长学堂、社区大脚板工作坊等七大类家庭教育品牌建设。

完成《“十二五”妇女儿童发展规划》终期评估和《“十三五”妇女儿童发展规划》编制。实施家庭教育辅导、低保家庭介入服务、婚姻家庭关系调适3个社工项目，为困境妇女和家庭提供专业社工服务。“星语心愿——优视视角下80后丧偶外来媳的蜕变”项目和婚姻危机调适专业社工服务项目分别被评为全国首届最暖心社工故事和最具影响力社工项目。组织《中华人民共和国反家庭暴力法》专题宣传月活动，开展女性流动法制课堂等普法宣传活动300余场次。推进反家庭暴力信息共享、重大案件研判及联动机制，发放家庭暴力告诫书28份、家庭暴力人身保护令2份。市妇联被评为嘉兴市“六五”普法先进单位。

推出妇女健康知识关爱课堂、法律知识巡讲等八大类服务项目下基层。开展“服务需求再调查、服务项目再跟进、组织建设再创新”活动，市、镇（街道）两级妇联实施优化妇女创业创新服务、魅力女性幸福生活课堂、妇儿关爱工程等31个服务项目。开展第二届“紫薇花”公益项目微创投活动，“星星点灯”留守儿童关爱项目、“幸福起航站”见证新人爱的誓言公益项目等18个项目为妇女儿童和家庭提供专业化、多元化、精准化服务。新培育“潮主妇”公益指导中心、缘来工作室2家女性社会组织，支持女性社会组织购买政府服务。宣传推广“妇女之家”示范典型。承办浙江省首届“巾帼杯”女子篮球赛。

【发展中国家女官员领导能力建设研修班学员到海宁考察】 6月29日，2016年发展中国家女官员领导能力建设研修班学员到海宁考察。来自巴勒斯坦、斐济、墨西哥等23个国家的妇联组织、政府、国会、财政、公共服务与管理、外交等部门的58名女官员参加考察学习。考察团到盐官镇桃园村、琳轩养生源和海宁中国皮革城开展现场教学。嘉兴市妇联副主席冯丹、海宁市妇联主席倪继红陪同考察。

6月29日，发展中国家女官员领导能力建设研修班学员到海宁考察

（市妇联　提供）

【全国县（市、区）妇联主席培训班学员到海宁考察】 11月22日，中华女子学院继续教育学院院长李莲芝、浙江省妇女干部学校副校长汪军庆率全国县（市、区）妇联主席培训班学员130余人到海宁学习考察，市妇联主席倪继红、副主席王晓清陪同考察。考察团参观盐官镇桃园村、丁桥镇新仓村及海宁市女企业家协会部分会员企业。

【“垃圾分类·巾帼先行”主题实践活动】 市妇联组织全市女领导干部、各基层妇联干部、志愿者骨干开展三级培训，普及垃圾分类常识，推广环保酵素制作。招募“垃圾分类、美丽酵主”环保志愿者236人，开展公益巡讲138场次，覆盖人群8486人次。发放酵素制作宣传折页4万余份、垃圾分类环保袋5000个、环保围裙3000条。在微信公众号上发布垃圾分类知识互动游戏，举办亲子漫画作品征集、酵素换绿植、手工酵素肥皂制作等活动。

（金　婉）

海宁市科学技术协会

【概况】 2016年，新成立市围产期保健协会、市肾病防治协会、市神经康复协会、市中医养生康复协会、市鲜切花协会和浙江凯耀照明股份有限公司科学技术协会，新发展会员1000人。至年底，市科协有学（协）会43个，会员8500人。组织各学（协）会创建星级学（协）会，评出五星级学（协）会6个、四星级学（协）会7个、三星级学（协）会7个。硖石街道、硖石街道东山社区、海洲街道联塘社区创建为省级科普示范单位。吴宏、王志甫分别被评为全国科普工作先进个人、“十二五”期间全省院士专家工作站工作先进个人。

实施全民科学素质行动计划。制订《海宁市“十三五”全民科学素质行动计划实施方案》，重新命名科普示范（教育）基地46个，新增科普宣传长廊29个，全市共有科普示范（教育）基地和科普宣传长廊225个。实施市健康教育协会生命科学馆、海昌街道胜利社区新居民素质提升工程、袁花镇长啸村果蔬科普文化园、丁桥镇新仓村农耕文化博物馆4个科普建设项目。开展2016年“全国科普日”系列活动和科技周活动。全年开展科普宣讲活动296场次，听众1.4万人。深化青少年科技教育，举办第十届中小学生科幻画创意大赛、第十一届中小学生科普剧比赛。网上中国农村致富技术函授大学开办一年制班22个，招收学员949人。开展新一轮科技帮扶，“金桥扶持”工程结对104户，“金桥工程”立项66项。创建省级科普示范单位3家、嘉兴市级科普示范单位7家。加强新媒体科普，“海宁科普”微信公众号每周推送科普知识4次以上，每周发送科普短信1条。首批11台科普e站（全媒体科普阅览屏）投入运行，分布在市科协机关及海昌街道、硖石街道、海洲街道的10个社区。

推进科技服务和学术交流。举办市第八届金秋学术节，40余个学（协）会参与。全年举办各类学术交流活动180余场次，其中重点学术交流活动35场次；技术培训300余场次，参与活动7.5万人次。开展重点课题调研30项，厂会协作项目21个，承接政府职能转移3项，政府购买社会服务1项。评出10名市级优秀科技工作者，推荐2名代表出席浙江省科技工作者协会第十次代表大会，1人为嘉兴市政协科协界别委员，7人为海宁市政协科协界别委员。

【科技周活动】 于5月14—21日举行，活动主题为“创新引领、共享发展”。举办科普惠农服务站工作经验交流会、科幻画创意大赛、送科技下乡等活动，中国科学院老科学家科普报告团到海宁作科普报告4场。活动周期间，发放科普丛书7000册、图片250套。

【“科普宣传日”暨金秋学术节活动】 9月20日，2016年全国科普日活动暨海宁市第八届金秋学术节启动仪式在海宁卫生学校举行。市委、市政府领导到会致辞，市科协下辖各学（协）会负责人参加启动仪式。9月17—23日，共举办重点学术活动10场、农技科普讲座30场、科学健康生活科普讲座50场、科普集市10场，在丁桥镇召开科技咨询会1次，发放科普宣传资料1.5万份，参与人员5.5万人次。

【院士专家工作站建设】 市科协走访20余家科技型企业，开展高端研发需求调研，选择一批研发项目作为引进院士专家团队开展合作攻关的项目储备。组织各类对接活动，到上海、深圳、北京等地的高等院校和科研院所拜访有关院士和专家。以海宁市永大电气新材料有限公司院士专家工作站为样板试点，引导建站企业开展提质增效活动。指导浙江皮意纺织有限公司争创省级院士专家工作站。5个项目达成初步合作意向，其中2个合作项目签约。推进院士专家工作站实施绩效评价。至年底，累计建立院士专家工作站10家，其中省级院士专家工作站1家，建站数居嘉兴市前列。工作站涵盖皮革、经编、纺织、电子、花卉、生物制药等行业。

（何庄新）

海宁市残疾人联合会

【概况】 至年底，全市有镇（街道）残疾人联合会12个、残疾人专门协会5个、村（社区）残疾人协会221个。11月，出台《海宁市人民政府关于加快推进残疾人全面小康进程的实施意见》，提升残疾人基本民生保障和公共服务，推进残疾人就业创业。开展党员干部结对残疾人家庭活动，共结对残疾人家庭3480户。全面实施残疾人“两项补贴”制度，共为9893名残疾人发放“两项补贴”2189.9万元。实施残疾人康复服务与补助，配置助视器33台、助听器162台，安装假肢20条，赠送助行器具482件，完成白内障复明手术1571例，实施残疾儿童抢救性康复项目41人。62名住院精神病患者享受补助12.1万元，44名长期住院精神病患者享受补助23.6万元，526名精神病患者享受门诊服药补助17.9万元，贫困精神病人门诊服药实现“零负担”。出台残疾人辅助器具补贴实施办法。实施残疾人社会保险补贴，1248名参加自谋职业社会保险的残疾人享受社保补贴161.7万元，1224名参加城乡居民社会保险的残疾人享受补助87.5万元，7501名残疾人参加城乡居民基本医疗保险，个人保费全额补贴，为持证残疾人办理人身意外伤害保险44.9万元。其他生活类补贴应补尽补，531名残疾人享受基本生活保障，70名重度和智力、精神残疾人按低保救助，1745名困难家庭残疾人享受优惠证补助209.4万元，42户困难残疾人家庭享受修建住房补助52.7万元。1060人次困难残疾人家庭子女和残疾学生享受助学补助和一次性升学奖励71.4万元，13名在校残疾大学生享受学费及住宿费补助15.3万元。全年投入残疾人保障资金4330.8万元，比上年增长17.9%。

落实工疗型庇护中心扶持政策，年内新建工疗型残疾人阳光庇护中心4个。累计建成8个，其中省级庇护中心4个，安置精神、智力和其他重度残疾人辅助性就业450

人。推进残疾人就业，市教育局、长安镇单招单录2名事业编制残疾人。推进残疾人扶贫基地发展，共有残疾人扶贫基地17个，其中省级1个，直接安置残疾人127人，辐射带动残疾人家庭377户。创建残疾人电子商务创业基地，组织132人参加电子商务知识培训，扶持26名残疾人从事电子商务工作。创建残疾人职业技能培训基地，举办残疾人种植养殖培训班11期，培训残疾人和家属541人次。举办残疾人就业专场招聘会1场。为19名残疾人发放一次性创业补助5.4万元，为30名残疾人从事种植业、家庭工业或个体就业发放小额贷款贴息补助13万元。

5月23日，市残联到杭州开展助残旅游活动　（王超英　摄）

推进残疾人个性化服务，配备村(社区)残疾人专职委员公益性岗位，与村(社区)居家照料中心资源共享，共有20个村（社区）成功创建残疾人家园。联合海宁义工和海豹救援队，向困难智力残疾人和精神残疾人赠送智能定位仪。创建海宁特色残疾人文化品牌，残疾人艺术团创建为省级残疾人文化艺术示范基地。继续开展定期培训，创作并唱响《海宁市残疾人之歌》。举办舞蹈集训班，开展残疾人文化巡演5场，到安吉文艺走亲1场。发展市残疾人读友会会员，每季度开展集体阅读活动。举办残疾人摄影培训班，组织残疾人摄影协会会员到嘉兴采风，举办残疾人摄影比赛和优秀摄影作品展览。开展残疾人体育活动，成立残疾人健身操队，《青青世界》节目在嘉兴市首届残疾人健身操比赛中获第1名，并代表嘉兴市参加省首届残疾人健身操大赛获一等奖。开展“残健同行，为你圆梦”系列助残活动，举办残疾人集体婚礼。评选5名残疾人创业之星和5名自强模范。

【实施残疾人“两项补贴”制度】　8月24日，印发《海宁市困难残疾人生活补贴和重度残疾人护理补贴制度实施办法的通知》，实施残疾人“两项补贴”制度。市民政局、财政局（地税局）、残联加强协作，坚持“自愿申请、逐级审核、补贴发放”程序严格按标准发放。经申请、审核，3576名困难残疾人享受生活补贴789.3万元，6317名重度残疾人享受护理补贴1400.6万元。

【第二届聋人运动会】　于6月24—26日在市体训馆举行。来自各镇（街道）的12支代表队113名运动员参赛。设田径、乒乓球、羽毛球、篮球4个项目，产生金牌36枚、银牌30枚、铜牌29枚。许村镇、长安镇（高新区）、斜桥镇代表队分获团体总分前三名。

（邱旦婕）

海宁市文学艺术界联合会

【概况】 5月，新成立市文艺评论家协会。至年底，市文联有文学艺术各门类协（学）会、研究会15个，基层文联（镇、街道、财税文联）13个，下属单位3个。会员总数1476人，其中国家级会员55人、省级会员135人。编辑出版《海宁名人》(第三辑)，出刊文艺精品期刊《海宁潮》4期、《海宁周刊（艺文版）》26期。出版《海宁艺丛（摄影卷）》。编辑出版《海宁楹联存录》，收录楹联535副。整合各类展览及活动预告，在微信公众号推出《海宁艺术游》栏目。组织基层刊物培训活动，召开童谣作品创作加工会。举办基层文艺成果评选展，参评美术、书法、摄影作品336件，评出优秀作品60件、获奖作品36件。

以创建文明城市为主题，组织“文明海宁”微故事征文赛，参赛作品182篇，评出优秀作品40篇。举办“文明有约、美丽海宁”市民摄影大赛，参赛作品1634幅，评出照相组获奖作品79幅、手机组获奖作品45幅。以弘扬社会主义核心价值观为主题，创作民间故事题材工笔画作品80幅、“孝文化”美术作品24幅、“家规家训”主题书法作品56件，举办画说民间故事作品展，编印作品集及口袋书（连环画)《图说二十四孝》。与市委宣传部共同主办2016海宁市文化精品扶持工程，承办“新月如歌”徐志摩音乐诗会。组织首届新人新作征文赛、诗歌原创大赛，举办原创舞蹈作品汇报演出、第二届原创舞蹈作品会演、海宁本土艺术家系列展等展演赛事。以“礼赞时代、服务人民”“中国共产党成立95周年”为主题，开展系列采风创作活动十余次，参与120余人次，创作文艺作品230余件。

全年组织开展各类大型文艺展演、交流13场次。与青海省海西州文联、海南省儋州市文联、福建省惠安县文联结成友好合作单位，开展文艺作品交流活动。举办海宁、呼玛两地摄影联展，展出“冰雪”“观潮”特色文化主题摄影作品100幅。成立浙江财经大学东方学院诗歌教育基地。争取浙江美术馆流动美术馆项目落户海宁，举办“邓小平——女儿心中的父亲”邓林摄影展、浙江美术馆藏近现代书画名家作品（复制）展、浙江花鸟画名家作品展（海宁展）等。完成浙江省美术馆藏品普查，市文联被省文化厅评为全省美术馆藏品普查优秀组织单位。

全年组织文艺惠民活动近200次，赠送文艺书刊7000余册、书画作品280幅，参与志愿者1876人次。开展迎新春系列活动，在送春联、拍全家福活动基础上，新增演贺岁皮影、赠手绘年画、挂纳福灯彩等内容。举办第十一届“红五月”鸿翔文化广场演示会。开展以“文艺助力全面小康”为主题的实践活动，组织“文艺进军营——书法长训班”和暑期送培训入村进社区活动。

全年在国家级刊物发表作品53件，省级刊物发表作品134件；在国家级文艺展演中获奖16项，省级文艺展演中获奖24项。在2016年中国（杭州）工艺美术精品博览会上，孙杰、杨敏健、费志涛的灯彩作品《珠帘伞刺画片》获银奖，费志涛的灯彩作品《九龙壁》获银奖。皮影剧目《过猴林》参加第六届全国木偶皮影戏中青年技艺传承展演。宓铮的音乐作品被电影《夜歌》录用为主题曲。黄金尧的二胡指导作品获中国特长生艺术节总评指导金奖。舞蹈《哈头》获第七届华东六省一市专业舞蹈展演三等奖、创作兰花金奖、音乐创作优秀奖，舞蹈《连厢情》获全国连厢邀请赛铜奖。王学海的《当代文学的焦虑关注与历史期待》等文艺评论及小说、诗歌20余篇（首）分别在

《社会科学战线》《北京文学》等发表。褚汉江的诗歌作品40余首分别发表于《诗歌月刊》《诗林》《诗潮》等诗刊，并入选《中国当代诗歌赏析》《中国诗人生日大典》《2015中国年度作品·散文诗》《中外诗歌欣赏——形式与技巧》等选本。邱东晓的诗歌作品20余首分别发表于《中国新诗》《星星》等诗刊，《江南的图像》等诗歌入选《中国大诗选》《中国当代诗歌赏析》等诗歌年选。童程东、杨卫华的民间文艺作品分别在《今古传奇》《浙江小小说》等发表，张镇西、徐新民的多篇论文在中国节庆与城市发展峰会和中国民间文艺之乡经验交流会上发言，并收入论文集。钱金霖的运河文化系列散文分别发表于《散文百家》《散文选刊》《海外文摘》等。刘培良的人物传记《诗人徐志摩之父徐申如》由中国文史出版社出版。项伟的微电影剧本《喜事》获由最高检察院影视中心等部门主办的优秀微电影剧本征集三等奖。徐蔚、苏之治、邵德法的书画作品入展浙江省美术家作品展、浙江省首届水粉画展和浙江省女画家作品展，在《书法导报》《中国书画报》发表，部分作品获奖。沈国生的《中国元素》入选"一带一路"国内地名文化摄影展，《梦幻》等作品入选全国摄影大展。

【第七届王国维戏曲论文奖暨学术研讨会】 活动由中国艺术研究院、省文化厅、省文联、海宁市政府联合主办，中国艺术研究院戏曲研究所、省戏剧家协会、海宁市文联共同承办。6—8月，开展征稿活动，收到参评论文149篇。评出获奖作品20篇，其中一等奖3篇、二等奖5篇、三等奖12篇，获奖者以青年学者居多。11月18—20日，在海宁举行颁奖典礼暨"网络时代的戏曲走向"学术研讨会。省文联、海宁市有关领导及知名专家、学者共100余人参与活动，中国艺术研究院副院长牛根富、省文联书记处书记张均林出席颁奖典礼并讲话。中国艺术研究院戏曲研究所所长王馗、中国戏曲学院戏曲文学系主任谢柏梁、浙江艺术职业学院研究员徐宏图、上海师范大学教授朱恒夫等分别作主题发言。《文艺报》对活动作专版报道。获奖论文入编《戏曲研究》，并以专辑形式出版。

11月19日，第七届王国维戏曲论文奖学术研讨会现场

（市文联 提供）

【第八届"海宁潮"文学艺术奖】 于3月16日启动。由市政府主办，市文联承办。收到参评作品60件，其中文学类作品23件、表演类作品10件、造型艺术类作品27件。经初评、终评，海宁皮影艺术团的《水漫金山》、朱松的美术作品《吉祥钱塘》获金奖；吴文君的小说《立秋之日》等6件作品获银奖；邱东晓的诗集《江南的墨记》等

8件作品获铜奖；应一丹的舞蹈《和·乐》等12件作品获入选奖。6月3日，在市行政中心举行颁奖大会，对获奖作者进行表彰奖励。市委副书记周红霞出席会议并讲话。

9月20日，纪念春蜂乐会成立90周年暨钱君匋及其同时代音乐作品鉴赏研讨系列活动开幕式文艺演出　（市文联　提供）

【西山雅集·春蜂踏歌——纪念春蜂乐会成立90周年暨钱君匋及其同时代音乐作品鉴赏研讨系列活动】 于9月20日至10月5日举行。活动由人民音乐出版社、省音乐家协会、海宁市文联主办，浙江传媒学院音乐学院、浙江师范大学音乐学院承办，钱君匋艺术研究馆、海宁市工人文化宫执行承办。浙江传媒学院音乐学院的艺术家与海宁市的青年艺术家表演西洋乐演奏、音乐剧、舞蹈等10个节目，演出曲目均选自钱君匋词曲，近百名演职人员参与户外实景演出。举办音乐作品鉴赏研讨会，北京、上海、杭州等地的专家、学者共同研讨钱君匋的音乐艺术和音乐创作。活动期间，展出海宁市书法家创作的钱君匋歌词书法作品。《歌曲》《花港词刊》等国家、省级音乐类核心刊物对活动进行报道。

【中青年文艺人才扶持工程】 以民间文艺为扶持门类，以灯彩艺术与皮影艺术为重点扶持对象。5月，海宁市文联与省民间文艺家协会共同成立浙江民间文艺“映山红”讲堂，并长期落户海宁。举办设计与工艺专题培训班，知名专家学者和工艺大师到场授课，20名民间艺术人才参加培训。灯彩工艺制作师费志涛入选2016年度浙江省造型艺术青年人才培养“新峰计划”，是嘉兴地区唯一入选的工艺美术青年人才。10月，举办全国皮影邀请展演暨专题研讨会，来自北京、陕西、广东、河北等地的皮影剧团参加活动，围绕海宁皮影新作进行交流探讨，举办两场精品皮影惠民演出。

（冯　群）

［编辑：钱金霖］

法　　治

Rule of Law

综　　述

实施平安护航 G20 杭州峰会、第三届世界互联网大会·乌镇峰会安保大会战，推进平安海宁、法治海宁和过硬队伍建设。落实政法系统各项服务保障措施，统筹做好法律服务、法律保障、法治宣传、法理支撑等工作。健全落实社会稳定风险评估机制，出台《护航全市“清障拔钉”专项行动等重点工作中处置违法犯罪行为适用法律的指导意见》，依法打击阻挠重点工程和重点项目建设的违法行为。继续将治水拆违纳入平安村（社区）考核。优化涉企案件差异化司法处置模式，出台保障非公企业发展的办法，18 家“僵尸企业”退出市场。开展“猎狐 2016”行动，加强知识产权保护，严厉打击非法集资、金融诈骗、合同诈骗、恶意“逃废债”等犯罪行为，在嘉兴范围内首次对知名专业市场名称（海宁中国皮革城）以判决方式予以司法认定。

维护社会稳定。成立 G20 杭州峰会安保统筹协调小组，7 名市领导牵头开展 11 项专项行动。细化分解 42 个部门 185 项反恐防暴职责及任务，全面推进 12 项实名制管理，强化涉恐敏感人员、敏感物资和重点行业（单位）的管控。开展社会风险隐患排查管控，落实信访事项和重大矛盾纠纷领导包案、挂牌督办等制度。健全重点人员管控机制，开展供水供电、道路交通、建筑施工和燃气、特种设备、危险化学品等十大行业领域专项整治行动，实施烟花爆竹“双禁”。建成 10 个杭州、桐乡陆路入口检查站，设立 56 个群防群治管控点，强化守卫警戒。全市 23 个集体和 151 名个人受到省委、省政府和嘉兴市委、嘉兴市政府表彰。

推进平安海宁建设。坚持打防并举、综合治理，统筹推进立体化社会治安防控体系建设，探索“互联网＋治安防控”模式，打造“沃警务·防控云”平台，实现一网管控人、车、物、单位、场所等要素。开展社会治安重点区域整治，总结推广海昌街道流动人口登记“邮递式”、消防“户籍化”管理模式。组织开展社会治安大清查、大整治集中统一行动，严厉打击盗窃、抢劫、抢夺、电信诈骗、涉外合同诈骗、非法集资、传销以及环境污染、食品、药品、农资和互联网领域等犯罪。深化“平安大宣传”和基层系列平安创建活动，承办全省“平安护航 G20”千场政法微电影展播启动仪式。组建“潮乡阿哥”平安志愿队，建立招募注册、服务认定、礼遇保障三项制度，开展治安巡防、在岗守护、定点服务活动。提高平安创建知晓率、参与率、满意率，海宁市连续十一年获省“平安海宁”称号。

推进社会治理。推进镇（街道）综治工作、市场监管、综合执法、便民服务四个平台建设，深化平安建设信息系统与“网格化管理、组团式服务”相融合。市、镇两级综合指挥平台均接入综治视联网和公共安全视频监控，12个部门（条线）的部分职能纳入“一张网”。设置824个网格，配备专兼职网格员1652人、平安通980部，平安浙江APP注册用户6.2万户。健全矛盾纠纷多元化解机制，发挥8个行业性专业调解委员会作用，开设劳动仲裁庭，鼓励和规范律师参与重大复杂矛盾纠纷化解，打造“众家娘舅”特色品牌。健全法治、德治、自治相结合的基层治理机制，探索居民小区“微治理”，推进村（社区）居民自我管理、自我教育、自我服务。推进铁路护路信息化建设。

推进法治海宁建设。深化司法体制改革，完成首批44名员额制法官、30名员额制检察官遴选。以司法责任制为核心，推进司法人员分类管理、司法责任制、司法人员职业保障、省以下地方检察院人财物统一管理四项改革。市法院民事调撤率、一审息诉率、归报结案率等办案指标继续保持全省前列。市公安局被评为全国公安机关执法示范单位，在全国首推“智慧监所”管理新模式。注重建设海宁特色的法治文化，建成法治文化主题公园。制定实施“七五”普法规划，优化公共法律服务体系，出台全省首个县级法律援助工作标准。市委政法委被评为法治浙江十周年先进集体，市检察院被评为2015—2016年度全省政法系统先进集体、2016年度先进基层检察院，市法院刑庭被评为全省法院先进集体标杆，市司法局被评为全省法治宣传教育示范单位。

（李世杰）

公　安

【概况】 推进公安基础信息化、警务实战化、执法规范化、队伍正规化“四项建设”。全年发生刑事警情10747起，比上年下降18.1%；移送起诉2219人，行政处罚4063人，分别上升9.3%和7.2%；挽回经济损失6691万元，上升307%。“智慧监所”项目获全国公安机关改革创新大赛金奖。刑事科学技术室4个专业通过公安部资质认定评审。2016年，市公安局被评为全国科学刑事技术室示范单位，连续七年被评为全省执法质量和队伍正规化建设优胜单位，市公安局看守所被评为全国公安监管部门信息技术应用先进单位，海洲派出所办案中心被评为全国公安机关执法办案所办案区精细化设置示范点。全年有25个集体、58人次获省级以上荣誉称号，6个集体和12名民警立二等功，17个集体和73名民警立三等功，10个集体和66名民警受到嘉兴市公安局嘉奖。

制定出台服务保障招商选资7项举措和护航重点工作法律适用意见，协助拆违19.5万平方米。妥善处理出租车司机罢运聚访、皮革城商户群访等涉稳事件。在许村镇闵家桥区块组织两轮社会治安整治百日行动，在嘉兴市率先实行烟花爆竹“双禁”，倡导宗教寺庙场所文明敬香。完成G20杭州峰会、第三届世界互联网大会·乌镇峰会安保任务，观潮节连续三十三年安全无事故。

新列装285辆警用摩托车（电动车），实施以警用摩托车、警用电动车巡防为主的“招手警务”。推进街面勤务机制改革，完善立体化治安防控体系建设，提高街面见警率和管事率。坚持“民生安全是第一警务”，推进“春雷”“清雷”“净雷”等专项行动，打毁通信网络团伙2个。严打侵害企业犯罪行为，为海宁海派有限公司挽回经济损失57万美元，尖山联鑫板材案冻结资金3454万元。破获假冒安正时尚集团股份有限公司“玖姿”品牌案件，涉案金额2000余万元。侦破“欧洲杯”赌球案、组织企业主赴境外赌博案、跨省倾倒垃圾至长江案等重大案件。开展思想大解放、知识大学习、技能大提升三大ABC系列讲座18讲、提升实战能力等专题大轮训4期、协辅警培训4期。聘任50名实战型兼职教官、32名实战教学点警师，市公安局被确定为全省首批公安机关人民警察训练现场教学点。开展“潮乡新警论剑”活动，在嘉兴市新警执法实战技能和信息化应用比武中获团体第2名。

12月31日，市公安局“智慧监所”项目参加全国公安机关改革创新大赛决赛　（市公安局　提供）

【“智慧监所”管理】　市公安局在全国首推“智慧监所”管理新模式，研发建立物联网技术与现代管理思维相融合的监所智能化管理体系。建立智能腕带、数字监控、监室终端机“三位一体”闭合式管理链条，将监所智能管理、信息（警种）互联互通、民警减负增效、网上履职督导、社会互联共建融于一体，减少监管警力12人。该发明成果获3项国家实用新型专利。12月31日，市公安局“智慧监所”项目参加全国公安机关改革创新大赛获金奖。

【实名制信息化管理】　在全省首推重点行业和敏感物品实名制登记系统，落实行业主体责任。印发《关于加强重点行业实名制管理工作的通知》和《关于开展特殊商品销售实名登记系统建设和应用工作的通知》，明确各牵头职能部门对19个重点行业实名制管理职责。研发“全市特殊商品销售实名登记系统”和手机APP软件，对市场、安检等责任部门和销售业主进行培训。至年底，该系统推广至全市1327家特殊商品销售业主，录入信息5334条。

【研发视频综合应用平台】　12月23日，市公安局与公安部重点实验室签约，共建公安部大数据重点实验室海宁应用基地。结合海宁警务实战需求，研发集人脸实时报警和检索应用、卡口结构化应用两项功能的综合应用平台。人脸实时报警和检索平台对监控区域的过往行人进行实时检测、识别，发现可疑人员自动报警；卡口应用系统对路口车辆进行实时预览，根据车牌号码、车辆类型等进行过车信息检索和车辆信息布控。

【研发“沃警务·防控云”系统】　市公安局软件研发团队自主研发“沃警务·防控云”警务防控系统，被国家知识产权局授予实用新型专利，并在省公安厅公安改革创新大赛中获奖。依托物联网技术，搭建“沃警务·防控云”平台，将人、车、物、单位、场所等

4月，市公安局“沃警务·防控云”平台正式启用

（市公安局　提供）

子项目纳入其中，一网管控各类要素。应用于专业市场“市场盾”、电动自行车“车卫士”、中小学生“校平安”、易走失人员“归家保”、建筑工地“建工通”、医疗养老机构“医管家”以及居民小区“幸福居”等13个领域。

【智能交通项目通过验收】　2014年，市公安局与公安部交通管理科学研究所合作，在海宁设立全国首个县级城市交通畅通技术示范基地，引进“十二五”国家科技支撑项目“中等城市道路交通智能联网联控技术集成及示范”。经过3年建设，建成信号自适应控制、流量检测、诱导发布、综合应用平台及电子警察、高点监控等智能交通设施，形成覆盖城区的交通路况感知系统。可实时传输路段和路口的车速、流量等交通流数据，实时分析城区和主要道路交通运行态势和流量分布规律，科学调整信号配时。2016年7月28日，项目通过由公安部交通管理科学研究所、省公安厅等部门组成的专家组验收。

【破获两起特大通信（网络）诈骗犯罪案】

2015年11月1日，市公安局接到群众举报电话诈骗情况。专案组经过2个多月的侦查，发现安徽合肥荣聚电子商务有限公司、中韵电子商务有限公司、书达信息科技有限公司组织170余人，以拨打电话谎称事主中奖获得收藏品，并以提供拍卖服务需支付额外费用的手段实施诈骗，共串并全国同类案件3000余起，涉案金额5000余万元。2016年1月19日，市公安局抽调100余名警力，到安徽合肥、江苏昆山抓获犯罪嫌疑人172人，缴获作案电脑200余台，冻结作案公司账户资金500余万元。

2015年12月底，市公安局接到群众报案，称其在某网站购买女性用药品后，嫌疑人冒充调理师、顾问、总监等身份，以购买进口药品需缴纳定金、关税等费用为由实施诈骗，涉案金额5.9万元。2016年6月6日，市公安局经侦查，在广州市查处一个以推销药品为由实施诈骗的特大犯罪团伙。抓获涉案人员183人，其中采取刑事强制措施135人，扣押作案电脑210余台、服务器2台、作案用保健品61类4000余盒，冻结作案公司账户资金600余万元。

【破获特大境外赌博案】　7月，市公安局破获特大境外赌博案。经查，赌博团伙与柬埔寨、澳门等地赌场合作，招揽海宁、海盐、桐乡、萧山、金华等地企业主，采取出境参赌或通过电话投注等方式进行赌博活动，涉案投注金额 20 余亿元，非法获利 4000 余万元，其中部分企业主因无力偿还赌债而逃匿。

【破获倾倒垃圾至长江案】 “浙江船只在长江倾倒大量垃圾”舆情事件发生后，市公安局立即展开侦查，共采取刑事强制措施 22 人。经查，海宁市环卫处经公开招标，由桐乡市创洁环卫设备有限公司对需要外运处置的生活垃圾进行处置，该公司将垃圾交由江苏省淮安市盱眙县境城再生能源有限公司处置，盱眙县境城再生能源有限公司再转交江苏圣元环保电力有限公司等焚烧处置。犯罪嫌疑人将垃圾倒入长江，并私刻江苏圣元环保电力有限公司公章，在桐乡市创洁环卫设备有限公司出具的垃圾处置确认单和伪造的江苏圣元环保电力有限公司接收证明上盖章，骗取海宁市环卫处结算垃圾处置费 334 万元。

（张海瑜）

检　　察

【概况】 全年共批准逮捕各类刑事犯罪案件 521 件 848 人，向市法院提起公诉 1275 件 1973 人，移送嘉兴市人民检察院审查起诉 10 件 21 人；受理案件法定期限审结率、批捕准确率、起诉有罪率继续保持 100%。打击严重影响人民群众安全感和满意度的犯罪，批准逮捕涉黑涉恶和故意杀人、强奸等严重暴力犯罪 58 人，提起公诉 117 人。批准逮捕“两抢一盗”（抢劫、抢夺、盗窃）等多发性侵财型犯罪和黄赌毒犯罪 459 人，提起公诉 863 人。贯彻宽严相济的刑事司法政策，认真审查犯罪社会危害性、嫌疑人主观恶性和悔罪表现。依法不批准逮捕 303 人，因犯罪情节轻微、证据不足作出不起诉决定 107 人。

联合市工商联出台《关于加强协作、保障促进我市非公有制经济健康发展的意见》，开展“诚信发展·海检伴你行”活动。改进办案方式，慎重适用强制措施，平等保护各类市场主体合法权益，依法批准逮捕非法集资、金融诈骗、传销、制假、售假、侵犯知识产权等危害民营经济发展的犯罪 29 人，提起公诉 78 人。开展金融、环保、民生等专项检察工作，批准逮捕破坏环境资源、危害食品药品安全、破坏金融管理秩序等犯罪 16 人，提起公诉 82 人。参与电信、互联网平台以及电子商务领域犯罪专项整治，批准逮捕各类网络电信诈骗犯罪 237 人，提起公诉 265 人，妥善办理一起涉案人员 150 余人、涉案金额 3000 余万元的特大电信诈骗案件。依法慎重处理涉企案件，不因办案影响企业正常运营。加强涉企犯罪预防，为十余家中小微企业的 300 余名员工提供法律咨询等服务。

落实涉法涉诉信访改革，建立律师参与涉法涉诉机制，妥善处理来信来访 197 件，市检察院控申举报接待室被评为全省检察机关文明接待示范窗口。推进未成年人刑事检察工作，邀请未成年人保护组织参与诉讼 98 人次，开展法律援助 104 人次，未成年人犯罪记录封存 62 人，5000 余名学生接受法治教育。与有关部门建立观护帮教基地 14 个，联合团市委开展“让心灵回家”闲散青少年关爱活动，对 4 名未达刑事责任年龄、有严重不良行为的未成年人进行临界预防，对 4 名未成年犯罪嫌疑人作出附条件不起诉，其中 1 名附条件不起诉未成年人在市检察院帮助下考上大学。探索检察环节释法说理和矛盾化解新路径，依托基层检察室化解社会矛盾，开展释法说理、法治宣传 30 余次，基层化解社会矛盾 7 件次。研判和反映办案中发现的社会治理、法律缺位问题，及时向有关单位发出检察建议35份。

全年查办职务犯罪案件11件12人，其中立案侦查贪污贿赂等职务犯罪10件11人，渎职侵权犯罪1件1人，为国家挽回直接经济损失90余万元。查办发生在民生领域、损害群众利益的职务犯罪案件，在环保、拆迁等环节，查处以权谋私、利益输送、失职渎职犯罪5人。健全重大事件介入核查机制，对2起安全责任事故开展介入调查。加强对职务犯罪侦查活动的全程监管，推行“讯问、看管、录音录像”分离制约制度，对所有职务犯罪案件讯问过程全程同步录音录像。开展保障律师会见权和文明办案专项整改活动。强化信息引导侦查，充实侦查信息数据库基础信息导入，与金融机构、通信公司等建立涉案信息快速查询机制。强化科技强侦，运用话单分析系统、电子数据、手机定位等侦查技术。开展专项预防调查，围绕查办的职务犯罪案件撰写剖析报告，其中《2015年度惩防职务犯罪年度报告》被评为全省检察机关优秀惩防报告，《海宁市农经局李某、杨某贪污、受贿案剖析》被评为全省检察机关优秀案件剖析。加强对浙大国际校区、海宁农发大厦等项目的重点预防。受理有关单位行贿犯罪档案查询1332次。召开预防宣讲课、案件剖析会、警示教育讲座等30余场，市预防职务犯罪警示教育中心接待参观92批次3970余人。探索职务犯罪预防告诫约谈、非公有制企业贿赂犯罪预防等工作。

加强刑事立案、侦查和审判活动的监督，共监督侦查机关立案17件21人，其中5人被判处有期徒刑3年以上；纠正漏捕4人，追诉漏犯18人；向法院提出刑事抗诉2件，提请嘉兴市人民检察院刑事抗诉2件，其中2件发回重审。开展生态环境保护和食品药品安全专项立案监督活动，监督行政机关移送案件3件3人，监督公安机关立案5件5人。办理民事行政申诉案件43件，经审查提请嘉兴市人民检察院抗诉5件，发出再审检察建议1份；主动收集和发现行政不作为、乱作为线索，办理行政执法监督案件21件，督促相关行政部门落实整改；办理民事执行监督案件2件，提出纠正检察建议27份，均得到整改。加强刑事执行监督，开展羁押必要性审查并建议变更强制措施35人，指定居所监视居住执行监督2人，财产刑执行监督53人；对400余名社区矫正人员进行教育改造监督，监督收监6人。

建成网上律师服务平台，出台《关于依法保障律师执业权利的实施细则》，为律师提供咨询、阅卷、会见、变更强制措施、听取意见等服务438人次，保持职务犯罪案件律师会见和听取律师意见100%。推进电子卷宗在律师阅卷方面的运用，共对579件、1978册案卷制作电子卷宗。加大案件信息公开力度，共发布案件程序性信息2550条、重要案件信息32条，公开法律文书1099份。加强案件质量管控，保障律师执业权利。

推动规范司法制度化，出台《关于加强刑事案件办案质效管控协作的若干意见（试行）》，加强法院、检察院、公安机关在办理刑事案件过程中的协作配合。出台《关于加强不起诉案件移送行政处罚工作的意见（试行）》，落实行政执法与刑事司法衔接工作，规范不起诉和行政处罚执法司法行为。出台《审查逮捕阶段刑事和解实施办法》，前移刑事和解关口。建立审查逮捕阶段公开听证、改变定性案件说理、公诉环节法律文书说理等制度，市检察院被省检察院确定为审查逮捕公开审查试点单位。建立办理轻微刑事案件内部协作机制，加强基层检察室与侦监、公诉、未检等部门间的协作配合。出台《未成年人刑事案件亲情会见办法（试行）》，在嘉兴地区首创在押未成年犯罪嫌疑人会见亲属制度。

【“检察开放日”活动】 12月23日，市检察院开展以“服务非公经济、浙检在行动”和“加强侦查监督、维护公平正义”为主题的“检察开放日”活动，活动为省、市、县三级联动开展。市人大常委会副主任潘宇民、市政协副主席郑进良，市人大代表、政协委员、非公企业代表、人民监督员、特邀检察监督员及媒体代表等近60人参加活动。代表们到浙江鸿翔建设集团有限公司参观企业发展情况，到市检察院观看省检察院制作的《侦查监督工作》专题片，听取全省检察机关侦查监督活动工作通报。围绕“加强侦查监督、维护公平正义”主题开展讨论。

12月23日，开展“检察开放日”活动　（市检察院　提供）

【查办余某受贿案】 2015年7月18日，市国税局原党组副书记、副局长余某因涉嫌受贿罪向市检察院投案自首。7月19日，对其立案侦查。7月20日，依法决定逮捕。经查，2007—2015年，余某利用职务之便，非法收受税务监管对象的财务款共计113万余元，并为他人谋取利益，其行为构成受贿罪。2016年7月27日，市法院以受贿罪判处余某有期徒刑6年9个月，并处罚金85万元。

【首例审查批捕阶段刑事和解案】 市检察院在审查一起公安机关提请批准逮捕的案件时，双方当事人主动提出和解请求，最终在侦查监督部门主持下达成和解协议。市检察院依法对犯罪嫌疑人作出不批捕决定，该案成为市检察院办理的首例审查批捕阶段刑事和解案。9月16日晚，陈某无故到市区某公馆包厢滋事，与该包厢内章某等人打架。其间，章某将陈某殴打致轻伤二级。事后，犯罪嫌疑人和被害人均有达成和解的意愿。经市检察院调解，犯罪嫌疑人章某家属向被害人陈某赔礼道歉，自愿承担陈某受伤所有医疗费用，并额外支付4万元赔偿费。陈某对章某表示谅解，并请司法机关对章某予以从宽处理。

（苏　敏）

法　　院

【概况】 2016年，市法院受理各类案件13941件，审结13371件，解决争议标的金额50.4亿元。推进“智慧法院”建设。推行知识产权案件要素式简易审理改革，累计适用案件49件。推进庭审记录改革，以录音录像代替传统庭审笔录。建成32个高清数字法庭并同步录音备份。推进司法体制改革，开展人员分类管理，将法院人员分为法官、审判辅助人员、司法行政人员，完成首批44名员额制法官遴选。完善独任法官、合议庭办案以及审判委员会工作机制，改革裁判文书签发制度，落实过问案件登记制度，建立专业法官会议制度。全年有7个集体、13名个人受到嘉兴市级以上表彰奖励，市法院刑庭被评为全省法院先进集体标杆。

贯彻宽严相济的刑事政策，提高刑事打击实效。全年受理刑事案件1250件，审结1297件，判处罪犯1792人。依法维护被告人合法权益，防范冤假错案，扩大指定辩护109人。运用“调判结合”原则，妥善化解社会矛盾。受理民商事案件8062件，审结7872件，解决争议标的金额37.01亿元，调解撤诉率和一审服判息诉率分别为66.7%和94.76%。坚持合法性审查原则，化解行政争议。受理行政诉讼案件78件，审结62件，分别比上年上升100%和129.63%；受理行政非诉执行申请288件，裁定准予执行259件。以信息化建设为保障，加大力度破解“执行难”，受理执行案件4323件，执结3925件，执结标的金额8.16亿元，累计布控被执行人538人，协控到位226人。

健全完善派出所、村（社区）、综治、法院、司法“五位一体”纠纷化解机制，诉前成功化解各类重大突发纠纷44件。加大对污染水、大气、土壤等行为的打击力度。依法审结浙江新天佑经编染整有限公司破产重整案。引导18家“僵尸企业”退出市场。推进信访法治化建设，建立律师参与法院涉诉信访工作制度。加强未成年人犯罪案件审判，健全犯罪记录封存、回访考察等机制，预防、矫治未成年人犯罪。11月2日，市法院与市政府召开首届府院联席会议。

推进阳光司法，推进审判流程、庭审活动、裁判文书、执行信息四大公开平台建设，全年公布裁判文书3500余份，通过报纸、网络、微信等平台曝光“老赖”819人次。推进“大立案、大服务、大调解”三大机制建设，全年受理网上立案434件。改造市法院机关和盐官法庭诉讼服务中心，增设司法救助、法律援助等窗口。贯彻实施人民法院新案号规定及配套标准，打击违法滥诉、无理缠诉行为，依法移送扰乱法庭秩序案，当事人赵某被追究刑事责任。强化案件繁简分流，依法适用简易程序，办理小额诉讼案6363件。

【发出首张人身安全保护令】 3月18日，市法院发出首张人身安全保护令。3月17日，申请人庄某向市法院递交《人身安全保护申请书》，称其与被申请人徐某于2012年11月2日登记结婚，婚后，徐某对其缺乏

1月5日，召开严厉打击污染环境犯罪新闻发布会

（市法院　提供）

基本尊重，长期进行语言暴力并侮辱其父母。2015 年 7 月，庄某提起离婚诉讼期间，徐某多次侮辱庄某并威胁其家人。为保障人身安全和离婚诉讼顺利进行，庄某请求法院依法签发人身安全保护令，禁止徐某威胁、骚扰、接触庄某及其亲属。经调查，市法院认为，庄某的申请有事实和法律依据，依法予以支持。

【审理海宁中国皮革城股份有限公司遭不正当竞争及商标侵权案】 2015 年 3 月 12 日，市法院立案。原告为海宁中国皮革城股份有限公司，被告为湖北省 3 家公司。经审理查明，2011 年 8 月，原告就“海宁中国皮革城”名称向国家商标局提出商标注册申请，2013 年 5 月取得注册商标专有权。2012 年 9 月，湖北咸宁市天成投资有限公司、湖北德钰商业运营管理有限公司、湖北富丽园集团有限公司 3 家公司未经原告授权，擅自将位于咸宁市贺胜路特 1 号的皮革市场命名为“天成海宁皮革城”，并在市场顶部、广告牌等显著位置标注“海宁皮革城”“天成海宁皮革城”字样，在对外宣传中将涉案市场与海宁皮革城公司及“海宁皮革城”联系在一起。市法院认为，3 家被告的行为侵害了原告的知名服务名称权益，构成不正当竞争，应承担停止侵权、赔偿损失的民事责任。2016 年 3 月 7 日，市法院作出一审宣判，判决 3 家被告立即停止使用“海宁皮革城”名称，并赔偿原告经济损失及维权费用 84 万元。

【审理两起电信诈骗案】 2015 年 12 月 17 日，市检察院提起公诉，涉及被告人阳某、罗某、段某等 6 人。经审理查明，2014 年 12 月至 2015 年 1 月，被告人阳某、罗某、阳某（女）等经事先预谋，在湖北省武汉市黄陂区龙城丽湾冒充北京国民华信投资担保有限公司工作人员实施电信诈骗，冒充业务员以代办信用卡为名骗取被害人资料费、代办费、保证金、验资款等共计 22.45 万元，涉及受骗人 64 人。案发后，被告人阳某、罗某、阳某（女）等退赔被害人冉某损失 7700 元。

2015 年 1 月，被告人段某、陈某、朱某等人在湖北省武汉市黄陂区汉北康城冒充北京天贸投资担保有限公司工作人员实施电信诈骗。冒充业务员以代办信用卡为名骗取被害人资料费、代办费、保证金、验资款等共计 7.65 万元，涉及受骗人 40 人。

市法院认为，被告人阳某、罗某、段某、陈某等以非法占有为目的，分别结伙多次采用虚构事实、隐瞒真相的手段骗取他人财物，其行为均已构成诈骗罪。被告人通过拨打电话等发布虚假信息，对不特定多数人实施诈骗，酌情从重处罚。2016 年 11 月 7 日，市法院作出判决：被告人阳某、罗某、段某、陈某等 6 人均犯诈骗罪，判处有期徒刑 1 至 4 年不等，处罚金 2 万元至 5 万元不等；扣押诺基亚手机 38 部、笔记本电脑 2 台、打印机 1 台以及手机卡、银行卡等作案工具；退赔受害人经济损失。

（郭百顺）

司法行政

【概况】 全年调解纠纷 7792 件，其中涉及“五水共治”“三改一拆”等纠纷 176 件。开展律师服务楼宇经济活动，实现重点楼宇全结对。组织律师服务“僵尸企业”处置专项行动，处置企业 11 家，分流员工 1600 余人。全年办理“三改一拆”“五水共治”“五气共治”、无违章及市区有机更新等公证服务 101 件、安置房抽签选房现场监督公证 1909 件、国有建设用地出让等其他招投标公证294件。排查调处矛盾纠纷，实行社情民意经常性排查，特定领域专项排查，敏感节点重点排查，重点强化劳资、环保、征地拆迁等领域以及涉企、涉众型不稳定问题排查。

健全公共法律服务体系，满足群众基本法律诉求。全市各镇(街道)、村(社区)公共法律服务站(点)全覆盖。在全国率先全面推行村(社区)法律顾问，开展“e线服务、法律惠民”活动，在各村（社区）建立公益法律服务微信群，法律顾问直接和群众联系。该“零距离”服务模式获《浙江日报》《法制日报》等媒体报道。启动律师行业名所、名律师、名产品培育工程。全市有律师159人，万人律师比为2.35，律师工作各项业务指标均居嘉兴市首位。提升困难群体援助质量。制定全省首个县级综合性法律援助工作标准。建立嘉兴市首支职业化、专业化志愿法律援助律师队伍，配套系列工作机制。完成司法所标准形象识别系统建设，全市12个司法所均被省司法厅表彰为浙江省星级规范化司法所，其中五星级4个、四星级5个、三星级3个。有全国模范司法所1个。

开展法治宣传教育，提升全社会法治意识。创新普法形式，打造“紫薇说法”全媒体宣传平台。“紫薇说法”品牌被评为嘉兴市首批机关服务品牌。打造“E线先锋”海宁律师党建品牌。承办“宪法宣讲嘉兴行”启动仪式，建立微信学法“加油站”，开展“学法附议”接力活动，24万人次参与。推行市人代会及其常委会选举或任命的国家工作人员就职宪法宣誓仪式，探索开展镇（街道）人代会选举产生的国家工作人员就职宪法宣誓活动。加强“七五”普法规划编制。在全省首创普法责任制实施意见、讲师普法责任清单、重点部门普法责任清单、镇（街道）普法责任清单“一意见三清单”制度，明确个人、部门、属地三级普法主体责任。配套制定法治宣传教育责任制实施情况考评标准，在全省率先实现考评对象全覆盖。实施“十百千”宣讲工程，组建“十人”普法顾问团、“百人”普法讲师团、“千人”普法宣讲队。保障普法经费，“七五”普法期间，市本级每年人均普法经费不低于2元，各镇（街道）人均不低于3元，分别比“六五”普法时期增长100%和50%。推进法律进学校、进社区、进村落、进机关、进社团、进市场、进单位、进企业、进家庭工作。落实领导干部述法制度，开展领导干部年度专项述法。开展全市公务人员网上学法考试，参考率和合格率均为100%。创建“民主法治村（社区）”和“诚信守法企业”，创建国家级“民主法治示范村（社区）”3个、省级19个。

加强司法行政领域社会治理，深化社会矛盾“大调解”体系建设，完善调解衔接对接机制。实施人民调解员“攀高”计划，建立市、镇两级培训体系。打造“众家娘舅”本土调解品牌，中央电视台社会与法频道播出海宁市人民调解案例《隔阂》。加强特殊人群管理教育。推进社区矫正专业化、规范化、社会化、信息化，率先对社区服刑人员进行移动定位、电子腕带定位双管控，执法人员配备“司法E通”。紫薇社工站被评为全国社会工作服务示范单位。建立再犯罪风险评估、网上执法电子审批与电子手铐区域监管三个信息化管理系统，开启“台账网上建、审批网上走”工作模式。注重分段分类教育，编制服刑人员自学读本，开发网络学习系统，建立心理咨询师、律师讲师、智慧树等帮教团队。改造社区矫正中心，规划面积1300平方米。全市社区矫正经费保障标准提高至每人每年3000元。全年接收社区服刑人员413人，警告处罚64人次，收监执行1人。至年底，在册社区服刑人员427人。

【法官·律师实务论坛】 6月4日，市法院、司法局、市法学会共同举办法官·律师实务论坛。全市130余名律师、70名法官参加论坛。论坛以案例研讨的形式，设民事、刑事、行政、执行四大研讨环节，对近年来律师执业、法官审判过程中遇到的代表性案例进行研讨交流。

6月4日，举办法官·律师实务论坛　（市司法局　提供）

【综合性法律援助工作标准出台】 9月19日，市司法局制订出台《海宁市法律援助工作标准化实施方案》(以下简称《方案》)，成为全省首个县级综合性法律援助工作标准。《方案》共分十章，约3万字，规定了法律援助工作的基本原则、服务内容、保障措施、监督管理，法律援助工作站的主要职责，以及法律援助案件的受理范围和标准、办案程序、结案归档等。在服务主体、对象、方式、过程、评价等方面细化标准，使法律援助工作全程有标准化参照。

【海宁市被评为全国法治宣传教育先进县(市、区)】 5月26日，在第八次全国法治宣传教育工作会议上，海宁市被中共中央宣传部、司法部、全国普法办表彰为全国法治宣传教育先进县（市、区）。组建“六五”普法专业讲师团，开展法治讲座45场，受教育1.8万人次。组建普法联络员队伍，由来自各镇（街道）和部门的250人组成。加强领导干部学法用法，全市副科（局）级以上领导干部1200余人次参加法律知识考试。建立7个青少年法治宣传教育基地，推出《紫薇花》青少年法治广播节目和青少年法治小广播。打造“紫薇说法”官方微博、微信公众平台、普法网站“三位一体”普法平台。开设“紫薇说法微课堂”微信群，中央政法委、司法部、省司法厅等领导及社会知名人士参与讲课和互动。“紫薇说法”法治宣传品牌被评为嘉兴市首批机关服务品牌。

（潘晓龙）

［编辑：钱金霖］

武　装
Armed forces

综　述

2016年，市人武部坚持党管武装原则，出席市委议军会和全市党管武装暨国防动员工作会议，推进党管武装的制度落实和工作落实。组织“两学一做”和“改革强军”主题教育。以调整民兵组织、征集兵役和基层规范化为主要内容，推进后备力量体系建设。突出军事训练重点，开展首长机关按纲施训和民兵连长比武练兵活动，狠抓战备执勤、军事训练和服务地方经济社会发展，提高干部职工的能力素质，完成年度各项训练任务。组织民兵预备役参建、参治，发挥民兵预备役部队在经济建设和社会发展中的生力军作用。2016年，市人武部被省军区评为先进团单位。

（程小明）

国防教育

【概况】 2016年，以“巩固基础、依法施教、突出重点、全面普及”为工作思路，落实“大国防”教育要求，抓好干部、学生、民兵预备役人员国防教育。开展国防教育进机关、进学校、进企业、进社区、进媒介“五进”活动，通过创新方法，拓宽教育覆盖面，不断增强全民国防观念。组织机关干部职工参加国防知识竞赛。11月，组织600余名公务员观看“心系国防”专题文艺晚会。全市各级各类学校把国防教育列入教育教程，参与军事训练的学生7500余人次。分片组织57所中小学和15个社区参与应急疏散演练，参与5.7万人次。利用民兵军事训练、G20杭州峰会和第三届世界互联网大会·乌镇峰会安保等时机对民兵预备役人员进行形势教育和国防法规教育。

【“传承红色基因，共建巩固国防”主题教育】 市国防教育办公室开展“传承红色基因，共建巩固国防”主题宣传教育活动。市征兵办联合海宁电视台、《海宁日报》开展征兵宣传。《海宁日报》专题刊发“八一”光荣榜，宣传2015年度在部队立功受奖的海宁籍现役军人事迹。7月31日至8月9日，开展全市“十佳退伍军人”宣传评比活动。

【国防教育主题公园建设】 在东山国防教育主题公园建设基础上，主题公园建设向基层延伸。年内，建成海昌街道国防教育长廊和海洲街道东长社区国防教育公园，在公园设步道和国防教育宣传牌，展示近代中国战争史、中国人民解放军发展史、部队兵种、现代军事科技等内容。开辟专栏展示东长社区现役及退伍军人风采，宣传市民参与国防教育活动。

（程小明）

军民共建

【概况】　围绕创建全国文明城市目标，开展拥政爱民活动，与村（社区）开展结对互助、扶贫帮困活动，军政、军民关系进一步密切。与海洲街道洛洲社区继续结对共建，开展“邻里节”活动，与海洲街道金龙村、张店村和斜桥镇乐农村开展结对帮扶，定期走访慰问5户困难家庭。春节和八一建军节期间，慰问烈士家属、老民兵、贫困户和海宁籍现役军人家庭共216户。

【参建参治】　响应市委、市政府全民治水、城乡环境综合整治号召，组织民兵5270人次参与“五水共治”、平安海宁建设和全国文明城市创建等活动，发挥民兵在社会综合治理、大项工作、重大建设中的服务保障作用。组织民兵5198人次参与G20杭州峰会安保。防御台风“尼伯特”期间，购置6艘橡皮艇，连续四天组织民兵应急分队510人次备勤。第三届世界互联网大会·乌镇峰会期间，出动民兵2400人次，担任巡逻、设卡拦截和备勤任务，抓获全国网上通缉犯1人。

（程小明）

民兵预备役　兵役

【民兵训练】　4—7月，组织1期专武干部集训，对军事技能和业务知识进行强化培训。组织全市民兵连长培训，挑选技能尖子进行强化训练，参加嘉兴市军分区组织的第二届红船民兵连长比武考核，获团体综合第3名。

【征兵工作】　4月，市征兵办与教育、公安等部门，对全市高中以上文化程度的适龄青年进行摸底。市级体检工作实行封闭式管理，体检医生和工作人员挂牌服务，严格把控兵员质量。建立市、镇两级政审组织，严格按照规定的程序进行政审、联审，强化三级政审和区域联审制度。各基层武装部组织实施走访调查。明确廉洁征兵要求和责任追究，设立廉洁征兵举报电话、征兵政策咨询电话及信访接待室，印制廉洁征兵监督卡发放给应征青年，构筑群众监督网络。年内完成新兵征集任务，大学生占比75.5%。

（程小明）

9月12日，举行新兵入伍欢送会　　　　（市人武部　提供）

武装警察

【概况】 依托教导队，以勤训轮换方式开展军事训练。干部重点突出两官编组作业、方案拟制、方案介绍、捕歼战斗的组织与指挥，士官重点加强以“一班哨”组织与实施为主的业务训练，战士着重加强以执勤动作为主的战术训练。开展实战比武活动，提高官兵军事技能和部队“一枪毙敌、一招制敌、逢战必克、遇爆必排”的本领。2016年，市武警中队日均看守犯罪嫌疑人902人；担负押解勤务50起，出动兵力120余人次，押送服刑人员300余人。完成元旦、春节、五一劳动节、G20杭州峰会、第三届世界互联网大会·乌镇峰会等重要节日和重大活动期间的备勤任务，实现连续五十七年执勤安全无事故。G20杭州峰会和第三届世界互联网大会·乌镇峰会期间，受命担任武装警戒任务，历时40天，执行省武警总队命令，协助省公安厅、海宁市公安局抓捕网上逃犯31人，其中擒获涉恐案犯2人。市武警中队被省武警总队评为G20杭州峰会安保先进单位，中队长卢亦涵获2016年海宁市“十佳潮乡卫士”称号，指导员王力被省武警总队评为优秀基层干部。

【反恐作战应急能力建设】 3月，按照“全面考核、全面过硬、优中选优”原则，调整补充10名政治思想强、军事技术精、文化素质好、作风纪律严的士兵参与反恐作战应急班训练。以提高“反恐制胜有把握”为目标，强化“一专多能”等重（难）点课目训练，加大实兵、实装、实弹训练力度。立足现有武器和反恐装备，明确分队编制，坚持从优待警，突出作风培养，强化实战训练，提高反恐作战能力。

【部队信息化建设】 坚持信息主导，提高综合通信保障能力，完善网络功能应用，实现机房机线设备配套化、整齐化、标签化。运用信息网络平台创新工作指导方式。完善三级网建设，扩展查勤系统的功能应用。发挥信息网络视频功能，对部队管理教育、执勤训练和其他日常活动进行全时制、全天候、全方位查控。

（王　力）

人民防空

【概况】 全年完成人防工程易地建设审批项目180个、收费项目59个，征收易地建设费5182万元；完成施工图审批项目16个，人防工程面积10.2万平方米；完成竣工验收备案项目30个，竣工人防工程面积16.4万平方米；办理人防质监新开工项目29个，建筑面积15.9万平方米，对在建人防工程进行质量监督检查与服务291次。完成市区紫阳路卡森购物广场改造项目，新增停车位79个。

推进人防宣传教育进机关、进学校、进社区、进企业、进网络工作，80名初任公务员接受人防教育，开展小学人防公开课评选活动，马桥街道先锋村创建为嘉兴市人防“五进”宣传教育示范点，在城市社区开展人防应急救援培训4次，培训153人。在企业、学校、幼儿园、敬老院、医院、居民住宅区等人口密集区域，重点宣传突发性事件的种类、特点和危害、预防与避险、自救与互救等应急防护措施，开展紧急疏散演练活动。根据人防宣传教育网络化、常态化要求，各镇（街道）及职能部门为人防执法和审批、人防设施维护等业务工作提供网络宣教平台。5月12日、9月18日，组织防空警报试鸣，全市24台警报器鸣响率100%，音响覆盖率市区 98%、人防重点镇区 95%。升级改造数字警报控制系统，安装高空监控系统。

1 月，潮乡救援队铲雪除冰　（王超英　摄）

【自建人防工程】 年内，筹划自建人防工程 4 个。分别是：长安镇人防工程，面积 3255 平方米；海昌街道人防工程，面积 3084 平方米；海洲街道人防工程，面积 9451 平方米；硖石街道人防工程，面积 15110 平方米。均完成立项及人防审批，共投资 1.1 亿元，建成后可增加地下停车位 656 个。

【增强人防（民防）救援功能】 全年组织民防急救培训 5 场次，受训人员 300 余人次。年内，成立民防道路危险化学品事故应急救援队、人防伪装防护专业队和心理防护专业队，累计有专业队伍 9 支，共 85 人；志愿者队伍 3 支，共 259 人。对人防（民防）队伍进行属地管理和统一整组。组织潮乡民防专业救援队参与雨雪极端天气救援。加强疏散体系建设，完善数据库，在重要地段及区域增设应急（避灾）疏散场所。

（陈雪霞）

［编辑：钱金霖］

教　育

Education

综　述

至年底，全市有各级各类学校146所，其中幼儿园67所、小学29所、初中23所（含九年一贯制学校7所，其中新居民子女学校1所）、普通高中6所（含完全中学1所）、中等职业学校3所、普通高等学校3所（浙江财经大学东方学院、浙江机电职业技术学院长安校区、浙大国际校区）、成人高等学校1所（浙江广播电视大学海宁学院）、成人文化技术学校12所、特殊教育学校1所、教师进修学校1所。全日制在校学生107890人（不含高等学校，下同）。共有教职工8630人，其中专任教师7938人。全年教育经费总投入25.1亿元，人均教育经费投入3016.2元。实施11个续建项目和6个新开工项目，全年基建投入2.31亿元，竣工校舍面积8.9万平方米。文苑小学、实验小学、安澜学校、袁花小学、周王庙初中、硖石中学、梅园幼儿园、黄湾小学暑期维修项目完工。

教育重点工作取得新成效。海宁市列入国家学前教育改革发展实验区。推进第二轮学前教育三年行动计划，出台《海宁市"十三五"幼儿园布局建设规划》，优化学前教育布局。文苑小学、第五中学通过第二批省标准化学校认定，全市义务教育阶段公办学校标准化率100%。开展第二批"美丽校园"创建，26所学校创建为海宁市级"美丽校园"，28个项目创建为海宁市级"重点项目"。周王庙镇中心小学等3所学校创建为第四批特色学校。推进义务教育课程改革，开设拓展性课程1580门。宏达高级中学通过省二级特色示范高中评估，全市普通高中均创建为省特色示范高中。高考成绩良好，全市文理科总上线人数3246人，上线率96.87%。市职业高级中学通过国家中等职业教育改革发展示范学校评估。成立皮革职业教育集团。培育和践行社会主义核心价值观，开展"做一个有道德的人""我们的节日"等主题活动。举办首届中小学特色德育工作论坛，评出海宁市级德育品牌10个。强化生命教育，举办校园心理剧、"法在心中"主题教育、禁毒教育等活动。加强学校、家庭、社会"三结合"教育网络建设，新开辟青少年校外教育基地38个。举办首届校园文化节。

加强教师队伍建设。全年有11人获嘉兴市级以上荣誉。周王庙镇初级中学王惠铭被评为省级优秀教师，获省农村教师突出贡献奖。市职业高级中学寿斌杰被评为省级优秀教师暨省中小学师德楷模。第一中学金少斐、市培智学校李施坤、狮岭学校沈引良、盐官镇丰士中心小学朱春江获浙江省第二十六届"春蚕奖"。副市长朱海英、市府办姜尧祖获浙江省第二十四届"绿叶奖"。盐官镇中心小学苏波兰、第一初级中学王娟益、市梅园幼儿园陈晓华被评为嘉兴市中小学师德楷模。加强师德师风建设，开展第五届“感动潮乡·十佳教师”评选。开展海宁市第七批骨干教师评选，王青松等 699 名教师获评。深化教师城乡交流，全年交流教师 170 人。

健全校园安全保障体系。根据《浙江省中小学幼儿园安全防范工作实施细则》，学校保安全部持证上岗，完成校园警务联络室建设，实施校园安全约谈制度，建立学校访客系统。开展校园卫生安全健康行动，加强食品安全管理员队伍建设，建立卫生网络报送平台和学校卫生管理系统。全面实施学校（幼儿园）食堂食品安全责任保险，中小学红十字会基层组织建会率 100%，均组建校园应急救护队伍。

（孙　潇）

学前教育

【概况】 年内，撤销幼儿园 2 所，即盐仓阳光幼儿园和启航幼儿园。新设幼儿园 1 所，即盐仓第二幼儿园。至年底，全市共有各级各类幼儿园 67 所，其中教育部门办学 10 所、其他部门办学 2 所、集体办学 43 所、民办幼儿园 12 所。有省一级幼儿园 10 所、省二级幼儿园 15 所、省三级幼儿园 41 所。有镇（街道）中心幼儿园 12 所，其中省一级 4 所、省二级 8 所。各镇（街道）中心幼儿园均为集体办学，对所属村级幼儿园实施“六统一”管理（经费统一管理、教师统一调配、教师工资统一发放、教师工作统一考核、教具玩具及生活用品统一配置、办学质量统一评估）。全市在园幼儿 21654 人，学前三年入园率（含新居民子女）99.4%。

全市幼儿园有教职工 2292 人，其中专任教师 1432 人、保育员 406 人、保健员 39 人。全市幼儿园有事业编制教师 423 人，其中在农村幼儿园任教 174 人。在 1473 名幼儿教师中，合格学历比例为 100%，其中大专及以上学历 1404 人，占 95.3%；持有教师资格证 1452 人，占 98.6%。有 1156 人取得专业技术职称，其中幼教高级职称 20 人，一、二、三级职称 1136 人。有省特级教师 1 人、省教坛新秀 5 人，嘉兴市教坛新秀 8 人、嘉兴市名校长 1 人、嘉兴市名师 4 人、嘉兴市学科带头人 10 人，海宁市教坛新秀 13 人、海宁市名校长 2 人、海宁市名师 23 人、海宁市学科带头人 57 人、海宁市优秀骨干教师 205 人。

全市幼儿园教育立项课题 237 个，其中省级 4 个、嘉兴市级 21 个、海宁市级 212 个；有 518 篇论文获奖，其中国家级 23 篇、省级 2 篇、嘉兴市级 91 篇、海宁市级 402 篇；在各类刊物发表论文 87 篇，其中国家级刊物 10 篇、省级刊物 55 篇、嘉兴市级刊物 13 篇、海宁市级刊物 9 篇。有 388 人次教学获奖，其中嘉兴市级 12 人次、海宁市

5 月 27 日，举办幼儿韵律舞蹈展示活动　（市教育局　提供）

级 376 人次；开设各级公开课 173 节次，分别为省级 21 节次、嘉兴市级 11 节次、海宁市级 141 节次；开展经验交流 143 人次，分别为省级 12 人次、嘉兴市级 18 人次、海宁市级 113 人次。

【海宁市列入国家学前教育改革发展实验区】 2 月，海宁市被教育部列入国家学前教育改革发展实验区，是嘉兴市唯一入选县（市）。主要承担探索扩大学前教育普惠性资源、健全公益普惠的学前教育财政投入保障机制、规范普惠性民办幼儿园监管三大试点任务。2011 年 7 月，出台《海宁市学前教育三年行动计划》。2014 年 10 月，出台《海宁市发展学前教育第二轮三年行动计划》。通过实施两轮学前教育三年行动计划，加快建设、优化布局，学前教育事业健康发展。全市 12 个镇（街道）中有 11 个被命名为嘉兴市学前教育先进、示范镇（街道），海宁市成为嘉兴市首个学前教育示范县（市）。

【《海宁市“十三五”幼儿园布局建设规划》出台】 为推动“十三五”学前教育事业发展，促进国家学前教育改革发展实验区建设，应对全面两孩政策实施。7 月，出台《海宁市“十三五”幼儿园布局建设规划》。规划目标为：综合考虑区域内人口现状，科学预测规划期区域人口发展变化趋势，合理布局，加快建设，为城乡幼儿提供就近就便、灵活多样、层次丰富、供需平衡的学前教育服务。规划提出，至“十三五”时期末，幼儿在公益性幼儿园入读比例 85%以上，等级幼儿园比例 95%以上。“十三五”期间，全市新建、迁建、改（扩）建幼儿园 26 所，新增班级 239 个，其中中心城区新增幼儿园 6 所，新增班级 81 个。

（董庆红）

义务教育

【概况】 至年底，全市有小学 29 所、初中 23 所（含九年一贯制学校 7 所，其中新居民子女学校 1 所）。义务教育阶段在校学生 60099 人，其中小学 42592 人、初中 17507 人（含新居民子女学校小学 4591 人、初中 766 人）；有小学教学班 1146 个、初中教学班 481 个。随迁子女在校生小学 14753 人、初中 3198 人，其中在新居民子女学校就读小学 4591 人、初中 766 人。全市小学毕业学生 7321 人，招收新生 7087 人；初中毕业学生 5757 人，招收新生 6148 人。义务教育阶段小学入学率和巩固率、初中入学率和巩固率、适龄三类（视力、听力、智力）残疾少年儿童入学率和巩固率、小学升初中比例均为 100%。

规范办学管理，推进教育改革，实施素质教育。坚持阳光招生，连续十年实现义务教育阶段“零择校”。推进“传统文化进校园”系列活动，确定南苑小学等 5 所“国学经典”项目学校。深化义务教育课程改革，开设拓展性课程 1580 门，小学所有年级均参与走

9 月，异地迁建的海宁市第五中学启用　　（市教育局　提供）

班教学。推进小班化教学试点。市教育局印发《海宁市初中学校学生综合素质评价实施办法（试行）》和《海宁市小学生综合素质评价指导意见》，建立科学评价体系，发挥评价指导作用，反映学生全面发展情况和个性特长，促进人才培养模式转变和义务教育优质均衡发展。推进校园文化建设，新增海宁市级“美丽校园”26所。

【承办第五届华东六省一市小学语文教学观摩研讨活动】 3月31日至4月1日，活动在南苑小学举行。来自上海、山东、安徽、江苏、浙江、福建、江西六省一市的领导、专家和教师代表共700余人参与。活动以“探讨落实课标精神，转变学习方式，落实语言运用”为主题，主要包括课堂教学评选与观摩、教学专家现场点评、教学论文评选等内容，旨在推进教学改革，分享语文教学经验与成果，促进名优骨干教师发展。

【深化义务教育课程改革推进会】 于5月20日在斜桥镇中心小学举行。省教研室副主任滕春友、海宁市副市长朱海英、海宁市教育局局长朱建康等240余人出席会议。滕春友作题为“整合、拓展、选择、实践”的专题讲座，市教育局副局长金新宇作《海宁市深化义务教育课程改革试点工作的报告》。与会人员参观斜桥镇中心小学拓展性课程课堂。举行校长论坛，5名校长作课程改革实施报告。举办优秀校本课程展示。

【第二批义务教育阶段学科基地】 11月30日，市教育局发文公布海宁市第二批义务教育阶段学科基地。小学学科基地分别是：南苑小学（语文）、紫微小学和斜桥小学（数学）、实验小学（科学）、教师进修学校附属小学（体育）、长安小学（英语）、丰士小学（美术）、桃园小学（德育与心理健康）。初中学科基地分别是：南苑中学（语文）、第一初中（科学）、宏达学校（英语）、第五中学和硖石中学（思想品德与社会）、周王庙初中（数学）。各学校开展各类课程活动，将基地建设成全市中小学学科教学辐射中心、课程改革实验指导中心和教师学习交流资源中心。

（范　冰）

普通高中教育

【概况】 至年底，全市有普通高中6所，其中独立设置的高中5所、完全中学1所。初中毕业生升入高中段学校5727人，比例99.44%，其中升入普通高中2902人，升入中等职业学校2823人，升入普通高中、中等职业学校人数比为1.03：1。普通高中毕业学生3313人，招收新生3061人。在校学生9583人（含海宁一中新疆班410人），比上年减少341人，其中随迁子女在校生1402人。另有海宁一中高中预科新疆班169人。全市普通高中有教学班237个。全市普通高考报名3351人（含海宁一中新疆班），比上年减少223人，其中文科1288人、理科1805人、艺术190人、体育65人、运动训练3人。录取3191人（含民航招飞行员录取5人、高职提前录取65人），其中重点大学503人、普通本科1543人、大专高职1145人，录取率95.23%。海宁一中新疆班60名学生报考，全部上本科线。文理科最高分均为市高级中学考生，胡琪获理科最高分724分，蒋玲芳获文科最高分692分。

市高级中学为省一级特色示范高中，第一中学、紫微高级中学、海宁中学、宏达高级中学为省二级特色示范高中，全市省特色示范高中比例83.3%。深化高中课程改革，优化教学管理模式，完善选课走班机制。编写高中第一课教学丛书，19门普通高中课程被评为嘉兴市精品选修课程。海宁中学开发的“Hi地理”APP获全国首届精品教学APP创新大赛一等奖。9月，嘉兴市教育局对海宁市6所普通高中开展“适应高考改革，深化高中课改”专题巡查，了解各学校适应高考改革、统筹安排教学情况。

6月27日，市高级中学创新实验室的学生参加2015FLL机器人世锦赛华东选拔赛　（市高级中学　提供）

【华东师范大学海宁教育集团2016年课程改革论坛】　于10月31日在海宁市高级中学举行。副市长朱海英、市教育局局长朱建康，华东师范大学基础教育处处长赵健等领导和专家出席论坛。论坛主题是“华师海宁教育集团的课程改革”。华东师范大学第一附属中学、第四附属中学、附属紫竹小学围绕论坛主题作课程改革经验介绍，海宁市高级中学课程教学处副主任朱洪俊作《认准方向、且行且思：课改·考改的实践与思考》发言，海宁市第一初级中学教师代表作《课程改革的谋势造势任势》发言，海宁市实验小学校长张再生和教务处主任介绍该校办学理念和课程开发建设方案。华东师范大学教育学院院长周彬对论坛作总结性点评。

（范　冰　沈建成）

中等职业教育

【概况】　至年底，全市有中等职业学校3所，其中普通中专2所（海宁卫生学校、海宁市高级技工学校）、职业高中1所（海宁市职业高级中学）。中等职业学校共有在校生9947人，其中海宁卫生学校3042人、市高级技工学校2740人、市职业高级中学4165人。全年中等职业学校毕业学生3293人，获得职业资格证书3203人，职业资格证书取证率97.3%。639名考生参加2016年高职考试，543人上线，上线率84.98%，其中132人上本科线，1人获全省农艺专业第1名。有教职工597人，其中专任教师533人，达到国家规定学历标准的专任教师524人，学历达标率98.3%；有中级以上专业技术职称355人，占专任教师总数的66.6%。有“双师型”（既有教师系列职称，又有工程师、工艺师技术职务）教师297人，占专业课教师总数的89.2%。

市职业高级中学创建国家中等职业教育改革发展示范学校通过省教育厅验收，并上报国家级验收资料。筹建海宁技师学院，完成各项准备工作，向省人力资源和社会保障厅提交验收评估申请。海宁卫生学校创建省中等职业教育改革发展示范学校通过验收，建成“生命科学馆”并投入使用。申报省“中职教育质量提升行动计划”建设项目，市职业高级中学被推荐申报名校，海宁卫生学校护理专业被推荐申报品牌专业，市职业高级中学经编专业、市高级技工学校太阳能利用专业被推荐申报特色专业，2人被推荐申报名师，1人被推荐申报技能大师。海宁市被推荐申报第四批国家级农村职业教育和成人教育示范县。开展校企国际合作。市高级技工学校与法国冶金工业协会、法国能源七号国际咨询公司、法国国际合作及培训发展署开展中法产学研合作。

提升教师业务水平。组织5人参加专业负责人和实训基地负责人培训，10人参加中外合作骨干教师培训，1人参加中职校长培训。开展首届职业教育专业带头人评选，25人被评为海宁市职业教育专业带头人。参加全省中职学校文化课、专业课信息化教学说课比赛，获一等奖1个、二等奖1个。参加嘉兴市职业学校信息化教学大赛，获一等奖2个、二等奖5个、三等奖10个。海宁卫生学校教师获全国中职学校医药卫生类专业“创新杯”教师信息化教学设计说课大赛一等奖。组织学生参加全国技能大赛，共获金牌1枚、银牌5枚、铜牌2枚。参加浙江省中职学校学生技能大赛，共获金牌6枚、银牌7枚、铜牌7枚。参加嘉兴市第十一届技能节，共获金牌22枚、银牌27枚、铜牌19枚。

【推进现代学徒制试点】 各中等职业学校分别选择汽修、烹饪和药剂3个专业开展现代学徒制试点，学校与企业共同制订实施方案。3月，市职业高级中学30名汽修专业学生分别与6家德系汽车品牌企业签订定向就业协议。11月29日，在市职业高级中学举行学徒拜师仪式。

【组建皮革职业教育集团】 11月3日，海宁皮革职业教育集团成立大会在市职业高级中学举行。嘉兴市教育局副局长朱军一、嘉兴教育学院副院长都建明、海宁市副市长朱海英，以及海宁中国皮革城股份有限公司等30家皮革企业代表共200余人出席大会。市职业高级中学常务副校长朱小平主持大会，朱海英、朱军一、都建明发表致辞，浙江雪豹服饰有限公司总经理朱伟祥代表企业家表态。会上，举行海宁皮革职业教育集团皮革学院和海宁市皮革服装高技能人才公共实训基地授牌仪式，皮革学院负责皮革

11月3日，海宁皮革职业教育集团成立

（市职业高级中学　提供）

行业全日制和在职技能人才培养。召开皮革职业教育集团一届一次理事会，讨论通过集团章程，理事长、副理事长单位和年度工作计划。皮革职业教育集团是在校企合作联盟基础上，经市教育局批准，由市职业高级中学牵头，以30余家行业、企业与科研院所为主体的职业教育联合体，通过共同培养人才、共享设施资源、共培互聘师资、共建专业特色、共推科技服务、联动招生就业六大举措，推进校企合作机制建设。

【职业教育活动周】 5月，全市中等职业学校联合举办职业教育活动周，包括学校开放、活动展示、专题讲座、职业体验、志愿服务等8项活动。组织9个职业项目体验活动，参与443人次；举办4场专题讲座、13次志愿服务活动，受益3950人。展示职业学校在项目争创、专业建设、校园文化、德育工作、课程改革和校企合作等方面取得的成绩。5月11日，在市教育园区举办职业教育成果展示会。

（陈海锋）

9月25日，浙江财经大学东方学院获全国大学生创业综合模拟大赛总决赛一等奖　　（浙江财经大学东方学院　提供）

高等教育

【浙江财经大学东方学院】 2016年，学院设有10个职能部门、11个教学管理部门、2个教辅机构（图书馆和教育技术中心）和1个研究部门（经济与社会发展研究院），其中教学管理部门设金融与经贸分院、财税分院、工商管理分院、会计分院、信息分院、法政分院、人文与艺术分院、外国语分院、创业学院、体育中心和成教分院等。设32个本科专业，涉及经济学、管理学、文学、艺术学、法学、理学、工学七大学科门类，均面向现代服务业、文化创意产业和公共行政管理领域。学院有普通全日制在校生9900余人。2016年录取新生2540人，其中浙江省生源2139人。毕业学生2553人，初次就业率96.98%。有专任教师500余人，其中具有高级专业技术职务的占44%，硕士及以上学历占86%。学院教学科研仪器设备总值4040余万元。图书馆内设各类型阅览室18个及1个海宁特色文化阅览室“仰山文苑”，数字资源与校本部图书馆资源共享，有中外文各类数据库71个。

编制完成学院“十三五”发展规划、八个专项规划和分院规划，制订《浙江财经大学东方学院修订2017级本科专业学分制培养方案的指导意见》，推动应用型建设系列教学改革和课堂教学改革，获准立项省高等教育教学改革项目2个、课堂教学改革项目5个。结合各学科、专业特色立项各级各类纵向课题31项，其中国家社科基金1项、省部级课题3项、副省级课题1项、厅级课题26项；立项横向课题6项。发表各级学术论文160余篇。获学科竞赛国家级奖项156项、省级奖项204项；获国家级创新创业类项目10项、省新苗人才5项；获创新创业大赛国家级奖项1项、省级奖项10项；体育类比赛获国家级奖项3项、省级奖项3项；文艺类比赛获国家级奖项2项、省级奖项7项。校地党建共建服务案例入选全省高校党建特色服务品牌案例。组织各类非学历短期培训班，培训950人次。举办浙江省财税系统文艺调演和“仰山文化讲堂”讲座，开展大型校园品牌文化活动十余场。实施国际交流项目，与合作院校共同举办国际交流项目宣讲会十余场。举办首届国际交流留学教育展。15名学生到美国参加文化旅游管理项目，14名学生参加寒假赴美游学项目，4名学生被法国雷恩商等商学院录取。11月，承办浙江省经营管理研究会第七次会员代表大会。12月，学院当选为浙江省应用型高校联盟副理事长单位、全国财经院校创新创业协作组理事单位和浙江省高校创业学院联盟秘书单位。

（伍　军）

【浙江机电职业技术学院长安校区】　2016年，长安校区招收新生3947人。有专任教师425人，其中副教授以上专业技术职称170余人；具有博士及硕士学历250余人；国家级教学名师2人、国家级优秀教师2人、国家级教学团队1支、省突出贡献中青年专家2人。校区设有机械技术系、电气电子技术系、材料技术系、交通技术系、信息技术系、经贸管理系、设计与艺术系、国际教育系等8个教学部门，设机械制造与自动化、模具设计与制造、数控技术、机电一体化技术、电气自动化技术等23个专业，其中机械制造与自动化、数控技术、机电一体化技术、应用电子技术、计算机信息管理、市场营销等6个专业为国家示范重点建设专业。设国家级专业教学资源库1个、省级特色专业11个、省级优势专业10个，国家精品课程7门、国家级精品资源共享课程7门、省级精品课程25门、省级精品在线课程2门。获国家级教学成果一等奖2项、二等奖4项，省级教学成果一等奖10项、二等奖5项。为丰富学生课余生活，开设双休日课程，包括兴趣技能类、专业知识类、考试培训类等5大类23门课程。加大体育设施投入力度，围绕“阳光体育”主题开展体育教学改革。年底，海宁市智能制造高技能人才公共实训基地在长安校区举行授牌仪式。学院与周边企业开展对接活动和洽谈，加强政校、校企职业教育与合作。2016年，学院被评为首届浙江省黄炎培职业教育奖优秀学院奖和浙江省国际化特色高校建设单位。

（章彩涛）

【浙江大学国际联合学院（海宁国际校区）】

参见第39页专文“浙江大学国际联合学院（海宁国际校区）开学”。

【浙江广播电视大学海宁学院】　至年底，学院在编教职工36人，其中专任教师33人，专任教师中高级专业技术职称12人、中级专业技术职称18人。在校学生6493人，其中本科和大专生6303人、中专生190人；全年招收新生2037人，其中本专科新生1960人、中专新生77人；毕业学生2400人，其中本专科毕业生2286人、中专毕业生114人。学院实施中央电大开放教学管理模式，与知名高校合作开展远程教育，共开设中专、大专、本科3个层次10个项目 70 余个专业。承担试点高校网络教育部分公共基础课全国统一考试在海宁的考务工作，全年 2415 人次参加考试。

（郭微川）

【高等教育自学考试】 2016 年，全省高等教育自学考试开设 114 个专业，其中专科专业 57 个、专科升本科专业 57 个。海宁市共报名 1496 人 1860 科，其中社会人员报考 235 人 599 科，职高学生报考 1261 人 1261 科。全年组织考试两次，设第一初中和市职业高级中学两个考点。全年实考 1534 科，合格 807 科，合格率 52.6%。本科毕业 8 人，大专毕业 2 人。职高学生参加修身类课程合格后发放普法证书 1210 张。全国英语等级考试、全国计算机等级考试等各类非学历教育证书考试报名 1618 人次，获证 762 张。

（沈建成）

成人教育

【概况】 全市有镇（街道）成人文化技术学校（以下简称成校）12 所，均为省级标准化成校。各镇（街道）成校开展各类教育培训 14.4 万人次，其中老年教育培训 57945 人次、成人“双证制”教育培训 834 人次、农村预备劳动力培训 193 人次、扫盲教育培训 5686 人次。袁花成校被评为浙江省扫盲工作先进集体，并被推荐申报省级现代化成校。海洲成校被推荐申报嘉兴市社区教育示范学校。

【社区教育】 成立浙江老年开放大学海宁学院，并成为试点单位。启动老年教育“夕阳红课堂”，开展老年教育培训 259 人次，社区学院被评为省级敬老文明号和 2016 年度全国农村老年教育先进单位。社区学院开展自主培训项目 13 个，参与 766 人次；委托培训 5 期，参与 2913 人次。参与嘉兴市全民终身学习活动周，获嘉兴市“终身学习·幸福生活”摄影比赛一等奖 2 个、二等奖 1 个、三等奖 3 个，2 人被评为嘉兴市十大百姓学习之星，2 个社团被评为嘉兴市十大乐学社团，市社区学院的“百场万名市民学急救”项目被评为嘉兴市十大社区教育品牌项目，大运河长安闸非遗展示馆被评为嘉兴市十大全民学习体验馆，3 个家庭获嘉兴市暑期网上亲子悦读活动一等奖。推进社区教育实验项目，“老年学习社团的建立与运行实验”等 17 个项目被确定为 2016 年海宁市社区教育实验项目。《浙江日报》《海宁日报》专题报道海宁社区教育工作。

【海宁市全民终身学习活动周】 于 10 月 29 日启动。在各镇（街道）开展终身学习教育活动 80 余场，惠及市民 1 万余人次。共评出百姓学习之星 10 人、乐学社团 10 个、社区教育示范学校 11 所、终身教育体验基地 10 个。

（陈海锋）

特殊教育

【概况】 至年底，全市海宁市户籍学前至高中教育阶段适龄持残疾证儿童少年 329 人，其中智力残疾 172 人、肢体残疾 66 人、言语残疾 2 人、听力残疾 63 人、视力残疾 6 人、精神残疾 5 人、多重残疾 15 人。按学龄分，学前教育阶段 49 人，小学教育阶段 110 人，初中教育阶段 67 人，高中教育阶段 103 人。学前教育阶段入学 42 人，入学率 85.7%，其中普通学校随班就读 18 人，送教上门 21 人，就读特殊教育学校 3 人；小学教育阶段入学 110 人，入学率 100%，其中普通学校随班就读 43 人，送教上门 24 人，就读特殊教育学校 43 人；初中教育阶段入学 67 人，入学率 100%，其中普通学校随班就读 32 人，送教上门 10 人，就读特殊教育学校 25 人；高中教育阶段入学 56 人，入学率 54.4%，其中普通学校随班就读 25 人，送教上门 1 人，就读特殊教育学校30 人。

市培智学校有在编教职工 32 人，其中专任教师 30 人；女性教职工 25 人；本科学历 23 人、大专学历 7 人；高级职称 2 人、中级职称 19 人。有嘉兴市名师 1 人、海宁市名师 1 人、海宁市学科带头人 3 人、海宁市优秀骨干教师 4 人。开设 11 个教学班，其中学前班 2 个、职高班 2 个、义务教育班 7 个。在校学生 114 人，其中学前班 15 人、小学班 64 人、初中班 22 人、职高班 13 人。非海宁市户籍学生 4 人。持有残疾证 100人。

制订并实施随班就读和资源教室工作考核办法，推进国家特殊教育改革实验区随班就读项目。编印《海宁市随班就读指导手册》，建成随班就读和送教上门信息库，实施随班就读学生“一人一案”。在庆云中心小学设立融合教育卫星班。启动“医教结合”项目。年内，市培智学校被评为浙江省个别化教育实验学校、嘉兴市陶行知研究会实验学校、海宁市教育科研基地、海宁市中小学校园文化建设先进学校。

【承办浙江省培智学校个别化教育研讨会】 5 月 26—27 日，研讨会在海宁举行。会议由省特殊教育指导中心主办，海宁市教育局承办。来自全省 60 余所培智学校的领导、骨干教师，以及海宁市随班就读学校的资源教师等近 200 人参加会议。海宁市培智学校 3 名教师展示生活语文、唱游与律动、运动与保健 3 节集体教学课，4 名教师展示感觉统合、自闭症、动作治疗等个别训练课，海宁市培智学校校长李施坤专题介绍海宁特殊教育发展情况。华东师范大学马红英、王和平、金野 3 名教授分别进行专题点评。浙江师范大学特教系陈冠杏作“医教结合下实施个别化教育”专题讲座。省特殊教育指导中心副主任陈荣弟进行大会总结。

【“医教结合”项目签约】 9 月 20 日，市第二人民医院与市培智学校合作开展的“医教结合”项目签约仪式在市培智学校举行，“医教结合”实践培训基地揭牌。市教育局副局长金新宇、市卫生计生局副局长戴成英、市第二人民医院院长朱曙明等领导和专家出席仪式。仪式结束后，市第二人民医院儿童康复科治疗师开展首次活动，现场对部分个案进行 PT 康复和言语康复治疗。实施“医教结合”项目，旨在满足特殊儿童多层次教育医疗需求，将医疗康复和教育训练有机结合，共同推进特殊教育事业发展。

5 月 26—27 日，浙江省培智学校个别化教育研讨会在海宁举行

（市特殊教育中心　提供）

【设立融合教育卫星班】 为推进特殊教育与普通教育相融合、特殊儿童和普通儿童学习成长相融合，11月3日，市教育局在斜桥镇庆云中心小学设立融合教育卫星班。卫星班教育教学工作由庆云中心小学和市培智学校、市特殊教育指导中心共同组织实施。至年底，卫星班有学生8人。

（范 冰）

民办教育

【概况】 至年底，全市有民办学校（培训机构）38所，其中全日制学校7所（含新居民子女学校4个分校区）、培训机构19所、幼儿园12所。全年受理办结民办教育机构审批14项，其中设立审批2项、变更审批10项、终止审批2项。规范审批流程，所有服务类事项均在承诺期限内完成。贯彻《浙江省教育厅办公室关于进一步加强寒假期间中小学学校和在职中小学教师有偿补课专项治理工作的通知》，对各培训机构开展专项检查。3月，在全市范围开展民办教育机构非法集资风险排查专项行动。7月，对民办培训学校开展招生、教学、师资、安全工作专项检查。11月，与市市场监管局联合对非学历教育培训机构进行专项检查。

（陈海锋）

教育管理

【概况】 推进中小学特色学校创建，完成海宁市中小学特色学校评估认定，新增3所特色学校。至年底，共有“一校一品”特色学校20所。推进义务教育阶段标准化学校建设，累计有51所学校被认定为省标准化学校。11月，海宁市通过省基本教育现代化县（市）复查。市政府教育督导室聘请第六届教育特约督导员13人和责任督学47人，将全市中小学、幼儿园划分为15个督学责任区，每个责任区配备3~4名责任督学。各责任区按年度计划开展经常性督导，对学校三年发展规划实施情况、校园文化建设、体艺工作等进行专项督导。组织督学参加各类教育培训。修订《海宁市督学责任区考核办法》，评选督学责任区先进个人15人。推进依法治校，提高学校治理法治化、科学化、现代化水平，印发《海宁市教育局关于开展法制宣传教育第七个五年规划》。所有公办中小学均制定学校章程，中小学和市属幼儿园均聘请法律顾问。

全年教育经费总投入25.1亿元，比上年增长5%，人均教育经费投入3016.2元，增长4.6%。教育经费总投入中，国家财政性教育经费22.29亿元，增长6.7%，占地区生产总值的3%。公共财政教育经费拨款21.59亿元，增长3%；全市政府性基金用于教育0.02亿元；全年事业收入2.62亿元；公共财政教育支出占财政支出的27.6%，提高0.26个百分点。全年基建投入2.31亿元，竣工校舍面积8.9万平方米。

全市普通中小学占地面积216.9万平方米，其中普通中学135.8万平方米、小学81.1万平方米，生均占地面积分别为35.2平方米和26.1平方米。普通中小学绿化用地面积65.2万平方米，其中普通中学43.5万平方米、小学21.7万平方米。普通中小学运动场地面积64.8万平方米，其中普通中学37.7万平方米、小学27.1万平方米。幼儿园占地面积36.9万平方米，生均17平方米。特殊教育学校占地面积1.7万平方米，生均145.9平方米。中等职业学校占地面积35.3万平方米，生均35.4平方米。

全市普通中小学教学仪器设备总值21844万元。普通中学教学仪器设备总值

12302 万元，其中实验设备 2423 万元；小学教学仪器设备总值 9542 万元，其中实验设备 1755 万元。中小学生均教学仪器设备值分别为 3185 元、3072 元。中等职业学校教学实习仪器设备总值 9222.1 万元，比上年增加 1139.7 万元。普通中小学图书藏量 268.3 万册，其中普通中学 153.2 万册、小学 115.1 万册，中小学生均图书分别为 39.7 册、37.1 册。幼儿园图书藏量 18.1 万册，生均 8.3 册。特殊教育学校（培智学校）图书藏量 4803 册，生均 42.1 册。中等职业学校图书藏量 26.3 万册，生均 26.5 册。

全市各级各类学校共有教职工 8630 人，其中专任教师 7938 人。普高、职高、初中、小学专任教师达到国家规定学历的人数所占比例分别为 100%、98.3%、100%、100%；初中、小学专任教师高标学历比例分别为 95.7%、97.6%，分别比上年提高 1.7%、1.6%；中小学专任教师中有中级及以上专业技术职称 3992 人，占专任教师总数的 68.5%。全年招聘新教师 178 人，其中研究生 11 人、本科生 142 人、专科生 25 人。

深化教师队伍建设。出台《海宁市教师发展学校建设实施办法》，促进教师专业发展，提高教师教育教学水平，出台《海宁市中小学教师中初级职称评价条件（试行）》。开展第五届“感动潮乡·十佳教师”评选。新提任校级干部 8 人，3 名干部交流任职。提高农村教师待遇，对除硖石街道、海洲街道和海昌街道区域所属学校外的 55 所农村中小学教师实行乡镇工作补贴，享受补贴 3413 人，人均每月 300 元。组织 30 名校长参加北京大学名师大讲堂培训，组织 103 名教师到华东师范大学、嘉兴名校培训学习。组织 2200 余名中小学教师参加信息技术能力提升工程专题培训。全年举办各类培训班 321 期，培训 16253 人次；组织各类教研活动 260 次，参与 7000 余人次；2375 名教师参加心理健康教育 C 证培训和面试，总持证教师 3773 人，持证率 65.59%。承办全国首届生活数学研讨会。

【义务教育学校教师校长交流】　深化教师城乡交流，全年交流教师 170 人。根据《海宁市教育局关于推进义务教育学校教师校长交流工作的实施意见》和《关于做好 2016 年义务教育学校教师交流工作的通知》等文件精神，通过方案拟定、宣传动员、个人申请、学校推荐、确定人选和岗位等程序，开展义务教育学校教师交流工作。全市共交流教师、校长 170 人，其中校长 3 人、骨干教师 53 人、普通教师 114 人。评出义务教育学校教师交流工作先进集体 8 个、先进个人 43 人。

【第五届“感动潮乡·十佳教师”评选】　于 3 月启动。4 月，向社会推介参评教师先进事迹。6 月，学校及社会参与评选。9 月 7 日，在海宁电视台举行庆祝第 32 个教师节暨第五届“感动潮乡·十佳教师”表彰大会。第一中学干斌梅、仰山小学许继强、实验小学常利娟、紫微高级中学王丽琴、第二中学沈移、市职业高级中学寿斌杰、长安镇辛江中心小学骆法明、桃园小学费玲妹、黄湾镇（尖山新区）中心幼儿园陆国梅、丁桥镇初级中学金晓强 10 名教师获“感动潮乡·十佳教师”称号；桃园幼儿园马晓丽、硖石中学张沁等 10 名教师获“感动潮乡·十佳教师”提名奖。

【教育督导评估】　修订《海宁市中小学校发展性评价实施意见（试行）》，完善评价标准和考核办法，开展学年度发展性考核评估，评出工作优秀学校 26 所。开展小班化教学试点学校工作督导评估，17 所试点学校分组交流展示，评出优秀学校 8 所、良好学校 7 所、合格学校 2所。

12 月 22 日，校园文化节闭幕式颁奖　　（市教育局　提供）

【首届校园文化节】　3 月 25 日，在市教育局举办首届校园文化节启动仪式。活动设环境提升、文化活动、能力素质、典型示范 4 个大类共 10 项内容。12 月 22 日，在市教育园区举办闭幕式暨文化节成果汇报演出。通过举办文化节，开展中小学校园文化建设先进学校督导评估，推选一批班级、教师、学生层面的先进代表，评出首批校园文化建设先进学校 19 所。

（市教育局）

教育科研

【概况】　2016 年，全市教育系统各级各类立项课题 676 项，其中省级 13 项、嘉兴市级 86 项、海宁市级 577 项。全年有 545 项课题结题，其中省级 12 项、嘉兴市级 82 项、海宁市级 451 项。市职业高级中学的课题“激创·试创·合创：中职学生三段式创业教育模式的创新实践”获浙江省职业教育教学成果一等奖，市培智学校的课题“‘评量前置、教评合一’的培智生运动康复课程探索”获浙江省基础教育教学成果二等奖，市艺术幼儿园的课题“幼儿‘艺术情趣吧’的构建研究”获浙江省优秀教科研成果二等奖。市教育考试中心申报的省科研课题“基层招考机构管理机制创新研究”获立项。

【小班化教育研究】　开展以课堂教学为重点的小班化教育研究，举办小班化专项课题申报、小班化课题成果评审、小班化科研专项培训等活动，推进小班化教学项目研究。全年有 50 项小班化专项课题立项，41 项成果获海宁市小班化教学优秀科研成果一、二、三等奖。

表 38　2016 年教师省级以上获奖情况一览

单位：人（篇）

名　　称	获奖等第	获奖人（篇）数
全国中等职业院校教师教学技能大赛（综合）	国家一等奖	2
	国家二等奖	2
	国家三等奖	1

续表 38

名　称	获奖等第	获奖人（篇）数
浙江省优秀教育教学论文评比	省二等奖	3
	省三等奖	13
浙江省中小学教师书法（美术）比赛	省一等奖	1
	省三等奖	8
浙江省教学研究评比	省一等奖	3
	省二等奖	6
	省三等奖	4
浙江省课堂教学评比	省一等奖	1
浙江省中等职业学校职业能力大赛（教师技能、教学能力赛项）	省一等奖	2
	省二等奖	3
	省三等奖	4
浙江省职业教育教学成果评审	省一等奖	1
浙江省基础教育教学成果评审	省二等奖	1
浙江省优秀教科研成果评审	省二等奖	1
浙江省第七届教研课题成果评审	省三等奖	3

表 39　2016 年中小学生省级以上学科竞赛获奖情况一览

单位：人

名　称	获奖等第	获奖人数
第十九届“语文报杯”全国中学生作文大赛（高中组）	国家一等奖	4
	国家二等奖	9
	国家三等奖	18
第十九届“语文报杯”全国中学生作文大赛（初中组）	国家一等奖	25
	国家二等奖	51
	国家三等奖	74
“希望杯”全国数学竞赛（高中组）	国家一等奖	2
	国家三等奖	84
第二十五届全国中学生生物竞赛	国家二等奖	1
	国家三等奖	6
第三十届中国化学奥林匹克竞赛（初赛）	国家二等奖	1

续表 39

名　　称	获奖等第	获奖人数
全国中学生英语听力竞赛	国家一等奖	5
	国家二等奖	21
	国家三等奖	25
“希望杯”全国数学竞赛（小学组）	国家一等奖	1
	国家二等奖	2
	国家金奖	2
“华罗庚杯”全国数学邀请赛（小学组）	国家一等奖	1
	国家二等奖	1
	国家三等奖	2
“希望杯”全国数学竞赛（初中组）	国家一等奖	11
	国家二等奖	15
	国家三等奖	153
	国家团体一等奖	3
2016 年全国数学联赛（高中组）	国家二等奖	2
全国职业院校技能大赛	国家一等奖	2
	国家二等奖	3
	国家三等奖	3
全国中等职业学校电子商务技术比赛	国家团体一等奖	1
“中望杯”全国机械职业院校零部件测绘、三维数字建模与制图技能大赛	国家一等奖	2
	国家三等奖	1
第三十三届全国中学生物理竞赛（浙江赛区）	省一等奖	4
	省二等奖	9
	省三等奖	14
浙江省中小学生艺术节	省一等奖	1
	省三等奖	10
浙江省中等职业学校职业能力大赛	省一等奖	6
	省二等奖	9
	省三等奖	10

（张建明　金风湄　沈晓峰）

[编辑：钱金霖]

文　　化

Culture

综　　述

至年底，全市有文化设施、场馆285处，面积23.3万平方米。年内新建5个村级公共电子阅览室。海宁市创建为国家公共文化服务体系示范区。推进公共图书馆服务体系建设，实现农家书屋手机移动终端借阅，农家书屋与公共图书馆服务体系相融合。新建移动图书馆10个、书香驿站4个，设立图书预约投递点21个。实施图书借阅公交化服务，“阅路”汽车图书馆上路运行。完成文化馆理事会组建。2016年，海宁市在全省基层公共文化服务评估中列第5位。市文广新局被省文化厅评为全省文化市场综合执法先进集体和全省文化（文物）系统“六五”普法工作先进单位。

开展群众性文化活动。举办农村文化礼堂民俗礼仪展演、“到海宁团圆来”元宵民俗活动、“潮乡百灵”歌手大赛、原创作品大赛等活动40项，举行“美丽海宁大舞台”演出85场次、文化走亲200余场。全年开展文艺演出、越剧、皮影戏等下乡活动248场。放映农村公益电影2338场，观众35.4万人次。图书馆全年开展读书活动758次，参与读者24.4万人次。市文化馆、博物馆、图书馆等开展公益性培训2097次，举办展览129次、讲座73次。加大群众文艺精品创作，获国家级奖项1项、省级奖项7项、嘉兴市级奖项12项。

海宁海塘申报世界文化遗产，完成海塘申遗文本和保护管理规划编制，向省文物局提交申遗申请。开展文物保护普法宣传，编印《文物工作手册》《海宁市文物保护单位保护范围及建设控制地带图集》，落实基层文物保护工作责任。开展国家历史文化名城申报工作，干河街、横头街被省政府公布为省级历史文化街区。配合市住建局修改完善《海宁历史文化名城保护规划》。

加强非物质文化遗产（以下简称非遗）保护。完善非遗名录体系，公布第五批海宁市非遗代表性项目名录27个，第四批非遗代表性项目代表性传承人22人、第三批非遗传承保护（教学、研发）基地4个，新增第三批嘉兴市非遗代表性项目代表性传承人24人。“乾隆与海宁的传说”入选第五批浙江省非遗代表性项目名录。开展非遗保护基础性工作，举办皮影戏、硖石灯彩培训班共304期，培训6050人次。组织非遗项目参加第十一届中国（义乌）文化产品交易会、第八届浙江·中国非遗博览会等活动9次，获金奖2项、银奖4项、铜奖2项。

编制完成《海宁市“十三五”文化创意产业发展规划》，建成蚕桑文化记忆馆。成立海宁市影视协会，首批入会会员60家。南关厢历史街区申报创建省级诚信街区，春节、元宵节等节日期间游客量均在6万人次以上。

2016年著作成果一览

表40

作品名称	形式	字数（万字）	作者	出版时间和出版社
《章耀的画》	图集	12印张	章耀著	2016年1月广西美术出版社
《凝固的历史——海宁历史建筑写真集》	图集	13印张	海宁市政协文教卫体与文史委员会编	2016年2月浙江人民美术出版社
《行走的村庄》	文集	25.4	朱云彬著	2016年2月杭州出版社
《朱屏书画》	图集	22印张	朱屏著	2016年3月浙江人民美术出版社
《海昌余韵——海宁人文历史掌故拾遗》	文集	25.8	钱菁著	2016年3月中国文史出版社
《古镇皇岗》	文集	30.5	丁桥镇人民政府编	2016年6月中国文史出版社
《吴骞集》（五册）	文集	116.5	海宁市史志办公室编	2016年6月浙江古籍出版社
《尺素海宁·当代信札展作品集》	图集	11.7印张	陈浩主编	2016年7月西泠印社出版社
《海宁艺丛（摄影卷）》	图集	26.5印张	海宁市文学艺术界联合会编	2016年8月浙江人民美术出版社
《宋云彬日记》（三册）	文集	68	海宁市档案局（馆）编	2016年10月中华书局
《徐申如——诗人徐志摩之父》	文集	18	刘培良著	2016年10月中国文史出版社
《张宗祥研究》	文集	18.5	王学海主编	2016年10月上海文艺出版社
《文化家园·全国百名书家题字展作品集》	图集	11.5印张	朱耀明主编	2016年10月中国工人出版社
《海宁历代医家学术要略》	文集	32.6	钱菁、李瑞芝、金晓董编著	2016年10月中国中医药出版社
《海宁年鉴（2016）》	文集	85.1	海宁市史志编纂委员会编	2016年11月方志出版社
《张惠衣文存》	文集	38	海宁市档案局（馆）、海宁市史志办公室编	2016年12月浙江古籍出版社
《海宁历代碑记》	文集	50	海宁市档案局（馆）、海宁市史志办公室编	2016年12月浙江古籍出版社
《青山恋》	文集	24	丁震麟著	2016年12月团结出版社
《涅槃人生》	文集	23	孙亦飞著	2016年12月白山出版社

（姚玲燕　沈敏凯　吕佳兰）

专业文化

【海宁市越剧团有限公司】 全年商业演出111场，其中全国巡演82场，演出收入168.7万元；参加海宁市“文化下乡”演出80场，观众16万余人次。年内复排折子戏《李三娘——井会》《汉文皇后——姐弟会》等，新排折子戏《陈三两——骂堂》《九斤姑娘——十只桶》《梁祝——回十八》。与绍兴市演出有限公司、杭州越剧院合作打造新编传统剧目《钗头凤》。

【海宁皮影艺术团有限公司】 全年到外地交流演出10次17场，观众2800余人次，演出收入10万元；在盐官度假区、南关厢、乌镇驻点演出1.8万场，观众3.2万人次，演出收入35万元。送戏下乡（社区）演出100场，传统节日演出5场，进校园演出18场，观众1.4万人次。年内排练《占鳌镇海》《鼠与蛋》《石井仙踪》3部新戏。

【电影放映】 全市有数字影院5家，即海宁横店影视电影有限公司、海宁传奇宁丽电影院有限公司、海宁金像电影大世界有限公司、海宁梦幻影音影视文化传媒有限公司、海宁新视觉影视文化有限公司。全年共放映电影6.7万场次，观众110.5万人次，放映收入3806.6万元。全年10家农村流动公益电影放映单位放映公益电影2338场，观众35.4万人次。市、镇（街道）财政分别补贴农村公益电影放映经费每场200元，全年补助87.4万元。建成农村公益电影室内固定放映点11个，每个放映点补助经费2万元，配送电影银幕一块。

（胡　颖　沈益平　邹斌斌）

群众文化

【概况】 全年举办农村文化礼堂民俗礼仪展演、第十三届“得伟杯”少儿现场绘画大赛、中国共产党成立95周年庆祝大会、“潮乡百灵”歌手大赛、“社区之声”戏剧小品大赛、原创作品大赛等活动40项。举行“美丽海宁大舞台”演出85场次、文化走亲活动200余场。加大政府购买公共文化服务力度，开展文艺下乡演出48场，越剧下乡演出100场，皮影戏下乡演出100场。

【海宁市创建为国家公共文化服务体系示范区】 围绕国家公共文化服务体系示范区创建工作，制订出台《海宁市关于加快构建现代公共文化服务体系的实施意见》《海宁市基本公共文化服务实施标准》。对照创建标准和验收要求，落实各项指标完成创建。4月15日，国家公共文化服务体系建设专家委员会一行5人到海宁，检查图书馆、南关厢24小时自助书香驿站、盐官镇文化分馆、黄湾镇尖山村文化活动中心，对海宁公共文化服务体系示范区创建工作予以好评。创建工作通过集中评审，10月11日发文公布。

【潮乡艺术体验日】 6月18日，由市文化馆主办的潮乡艺术体验日暨文化志愿者服务日活动在市文化馆举行。60余名文化志愿者参加活动。开设农民画创作、瑜伽艺术、少儿钢琴、灯彩、粉塑、皮影戏等32项公益艺术体验课程，近800名市民参与体验。

【视觉艺术体验周活动】 于10月1—7日在市文化馆举行。活动期间，展出80幅反映美丽海宁题材的摄影作品，展出海宁本地优秀美术家的红色经典作品。10月1日，

200 名市民参与视觉艺术创作活动，进行摄影、书法、美术创作互动。

【市文化馆理事会成立】 10 月 31 日，市文化馆举行理事会成立大会。全市各镇（街道）宣传文化干部、文化馆干部职工代表等 50 余人出席会议。来自社区、企业、机关事业单位的 13 名代表当选为第一届理事会理事，鸿翔控股集团有限公司副总裁、嘉兴市新生代联谊会副会长姚惟秉当选为理事长。

【文化走亲活动】 4 月 28 日，“文化走亲欢乐行·同心共筑美丽梦”海宁—义乌文化走亲文艺晚会在义乌市绣湖广场举行。晚会由义乌市文化广电新闻出版局、海宁市文广新局主办，表演节目 13 个。5 月 1 日，“南有钱塘观潮，北有呼玛开江”海宁—呼玛摄影联展在黑龙江省呼玛县开展。展览由海宁市文化馆、海宁市摄影家协会和黑龙江省呼玛县摄影家协会联合主办。共展出两地摄影作品各 50 幅，内容以冰雪、观潮为主。5 月 27 日，“越乡情·海宁潮”文化走亲文艺晚会在海宁市文化馆举行。晚会由海宁市文广新局、嵊州市文化广电新闻出版局主办，表演节目 10 个。11 月 9—10 日，海宁市组织在宁波江北区文化馆举行视觉艺术文化走亲系列活动。展出海宁市“美丽小镇”摄影作品 60 幅，并开展文化馆建设及摄影艺术交流探讨。11 月 22 日，“越乡情·海宁潮”文化走亲文艺晚会在嵊州市越剧艺术表演中心举行。晚会由嵊州市文化广电新闻出版局、海宁市文广新局主办，表演节目 9 个。11 月 25 日，“古韵兰溪·潮城海宁”兰溪—海宁文化走亲文艺晚会在海宁市文化馆举行。晚会由兰溪市文化广电新闻出版局、海宁市文广新局主办，表演节目 11 个。

【第十三届“得伟杯”少儿现场绘画大赛】 于 5 月 7 日在南关厢历史街区举行。比赛由市文化馆、教育局、浙江得伟纺织科技有限公司联合主办。采用现场创作方式，分幼儿组、小学甲组（一至三年级）、小学乙组（四至六年级）、初中组四个组别，全市 85 所学校的 265 名学生参赛。新仓幼儿园苏桦等 2 人获幼儿组一等奖，长安镇中心小学付羽辰等 8 人获小学甲组一等奖，许村镇中心小学杜文欣等 16 人获小学乙组一等奖，长安初中徐佳榆等 8 人获初中组一等奖。

5 月 19 日，举行农村文化礼堂民俗礼仪展演 （张庆中 摄）

【农村文化礼堂民俗礼仪展演】 于 5 月 19 日在市文化馆广场举行。展演由市委宣传部、市文广新局主办，来自 12 镇（街道）12 个村（社区）文化礼堂的 12 个节目参加展演。

【庆祝中国共产党成立95周年文艺演出】　6月30日，"潮乡儿女永向党"海宁市庆祝中国共产党成立95周年大会暨文艺演出在市文化馆举行。演出分"党旗飘扬""播种幸福""梦想起航"三个篇章。同时在文化馆大厅举行纪念中国共产党成立95周年暨红军长征胜利80周年图片展。

6月30日，举行庆祝中国共产党成立95周年文艺演出

（张庆中　摄）

【第十届"潮乡百灵"歌手大赛】　于8月24日至10月28日举行。比赛由市群众文化建设领导小组主办，市文广新局、海宁日报社承办。以"全民K歌，放声歌唱"为主题，参赛选手不限年龄范围。共有300名选手报名参赛，举办晋级赛4场、复活赛2场，16名选手进入总决赛，胡淑雅获冠军。

【承办嘉兴市社区戏剧小品大赛】　11月21日，第十四届嘉兴市"社区之声"文艺调演——戏剧小品大赛暨第三届网络春晚节目选拔赛在海宁市文化馆举行。比赛由海宁市文化馆和嘉兴市文化馆联合承办。来自嘉兴地区的16件作品参赛，海宁市硖石街道永丰村的《愿望》、嘉善县西塘镇朝南埭社区的《"碰瓷"》和南湖区南湖街道桂苑社区的《遇到想开点》获一等奖。

（蒋禹尧）

文物博物

【概况】　完成长安画像石墓安防工程。全面完成文物保护宣传专项对接工作，覆盖全市12个镇（街道）。完成第一次全国可移动文物普查调查阶段工作，普查所有收藏文物。3月9日，国家大运河保护办副主任姜师立一行察看长安闸遗产展示馆，调查长安三闸、老坝的考古挖掘和保护情况。7月，干河街和横头街被评为第五批省级历史文化街区。因洛塘河整治工程涉及达泽庙遗址范围，经省文物局批准进行考古发掘。8月18—19日，省政协副主席陈艳华一行到海宁调研钱塘江古海塘保护重点提案办理情况。9月8日，台胞蒋祖怡将叔祖父蒋百里的《日本人——一个外国人的研究》（单行本）、《战场经营启示录》、老照片等8件文史资料和遗物捐赠给蒋百里纪念馆，由市博物馆代为保管。10月，完成海塘申报第七批省级文物保护单位工作。划定132处文物保护点的保护范围和建设控制地带，制作完成《海宁市文保点保护范围及建设控制地带图集》。举办全市业余文保员培训，100余人参加培训。全年市博物馆举办各类展览活动12次，修复书画30件（组）。

【长安画像石墓安防工程完工】 工程于2015年12月开工，2016年1月完工。工程内容包括画像石墓四周增设透明玻璃罩和铁栅栏，加强防护；在门窗和气窗内增加隔断，减少飞鸟虫蚁干扰；增添排风机和抽湿机，保障墓室内适宜温湿度。

9月8日，蒋祖怡展示蒋百里的老照片（市文广新局 提供）

【“国际博物馆日”主题活动】 5月17日，市博物馆与晴雨楼藏砚馆联合举办“砚林撷英——晴雨楼藏砚展”，展出砚台130余方、拓片39幅，展览持续一个月。活动期间，市博物馆推出“小书童学拓砚”亲子教育体验活动，家长和孩子共同体验拓砚文化，学习拓片制作。

【完成第一次全国可移动文物调查】 8月10日，完成第一次全国可移动文物普查调查阶段工作。共上报文物（含自然类文物）10023件，其中一级文物9件（套）、二级文物72件（套）、三级文物1670件（套）、一般文物4145件（套）、未定级文物4127件（套）。完成全市14家收藏单位的文物认定、信息采集、数据审核与登录报送工作，其中博物馆和纪念馆4家、图书馆1家、档案馆1家、其他类型8家。

（茅奕婷）

图书事业

【海宁市图书馆】 全市图书馆图书藏量162.8万册，其中19个分馆图书藏量51.2万册。全年接待读者249.9万人次，其中分馆接待读者112.3万人次。图书借阅流通422.2万册次，其中分馆借阅流通218.4万册次。年内新增借书证1.9万张，累计有效读者证40.9万张。全年完成文献购书经费350万元；新增入编图书4.1万种9.3万册。征订报纸期刊2844种，其中报纸438种、期刊2406种；装订报纸、杂志1万余册，并入藏。收集地方文献283种1326册；接收赠送的图书文献1066种2万余册。修补图书3053册次。举办“紫微讲坛”22期，听众2750余人。组织放映资源共享工程优秀视频1191场次，观众1.1万人次。推出12项免费开放项目，涵盖图书借阅、期刊阅览、电子阅览、数据库使用、共享工程、读者培训、送书下乡、讲座、展览以及各类阅读推广活动。推出“潮阅读”“星阅读”两大品牌活动，开展各类阅读活动758次，参与读者24.4万人次，分别比上年增长2.8%和15%。总馆开展活动432次，分馆开展活动131次，总馆分馆联动活动195

次。设于馆内的查济民纪念馆全年接待参观人员 1.7 万人次。

【吕祖善做客“紫微讲坛”】 3 月 2 日，市图书馆举办第 100 期“紫微讲坛”。全国人大财政经济委员会副主任委员、浙江省原省长吕祖善作“越地长歌——璀璨的浙江历史文化”专题讲座。讲座由市委常委、宣传部部长姚建新主持，市四套班子领导及机关干部代表、热心读者共 200 余人听取讲座。

“阅路”汽车图书馆　　（王超英　摄）

【“阅路”汽车图书馆上路运行】 购置改造一辆专用图书馆流通车——“阅路”。5 月，“阅路”汽车图书馆上路运行。在全市推出 8 条线路，沿线设置 15 个图书借阅服务点，实行定点定时定向运行机制，提供现场办证、图书借阅、数字阅览、图文展览及答疑咨询等服务。

【海宁市新华书店】 全年实现销售码洋 1.07 亿元，比上年增长 5.6%；利润 1164 万元，增长 4.9%；所有者权益 8120 万元，增长 6%。全年组织活动、讲座、比赛 20 余场。配合市委宣传部、市委组织部征订政治理论读物 11.3 万册。对员工进行天猫客户知识、微信制作、支付宝业务知识、数码产品特征与销售、文创产品基本陈列与销售、POP 海报制作等技能培训。在原有“海宁新华书店”微信公众号基础上，增设“书递员”微信公众号。12 月 9 日，新华书店——朵小拉午夜书房开业。朵小拉午夜书房经营业态以图书为主，与文化用品、文创类产品、咖啡休闲相融合，营业时间至午夜 12 点。

（吕佳兰　钱　怡）

非物质文化遗产保护

【概况】 开展皮影戏、硖石灯彩长训班，举办皮影绘画课 100 期、皮影表演课 64 期、灯彩工笔画课 70 期、灯彩书法课 35 期、灯彩篆刻课 35 期，举办硖石灯彩暑期、秋季短期公益性培训班和高级研修班。举办硖石灯彩进校园展示 51 场，非遗进文化礼堂 36 场，皮影戏下村（社区）100 场，皮影戏进校园 48 场。发放非遗传承保护（教学）基地、生态保护区和传统节日保护基地补助经费 12 万元、代表性传承人传承津贴 10.4 万元、专（兼）职学徒津贴 13 万元。举办“到海宁团圆来”元宵民俗活动、清明节民间艺术面对面暨美丽非遗赶大集活动、第九届端午节裹粽子比赛、“精彩技艺多彩潮乡”第二届海宁市赛灯活动等文化节庆活动。2月，在嘉兴市非遗传承人服务月表彰会上，海宁市非遗保护中心被评为最具活力非遗团队，海洲街道文化站获优秀组织奖，徐二男被评为非遗保护杰出人物，孙杰被评为优秀传承人，王晓莉获特别贡献奖。全市共有非遗代表性项目80个、非遗代表性项目传承人60人、非遗传承保护（教学、研发）基地13个。

【国家级非遗传承人抢救性记录】 2—4月，省非遗保护中心组织拍摄团队到海宁，开展国家级非遗代表性传承人抢救性记录工作。抢救性记录包括传承人口述史、传承人实践、传承人教学三部分。徐二男、张坤荣成为抢救性记录的首批传承人。

【“浙江好腔调”传统戏剧展演到海宁】 12月8日、10日，2016“浙江好腔调”传统戏剧系列展演——满庭芳、满堂彩两场专场演出在市文化馆举行。展演由省文化厅、省戏剧发展促进会主办，省非遗保护中心、省非遗保护协会和海宁市文广新局承办。“满庭芳”为传统戏剧名师高徒专场演出，由八出剧目组成，由传承人带领高徒联袂演出；“满堂彩”为少儿（院校学生）专场演出，演出内容为婺剧、越剧、昆剧、皮影戏等非遗保护项目，海宁市斜桥中心小学、金华艺术学校等7所院校的100余名学生参与演出。

【“文化遗产日”系列活动】 6月11日，以“让文化遗产融入现代生活”为主题，举行海宁市第11个“文化遗产日”系列活动。公布“秦始皇传说”等27个第五批非遗代表性项目、戴金甫等22名第四批非遗代表性项目代表性传承人、许村镇花园村等4个第三批非遗传承保护（教学、研发）基地。举办灶头画作品展及系列民俗展示展演。数百人参加活动。

【张茂能捐赠珠帘伞灯】 5月，现居北京的海宁籍老人张茂能将珍藏多年的一座珠帘伞灯捐赠给海宁市非遗保护中心。该硖石灯彩为民国时期的作品，共有18幅针片，画面连贯，形成一个完整的故事。珠帘伞灯是硖石灯彩中的特殊品种，造型为六角形伞状柱体，每个伞面排列着三幅针片，共有18幅针片。

【非遗作品获奖】 4月15—18日，参加第六届中国（浙江）工艺美术精品博览会，硖

6月11日，举办“文化遗产日”活动，图为捏粉塑
（市文广新局 提供）

石灯彩、皮影戏影偶、微雕等作品获金奖 1 个、银奖 3 个、铜奖 1 个。5 月 17 日，参加省非遗传统工艺品及衍生品优秀创意设计展，孙杰的硖石灯彩作品“灯彩台灯”系列获铜奖。10 月 13—17 日，参加中国（杭州）工艺美术精品博览会，海宁市硖石灯彩有限公司的灯彩作品《玲珑阁》和海宁琳轩文化产业发展有限公司的《珠帘伞》分获金奖、银奖。12 月 19 日，海宁市皮影艺术团的皮影戏《水漫金山》获嘉兴市文学艺术南湖奖创作金奖，胡金龙的灯彩作品《富贵亭灯》和张靓的皮影戏作品《最美小黑兔》获创作铜奖。

【硖石灯彩、皮影戏参加国内外文化交流】 4 月 27—30 日，参加第十一届中国（义乌）文化产品交易会，在“独具匠心馆”展陈《紫微阁》精品灯彩作品，胡金龙、王丽琴现场展示灯彩技艺。10 月 10—14 日，参加第六届中国木偶皮影中青年技艺传承展演，表演皮影戏《过猴林》《花果山》《水漫金山》，主演艺人赵力、张靓、汪志良获传承新人奖。11 月 2—5 日，参加在卡塔尔首都多哈举行的 2016 中卡文化年·中国节活动，皮影戏青年演员赵力、张靓、郎章铭和硖石灯彩代表性传承人胡金龙参加活动，展出 50 余件灯彩作品、30 余件皮影作品，以及一组龙头风筝和百余个虎头帽等特色产品。

（沈益平）

文化市场管理

【概况】 2016 年，全市共有各类文化经营单位 1140 家，其中网吧 103 家，游艺娱乐场所 22 家，歌舞娱乐场所 52 家，营业性演出场所 7 家，演出经纪机构 6 家，文艺表演团体 3 家，出版物经营单位 113 家，广播电视节目制作经营单位 333 家，电影放映单位 15 家，美术品经营单位 6 家，印刷企业 332 家，打字复印经营单位 109 家，接收卫星传送的电视节目许可经营单位 9 家，游泳场所 26 家。全年办理行政审批 365 件，文化经营单位核验、换证 449 家，其中印刷企业 334 家、出版物经营单位 110 家、电影放映单位 5 家，注销“僵尸企业”52 家。全市共有各类新闻出版经营单位 554 家，其中出版物发行单位 113 家（图书报刊零售经营单位 83 家、音像制品经营单位 30 家），印刷经营单位 441 家。政府机关和单位采购正版软件 1434 套，采购金额 121.1 万元。

11 月 2 日，卡塔尔小朋友在玩海宁皮影戏影偶　（赵力　摄）

开展文化市场护航G20杭州峰会、第三届世界互联网大会·乌镇峰会、“扫黄打非”等集中专项行动和日常监管，部门联合执法25次，出动检查人员2037人次，检查企业4391家次。发现违规行为99家次，受理举报8件，行政处罚立案调查52件，警告31家次，罚款44.8万元，停业整顿1家次，移交1家次，没收非法所得4.9万元，没收违法物品649件；取缔非法出版物经营摊点16家，查缴非法出版物1541本（盘）；取缔无证娱乐场所17家，其中游戏室12家、KTV 5家，查扣游戏机30台；取缔“黑网吧”10家，查扣电脑和显示器各30台；取缔非法营业性演出机构1家，整治无证安装卫星接收设施行为1起。

【“扫黄打非”专项行动】 开展“净网”(打击网络淫秽色情信息)、“清源”(对印刷复印、书店、报刊零售点等源头清查非法出版物)、“秋风”(打击假媒体、假记者、假记者站等)、“护苗”(集中整治以少年儿童为主要用户的重点网站、重点应用和重点环节）四大专项行动。共检查出版物经营单位182家次、印刷企业251家次、打字复印店64家次、网站61家次，查处印刷案件3件、网络案件1件、出版物案件1件；取缔非法出版物经营摊点16家，查缴非法图书817本、非法音像制品724盘。行政约谈自称记者通过微信公众号发布信息事件1起，集体约谈“海论”等14家资讯类微信公众号负责人2次，查处网络谣言20余起。

【家纺行业花样版权监管】 推进家纺版权登记与执法。年内申报登记家纺版权2265件。全年立案查处家纺版权侵权案件3起，调解各类家纺知识产权纠纷81起，调解成功73起。市文化市场行政执法大队、许村镇行政执法局及许村镇海宁家纺知识产权保护办公室共同开展海宁中国家纺城市场巡查20次，发放自查告知书10家，摘除涉嫌盗版的布样17件，开展市场行政执法10起、工厂执法12起，查扣涉案盗版布匹价值20余万元。

（邹斌斌）

文化产业

【概况】 开展乡村文创园区试点，周王庙镇云龙村与中国丝绸博物馆合作打造具有海宁特色的乡村文创园区——云龙中国蚕桑文化村。协调农经、文化、旅游等部门改造云龙村基础设施，建成首座蚕桑文化记忆馆。开发“尚海宁”文创品牌项目，首批海宁皮影戏系列文创产品上架销售。举办海宁市第四届动漫文化节和首届海宁传统文化与动漫产业论坛。加强文创企业和项目的对接服务，举办全市文化产业发展专题研修班。拟定全市文化产业发展资金管理办法和申报办法，落实省级文化产业发展资金专项补助，兑现市级年度奖励。5月，与上海汇橙集团签订南关厢及其周边区块项目合作意向书，项目分三期进行，其中一期建设灯彩主题酒店和商业街区，投资1.5亿元。实施中丝三厂区块改造，打造为文创产业园区。引进西安雅森国际研学旅行项目，协调在海宁设立研学旅行总部，在南关厢注册海宁雅森研学旅行公司。分别与深圳中孚泰、长沙七彩小镇、浙报中金文创基金、福州杰瑞堂、西安雅森、西安灞桥国资、四川海天彩灯、自贡灯彩集团、北京心灯APP等开展合作，对硖石区块3.2平方千米范围进行整体开发。

中国（浙江）影视产业国际合作实验区海宁基地新增入区企业58家（其中注册资本5000万元以上企业2家），累计313家。实现营业收入23.6亿元，上缴税费2.7亿元。海宁影视基地被省委宣传部评为浙江省重点文化产业园区，被省商务厅评为浙江省服务贸易发展基地，被中国企业园区国际合作联盟等部门评为中国产业园区创新力百强。

在北京举办2016影视发展恳谈会。完成《神医喜来乐传奇》和《全家福》两部电视剧的哈萨克语译制制作，9月在哈萨克斯坦举行首部中亚输出剧开播仪式。通过哈萨克斯坦理想之路译制中心、海宁塞拉同影视译制有限公司与中亚其他国家和俄罗斯、东欧建立译制输出渠道。鼓励创作影视剧精品，《北上广不相信眼泪》等主旋律电视剧在中央电视台和一线卫视等平台播出。海宁澳亚影视传媒有限公司出品的纪录片《中国历史上的腐败与反腐败》列为浙江省纪录片第一个推优项目，并列入浙江省第十一批文化精品扶持计划。海宁澳亚影视传媒有限公司参与投资制作的电影《冯梦龙传奇》获第十二届中美电影节入围奖和金天使奖年度最佳历史电影奖。海宁普兰缘起传媒制作的纪录片《宫殿之城》入围First青年电影节，并获2016莫斯科纪录片节最佳导演奖。浙江大学国际影视研究院承制的大型纪录片《钱塘江》于9月在中央电视台一套播出。海宁啊哈影业、中视精彩影视、海宁晶美影业等联合出品的电视剧《三八线》在多个卫视热播。

鼓励影视企业对接资本市场。5月17日，浙江海宁国爱文化传媒股份有限公司在“新三板”挂牌，成为海宁影视基地第一个对接资本市场的影视企业。11月10日，海宁原石文化传媒股份有限公司在“新三板”挂牌。光魔网交易影视剧版权6部、文学版权1部、剧组服务3个，运营交易额70万元。引进电影、电视剧、综艺节目、纪录片和动漫等影视作品1200余部，与SMG尚世影业、中央新影集团、长城影视、网易云阅读等机构达成合作。光魔网网站上线基地31个，分场景162处，上线器材道具类商家103个、产品3189个，基本建成各类数据库。举办首届“自由港”小说版权沙龙。省互联网视听节目建设和管理协会为光魔网颁发互联网视听节目许可证，省新闻出版广电局对光魔网国际版开发建设提供专项资金支持。

9月21日，在哈萨克斯坦举行首部输出剧开播仪式

（市广电台　提供）

【市影视产业协会成立】 1月24日，海宁市影视产业协会成立。市领导姚建新、胡燕子出席成立仪式。浙江海宁国爱文化传媒股份有限公司董事长马志刚当选为会长，60家海宁影视企业成为首批会员单位。协会职责为拓展影视文化产业，发

挥协会在搭建政府与影视文化企业之间的沟通桥梁作用。在成立大会上，举行金融机构授信等仪式，建设银行海宁支行“金融支持影视企业”专营机构授牌，南京银行杭州分行向影视企业提供10亿元信用融资贷款。

10月1日，南关厢历史街区举办婚俗活动 （市文创办 提供）

【法制栏目剧微电影制播峰会永久落户海宁】 3月24—26日，中国（海宁）法制栏目剧微电影制播峰会暨获奖节目和项目推介会在海宁盐官举行。司法部法制宣传司副司长李志路、中央电视台社会与法频道总监王广令、公安部金盾影视文化中心副主任王猛、浙江省新闻出版广电局数网处处长胡键等领导，以及60余家省级、城市电视台和十余家中央单位影视中心参加峰会。成立法制栏目剧微电影制播联盟，举行中国海宁栏目剧微电影创制基地挂牌仪式，盐官成为首个法制栏目剧和微电影外景拍摄地，海宁市成为中国（海宁）法制栏目剧微电影制播峰会暨获奖节目和项目推介会永久举办地。会议期间，举办栏目剧和微电影获奖作品观摩、点评以及合作项目推介活动，全国栏目剧微电影网络交易平台上线运行。

【培育灯彩产业示范基地】 南关厢历史街区以“文化产业＋旅游”为开发运营模式，以灯彩项目为文化核心，培育灯彩文化产业发展平台。5月，在海宁成立浙江民间灯彩艺术专业委员会，召开首届浙江灯彩文化传承与产业发展研讨会，对全省灯彩项目进行初步调研。举办浙江省民间文艺最高奖“映山红奖”灯彩大赛。撰写《中国灯彩产业发展报告》，列入《2016非遗发展蓝皮书》。

【南关厢历史街区】 年内，新推出婚庆民俗表演、百家宴等大型活动。全年推出初一市集、十五迎灯、周四露天电影、周末皮影戏表演、每季扎灯比赛、手工扎染等常态性活动204场次，海宁义工、海宁爱心联盟、女大学生创业基地、南关厢商铺联盟、创客空间等自行组织开展旗袍汇、汉服秀、动漫节、非遗市民节、文化讲座等活动。全年街区日均人流量2000人次。创新名人故居开放模式，将吴其昌、吴世昌故居拓展为以书局为载体的文化场所。2016年，南关厢历史街区被评为海宁市“十二五”最满意民生工程，获“浙江省十大文化创意街区”称号。

（张 燕 姚月恩）

名人纪念馆（故居、旧居）

【张宗祥书画院（纪念馆）】 全年举办各类

书画艺术展览 14 次，接待观众 2.1 万人次。举办“云山图趣——章耀山水画展”“静气自得——邓德旺微楷书法展”“瀚墨客情——姚晓冬作品展”等海宁艺术家系列展 7 次。举办“尺素海宁——当代信札展”“文化家园——全国百位书家题字展”，《书法报》《书法》《西泠艺丛》《走遍中国》、新华网等多家媒体进行报道。全年举办“阆声讲堂”公益文化讲座 12 期，编辑院报 4 期、《铁如意馆·丛刊》2 期。完成张宗祥故居一楼改陈布展和库房改造，展厅面积扩大至 600 余平方米，展线 240 米。

【钱君匋艺术研究馆】 全年举办各类书画艺术展览 17 次、艺术讲座 6 次，接待观众 11 万人次。举办西山雅集·春蜂踏歌——纪念春蜂乐会成立 90 周年暨钱君匋及其同时代音乐作品鉴赏研讨系列活动，举办“小鬼当家杯”海宁市第七届中小学生书画大赛暨获奖作品展。开办“丛翠学堂”暑期书画志愿辅导班。主编《西山雅集·方寸传情》，启动编辑《钱君匋篆刻年谱》，参与制作《君匋纪事》人文纪录片。完成库房拓宽改造工程。

【徐邦达艺术馆】 全年举办各类书画展览 12 次、讲座 6 次，接待观众 1.8 万人次。举办“写意如诗——沈山书画作品展”“梧轩述怀——朱万章书画展”，举办“中国书画的投资和鉴定”“书画鉴藏琐谈”等主题讲座。编辑出版《梧轩述怀——朱万章书画题跋集》《西泠艺丛》《徐书城画集》，编辑馆刊《心远》1 期。征集郑欣淼、唐吟方等关于徐邦达先生的评论文章。

【徐志摩旧居】 对旧居墙体、屋面、压顶等进行维修。完成陆小曼书画陈列。全年接待参观团体 304 个，参观人数 3.7 万人次。主要接待活动有：4 月 12 日，山东东营市文联副主任王玉文一行 8 人参观旧居；6 月 18 日，李大钊孙女李小玲夫妇参观旧居；9 月 9 日，蒋复璁之子蒋祖怡参观旧居。上海电视台《百视通中国行》宣传片、省民政局《大地有名》宣传片、常州广播电视台《陆小曼》专题片到旧居取景拍摄。

【沈鸿纪念馆】 全年接待观众 1500 余人次。主要接待活动有：7 月 6 日，海宁市第 23 期学生干部培训班 101 人参观纪念馆；10 月 18 日，中共中央组织部《红色故事汇》（浙江篇）摄制组 10 人参观纪念馆；11 月 23 日，嘉兴市职业技术学院 40 人参观纪念馆。12 月 30 日，沈鸿纪念馆被省委党史研究室命名为第三批浙江省党史教育基地。

（冯　群　褚　敏　王国坚）

名人研究

【概况】 2016 年，全市有名人研究会 5 个。徐志摩研究会、吴世昌研究会、沈鸿研究会归属市社科联业务主管，王国维研究会归属市文联业务主管，金庸学术研究会归属市教育局业务主管。

【王国维研究会】 继续参与静安国学院（筹）方案策划。收集内部布展资料，初步谋划展厅布展方案。走访王国维研究专家，在《海宁名人》刊登陈鸿祥的《一场学术风波与“罗、王”二家之学》。5 人参与第七届王国维戏曲论文奖论文撰写，协助《嘉兴学院学报》完成 4 篇有关王国维研究的论文审稿。会长王学海为市审计局及其下属单位作“文化体验与审美阅读——由海宁名人谈起”主题讲座，围绕王国维与甲骨文考证等做文化演讲；撰写的学术论文《吴世昌先生学术研究中的问题意识与创新思维》，被选送参加省社科联评奖和待选立项课题。

（冯　群）

【徐志摩研究会】　8月9日，部分会员出席杭州徐志摩纪念馆开馆仪式，并向该馆赠送实物和书籍。11月19日，香港、杭州及海宁的徐志摩诗歌爱好者共30余人，在西山公园徐志摩墓前举行徐志摩罹难85周年公祭活动。增印《志摩的诗》500册，供网上及书店销售。编辑会刊《徐志摩研究》（第三辑），收录文章20余篇。会员刘培良的著作《徐申如——诗人徐志摩之父》由中国文史出版社出版。

（徐新民）

【吴世昌研究会】　全年召开理事会5次，吸收新会员4人。9月10日，承办纪念吴世昌逝世30周年报告会，中国社科院原研究员、吴世昌弟子董乃斌作主题报告。9月11日，在市高级中学举办纪念吴世昌逝世30周年学术座谈会，来自全市各界的文史研究专家30余人参加活动。围绕纪念吴世昌逝世30周年开展征文活动，编印《纪念吴世昌逝世30周年文集》。会长吴敏炎的《国士之风、精神长存——略谈吴世昌先生的爱国主义精神》刊载于《海宁日报》。在浙江省教师培训平台设置“吴世昌文学艺术探讨”教师培训项目。

（姚若丰）

【金庸学术研究会】　12月，召开第六届金庸小说研讨会暨省作家协会龙彼德先生金庸研究交流会。市社科联、海宁日报社等单位代表及金庸学术研究会部分会员共30余人参加会议，省作家协会龙彼德作主题报告。会议收到论文、散文、诗词等作品30余篇。

（王敬三）

【沈鸿研究会】　会同市纪委、市委组织部、市委宣传部组织全市党员、干部参观沈鸿纪念馆。会同市委党校、教育局组织部分中小学新生参观沈鸿纪念馆，进行德育、励志教育。协助省委组织部摄制中共中央组织部《红色故事汇》（浙江篇）延安工程师沈鸿专题片。在海宁技工学校设置高6米的沈鸿铜像一尊。做好外地参观者的服务工作，发放《廉政教育手册》和《延安工业之父——沈鸿》。顾问吴英谈父亲沈鸿廉政家风的故事《无限忠诚谱华章》刊载于6月27日《中国纪检监察报》头版。

（王国坚）

［编辑：张毅强］

体　　育

Sports

综　　述

2016 年，新增体育场地 97 个，新增面积 15775 平方米。全市共有体育场地 1743 个。全年体育事业经费支出 1761.6 万元，用于体育事业的体彩公益金 1063 万元。全年承办国际级体育赛事 3 项、国家级体育赛事 2 项、省级体育赛事 12 项、嘉兴市级体育赛事 2 项。

竞技体育水平不断提高。市体育局优化业余训练布局，新开辟青少年体育项目 2 个，在宏达学校和丁桥镇中心小学设立青少年击剑训练基地和乒乓球训练基地。全年注册青少年运动员 259 人，其中注册重点布点项目、体教结合项目运动员 208 人，注册社会布点项目运动员 51 人。向浙江省体育职业技术学院、嘉兴市少体校输送体育后备人才 10 人。选派教练员参加嘉兴市、浙江省专业培训 6 次 29 人次。年内发展一级运动员 1 人、二级运动员 10 人；发展一级裁判员 4 人、二级裁判员 9 人、三级裁判员 27 人；发展二级社会体育指导员 14 人、三级社会体育指导员 210 人。举重教练施建国被省政府记一等功。608 名运动员参加 31 项嘉兴市级及以上赛事，获国际级比赛金牌 2 枚，获国家级比赛金牌 3 枚、银牌 3 枚、铜牌 5 枚，获省级比赛金牌 25 枚、银牌 22 枚、铜牌 21 枚，获嘉兴市级比赛金牌 104 枚、银牌 67 枚、铜牌 58 枚。承办全国、省、嘉兴市级青少年高水平体育赛事 3 项。在举重比赛中，2 人破 4 项嘉兴市最高纪录。海宁市少体校创建为首批全国田径少儿撑竿跳高基地。

群众体育事业蓬勃发展。组织 271 名运动员参加浙江省第二届女子体育节和嘉兴市第四届市民运动会 19 项赛事，获团体一等奖。举办“全民健身日”系列活动。27 个体育协会举办传统赛事 449 次，参赛 3 万余人次，其中自主举办赛事 135 次，参赛 1.8 万人次。开展各类体育创强争先活动，年内创建浙江省体育特色乡镇 1 个、社区体育健身俱乐部 3 个、职工体育俱乐部 1 个、幼儿体育示范幼儿园 2 所、中心村全民健身广场 1 个、村级体育俱乐部 15 个。创建嘉兴市美丽乡村体育休闲公园和美丽乡村全民健身广场各 1 个。完成小康体育村提升工程 20 个。实施潮乡少儿习泳工程，培训少儿习泳 7000 余人。

学校体育活动丰富多彩。全年举办中小学生体育赛事 15 项，首次设立中小学定向比赛。推进校园足球改革，构建校、片、市三级竞赛体系。承办“希望杯”浙江省青少年校园足球联赛小学男子乙组决赛。创建全国学校体育工作示范学校 1 所、全国青少年校园足球特色学校 2 所。新增体育设施对外开放学校 4 所，共有 52 所学校的体育设施对市民开放，总活动 26 万人次，其中接待团体 1225 个。

表 41　　2016 年海宁市承办的省级及以上体育赛事一览

序号	级别	比赛名称	比赛日期	比赛地点
1	国际	2016 中国（海宁）速度轮滑公开赛	7 月 16—17 日	海宁国际轮滑运动中心
2	国际	2016 CBSA 中巡海宁斯诺克国际公开赛	10 月 17—21 日	海宁市体育中心
3	国际	中国·海宁 2016 追潮马拉松赛	12 月 17 日	盐官度假区
4	国家	全国蹦床冠军赛暨里约奥运会选拔积分赛	6 月 3—5 日	海宁市体育中心
5	国家	第十九届全国成人游泳锦标赛	9 月 24—25 日	海宁市游泳馆
6	省级	浙江省第二届体育社团运动会速度轮滑比赛	6 月 4—5 日	海宁国际轮滑运动中心
7	省级	浙江省壁球巡回赛海宁公开赛	6 月 4—5 日	海宁市工人文化宫
8	省级	2016 年浙江省幼儿体育大会暨浙江第九届“兴业银行兴动力杯”幼儿轮滑表演大赛	6 月 18—19 日	海宁国际轮滑运动中心
9	省级	2016 年“希望杯”浙江省校园足球联赛小学男子乙组决赛（海宁赛区）	7 月 1—6 日	海宁宏达学校
10	省级	2016 年浙江省青少年（女子乙组）足球锦标赛	7 月 1—9 日	海宁市体育场
11	省级	2016 年浙江省青少年（儿童）举重锦标赛	7 月 9—12 日	海宁市体训馆
12	省级	浙江省第二届女子体育节游泳比赛	9 月 8—10 日	海宁市游泳馆
13	省级	浙江省首届“巾帼杯”女子篮球赛	9 月 9—13 日	海宁市体育中心
14	省级	浙江省第六届“宏达高科杯”桥牌赛	11 月 18—20 日	盐官钱江君廷大酒店
15	省级	第七届浙江省处级以上干部羽毛球联谊赛	11 月 26—27 日	海宁市体育中心
16	省级	“万方杯”浙江省羽毛球协会第二十四届羽毛球大奖赛	12 月 2—4 日	海宁市体育中心
17	省级	浙江省速度轮滑锦标赛	12 月 16—18 日	海宁国际轮滑运动中心

（沈敏凯　韩陈烨）

竞技体育

【概况】　2016 年，海宁市运动员冯吕栋参加 2016 亚洲举重锦标赛获 69 公斤级抓举金牌，杜佳妮参加 2016 亚洲青年田径锦标赛获女子七项全能冠军，彭艺霜参加全国青年女子举重锦标赛获 53 公斤级挺举金牌，张佳艺参加“英发杯”全国少儿游泳锦标赛获金牌 2 枚、银牌 1 枚。海宁市选派 165 名运动员参加 8 项省级比赛，获金牌 25 枚、银牌 22 枚、铜牌 21 枚。选派 433 名运动员参加嘉兴市青少年举重、田径、足球等 15 项赛事，获金牌104枚、银牌67枚、铜牌58枚。2名运动员破4项嘉兴市举重年龄组纪录。承办1项国家级竞技体育比赛、2项省级竞技体育比赛。

6月5日，参加全国蹦床冠军赛的教练和运动员合影

（杨建忠　摄）

【承办全国蹦床冠军赛暨里约奥运会选拔积分赛】　6月3—5日在海宁市体育中心举行。比赛由国家体育总局体操运动管理中心主办，浙江省体育局、嘉兴市体育局、海宁市政府承办。来自全国各地的13支蹦床队204名运动员参赛，产生男、女个人，双人，团体共10枚金牌，并选拔男、女各2名运动员参加里约奥运会。

【承办2016年浙江省青少年（儿童）举重锦标赛】　7月9—12日在海宁市体训馆举行。比赛由浙江省体育局主办，海宁市体育局承办。来自全省各地的13支代表队285名运动员参赛。温州队获团体总分冠军，嘉兴队、宁波队分获第2名、第3名，嘉兴队、杭州队获体育道德风尚奖，27名运动员获体育道德风尚奖。海宁市选派17名运动员代表嘉兴市参赛，获金牌16枚。

【承办2016年浙江省青少年（女子乙组）足球锦标赛】　7月1—9日在海宁市体育场举行。比赛由浙江省体育局、浙江省教育厅主办，海宁市体育局承办。来自全省10个地（市）的207名运动员参赛。杭州市代表队获第1名，丽水市代表队获第2名，绍兴市代表队获第3名，衢州市代表队和嘉兴市代表队获体育道德风尚奖。

表42　2016年海宁市参加嘉兴市级及以上竞技体育比赛成绩　单位：枚

项目	国际			国家			省级			嘉兴市级		
	金牌	银牌	铜牌	金牌	银牌	铜牌	金牌	银牌	铜牌	金牌	银牌	铜牌
合计	2	—	—	3	3	5	25	22	21	104	67	58
田径	1	—	—	—	1	1	6	7	2	27	27	15
游泳	—	—	—	2	1	—	1	—		46	27	19
举重	1	—	—	1	—	3	16	5	7	20	9	6
赛艇	—	—	—	—	—	—	—	—	—	—	—	6
射箭	—	—	—	—	—	—	—	5	6	—	—	—
足球	—	—	—	—	—	—	—	—	—	4.5	—	—
射击	—	—	—	—	—	1	2	5	6	—	—	—
跆拳道	—	—	—	—	1	—	—	—	—	2	1	3
乒乓球	—	—	—	—	—	—	—	—	—	1	1	2
篮球	—	—	—	—	—	—	—	—	—	3.5	—	—
网球	—	—	—	—	—	—	—	—	—	—	—	2
羽毛球	—	—	—	—	—	—	—	—	—	—	2	5

（沈敏凯）

群众体育

【概况】 2016年，海宁市承办斯诺克国际公开赛、中国（海宁）速度轮滑公开赛、中国海宁追潮马拉松赛、第十九届全国成人游泳锦标赛4项国家级及以上群众体育赛事。承办浙江省第二届女子体育节游泳比赛、浙江省首届“巾帼杯”女子篮球赛、浙江省速度轮滑锦标赛等9项省级群众体育赛事。6月24—26日，承办嘉兴市第四届市民运动会轮滑比赛，海宁代表队获团体总分第1名。承办全国速度轮滑等级教练员和裁判员委托培训班，来自全省各地的41名轮滑运动爱好者参加培训。“全民健身日”活动期间，全市4个公共体育场馆、9个镇（街道）游泳池、6个经营性体育健身场所、48所中小学体育设施免费开放。开展太极拳、广播操、啦啦操、象棋、乒乓球等项目公益培训，290名学员参加培训。开展3～69周岁公民体质测试，共测试6460人，体质合格率91.69%。

【承办2016 CBSA中巡海宁斯诺克国际公开赛】 10月17—21日在海宁市体育中心举行。比赛由国家体育总局小球运动管理中心、中国台球协会、浙江省体育局、海宁市政府主办，嘉兴市体育局、海宁市体育局、浙江纽斯达体育文化有限公司承办。来自17个国家和地区的128名选手参赛，英格兰选手马修·塞尔特获冠军。

【承办2016中国（海宁）速度轮滑公开赛】 7月16—17日在海宁国际轮滑运动中心举行。比赛由国家体育总局社会体育指导中心、中国轮滑协会主办，浙江省轮滑协会、海宁市体育总会承办。比赛设成年组、青年组、少年组、教练组等14个组别，分500米争先赛、1000米计时赛、3000米接力赛、5000米积分淘汰赛、10000米积分淘汰赛5个比赛项目。来自法国、澳大利亚、新西兰等8个国家和地区的63支代表队300余名运动员参赛。海宁速度轮滑队获金牌3枚、银牌2枚、铜牌7枚。

【承办中国·海宁2016追潮马拉松赛】 12月17日在盐官度假区举行。比赛由海宁市政府、浙江省田径协会主办，海宁盐官度假区管委会、海宁市体育局承办。来自中国、美国、日本等国家和地区的近千名选手参赛。11月24日启动报名，形式为“跑步＋观潮”

12月17日，举办中国·海宁2016追潮马拉松赛

（盐官度假区 提供）

的休闲运动方式，赛道设在盐官度假区百里钱塘生态绿带内。比赛设半程马拉松项目，杭州市运动员毛健和嘉兴市运动员孔洁分获男女组冠军。

9 月 24 日，第十九届全国成人游泳锦标赛比赛现场

（王超英　摄）

【承办第十九届全国成人游泳锦标赛】　9 月 24—25 日在海宁市游泳馆举行。比赛由国家体育总局游泳运动管理中心、中国游泳协会主办，浙江省体育局、海宁市政府承办。设自由泳、仰泳、蛙泳、蝶泳、混合泳项目。来自香港、澳门、杭州、武汉等地的 48 支代表队 1600 余名运动员参赛。武汉游泳协会获团体冠军，趣泳协、杭州游泳协会分获第 2 名、第 3 名。

【承办浙江省第二届体育社团运动会速度轮滑比赛】　6 月 4—5 日在海宁国际轮滑运动中心举行。比赛由浙江省体育局、浙江省体育总会主办，浙江省轮滑协会、海宁市体育总会承办。来自全省各地 26 个社团的 260 名运动员参赛。海宁市运动员刘涛志获少年男子丁组 300 米个人计时赛金牌。

【承办浙江省壁球巡回赛海宁公开赛】　6 月 4—5 日在海宁市工人文化宫举行。比赛由浙江省体育总会、浙江省壁球运动协会主办，海宁市体育总会、海宁市工人文化宫承办。来自全省各地的 26 名运动员参赛。秦晋获男子组冠军，陈亮获女子组冠军。

【承办 2016 年浙江省幼儿体育大会暨浙江第九届幼儿轮滑表演大赛】　6 月 18—19 日在海宁国际轮滑运动中心举行。比赛由浙江省体育局、浙江省体育总会等 12 家单位主办，浙江省幼儿体育协会、海宁市体育局承办。来自全省各地的 32 支队伍 300 余名运动员参赛。设个人、接力、集体自由式表演 3 个大项 7 个小项比赛项目。

【承办浙江省第二届女子体育节游泳比赛】　9 月 8—10 日在海宁市游泳馆举行。比赛由浙江省体育局、省直属机关工作委员会等 6 家单位主办，嘉兴市政府承办，海宁市体育局、海宁市五环开发投资有限公司执行承办。来自全省各地（市）、省属行业系统单位的 25 支代表队 200 余名运动员参赛。海宁市代表队获金牌 13 枚，列强县组第 1名。

【承办浙江省首届“巾帼杯”女子篮球赛】　9 月 9—13 日在海宁市体育中心举行。比赛由浙江省妇联、浙江省篮球协会主办，海宁市妇联、海宁市体育局、海宁市篮球协会承办。来自全省各地的 8 支运动队 115 名运动员参赛。台州市代表队获第 1 名，嘉兴市代表队获第 2 名，温州市代表队获第 3 名。

【承办浙江省速度轮滑锦标赛】 12月16—18日在海宁国际轮滑运动中心举行。比赛由浙江省体育局、浙江省体育总会主办，浙江省轮滑协会、海宁市体育局承办。来自全省各地的54支代表队近400名运动员参赛。比赛设14个组58个单项，分300米计时赛、1000米计时赛、500米争先赛、5000米积分淘汰赛及3000米接力赛5个项目。海宁市代表队获金牌22枚、银牌10枚、铜牌16枚。

（韩陈烨）

学校体育

【概况】 至年底，全市中小学有体育馆33个、游泳池11个、塑胶运动场74个、篮球场269个、排球场243个、足球场63个、体质健康测试室68个，所有中小学体育器材配置均达到国家标准。

紫微小学被教育部认定为全国学校体育工作示范学校，南苑小学、紫微初级中学被认定为全国青少年校园足球特色学校。马桥中心小学等6所学校被省教育厅认定为浙江省青少年校园足球特色学校。南苑小学被嘉兴市体育局、嘉兴市教育局命名为2015—2018年周期嘉兴市高水平学校体育后备人才训练基地，教师进修学校附属小学等13所学校被认定为2015—2018年周期嘉兴市体育特色项目学校。各中小学开足体育课程，实施“体艺2+1”项目（通过体育艺术教育，掌握两种运动技能和一项艺术技能），实行大课间体育活动和课外集体体育锻炼制度，保证学生每天锻炼1小时。各中小学均举行田径运动会和达标运动会，并开展小型多样、学生喜爱的运动项目比赛，学生参与率100%。全面实施《国家学生体质健康标准》，全市上报学校62所，覆盖率100%；测试学生78546人，全市平均值81.96，优秀率20.46%，优良率57.06%，合格率97.75%。4月11—15日，全市初中毕业生体育学业考试在22个考点举行，5692人参加1000米（男）耐力跑、800米（女）耐力跑、篮球运球、足球运球、100米游泳等项目考试，全市平均分27.98分，满分率34.47%。9月，省教育厅公布2015年全省高校新生体质健康测试数据，海宁市生源总成绩合格率95.19%，列全省第14位。组织4853名一至三年级学生学习游泳。对61所中小学进行体育工作评估，60所中小学为优秀，永宁学校教育集团（4所新居民子女

7月6日，“希望杯”浙江省校园足球联赛在海宁宏达学校举行

（市教育局　提供）

学校）为良好。教育部督察组到海宁开展学校体育工作和学生体质健康达标情况专项督察，肯定海宁学校体育工作和学生体质健康达标成效。

全年举办海宁市级中小学生足球、篮球、轮滑、田径、乒乓球等体育比赛15项，共有437支代表队4235名运动员参赛，首次设立中小学定向比赛。首次举行海宁市青少年校园足球联赛分区赛，8个赛区的97支代表队1095名运动员参赛。承办并参加2016年“希望杯”浙江省校园足球联赛小学男子乙组决赛、嘉兴市第三届青少年学生阳光体育运动会跆拳道比赛和羽毛球比赛。组织中小学生参加嘉兴市篮球、足球、乒乓球、羽毛球、田径、游泳等比赛。海宁市第一中学获浙江省中学生定向运动比赛团体冠军、浙江省中学生健美操锦标赛一等奖、浙江省中小学生校园足球比赛一等奖、嘉兴市中小学生校园足球比赛冠军。南苑中学获浙江省中学生射击赛团体亚军。紫微小学获浙江省青少年羽毛球锦标赛团体第1名。海宁市高级中学获浙江省中学生定向运动比赛团体第2名。教师进修学校附属小学获嘉兴市阳光体育运动会跆拳道比赛团体第1名，并与新仓小学、海洲小学分获嘉兴市中小学生校园足球比赛一等奖。南苑小学获浙江省青少年学生阳光体育运动会射击比赛团体第1名。

【承办2016年“希望杯”浙江省校园足球联赛小学男子乙组决赛（海宁赛区）】 7月1—6日在海宁宏达学校举行。比赛由浙江省教育厅、浙江省体育局主办，浙江省青少年校园足球工作领导小组办公室、海宁市教育局、海宁市体育局承办。来自全省各地24所学校的313名运动员参赛，海宁市选派南苑小学参加。绍兴柯桥小学获冠军，杭州学军小学获亚军，温州仰义二小获季军。

【承办嘉兴市第三届青少年学生阳光体育运动会羽毛球比赛】 10月21—23日在海宁会展中心举行。比赛由嘉兴市体育局、嘉兴市教育局主办，海宁市体育局、海宁市教育局承办。来自嘉兴各地13所学校的256名运动员参赛。海宁市紫微小学选派29名运动员参赛，获女子甲组团体赛冠军。

【承办嘉兴市第三届青少年学生阳光体育运动会跆拳道比赛】 10月20—30日在海宁市体训馆举行。比赛由嘉兴市体育局、嘉兴市教育局主办，海宁市体育局、海宁市教育局承办。海宁市教师进修学校附属小学、文苑小学、行知小学参赛，获金牌6枚、银牌3枚、铜牌5枚。

（沈敏凯　范　冰）

［编辑：张毅强］

传　　媒

Media

《海宁日报》

【概况】 全年出版《海宁日报》366 期，总发行量 1288 万份，平均每期发行量 35050 份。全年经营总收入 4825.3 万元。坚持“新闻 + 服务”理念，保持正确舆论引导。突出“融合、创新、突破”主题，以区域门户建设为核心，推进本土化、社区化办报。围绕工业经济亮点、难点、热点，开辟“扭住工业经济牛鼻子”“服务企业促发展”“五事干部勇立潮头”“拔钉清障百日攻坚”等重大主题专栏专题，共刊发稿件 600 余篇，得到市委书记批示肯定 6 次。工业经济主题报道获省新闻出版广电局新闻阅评组肯定。围绕融合传播和用户需求，创新报道形式。在两会、重大项目开工等关键节点，整版推出数字、图片报道，增强报道的冲击力和影响力。平时新闻报道多用图表、数字展现，改变以往时政新闻文字和照片组合的单调性。利用网站、微信、微博、手机客户端等新媒体，快速传播市委、市政府中心工作。以重大项目开工、文明创建曝光等为节点，多次开展微信和网络直播，宣传市委、市政府决策部署。海宁日报社获 2016 年度浙江日报报业集团创新奖。

【“爱海宁，在一起”报道】 深化每周推出的《家有喜事》栏目，强化用户生成，以本土化栏目做好社区化产品。通过各类媒体报道身边人、身边事，“海高老师美国教汉语”“紫微老师法国学足球”等一批身边人的原生态故事反响良好。邻里节、教师节、公民道德日期间，组织策划各项主题报道，线上线下结合，提升报社品牌影响力。

【创建全国文明城市宣传】 开设《文明创建进行时》专栏，进行创建文明城市宣传报道，栏目被市“六城联创”领导小组办公室表彰为全国文明城市创建优秀项目。策划开展“文明就在身边”社区巡演等活动。开展新春送春联活动，宣传优良家风。继续推进“弄潮儿成长计划”品牌栏目宣传报道，帮扶 25 名困难家庭学生解决学费问题，与浙江省周希俭公益基金会文清教育专项基金合作，提升公益品牌影响力。

【“互联网 +”报道】 推出电商类报道，为更多企业走向“互联网 +”提供经验借鉴。推出“寻找小微企业成长样板”系列报道，探寻小微企业健康成长之路。结合“大众创业、万众创新”，推出创客类报道，挖掘一批年轻创客，以“故事 + 对话 + 专家把脉”形式，为创客搭建服务平台。

【新媒体融合阵地建设】 在核心产品浙江新闻 APP 海宁页和爱海宁 APP 上，集成传播报纸端、微信端和潮市街、花粉团、女人会、小记者等用户黏度高、情感链接强的垂直平台内容，打破线上线下界限，进行互动传播。利用《海宁日报》文化服务主平台优势，将全年近200场活动用游戏、直播、评选等方式，开展用户生成、用户参与、用户评论，线上线下互动一体。以“爱海宁”为整体品牌，在网上打造“全民春晚”“出发吧萌娃”“潮乡百灵”“飞阅海宁”“杭海城铁集卡”等音视频、游戏新产品。《海宁日报》全部新媒体产品用户比上年增加39.8万户，完成考核指标的284.1%，活跃度11.4%。

【“智慧海宁”平台建设】 建设“本土化、社区化”的智慧城市服务体系，线上以媒体矩阵（区域门户）为支撑，线下进社区设立智慧服务屏，完善社区养老服务点、报纸投递点服务功能。借力集团资源，、推进智慧产业项目运营。筹建海宁创客园、智慧电商园、教育培训园，加快“智慧海宁”平台建设运营，实现面向企业和民众的公共生活服务“云系列”产品。

（项　伟）

广播电视

【概况】 全年市广电台播出电视《海宁新闻》3511条，实现场外连线23场。市民监督团开展各类监督活动35次。每月围绕市委、市政府中心工作，推出寻找潮工匠、“兴工业，强海宁”、“两学一做”在基层、“献礼八一，致敬最可爱的人”、观潮节、美丽河道空中看、“五事干部，勇立潮头”等系列报道，继续播出党代会特别报道《数说五年》《今日聚焦》，关注治水、拆违、星级美丽乡村创建、文明城市创建等工作。市广电台在嘉兴市广播、电视中用稿量连续五年居首位，在浙江卫视中用稿连续三年获特等奖，在浙江之声中用稿列第6位。电视对农节目获全省十佳。《海宁纪事》在浙江电视台国际频道《中国游》节目中播出52期，其中纪录片《君匋纪事》因制作精良受到表扬。向中国黄河电视台选送节目61期。

创新媒体融合，增强传播能力。全年大潮网独立访客（UV）345万人次，网站浏览次数（PV）1001万人次。第二十三届钱江（海宁）观潮节、“爱在潮乡”集体婚礼、海商大会、“潮青年创未来”创业精英赛、海宁市重点建筑企业展示等30余个网络专题，以及海昌街道、袁花镇、丁桥镇、档案局、工人文化宫、文化馆等部门微窗口制作内容，同步在大潮网和掌上海宁APP推出。“大潮网”微信公众号全年阅读量2400余万次，平均每天阅读量6.5万次，单条图文阅读量1万次以上的有495条。

通过新闻直播、新闻行动、社会活动、网友互动、名主持名栏目品牌推动等活动，提升广电品牌影响力。推出电视《大潮君来啦》，创造大潮君动画形象。举办中国好声音全国城市海选海宁赛区系列赛事，500余人报名。推出“小手牵大手”文明创建活动，成为创建全国文明城市工作宣传亮点。广播节目推出《FM96车管家》《安然有约》《春娇秀》《跳蚤1，2，3》等特色栏目。举办每月一期华联直播室直播活动，承办庆三八银泰秀场、“3·19”争做文明有礼海宁人、“5·20”银泰交友大会、2016集体婚礼启动仪式、听众环保公益体验、银泰食品安全日、海宁首届百家宴、全省县级创建全国文明城市现场会等现场直播活动。网络推出人大代表来电、人大这一年、代表联络站的故事、两会大数据等系列报道。海宁大讲坛开播“生活里的文化”“传承优良家风家训”和“红学与海宁及其他”等主题讲座。围绕全国文明城市创建、两孩新政、秸秆禁烧、爆竹禁放、“五气共治”等宣传重点制作公益广告，播出160条次，大潮之声创作的《珍爱和平、开创未来》公益广告获嘉兴市一等奖。

海宁华数广电网络有限公司全年经营收入1.15亿元，利润600万元。至年底，数字电视大众用户197217户，净增95户；互动电视大众用户46628户，净增14182户；宽带大众用户52188户，净增1457户。落实专人负责村级便民服务和“三务”公开信息平台、党员远程教育信息化平台后台内容更新维护。加强智慧工地、阳光厨房、校园ADT等项目市场跟踪，确保延伸业务点和后续分期建设市场份额。成功中标海宁市2016年社会治安动态视频监控新建及改造租赁项目。探索单体广播（音响）系统建设，承建龙渡湖背景音乐系统、桐溪社区IP广播系统。制订光纤到户接入建设方案，在新建小区全面实施，改造升级10个镇的主机房。1月，在扩大杭嘉湖南排工程海宁项目立功竞赛上，海宁华数广电网络有限公司获专项设施单位立功竞赛先进集体一等奖。在2016年度浙江华数客服体系评比活动中，海宁华数广电网络有限公司被评为优质营业厅。

【“大潮网”微信公众号被评为全国地方广电最具影响力微信公众号】 12月7日，2016年全国广电新媒体产业合作共赢论坛暨优秀广电微信公众号新V榜发布会在北京举行，海宁广电台微信公众号“大潮网”被评为2016年度全国地方广电微信公众号最具影响力TOP10。“大潮网”微信公众号自2013年7月上线以来，以其原创内容多、发布速度快、信息量大、可看性强、发布权威等优点，成为海宁市民获取最新本地资讯的首选，已有粉丝20万人。

【“我是文明小使者”选拔活动】 于4月20日启动。活动由市文明办、团市委、教育局和广电台联合举办，分海选、复赛和决赛三个阶段，34所学校的800余名学生报名参加。海选分自我介绍、知识问答、才艺展示等环节，由评委综合打分，每校取2名。5月28日，68名入围学生在市广电台进行复赛，20名选手入围决赛。6月11日，在市广电台举行决赛，通过文明演讲、才艺表演和知识问答三轮比赛，许巷小学的鲁戈轩等10名选手获“海宁市文明小使者”称号。赛后，文明小使者利用暑假时间到村（社区）宣传文明城市创建工作。

12月7日，新V榜发布会在北京举行，图为海宁代表在北京领奖 （市广电台　提供）

表 43　　2016 年度省级以上获奖作品

单位	获奖内容	获奖级别	主创人员
海宁日报社	消息《家乡美吸引南昌退休女教师“留下来”》获中国县市区域报新闻奖一等奖	国家	杨平平
海宁日报社	评论《海宁请你大胆“坐”下来》获中国县市区域报新闻奖一等奖	国家	徐丽佳
海宁日报社	通讯《焊工牛贺：在钢板上“穿针引线”》获中国县市区域报新闻奖一等奖	国家	陈曦灏
海宁日报社	系列报道《解码一张皮的时尚升级路》获中国县市区域报新闻奖一等奖	国家	宋屹立、钱海飞、林佳冰
海宁日报社	图片《爷爷考生四度考研》获中国县市区域报新闻奖一等奖	国家	王超英
海宁日报社	图片《回家！回家！》获中国县市区域报新闻奖一等奖	国家	陈　杰
海宁日报社	微信公众号、新闻客户端《海宁发生的这件事写进最高人民法院工作报告！》获中国县市区域报新闻奖一等奖	国家	傅振明、徐晓燕、刘芳璐
海宁日报社	消息《患病媳妇手术前写给婆婆一封信》获中国县市区域报新闻奖二等奖	国家	胡雯矜
海宁日报社	消息《群大“直播”养鸡，月销 2 万余只》获中国县市区域报新闻奖二等奖	国家	杨平平、林佳冰
海宁日报社	通讯《看许村这样破解高额彩礼之“痛”》获中国县市区域报新闻奖二等奖	国家	万　姗
海宁日报社	评论《“捧人才”是主动转型的最好表现》获中国县市区域报新闻奖二等奖	国家	祝　佳
海宁日报社	评论《直播经济，海宁皮革站上新风口》获中国县市区域报新闻奖二等奖	国家	沈　虹
海宁日报社	图片《[illegible] 800 [illegible]》获中国县市区域报新闻奖二等奖	国家	王超英
海宁日报社	图片《周成龙：从冠军到能手》获中国县市区域报新闻奖二等奖	国家	王超英
海宁日报社	图片《警犬出击》获中国县市区域报新闻奖二等奖	国家	陈　杰
海宁日报社	消息《一盘辣椒“炒”出我市首个浙大工作站》获中国县市区域报新闻奖三等奖	国家	朱晓迪
海宁日报社	消息《党课赶上直播风，基层党员成“网红”》获中国县市区域报新闻奖三等奖	国家	万　姗
海宁日报社	通讯《每次查房都会摸摸 90 岁失语病人的额头》获中国县市区域报新闻奖三等奖	国家	贺洁靓
海宁日报社	通讯《92 岁老人阮海瀛转两趟公交银行取款，一次性捐出 10 万元资助贫困学生》获中国县市区域报新闻奖三等奖	国家	贺洁靓
海宁日报社	系列报道《扭住工业经济牛鼻子》获中国县市区域报新闻奖三等奖	国家	沈虹、万姗、杨平平、朱晓迪、陈曦灏

续表 43

单位	获奖内容	获奖级别	主创人员
海宁日报社	图片《亮剑》获中国县市区域报新闻奖三等奖	国家	王超英
海宁日报社	图片《蹦床健儿，冲刺里约》获中国县市区域报新闻奖三等奖	国家	陈　杰
海宁日报社	图片《手机拍潮》获中国县市区域报新闻奖三等奖	国家	陈　杰
海宁日报社	微信公众号、新闻客户端《今早再夺冠！5金“奥运女王”吴敏霞是海宁人的女儿!》获中国县市区域报新闻奖三等奖	国家	傅振明、徐晓燕、刘芳璐
海宁日报社	网络新闻专题《最美海宁四月天——海宁荷赛第八季》获中国县市区域报新闻奖三等奖	国家	傅振明、徐晓燕、沈洁、俞蕾、陈潇、沈虹
海宁日报社	通讯《新桥港“河长”史晓明巧解村民退养难》获中国城市党报新闻奖一等奖	省级	杨平平
海宁日报社	消息《海宁诗人短诗〈花园〉“诵”到康河畔》获中国城市党报新闻奖二等奖	省级	万　姗
海宁日报社	消息《2500名农民众筹300万元建美丽乡村》获中国城市党报新闻奖二等奖	省级	朱晓迪
海宁日报社	系列报道《我说医患情》获中国城市党报新闻奖二等奖	省级	许涛、贺洁靓
海宁日报社	副刊类《孟利富：乡土情酿出飘香米酒》获中国城市党报新闻奖二等奖	省级	祝　佳
海宁日报社	消息《自发送锦旗，点赞城市有机更新》获中国城市党报新闻奖三等奖	省级	陈曦灏
海宁日报社	通讯《员工子女上大学，公司发三个红包》获中国城市党报新闻奖三等奖	省级	祝　佳
海宁日报社	通讯《20年后恩人病重，他送上2万多元》获中国城市党报新闻奖三等奖	省级	贺洁靓
海宁日报社	通讯《省下鞭炮钱，凑了2万多元，给村里17户贫困家庭送喜礼》获中国城市党报新闻奖三等奖	省级	贺洁靓
海宁日报社	评论《干部“沉下去”，企业强起来》获中国城市党报新闻奖三等奖	省级	周　锋
海宁日报社	系列报道《我的创业年终奖》获中国城市党报新闻奖三等奖	省级	朱文、祝佳、林佳冰
海宁日报社	图片《“小候鸟”来新家》获中国城市党报新闻奖三等奖	省级	王超英
海宁日报社	副刊《重拾外曾祖父生计，“堰遇”旧时光》获中国城市党报新闻奖三等奖	省级	钱海飞
海宁日报社	版面《小城海宁之盐官》获中国城市党报新闻奖好版面	省级	集体
海宁日报社	消息《18万元爱心款分文不动转赠有需要的人》获浙江省县市区域报新闻奖一等奖	省级	贺洁靓
海宁日报社	通讯《黄湾冷冰坞桔子今年“不卖”了》获浙江省县市区域报新闻奖一等奖	省级	沈　虹

续表 43

单位	获奖内容	获奖级别	主创人员
海宁日报社	系列报道《海宁民宿：如何寻找到春天》获浙江省县市区域报新闻奖二等奖	省级	祝佳、宋屹立、沈婷婷
海宁日报社	图片《爷爷考生四度考研》获浙江省县市区域报新闻奖二等奖	省级	王超英
海宁日报社	新闻漫画《黄阿姨的朋友圈》获浙江省县市区域报新闻奖二等奖	省级	朱　文
海宁日报社	典型报道《社区书记“翻”垃圾》获浙江省县市区域报新闻奖二等奖	省级	杨平平
海宁日报社	突发性事件报道《众志成城抵御强寒潮》获浙江省县市区域报新闻奖二等奖	省级	集体
海宁日报社	深度报道《工业经济：今日再看“海宁潮”》获浙江省县市区域报新闻奖二等奖	省级	朱敏乾
海宁日报社	新闻版面《杭海城际铁路，动工》获浙江省县市区域报新闻奖三等奖	省级	朱敏乾
海宁日报社	重大主题报道《聚焦海商大会》获浙江省县市区域报新闻奖三等奖	省级	陈曦灏、沈虹、朱晓迪、杨平平、万姗、周锋
海宁日报社	热点引导《“两学一做”进行时·向信仰致敬》获浙江省县市区域报新闻奖三等奖	省级	陈曦灏、朱晓迪、杨平平、沈虹、周锋、万姗
海宁日报社	评论《不要一个模子刻出来的美丽乡村》获浙江省县市区域报新闻奖三等奖	省级	周　锋
海宁市广播电视台	《大潮之春——海宁市 2016 网络迎新晚会》获中广联合会优秀节目电视文艺类一等奖	国家	朱峰、单杰民、顾佳妮
海宁市广播电视台	论文《新媒体生态下县级广播电视的融合发展之路》获第十四届全国广播影视学术论文（决策管理类及其他研究类）二等奖	国家	孔莉
海宁市广播电视台	《今日新农村》获中国广播电影电视社会组织联合会三等创优栏目	国家	姚雁鸣、殷文韬、沈渊、吴颖倩、贾鑫超、张晓、张宇竞
海宁市广播电视台	《海宁百业之三》在第十七届全国电视外宣“彩桥”节目创优评析活动中获人文自然类三等奖	国家	李梦霞、徐詹东、胡宇宁、赵洁
海宁市广播电视台	《今日新农村》获 2016 年度广播电视对农节目服务工程建设考核优秀奖	省级	姚雁鸣、沈渊、章羽茜、吴颖倩、贾鑫超、张平、张晓、张宇竞、周向华、蒋颖媛、朱正天、冯燕
海宁市广播电视台	广播社教专题《老徐巡山》获 2016 年度浙江省广播电视新闻奖二等奖	省级	董维刚、马天使、邱丹怡、陆军
海宁市广播电视台	电视消息《八旬老太坐火车忘带身份证，特警“公主抱”与时间赛跑》获 2016 年度浙江省广播电视新闻奖三等奖	省级	周志伟、贾鑫超、徐梦、曹寿南、施虹艳

（项　伟　金新颜）

海宁新闻网

【概况】 海宁新闻网由海宁市网络宣传管理中心主管，有网络编辑 4 人、技术人员 1 人、美术兼视频编辑 1 人。内容主要有时政、民生、图片新闻、新闻资讯服务和视频新闻。新闻编辑时间为 24 小时，并通过媒体融合报道提高网站新闻的时效性。利用海宁日报社的资源优势，加强与报纸新闻编辑的联系，确保新闻的准确性。平均每日发布海宁新闻 15～20 条，编辑通讯员来稿 20 条，发布国内国际重大新闻十余条。在新闻网首页制作公益广告，宣传文明城市创建、“五水共治”等工作。加大民情直通网络问政宣传，改版民情直通网络平台，《海宁日报》每周开设 1～2 个专版对问政办理情况进行追踪报道。全年 130 余条原创新闻被浙江在线采用，其中 20 余条被浙江在线首页采用。海宁新闻网被浙江在线评为 2016 年度先进支站。

【做精专题新闻】 开设《“两学一做”进行时》《2016 海宁两会》《2016 弄潮儿成长计划》《抵御强寒潮》《最美海宁四月天》《书记市长在忙啥》《海宁新闻发布会》《2016 抗台专题》《抗击莫兰蒂台风》《战“35℃+”的日子》《优美庭院评选活动》《最满意民生工程看过来》《海宁最美河道评选》《我们的奥运》《飞“阅”海宁》《2016 徐志摩微诗歌大赛》等 30 余个新闻专题。专题新闻通过文字、图片、视频等形式增强可读性。单个专题平均点击率 3 万余人次，最高点击率突破 15 万人次。新闻专题《最美海宁四月天——海宁荷赛第八季》在 2016 年支站优秀专题评选中获优秀奖。

【跟进图文直播】 采取全媒体融合报道，将一线记者的图文资料，第一时间在网站和微博进行直播式报道，其中《抗击莫兰蒂台风》直播报道一天阅读量突破 4 万人次。利用自身摄像资源，派出专职记者到现场全程摄制新闻纪录片。

【网络视频直播】 全年开展多场网络直播。两会期间，利用网络直播间开展人大专题访谈，获市民网友的广泛关注和好评。开展 2016“新月如歌”徐志摩音乐诗会暨第四届中国（海宁）·徐志摩微诗歌大赛颁奖典礼直播，诗歌文化走进大众生活。

（柴天明）

市委报道组

【概况】 适应宣传报道新形势，创新新闻报道全媒体融合机制。全年市委报道组在全国、省级及嘉兴市级报刊发表稿件近 300 篇，其中《浙江日报》75 篇、《今日浙江》3 篇、《嘉兴日报》203 篇。市委报道组被评为浙江日报报业集团十佳报道组、嘉兴日报报业集团优秀报道组。

【有效投资报道】 2016 年，全市开展“招商引资突破年”“转型发展服务提速年”活动。市委报道组重点围绕大项目的招引和推进、首届海商大会举办、浙大国际校区建设、杭州至海宁城际铁路建设等，采写《海宁大项目引领大产业》《海宁营造良好环境着力扶优扶强》《海宁借力国际名校打造创新发展新引擎》《海宁全力打造融入杭州都市圈“黄金路”》等稿件，刊发于《浙江日报》和《嘉兴日报》头版。

【产业提升报道】 2016 年，全市加快产业结构调整，市委报道组围绕强服务、促转型、提质效等主题，采写《海宁工业强基力挺实体经济》《皮革时尚小镇创意区开工“设计+”裁出海宁时尚》《海宁“潮乡特支人才”创新出实效》《海宁用市场化手段做科技“媒人”》《海宁“高大尚”打造浙商回归热土》等稿件，刊发于《浙江日报》《嘉兴日报》重要版面以及浙江新闻客户端。

【改革创新报道】　2016年，全市推进供给侧结构性改革，三大国家级改革试点成效明显。市委报道组重点跟踪好经验、好做法、好典型，采写《海宁“用能权”改革风生水起》《海宁循环经济迸发产业活力》《民间金融创新发展的“海宁样本”》《海宁出台企业减负“37条”》《一双袜子背后的“供给侧改革”》《一张施工图的审批改革》《海宁全方位服务企业发展》等稿件，刊发于《浙江日报》《嘉兴日报》重要版面，并通过浙江新闻客户端推送。

【环境治理报道】　市委报道组围绕“五水共治”“五气共治”“三改一拆”、文明创建、美丽乡村等工作，采写系列稿件，其中《海宁黄山村续写好家风》《海宁让拆后土地焕发新生机》《海宁巡河治水有“段长”》《海宁治理农村乱堆乱放，砖瓦柴火存进“银行”》《海宁争创全国文明城市在行动，文明新风遍吹潮乡角落》等稿件，刊发于《浙江日报》重要版面和《嘉兴日报》头版，并被多家主流网站转载。

【民生改善报道】　市委报道组围绕医疗、养老、教育等方面的创新做法和取得成效进行报道，采写《海宁：智慧医疗融入百姓生活》《海宁通过政府购买服务方式，为失能老人提供照料》《海宁市被确定为国家学前教育实验区》等稿件，刊发于《浙江日报》重要版面，采写《打造公共服务供给侧改革的“海宁样本”》《海宁政府买单撑起民生保护伞》《海宁快步迈进“星级”养老时代》《海宁十年深耕释放村级集体经济红利》等稿件，刊发于《嘉兴日报》头版。

【党的建设报道】　2016年，海宁市坚持从严治党，落实主体责任和党建工作责任制。市委报道组围绕“两学一做”学习教育、“五事”干部主题教育等，采写《海宁“两学一做”重创新、求实效》《海宁乡村党员接受党性“体检”》《海宁巡察工作有力度》《海宁搭建多元化农村党员服务平台》《海宁创新制度设计扎牢纪律“笼子”》等稿件，刊发于《浙江日报》《嘉兴日报》，以及《中国纪检监察报》《中国组织人事报》等报刊。

（沈　鑫）

［编辑：张毅强］

卫　生

Hygiene

综　述

至年底，全市有各级各类医疗卫生机构307家。其中市级公立医院6家（市人民医院、市中医院、市第二人民医院、市中心医院、市第四人民医院和市妇幼保健院），疾病预防控制中心和卫生监督所各1家，镇（街道）卫生院（社区卫生服务中心）14家，社区卫生服务站153家；有民营医院3家，其中综合医院1家（海宁康华医院）、中医医院1家（富春骨伤医院）、专科医院1家（杭州口腔医院海宁分院）；民营门诊部6家，个体诊所65家。全市医疗卫生机构编制床位数3233张，实有床位数4232张，每千人口（户籍人口，下同）拥有床位6.21张。全市共有卫生技术人员5570人，其中执业医师和执业助理医师1783人，每千人口拥有医生2.62人；注册护士2332人，每千人口拥有护士3.42人；注册乡村医生149人。全年医疗卫生机构门急诊711.6万人次，入院12.7万人次，出院12.8万人次，市域内就诊率90%以上，基层首诊率60%以上。医疗机构患者第三方调查满意度94.4分，比上年提高3.5分。

完成2013—2015年“健康海宁”建设行动评估，指标完成率96.08%。海宁市入选浙江省综合医改先行先试县（市、区）及“做强做优公益性医院，放开放活营利性医院”改革试点县（市）。开展首轮责任医生签约服务。优质医疗资源下沉到村（社区），全省“双下沉、两提升”现场会在海宁召开，《光明日报》对海宁“双下沉”工作进行系列报道。增强公共卫生服务能力，高血压、糖尿病患者规范管理率分别为66.70%和66.92%。全年引进各类卫生计生人才119人。“合作办医”“智慧医疗”两个项目入选海宁市“十二五”期间十大最满意民生工程。参加各项大型活动医疗保障工作，共出动急救车辆76天次、医务人员723人次。

完成新一轮医疗卫生单位领导班子换届，新提拔任用领导干部12人，下派挂职3人。常态化开展行风效能督察，全年实地及视频远程督察单位133家次、站点1543个次，下发督察通报14次。在海宁市级以上新闻媒体播报卫生计生新闻480余条，在市政府政务信息平台、局门户网站等公开各类信息1000余条，21件网络舆情得到有效处置。完成31件人大建议、政协提案主办件办理，满意率100%。市中医院外科医生李华丰到西藏自治区那曲县人民医院开展援藏工作。发布《海宁市卫生和计划生育事业发展“十三五”规划》。举办庆“5·12”国际护士节暨“树行业标杆、展卫计风采”表彰活动，王冠军等10人获“潮乡好医生”称号，徐剑美等10人获“潮乡好护士”称号。

（关晓玥）

医药卫生体制改革

【概况】　落实医疗资源“双下沉、两提升”长效合作机制。省人民医院海宁医院浙北微创外科中心和泌尿肾病中心挂牌，建立省、市、镇远程会诊中心。长海医院海宁分院启动对接下一轮合作计划，长海医院继续对海宁分院的心内科、眼科、肾内科、急诊科、麻醉科进行重点合作帮扶，专家每周三天常驻，安排消化、呼吸、骨科、皮肤科的专家开展短期帮扶。市中医院与浙江省中医院建立协作关系，与北京同仁医院眼科研究所合作建立眼科远程会诊中心。市妇幼保健院挂牌成立九三学社浙江大学医学教育与临床（儿科学）海宁工作站，与上海瑞金医院建立不孕不育与遗传诊疗联合门诊。启动实施省级深化医改试点。加快社会资本办医，新设置海宁皮城康复医院。全面完成“健康海宁 APP 扩容”政府实事项目，新增预约挂号功能。完善智慧医疗便民服务功能，银医通、诊间结算等自助服务市级公立医院全覆盖。

【承办全省“双下沉、两提升”工作现场会】　4 月 19 日，全省“双下沉、两提升”工作现场会在海宁召开。会议由省委、省政府主办，海宁市委、市政府承办。省委书记夏宝龙、省长李强、浙江大学校长吴朝晖、嘉兴市委书记鲁俊、嘉兴市市长胡海峰、海宁市市长戴峰等领导，以及省直有关部门、省级医院主要负责人等 90 余人出席会议。会议由李强主持，夏宝龙在会上讲话。与会代表观看全省“双下沉、两提升”工作宣传片，浙江大学医学院附属邵逸夫医院、温州医科大学附属第二医院、杭州市江干区凯旋街道社区卫生服务中心、海宁市委市政府等单位作交流发言。参观全省“双下沉、两提升”工作汇报展板，考察海宁市中心医院合作办医情况。省人民医院浙北微创外科中心和浙北泌尿肾病中心揭牌。

4 月 19 日，全省“双下沉、两提升”工作现场会在海宁市中心医院举行　（市卫生计生局　提供）

【责任医生签约服务】　6 月 28 日，印发《关于推进责任医生签约服务工作的实施意见》，全面启动责任医生签约服务工作，进一步推进分级诊疗。责任医生签约服务是以全科医生为主体，社区责任医生团队为依托，镇卫生院（街道社区卫生服务中心）为平台，各级医疗卫生机构协作为支撑的服务模式。责任医生签约服务费每人每年 120 元，其中个人支付

10 元，110 元由医保基金、基本公共卫生服务经费分担，并根据第三方考核结果予以拨付。全市组建由市级医院、镇卫生院和社区卫生服务站组成的三级医师团队 207 个，以特重人群（三级管理高血压、糖尿病、重性精神病患者和失独家庭患病人员）为对象开展首轮签约服务。全市共签约 15.5 万人，其中特重人群 1.1 万人、重点人群 11.3 万人，签约率 22.99%。

【海宁市列入省综合医改先行先试地区】 10 月 17 日，省卫计委、发改委等五部门联合印发《关于推进全省综合医改先行先试地区重点改革任务的意见》，海宁市被确定为浙江省综合医改先行先试县（市、区）。制订《海宁市深化医药卫生体制综合改革实施方案》，在分级诊疗制度、药品耗材采购使用机制、医疗服务价格、医保支付制度、人事薪酬制度、公立医院综合监管、智慧医疗健康服务、社会办医等重点领域加强改革探索，实施“十三五”期间重点改革任务 7项，向全省提供可复制、可推广的改革经验。

【推进社会资本办医】 制订《海宁市“十三五”医疗机构设置规划》，开展“做强做优公益性医院，放开放活营利性医院”试点，优化社会办医环境。年内，康华医院二期项目开工建设。海宁皮城康复医院通过设置，核定床位 100 张。新设置个体诊所 15 家，其中口腔诊所 9 家、中医诊所 3 家、西医诊所 3 家。开设全市首家盲人按摩诊所。

（关晓玥）

医疗卫生服务

【概况】 年内，市妇幼保健计划生育服务中心（市妇幼保健院）迁址启用。至年底，6 家市级公立医院全部完成新（迁）建。加强人才队伍建设，梳理制定卫生紧缺专业及高层次人才目录，组织卫生技术人才专场招聘会和高层次人才自主招聘会共 8 场次，引进卫生技术人才 119 人，其中硕士学历 11 人、正高职称 1 人、副高职称 1 人；招聘编制外岗位合同工 195 人。推进“大学生村医计划”，健全“校地共育”机制，招录临床医学专业定向培养生 10 人，其中本科学历 5 人、大专学历 5 人。新入选嘉兴市卫生计生系统“1030”人才工程①和“351”人才工程②后备学科带头人 1 人、优秀青年人才 4 人。晋升高级职称 68 人，其中晋升正高职称 3 人，晋升初、中级职称 284 人。继续实行“医学助学金”制度，与 18 名海宁籍重点院校学生签订补助协议。

加强科研项目建设和继续教育管理。市人民医院心内科、神经内科、急诊医学，市中医院肛肠科 4 个学科通过三甲技术学科评审，市中医院普外科等 9 个学科通过三乙技术学科评审。推进中医药发展，市人民医院中医科（中医肾病）等 5 个学科被确定为海宁市中医名科，评选 3 名海宁市名中医和 2 名基层名中医，3 家卫生院完成中医诊疗区（中医馆）建设项目。全年实施各类医学继续教育项目 112 个，其中国家级 2 个、省级

---

① “1030”人才工程：指到 2017 年年底，选聘 10 名左右的优秀学科带头人，使部分专家尽早成为省内知名的医学专家；选拔 30 名左右的青年人才作为培养对象，成为具有较高水平的技术专家或学科带头人。

② “351”人才工程：指到 2017 年年底，培养 30 名在省内有一定知名度的学科带头人，培养 50 名在市内有一定知名度的后备学科带头人，培养 100 名技术全面、德才兼备的优秀青年人才。

4个、嘉兴市级25个。44人到上海、杭州等三甲医院进修深造，122人通过考试取得执业（执业助理）医师资格证，96人参加住院医师规范化培训，33人参加社区护士岗位培训。开展2015—2016年度海宁市医学新技术、新项目评审，评出“急性心肌梗死急诊介入治疗”等新技术、新项目10项，其中一等奖1项、二等奖3项、三等奖6项。市中医院、市中心医院申报浙江省医药卫生科研项目成功立项，市中医院“大肠癌危险因素与癌及癌前病变检出率关系的研究”获嘉兴市科技进步奖二等奖，市人民医院、市疾病预防控制中心各1项课题获嘉兴市科技进步奖三等奖。

海宁市中医院俯瞰　　（王超英　摄）

提升急救能力。全市配备17辆救护车，其中A型车（普通型）12辆、B型车（抢救监护型）4辆、C型车（防护监护型）1辆，配备呼吸机4台、除颤器4台、心电监护仪12台。全年接听“120”求救电话40116次、有效报警电话15823次，急救派车15824次。组织全市医务人员急救知识培训1期，举办调度员培训1期，开展急救知识推广活动7次。

【市妇幼保健院迁址启用】　1月19日，异地新建的市妇幼保健计划生育服务中心（市妇幼保健院）正式启用。新院位于市区水月亭东路309号，按三级乙等妇幼保健院标准建设。占地面积2.7公顷，总建筑面积3.4万平方米，设计床位300张。设妇科、产科、儿科等门诊及病区，开展妇女儿童保健、婚前体检和计划生育指导等服务。项目于2012年12月动工，2015年12月竣工，完成投资1.9亿元。

【医疗资源共享】　区域影像诊断、消毒供应、临床检验、心电会诊、病理诊断和肿瘤治疗六大中心全年集中诊断、检验39.8万次（例）。心电会诊中心全年审核心电图1.7万份，发现危重病例200余例，其中心肌梗塞35例。肿瘤治疗中心建立手术、放疗、化疗、介入、中医等一体化肿瘤治疗模式，累计开展放射治疗1500次。建成心脑血管疾病、糖尿病两大慢性病诊疗指导中心，挂靠市人民医院；成立中医药工作指导中心，挂靠市中医院。在市中心医院新建临检中心西片分中心。两家市级医院的16名专家组成指导团队，帮扶乡镇卫生院规范慢性病诊疗体系，通过市、镇、村三级协同服务，引导群众基层首诊。

【无偿献血】　2016年，全市无偿献血1.2万人次，比上年增长11.6%；采集血量429.5万毫升，增长13.3%。其中献全血11132人次，成分献血908人次，400毫升献血率 86.6%，街头自愿献血占总献血人次的 42.1%。献血人次和采血量连续十三年保持嘉兴市首位，无偿献血连续十五年占临床医疗用血的 100%。

11 月 16 日，国家卫计委副主任马晓伟（右二）考察马桥街道健康管理中心

（市卫生计生局　提供）

【红十字会工作】 印发《关于推进村（社区）红十字会组织建设的实施方案》。3 月 18 日，首家村（社区）红十字会硖石街道西山社区红十字会成立。至年底，全市共有 18 个村（社区）建立红十字会。全年培训救护培训师 50 人、救护员 3233 人，培训企业、机关、学校、社区等人员 1.5 万人。89 名捐献造血干细胞志愿者采样入库，6 人办理遗体捐献申请，3 人办理器官捐献申请，4 人办理眼角膜捐献申请。全年接受募捐资金 109.1 万元。启动“宏达天使”“爱心病房”等公益项目，重点关怀白血病、尿毒症、精神障碍等贫困人群。实施市、镇两级“红十字养老关爱”项目，200 余名红十字志愿者定期为 15 所公办养老机构的老人提供志愿服务。11 月，海宁市被评为第二批省级红十字工作示范县（市、区）。

（姚敏忠　吴丽菊）

基层卫生工作

【概况】 启动省级中心镇卫生院医疗服务能力提升项目，斜桥中心卫生院异地新建项目开工。盐官度假区卫生院二期病房交付使用。斜桥中心卫生院中医外科等 12 个专科被确定为海宁市首批基层医疗机构特色专科。2016 年，全市基层医疗机构门急诊 356.9 万人次，居民在基层首诊率 60.4%，基层医疗机构病床使用率 73%。加大基本公共卫生服务投入，全市按户籍人口每人每年 57.6 元、流动人口每人每年 33.6 元标准安排基本公共卫生服务经费，其中各镇（街道）财政按每人（含户籍人口和流动人口）每年不少于 9.6 元实施配套。基本公共卫生服务项目指标达标率 94.5%。结合星级美丽乡村创建，制订《社区卫生服务机构设置方案》，修订星级规范化社区卫生服务站标准，鼓励和推进人口集聚的中心站建设。鼓励基层医疗机构发展康复养老医疗，12 个镇（街道）按照医疗和养老有机融合目标确定 16 个医养结合示范点。完善市级医院与卫生院药品双向联动机制，市、镇两级基本药物匹配率 85%，全年双向转诊病人 800 余例。基层卫生综合改革得到国家卫计委和省卫计委肯定。丁桥镇卫生院创建为全国群众满意的乡镇卫生院。海宁市基层卫生工作作为优秀案例报送全省基层卫生工作大会作书面交流。“海宁市高血压、糖尿病患者精细化管理研究”课题获嘉兴市基层卫生专项课题一等奖。在嘉兴市基层卫生协会组织的学术年会论文征文中，海宁市获二等奖4篇、三等奖3篇。11月16日，国家卫计委副主任马晓伟一行到海宁调研基层卫生工作。

【省级中心镇卫生院医疗服务能力提升项目启动建设】 10月12日，印发《海宁市省级中心镇卫生院医疗服务能力提升建设方案（2016—2019年）》，确定许村中心卫生院、袁花中心卫生院、斜桥中心卫生院为海宁市省级中心镇卫生院医疗服务能力提升项目建设单位。明确通过3年时间的建设，明显提高医疗卫生服务能力和管理水平，能为该集镇及周边乡镇辐射人口提供较好的基本医疗卫生服务，成为县域内的医疗技术分中心，对邻近乡镇卫生院进行技术指导和帮扶。

【斜桥中心卫生院项目开工】 12月31日，异地新建的斜桥中心卫生院开工。项目位于斜桥镇永合村庆仲路西侧，康乐路北侧，用地面积1.5公顷，建筑面积8400平方米，设计床位99张。总投资4492万元。

（关晓玥 姚敏忠）

预防保健

【概况】 首轮“健康海宁”三年行动计划全面完成，实施健康素养提升工程。2016年，全市报告法定传染病4899例，发病率597.61/10万人，比上年上升17.3%，无甲类传染病报告。强化慢性病规范化管理，高血压、糖尿病患者规范管理率分别为66.70%和66.92%，严重精神障碍患者规范管理率70.88%，无肇事肇祸情况发生。海宁市精神病防治康复领导小组办公室被评为2015年浙江省严重精神障碍项目先进集体。完成6岁以下儿童健康体检5.4万人次，幼儿园在园儿童免费龋齿防治4.2万人次，海宁市户籍新生儿疾病及听力筛查5958人，儿童视力筛查1.9万人次。新增市第二人民医院、硖石街道社区卫生服务中心2个五星级预防接种门诊。全市婚前医学检查9272人，婚检率99.68%；早孕建卡率95.03%，孕产妇系统管理率95.02%，产前筛查率98.29%，产后访视率100%；高危孕产妇管理率100%，海宁市户籍孕产妇死亡1例，无流动人口孕产妇死亡；围产儿死亡率3.01‰，孕产妇艾滋病、梅毒、乙肝病毒抗体检测率100%；3岁以下儿童系统管理率97.78%，7岁以下儿童保健覆盖率98.31%；新生儿访视率99.95%，新生儿听力筛查率99.94%；新生儿死亡率0.75‰，婴儿（含新生儿）死亡率1.21‰，5岁以下儿童（含新生儿、婴儿）死亡率1.36‰。

实施重大公共卫生项目服务，完成盐官镇、盐官度假区、海洲街道（伊桥片）共37596名40～74岁目标人群第二轮大肠癌早诊早治，初筛顺应率93.83%，对海昌街道（双山片）、袁花镇（袁花片）、周王庙镇大肠癌进展期以上腺瘤进行随访复查。完成许村镇、周王庙镇、海昌街道共33664名城乡妇女“两癌”（宫颈癌和乳腺癌）检查。举办浙江省联合国糖尿病宣传日大型宣传及义诊活动，发放宣传资料2000余份，接受义诊咨询300余人次，发放营养示范餐150份，眼底检查50余人次。

【首轮“健康海宁”建设行动全面完成】 5月6日，市“健康海宁”建设领导小组印发《2013—2015年“健康海宁”建设行动总结评估报告》，“健康海宁”建设行动全面完成。报告显示，以2012年年底各项指标完成情况为基准值，并与2015年目标值进行对比，51项指标中完成49项，完成率96.08%。七大指标中，健康人群、健康环境、健康服务、健康教育和健康创建全部完成，健康保障和健康管理个别指标未达标。

【规范免疫接种】 自10月起，在硖石街道社区卫生服务中心试点预防接种工作“5S”管理（整理、整顿、清扫、清洁、素养五个阶段的现场管理），拟定管理制度，规范工作流程。10月26日，国家卫计委卫生和计划生育监督中心对海宁预防接种专项监督检查开展情况进行督察。11月29日，市第二人民医院、硖石街道社区卫生服务中心预防接种门诊被省卫计委命名为五星级预防接种门诊。至年底，全市共有五星级预防接种门诊5家、三星级预防接种门诊2家、规范化预防接种门诊9家。2016年，全市免疫规划常规接种率99%以上。

【重性精神疾病管理治疗】 至年底，全市有在册六类重性精神疾病患者3517人。规范管理2493人，规范管理率70.88%（要求50%以上），肇事肇祸率为零。由市第四人民医院精神科医生、镇（街道）精神病防治医生、村（社区）精神病防治医生、镇（街道）派出所驻村民警、村（社区）干部和患者监护人组成关爱帮扶小组，对重性精神疾病患者进行帮扶。各镇（街道）、村（社区）随访重性精神疾病患者21437人次。市第四人民医院精神科医生下基层诊断复核和检查指导51人次。全年2068名精神病患者具有享受残疾人门诊补助资格，获得享受589人，补助金额22.3万元，其中享受全额补助107人，补助金额10.7万元。

11月12日，“糖尿病宣传日”活动（市卫生计生局 提供）

【首届职业人群健走激励大奖赛】 5月21日，全国首届“万步有约”职业人群健走激励大奖赛（海宁赛区）在盐官百里钱塘启动，有7支队伍221人参加。大奖赛由中国疾控中心慢病中心主办，引入“互联网+健康”理念，倡导科学健走。海宁市作为全国慢性病综合防控示范区之一，由市疾病预防控制中心与海宁日报有限公司承办海宁赛区比赛。百天万步率99.36%，列浙江省20个慢病示范区中第2位，综合排名列全国200余个示范区中第18位。10月17日，在银泰城举行颁奖典礼。133人获“全国月度达人”称号，长安卫生院长安天使队、市疾病预防控制中心潮之队、市第二人民医院太阳的后裔队分获最佳团体前三名。

【市心理学会成立】　10月28日，海宁市心理学会成立。选举市第四人民医院张骏为理事长，市第四人民医院封敏等4人任副理事长。该学会是由海宁市心理学工作者、心理学研究和教学单位自愿组成的非营利性社会组织，有单位会员4家、个人会员52人。主要开展心理学学术交流、课题研究、科学知识和技术普及、人才举荐、成果鉴定等工作。

(章志峰　王虎良　许　枫)

卫生监督执法

【概况】　坚持依法行政，全年办结卫生类行政审批2245件，其中公共场所卫生行政许可550件、护士执业注册726件、医师执业许可432件、医疗机构变更和校验356件、医疗卫生机构设置执业许可46件、医疗广告审查（中医、西医）16件，办结率100%。行政处罚52起，移送公安机关2起，罚款21.3万元。规范依法行政，梳理行政许可权力19项、行政处理权力65项，行政征收权力3项，项目部门职责边界25项、事中事后监管制度18项、基本公共服务17项、直接公共服务37项，全部列入政务网向社会公开。开展法治宣传教育，普及公共卫生安全知识。举办食品安全、传染病防治、健康生活方式等主题讲座259场，听众1.7万人次；现场宣传与媒体宣传12次，发放资料1.7万份，接受咨询3650人次；联合市广电台、《海宁日报》开展预防传染病、健康生活方式等宣传。

对全市69家中小医疗机构开展星级评审，评出三星级44家、二星级17家、一星级7家，三星级医疗机构占63.8%。对1537家公共场所实施量化评估，评出A级单位12家、B级单位103家，A、B级单位数量比上年增长55.4%。加强重点领域卫生监督，全年出动卫生监督人员24157人次，检查单位12040家次，查获违规单位1045家，取缔26家。对全市5家餐饮具集中消毒企业开展专项整治，季度监测合格率100%。全年受理各类卫生投诉举报20起，其中非法行医投诉18起、公共场所投诉1起、医疗卫生投诉1起，办结20起，办结反馈率100%。某公司公共场所卫生许可案被市法制办评为海宁市十佳许可案卷，黄某违反健康管理规定案被评为海宁市十佳说理性行政处罚案卷；海宁光大中西医结合门诊部超范围开展诊疗活动案被嘉兴市卫计委评为嘉兴市卫生计生执法十大案件。市卫生计生局被评为2016年度海宁市依法行政工作示范先进单位。

【打击非法行医】　年内，取缔非法行医窝点15个，行政处罚或移送公安机关8起。对有证医疗机构实施行政处罚5起，其中光大中西医结合门诊部因违法实施人工流产被吊销执业许可证。

【公共场所卫生监督】　加强卫生巡查力度，7个小组对市区“四小行业”[①]进行卫生监督，22个重点社区均有专职卫生监督员包干监管，“四小行业”持证率、消毒设施配备使用率、台账登记率、环境卫生合格率均为90%以上。委托第三方机构开设培训班16期，培训卫生管理员及从业人员2153人次，卫生知识知晓率90%以上。对26家公共场所的公共用品，9家住宿场所、7家沐

① 四小行业：指小理发美容店、小旅馆、小浴室、小歌舞娱乐场所。

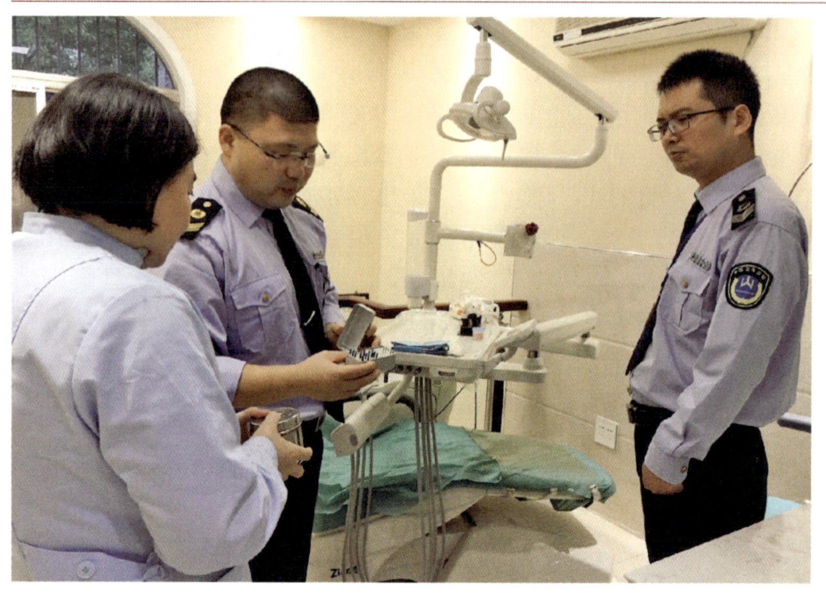

11月7日，卫生监督人员检查口腔诊疗机构

（市卫生计生局　提供）

浴场所、2家商场（超市）、1家体育场馆、1家影剧院、2家歌舞娱乐场所、1家候车室的室内空气，1家商场、1家医院的集中空调系统进行抽检，2家歌舞厅的3份甲醛抽检结果超标，其余样品抽检结果均符合国标要求，样品项次合格率98%。

【口腔诊疗机构消毒监管】　强化传染病监督管理，以41家口腔诊所、门诊部为重点开展全覆盖检查。对25家二级以上医疗机构委托杭州安康环境检测技术有限公司开展消毒隔离监督抽检，平均检测合格率88%，22家医疗机构被责令整改，2家医疗机构被行政处罚。对8家医疗机构进行医疗废物回收及监管现场审计。

【学校卫生监督】　监督学校卫生，检查全市68所学校。监测21所学校的教学环境，对10所学校进行卫生监督综合评价，抽检2所二次供水学校的水箱水质，9所二次供水学校开展春、秋季开学水质送检。

【游泳场所卫生管理】　按规定频次开展水质卫生抽检，全面推行游泳者健康承诺制度。7月初起，对全市22家游泳场所开展卫生监督及抽检工作，游泳场所卫生监督覆盖率100%。出动卫生监督员132人次，检查游泳场所44家次。开展监督抽检44家次，合格40家次，合格率90.9%。

【饮用水监督抽查】　对2家自来水厂及全市30个管网水点进行水质监测。在3个市区社区配备现场检测设备并培训指导，协管员每月对监测点的生活饮用水进行游离余氯、pH值和浑浊度等项目监测，监测结果向社区居民公示。全年开展卫生检测18次，检测水样90份，检测项目450个，合格435个，不合格项目均为游离余氯。推行生活饮用水在线监测系统，投入35万元设3个监测点，连接省卫计委综合监督局饮用水在线监测平台，对出厂水进行实时监控。

（周　翔　王　成）

爱国卫生

【概况】　开展小城镇环境综合整治、“五水共治”“五气共治”、星级美丽乡村建设、农村生活污水治理等工作。年内，丁桥镇通过国家卫生镇创建考核，盐官镇通过国家卫生镇首轮复审。创建省级卫生先进单位3家、嘉兴市级卫生村3个、嘉兴市级卫生先进单位 3 家、海宁市级卫生先进单位 2 家；新增嘉兴市无烟单位 14 家、海宁市控烟先进单位 19 家。完成省级健康城市、健康镇村试点申报，海宁市申报省级健康城市试点，盐官镇申报省级健康镇试点，许村镇报国村等 20 个村申报省级健康村试点。省城区病媒生物综合防制试点通过考核验收，完成 4 个街道 4 条病媒生物综合防制示范街建设。继续做好农村改厕工作，全市无害化厕所普及率 98.26%。

【春季爱国卫生宣传活动】 3 月 3 日，市爱国卫生运动委员会办公室（以下简称爱卫办）、市疾病预防控制中心在海洲街道白漾社区开展春季爱国卫生宣传活动，主题为“清洁家园、灭蚊防病”。通过展板、横幅、现场讲解等形式宣传蚊媒传播疾病知识，发放宣传资料 1000 余份，接受咨询 200 余人次。活动期间，市爱卫办与海洲街道联合组织白漾社区志愿者开展环境卫生整治行动，彻底清除卫生死角。

【“爱国卫生月”活动】 4 月 1—30 日，开展第 28 个“爱国卫生月”活动，主题为“灭蚊防病·健康你我”。举办春季灭鼠等培训 72 期，发放灭鼠药 2030 千克，投放灭鼠腊块 550 千克，消除蚊、蝇、蟑螂滋生地 2647 处。清除镇郊结合部、公路沿线积存的垃圾 2567 吨，清除乱张贴 9535 处，治理脏乱道路 6.5 万平方米。设置宣传站 176 个，开展宣传活动 544 次，举办健康知识讲座 173 场，受教育 13.3 万人次。出黑板报健康专栏 315 期，悬挂宣传横幅 128 条，发放宣传资料 9 万余份，制作宣传展板 184 块，发布健康教育信息 127 条。

【省城区病媒生物综合防制试点通过验收】 加大病媒生物防制宣传培训力度，开展宣传活动 2 次，举办春、秋季灭鼠灭蟑业务培训 2 次。规范实施病媒生物防制市场化运作招投标，完成春、秋季灭鼠灭蟑药物采购，以及建成区外环境及小餐饮单位灭鼠灭蟑消杀服务、城区灭蚊灭蝇消杀服务等招投标。委托消杀公司对市区开放式小区、绿化带、窨井等外环境及小餐饮单位开展病媒生物消杀工作，对重点区域、重点单位增加消杀频次。完善病媒生物监测网络，在 3 个街道的 13 个社区设置 96 个监测点，开展鼠、蚊、蝇、蟑螂等密度监测。省疾病预防控制中心和海宁市疾病预防控制中心对城区病媒生物防制效果实施第三方评估。11 月 24—25 日，浙江省城区病媒生物综合防制试点工作总结会在玉环县召开，海宁市综合防制试点工作通过考核验收。

（铁月刚）

［编辑：张毅强］

社会生活

Social Life

人民生活

【城镇居民人均可支配收入稳步增长】 2016年，据住户抽样调查显示：城镇常住居民人均可支配收入51954元，比上年增长7.5%，扣除物价因素，实际增长5.4%。从收入构成看：工资性收入人均29731元，占可支配收入的57.2%，增长6.6%；经营净收入人均9407元，占可支配收入的18.1%，增长5.9%；财产净收入人均5863元，占可支配收入的11.3%，增长8.9%；转移性净收入人均6953元，增长12.7%，其中养老金收入人均7171元。

【城镇居民消费增幅高于收入增幅】 据住户抽样调查显示：城镇常住居民人均生活消费支出28031元，比上年增长7.7%，扣除物价因素，实际增长7.6%。从支出构成看：食品烟酒消费支出人均8340元，增长9.3%，恩格尔系数为29.8%；衣着消费支出人均1870元，下降4.6%；居住支出人均5276元，增长10%；生活用品及服务支出人均1754元，增长14.9%；交通和通信支出人均4861元，增长2.1%；教育、文化、娱乐支出人均3678元，增长8%；医疗保健支出人均1501元，增长18%；其他用品和服务支出人均751元，增长10.1%。

【农村居民人均可支配收入稳步增长】 据住户抽样调查显示：农村常住居民人均可支配收入30200元，比上年增长7.8%，扣除物价因素，实际增长5.7%。从收入构成看：工资性收入人均20772元，占可支配收入的68.8%，增长7.5%；经营净收入人均6616元，增长4.2%，其中第一产业人均经营净收入1308元、下降20%，第二产业人均经营净收入2858元、增长3.8%，第三产业人均经营净收入2450元、增长25.6%；财产净收入人均965元，增长18.3%；转移性净收入人均1847元，增长22%。

【农村居民消费支出增长快于城镇居民】 据住户抽样调查显示：农村常住居民人均生活消费支出19375元，比上年增长8%，扣除物价因素，实际增长5.9%。从支出构成看：食品烟酒消费支出人均5657元，增长7.1%，恩格尔系数为29.2%；衣着消费支出人均1138元，下降3.7%；居住支出人均3605元，增长110%；生活用品及服务支出人均803元，增长9.1%；交通和通信支出人均4447元，增长12.6%；教育、文化、娱乐支出人均2087元，增长8.1%；医疗保健支出人均1118元，增长2.2%；其他用品和服务支出人均520元，增长0.2%。

（沈祎菁）

人口和计划生育

【概况】 2016年，全面实施两孩政策，全市出生人口7974人，出生率11.74‰，人口自然增长率4.86‰，计划生育率99.41%。多孩违法生育率0.09%，比上年下降0.04个百分点。2015年10月至2016年9月，全市出生人口性别比为105.07。改革生育服务管理，实行生育服务登记制度，全年发放浙江省生育登记服务卡5538份、再生育证明216件，为4302对夫妇免费进行优生优育检查。征收社会抚养费191.1万元。宣传全面两孩政策，拍摄省首部全面两孩题材微电影《二孩的决定》。开展幸福家庭关爱工程，举办培训班58场次，推送微信640条。新增市中心医院为国家免费孕前优生健康检查点。全年向计划生育家庭发放奖励扶助和特别扶助资金共2542万元、计划生育公益金44.6万元、独生子女父母奖励费40.7万元。开展青春健康教育优秀教案和优秀师资评选，成立青春健康教育讲师团，评选优秀教案20个。

至年底，全市有计划生育协会（以下简称计生协）925个（其中流动人口计生协41个），会员小组6247个，会员10.1万人，宣传服务阵地1317个，会员之家879个。年内，硖石街道西山社区被评为2011—2015年全国计生协先进单位，市卫生计生局谈红被评为“十二五”浙江省计生协工作先进工作者，海昌街道利峰村金芦芳被评为“十二五”浙江省计生协工作先进会员。

【承办全国流动人口计生协工作经验交流会】 12月20—21日，全国流动人口计生协工作经验交流暨年度工作研讨班在海宁举行。中国计生协、国家卫计委以及各省（市、自治区）计生协有关领导和流动人口计划生育工作负责人共140余人参加会议。中国计生协副会长勾清明在开幕式上讲话，国家卫计委流动人口司副司长闫宏、浙江省计生协会长盛昌黎、嘉兴市副市长柴永强、海宁市代市长曹国良出席会议并致辞。硖石街道西山社区流动人口计生协在会上作经验交流。

【“三优”指导中心创建】 按照统一服务理念、统一场所硬件、统一形象标识、统一课程设置、统一岗位培训要求，在目标人群较为集中的区域建设“三优”(优生、优育、优教）指导中心。指导中心设置咨询室、成长测评室、亲子活动室、视频阅览室及互动培训室。2月29日，许村镇、袁花镇、黄湾镇“三优”指导中心被省卫计委命名为浙江

12月20日，全国流动人口计生协工作经验交流会在海宁举行（周翔 摄）

省“三优”指导中心省级示范点。硖石街道、海昌街道“三优”指导中心通过省级验收。至年底，全市有省级“三优”指导中心4家。《中国人口报》报道海宁市“三优”工作。12月7日，市卫生计生局在全省家庭教育指导服务体系试点工作总结推广会上作经验交流。

【生育意愿调查】 市卫生计生局与市人大教科文卫工委开展已婚育龄妇女生育意愿抽样调查。按照1%的比例，抽取60个村（社区）的1200名20～45周岁育龄妇女作为调查对象，开展生育意愿调查。完成调查报告《海宁市全面两孩政策实施及其对策研究》。调查显示：育龄妇女中有生育两孩意愿的411人，占被调查人数的34.4%；不愿意生两孩的476人，占39.8%；不确定的309人，占25.8%。

【流动人口计划生育管理】 全年受理新居民积分入学计划生育审核4068份。开展第七次国家流动人口动态监测调查，在4个镇（街道）的8个村（社区）进行电子问卷调查。推进流动人口计划生育区域协作，与河南省周口市、四川省高县建立协作机制。海昌街道创建为省级新居民计划生育规范化服务中心。

（王智敏　沈叶青　殷玉明）

民政工作

【概况】 2016年，海宁市城乡居民最低生活保障标准为每人每月664元。至年底，全市共有在册低保对象3006户5093人，其中新增低保对象603户971人，退出低保对象155户311人。全年发放低保金2360万元。组织开展城乡低保准入听证评审会51次。对999户（低保603户、低保边缘343户、困难残疾人优惠证53户）新增申请家庭和319户有异议的在册低保家庭进行金融财产动态核查，257户超出限额标准，检出率19.5%。全年走访慰问困难家庭2632户5284人，发放慰问金323万元。建立帮扶责任工作机制，帮扶就业创业316人、就医7727人次、就学6889人，走访脱贫典型8户。建立帮扶成效督察机制和虚拟岗动态管理制度，累计为451户（521人）低保家庭发放虚拟岗工资213万元，注销384户。全年发放医疗救助资金847万元，救助困难群众7727人次。大病救助机制获民政部督察组肯定。

走访慰问重点优抚对象和驻军部队，发放慰问金80余万元。调整部分重点优抚对象抚恤补助标准，组织161名重点优抚对象到省荣军医院开展短期疗养。全市新增60周岁以上退伍军人290人，落实生活补助经费23.3万元。为210名困难在乡优抚对象发放一次性困难补助金13万余元。169名退役士兵报名参加职业技能教育培训，参训率60%，政策知晓率100%。年内接收退役义务兵260人、退役士官22人。

开展孤困儿童“微心愿”活动，61个微心愿全部实现。出台《关于加强留守儿童关爱保护工作的实施意见》，儿童社会工作成为全国社会工作服务示范。举办集体婚礼，完善登记方式，取消各类收费，实施惠民便民措施。全年办理结婚登记4283对，离婚登记1389对，补领婚姻证件1536本。深化殡葬改革，加强殡葬基础设施建设，完成《海宁市殡葬设施布局专项规划》。连续四年举行“情系大海”免费海葬活动，累计海葬21具。

至年底，全市有福利企业49家，其中新办福利企业3家，注销1家，产品销售额93.51亿元。全年集中安置残疾人就业2240

人，人均月工资 2698 元，比上年增长 7.5%；残疾人职工参保率 100%。共筹集福彩公益金 7096 万元，其中为海宁财政争取福彩公益金 1108 万元。中福在线南苑路营业厅销售量列全省第 7 位。

5 月 29 日，爱心人士认领微心愿　（市民政局　提供）

至年底，全市有社会组织 608 个，专业社工人员 1442 人。鼓励机关事业人员报考全国社工师，评选优秀社工案例 40 篇。政府购买社会组织和社工服务项目资金 985 万元，其中购买社会组织服务 575 万元，购买专业社工服务 410 万元。加强社会组织管理，以文件形式明确“十三五”社会组织培育计划，并将任务分解落实到相关部门，实现镇（街道）级社会组织服务中心全覆盖。实行社会组织注册奖励，首次实行社会组织网上年检并建立精准数据库，查处社会组织违法案件 3 起。推进专业社工服务项目筹资渠道，引入社会爱心资金 20 万元。启动社工督导人才本土化三年培养项目，总投入 88.2 万元。浙江财经大学东方学院和市儿童福利院被确定为全省首批社工人才培训、实训基地。

【大病困难救助机制】　建立破解因病致贫难题新机制。提高一般困难家庭基本医疗救助标准，将基本医疗目录以外的合理自理费用纳入救助范围，实行社保大病保险叠加报销、民政和慈善三级同步救助，救助比例 70%以上。出台《关于实施精准扶贫和化解因病因灾致贫问题的工作意见》，推出就业创业、医疗救助、精神关爱等六大类 60 余项具体帮扶措施，累计帮扶 1984 户困难家庭脱贫。

表 44　**2016 年海宁市最低生活保障资金支出明细**

月份	合计			城镇			农村		
	户数（户次）	人数（人次）	金额（元）	户数（户次）	人数（人次）	金额（元）	户数（户次）	人数（人次）	金额（元）
全年合计	30755	53009	23596983	5186	7184	3644994	25569	45825	19951989
1 月	2551	4410	1974054	432	604	305704	2119	3806	1668350
2 月	2537	4378	1956081	427	596	300443	2110	3782	1655638
3 月	2524	4355	1943925	424	592	298117	2100	3763	1645808

续表 44

月份	合计			城镇			农村		
	户数（户次）	人数（人次）	金额（元）	户数（户次）	人数（人次）	金额（元）	户数（户次）	人数（人次）	金额（元）
4月	2526	4355	1941873	424	592	298400	2102	3763	1643473
5月	2522	4346	1935193	425	588	297923	2097	3758	1637270
6月	2514	4333	1926091	423	586	296695	2091	3747	1629396
7月	2508	4324	1924348	421	582	295899	2087	3742	1628449
8月	2506	4328	1923042	419	580	294691	2087	3748	1628351
9月	2499	4328	1919816	418	580	294691	2081	3748	1625125
10月	2499	4331	1918130	416	576	292670	2083	3755	1625460
11月	2563	4428	1958823	422	586	296065	2141	3842	1662758
12月	3006	5093	2275607	535	722	373696	2471	4371	1901911

（章　程）

社区建设

【概况】 推进城乡社区规范化建设，4个街道社区完成规模整体调整五年规划，3个撤村建居社区完成体制转型，6个社区完成转型前期工作。完成调研课题《深化撤村建居推进城乡一体新社区建设的若干实践思考》。牵头梳理城乡社区盖章证明事项许可清单，以法律法规有明确规定、城乡社区确能如实掌握情况为原则，将救助申请、社会保障、村民建房等14项内容纳入城乡社区盖章证明事项清单目录，总量缩减至原来的1/4。首次组织市民监督团和社区干部、社工督导等对城乡社区一站式服务、村（居）务公开民主管理、村规民约和社区公约修订、中国社区标志悬挂等情况进行巡查通报。开展社区专职工作者统一招考，聘用社区专职工作者41人。社区专职工作者年平均薪酬57572元，比上年增长10%以上，动态调整居民小组长待遇。开设社区书记、主任培训班，邀请南京、杭州、嘉善一线社区负责人和上海高校教师授课。开设社区社会工作能力提升班，92名社工参加。建立本土社工督导人才项目联系制度，指导社区干部开展专业化社会服务。

【社会组织公益创投活动】 全年开展社区社会组织公益创投项目92个，涉及家庭、社会救助、少数民族、环保、社区矫正、社区自治等12个领域，每个项目补助3000元，共补助27.6万元。组织开展第二届社区公益创投大赛，通过PPT、答辩等方式展示项目实施情况及成果，评出24个优秀项目并给予奖励。设立福彩公益创投资金，首次落实资金50万元，以后逐年按不低于10%的比率递增。

【基层社会治理创新】 年内，投资40万元建成全省首个“三社”互动信息平台，设立社区管理模块、社会组织登记审批年检模块、社工管理模块，实现“三社”联动发展。逐步建成统计信息标准化、数据传输网络化、业务处理电子化的动态管理系统，社会组织年检系统投入使用。试点开展撤村建居和社区转型工作，3个撤并改制新社区试点工作基本完成。社区盖章事务清单出台，盖章乱象得到有效整治。推进城乡社区服务规范化建设，海宁市入选第一批省级社区治理和服务创新实验区，南关厢社区创建为全国社会工作示范社区。

（刘宏亮）

慈善事业

【概况】 全年募集慈善资金2085万元，其中各镇（街道）、经济开发区捐款1049万元，规划建设系统捐款58.4万元，机关、事业单位捐款441.4万元，市属企事业单位捐款110万元，社会爱心人士捐款426.2万元。全年慈善救助支出1354.5万元，受助困难群众12191户（人）次。在确保资金安全的前提下委托银行理财，2016年慈善资金增值632.5万元。完善城乡困难群众医疗救助办法，调整医疗救助条件，提高医疗救助标准，增加合理医疗救助项目。市慈善总会获第五届浙江慈善工作奖，市慈善总会义工委员会获志愿服务奖，受到省政府表彰。

至年底，全市共有义工6503人，其中注册义工566人。义工服务对象扩展到各年龄层和各行业，全年开展各类慈善公益活动716项，累计服务工时32028小时，参与活动10672人次。众筹公益项目南关厢素食馆在中国非公募基金会发展论坛·2016年会上被评为中国品牌公益好项目。海宁市素食文化交流中心（南关厢素食馆）通过中国公益慈善项目交流展示会社会企业认证，是浙江省首个被认证的社会企业。

【慈善救助】 元旦、春节期间，慰问持证困难家庭2632户，支出慰问金160.8万元。为700户困难家庭（不含持证困难家庭）提供每户1000元的生活救助，共发放救助资金70万元。救助困难家庭虚拟岗位521个，向市虚拟岗管理中心划拨虚拟岗捐款220万元。全年救助困难家庭563户，发放医疗救助金333.2万元。开展慈善助学系列活动，资助84户就读普通高校的困难家庭学生，总资助金额37.3万元。发放万向集团“四

9月23日，南关厢素食馆参加中国公益慈善项目交流展示会

（市民政局 提供）

个一万工程”[①]助学金 13.4 万元，资助 51 名孤困学生。浙江华德利纺织印染有限公司、浙江恒生印染有限公司定向资助 14 名贫困学生共 7 万元。海宁海派皮业有限公司向 9 名贫困学生发放助学金 3.6 万元。浙江省周希俭公益基金会“文清教育专项基金”定向捐赠 10 万元，并通过“海宁购”爱心平台募集资金，为 32 名贫困高中生、大学生发放助学金共 13.1 万元。市慈善总会“919”爱心基金专用账户全年收到爱心捐款 36.7 万元，为 3 名重大疾病患者支付医疗费用 14.6 万元。对 87 户因火灾、意外事故等突发性事件陷入困境的家庭进行救助，支付救助款 50.7 万元。部分企业、社会组织捐款 137.3 万元，定向救助困难家庭 368 户。白内障复明工程对低保家庭全免手术费用，其他患者每例补助 800 元，全年实施手术 1571 例，市慈善总会支付费用 65.1 万元。为残疾人发放代步轮椅、助行架、拐杖等助行器材 482 件，支付费用 8.2 万元。重阳节期间，慰问 2892 名 90 周岁以上 100 周岁以下老人，每人发放慰问金 600 元，共发放慰问金 173.5 万元。

【资助慈善公益项目】 资助失能老人洗浴项目 10 万元，海宁市福如海老年服务站为失能老人提供上门洗浴服务 893 人次。资助关爱社区空巢独居老人项目 5 万元，海洲康乐社工事务所社工提供上门探望、谈心等服务。资助困难家庭儿童关爱成长项目 5.3 万元，与市妇联联合开展“潮乡社会妈妈”亲子活动。资助困境儿童抗逆力培育项目 5 万元，春苗社会工作服务中心专业社工定期走访 500 余名孤困儿童家庭，以市区 30 户孤困儿童家庭为主要服务对象，协助提升家庭抗逆力。配合省、嘉兴市开展浙江省特困优秀退役军人救助、福彩儿童慈爱基金救助等项目，划拨市红十字会救助募捐资金 60 万元。

（唐赟娟）

老龄工作

【概况】 至年底，全市 60 周岁及以上老年人 171799 人，占总人口的 25.2%，其中 70 周岁及以上 70905 人、80 周岁及以上 24660 人，分别占老年人口总数的 41.3% 和 14.4%。有百岁老人 30 人，年龄最高者 106 岁。全市建有养老机构 18 家，其中养老社区 1 个、民办养老机构 2 家。收养老人 1813 人，其中需提供护理服务的 986 人。全市养老机构有床位数 6230 张，每百名老人拥有床位 3.6 张。全市享受居家养老服务政府补贴的老年人 8906 人，其中一类补贴对象（根据养老服务需求评估得分 80 分以上）36 人、其他补贴对象（含发放居家养老理发券的老年人）8870 人，政府购买服务经费支出 502.3 万元。

开展重点扶持村、一般扶持村和其他村三个层次居家养老服务照料中心示范创建，32 个村（社区）成功创建 AAA 级以上居家养老服务照料中心。30 个村（社区）向社会组织购买服务，实施专业化管理运营。养老机构建设工程被评为海宁市老百姓最满意的“十二五”民生工程。提升养老护理队伍专业化水平，具有技术职称的专业养老护理员占 16%，专业养老护理员年薪酬待遇标准 10.6 万元，以护士为核心的特色养老护理队伍建设框架体系初步形成。举办第二届养老护理

① 四个一万工程：指万向集团在全国开展的一项慈善资助活动，即资助 1 万名孤儿成长，资助 1 万名特困学生读书，资助 1 万名残疾儿童生活，资助 1 万名孤寡老人养老。

员技能竞赛。养老机构AAAA创建考核总体水平提升6%。推进《浙江日报》“爱乐聚”品牌居家养老服务扩面，实现城市社区“爱乐聚”服务全覆盖。对600余名高龄独居老人开展生活和探望服务，为失能卧床老人提供上门助浴服务1500人次，为部分失智老人配置手环防走失。斜桥镇华丰村照料中心被《人民日报》和中央电视台报道推介，失能老人助浴做法获人民网、《浙江日报》宣传报道。医养结合、智慧养老等课题分获省老龄办、省社会福利协会养老课题评选一等奖。

海洲街道伊桥敬老院老人欢度六一儿童节（市民政局　提供）

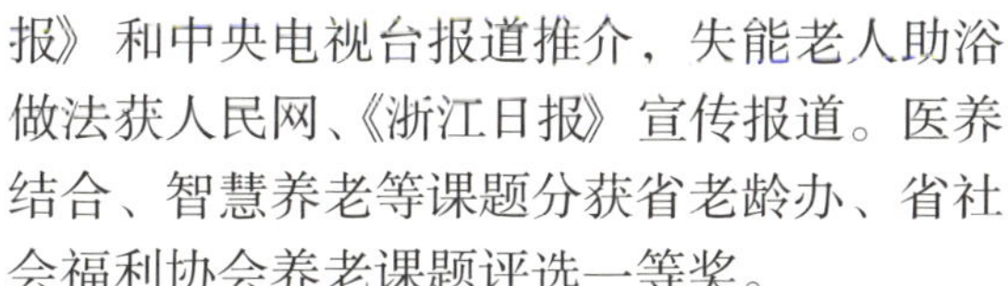

【银龄意外伤害保险】　自8月16日起，银龄意外伤害保险范围扩展到60周岁以上老年人，年总保费304万元。全年1363名老人受益，赔付金额326万元。在原意外死亡赔付、伤残赔付、骨折赔付、住院补贴4项赔付基础上，新增住院医疗费用补助，每人每年最高补助2000元。简化骨折赔付方式，扩大骨折部位赔付范围，凡发生意外骨折的，不限骨折部位每次统一赔付200元。

【老年电大教育】　浙江老年电大海宁分校2016年春季老年学员招生数31900人次，秋季招生数33000人次，占老年人总数的19.6%。与浙江广播电视大学海宁学院联合办班，新开设老年歌咏、电脑基础、摄影基础及花卉园艺4个老年培训项目，加上2015年开设的老年书法班，学员总数200余人。年内，市老年电大被评为全省“十二五”办学先进单位，3个教学点被评为嘉兴市级办学先进单位，12个基层教学班被评为嘉兴市级先进教学班，3人被评为嘉兴市级优秀办学工作者。

表45　　2016年百岁老人统计

序号	镇（街道）	姓名	性别	出生年月	住址
1	许村镇	王阿二	女	1913年9月	红旗村陆家桥11号
2	许村镇	谢金姑	女	1915年9月	翁家埠197号
3	许村镇	康巧珍	女	1916年6月	许桥村吴家26号
4	长安镇	周祥芝	男	1913年7月	新民街152号3室
5	长安镇	方润珍	女	1916年9月	新民街37号

续表 45

序号	镇（街道）	姓名	性别	出生年月	住址
6	盐官镇	姚平宝	女	1915 年 1 月	万寿村南戴家场 61 号
7	斜桥镇	沈大宝	女	1911 年 12 月	乐农村叶家场 27 号
8	斜桥镇	张金祥	男	1916 年 8 月	三联村凌家石桥 28 号
9	斜桥镇	陈水莲	女	1916 年 6 月	路仲汤家弄 13 号
10	丁桥镇	周胜宝	女	1916 年 1 月	诸桥村许家木桥 86 号
11	袁花镇	林兰珍	女	1914 年 9 月	双丰村烟墩头 10 号
12	袁花镇	查良德	男	1916 年 7 月	新袁村南庄 31 号
13	袁花镇	吴阿五	女	1915 年 12 月	镇西村花宾张家场 56 号
14	黄湾镇	邬玉男	女	1916 年 9 月	大临村南塘里 66 号
15	黄湾镇	张彩男	女	1915 年 11 月	钱江村岭脚下 28 号
16	黄湾镇	裴章男	女	1911 年 9 月	闸口村李家坟桥 31 号
17	黄湾镇	孙咪男	女	1914 年 2 月	闸口村潘家场 6 号
18	硖石街道	徐有斌	男	1914 年 5 月	建设路 85 号
19	硖石街道	徐杏英	女	1916 年 11 月	解放桥路 3 号
20	硖石街道	蒋丽影	女	1914 年 3 月	景云桥 13 号 3 室
21	硖石街道	陈春发	男	1912 年 9 月	景云桥 31 号 7 室
22	硖石街道	张祖英	女	1916 年 1 月	桃园里 18 幢 37 号 204 室
23	硖石街道	顾祝英	女	1914 年 10 月	相院里 6 幢 16 号 401 室
24	硖石街道	倪敏芬	女	1915 年 1 月	新华里三弄 9 号 205 室
25	硖石街道	孙富荣	男	1915 年 2 月	赵家漾路 113 号
26	海昌街道	周凤宝	女	1916 年 7 月	硖西二里西区 88 号
27	海洲街道	朱倚萍	女	1915 年 1 月	方便路 445 号 203 室
28	海洲街道	周晋娥	女	1916 年 9 月	南苑三里 3 幢 9 号 203 室
29	马桥街道	姚引珍	女	1916 年 11 月	先锋村许家场 43 号
30	马桥街道	张平宝	女	1914 年 9 月	新场村吴家埭 82 号

（王淑娟）

劳动和社会保障

【概况】 全年城镇新增就业 14391 人。帮助 7119 名城镇失业人员实现再就业，其中就业困难人员 2178 人。大学生就业见习 142 人。城镇登记失业率 2.9%。全年职工养老、城乡居民养老、医疗、失业、工伤、生育保险总参保人数分别为 36.7 万人（首次参保 19538 人）、13.8 万人、77.1 万人（职工医疗保险 39.9 万人）、20.7 万人、27.8 万人、25.9 万人，其中医疗、失业、工伤和生育保险参保人数分别净增 15684 人、3783 人、5096 人、49669 人。职工养老保险、城乡居民养老保险和被征地农民基本生活保障待遇享受人数分别为 10.1 万人、9.2 万人、2 万余人。

完善全民参保动态管理机制，开发相关软件，完善地税社保联网机制，推动海宁户籍员工参加社会保险。扩大生育保险覆盖面，自 7 月起，外省籍人员两险政策调整为三险，大病统筹、工伤保险参保人员要求同时参加生育保险，涉及参保单位 2504 家，参保人员 65191 人。清算 2015 年度社会保险费，清算金额 1.07 亿元。对 4036 家未按规定申报职工个人缴费基数的用人单位，缴费基数按 2016 年度最低缴费基数的 110% 确定。出台《海宁市基本医疗保险定点医药机构协议管理办法》，检查“两定”机构（定点医疗机构、定点零售药店）257 家，暂停服务 11 家，勒令整改 5 家，终止服务 1 家。对违规用药情况实行扣费处理，全年扣除不合理费用 23.5 万元。改革医保基金支付方式，提升待遇水平。推进企业人才集合年金工作，119 家企业参加，缴费 310 人，资金规模 402 万元。

全年受理城镇失业转就业登记 6260 人，农民工一次性生活补助 855 人。出台《关于做好海宁市失业保险支持企业稳定岗位工作有关事项的通知》，对用工稳定、不减员少减员的企业给予补贴，申报企业 1397 家，补贴金额 1667 万元。全年核定企业退休（职）人员 11634 人、城乡居民基本养老保险待遇 5649 人，办理 4725 名因死亡或不符合退休条件人员的一次性待遇支付申请。调整企业退休人员基本养老金，涉及企业退休人员 92581 人，人均增资 151.8 元。调整 2.2 万名被征地农民基本生活保障待遇，各档基本生活保障金标准增加 80 元。调整补发离休人员、供养人员、精减退职人员待遇，惠及 685 人。

强化劳动关系调处，受理处置投诉举报 944 件，涉及劳动者 2176 人，为劳动者追讨合法权益 2120 万元。受理“96309”值班电话 572 起。巡查服务企业 1994 家，依法查处违法企业 107 家。妥善处置重大欠薪及业主欠薪逃匿案件 75 起，涉案 7531 人，涉案金额 14586.2 万元；处置建筑领域农民工 10 人以上欠薪纠纷 23 起，比上年下降 27%，涉及农民工 5352 人，涉及金额 11907 万元。对 8 起涉嫌拒不支付劳动报酬案件移送公安部门处理，均已破获。国务院保障农民工工资支付工作督察组对海宁防处欠薪工作给予肯定。1 件行政处罚案件被市全面推进依法行政工作领导小组评为十佳说理性行政处罚案件。受理工伤认定申请 1828 件，受理用人单位特殊工时制申请 59 家。办理（受理）行政许可项目和行政服务事项 4140 件，行政许可审批提速 89%，一审一核（初审、复核）率 100%，窗口办理率 100%。

全年监察企业 1881 家，完成书面审查 9362 家，受理举报、投诉 881 件，劳动争议案件立案 446 件，结案率 94.2%。开展“春雨”“春雷”等专项行动，排查用工企业

4601 家、职业中介机构 20 家、劳务派遣单位 27 家，涉及从业人员 1536 人。清理整顿人力资源市场秩序专项行动被人力资源和社会保障部、国家工商行政管理总局通报表扬。推进建筑领域“两条线”（工程与工资款）拨付，抽查 26 个在建工地，全部签订“两条线”拨付协议。至年底，全市招标、非标项目符合“两条线”拨付管理实施范围的在建项目 52 个，“两条线”拨付协议签订率 100%，工资款专用账户开户率 61.5%。

【社会保险降率减费】 根据省人力资源和社会保障厅相关政策，对 11060 家企业基本医疗保险费缴纳部分进行集中减征，金额 6122 万元。自 1 月 1 日起，工伤保险浮动费率平均下降 0.1%，减负 816 万元；生育保险费率从 0.8%下降至 0.5%，减负 1895.7 万元；失业保险费率从 1.5%下降至 1%，减负 1370 万元。

【调整社会保险缴费基数】 自 7 月 1 日起，调整全市各项社会保险缴费基数。2016 年 7 月 1 日至 2017 年 6 月 30 日期间，基本养老、失业保险的个人月缴费基数为参保职工上一年度月平均工资。参保职工月平均工资低于上一年度全省职工月平均工资 60%的按 2600 元确定；高于上一年度全省职工月平均工资 300%的按 12930 元确定，超过部分不计入缴费基数。职工基本医疗保险的个人缴费基数调整为 4350 元。事业单位养老保险缴费基数调整为 4310 元，失业、工伤和生育保险缴费按此基数执行。城镇个体工商户主（雇工 7 人以下）及雇工、灵活就业人员基本养老保险缴费标准分三档，即 626 元 / 月、705 元 / 月、783 元 / 月，基本医疗保险缴费标准为 235 元 / 月。因各种原因中断基本养老保险缴费或应缴未缴的参保人员，补缴中断年限养老保险费的标准为 948 元 / 月。

【市民卡功能升级】 市民卡升级加载金融功能，可作为银行借记卡使用，具有现金存取、转账、消费等常规金融功能，适用于国内贴有银联标识的 ATM 机和 POS 机。升级诚信卡，5 月发布手机 APP，访问量 3 万余次，查询信用报告 3785 人次。自 12 月 10 日起，市民可在上海刷市民卡乘地铁。

【“创业梦工场”行动计划】 出台《海宁市“创业梦工场”三年行动计划实施方案》《海宁市创业基地认定管理办法》《关于促进大众创业万众创新政策意见的实施细则》。举办“潮青年·创未来”海宁精英赛。组建青年创业圈、海宁文旅创客荟等组织，凝聚海宁创客 200 余人。举办创业培训班 15 期、创业微课 3 期、创业沙龙 10 期。招募创业导师，收到导师申报表 39 份。新增市场主体 10947 家，带动就业 24170 人。受理创业基地申报 7 家，授牌筹建 5 家。累计受理创业贷款 7 人，发放贷款 140 万元。举办创业创新专场招聘 1 期，参与企业 142家，提供岗位 2213 个，初步达成意向 405 人。

【就业精准帮扶】 全年发放就业失业登记证 7107 本，其中就业困难人员 2370 人（被征地农民 1726 人、退伍军人 38 人、低保人员 11 人、其他 595 人）。各类用人单位吸纳就业困难人员就业 788 人。实施政府买岗，“4050”人员（指女 40 岁、男 50 岁）公益性岗位托底安置。全年有 59 家单位使用公益性岗位安置 1041 人。新开发公益性岗位 211 个，其中大学生公益性岗位 45 个，报名 220 人，录用 44 人。至年底，有 270 名大学生在公益性岗位专职从事人力社保工作。实施企业用工补助和灵活就业补贴，为 1363 家企事业单位的 3132 名就业困难人员支付岗位及社保补贴1694.7万元，为6542名就业困难人员灵活就业支付社保补贴1800.5万元。

【家政服务业发展】 10月，出台《关于支持家政服务业发展的若干政策意见（试行）》。通过建设补助、奖励性补助、社保补贴、贴息贷款和就业培训补贴等鼓励建设家政服务网上产业园，争创家政服务示范企业和家政服务业品牌，鼓励大中专及以上毕业生和劳务合作社社员进入家政服务行业。

【劳务合作社发展】 全年工商注册农村劳务合作社17家，累计53家，镇（街道）覆盖率100%。帮助2693名农村富余劳动力实现就业，累计劳务收入1939.1万元。受理20家999名社员人身意外伤害商业险申请，给予补贴9.99万元。落实15家劳务合作社创建补助45万元。

（吴鑫淼）

民族宗教工作

【概况】 至年底，全市有常住少数民族27个。少数民族总人口3071人，其中壮族916人，苗族348人，土家族350人，彝族334人，回族205人，满族174人，蒙古族135人，布依族109人，侗族90人，畲族85人，瑶族70人，朝鲜族84人，白族49人，仡佬族24人，黎族22人，哈尼族9人，达斡尔族3人，傣族11人，土族5人，傈僳族3人，佤族3人，藏族7人，仫佬族2人，羌族2人，水族6人，锡伯族6人，毛南族1人，其他民族18人。为19名少数民族中考、高考学生办理民族身份确认，为1名少数民族人员办理民族身份证明。

宗教团体有海宁市佛教协会、海宁市道教协会、海宁市天主教爱国会、海宁市基督教“三自”（自治、自养、自传）爱国运动委员会、海宁市基督教协会。批准开放的宗教场所33处，其中道教1处、佛教16处、天主教4处、基督教12处。新登记编号民间信仰活动场所12处，纳入登记编号管理的民间信仰活动场所共59处。全市共有佛教徒（僧人及注册居士）800余人、天主教信徒2300余人、基督教信徒6000余人、慕道友约6000人，道教和伊斯兰教信徒未作统计。各宗教教职人员152人。

开展“和谐寺观教堂”创建活动，惠力禅寺被评为省四星级和谐寺观教堂，史山禅寺被推荐申报国家级和谐寺观教堂。推进寺院特色化建设，史山禅寺创建“互联网+”智慧寺院，荐福寺创建书画寺院，万寿寺创建佛教生态公园。开展宗教场所（民间信仰活动场所）消防安全等级管理，全市33处宗教场所（1个聚会点）和已登记的59处民间信仰活动场所公共区域全部纳入公共安全视频系统。开展“同心同行·共建文明”志愿服务。嘉兴市城市少数民族服务管理工作推进会在海宁召开。西山社区申报第四批全国民族团结进步创建示范重点培育单位，海宁一中申报省级民族团结进步创建活动示范一般培育单位。全年办理非通常性宗教活动行政许可13件、集体宗教活动行政许可2件。

【市佛教协会换届】 出台《关于认真做好海宁市佛教协会换届工作的意见》，对各寺院寺管会改选结果进行登记备案，对拟任新一届佛教协会的会长、副会长人选进行考察。6月26日，市佛教协会第五次代表会议在市行政中心召开。与会代表60人，副市长朱海英等到会祝贺并讲话。大会选举产生新一届理事会，通正任会长，仁觉、宏法、坤传、慧缘任副会长。

5月3日，硖石天主堂新堂举行祝圣典礼（市民宗局　提供）

【佛教场所和民间信仰活动场所消防安全等级评定】 出台《海宁市佛教场所和民间信仰活动场所消防安全等级评估工作实施方案》《海宁市佛教场所和民间信仰活动场所消防安全分类管理指导办法》。以政府购买服务的形式，委托泰科咨询有限公司开展消防安全评估分类。对15处佛教寺院和59处民间信仰活动场所按A（危险程度低）、B（存在一定危险）、C（危险程度高）三类进行消防安全等级评定，评出B类场所2处，其余均为C类。

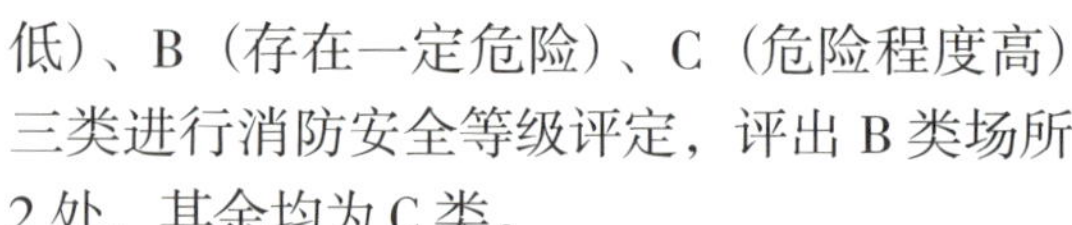

【宗教团体、宗教场所主要活动】 5月，硖石天主堂新堂开堂并举行祝圣典礼。各寺院结合实际开展“文明进香、生态寺院”示范场所建设，5家寺院申报创建嘉兴市级示范场所。史山禅寺开展重阳节慰问老人活动，惠力禅寺与市儿童福利院开展爱心结对。万寿寺、兴福寺、觉皇寺等寺院捐款治水，认领河道，参与“五水共治”活动。市基督教“三自”爱国运动委员会、基督教协会组织开展“我为‘五水共治’捐一元”活动。

（蔡　平）

新居民服务管理

【概况】 至年底，全市新居民在册总数481234人，比上年增长18.2%。其中男性283711人、女性197523人。大专以上学历17028人。新居民主要流出地按流出人口数量从高到低依次是：安徽省84730人、河南省59893人、四川省49740人、浙江省43915人、云南省41414人、江西省38047人。自7月1日起，执行新修订的《浙江省流动人口登记管理条例》，原纸本式浙江省居住证、浙江省临时居住证全面停发，改为发放IC卡式居住证。至年底，受理新居民办证申请12270人，市公安机关审批通过12190人，并提交省公安厅统一制证。

开展全市居住出租房屋和新居民基础信息大排查大整治行动，按“人来登记、人走注销”要求加强新居民登记管理。对出租房房东、社会中介机构等进行宣传教育，对拒不履行信息报送责任的单位和个人由公安机关给予行政处罚。4月，在海昌街道胜利社区召开全市出租房屋新居民排查整治工作现场推进会，推广海昌街道“邮递式”新居民基础信息管理模式和“户籍化”出租房屋消防管理经验。7月，组建成立海宁市新居民“平安护航G20”平安志愿中队，招募新居民200人，组织开展平安巡防、禁毒和反邪教宣传、自我安全防范宣传等志愿服务。

精简新居民子女积分入学管理手续和办

理流程，新居民在公办学校就读 1659 人。连续两年实施新居民积分申请继续教育专项补助政策，共向 237 名新居民发放补助 9.4 万元，其中 14 人获学历资格补助，223 人获技能补助。10 月 8 日，市新居民局联合市住建局印发《2016 年度海宁市新居民积分享受住房补贴实施方案》。推出新居民积分住房租赁补贴名额 20 个，按“每月每平方米 10 元”标准计算补贴金额，补贴期限 1 年。

【开设潮乡新居民大讲堂】 “三元一体”潮乡新居民大讲堂即实体讲堂、“空中讲堂”和微信讲堂三种形式。至年底，建成 17 个实体讲堂，其中 3 个市级、14 个镇级，每月开展活动。依托《潮乡新居民》广播节目建设“空中讲堂”，组织市级重点部门、基层单位、优秀新居民等举办上线直播节目 20 期。开通“潮乡新居民”微信公众号，开设微信讲堂，2 万余名新居民关注。三类讲堂交叉互动，联合向新居民开展德治、法治宣讲服务。

【新居民两地共管】 加强与新居民流出地的区域协作共管。6 月，市府办、市新居民局、市人大法工委、公安局、民宗局等单位到湖北省恩施市来凤县开展新居民两地共管协作交流。10 月，市新居民局、团市委、卫生计生局、海宁爱心联盟等单位到四川省宜宾市下辖的高县、筠连县开展协作交流。与新居民流出地签署合作协议，实施“关爱父母在海宁打工的来凤留守儿童”和“关爱子女在海宁务工的宜宾空巢老人”两个志愿服务项目，建立常态化关爱工作机制。

【“最美新居民”评选表彰】 4 月 27 日，启动首届海宁市“最美新居民”评选，挖掘新居民爱岗敬业、文明创建、社会服务等先进事迹并开展宣传。经推荐报名，51 人入选。9 月，经公众投票和综合评定，确定 10 名“最美新居民”和 10 名入围奖名单。11 月 3 日，在市总工会举办颁奖仪式，李光华、柳维孝、张新国、刘雁、杨东、刘凯、魏民、李旭文、王小友、华春海 10 名新居民被评为“最美新居民”，肖枚生等 10 名新居民获入围奖。

（陈　标）

关心下一代工作

【概况】 全年市关工委报告团讲课 166 场，听讲 3.3 万人次。其中爱国主义教育报告团

6 月 6 日，在湖北省来凤县签订新居民两地共管合作协议

（市新居民局　提供）

作报告63场，受教育1万余人次；法制教育报告团上法制教育课15场，受教育8400人次；文明礼仪与科技教育报告团讲课88场，受教育1.4万人次。调整报告团成员，新进17人，退出8人，共有报告团成员33人。撰写《关于我市青少年教育实践工作现状的调研报告》。"五老"（老干部、老战士、老专家、老教师、老劳模）网吧义务监督员对全市67家网吧进行检查，参与1116人次。全市农村、社区、学校有帮教小组680个，参与帮教2395人，帮助教育青少年1579人，其中958名青少年取得进步。

全市各级关工组织累计募集助学款77.2万元，共资助学生1147人。市关工委向25名贫困大学新生发放资助款6.5万元，其中省关工委"福彩牵手、助学大学梦"助学基金资助5人，海宁市关工委爱心基金资助20人。六一儿童节前夕，市关工委到新居民子女学校慰问，赠送体育器材和书籍。10月25日，嘉兴市关工委主任联席会议在海宁召开，总结交流青少年思想道德建设工作。

推行实事项目，10个市级机关部门关工委向市关工委申报实事项目10个。申报71个青少年社会实践基地。新建"五老"志愿者工作室57个，累计建成167个。年内，硖石街道关工委获"浙江省关心下一代工作先进集体"称号，金晓翔、周鑫森获"浙江省关心下一代工作先进个人"称号；黄湾镇（尖山新区）关工委、硖石街道西山社区关工领导小组、丁桥镇海潮村关工领导小组、硖石中学关工领导小组获"嘉兴市关心下一代工作先进集体"称号，金新宇、马惠民、潘兆平获"嘉兴市关心下一代工作先进个人"称号。

【"长者志愿者联盟"品牌试点】 推行"一镇（街道）一品，一村（社区）一品"活动，硖石街道"长者志愿者联盟"成为全市典型。该联盟下辖23支志愿者服务队。3月，在硖石街道西山社区进行试点，建立长者志愿者服务队，有志愿者60人，开展结对关爱、爱心教室辅导、法制帮教、网吧文化监督、社会实践等常态化服务。11月30日，市关工委在西山社区举行"长者志愿者联盟"工作推进会。播放主题片《爷爷奶奶的爱》，硖石街道党委副书记兼关工委主任魏长洪、西山社区党委书记金美凤、"长者志愿者联盟"代表宓长林作"长者志愿者联盟"工作情况介绍，市关工委常务副主任程培青部署下阶段试点推广工作。

【"长者会客厅"活动】 4月21日，"中国梦、我的梦——展开人生梦想的翅膀"第二期"长者会客厅"活动在市第一中学举行。

4月21日，中科院上海应用物理研究所研究员怀平做客"长者会客厅"

（市关工委　提供）

活动由市关工委主办，教育局关工委协办。中科院上海应用物理研究所研究员、博士生导师怀平做客会客厅，第一中学高中部的150余名师生参加，市委老干部局、团市委、教育局等部门有关领导到场观摩。11月16日，市关工委在紫微高级中学举办“阳光、好学、高尚——做一个新时代的好青年”第三期“长者会客厅”活动。海宁市知名学者黄加平做客会客厅，紫微高级中学高一师生近400人参加，市委宣传部、市委老干部局、团市委和教育局等部门有关领导到场观摩。

【“红色基因传承”图片巡展】 5—11月，市关工委、史志办、教育局联合举办“红色基因传承”图片巡展活动。展板以图文并茂的形式记录夏之栩、陈学昭、沈鸿3名优秀党史人物的人生道路和奋斗历程。21所学校参与巡展活动，受教育学生3.1万人。

【“法在心中”模拟法庭】 12月17日，“法在心中”模拟法庭在海宁卫生学校举行。海宁卫生学校9名学生分别扮演法官、陪审员、公诉人、辩护人、法定代理人、被告人等角色，按少年庭庭审法定程序，模拟表演近年来海宁市未成年人利用微信进行诈骗案件的庭审情况。海宁卫生学校200名师生现场观看，市关工委、法院、检察院等有关部门领导到场观摩。

【“爱心圆梦·视力健康”公益行动】 6—12月，市关工委联合市教育局、毛源昌眼镜总店开展“爱心圆梦·视力健康——毛源昌‘百校万人’公益大行动”。毛源昌眼镜海宁店工作人员到7所中小学，免费为学生提供视力检测、眼镜维修等服务，讲解爱眼护眼知识，发放《健康用眼》宣传手册。为595名经济困难学生每人赠配一副价值500元的眼镜，总价值29.8万元。

（顾建国）

消费者权益保护

【概况】 全年市消费者权益保护委员会（以下简称消保委）处理消费投诉1851件，其中商品消费投诉1402件、服务消费投诉449件，为消费者挽回经济损失599.4万元。在全市23家金融机构组建消费维权服务站，开通“12315”消费维权热线，受理金融消费纠纷。全市有“12315”消费维权服务站77家，通过服务站自行和解消费投诉1265起，和解金额46万余元，和解率98%。调解典型案例3起，分别为购房后因楼上用户装修引发的退房纠纷、市民参加“免费抽奖”活动被强制消费纠纷、盲女被美容院强制消费纠纷，全部妥善处理。继续开展“律师维权接待日”工作，每月15日（节假日顺延），律师顾问团成员轮流到市消保委帮助调解疑难消费纠纷，全年接受消费者咨询36人次。开展各类消费维权宣传活动，在老年人居住集中的老社区开展防保健品陷阱宣传活动，在专业家纺市场开展商标等知识产权咨询活动。发放宣传资料6万余份，解答咨询4000余人次，提供便民服务1000余人次，让利金额近万元。发挥微信平台宣传作用，发布信息86条，解答消费者在线咨询15次，涉及商品质量、网购服务、广告宣传等纠纷。

开展海宁市第十三届消费者信得过单位评选，华联大厦有限公司等98家单位被评为海宁市第十三届消费者信得过单位，40家企业申报嘉兴市消费者信得过单位评选。组织消费维权义工到浙江中天纺检测有限公司进行消费体验，参观皮衣质量检测过程，掌握服装类商品选购、保养知识。针对“天价水产事件”，开展“如果天价水产事件发生在我辖区，我将如何处置”业务研究培训班，研讨旅游消费纠纷调解对策。组织消费维权义工及媒体开展保险消费体验，了解各类险种的保障意义及理赔政策。

3月13日，诚信消费节启动仪式上，联盟单位接受牌匾

（市消保委　提供）

【“3·15”国际消费者权益日活动】 3月15日，围绕“新消费、我做主”主题，开展现场咨询活动，近40个部门和社会团体的120名工作人员参加。接受咨询100余人次，发放宣传资料1万余份，受理投诉31起。当场解决保健品纠纷1起，退还消费者1980元。免费检定人体秤6台，免费检测农药残留20人次，提供量血压、测血糖等服务210人次，提供理发、小家电维修服务30人次，让利2600元。联合药学会回收过期药品1000余盒。新闻媒体对活动进行专题报道。

【首届诚信消费节】 3月13日，由市消保委、广电台、商贸业联合会等联合举办的海宁市首届诚信消费节在银泰城启动。33家单位参与活动，签订诚信承诺书，并缴纳先行赔付保证金5000元，共计16.5万元。5月底，活动结束，未发生因投诉使用保证金现象。

【壁纸消费指导】 市消保委工作人员以普通消费者身份，到两个大型建材装饰市场的6户壁纸经营户处随机购买各类壁纸20卷，委托苏州市华测检测技术有限公司进行相关项目检测。市消保委对检测数据进行比较分析，发布家用壁纸比较试验报告，提出壁纸消费指导意见，引导消费者正确选购。

【网络消费调查】 针对网络消费日益发展、网购产品质量参差不齐、快递服务投诉举报增多等情况，市消保委组织开展网络消费调查。共发出调查问卷1000份，收回有效问卷766份。针对问卷所反映的实物与宣传不符、虚假发货、漏发物品等问题，开展网络维权工作，并发布网络消费调查报告。

（张　立）

［编辑：张毅强］

镇·街道

Town & Sub-District

许村镇

【概况】 许村镇位于海宁市最西端，距海宁市区35千米。辖27个村、2个社区，407个村民小组、14个居民小组。总户数24950户，户籍人口112990人，在册登记新居民98326人。2016年，实现地区生产总值95.6亿元，比上年增长7%，其中第一产业增加值4.42亿元、第二产业增加值54.32亿元、第三产业增加值36.86亿元。财政总收入6.71亿元，增长2.8%，其中地方财政收入3.37亿元；财政支出1.98亿元。农村居民人均可支配收入46147元。2016年，许村镇被评为全国纺织行业创新示范集群地区、嘉兴市"无违建"创建先进镇，列入嘉兴市第二轮小城市培育试点镇。

成立招商办公室，组建家乡经济发展投资顾问队伍和专职驻外招商队伍，在北京、上海、深圳等地驻点招商。全年工业招商新签约项目11个，计划用地面积19.6公顷，计划总投资9.62亿元。三产招商准入项目、办理上报供地项目3宗，总面积15.7公顷。完成固定资产投资41.69亿元，比上年增长45.9%。实际利用外资1075万美元，实到市外内资7.5亿元。完善联系企业常态化制度，建立融资风险资金池，加快园区扩容发展，开展企业减负"春风行动"。成立项目推进办公室，确立工作例会制度，将招商项目、有效投资项目打包，以项目认领形式包干到人，责任到人，定期汇报。全年规模以上工业企业实现产值132亿元，增长5%。

完成新一轮工业企业亩产效益综合评价，评出A类及以上企业172家。布艺小镇被评为嘉兴市级特色小镇，浙江恒生印染有限公司被评为国家高新技术企业，海宁市舒雅达纺织有限公司被省版权协会评为2015年浙江版权最具影响力企业，海宁市玉龙布艺有限公司、浙江玛雅布业有限公司、海宁市千百荟织造有限公司成为G20杭州峰会赞助商，宏达控股集团有限公司、海宁金永和家纺织造有限公司、浙江玛雅布业有限公司入选海宁市2016—2018年"浙江制造"品牌重点培育企业。全年完成"小升规"4家、"个转企"70家，新培育亿元企业2家、超3亿元企业1家、5亿元企业1家，新培育省级科技型中小企业7家。全年受理技改备案105项，新成立外资企业1家。举办春、秋两季家纺博览会，"帘到家"成为全国家纺O2O最大电子商务平台。全年落户农业项目12个，农业有效投入1.6亿元。成立许村镇现代农业综合服务中心，开通网上庄稼医院。创建省级现代农业示范基地1个、省级生态循环农业主体2个，新建基层农技推广"1+N"基地2个、农资示范店1家、农资放心店1家，成立全市首家农村资金互助会。

开展“清三河”防反弹、劣五类水防反复排查拉网行动，推行周一河长巡查日活动。全年整治河道64条，清理池塘142只，完成赭山港、庙浜、运输河支浜、大刀浜等问题河道整治。完成全镇农村生活污水所有标段的设计与招投标工作，受益农户80%以上，通过省级任务村考核。完成小型农田水利工程年度建设任务。累计创建一星级美丽乡村21个，2个村创建为三星级美丽乡村。全年查处新发“两违”案件415起，涉及村级存量违建45.8万平方米。完成公路铁路沿线立面改造22万平方米，实施东西大道、许村大道、320国道绿化提升工程。加强秸秆禁烧工作巡查，处置秸秆焚烧案件64起。统筹推进“五气共治”，对138家纺织后整理加工、家具、印刷包装和金属表面处理（涂装）企业开展集中整治，淘汰整治小锅炉43台，完成黄标车淘汰任务，29家企业被评为海宁市“美丽厂区”达标企业。

根据村庄布点规划，完成“1+X”集聚点村民建房审批348户，启动农村低小散企业集聚建新区建设。实施“拔钉清障·百日攻坚”专项行动，基本完成省农科院杨渡基地征迁工作。专项清理土地转而未供，解决供地26宗，盘活3宗。完成城际铁路沿线征迁工作。推进京杭运河二通道项目前期工作。开展美丽镇区建设和小城镇环境综合整治，启动上塘河两侧有机更新规划，维修63幢集镇危旧住房。完成许村互通出入口环境景观提升、龙渡湖景观绿化一期、人民大道沿线整治提升、集镇路灯改造和停车场、沈士大道改造、海潮路扩建、市场路和园区路改造等工程。

做好劳动保障工作，动态消除零就业家庭，农村低保家庭劳动力就业率70%以上。全年调处劳资纠纷227件，完成企业信用等级评价1012家。发放各类救助资金437.9万元，帮扶重度残疾人，镇村干部结对困难家庭124户。探索“三社”联动服务，完成10家社会组织的进驻和资源整合。开展文化体育活动275场，镇级文化走亲3场，村级文化走亲28场，创作文艺作品53部。新建许村镇第二中心幼儿园，异地新建的海宁市第五中学开学。整合妇幼保健和计划生育技术服务资源，免费孕前优生健康检查覆盖率95.3%，流入（出）人群计划生育管理率95%。许村中心卫生院、许巷卫生院获“全国群众满意的乡镇卫生院”称号，责任医生签约率23.87%，60周岁以上参合老年人体检率66.5%。21个村实行垃圾分类。镇公共服务中心全年办理事项申请6.5万件，整理编制和完善权利清单236项，招投标平台受理工程建设类项目136个。永福、杨渡2个村创建为省级民主法治村。加强信息收集、重点人员管控和社会治安防范，推进出租房、家庭工业户消防安全整治。全年受理信访案件43件、市长电话775件，按期处理率100%。强化行政执法监管力度，全年立案364起。

2月24日，沪杭高速许村出口处开通运行　（许村镇　提供）

【许村镇被评为2015年度纺织行业创新示范集群地区】 5月27日，在2016全国纺织产业集群工作会议上，许村镇被评为2015年度纺织行业创新示范集群地区，海宁市家纺协会会长曹咬强被评为2015年度纺织产业集群工作先进个人。近年来，许村镇探索集群经济发展，调整产业结构，推进产城融合、推动产业转型升级，创建特色布艺小镇。在集群内设立标杆企业，带动集群内企业抱团发展。办好每年的海宁家纺博览会，组织企业到境内外参展，引导企业发展“互联网+制造”模式。

许村镇现代农业综合服务中心 （市供销总社 提供）

【许村镇现代农业综合服务中心成立】 5月，许村镇现代农业综合服务中心建成并投入运行。该中心在许村镇公共服务中心茗山粮食生产服务基地基础上建设，总投资400万元，占地面积0.3公顷。包括农业综合服务大厅、农产品展示室、农资供应站、培训教室、专家咨询室、农机服务库房等功能区块，主要提供农资供应、农技咨询、农业生产和农村合作金融服务。在服务中心开通网上庄稼医院，有庄稼医生4人。

许村镇2016年各村基本情况

表46

村名	村党支部（党总支、党委）书记	村委会主任	农村经济总收入（万元）	农民人均纯收入（元）
荡湾	汪联丰	顾忠平	116270	32727
庄湾	柴忠立	黄水法	117262	31970

续表46

村名	村党支部（党总支、党委）书记	村委会主任	农村经济总收入（万元）	农民人均纯收入（元）
孙桥	戚永明	凌雪良	97012	32179
新益	沈忠立	周鹏岐	134853	35607
永福	许卫明	姚忠平	392611	37265
团结	应伟明	马利杰	99671	33265
双联	万雪良	万雪良	28484	30864
南联	孔娟英	沈金康	73759	32090
许桥	许水国	许水国	63504	30709
科同	蒋汉民	郭利忠	72889	31811
李家	费　杰	费　杰	55975	32330
联盟	许夫忠	许夫忠	96525	30950
茗山	沈国新	苏新杰	56979	32236
文桥	曹水林	赵林学	76497	31028
新华	汤金娟	苏海刚（行政负责人）	54576	31012
杨渡	费建达	费建达	62542	34777
报国	陈湘英	方林水	80091	30579
巷东	陈建青	张国新	76050	32794

续表 46

村名	村党支部（党总支、党委）书记	村委会主任	农村经济总收入（万元）	农民人均纯收入（元）
红旗	黄国峰	金子良	39761	32749
海王	顾国良	郁忠梅	179083	33679
花园	陶建国	陶建国	59760	31154
塘桥	孙耀年	朱永清	105000	31441
翁埠	翁子龙	沈建根	39960	30615
许巷	徐国水	徐忠秋	64927	32481
景树	鲁方明	姚国英（行政负责人）	122869	32690
前进	胡利忠	孙国清	71754	32855
胜利	金国春	周柏松	68570	30293

（陆　凛）

长安镇

【概况】　长安镇位于海宁市西部，距海宁市区 25 千米。辖 20 个村、6 个社区，337 个村民小组、269 个居民小组。总户数 22083 户，户籍人口 82608 人，在册登记新居民 80069 人。2016 年，实现地区生产总值 99.57 亿元，比上年增长 3.6%，其中第一产业增加值 2.75 亿元、第二产业增加值 54.02 亿元、第三产业增加值 42.8 亿元。财政总收入 13.31 亿元，增长 8.2%，其中地方财政收入 6.4 亿元，增长 2.1%；财政支出 5.07 亿元。2016 年，长安镇入选省首批特色农业强镇创建名单。

全年实现工业总产值 322 亿元，比上年增长 4.5%。社会固定资产投资 76.93 亿元。全镇有规模以上企业 178 家，装备制造、食品饮料、印刷包装三大特色产业总产值占规模以上企业产值的 50%。完成工业技改投资项目 125 个，累计投入资金 33.4 亿元。实施“机器换人”项目 42 个，累计投入资金 16.5 亿元。新增专利授权 590 件，其中发明专利授权 50 件。推进服务业发展，佳源中心广场、城市广场正式开业，百联奥特莱斯广场营业额入围全国奥特莱斯 10 强。启动花卉小镇建设，全年第一产业有效投资 1.27 亿元。新引进农业项目 3 个，续建项目2 个。

做好规划引领，加快旧城改造。推进东、中、西街及寺弄改造工程。2014—2016 年，完成建成区“上改下”（线缆由空中改为地下）道路 18.8 千米，白改黑道路 5.6 千米。继续开展小城镇环境综合整治三年行动计划。加快城市基础设施建设进度，完成越川路路灯工程、科教新城污水管网改造工程。配合做好杭州至海宁城际铁路等重大项目开工建设。推进长安公园地下人防工程。

推进“五水共治”，累计完成农村生活污水治理 13628 户，受益农户 92.6%。推进“河长制”管理，市级、镇（区）级河道四类及以上水质提升至 55%，市级河道首次出现二类水。推进生活垃圾资源化利用，完成垃圾分类试点建设 6 个，覆盖 66.7%的村。完成蓝色屋面整治 498 宗，面积 213.7 万平方米。拆除“两违”面积 27 万平方米，“三旧”（旧城镇、旧厂房、旧村居）改造面积 18.2 万平方米，长安镇被评为嘉兴市基本“无违建镇”。推进美丽乡村建设，一星级美丽乡村实现全覆盖，创建三星级美丽乡村 2 个。建成区绿化覆盖率 31.2%，人均公共绿地面积 12.8 平方米。建成区污水集中处理率 92%，垃圾无害化处理率 100%。

提高养老、医疗、失业等社会保险覆盖面。镇（区）千人养老床位数 30.45 张，城乡居民养老、医疗保险参保率 99.6%。加强标准化学校创建，盐仓第二幼儿园建成开学。与民间资本合作办学，推进仰山幼儿园建设。投资 3000 万元的文教中心完成主体建设。实施民生实事工程。投资1200万元维修危房530户，面积2.5万平方米。2014—2016年累计维修危房1000余户，面积4.4万平方米。泰山港水源生态湿地投入运行。投资500万元开通社区巴士，方便老镇区居民出行。省“双下沉、两提升”工作现场会在海宁市中心医院召开。

位于长安镇的百联奥特莱斯广场　　（王超英　摄）

【长安镇入选省首批特色农业强镇】　12月7日，长安花卉特色农业强镇项目入选省首批特色农业强镇创建名单。长安花卉特色农业项目总规划面积93.3公顷，计划投资5360万元。项目以花卉为载体，融入花木种植观光、销售展示、科普教育、研发培训、风情旅游、生态居住及多元配套等业态，主要分花卉生产区、花卉交易服务区、花卉研发培训区和花卉综合展示区四个区块。

【社区巴士开通运营】　9月30日，长安镇开通社区巴士，首条4号线共5辆巴士投入使用。巴士路线为长安公交站至海宁市中心医院，沿途设11个站，连通长安老城区与新城区。

长安镇2016年各村（含撤村建居社区）
表47　基本情况

村（社区）名	村（社区）党支部（党总支、党委）书记	村委会（社区居委会）主任	农村经济总收入（万元）	农民人均纯收入（元）
褚石	陈水良	沈利强	52151	31211
东陈	潘祖林	钱金林	62769	32249
天明	徐喜龙	周煜明	70668	29394

续表47

村（社区）名	村（社区）党支部（党总支、党委）书记	村委会（社区居委会）主任	农村经济总收入（万元）	农民人均纯收入（元）
盐仓	张　杰	陈明甫	41750	32042
虹金	杨火学	许洪杰	42414	31293
兴城	俞祖明	徐红美	56561	32179
城东	周伟强	周明明	77866	31420
陆泽	沈仿祥	褚亚峰	70715	32068
泰山	张建春	蒋洪根	60742	31366
大型	顾洪年	盛献法	56135	30706
红角	金新强	孙青峰	41440	30800
老庄	谢雪春	高汝红	26251	30646
肖王	沈昊旻	沈昊旻	303703	28287
金港	沈金标	张华锋	68322	31718
辛江	许国良	严利群	283025	32306
新民	陈宏杰	陈宏杰	37341	32918
兴福	沈炳林	葛　元	51699	31944
东升	姚海强	张金兴	73384	29689
德丰	殷森标	王亚鸣	50796	31117
鹿耳	许水洪	许水洪	47153	31267
长郊	张明根	张明根	8842	30522

说明：黑体字为撤村建居社区

（顾一民）

周王庙镇

【概况】 周王庙镇位于海宁市中部，距海宁市区20千米。辖13个村、1个社区，304个村民小组、24个居民小组。总户数12863户，户籍人口48696人，在册登记新居民9181人。2016年，实现地区生产总值25.68亿元，比上年增长5.7%，其中第一产业增加值1.82亿元、第二产业增加值14.34亿元、第三产业增加值9.52亿元。财政总收入2.77亿元，其中地方财政收入1.27亿元；财政支出7427万元。农民人均纯收入31963元。

组建镇招商中心，选聘年轻干部到招商一线。全年新签项目7个，实到市外内资6.52亿元，完成有效投入16.85亿元，比上年增长17.6%。全镇有规模以上工业企业52家，实现产值52.8亿元。清理“僵尸企业”24家，完成“个转企”21家。实施“机器换人”项目31个。引进各类人才350人，其中高层次人才25人。

实施城乡环境综合整治提升百日攻坚行动，推进2条市级美丽乡村风景线、3个市级特色精品村建设，改造农房立面964户，综合整治沿线环境1918户，补种绿化18.7公顷。一星级美丽乡村创建全覆盖，健全完善美丽乡村建设长效管理机制。云龙村建成“全龄人工饲料四季养蚕示范”项目，入选全省美丽乡村特色精品村，举办第三届蚕俗文化旅游节。云龙村垃圾资源化处理中心建成，长春、上林等8个村实施农村生活垃圾分类处理。推进杭州至海宁城际铁路工程征迁，率先完成先行开工段签约工作。实施“拔钉清障遗留攻坚”行动。实施园区扩容提升工程，拆迁农户23户，完成华锦路西段、新丰路西段绿化亮化等工程。石井农贸市场异地新建工程和镇中心幼儿园改扩建工程完工。镇公共服务中心启用。完成博儒桥改建工程，启动汪店港桥建设。完成土地整治复垦6.5公顷、耕地开发14.9公顷、“旱改水”3.4公顷、高标准农田建设9.5公顷，耕地质量等级提升39公顷。完成水稻机插秧98.7公顷，建成林园地喷滴灌28.8公顷。落实“河长制”管理，疏浚河道13.3千米，砌筑护岸8.1千米。继续实施农村和建成区生活污水治理，累计受益农户9324户。完成石井集镇生活污水治理工程。实施主要河道水质动态监测，镇级河道消灭劣五类水。开展重点行业整治，完成黄标车淘汰、工业企业污水入网年度任务。推进“五气共治”，落实“片长制”管理机制。推进公路铁路沿线、蓝色屋面整治，累计拆除违建5.1万平方米。

推进平安周王庙、法治周王庙建设。构建以保障食品药品安全、生产安全、治安安全为重点的大安全格局。落实安全生产和消防工作责任制，开展“安全生产月”活动、社会治安综合治理百日攻坚行动，长春村程家兜建成嘉兴市首个“法治文化村落”。加强农村聚餐管理，全面落实备案指导，完成学校食堂“阳光厨房”建设。深化“四小”（小理发美容店、小旅馆、小歌舞厅、小沐浴足浴店）行业卫生整治，建成首个村级红十字会组织，完成社区责任医生签约工作。全年发放各类补助救助金453户363万元，建成避灾场所3个、残疾人爱心家园5个、扶贫基地1个。深化劳动保障监察网格化管理，预防和处置欠薪。开展第三次全国农业普查。完成镇党委、市镇两级人大代表换届选举。落实党风廉政建设责任制，全年立案查处党员违纪案件10起，处理违纪党员10人，开展诫勉谈话4人。“三公”经费支出比上年下降5%。

【周王庙镇党委被评为嘉兴市先进基层党组织】 7月14日，在嘉兴市学习习近平“七一”重要讲话暨“红船先锋”报告会上，周王庙镇党委被授予“先进基层党组织”称号。近年来，周王庙镇党委坚持党要管党、从严治党，围绕中心、服务大局，推进基层党建、“五水共治”“三改一拆”等各项工作。周王庙镇先后被评为全省“五水共治”工作先进集体、嘉兴市“无违建镇”创建工作先进集体。建立基层党组织书记“党建责任清单”，全面实施“网格党建”，推行青年干部“成长导师制”，在全市率先启动基层党建“双整”（整乡推进、整县提升）工作。

5月14日，云龙村举办蚕俗文化旅游节，图为游客观看缫土丝

（周王庙镇　提供）

【云龙村被评为省美丽乡村特色精品村】 12月14日，云龙村被省“千村示范、万村整治”工作协调小组办公室评为2016年度省美丽乡村特色精品村。近年来，云龙村围绕美丽乡村建设，制定义务监督、门前三包、保洁监督、星级评创等制度，发动群众参与美丽乡村创建。2009年，云龙村被列入嘉兴市非物质文化遗产生态保护区。发展乡村特色旅游，建成桑树种植区、桑果采摘区、四季蚕养殖区、游客参观区和体验区。举办蚕俗文化旅游节，开展缫土丝、拉棉兜、吃蚕饭、裹“蚕讯粽”、蚕神祭祀、演蚕花戏等蚕俗文化活动。建成云龙蚕桑记忆馆，传承蚕桑习俗。

周王庙镇2016年各村基本情况

表48

村名	村党支部（党总支、党委）书记	村委会主任	农村经济总收入（万元）	农民人均纯收入（元）
荆山	王晓良	王晓良（兼）	205947	30573
石井	钟益峰	朱祥林	178249	31667
云龙	范卫福	张晓辉	114101	30788
胡斗	庄雪鑫	庄国民	89249	31569
之江	王德昌	—	109939	33934
联民	许建达	汪明强	98032	32512
新建	张汉阳	何海锋	181669	33424
陈桥	包敏良	王海良	98937	34015
双涧	沈鸣（至8月）	沈　鸣	87900	32188
上林	孙德英	钱国飞	140767	28737
星火	史晓明	—	77821	32076
长春	吴一明	吴一明（兼）	143106	34221
博儒桥	吴清江	孙坤尧	100806	32389

（徐　霞）

盐官镇

【概况】 盐官镇位于海宁市中南部，距海宁市区15千米。辖17个村、4个社区，330个村民小组、27个居民小组。总户数14603户，户籍人口51980人，在册登记新居民17794人。2016年，实现地区生产总值39.63亿元，比上年增长11.8%，其中第一产业增加值2亿元、第二产业增加值19.06亿元、第三产业增加值18.56亿元。财政总收入4.41亿元，增长25.6%，其中地方财政收入2.4亿元；财政支出9464万元。农民人均纯收入31116元。

全年新增工业供地10.1公顷，引进市外内资6.36亿元，引进浙商回归资金3.48亿元。实现全社会固定资产投资17.25亿元，其中工业投资10.64亿元。规模以上企业实现产值54.9亿元，比上年增长3.2%；销售收入53.7亿元，增长7.4%；利税6.3亿元，增长26.5%。浙江川洋家居股份有限公司、浙江厨壹堂厨房电器股份有限公司2家企业在“新三板”挂牌，浙江晨丰科技股份有限公司主板IPO获证监会受理。新培育2家高新技术企业，总量16家。新增3家嘉兴市级以上企业技术研发中心、5家省科技型企业。专利申请319件，其中发明专利139件；专利授权148件，其中发明专利24件。镇“两创”中心投入运行，建立镇级企业代办中心，完成企业技改项目备案51项，镇级转贷基金转贷规模6亿元。

盐官镇区俯瞰 （王超英 摄）

全年粮食播种面积1533.3公顷，粮食产量1.1万吨，新建1个粮食生产功能区，治理面积67.2公顷。投资1500万元的农业综合开发项目完工。实施苗木示范园区建设工程，苗木种植面积1186.7公顷。发展循环农业，推进秸秆综合利用，实施肥药减量工程，推广有机肥，病虫害统防统治260公顷。

深化“四位一体”保洁，完成河道、池塘清淤任务，新建河道护岸2.2千米，打通断头浜3条。完成平原绿化面积25.1公顷。新开工生活污水治理3706户，实现全覆盖。巩固生猪减量提质成果，处理沼气池296只。加快“五气共治”，淘汰小锅炉5个，取缔黄标车7辆，整治餐饮油烟单位35家。推进“无违建”创建，全年拆除违建5.1万平方米。改造旧住宅12.9万平方米、旧厂区4.5万平方米，土地开发复垦11.5公顷。15个村全部达到一星级美丽乡村标准，打造2条镇级、2条市级美丽乡村精品线路。盐官镇通过国家卫生镇复评。

实施村庄布点规划，修编完善村民建房管理办法，新审批村民建房231户。推进丰兴社区用房、多联排安置房、商铺开发建设。完成丰凌路、崩开桥等工程。扩大社保覆盖面，做好欠薪预防工作，落实安全生产责任制，调处各类矛盾纠纷173件，受理信访及市长电话153件。新建卫生院项目完成征地拆迁，完成责任医生签约工作。新建文化礼堂1个，举办第九届农村文化艺术节。开展第二届“最美盐官人”评选。

盐官镇2016年各村基本情况

表49

村名	村党支部（党总支、党委）书记	村委会主任	农村经济总收入（万元）	农民人均纯收入（元）
广福	顾金兴	施坤甫	42205	31875
联丰	施娟仙	郭建昌	135733	31382
桃园	金正华	杨伟标	58805	34007
群益	徐金康	汤伟清	131398	32827
郭店	李建兴	吴晓东	47104	30545
红友	姚忠益	马晓良	50623	31841
包王	严云飞	严　俊	58550	31368
丰士	杨海江	张建忠	46326	29122
万寿	张树忠	周敏霞	39657	30420
联群	钟海炳	沈顺康	50854	30880
祝会	陈妙兴	陈妙兴	26959	30543
联农	江惠良	祝文红	73177	29770
新星	唐　辉	王明兴	34364	30028
安星	苏振初	张纳雄	38545	30419
城北	郭根生	李叶清	54186	30694
中新	王伟峰	汪琦萍	37284	30824
盐官	张建军	张国明	47166	31176

（吴飞龙）

丁桥镇

【概况】 丁桥镇位于海宁市中南部，距海宁市区13千米。辖14个村、1个社区，369个村民小组、3个居民小组。总户数12917户，户籍人口44957人，在册登记新居民10302人。2016年，实现地区生产总值29.94亿元，比上年增长8.2%，其中第一产业增加值2.65亿元、第二产业增加值16.56亿元、第三产业增加值10.73亿元。财政总收入3.04亿元，增长8.8%，其中地方财政收入1.1亿元；财政支出1亿元。农村居民人均可支配收入29918元。2016年，丁桥镇被评为浙江省第一批美丽乡村示范镇、嘉兴市平安镇。

全镇有规模以上企业72家，其中销售收入5000万元以上企业36家、亿元以上企业11家。规模以上企业实现工业总产值56.6亿元，比上年增长7.2%；主营业务收入55.1亿元，增长10.9%；利税4.3亿元、利润2亿元。全年引进市外内资4.6亿元，利用外资500万美元，浙商回归资金1亿元。实施创新驱动发展战略，“两创”中心投入使用。完成村经济合作社股份制改革，发展村级经营性物业项目，永胜村抱团发展经营性物业项目开工建设。发展现代特色农业，形成以粮食生产、禽类养殖、设施农业（蔬菜）、休闲水果采摘、生态休闲为主线的农业产业集聚区，丁桥镇通过农业部国家级无公害畜禽基地认证。培育新曙和民利农机专业合作社，实施农业部万亩示范片和省级水稻千亩示范片项目。举办首届乡村旅游节，发展乡村旅游，逐步形成以蓝莓小镇、桃园农庄、新仓谷堡为主要节点的乡村旅游路线。

统筹协调“五水共治”“五气共治”“三改一拆”、美丽乡村等工作，推进美丽集镇、美丽道路、美丽园区建设。开展小城镇环境综合整治，修编镇总体规划和土地利用总体规划，优化村庄布点规划，出台农村居民住房建设管理办法，缓解农户刚需建房需求。建成龙新苑、宁泰苑、海潮苑等11个集聚小区。推进星级美丽乡村创建，一星级美丽乡村全覆盖，海潮村创建为三星级美丽乡村，新仓村梁家墩区块“升级版”美丽乡村成效明显，被命名为省美丽乡村特色精品村。推进优美庭院建设，全国妇联在丁桥镇召开现场会。率先在全市实现垃圾分类全覆盖。全年拆除违章建筑165宗7.1万平方米，整治蓝色屋面22.7万平方米，平原绿化45.8公顷，完成公路铁路沿线1368户和美丽乡村713户农户立面改造。11月，嘉兴市小城镇环境综合整治、美丽乡村建设和“三改一拆”工作现场推进会，全国县（市、区）妇联主席培训班先后在新仓村举行。

开展居家养老银龄互助服务，发展残疾人社会福利和慈善事业。全年发放各类救助金774.2万元，其中残疾人经费226.6万元、农村社会救济金225万元、抚恤费3万元、退役安置费等319.6万元。注册登记17家社会组织。落实全面两孩政策，计划生育符合率100%。加强劳动和社会保障监察网格化管理，妥善处置企业欠薪事件。完成道路交通、水环境治理、路灯改造、广播系统、健身设施、小商品市场6项政府实事工程。创建国家卫生镇通过省级验收。利群村、芦湾村、永胜村、丁桥村通过省级卫生村验收。丁桥初中、新仓初中和丁桥小学在海宁市教育系统发展性评价考核中被评为优秀。实施两轮学前教育三年行动计划，丁桥镇中心幼儿园新建项目开工。丁桥卫生院创建为全国群众满意的乡镇卫生院。推进文化惠民工程，习泳培训720人。开展镇村文化交流，举行第四届丁桥文化艺术节系列活动，新建文化礼堂2个。

加强社会治理。开展新居民“邮递式”管理，做好新居民子女积分制入学工作。推进“两网融合”和“三治”建设。落实安全生产监管责任和企业安全生产主体责任，在全市率先开展小微企业隐患排查治理社会化服务和安全生产网上监管新模式。开展重点行业安全隐患源头治理，丁桥镇被嘉兴市政府评为安全生产工作先进集体。丁桥“民情热线”受理来信来访20件、市长电话180件，全部在规定期限内办理。调处各类纠纷239件，其中调解15起非正常死亡事故，调解成功率98.7%。推进编制权力清单和责任清单，规范权力运行监督。

【澳大利亚代表团参观美丽乡村】 10月29日，澳大利亚奥古斯特·玛格丽特河郡郡长伊恩·厄尔率政府代表团一行6人到丁桥镇参观考察。代表团到农耕文化博物馆、梁家墩等地参观农耕工具和农业生活用品，体验农具操作和农耕生活，对梁家墩美丽乡村建设予以赞赏。

10月29日，澳大利亚代表团参观丁桥镇新仓村农耕文化博物馆

（丁桥镇　提供）

【首届乡村旅游节】 5月7—31日，举办丁桥镇首届乡村旅游节。活动地点主要在上农蓝莓小镇、桃园农庄、农耕文化博物馆（新仓谷堡）、梁家墩地区。推出旅游节开幕式、摘农果·亲子水果、干农活·农耕互动体验活动、品农菜·传统民俗乡村宴暨乡村音乐节、“印象丁桥”乡村旅游摄影大赛、梁家墩系列活动六大主题活动。联合途牛网推出“果香夏潮”系列推广活动，介绍丁桥乡村旅游景点。

【《古镇皇岗》出版发行】 6月，由丁桥镇人民政府编纂的《古镇皇岗》由中国文史出版社出版。全书分皇岗渊源长、名人乡贤多、道院和道曲、民间故事会、民间手工艺、传统中医药、诗词和碑文、皇岗说传奇8个栏目，共计30.5万字，全面展示了古镇皇岗的千年历史文化。

（夏晓明）

丁桥镇2016年各村基本情况

表50

村名	村党支部（党总支、党委）书记	村委会主任	农村经济总收入（万元）	农民人均纯收入（元）
新仓	陆永明	贾维国	85089	30695
海潮	李建人	胡建康（至11月）	39678	30656
万新	滕林彬	邹忠浩	56199	29591
保胜	郑利金	高金浩	11179	27352
金扬	李晓飞	李晓飞	32160	29817
利群	姚文革	陈建新	46885	29918
芦湾	张晓良	吴伟明	127220	30512
永胜	徐国明	陈　敏	119286	30416
民利	郭家欢	羊孝士	35923	30502
两丰	施新红	虞振海（至4月）	29283	28238
丁桥	汤国强	程　波	50286	29129
海星	孙宝法	钱朝晖	22469	30027
群海	赵建根	陈建初	16147	29094
诸桥	莫东林	凌　辉	51305	31519

斜桥镇

【概况】 斜桥镇位于海宁市中部北缘，距海宁市区5千米。辖16个村、3个社区，339个村民小组、59个居民小组。总户数16557户，户籍人口63014人，在册登记新居民19185人。2016年，实现地区生产总值40.66亿元，比上年增长6.6%，其中第一产业增加值3.42亿元、第二产业增加值23.1亿元、第三产业增加值14.14亿元。财政总收入3.99亿元，增长10.4%，其中地方财政收入1.9亿元；财政支出9555万元。全体居民人均可支配收入39246元，增长17%。

全年签约工业项目12个，概算总投资5.8亿元。实到市外内资3.1亿元，实现浙商回归资金2.4亿元。全年项目开工竣工率均为100%。完成固定资产投资21.67亿元，比上年增长3.4%，其中第二产业投入11.52亿元。加快春江花苑、卡森等房地产开发进程。完成服务业投资9.6亿元（其中房地产投资4.2亿元），增长8.3%。加快包装材料、经编纺织、皮革家具产业向高端、绿色、智能发展，实施“机器换人”项目24个。规模以上企业研究与开发经费支出1.6亿元，占主营业务收入的1.7%，高新技术产业增加值占工业增加值的30.5%。全年专利申请448件，专利授权158件；获批高新技术企业1家、省级科技型企业12家。推进路仲古镇酒吧一条街和美食一条街建设。加快农业“两区”和四个特色现代农业园区建设。完成华丰村森城科创中心科技园建设和斜桥镇中央财政小型农田水利重点县项目。开展农村“三权”改革，农村承包土地确权测绘工作完成86.1%。

路仲古镇　（王超英　摄）

推进征地拆迁，征收土地44.7公顷，消化转而未供土地13.5公顷，低效用地再开发4.9公顷，盘活供应存量土地23.4公顷，腾退低效用地7.8公顷，全年实现供地36.9公顷。完善园区基础设施配套建设，投入资金1000万元，完成姚九线（斜中路至唐家路段）路面硬化、工业园区外人行道及绿化、村级工业园排水改造等工程，新建道路2.2千米，新建绿化和人行道1公顷。推进“两新”工程道路、排水、供水等基础设施配套建设，浦市西区块、副中心三期、路仲一期二期、祝场二期等室外配套工程完工。综合整治河道4.4千米，河道清淤3千米，打通断头浜2条，提升河道绿化面积2公顷，镇级河道四类水占比80%以上。完成农村生活污水治理5694户，完成城镇建成区生活污水治理与工业企业污水管网建设。推进大气治理，淘汰黄标车17辆，整治燃煤小锅炉6台，治理40家企业挥发性有机物，整治建筑工地扬尘，落实农作物秸秆禁烧。完成平原绿化面积25.8公顷。创建一星级美丽乡村15个、三星级美丽乡村1个。16个村实行生活垃圾分类和资源化综合利用。加强违建处置力度，拆除违法建筑106宗7.4万平方米。

完善公共文化服务体系，推进2个农村文化礼堂建设。开展文化走亲、春泥计划、全民健身、“夜文化”培训等文体活动。完善社会保障体系和社会救助帮扶机制，做好慈善、优抚、老龄、残疾人等工作。完成镇社会性组织服务中心选址，注册社会组织30家。深化“法治、德治、自治”建设，化解各类矛盾纠纷和不稳定因素。推进消防、生产、交通和食品安全工作，无重特大安全生产事故发生。完成镇党委、人大代表换届选举。开展村级组织届末考察，完成19个村（社区）的班子和人员考察。启动党建视频会议系统，组建红链志愿队伍。

【包装膜新材料搬迁技改和稻谷烘干加工项目开工】　年内，海宁光圣晶体材料有限公司年产3000吨包装膜新材料搬迁技改项目开工。该项目占地1.3公顷，厂房面积1.9万平方米，购置激光模压机、电脑印刷机、电脑分切机等设备，总投资7000万元。海宁市金新乐农业科技有限公司年产1万吨稻谷烘干加工项目开工。该项目占地1公顷，总投资1800万元，建设内容包括烘干中心、稻谷加工中心、农机服务中心等。

斜桥镇2016年各村基本情况

表51

村名	村党支部（党总支、党委）书记	村委会主任	农村经济总收入（万元）	农民人均纯收入（元）
金石	陈建飞	舒志强	94500	30148
祝东	王金祥	蒋甫江	49436	29714
祝场	周东海	陈才康	86669	30347
万星	黄德奎	姚海良	13404	28790
华丰	朱张金	殷国华	228588	34185
庆云	周富林	施海峰	137178	30413
永合	顾明强	金利强	81927	31334
光明	陈国良	陈国良	78169	32634
路仲	陆益彬	王东亮	118320	29345
仲乐	庄建平	陈　飞	72657	29302
乐农	魏　明	魏烨柠	19548	28981
黄墩	陈　飞	孙云峰	62322	29089
斜西	顾海清	张富林	20913	29253
斜桥	严海峰	严海峰	304361	30171
新农	沈雄健	沈雄健	41368	28404
二联	[illegible]	马建德	43091	33168

（张　峰）

袁花镇

【概况】　袁花镇位于海宁市东南部，距海宁市区14千米。辖14个村、4个社区，360个村民小组、23个居民小组。总户数14457户，户籍人口53566人，在册登记新居民20466人。2016年，实现地区生产总值54.99亿元，比上年增长9.6%，其中第一产业增加值2.21亿元、第二产业增加值40.76亿元、第三产业增加值12.02亿元。财政总收入5.9亿元，增长15.2%，其中地方财政收入2.6亿元，增长43.6%；财政支出1.73亿元。农村居民人均纯收入31095元，增长9%。

坚持“工业强镇”战略，加大招商力度。全年实到市外内资16.17亿元，实到外资1.53亿美元。加快产业转型升级，以新能源、新厨电、新型装饰材料“三新”为主的新兴产业和传统产业共同发展。全镇有规模以上企业92家，实现工业总产值179.7亿元，比上年增长5%；利税21.9亿元，增长16.8%；利润12.5亿元，增长18.7%。14家规模以上企业产值超亿元，美大集团有限公司产值14.3亿元，浙江晶科能源有限公司产值109亿元。全年上报“机器换人”项目25个，累计投资12.25亿元；腾退低效用地7公顷。袁花镇列省“百亿级”工业强镇第5位。推进67个产业项目建设。中建国际PPP项目签约，阳光科技小镇核心区一期工程进入设计施工阶段。花溪人家安置房项目完成临建建设，筹划市民广场、医院等配套项目。浙江晶科能源有限公司扩产项目二、三、四期陆续开工建设，美大集团有限公司智能化物流集控中心完成建设并投入运营，中国（海宁）“三新”市场完成土建施工，“两创”园区双中、新袁、澳桥项目开工建设。

全年完成“三改”面积15万平方米；拆除违建40万平方米，其中拆除非农违建462宗28.3万平方米；完成复垦面积12.8公顷。累计整治土地72.7公顷，复垦新增耕地71.9公顷。整治蓝色屋面136宗8.3万平方米。实施黑臭河治理，消除劣五类水，四类水提升至80%以上。综合整治河道7264米，河道清淤4.96千米，河道绿化7.4公顷。落实“河长制”责任，排查各类排水口2033个。累计完成农村污水治理9327户，农户受益率85.6%；建成区污水治理3.4平方千米。创建三星级美丽乡村2个，推进“果园飘香富农路”风景带及3个精品节点建设。长啸村、红新村“农光互补”食用菌项目建成投产。累计建成粮食生产功能区17个1438.7公顷。新增土地流转面积393公顷。水稻机械化栽植面积704.6公顷，其中机械化育插秧112.9公顷。

袁花镇长啸村美景　（王超英　摄）

镇社区教育中心被评为省级社区教育中心，镇中心幼儿园晋升为省二级幼儿园，袁花中心小学食堂工程主体完工。完成责任医生签约任务，合作医疗参保率99%以上，省级卫生村全覆盖。落实全面两孩政策，镇“三优”指导中心被命名为浙江省优生优育优教指导中心省级示范点。建成农村文化礼堂12个，实现文明村、文明社区创建和农村文化阵地星级达标、基层公共电子阅览室全覆盖。重视居民养老事业，养老保险参保率95%以上。袁花镇养老服务中心创建为“4H”养老中心，11个村（社区）居家养老服务照料中心通过市级验收，一站式便民服务中心建设全覆盖。开展“两富同行”温暖工程，累计发放各类社会救助补助金1645.4万元。推进公共交通建设，推出镇区“小公交”。开展“平安袁花”创建。完成“六五”普法，推行基层网格化管理，网格化建成率100%。加大矛盾纠纷排查调处力度，矛盾调处率100%。落实信访疑难案件包案化解制度，信访、市长电话回复率100%。

【“游金庸家乡·看美丽袁花”2016梨花节】 于3月26日在袁花镇梨园村开幕。活动内容包括戏曲表演、花海踏青摄影、记者采风、九头浜生态公园休闲、垂钓等。4000余名游客参加活动。

【阳光科技小镇项目签约】 4月12日，全市特色小镇现场推进会在袁花镇召开。会上，袁花镇与中国建筑国际集团有限公司签订PPP项目框架协议，以PPP合作模式开发建设阳光科技小镇核心区块。项目内容包括袁花镇安置房、产业园区及配套附属工程，总投资30亿元，计划用地100公顷。

表52　袁花镇2016年各村（含撤村建居社区）基本情况

村（社区）名	村（社区）党支部（党总支、党委）书记	村委会（社区居委会）主任	农村经济总收入（万元）	农民人均纯收入（元）
双丰	孙小平	吕学超	282101	33346
新袁	许勤芬	查晓伟	79971	32398
镇东	冯印甫	秦区会	208908	32734
夹山	朱连明	陈小英	165327	31640
长啸	许国初	徐　燕	119556	31691
红晓	张雅妹	王佳华	78593	30218
红新	王　维	莫海旗	74671	29834
龙联	沈志祥	查雅琴	55895	30553

续表 52

村（社区）名	村（社区）党支部（党总支、党委）书记	村委会（社区居委会）主任	农村经济总收入（万元）	农民人均纯收入（元）
镇西	陈叶忠	吴燕飞	94142	30171
梨园	朱雪峰	唐国忠	96145	30835
谈桥	金国康	朱晓明	116721	30732
濮桥	沈晓峰	朱胜彪	91901	29492
东风	胡赵平	陆月飞	79593	30111
彭墩	肖顺华	朱利生	91280	29751
天仙街	张永良	张永良	1548	30639
彭墩（社区）	吴龙佳	吴龙佳	9604	27741

说明：黑体字为撤村建居社区

（章家力）

黄湾镇

【概况】 黄湾镇位于海宁市东南部，距海宁市区20千米。辖7个村、2个社区，175个村民小组、19个居民小组。总户数6595户，户籍人口23695人，在册登记新居民31891人。2016年，实现地区生产总值49.33亿元，比上年增长15.8%，其中第一产业增加值1.58亿元、第二产业增加值42.5亿元、第三产业增加值5.24亿元。财政总收入4.72亿元，增长31.7%，其中地方财政收入2.03亿元；财政支出1.28亿元。全体居民人均可支配收入41254元。2016年，黄湾镇被评为全国综合实力千强镇、浙江省园林镇。

推进环境整治。围绕“清三河”防反弹、劣五类水防反复目标，深化“河长制”长效管理机制，“一河一档”全覆盖。开展“最美池塘（内塘）”评选活动。加大生态治理力度，全年种植水生植物1500平方米，放养鱼苗8万尾。农村生活污水治理全覆盖，市、镇、村三级河道四类水以上断面占比94%，三类水断面比率居全市前列，水环境继续保持全市最优。完成城镇建成区生活污水治理，累计治理面积25平方千米。完成黄标车淘汰任务。淘汰落后产能，实现节能6372吨标煤。落实秸秆禁烧。全年拆除各类违章建筑39宗7.1万平方米，拆后土地利用面积5.9公顷。完成“三改”面积2.4公顷。

推进美丽乡村建设。尖山村、闸口村、黄山村创建为三星级美丽乡村，推进钱江村创建五星级美丽乡村。制订村规民约并实施长效奖励机制，推动星级美丽乡村创建从“重建轻管”向“建管并重、以管为主”转变。规划设计精品节点，实施“果园飘香富农路”沿线1276户农房外立面改造。启动编制乡村旅游发展总体规划，打造尖山风情山村、冷冰坞慢谷两个旅游景区。推进风情山村旅游接待中心建设，建成沿山道路17.9千米、“花海”78.7公顷。出台民宿奖励政策，推进市级乡村民宿示范村建设，累计建成民宿5家。举办2016果香夏潮·黄湾休闲旅游季暨第九届杨梅采摘节活动。

实施“医养结合”养老服务新模式，完成黄湾养老服务中心改造提升工程，村（社区）居家养老服务照料中心建设全覆盖。实施马坟湾骨灰寄存堂二期工程。全年举办劳动力转移就业、农村“两创”实用人才等培训4200人次。高点幼儿园完成装修，推进黄湾小学异地迁建工程，放宽新居民子女入学条件，中心幼儿园扩招2个班。完成镇（区）文化活动中心改造，新建村级文化礼堂2个。舞蹈《连厢情》、歌舞《拷花头巾唱家乡》分别在全国和省级大赛获奖。尖山卫生院与市中医院合作办医取得成效。开展优生、优育、优教服务。建成社会治理综合

黄湾镇钱江村冷冰坞民宿　（黄湾镇　提供）

指挥中心，深化“两网融合”，及时办理市长电话和来信来访，有效化解社会矛盾和风险。发挥“平安尖山”微信公众平台作用，平安知晓率、参与率、满意率保持全市前列。推进企业安全生产标准化提质扩面，建立消防安全专家评估体系。加强食品安全，建成A级标准规范化社区家宴中心1个。开展普法宣传教育，二月初八庙会法治广场宣传活动、法治小广播等成为特色普法载体。推进诚信守法企业创建，浙江恋尚家居品有限公司被评为嘉兴市级诚信守法示范企业。建成法治文化公园1个。编制并公布权力清单和责任清单，完成行政规范性文件清理。

【黄湾镇创建为浙江省园林镇】　2016年12月23日，黄湾镇被省住房和城乡建设厅评为浙江省园林镇。2015年10月，黄湾镇启动浙江省园林镇创建，出台《黄湾镇（尖山新区）园林式单位、园林式居住区评比的通知》，制订考核考评办法。2016年，全镇宜林荒山、荒地绿地率93.4%，宜林坑、塘、沟、渠、路绿化普及率100%。建成鼠尾山公园绿地、紫薇滨河公园绿地、围垦公园绿地、尖山公园绿地、黄湾公园绿地等，其中面积2公顷以上公园4个。提高道路绿化景观建设水平，杭州湾大道和昌盛路成为生态环境优美的林荫大道。道路绿化普及率88.8%、达标率85.3%，单位庭院和小区绿化绿地达标率87.1%，新建小区绿地率均达30%以上。

【生态功能区建设】　年内，324家低小散企业“退散进集”进入扫尾阶段。完成第一、第二批腾拆企业255家，共拆除建筑面积15.1万平方米，复垦土地18公顷，启动第三批69家企业交房搬迁。通过回购尖山新区低效厂房和土地，加快“两创”中心建设。一期星莹区块新建、改建厂房11.9万

黄湾镇2016年各村基本情况

表53

村名	村党支部（党总支、党委）书记	村委会主任	农村经济总收入（万元）	农民人均纯收入（元）
钱江	朱平良	朱小兵	13230	30906
黄湾	孙　波	陈海孙	19074	30858
尖山	顾江林	郑映红（行政负责人）	47190	31122
五丰	徐朱海	徐朱海（行政负责人）	13836	30334
黄山	钟新联	马新华（行政负责人）	35300	31452
闸口	费浩东	马其峰	73773	31052
大临	崔志浩	俞正浩	12610	30404

平方米，欧意美区块 3.2 万平方米标准厂房投入使用，二期黄山区块 11 幢标准厂房完成主体验收。97 家腾退企业组成 43 个新主体准入“两创”中心转型发展，新培育规模以上企业 5 家。

（姚添誉）

硖石街道

【概况】 硖石街道位于海宁市中心，东与海盐县百步镇接壤。辖 8 个村、16 个社区，152 个村民小组、438 个居民小组。总户数 24366 户，户籍人口 71202 人，在册登记新居民 21332 人。2016 年，实现地区生产总值 59.96 亿元，比上年增长 10.5%，其中第一产业增加值 5041 万元、第二产业增加值 9.84 亿元、第三产业增加值 49.61 亿元。财政总收入 9191 万元，其中地方财政收入 5360 万元；财政支出 5909 万元。城乡居民人均可支配收入 48867 元。

有工业企业 271 家，全年完成工业增加值 2.5 亿元，比上年下降 5.8%。有规模以上工业企业 2 家，完成工业总产值 1.4 亿元、利税 284 万元。完成固定资产投资 21 亿元。加大有效投入，全年纳入统计数据库上报的投资项目 30 个，其中农业项目 4 个、服务业产业项目 11 个、房地产项目 15 个，分别完成投资 3028 万元、5.38 亿元和 15.32 亿元。全年实现农业总产值 7701 万元，增长 2.5%。农作物播种面积 1725.7 公顷，其中粮食播种面积 1221.5 公顷、经济作物播种面积 77.9 公顷、蔬菜播种面积 330.1 公顷、花卉苗木播种面积 72 公顷。粮食总产量 8109 吨，蔬菜总产量 7327 吨，油菜籽总产量 181 吨，蚕茧总产量 19 吨。家禽饲养量 4.3 万羽，水产品总产量 138 吨。有限额以上服务业企业 33 家，其中批发零售贸易业企业 19 家、住宿餐饮业企业 5 家、其他服务业企业 9 家，实现规模以上增加值 3.66 亿元、营业收入 26.62 亿元。海宁金钻天地实业有限公司项目完成主体建设，完成投资 2.08 亿元。

推进袁硖港北侧、洛塘河改道项目、农丰路两侧拆迁和城中村改造，完成拆迁 9.3 万平方米。拆除存量违建 18 宗 60387 平方米，复耕复绿 51417 平方米。实施城乡公寓房分房，完成长田、西环、永丰、荷叶、联和等村（社区）公寓房安置工作。推进“五水共治”，疏浚河道 17 条 8.8 千米，清淤 7.3 万立方米，河道绿化 5.8 千米。完成农村生活污水治理 586 户。创建一星级美丽乡村 11 个、三星级美丽乡村 2 个。推行垃圾分类，生活垃圾分类收集实现农村全覆盖，

硖石街道南苑社区一站式社区服务中心 （市民政局 提供）

城镇社区50%以上。

完善居家养老服务，开展养老机构三星级及“4H”创建，以政府购买服务形式强化“医养结合”养老服务。扩大社会保险覆盖面，基本养老保险、城乡居民社会养老保险参保人数分别累计2.6万人和0.86万人。举办街道第十届文化艺术节、邻里节，开展各类文体活动68场次，新建双合村、杨汇桥村2个文化礼堂。城乡居民合作医疗平均参合率99.7%。新建4个农村家宴中心。完善动态化社会稳定预警机制，落实矛盾纠纷排查调处制度，受理群众来信来访来电71件，调处矛盾纠纷299件。推进“三治”建设，荷叶村创建为浙江省民主法治示范村（社区）。撤销群利、长园社区，新建群园社区，保留经济合作社组织。

表54 硖石街道2016年各村（含撤村建居社区）基本情况

村（社区）名	村（社区）党支部（党总支、党委）书记	村委会（社区居委会）主任	农村经济总收入（万元）	农民人均纯收入（元）
荷叶	都甫珍	范曙明	35350	32709
双合	王国美	宋惠利	30820	31512
联和	范国彪	陈建忠	27013	30648
军民	朱克云	沈叶新	25358	34266
永丰	程培松	张海珍	32288	32424
南漾	孙雪峰	胡学光	15680	30574
杨汇桥	王利生	王敏达	30485	32008
西环	吴振宇	郭叶利	24626	31351
农丰	何林峰	何林峰	43479	36400
长田	姚永和	吴伟彪	29308	33581
高丰	姚岳良	姚建新	18011	35487

说明：黑体字为撤村建居社区

【硖石街道中心幼儿园投入使用】 9月，硖石街道中心幼儿园投入使用。该项目是硖石街道学前教育三年行动计划确定的异地新建项目，于2013年11月开工，2015年12月完工。建筑面积5450平方米，室外活动场地1200平方米，投资3750万元。首批招生5个班154名幼儿。

（顾琪梅）

海洲街道

【概况】 海洲街道位于海宁市主城区，是市政府所在地。辖5个村、14个社区，57个村民小组、444个居民小组。总户数20464户，户籍人口60686人，在册登记新居民44569人。2016年，实现地区生产总值109.64亿元，比上年增长3.5%，其中第一产业增加值1596万元、第二产业增加值17.1亿元、第三产业增加值92.38亿元。财政总收入2.39亿元，其中地方财政收入1.37亿元；财政支出6323万元。城乡居民人均可支配收入65801元，增长5.5%。

全年完成固定资产投入31.44亿元。规模以上工业企业总产值4.35亿元、利税0.63亿元、利润0.48亿元。限额以上服务业营业收入104.21亿元、利税11.46亿元、利润8.26亿元。自营出口5.04亿美元，引进市外内资4.14亿元。社会消费品零售总额48.06亿元。发展楼宇招商，29幢楼宇注册率98.8%，其中税收超千万元楼宇12幢、超亿元楼宇1幢。

推进征地拆迁，征收土地94700平方米，完成率97.6%，其中红纸坊城中村改造、扩大南排工程、金龙村安置点、金龙村农房改造项目完成100%。推进“拔钉清障”专项行动，24户遗留户完成签约22户，腾空拆平20户。全年拆除违建103宗

4月25日，百合社区党员志愿者清理河岸垃圾

（海洲街道 提供）

22010平方米，土地利用率100%。推进“五水共治”，疏浚河道5.2千米、土方65161立方米，河道绿化1.5公顷，丁国师桥港被评为2016年度海宁市最美河道。启动金龙村、张店村765户农户的农村生活污水治理，通过嘉兴市抽样验收。一星级美丽乡村全覆盖，东长社区创建为三星级美丽乡村。农村生活垃圾分类全覆盖，城区垃圾分类20847户，占城区总户数的50%以上。

以“爱乐聚”养老服务机构为依托，完成村（社区）居家养老服务照料中心改造。实施海洲、伊桥养老服务中心改造提升工程。“敬老月”活动期间，开展各类文娱活动20余场。加强文化阵地建设，建成文化礼堂6个、文化家园4个，成功创建五星级文化阵地1个、四星级9个、三星级1个。举办海洲街道第二届民俗文化艺术节，组织“相约海洲大舞台”和文化下乡专场演出各7场。做好人口与计划生育工作，计划生育率98.97%。开展全国文明城市创建，完成海皇大厦综合环境改造，全省创建全国县级文明城市现场会在百合社区召开。开展“最美”系列评选和寻找“身边的好人”活动，成园社区许伟平家庭获首届“全国文明家庭”称号。

加强信访维稳工作，全年调处各类矛盾纠纷758起，海洲街道被评为嘉兴市法治宣传教育先进集体和嘉兴市人民调解工作先进集体。创新推出一站式服务综合岗，获嘉兴市领导肯定。推进新社区建设，完成新桥社区和康桥社区撤并试点工作。做好劳动与社会保障工作，及时处置各类劳资纠纷。启动“整乡推进、整县提升”三年行动计划，所有村（社区）完成先锋长廊建设，建成党员先锋站13个。探索开展楼宇党建，建立一城（银泰城）一楼（广隆商务楼）党支部。抓党风廉政建设，在党员干部中开展家规家风教育。制订印发《海洲街道农村基层权力清单及运行流程》，规范村（社区）小微权力36项。

【首创村（社区）一站式服务综合岗】 11月，推出社区综合岗办公模式，推动一站式服务向一口式服务转变。社区工作人员通过交叉换岗、交叉培训等方式增强全能型服务能力，落实服务责任清单，整合综合岗工作，强化主动适应、担当多岗位职责的能力。完善工作人员综合岗位职责，提升规范水准，争创示范岗位。

表 55 海洲街道 2016 年各村（含撤村建居社区）基本情况

村（社区）名	村（社区）党支部（党总支、党委）书记	村委会（社区居委会）主任	农村经济总收入（万元）	农民人均纯收入（元）
双凤	沈荣华	朱治强	11585	39168
民和	陈仁友	王明华	6857	35701
金龙	王金於	周徐良	13511	31365
张店	张志月	张吴坤	12517	34221
伊桥	李高法	李高法	35662	40209
南郊	姜新妹	姜新妹	12987	35527
新庄	凌国泉	凌国泉	52517	37562
联合	顾泉荣	陈伟忠	12200	37030
西郊	吕晓荣	吕晓荣	2549	35011
东长	吴云霞	吴云霞	19557	38858

说明：黑体字为撤村建居社区

（俞丹雯）

海昌街道

【概况】 海昌街道位于海宁市东北部，北与嘉兴市秀洲区接壤。辖 10 个村、10 个社区，234 个村民小组、92 个居民小组。总户数 10752 户，户籍人口 39364 人，在册登记新居民 74777 人。2016 年，实现地区生产总值 19.26 亿元，比上年增长 5.6%，其中第一产业增加值 8465 万元、第二产业增加值 6.01 亿元、第三产业增加值 12.4 亿元。财政总收入 7991 万元，增长 14.5%，其中地方财政收入 4354.5 万元；财政支出 4330.1 万元。城乡居民人均可支配收入 40153 元，增长 11.1%。2016 年，海昌街道被评为省“六五”普法先进集体、嘉兴市文明街道、嘉兴市“无违建”创建先进镇（街道）等。

有规模以上企业 55 家，全年实现工业总产值 42.3 亿元，比上年增长 3%；利税 3.36 亿元，增长 8.6%，其中利润 1.39 亿元，增长 2.3%。货物出口总额 21.26 亿元，增长 22.4%，规模以上工业企业出口交货值 11.85 亿元，增长 28.3%。全社会固定资产投资 3.75 亿元，增长 8%。启动实施“两创”园区建设。推进海宁光耀热电有限公司项目落地和杭平申航道星光作业区对外招商。引进市外内资 2600 万元。完成“机器换人”项目 5 个，腾退低效用地 3.4 公顷。完成“个转企”29 家、“下转上”8 家。全年农业总产值 1.3 亿元，增长 7.3%。农作物总播种面积 2408 公顷，粮食总产量 1.1 万吨。发展优势特色农业，葡萄种植面积 122 公顷，总产量 3070 吨；家禽饲养量 0.2 万羽，水产品总产量 0.4 万吨。完成土地平整 113 公顷。新增粮食生产功能区 143 公顷。全年村级集体经济总收入 7992 万元，增长 11.4%。加大重点扶持村扶持力度，实施狮岭集贸市场村村抱团项目。健全土地经营权流转机制，新增土地流转 155.7 公顷。完成农业投资 4100 万元，增长 26.5%，引进 500 万元以上农业招商项目 1 个。推进农村集体资产股权改革，完成农村产权交易 287 宗。农村住房保险和政策性农业保险参保率均为 100%，发放农业性综合补贴 347.8 万元，开展农民素质和技术培训 4120 人。加强农民专业合作社建设管理，有合作社 15 家，其中海宁市级及以上示范化合作社 3 家。海昌街道农民合作经济组织联合会在民政部门登记注册。全年社会消费品零售总额 22.43 亿元，增长 10.9%。限额以上批发和零售业销售额 16.88 亿元，下降 7.4%。服务业累计完成投资 3.34 亿元，增长 6.1%，其中生产性服务业项目投资 0.2 亿元。推进狮岭集贸市场和硖川路商业项目开发。

年内创建三星级美丽乡村2个，累计4个；一星级美丽乡村全覆盖。完成沪杭铁路、湖盐公路、嘉绍高速沿线两侧环境专项整治。街道级河道四类水占比93%，三类水占比30%。深化“河长制”管理，建成生态河道2条，聚金桥港被评为海宁市“十佳最美河道”。整治提升污染行业企业12家，淘汰小锅炉1台。实施垃圾分类收集处置。全年完成拆迁438户14万平方米，搬迁企业7家2.4万平方米，征用土地24公顷。狮岭片新村点建设新增农房集聚368户，对新村点1500户在建户严格施工监管和建房秩序。推进利民、隆兴区块征迁。开展“拔钉清障”百日攻坚行动，转而未供土地专项处置完成率居全市前列。全年拆违459宗7万平方米，拆后土地利用率93.7%。整治蓝色屋面19.9万平方米。完善城北基础设施配套，提升改造道路2条1.2千米，建设桥梁3座，改造老旧小区2个，新增公共自行车租赁点7个。探索撤村建居及城乡一体新社区建设，胜利社区在全市率先完成规模调整工作。推广农村集聚小区封闭式管理，试点物业化模式。

推进全国文明城市创建，年度创建考核列全市首位，海昌街道创建为嘉兴市文明街道。海昌卫生院、双喜村创建为嘉兴市文明单位（村、社区）。健全志愿服务体系，注册志愿者占户籍人口的13.9%。完善公共文化体系建设，新建文化礼堂2个。开展“邻里节”启动仪式、“最美海昌人”表彰颁奖晚会等大型文艺演出活动6场，跨县（市）文化走亲2场，举办民俗、书画、摄影等活动5场，举办全民健身体育活动6次。建立社会治理综合指挥平台，20个村（社区）建成61个治理网格。加强出租房屋信息申报、登记，人户一致率95%。开展出租房流动人员集中整治，区域内发案数比上年下降19.2%，实施出租房四色预警消防安全分级管理。开展安全生产及施工安全大排查大整治，建立工作底册，实行销号整改。完善法制服务体系和法律顾问制度，受理来信来访和网络信访48件、市长电话160件，调处矛盾纠纷502件，调处成功487件。完善城乡居民社会养老保险，城乡居民参保3610人，农村失土农民养老保险参保16223人。落实两孩政策，建立生育登记备案制度，计划生育符合率98.6%，街道“三优”指导中心通过省级示范点验收。开展社会救助，发放各类救助资金72.4万元。完成街道养老服务中心扩建，村（社区）居家养老照料中心全覆盖，引入“爱乐聚”社区社会养老服务新模式。街道档案馆建成开馆。开展党员发展对象竞争性选拔，新发展党员20人，预备党员转正21人。做好村级组织届末考察工作。实施“整体推进、全面提升”基层党建行动，申报创建基层党建规范村10个、基层党建先锋村5个。

10月31日，举办海昌街道档案馆开馆仪式　（石晨阳　摄）

【海昌街道档案馆建成开馆】 10月31日，海昌街道档案馆建成开馆。该馆由海昌街道档案室改建而成，位于海昌街道办事处九楼。档案馆建筑面积260余平方米，设有查阅中心、档案整理室、中心库房，配备自助查阅、档案共建共享利用平台、馆藏档案远程查阅系统、农村档案信息资源系统等档案查阅共享系统，有安全监控、自动消防等设施。至年底，馆藏档案20个全宗4.2万卷（件），含文书、农民建房、土地流转、“两违”整治、股份制改革、招投标、征迁、司法、会计、特种载体等十二大类。

【封闭式小区物业管理新模式】 成立城市封闭式小区管理协调小组，制订《封闭式小区物业管理考核办法》。9月，在2个城市社区15个封闭式小区开展管理考核。考评组由社区党员、居民代表、居民小组长组成。设小区环境卫生、秩序维护、绿化养护、设施管理、工作效果5个方面26项考核内容，总分100分，另设整改分6分。每月考核打分，实地测评考核总分75分以上的，奖励物业项目经理300元。年底，以每个城镇社区为单位，设立封闭式小区物业管理综合考核一、二、三等奖，分别给予奖励。为保障考核顺利开展，街道每年设立专项经费9万元。

【“清单式”销号开展湖盐公路两侧环境整治】 5月，成立湖盐公路沿线环境整治工作领导小组，制订整治工作方案，明确综合整治标准。召开沿线7个村（社区）及相关部门工作部署会2次。排摸沿线违建、乱堆放等问题点112处，采用“一案一档”拍照取证，明确整改责任，倒排整改时间。列出问题清单，跟踪整改落实，解决一件销号一件。每天通过微信工作群发布进展情况，每周五召开工作例会，对环境整治进行实时互动、反馈和研究。街道督考办在所列清单规定的时间节点，对各村（社区）工作进展情况进行实地核查。各分管条线每天通过微信工作群对各村工作进行点评督促。

表56 海昌街道2016年各村（含撤村建居社区）基本情况

村（社区）名	村（社区）党支部（党总支、党委）书记	村委会（社区居委会）主任	农村经济总收入（万元）	农民人均纯收入（元）
迎丰	张国仁	朱俞锋（行政负责人）	41308	29297
双山	郁正明	孙佳树（行政负责人）	22249	32592
双喜	张火江	许晓龙	21538	35372
利民	孙春元	李施云	40618	30595
长山	岳晓祥	张铁丁	70594	34758
星光	沈建忠	张月忠（行政负责人）	18710	31621
金星	朱叶方	王中明	82399	33802
光耀	周国松	韩徐生（行政负责人）	19061	35421
勤民	许红梅	姚培飞（行政负责人）	17077	29512
利峰	金芦芳	金芦芳	12212	31215
硖西	李伟林	朱文杰	61266	35347
金利	沈银英	汤利贞	44884	35256
火炬	倪维鑫	俞徐江	72786	34289
隆兴	赵爱平	王权生	12706	30533
硖东	徐张荣	潘宏良	65529	35336
东郊	俞罗良	张　卫	55185	35186
丁公堰	蒋东良	吴张明	6220	28563

说明：黑体字为撤村建居社区

（陈　宇）

马桥街道

【概况】 马桥街道位于海宁市南部，是经编制造工业基地。辖8个村、1个社区，191个村民小组、5个居民小组。总户数7536户，户籍人口28898人，在册登记新居民25631人。2016年，实现地区生产总值48.47亿元，比上年增长7.2%，其中第一产业增加值1.39亿元、第二产业增加值35.86亿元、第三产业增加值11.23亿元。财政总收入8.38亿元，比上年增长2.2%，其中地方财政收入3.66亿元，增长5.7%；财政支出1.44亿元。农村居民人均可支配收入3.6万元，增长5.9%。

全年规模以上企业实现工业总产值164.3亿元、销售收入162.2亿元、利润8.7亿元。完成服务业产业投入21.57亿元。新建粮食生产功能区243.9公顷，发展旱粮基地3个26.8公顷。沪浙人力资源服务产业园创建为省级人力资源服务产业园，“海宁智慧城”创建为首批嘉兴市级新经济园，海宁苏河汇被评为国家级众创空间。引进海宁跨境电商产业园，钱潮金融小镇纳入省钱塘江金融港湾规划。

推进接轨市区，统筹城乡建设。推进环城河道项目拆迁，绿港嘉苑公寓安置房交付使用。推进连接城区的文宗南路、文苑南路、广顺路建设和环城河北侧土地开发。建成公共自行车站点11个，安息堂项目完工。街道文化活动中心、桐溪幼儿园等项目开工。丰收路、教育路、国榷路、长平路建成通车。推进水环境治理和截污纳管，完成2326户农户的生活污水治理以及252家企业雨污分流改造。疏浚河道36.3千米，四类水占比80%以上，马桥街道创建为全市首批“清三河”达标镇（街道）。每个村打造一条可游泳的河道，治水流域长（大河长）工作经验获全国推介。新增绿化面积136.6公顷。实施“四位一体”保洁机制，省级卫生村全覆盖。全面开展星级美丽乡村创建和村庄整治，一星级美丽乡村创建全覆盖，新塘、利众2个村创建为三星级美丽乡村。首创“柴砖银行”做法。开展精准扶贫，推进幸福养老关爱工程，街道养老服务中心建成启用，残疾人工作全省领先。开展教育提升工程，马桥中心幼儿园创建为省一级幼儿园。推进治安“天网”工程，“平安马桥”实现“十一连冠”。加大矛盾纠纷排查调处，全民参与城乡防控。

【首批公共自行车投放使用】 该项目为马桥街道年度十大实事工程之一。5月，启动项目选址。经考察和征求意见，决定首批设点16个，每个点配备30辆自行车，配套建

马桥街道新设的公共自行车站点 （马桥街道 提供）

设 11 个公共自行车停车棚以及 1 个服务管理站点。工程委托海宁市公共自行车服务有限公司全权代理建设，投资 280 万元。项目于 7 月 28 日开工，11 月 1 日完工并投入使用。投放自行车 480 辆，与市区自行车系统通借通还。

【“柴砖银行”做法获省级推广】 针对村民柴草和建筑材料乱堆放问题，新塘、利众等村集思广益，提出建立“柴砖银行”予以解决，受到村民拥护。“柴砖银行”做法是：村民可将柴草、砖块卖给村里，不想卖的可以寄存，时间以五年为限；柴草称斤寄存，考虑到水分流失会减轻重量，提取时按原重量的 80%计算。部分村民将集中起来的砖块、瓦片、老缸、老坛子等闲置废弃物品建造成富有创意的矮墙、花园、小亭台等景观，既美化了乡村环境，又吸引了游客参观。《浙江日报》对该做法予以报道。

马桥街道 2016 年各村基本情况

表 57

村名	村党支部（党总支、党委）书记	村委会主任	农村经济总收入（万元）	农民人均纯收入（元）
马桥	金凤英	金凤英	59102	28568
正阳	颜小良	林　晓	49453	28549
新场	吕海祥	陈海忠	104819	28200
柏士	陈子良	姚玉琼	173475	29035
先锋	许文华	胡志远	540680	31747
利众	沈玉祥	葛贤龙	85157	31250
新塘	姚强忠	朱凤英	86195	31247
民胜	王仕杰	王仕杰	25732	28026

（杨路钱）

［编辑：张毅强］

名　　录

Name List

新任市领导人简历

朱建军　1971年1月出生，汉族，浙江省金华市金东区（原金华县）人。1989年8月参加工作，浙江省委党校经济学专业在职研究生学历，1991年2月加入中国共产党。1986年9月至1989年8月，在浙江水产学校淡水养殖专业学习；1989年8月至1991年6月，任金华县江东镇团委书记、司法助理；1991年6月至1996年1月，任金华团县委干事、综合部部长、党组成员；1996年1月至1998年4月，任金华团县委书记、党组书记；1998年4月至1999年1月，任金华县洋埠镇党委书记；1999年1月至2000年10月，任金华县洋埠镇党委书记、人大主席；2000年10月至2005年8月，任金华团市委副书记、党组成员、金华市青联主席；2005年8月至2008年10月，任金华团市委书记、党组书记；2008年10月至2011年11月，任兰溪市委副书记（正县级）；2011年11月至2016年4月，任东阳市委副书记，东阳市人民政府副市长、代市长、市长；2016年4月起，任海宁市委书记。

曹国良　1967年10月出生，汉族，浙江省嘉善县人。1989年8月参加工作，浙江农业大学农学专业大学学历，1993年12月加入中国共产党。1985年9月至1989年8月，在浙江农业大学农学系农学专业学习；1989年8月至1991年6月，在嘉善县农林局农工商服务部工作；1991年6月至1994年11月，任嘉善团县委常委；1994年11月至1998年12月，任嘉善县委组织部干事，办公室副主任、主任，组织科科长，电教办主任（兼），部务会议成员；1998年12月至2000年12月，任嘉善县委办公室副主任；2000年12月至2002年7月，任嘉善县委办公室副主任、西塘镇党委副书记；2002年7—12月，任嘉善县委办公室副主任、西塘镇党委副书记、嘉善县西塘古镇保护与旅游开发管理委员会办公室主任（正科长级）；2002年12月至2006年12月，任嘉善县杨庙镇党委书记、人大主席；2006年12月至2010年4月，任嘉善县发展和改革局局长、党组书记；2010年4月至2014年12月，任平湖市委常委、组织部部长；2014年12月至2016年10月，任嘉善县委常委，嘉善县人民政府副县长；2016年11月起，任海宁市委副书记（2016年10月起任），海宁市人民政府党组书记、副市长、代市长。

陶咏椿　1973年7月出生，汉族，浙江省平湖市人。1995年8月参加工作，杭州大学经济地理学与城乡区域规划专业大学学历，1995年3月加入中国共产党。1991年9月至1995年8月，在杭州大学经济地理学与城乡区域规划专业学习；1995年8月至2002年3月，任桐乡市建设局规划处助理工程师；2002年3—7月，任桐乡市建设局规划管理科副科长、规划设计院主任、村镇建设规划管理站站长；2002年7—12月，任桐乡市规划建设局副局长；2002年12月至2003年1月，任桐乡市规划建设局副局长、桐乡市测绘管理办公室主任；2003年1—8月，任桐乡市规划建设局副局长、党委委员，桐乡市测绘管理办公室主任；2003年8月至2007年5月，任桐乡市振东新区管理委员会副主任、党委委员；2007年5月至2011年1月，任桐乡市人民政府办公室副主任、党组成员；2011年1月至2013年5月，任桐乡市乌镇镇党委副书记、镇长，乌镇国际旅游区党工委副书记、建设管理委员会主任；2013年5月至2016年2月，任桐乡市乌镇镇党委书记，乌镇国际旅游区党工委副书记、建设管理委员会主任；2016年2—12月，任桐乡市委常委、乌镇镇党委书记，乌镇国际旅游区党工委副书记、建设管理委员会主任；2016年12月起，任海宁市委常委、鹃湖国际科技城管理委员会（筹）党工委书记。

彭林军　1974年3月出生，汉族，浙江省平湖市人。1997年8月参加工作，中国人民公安大学安全防范专业大学学历，1996年6月加入中国共产党。1993年9月至1997年7月，在中国人民公安大学安全防范专业学习；1997年8月至2002年4月，在嘉兴市公安局法制处工作；2002年4月至2004年4月，任嘉兴市公安局法制处执法监督科科长；2004年4—10月，在嘉兴市委组织部组织处工作；2004年10月至2007年12月，任嘉兴市委组织部组织处副主任科员；2007年12月至2008年8月，任嘉兴市委组织部组织处副处长；2008年8—12月，任嘉兴市委组织部办公室副主任；2008年12月至2009年4月，任嘉兴市委组织部办公室副主任、调研室副主任；2009年4月至2010年6月，任嘉兴市委组织部办公室副主任、调研室副主任（主持工作）；2010年6月至2014年3月，任嘉兴市委组织部调研室主任；2014年3—8月，任嘉兴市委组织部办公室主任、调研室主任；2014年8—9月，任嘉兴市委组织部办公室主任；2014年9月至2015年8月，任嘉兴市委组织部部务会议成员、办公室主任；2015年8月至2016年12月，任嘉兴市委组织部部务会议成员、办公室主任，嘉兴市委副处级组织员；2016年12月起，任海宁市委常委、组织部部长、市委党校校长、市委社会工作委员会副书记。

郭　真（女）　1976年2月出生，汉族，浙江省海盐县人。1998年9月参加工作，浙江省委党校政治经济学专业在职研究生学历，1998年5月加入中国共产党。1995年9月至1998年9月，在浙江经济高等专科学校涉外会计专业学习；1998年9月至2000年8月，在海盐县秦山镇工作；2000年8月至2001年5月，任海盐县秦山镇团委书记；2001年5月至2004年3月，任海盐团县委副书记、党组成员（2002年1月起任）；2004年3月至2006年9月，任海盐县于城镇党委副书记、纪委书记；2006年9月至2007年4月，任海盐县妇女联合会副主席、党组成员；2007年4月至2012年11月，任海盐县妇女联合会主席、党组书记；2012年11月至2013年11月，任海盐县通元镇党委副书记、镇长（2013年1月起任）；2013年11月至2014年1月，任海盐县通元镇党委书记、镇长；2014年1

月至 2016 年 9 月，任海盐县通元镇党委书记；2016 年 9—12 月，任海盐县委办公室副主任（正科长级）；2016 年 12 月起，任海宁市委常委、统战部部长、市社会主义学校校长。

何　瑜（女） 1974 年 4 月出生，汉族，江苏省沛县人。1995 年 6 月参加工作，中央党校经济管理专业在职大学学历，2004 年 6 月加入中国共产党。1995 年 6 月至1997 年 2 月，在青海省海西蒙古族藏族自治州粮食局工作；1997 年 2 月至 2003 年 10 月，任青海省海西蒙古族藏族自治州委党校教研室助理讲师；2003 年 10 月至 2005 年 3 月，任青海省海西蒙古族藏族自治州委组织部干部教育科副主任科员；2005 年 3 月至 2012 年 12 月，任青海省海西蒙古族藏族自治州委组织部干部教育科科长；2012 年 12 月至 2015 年 4 月，任青海省海西蒙古族藏族自治州委组织部副调研员、干部教育科科长；2015 年 4 月至 2016 年 5 月，任青海省德令哈市委常委、组织部部长；2016 年 5 月起，挂职任海宁市人民政府党组成员、副市长。

沈铁蕾（女） 1977 年 2 月出生，汉族，浙江省嘉善县人。1997 年 8 月参加工作，浙江大学政治经济学专业在职博士研究生学历，1995 年 6 月加入中国共产党。1997 年 8 月至 2001 年 9 月，任浙江省国家税务局办公室科员、副主任科员；2001 年 9 月至 2004 年 3 月，在上海财经大学财政学专业硕士研究生学习；2004 年 3 月至 2005 年 10 月，任浙江省国家税务局办公室副主任科员、主任科员；2005 年 10 月至 2008 年 2 月，任浙江省国家税务局人事处主任科员；2008 年 2 月至 2010 年 2 月，任杭州市江干区国家税务局办公室副主任（挂职）；2010 年 2 月至 2011 年 4 月，任浙江省国家税务局人事处主任科员；2011 年 4 月至 2013 年 4 月，任德清县武康镇对河口村农村工作指导员，德清县国家税务局党组成员、副局长；2013 年 4—7 月，任浙江省国家税务局人事处副调研员；2013 年 7 月至 2014 年 10 月，任浙江省国家税务局直属税务分局副局长；2014 年 10 月至 2016 年 7 月，任浙江省国家税务局人事处副处长；2016 年 7 月起，挂职任海宁市人民政府党组成员、副市长。

方　兴 1983 年 2 月出生，汉族，安徽省枞阳县人。2006 年 8 月参加工作，南京大学企业管理专业硕士研究生学历，2003 年 7 月加入中国共产党。1999 年 9 月至 2003 年 9 月，在中国科学技术大学信息管理与信息系统专业学习；2003 年 9 月至 2006 年 8 月，在南京大学企业管理专业硕士研究生学习；2006 年 8 月至 2007 年 8 月，在财政部人事教育司干部任免处工作；2007 年 8 月至 2010 年 8 月，任财政部人事教育司干部任免处副主任科员；2010 年 8 月至 2014 年 7 月，任财政部人事教育司干部任免处主任科员；2014 年 7 月至 2016 年 12 月，任财政部人事教育司干部任免处副处长；2016 年 12 月起，挂职任海宁市人民政府党组成员、副市长。

（周　健）

2016 年海宁市组织机构和镇（街道）主要负责人名录

中国共产党海宁市委员会

书　　记：朱建军（4 月任）
副 书 记：戴　锋（10 月免）
　　　　　曹国良（10 月任）
　　　　　周红霞（女，12 月免）

沈雨祥（12月任）
常　　委：孙　群（12月免）
姚敏忠（12月免）
姚建新
王险峰
沈雨祥（12月免）
许金夫（10月免）
顾照荣
成　立（12月免）
陶咏椿（12月任）
王建坤（12月任）
彭林军（12月任）
郭　真（女，12月任）

中国共产党海宁市纪律检查委员会

书　　记：王险峰（兼）

市委办公室

主　　任：张月明

市委组织部

部　　长：沈雨祥（兼，12月免）
彭林军（兼，12月任）

市委新经济组织与新社会组织工作委员会

书　　记：朱黄龙

市委老干部局

局　　长：卢建明

市委宣传部

部　　长：姚建新（兼）

市委统战部

部　　长：史丹夫（兼，12月免）
郭　真（女，兼，12月任）

市委政法委员会

书　　记：孙　群（兼，12月免）
沈雨祥（兼，12月任）

市委维护稳定工作领导小组办公室

主　　任：高立新

市社会管理综合治理委员会办公室（2016年4月更名为市社会治安综合治理委员会办公室）

主　　任：张林江（4月免）

市社会治安综合治理委员会办公室

主　　任：张林江（4月任）

市委政策研究室

主　　任：曹利中

市直机关党工委

书　　记：沈宇梅（女，8月免）
张　轶（8月任）

市机构编制委员会办公室

主　　任：严国顺

市委、市政府信访局

局　　长：沈虹星（女）

市委党校

校　　长：周红霞（女，兼，12月免）
彭林军（兼，12月任）
党委书记、常务副校长：程懋菁

市行政学校

校　　长：姚敏忠（兼）

市社会主义学校

校　　长：史丹夫（兼，12月免）
郭　真（女，兼，12月任）

市企业经营管理者学院

院　　长：俞亚明（兼）

海宁日报社

党组书记、总编辑：周建国

市委社会工作委员会

书　　记：周红霞（女，兼，12月免）
沈雨祥（兼，12月任）

海宁市人民代表大会常务委员会

党组书记：徐　辉
主　　任：徐　辉
副 主 任：许煜威
朱祥华
孙浩彬
严海城
潘宇民
钱培伦

市人大常委会机关党组

书　　记：钱培伦

市人大常委会办公室

主　　任：钱东富

市人大常委会法制工作委员会

主任委员：张明华

市人大常委会财政经济工作委员会

主任委员：邓灿阳

市人大常委会教科文卫工作委员会

主任委员：杨文斌

市人大常委会城乡建设农村经济工作委员会（2016年8月，市人大常委会城乡建设农村经济工作委员会分设为城乡建设与环境资源保护工作委员会和农业与农村工作委员会）

主任委员：吴一平（8月免）

市人大常委会城乡建设与环境资源保护工作委员会

主任委员：吴一平（8月任）

市人大常委会农业与农村工作委员会

主任委员：王姚明（8月任）

市人大常委会代表与选举任免工作委员会

主任委员：茅伟明

市人大常委会研究室

主　　任：王晓丽（女）

海宁市人民政府

市　　长：戴　锋（11月免）

代 市 长：曹国良（11月任）

党组书记：戴　锋（11月免）

　　　　　曹国良（11月任）

副 市 长：曹国良（11月任）

　　　　　姚敏忠

　　　　　朱海英（女）

　　　　　曹　毅

　　　　　王建坤

　　　　　俞亚明

　　　　　胡燕子（女，12月免）

　　　　　金国强（挂职，7月免）

　　　　　黄鸿鸿（女，挂职）

　　　　　何　瑜（女，挂职，5月任）

　　　　　沈铁蕾（女，挂职，7月任）

　　　　　方　兴（挂职，12月任）

副县级领导干部：吴伟强（10月免）

市长助理：孙柏生（10月任）

市政府办公室（法制办公室）

党组书记、主任：夏坚辉（8月免）

　　　　　　　　马明浩（8月任）

市发展和改革局

党组书记、局长：蒋钰明

市经济和信息化局

党委书记、局长：何必成

市教育局

党委书记、局长：朱建康

市科学技术局

党组书记、局长：周文俊

市公安局

党委书记、局长：顾照荣

政治委员：郑建民

市监察局

局　　长：沈志恩

市民政局

党委书记、局长：刘纪清（12月免）

　　　　　　　　倪继红（女，12月任）

市司法局

党委书记、局长：金中一（8月免）

　　　　　　　　张伟锋（8月任）

市财政局（地税局）

党委书记、局长：许建明

市人力资源和社会保障局

党组书记、局长：王一鸣

市国土资源局

党委书记、局长：陈洲美（女）

市环境保护局

党组书记、局长：姚卫东（12月免）

　　　　　　　　许明华（12月任）

市住房和城乡规划建设局(人民防空办公室)
党委书记、局长(主任)：钱海屏（12月免）
市交通运输局
党委书记、局长：汪国锋
市农业经济局
党委书记、局长：黄天云（8月免）
朱孝华（8月任）
市委、市政府农业和农村工作办公室
主　　任：黄天云（8月免）
朱孝华（8月任）
市水利局
党委书记、局长：虞铭华
市商务局
党组书记、局长：王　芳（女）
市文化广电新闻出版局（体育局）
党委书记、局长：吴建林（8月免）
陆靖英（女，8月任）
市卫生和计划生育局
党委书记：张海波
局　　长：陈培玉（女）
市审计局
党组书记、局长：张伟飚
市统计局
党组书记、局长：夏国强
市服务业发展局
党委书记、局长：张明翔
市安全生产监督管理局
党组书记：顾炳甫
局　　长：魏国强
市民族宗教事务局
局　　长：李明华（12月免）
李卫清（12月任）
市市场监督管理局
党委书记、局长：章如强
市综合行政执法局
党委书记、局长：赵亚锋
市政府金融工作办公室
主　　任：倪生其（8月免）
林晓琴（女，11月任）
市政府房屋征收办公室
主　　任：张亚匡
市政府驻上海联络处
主　　任：朱燕刚（8月免）
海宁连杭经济区管理委员会
党工委书记、主任：许金夫（兼，10月免）
海宁高新技术产业园区管理委员会
主　　任：许金夫（兼，8月免）
张国强（8月任）
市临杭新区建设管理委员会
副 主 任：高永强（11月免）
海宁经济开发区管理委员会
党工委书记、主任：陈中权
市尖山新区管理委员会
主　　任：陈中权
海宁盐官旅游度假区管理委员会
党工委书记、主任：夏国平
浙江海宁经编产业园区管理委员会
主　　任：魏国锋
海宁鹃湖国际科技城管理委员会（筹）
党工委书记：陶咏椿（兼，12月任）
主　　任：王　芳（女，兼，12月任）
海宁中国皮革城管理委员会（海宁中国皮革城股份有限公司）
党委书记、主任（董事长）：任有法
市广播电视台
党委书记、台长：朱建荣
市档案局（史志办公室）
党组书记、局长（主任）：柴伟梁
市旅游局
党组书记、局长：朱敏倩（女）
市机关事务管理局(市委、市政府接待办公室)
党组书记、局长：张　彝
市行政服务中心
党组书记、主任：吴四新（女）
市新居民事务局
局　　长：汤永清

中国国际贸易促进委员会浙江省海宁市支会

会　　长：孙国新（2015 年 2 月任）

市城市管理监督指挥中心

主　　任：赵亚峰（2015 年 7 月任）

市供销合作总社

党委书记：郭如松

理事会主任：马彩琴（女，8 月免）
　　　　　　陈明锋（8 月任）

市水务投资集团有限公司

党委书记：李珏芳（女）

董 事 长：徐一兰（女，11 月免）
　　　　　阮国强（11 月任）

总 经 理：徐一兰（女）

市实业投资集团有限公司

党委书记：曹汉国

董事长、总经理：沈林华

市城市发展投资集团有限公司（2016 年 11 月与市社会发展建设投资集团有限公司合并，成立新的海宁市城市发展投资集团有限公司）

党委书记：张云根

董事长、总经理：朱建强（11 月免）
　　　　　　　　汪　维（11 月任）

市社会发展建设投资集团有限公司（2016 年 11 月与市城市发展投资集团有限公司合并）

党委书记：金明浩（11 月免）

董事长、总经理：阮国强（11 月免）

市交通投资集团有限公司

党委书记：钱建平（6 月免）
　　　　　唐勇强（8 月任）

董事长、总经理：杨水康

市国家税务局

党组书记、局长：杨亚俭

市烟草专卖局(嘉兴市烟草公司海宁分公司)

局长、经理：徐　云

市盐务管理局（公司）

局长、经理：沈伟明

中国电信股份有限公司海宁分公司

党委书记：洪金良

经　　理：夏俊明

中国邮政集团公司浙江省海宁市分公司

党委副书记（主持工作）、副总经理：
　　　　　　　　　　朱　峰（5 月免）

党委书记、总经理：朱　峰（5 月任）

国网浙江省海宁市供电公司

党委书记：车培勇（6 月免）
　　　　　胡　舟（6 月任）

总 经 理：周志强（1 月免）
　　　　　宋惠忠（1 月任）

市气象局

局　　长：张建强

中国石油化工集团公司浙江嘉兴海宁石油支公司

经　　理：朱惠明（4 月免）
　　　　　金圣良（4 月任）

海宁市中油石油有限公司

总 经 理：金　辉

党支部书记：俞桂林（11 月免）

党支部副书记：沈　敏（女，11 月任，主持工作）

嘉兴海关驻海宁办事处

主　　任：夏学庆

嘉兴出入境检验检疫局驻海宁办事处

主　　任：程光法

嘉兴银监分局海宁办事处

主　　任：滕海兵

中国人民银行海宁市支行

党组书记、行长：翁建雄

中国工商银行股份有限公司海宁市支行

党总支书记、行长：徐建煜

中国农业发展银行股份有限公司海宁市支行

党委书记、行长：凌　洁（女）

中国农业银行股份有限公司海宁市支行

党委书记、行长：李风华

中国银行股份有限公司海宁支行
党总支书记、行长：徐海峰
中国建设银行股份有限公司海宁市支行
党委书记、行长：翁文强（7月免）
党委副书记、副行长（主要负责人）：
邢　瑛（女，7月任）
海宁农村商业银行股份有限公司
党委书记、董事长：孙卫国
行　　长：潘民良
中信银行股份有限公司嘉兴海宁支行
党支部书记、行长：王晓燕（女）
华夏银行股份有限公司海宁支行
党支部书记、行长：潘　伟
上海浦东发展银行股份有限公司嘉兴海宁支行
党支部书记、行长：周汇一
中国邮政储蓄银行股份有限公司海宁支行
党支部书记、行长：柳元琼（女）
招商银行股份有限公司嘉兴海宁支行
党支部书记、行长：卜湘宁（女）
兴业银行股份有限公司嘉兴海宁支行
党支部书记、行长：黄洪飞
浙江商业银行股份有限公司嘉兴海宁支行
党支部书记、行长：蔡红英（女，11月免）
邢彩娟（女，11月任）
杭州联合农村商业银行股份有限公司海宁支行
党支部书记、行长：方家浩
嘉兴银行股份有限公司海宁支行
党支部书记、行长：陈　洁（女）
湖州银行股份有限公司嘉兴海宁支行
党支部书记、行长：徐　为
平安银行股份有限公司海宁支行
党支部书记、行长：殷志强
绍兴银行股份有限公司嘉兴海宁小微企业专营支行
行　　长：黄生伟
中国光大银行股份有限公司嘉兴海宁小微企业专营支行
行　　长：周仁仁
中国民生银行股份有限公司嘉兴海宁支行
党支部书记、行长：朱玮璟
浙江民泰商业银行股份有限公司嘉兴海宁支行
行　　长:王　湛
浙江海宁德商村镇银行股份有限公司
党支部书记、行长：赵继川
海宁宏达小额贷款股份有限公司
总 经 理：沈向晟
鸿丰小额贷款股份有限公司
总 经 理：钱道雄
海宁市嘉宝小额贷款股份有限公司
总 经 理：沈　坚
中国人寿保险股份有限公司海宁市支公司
党支部书记、总经理：吴　勇
中国人民财产保险股份有限公司海宁支公司
党支部书记、主要负责人：陆　正（4月免）
党支部书记、总经理：陆　正（4月任）
中国太平洋人寿保险股份有限公司海宁支公司
党组书记、经理：裘　建
中国太平洋财产保险股份有限公司海宁支公司
总 经 理：陈磊铭（2月免）
陈奕璐（女，2月任）
长安责任保险股份有限公司海宁市公司
经　　理：冯少波
中华联合财产保险股份有限公司海宁支公司
总 经 理：沈学峰
中国平安财产保险股份有限公司海宁支公司
总 经 理：郭　峰
中国大地财产保险股份有限公司海宁支公司
总 经 理：金燕萍（女，11月免）
周文杰（11月任）
浙江移动通信集团浙江有限公司海宁分公司
经　　理：朱世杰
中国联合网络通信有限公司海宁市分公司
经　　理：孙志明

中国人民政治协商会议海宁市委员会
主席、党组书记：张炜芬（女）

党组副书记：郑进良
周红霞（女，12月任）
副 主 席：郑进良
田　耘
高兴龙
朱有田（2月免）
邵小文
吴关佳
史丹夫
秘 书 长：汪　维（12月免）

市政协机关党组

书　　记：朱有田（兼，5月免）
郑进良（兼，6月任）

市政协办公室

主　　任：汪　维（12月免）
孙踏海（12月任）

市政协提案委员会

主　　任：沈　炜（12月免）
高永强（12月任）

市政协经济科技委员会

主　　任：祝金燕（12月免）
姚卫东（12月任）

市政协文教卫体与文史委员会

主　　任：朱学兴

市政协社会法制与三胞联谊委员会

主　　任：冯志华

市政协学习与委员工作委员会

主　　任：陈新农

中国人民解放军浙江省海宁市人民武装部

党委第一书记：朱建军（兼，4月任）
党委书记、部长：成　立
政治委员：徐学龙

市人民法院

党组书记：李　斌（12月免）
陈建钢（12月任）
院　　长：李　斌（12月免）
代 院 长：陈建钢（12月任）

市人民检察院

党组书记：陈建钢（12月免）
李　斌（12月任）
检 察 长：陈建钢（12月免）
代检察长：李　斌（12月任）

市总工会

党组书记、主席：王金法（8月免）
许忠德（8月任）

共青团海宁市委

党组书记、书记：邬　欣（女，8月免）
副书记（主持工作）：赵晓阳（8月任）

市妇女联合会

党组书记、主席：倪继红（女，12月免）
张　烨（女，12月任）

市科学技术协会

党组书记：吴　宏（8月免）
金继光（8月任）
主　　席：吴　宏（9月免）
金继光（9月任）

市工商业联合会（总商会）

党组书记：宋新华
主席（会长）：鲁　枫（12月免）
滙建清（12月任）

市残疾人联合会

党组书记、理事长：张建良

市文学艺术界联合会

党组书记、主席：王　珏（女）

市红十字会

会　　长：沈勤丽（女，2015年10月任）

许村镇

党委书记：杜莹池（8月任）
镇　　长：杜莹池（9月免）
朱燕刚（9月任）
人大主席：陈国定

长安镇

党委书记：许金夫（8月免）

张国强（8月任）
镇　　长：金新良
人大主席：沈新良

周王庙镇

党委书记：朱孝华（8月免）
李明辉（8月任）
镇　　长：李明辉（9月免）
沈振定（9月任）
人大主席：苏树良

盐官镇

党委书记：许忠德（8月免）
查卫祥（8月任）
镇　　长：查卫祥（9月免）
钱立辉（9月任）
人大主席：戴其明

丁桥镇

党委书记：陆靖英（女，8月免）
吕林峰（8月任）
镇　　长：张　铁（9月免）
姜尧祖（9月任）
人大主席：姚明祥

斜桥镇

党委书记：杨文华（9月免）
王剑文（9月任）
镇　　长：夏利锋（9月免）
洪国清（9月任）
人大主席：金秋香

袁花镇

党委书记：袁　杰
镇　　长：张伟锋（9月免）
魏立琴（女，9月任）
人大主席：沈文华

黄湾镇

党委书记：王姚明（8月免）
董国平（8月任）
镇　　长：金继光（9月免）
徐洪华（9月任）
人大主席：王姚明（8月免）

硖石街道

党委书记：朱永强（2月免）
倪生其（8月任）
办事处主任：马明浩（8月免）
张　刚（8月任）
人大工委主任：郭建钢

海洲街道

党委书记：朱海平
办事处主任：吕林峰（8月免）
朱　锋（8月任）
人大工委主任：田　丰

海昌街道

党委书记：祁建强
办事处主任：汤治安（8月免）
丁　军（女，8月任）
人大工委主任：浦国平

马桥街道

党委书记：魏国锋
办事处主任：蒋海清（9月免）
汤秋生（9月任）

（周　健）

先进集体　先进个人

【中共中央宣传部　司法部　全国普法办公室表彰】

2011—2015年全国法治宣传教育先进集体

海宁市

【全国普法办表彰】

第三批全国法治县（市、区）创建活动先进单位

海宁市

【国务院办公厅表彰】

2016年落实有关重大政策措施真抓实干成效明显地方

海宁市

【国家知识产权局表彰】

2015 年度国家知识产权试点示范城市工作先进集体

海宁市

第一批国家级知识产权保护规范化市场

海宁中国皮革城

【交通运输部表彰】

全国首批“四好农村路”示范县（市、区）

海宁市

【教育部表彰】

第四批国家级农村职业教育和成人教育示范县（市、区）

海宁市

全国学校体育工作示范学校

海宁市紫微小学

全国青少年校园足球特色学校

海宁市南苑小学

海宁市紫微初级中学

国家中等职业教育改革发展示范学校

海宁市职业高级中学

【中央精神文明建设指导委员会表彰】

第四届全国文明城市提名城市（县级）

海宁市

第四届全国文明村

盐官镇桃园村

第四届全国文明单位

海宁洁华控股股份有限公司

首届全国文明家庭

许伟平家庭（海洲街道成园社区）

中国好人榜（敬业奉献奖）

周成龙（新奥燃气有限公司）

【民政部表彰】

全国社会工作服务示范地区

海宁市（儿童社会工作）

全国社会工作服务示范社区

硖石街道南关厢社区

全国社会工作服务示范单位

海宁市紫薇社会工作服务站

【住房和城乡建设部　国家发展和改革委员会等部委表彰】

全国重点镇

长安镇

【国家发展和改革委员会表彰】

长江经济带国家级转型升级示范开发区

海宁经济开发区

【公安部表彰】

全国公安机关执法示范单位

海宁市公安局

全国标兵看守所

海宁市看守所

全国一级看守所

海宁市看守所

全国示范刑事科学技术室

海宁市公安局刑事科学技术室

全国公安机关执法办案场所办案区精细化设置示范点

海宁市公安局海洲派出所办案中心

集体三等功

海宁市消防大队

【中国行政法学研究会信访法治化专业委员会等部门表彰】

首届全国法治信访进步奖

海宁信访评议机制

【司法部表彰】

全国模范司法所

海宁市司法局许村司法所

【人力资源和社会保障部　国家工商行政管理总局表彰】

全国清理整顿人力资源市场秩序专项行动突出成绩单位

海宁市劳动保障监察大队

【国家卫生和计划生育委员会表彰】

第一批全国 2014—2015 年度群众满意的乡镇卫生院

斜桥中心卫生院　许村中心卫生院

许村镇许巷卫生院　周王庙镇卫生院

第二批全国 2016 年群众满意的乡镇卫生院

丁桥镇卫生院

【国家卫生和计划生育委员会　中国红十字会总会等部门表彰】

全国无偿献血奉献奖

冯晓林（海宁市人民医院）

张　聃（海宁市人民医院）

【中国计划生育协会表彰】

全国计划生育协会村级先进单位

硖石街道西山社区

【中国疾控慢病预防控制中心表彰】

2016 年“万步有约”大奖赛全国优秀健走示范区

海宁市疾病预防控制中心

【中国疾控麻风病控制中心表彰】

2011—2015 年度全国麻风畸残矫治手术工作先进个人

虞　静（海宁市疾病预防控制中心）

【中华全国总工会表彰】

全国五一劳动奖状

慕容集团有限公司

全国五一巾帼标兵

沈海燕（宏达高科控股股份有限公司）

全国模范职工之家

海宁农村商业银行

全国模范职工小家

海宁市妇幼保健院妇科病区

【中华全国妇女联合会表彰】

第十届全国五好文明家庭标兵户

许伟平家庭（海洲街道成园社区）

【中共中央宣传部　中共中央组织部等部门表彰】

全国“四个一百”最佳志愿服务组织

海宁爱心联盟

【中共中央组织部　人力资源和社会保障部表彰】

全国先进老干部工作者

卢建明（海宁市委老干部局）

第十二批国家创业“千人计划”名单

李志勇（浙江凯盈新材料有限公司）

【中国科学技术协会表彰】

全国科学普及工作先进个人

吴　宏（海宁市科协）

【中国老龄工作委员会表彰】

全国“老有所为”先进个人

任明寅（海宁市食品公司）

【中国成人教育协会表彰】

2016 年度全国农村老年教育先进单位

海宁市社区学院

【中国残疾人联合会表彰】

全国自强健身示范点

海宁市残疾人举重训练基地

【人力资源和社会保障部　中华全国供销合作总社表彰】

2015 年度全国供销系统基层社标杆社

海宁市供销合作总社硖石供销社

海宁市供销合作总社马桥供销社

【国家体育总局表彰】

2016 年全国田径少儿撑竿跳高基地

海宁市少年儿童体育学校

2013—2016 撑竿跳高国家田径奥林匹克高水平后备人才基地

海宁市少年儿童体育学校

2013—2016 国家高水平体育后备人才基地

海宁市少年儿童体育学校

【中国社会工作联合会表彰】

2016 年度全国百名社工人物

许艳萍（海宁公益社工事务所）

【国际科创园区博览会组委会表彰】

首届国际科创园区优秀科创园区

上海漕河泾新兴技术开发区海宁分区

【人力资源和社会保障部　中国商业联合会表彰】

全国商贸流通服务业先进集体

海宁中国皮革城

【国家工商行政管理总局表彰】

全国 2014—2015 年度诚信示范市场

海宁中国皮革城

2014—2015 年度守合同重信用企业

浙江锦达新材料股份有限公司

【国家质量监督检验检疫总局表彰】

全国经编产业知名品牌创建示范区

浙江海宁经编产业园区

示范区内创建知名品牌的骨干企业

浙江海利得新材料股份有限公司

浙江超达经编有限公司

浙江港龙新材料有限公司

浙江宇立塑胶有限公司

浙江锦达新材料股份有限公司

浙江万方江森纺织科技有限公司

【中国服装行业协会表彰】

中国服装行业“十三五”创新示范基地

海宁市

【中国纺织工业联合会表彰】

中国纺织服装行业十大产业园区

浙江海宁经编产业园区

2014—2016 年纺织产业集群地区发展服务优秀奖

浙江海宁经编产业园区

2015 年度纺织行业创新示范集群

许村镇

2015 年度纺织产业集群工作先进个人

曹咬强（海宁市天屹织造布业有限公司）

2016 年中国纺织服装行业品牌价值 50 强企业

安正时尚集团股份有限公司

2016 年产品开发贡献奖

海宁市天一纺织有限公司

宏达控股集团有限公司

浙江海利得新材料股份有限公司

【人力资源和社会保障部　中国纺织工业联合会表彰】

全国纺织工业先进集体

宏达控股集团有限公司

【中国针织工业协会表彰】

2016 年全国针织行业技术能手

虞建洪（浙江万方江森纺织科技有限公司）

【中国电子信息行业联合会表彰】

中国电子信息百强企业

浙江晶科能源有限公司

【教育部　中国福利会　中国宋庆龄基金会表彰】

第十二届宋庆龄奖学金

马艺恒（海宁市实验小学）

【住房和城乡建设部表彰】

中国人居环境奖

长水塘水源生态湿地

【中国地方志指导小组表彰】

全国地方志优秀成果（年鉴类）县（区）级综合年鉴二等奖

《海宁年鉴（2014）》

【中共浙江省委　浙江省人民政府表彰】

2015 年度党政领导科技进步目标责任制考核优秀县（市、区）

海宁市

2015 年度党政领导人才工作目标责任制考核优秀县（市、区）

海宁市

2016 年度浙江省平安县（市、区）平安金鼎

海宁市

在服务保障 G20 杭州峰会工作中做出突出贡献的集体

海宁市委政法委

在服务保障 G20 杭州峰会工作中做出突出贡献的个人

孙　群　许金夫　顾照荣　高立新
俞晓松　杜海杰　沈时杰　钱其其
张文杰　潘伟标　何必成　魏国强
鲁　梁　凌祥松　吴　方　郦仕达
朱怡叶　朱泓明　朱利明　张　国
朱燕刚　陈湘英　黄　征　杨小马
查云龙　李雪强　俞建曙　张　祥
俞志卫　陈海涛　蒋东正　廖玲红
夏国锋　蒋海清　许　斌　夏国平

【中共浙江省委表彰】

2016 年度浙江省“五水共治”工作先进集体

海宁市“五水共治”指挥部办公室

法治浙江建设 10 周年工作先进集体

海宁市委政法委

浙江省先进基层党组织

海宁爱心联盟综合党委
宏达控股集团党委

浙江省优秀共产党员

许文华（马桥街道先锋村）
周成龙（新奥燃气有限公司）

2015—2016 年度浙江省优秀农村工作指导员

陆萍燕（海宁市水务集团派驻海昌街道星光村）
汪联丰（海宁市公安局派驻许村镇荡湾村）
沈亚清（盐官镇政府派驻盐官镇联农村）

【浙江省人民政府表彰】

2016 年落实有关重大政策措施真抓实干成效明显的县（市、区）

海宁市

2015 年度“基本无违建县（市、区）”

海宁市

2015 年度浙江省扩大有效投资优秀单位

海宁市政府

2016 年度浙江省法治政府建设（依法行政）先进县（市、区）政府

海宁市政府

2016 年度政务服务网绩效考评优秀单位

海宁市政府

2016 年度浙江省政务信息工作考核优秀单位

三等奖　海宁市政府办公室

2015 年度优秀省级经济开发区

海宁经济开发区

2012—2015 年度浙江省无偿献血先进县（市、区）

海宁市

2012—2015 年度浙江省无偿献血特别奉献奖

徐建新（盐官镇群益村）

2012—2015 年度浙江省无偿献血之江杯奖

殳　鸿（海洲街道梅园社区）
朱平良（黄湾镇钱江村）
朱惠佳（浙江万业实业有限公司）
刘军旗（海昌街道硖东社区）
许晓光（硖石许可皮件厂）
孙中兴（海洲街道白漾社区）
吴永海（盐官镇郭溪社区）
沈献立（许村镇新益村）
陈　坚（长安镇金港村）
陈国英（丁桥镇万新村）
陈金美（海洲街道联合社区）
陈海明（海昌街道火炬社区）
金华锋（丁桥镇芦湾村）
金　毅（斜桥镇光明村）
俞正浩（黄湾镇大临村）
俞国盛（海宁市卡森实业有限公司）
姜树建（海宁市中威交通建设有限公司）
徐建新（盐官镇群益村）
殷国华（斜桥镇路仲村）
曹　杰（海宁市大元运输有限责任公司）
崔志明（海宁市申花装饰材料厂）
蒋福娟（马桥街道先锋村）
虞　彦（天通吉成机器技术有限公司）

第五届浙江慈善奖

志愿服务奖　海宁市慈善总会义工委员会
慈善工作奖　海宁市慈善总会

【浙江省人民政府　浙江省军区司令部表彰】

2015 年征兵工作先进县（市、区）

海宁市

【浙江省军区表彰】

军事训练先进单位

海宁市人武部

【中共嘉兴市委　嘉兴市人民政府通报】

2016 年度县（市、区）工作目标责任制考核

一等奖　海宁市

2016 年度嘉兴市“五强”领导班子建设先进单位

海宁市

2016 年度嘉兴市推进“机器换人”工作先进集体

一等奖　海宁市

2016 年度嘉兴市支持浙商创业创新促进嘉兴发展目标责任制考核先进单位

一等奖　海宁市

2016 年度嘉兴市利用外资先进县（市、区）

海宁市

2016 年度嘉兴市人才工作先进单位

海宁市

2016 年度嘉兴市“五水共治”优秀县（市、区）

海宁市

2016 年度嘉兴市“三改一拆”（“无违建”创建）工作目标责任制考核优秀单位

海宁市

2016 年度嘉兴市“四边三化”（“公铁”沿线环境整治、“蓝色屋面”整治、精品示范道路创建）工作目标责任制考核优秀单位

海宁市

2016 年度嘉兴市城乡发展一体化先进县（市、区）

海宁市

2016 年度嘉兴市外贸出口“比学赶超，争先晋位”竞赛活动考核先进单位

一等奖　海宁市

2016 年度嘉兴市深化接轨上海工作责任制考核先进单位

优秀奖　海宁市

2016 年度嘉兴市发展互联网经济工作先进县（市、区）

一等奖　海宁市

平安金鼎的平安镇（街道）

盐官镇　斜桥镇　硖石街道
海昌街道　丁桥镇　许村镇
马桥街道　海洲街道　周王庙镇

2016 年度平安镇（街道）

黄湾镇　袁花镇　长安镇

平安建设“十二连冠”先进单位

海宁市委政法委　海宁市教育局
海宁市公安局　海宁市人力社保局
海宁市市场监管局　盐官镇
马桥街道　海宁市马桥司法所
周王庙镇长春村　海洲街道海洲社区
海宁市紫薇社会工作服务站
海宁市第四人民医院（嘉兴市安定医院）
海宁市水务集团

2016 年度嘉兴市平安创建先进镇（街道）

硖石街道

2016 年度嘉兴市创建法治镇工作先进集体

海洲街道　黄湾镇　袁花镇

2016 年度嘉兴市省级以上开发区考核先进单位

一等奖　海宁经济开发区
三等奖　海宁经编产业园区

嘉兴市首批杰出人才培养人员

第一层次培养人员
张瑞标（天通控股股份有限公司）
徐寿春（慕容集团有限公司）
王小林（海宁市职业高级中学）
第二层次培养人员
邵　峰（天通控股股份有限公司）
周中平（兄弟科技股份有限公司）
周　勤（海宁市实验幼儿园教育集团）
陶　亮（海宁市中心医院）
朱亚琴（海宁市人民医院）

嘉兴市保障服务重大国际峰会先进集体

海宁市纪委（市监察局）
海宁市委办公室
海宁市政府办公室
海宁市委宣传部（网信办）
海宁市委、市政府信访局
海宁市经信局
海宁市公安局
海宁市环保局
海宁市住建局（人防办）
海宁市交通运输局
海宁市商务局
海宁市卫生计生局
海宁市安监局
海宁经济开发区管委会
海昌街道党工委、办事处
马桥街道党工委、办事处
许村镇党委、政府
长安镇（高新区）党委、政府
盐官镇党委、政府
斜桥镇党委、政府
袁花镇党委、政府
黄湾镇（尖山新区）党委、政府

嘉兴市保障服务重大国际峰会先进个人

王叶峰　王金海　王　柳　孔雪莲
平建平　卢晓明　叶启东　叶惠宁
印时秀　冯印甫　冯华明　冯　杰
朱明波　朱　佳　朱建兴　朱建康
朱建强　朱炳章　朱洪男　朱竞枫
朱海平　朱海英　任　云　华　敏
刘正炯　孙　玺　严月明　严雄飞
李明华　李建锋　李剑锋　李静光
杨永良　杨雪平　吴忠杰　吴建洲
何玉锋　汪志锋　沈孝锋　沈岳龙
沈　怡　沈建忠　沈益锋　沈祥英
沈　铭　沈银英　张伟锋　张林江
张建华　张建康　张凌云　张　烨
张鹏翼　陆卫红　陆永明　陆高峰
陈正强　陈国良　陈　标　陈亮德

陈晓鸣　陈跃明　陈灏涤　林友珍
罗　敏　岳晓祥　金凤英　金陈明
金珂星　金　浩　金新良　周云峰
周少林　周叶峰　周国平　周胜妹
庞剑锋　郑建民　宓惠明　封海华
赵计达　赵　维　胡云峰　胡玉文
俞亚萍　俞利江　闻王忠　姚林飞
姚建新　姚奕忠　姚敏忠　都甫珍
顾建飞　钱天益　钱盛辉　徐金康
徐　祎　徐建云　徐俊杰　徐晓安
徐高琨　徐铮炎　翁子龙　郭勇忠
曹少栋　盛益明　崔一斌　葛光华
董国平　董建国　蒋大胜　戴海锋
戴勤锋　魏立琴　濮一斌

2015—2016 年度嘉兴市级文明单位

浙江恋尚家居品有限公司
海宁市儿童福利院
海昌街道社区卫生服务中心
长安镇中心幼儿园
海宁市公安局硖石派出所
浙江晨丰科技股份有限公司
斜桥镇祝场中心小学
丁桥镇中心小学
海宁市第五中学
海宁市高级技工学校

2015—2016 年度嘉兴市级文明村

马桥街道利众村　长安镇辛江村
黄湾镇闸口村　许村镇科同村
海昌街道双喜村　硖石街道荷叶村
丁桥镇新仓村　周王庙镇双涧村
周王庙镇之江村　袁花镇夹山村

2015 年度嘉兴市社会治安综合治理优秀县（市、区）

海宁市

2015 年度嘉兴市社会治安综合治理先进集体

周王庙镇　袁花镇　马桥街道
硖石街道　海宁市公安局

2015 年度嘉兴市社会治安综合治理先进个人

张林江（海宁市委政法委）
方泉敏（海宁市司法局）
钱　斌（盐官镇）
张建康（斜桥镇）

2011—2015 年度嘉兴市法治宣传教育先进集体

海宁市委宣传部　海宁市教育局
海宁市财政局　海宁市人力社保局
海宁市妇联　周王庙镇政府
海洲街道办事处　海宁市紫薇社工站

2011—2015 年度嘉兴市法治宣传教育先进个人

周国平（海宁市人大常委会办公室）
邬　欣（共青团海宁市委）
刘纪清（海宁市民政局）
郭　飞（海宁市住建局）
沈志峰（海宁市食品检测中心）
张赞亚（海宁市新居民局）
邵培樟（浙江财经大学东方学院）
钱　斌（盐官镇）
袁　杰（袁花镇）
金士耀（海宁市司法局斜桥司法所）
许卫明（许村镇永福村）
胡蓓佶（浙江康恒律师事务所）

【嘉兴市人民政府通报】

2016 年度嘉兴市绿化工作考核优秀县（市、区）

海宁市

2016 年度嘉兴市禁毒工作先进集体

海宁市禁毒办　海宁市教育局
海宁市民政局　硖石街道办事处

2016 年度嘉兴市禁毒工作先进个人

苏琴梅（海宁市法院）
朱顺华（海宁市公安局）
张　宁（海宁市公安局海昌派出所）
虞　静（海宁市疾病预防控制中心）

2014—2015 年度嘉兴市人民调解工作先进集体

海宁市交通事故纠纷人民调解委员会
海洲街道人民调解委员会
袁花镇人民调解委员会

2014—2015 年度嘉兴市人民调解工作先进个人

蒋亚琴（海洲街道白漾社区人民调解委员会）
王建林（许村镇）
王　亮（丁桥镇人民调解委员会）
朱财福（海昌街道人民调解委员会）

2016 年度嘉兴市级小城市培育试点镇考核优秀

袁花镇

2016 年度嘉兴市十强新市镇

黄湾镇　　　袁花镇　　　长安镇

2016 年度嘉兴市住房公积金管理工作目标责任制考核先进

海宁市政府

2016 年度嘉兴市住房公积金管理工作协同工作先进

海宁市社会保障管理中心
海宁农村商业银行

2016 年度嘉兴市住房公积金缴存先进单位

袁花镇政府
浙江恋尚家居品有限公司

2016 年度嘉兴市住房公积金缴存先进个人

陈　英（硖石街道办事处）
陈　晓（浙江晶科能源有限公司）

2016 年度嘉兴市住房公积金管理工作先进单位

嘉兴市住房公积金管理中心海宁分中心

2016 年度嘉兴市住房公积金管理工作先进个人

宋叶曙（嘉兴市住房公积金管理中心海宁分中心）

2016 年度嘉兴市政务信息工作先进集体

一等奖　海宁市政府

2016 年度嘉兴市政务信息工作先进个人

张书铭（海宁市政府办公室）
孙振宇（海宁市政府办公室）
徐晓安（海宁市政府办公室）

2016 年度政务热线办理工作先进集体

海宁市政府

嘉兴市创建国家公共文化服务体系示范区先进集体

海宁市政府

嘉兴市创建国家公共文化服务体系示范区先进个人

朱　红（海宁市文广新局）
李如月（海宁市文广新局）
王丽霞（海宁市图书馆）
王维莎（海宁市文化馆）
黄晓红（盐官镇政府）
谢　雍（黄湾镇政府）

2016 年度嘉兴市扩大有效投资暨项目推进前期工作先进单位

杭州至海宁城际铁路前期工作领导小组办公室

2016 年度嘉兴市扩大有效投资暨项目推进工作项目管理先进

浙江大学国际联合学院（海宁国际校区）工程

2016 年度嘉兴市扩大有效投资暨项目推进工作先进个人

施　渊（海宁市重点办）

2016 年度嘉兴市服务业发展目标考核先进先进集体

优秀奖　海宁市

2016 年度嘉兴市服务业发展目标考核先进个人

张丹挺（海宁市发改局）
王宏峰（海宁市服务业局）
张　杰（海宁市服务业局）

2016 年度嘉兴市服务业发展二十强企业

海宁宏达小额贷款股份有限公司
荣年融资租赁（中国）股份有限公司
海宁中国皮革城股份有限公司

浙江佳源房地产集团有限公司

2016年度嘉兴市消防安全工作先进集体

马桥街道办事处　　海宁市教育局

2016年度嘉兴市消防安全工作先进个人

邬裴丽（海昌街道派出所）

唐玉琪（海宁市财政局）

沈孝锋（许村镇政府）

冯　阳（周王庙镇专职消防队）

黄　征［长安镇（高新区）管委会］

2016年度嘉兴市城乡发展一体化先进个人

陆志杰（海宁市农经局）

李明辉（周王庙镇党委）

许国初（袁花镇长啸村）

2016年度嘉兴市美丽乡村建设先进县（市、区）

海宁市

2016年度嘉兴市粮食安全责任制考核良好县（市、区）

海宁市

2016年度嘉兴市粮食生产先进个人

金海刚（海宁市农作物技术服务站）

2016年度嘉兴市优秀粮食专业合作社

许村镇裕民农机专业合作社

2016年度嘉兴市优秀种粮大户

周治国（袁花镇）

2016年度嘉兴市生猪养殖业转型发展良好县（市、区）

海宁市

2016年度嘉兴市生猪养殖业转型发展先进基层集体

海宁市畜牧兽医局

袁花镇政府

周王庙镇政府

2016年度嘉兴市生猪养殖业转型发展先进个人

茅金良（海宁市农经局）

陆俞良（海宁市综合执法局）

陈建新（海宁市畜牧兽医局）

陈利江（丁桥镇政府）

贾伟忠（长安镇农技水利服务中心）

朱叙良（斜桥镇农技水利服务中心）

2016年度嘉兴市重大动物疫病防控先进单位

海宁市防治动物疫病指挥部

2016年度嘉兴市畜产品安全及屠宰管理先进个人

姚建华（海宁市农经局）

曹新强（海宁市农经局）

2016年度嘉兴市农业丰收奖一等奖

池塘多品种生态种养技术模式的推广与应用

主要完成单位：海宁市水产技术服务站、浙江盛旭水产养殖有限公司

2016年度嘉兴市农业丰收奖三等奖

“互联网+”农产品电子商务推广应用

主要完成单位：海宁市农业农村经济信息中心

梨熟期品种选栽与新型配套栽培技术的推广运用

主要完成单位：海宁市林业果树技术服务站
长安镇农技水利服务中心

2016年度嘉兴市耕地保护目标责任制考核优胜单位

海宁市政府

2016年度嘉兴市节约集约用地目标责任制考核先进单位

海宁市政府

“十二五”期间实行最严格水资源管理制度先进个人

王晓红（海宁市水利局）

2016年度人口和计划生育目标管理责任制考核优秀单位

海宁市政府

2016年度民政（社会）工作目标责任制考核优秀单位

海宁市政府

2016年度人力资源和社会保障工作考核优秀单位

海宁市

2016年度嘉兴市食品安全工作目标责任制考核

一等奖　海宁市

2016年度嘉兴市“无违建镇（街道）”

周王庙镇　　袁花镇　　长安镇

2016年度嘉兴市基本“无违建镇（街道）”

海昌街道　　盐官镇

2016年度嘉兴市“无违建”创建先进镇（街道）

丁桥镇　　斜桥镇

2016年度嘉兴市“三改一拆”、“无违建”创建工作先进基层单位

海宁市综合执法局　许村镇政府
黄湾镇政府

2016年度嘉兴市“三改一拆”、“无违建”创建工作先进个人

周忠良（许村镇政府）
沈仕明（海宁市公安局）
居凤群（海宁市住建局）
翁国伟（袁花镇政府）

2016年度嘉兴市“四边三化”（公铁沿线环境整治、“蓝色屋面”整治、精品示范道路创建）工作先进基层单位

海宁市农经局
海宁市国土资源局
海昌街道办事处

2016年度嘉兴市“四边三化”（公铁沿线环境整治、“蓝色屋面”整治、精品示范道路创建）工作先进个人

陈亚东（长安镇政府）
顾建军（海宁市交通运输局）
王　漪（海宁市城管监督指挥中心）
徐志明（周王庙镇政府）

2016年度市区治理城市交通拥堵工作先进个人

马天驰（海宁市交通运输局）
张苏燕（海宁市综合执法局）
沈益龙（海宁市公安局交警大队）
毛信强（海宁市住建局）

2016年度城市管理与综合行政执法工作先进集体

周王庙镇政府

2016年度先进基层城市管理与综合行政执法队伍

海宁市综合行政执法大队硖石分局

2016年度优秀城市管理与综合行政执法队员

倪华杰（海宁市综合执法局）
沈玲燕（海宁市综合执法局）
谈仲凯（海宁市综合执法局）

2016年度优秀城市管理与综合行政执法志愿者

李洁茹（海宁市综合行政执法志愿者服务大队）

2016年度嘉兴市十强旅游景区

盐官观潮景区

2016年度嘉兴市十强旅游饭店

海洲大饭店

2016年度嘉兴市十强旅行社

海宁市职工疗休养旅游有限公司
海宁市天地旅游有限公司
海宁市大元旅游有限公司

2016年度嘉兴市利用内资工作先进集体

一等奖　海宁市

2016年度嘉兴市工业有效投入工作先进集体

二等奖　海宁市

2016年度嘉兴市工业有效投入工作先进企业

浙江海利得新材料股份有限公司

2016年度嘉兴市工业有效投入工作先进管理者

沈锦标（海宁市经信局）

2016年度嘉兴市现代装备制造业发展先进集体

一等奖　海宁市

2016年度嘉兴市优秀中小企业担保机构

海宁嘉丰担保股份有限公司

2016年度“两退两进”工作先进集体

一等奖　海宁市

2016 年度“两退两进”工作先进个人

高　巍（海宁市经信局）

张明翔（海宁市服务业局）

2016 年度嘉兴市工业强镇（街道）建设进步奖

规模以上工业产值 100 亿元以上的镇（街道）　黄湾镇

规模以上工业产值 50 亿 ~ 100 亿元的镇（街道）　袁花镇　　许村镇

规模以上工业产值 50 亿元以下的镇（街道）　盐官镇

2016 年度嘉兴市安全生产工作先进集体

海宁市安监局　　海宁市旅游局

2016 年度嘉兴市安全生产工作先进个人

顾炳甫（海宁市安监局）

朱利明（海宁市消防大队）

杨富良（许村镇安监站）

2016 年度嘉兴市法治政府建设（依法行政）工作先进县（市、区）政府

海宁市政府

2016 年度政府信息公开工作先进个人

劳　震（海宁市政府办公室）

嘉兴市市长质量奖

美大集团有限公司

浙江晶科能源有限公司

嘉兴市平安建设“十二连冠”行政奖励人员

二等功

王筱惠　孙　群　杜海杰　张少清

张林江　张建康　蒋武良

三等功

方泉敏　卢晓明　冯　明　朱利明

朱泓明　朱海成　许林海　孙　海

孙振明　孙勤建　李　斌　杨雪平

闵厚文　沈新良　张海峰　陈国栋

陈建钢　俞亚明　姚林飞　莫东林

姚敏忠（常务副市长）　顾照荣

姚敏忠（市卫生计生局）　钱天益

徐　辉

嘉奖人员

马云标　王　东　王忠东　王渠龙

孔娟英　叶志鹏　叶芬炉　朱　慧

朱卫峰　朱水良　朱凤琴　朱海平

朱新彪　孙无逆　孙振宇　孙锦祥

杜莹池　李明华　李剑锋　李雪强

杨　斌　杨新霞　吴梦华　沈　达

沈志恩　沈坤祥　张　礼　张　莉

张雅妹　陆周荣　陈天鸿　陈伟根

陈明荣　陈海涛　陈蒋明　易铁军

金月琦　周　飞　闻王忠　洪　瑛

姚强忠　夏国锋　顾　莲　顾越峰

徐建云　徐恒敏　凌　云　高　英

郭宗敏　章小平　戴勤锋

【嘉兴市人民政府　嘉兴市军分区通报】

嘉兴市国防动员工作先进个人

徐　刚（海宁市人防办）

后备力量基层规范化建设“三星”达标单位

海昌街道武装部

2016 年度征兵工作先进县（市、区）

海宁市

2016 年度征兵工作先进镇（街道）

长安镇　黄湾镇

2016 年度征兵工作先进院校

浙江财经大学东方学院

2016 年度征兵工作先进个人

陈亮德（海宁市人武部）

顾宣歆（海宁市人民医院）

程建祥（海宁市公安局）

陈兆引（长安镇武装部）

（朱　怡　孙灵灵　王国坚）

逝世名人

崔　毅（1928—2016）　女，1928 年 11 月 27 日生于海宁县硖石镇。1937 年 9 月

入硖石镇亚东小学读书。1945年9月入海宁县立初级中学读书。1948年9月，到长安镇海宁县立简易师范学校（1950年4月更名为海宁县第二初级中学）任教导员。1951年9月，考入中央美术学院华东分院（1953年并入中央工艺美术学院）实用美术系。1955年毕业后留校读研究生。1957年7月研究生毕业。1957年9月留校任教，先后任室内装饰系讲师、副教授、教授。1988年2月退休。2016年3月2日因病在北京逝世，享年88岁。

崔毅是中华人民共和国成立后首批研究生建筑装饰设计师，曾任中国美术家协会会员、中国工艺美术学会会员、曹州牡丹画院名誉院长、菏泽地区书画研究院名誉院长、新神州艺术院高级名誉院士和高级荣誉顾问、曹州书画学校名誉校长。1958年，参与首都民族文化宫、历史博物馆、人民大会堂、中国美术馆等十大建筑装饰设计，其中人民大会堂的柱式设计获周恩来肯定。1971年，参与首都地铁车站装饰设计。1974年，参与北京燕翔饭店中餐厅顶棚的贴金彩画图案设计，受到外宾赞赏。1975—1976年，参与北京团结湖公园门头及长廊彩画设计，山海关和北京汽车制造厂门脸、橱窗布置设计，受到游客好评。

她的国画和沥粉装饰画多次在海内外展出和在报纸杂志发表，沥粉装饰画《鸟语花香》入选中国美术馆纪念中华人民共和国成立30周年画展，《海阔天空》被首都国际机场收藏，蜡染壁挂被中国驻英国大使馆悬挂和收藏。其作品被中国画报社收入《中国当代艺术家画库——崔毅分册》。装饰国画《敦煌菩萨》入选20世纪百年经典长卷展并入编《中国美术全集》出版。装饰国画《荷花》入选世界老年人年画展，获创作奖。2005年10月，在家乡海宁徐邦达艺术馆举办个人画展。2010年，被聘为《名家风范——中国当代名家名作经典图目》编委会顾问。2012年，被聘为中国书法美术家协会副会长和中国书画名家研究会专职副会长。

2006年，崔毅被中国文艺家创作协会评为德艺双馨艺术家。2007年5月，获首届文化艺术国际金球成果奖金奖，作品入选《经典——中国文艺选集》和《全球华人艺术风尚大典》；同年8月获香港回归中国10周年最高艺术成就奖“紫荆花”奖章。2008年，被人类贡献奖文艺类评审委员会、中国文化艺术终身成就奖评定中心授予“中国人民杰出艺术家”称号。2009年1月，被中国文艺家创作协会授予“中华人民共和国成立60周年功臣艺术家”称号；同年9月，被国际中华文化艺术协会授予华夏艺术家终身巅峰奖“金飞马奖”。2009年12月，中国集邮总公司发行《中华文化名家专题邮票纪念封》和崔毅美术作品邮票16枚。2010年，被国际文艺促进联合会、世界艺术专家创作协会授予国际文艺十年顶级创作奖。2011年3月，被中国艺术家研究院、中国国学学会评为全球华人最具影响力艺术家；同年12月，被中国文艺家创作协会评为中国艺术大师。出版的著作有《基础图案技法》《山西古建筑装饰图案》《民族民间图案》《中国当代艺术家画库》《崔毅画集》《崔毅教授作品展》等。

（王国坚）

［编辑：王国坚］

统计资料

Statistical Data

表 58　镇（街道）组织

指标名称	单位	2015年	2016 年
镇政府	个	8	8
街道办事处	个	4	4
居民委员会	个	64	64
村民委员会	个	161	159

表 59　人口及人口变动、婚育情况

指标名称	计量单位	2016 年	指标名称	计量单位	2016 年
年末总户数	户	188143	出生率	‰	11.74
年末总人口	人	681656	死亡人数	人	4677
男性人口	人	333748	死亡率	‰	6.89
女性人口	人	347908	年内迁入人口	人	7262
性别比（女性 100%）	%	95.93	年内迁出人口	人	4893
人口密度（每平方千米）	人	790	新婚对数	对	3152
人口自然增长率	‰	4.86	晚婚率	%	76.33
出生人数	人	7974	离婚对数	对	1389

表 60

年末社会劳动者人数

指标名称	计量单位	2015年	2016 年	指标名称	计量单位	2015年	2016 年
年末社会劳动者人数	万人	63.26	63.78	其中：实行合同制人数	人	9981	7119
其中：第一产业	万人	4.93	4.81	年末城镇从业人员	人	119845	120506
第二产业	万人	37.67	37.60	其中：城镇个体劳动者	人	41250	51659
其中：工业	万人	33.61	33.98	年末城镇失业人员	人	3596	3599
第三产业	万人	20.66	21.36	其中：待业青年	人	511	—
安置城镇失业人员数	人	9981	7119	城镇登记失业率	%	2.91	2.90

表 61

生产总值

（按当年价格计算）

单位：万元

指标名称	绝对值		构成（%）		比 2015 年增长（%）
	2015年	2016 年	2015年	2016 年	
生产总值	7011530	7679202	100	100	6.5
第一产业	215675	216780	3.08	2.82	1.1
第二产业	3844508	4147424	54.83	54.01	5.1
工业	3313744	3613594	47.26	47.06	5.7
第三产业	2951347	3314997	42.09	43.17	8.7

说明：增长速度按可比价计算

表 62

农业总产值

（按现行价计算）

指标名称	2015年		2016 年	
	绝对值（万元）	构成（%）	绝对值（万元）	构成（%）
合　计	337411	100	342704	100
一、农业	186533	55.3	209941	61.3
其中：种植业	186226	55.2	209502	61.1
其他农业	307	0.1	439	0.1
二、林业	3842	1.1	3842	1.1
三、牧业	83949	24.9	65201	19.0
其中：蚕茧	22275	6.6	15959	4.7
四、渔业	40675	12.1	38392	11.2
五、农林牧渔服务业	22412	6.6	25328	7.4

表 63

农业生产情况

指标名称	计量单位	2015年	2016 年	指标名称	计量单位	2015年	2016 年
粮食	吨	147566	140286	年末生猪存栏	头	21969	21440
油菜籽	吨	10356	10021	年末羊存栏	头	194058	166384
棉花	吨	368	286	年末兔存栏	只	45623	34596
黄红麻	吨	54	29	年末家禽存栏	万羽	303	262
果蔗	吨	23619	23598	肉类产量	吨	24065	21102
蔬菜	吨	306077	329621	禽蛋产量	吨	3777	2897
瓜类	吨	25493	33683	蚕茧产量	吨	5001	3583
水果	吨	109040	120876	水产品产量	吨	23784	21559

规模以上工业企业工业总产值

（按当年价格计算）

表 64

单位：万元

指标名称	2015年	2016 年	比 2015 年增长（%）
总　计	14159347	14666917	3.6
按登记注册类型分			
内资企业	10005264	10565107	5.6
其中：国有企业	415549	425769	2.5
集体企业	8219	8555	4.1
私营企业	7771611	8172240	5.2
港澳台商投资公司	2400439	2553737	6.4
外商投资企业公司	1753644	1548073	-11.7
按轻重工业分			
轻工业	8551912	8852559	3.5
重工业	5607435	5814358	3.7
按企业规模分			
大型企业	2534430	2784868	9.9
中型企业	3941260	4212301	6.9
小型企业	7364406	7376396	0.2
微型企业	319252	293351	-8.1

规模以上工业企业主要经济指标

表 65 单位：万元

指标名称	2015年	2016年
企业单位数（个）	1196	1111
其中：亏损企业数（个）	188	132
工业总产值（当年价）	14159347	14666917
全部职工平均人数（人）	161841	161584
年末固定资产原值	6314518	6598614
当年固定资产折旧	443279	438992
年末资产总计	14368566	15029764
其中：流动资产	8384839	8630705
固定资产	4098702	4223448
年末负债总计	8267992	8347561
其中：非流动负债	538487	432360
流动负债	[illegible]	[illegible]
年末所有者权益	6039655	6571643
主营业务收入	13395849	14119372
其中：主营业务成本	11543396	12078796
管理费用	739895	844515
财务费用	197678	151819
利润总额	688604	853126
其中：亏损企业亏损额	59833	49474
利税总额	1233158	1417571

固定资产投资

表 66

单位：万元

指标名称	2015年	2016 年	指标名称	2015年	2016 年
一、固定资产投资	5144859	5554274	二、工业生产性投资	2270145	2522523
1. 限额以上项目	4564575	4831812	其中：限额以上项目	2270145	2522523
2. 房地产开发	580284	722462			

房地产开发情况

表 67

指标名称	计量单位	2015年	2016 年
一、房地产开发投资	万元	580284	722462
二、本年购置的土地面积	平方米	153524	290454
三、本年实际到位资金合计	万元	1403868	1848736
四、房屋施工面积合计	平方米	6122562	6879458
其中：住宅	平方米	4416879	4908233
新开工面积	平方米	551202	1612648
五、竣工房屋面积合计	平方米	662248	1963693
六、本年商品房销售面积合计	平方米	834630	1392459
其中：住宅	平方米	749267	1228356
七、待售房屋面积合计	平方米	481141	796312
其中：住宅	平方米	244117	569476
八、商品房销售额合计	万元	657750	1105060

社会消费品零售总额

表 68

单位：万元

指标名称	2015年	2016年	指标名称	2015年	2016年
总　　计	3382651	3702186	其中：限额以上	954505	905466
一、按销售地区分			限额以下	2045603	2355904
1. 城镇	3130864	3441846	2. 住宿餐饮业	266554	316797
2. 乡村	251788	260340	其中：限额以上	27860	29136
二、按行业分			限额以下	238694	287661
1. 批发零售业	3000108	3261370			

表 69

外经、外贸主要经济指标

指标名称	计量单位	2015年	2016年	指标名称	计量单位	2015年	2016年
一、年内新批外商投资企业	家	42	46	六、累计实际利用外资总额	万美元	360124	400591
二、年内总投资	万美元	135525	87329	七、进出口总额	万元	3638388	4133051
其中：合同利用外资	万美元	111538	37735	八、地方出口总额	万元	3203804	3656368
三、累计新批外商投资企业	家	1023	1069	其中：三资企业出口总额	万元	919547	1078785
四、累计总投资	万美元	1256940	1344269	外贸自营出口总额	万元	2284258	2577583
其中：合同利用外资	万美元	703277	741012	九、地方进口总额	万元	434584	476682
五、年内实际利用外资	万美元	44533	40467				

全社会旅客、货物运输量

表 70

指标名称	计量单位	2015年	2016 年	指标名称	计量单位	2015年	2016 年
一、货运量	万吨	1708	1859	三、客运量	万人	542	530
1. 铁路	万吨	3	3	1. 铁路	万人	206	219
2. 公路	万吨	962	1106	2. 公路	万人	336	311
3. 水运	万吨	743	750	3. 水运	万人	—	—
二、货物周转量	万吨千米	186578	198525	四、旅客周转量	万人千米	24782	24201
1. 铁路	万吨千米	—	—	1. 铁路	万人千米	—	—
2. 公路	万吨千米	94035	108792	2. 公路	万人千米	24782	24201
3. 水运	万吨千米	92543	89733	3. 水运	万人千米	—	—

交通运输工具拥有量

表 71

指标名称	计量单位	2015年	2016 年
一、营运汽车	辆	5474	4560
（一）载客汽车	辆	880	913
大型	辆	341	377
（二）载货汽车	辆	4594	3647
1. 普通载货汽车	辆	4259	3306
大型	辆	1809	1366
2. 专用载货汽车	辆	335	341
二、摩托车	辆	125110	85378
三、运输拖拉机	辆	1198	886

财政收入

表 72

单位：万元

指标名称	2015年	2016 年	指标名称	2015年	2016 年
合　计	1211194	1238759	7. 其他税收	129068	141018
一、上划中央收入	519973	518741	8. 耕地占用税	23487	10113
二、一般公共预算收入	691221	720018	9. 契税	28031	39654
1. 增值税（25%）	109640	177324	10. 国有企业计划亏损补贴	-10505	-10505
2. 改征增值税（100%）	18404	45165	11. 行政性收费收入	599	1295
3. 营业税	169404	72706	12. 罚没收入	11026	14423
4. 企业所得税（40%）	96105	100064	13. 专项收入	46208	44720
5. 个人所得税（40%）	30605	33747	14. 其他收入	436	—
6. 城市维护建设税	38713	39241			

财政支出

表 73

单位：万元

指标名称	2015年	2016 年	指标名称	2015年	2016 年
合　计	765627	780895	11. 农林水事务	87855	87699
1. [illegible]	[illegible]	[illegible]	12. [illegible]	31704	35018
2. 国防	1201	1428	13. 资源勘探电力信息等事务	30539	23567
3. 公共安全	45759	48840	14. 商业服务业等事务	13286	7456
4. 教育	185198	185865	15. 金融监管支出	562	239
其中：教育费附加支出	19023	8040	16. 地震灾后恢复重建支出	—	—
5. 科学技术	33130	33638	17. 援助其他地区支出	2470	2080
6. 文化体育与传媒	21368	19404	18. 国土资源气象等事务	2879	2870
7. 社会保障和就业	44411	71640	19. 住房保障支出	34290	19085
8. 医疗卫生	51773	56597	20. 粮油物资储备等管理事务	1714	1219
9. 环境保护	33399	36368	21. 债务付息支出	1846	11202
其中：排污费支出	738	585	22. 其他支出	102	238
10. 城乡社区事务	73812	69500			

金融机构人民币存、贷款年末余额

表 74

单位：万元

指标名称	存款余额		贷款余额	
	2015年	2016 年	2015年	2016 年
合　计	11097476	11911664	8884792	9397664
人民银行	30799	30630	—	—
工商银行	1575717	1627387	1096698	1118346
农业银行	1664938	1854479	1091147	1228787
中国银行	653529	672204	559462	646821
建设银行	1088359	1103197	1023755	1017814
农发银行	72091	95610	447525	422938
交通银行	361746	373479	370802	382554
中信银行	401855	426416	306335	297754
华夏银行	250878	168740	206329	205321
浦发银行	124668	102662	206868	202919
兴业银行	236894	234271	259433	261350
招商银行	135802	82145	109857	137500
平安银行	353250	302273	325030	254833
嘉兴银行	257892	285182	188590	210640
浙商银行	202059	290321	178051	263260
农商银行	2850135	3226047	1839256	1956071
湖州银行	84975	105320	93252	108459
联合银行	164819	199566	259506	299322
绍兴银行	90423	146645	43586	40319
邮政储蓄	304090	385443	163909	200659

保险业务

表 75

指标名称	计量单位	2015年	2016 年	指标名称	计量单位	2015年	2016 年
一、财产险情况				二、人寿险情况			
（一）业务收入	万元	40329	43575	（一）业务收入	万元	59191	74876
1. 保费	万元	40329	43575	保费	万元	59191	74876
2. 储金	万元	—	—	（二）赔案数	人	10128	13710
（二）赔案数	件	53108	54100	（三）赔付支出	万元	3329	6734
（三）赔款支出	万元	22851	25200				

表 76

文化事业

指标名称	计量单位	2015年	2016年	指标名称	计量单位	2015年	2016年
一、电影				四、新华书店			
1. 放映单位（登记数）	个	15	16	1. 发行（销售）总册数	万册	836.9	801.2
2. 放映场次	万场	5.7	6.8	2. 发行（销售）金额	万元	10100	10665
3. 观众人数	万人次	145.0	146.0	五、文化馆	个	1	1
4. 放映收入	万元	3597.2	3806.6	1. 举办展览次数	次	85	50
5. 发行收入	万元	—	—	2. 组织文艺活动次数	次	104	286
二、艺术				3. 举办训练班次数	次	288	650
（一）艺术表演团体	个	2	3	4. 训练班结业人数	人次	19606	32600
1. 演出场次	场	1759	1979	六、博物馆	个	1	1
2. 观众人数	万人次	17.7	30.6	1. 文物藏量	件	6474	6474
（二）表演场所（剧院、书场）	个	5	7	2. 基本陈列	个	4	4
1. 座席数	个	6011	6011	3. 举办展览	次	13	12
[illegible]	场	1500	[illegible]	4. 参观人数	万人次	18.6	22.3
3. 观众人数	万人次	14.5	11.4	七、乡镇文化站	个	12	12
三、图书馆				1. 举办展览	次	169	156
1. 公共图书馆	个	1	1	2. 组织文艺活动	次	1885	2007
2. 总藏量	万件册	151.8	162.9	3. 举办训练班	次	564	871
其中：图书藏量	万册	136.5	145.8	4. 训练班结业人数	人次	23418	29878
3. 发放借书证数	人	404230	409866	八、文化市场			
4. 图书流通人次	万人次	261.2	270.0	1. 综合娱乐场（歌舞厅）	个	48	49
				2. 游戏机	台	1047	1208
				3. 网吧	个	100	100

表 77

广播电视事业

指标名称	计量单位	2015年	2016年
一、电视情况			
1. 发射机	部	2	2
发射功率	千瓦	2.000	2.000
2. 节目套数	套	2	2
3. 转播上级台节目	时分	7.00′	7.00′
4. 自办节目	时分	122.80′	122.80′
5. 电视人口覆盖率	%	100	100
二、广播情况			
（一）调频发射机	部	2	2
调频发射功率	千瓦	2.0	2.0
（二）平均每周播时间	时分	122.00′	122.00′
1. 转播上级台	时分	7.00′	7.00′
2. 自办节目	时分	115.00′	115.00′
（三）广播人口覆盖率	%	100	100
三、有线电视情况			
1. 有线电视台、站数	个	1	1
2. 联网镇（街道）	个	12	12
3. 卫星地面接收站	座	2	2
4. 城区有线电视入户率	%	100	100
5. 传输线路			
光缆	千米	5165	6987
电缆	千米	2256	2711
通有线电视村（社区）	个	225	223
四、镇（街道）广电情况			
1. 广电站个数	个	10	10
2. 村级广播室数	个	179	181
3. 广播到村通播率	%	100	100
4. 农村广播入户率	%	92	92
5. 农村入户喇叭正响率	%	100	100

2016学年初各级各类学校情况

表78

单位：人

指标名称	学校数（所）	毕业生数	招生数	在校学生数	毕业班学生数	教职工数	
						总计	其中：专任教师
普通中学	29	9070	9209	27090	9001	2824	2572
其中：高完中	6	3313	3061	9583	3289	1038	955
初中	23	5757	6148	17507	5712	1786	1617
职业高中	1	1513	1391	4165	1331	304	288
小学	29	7321	7087	42592	7743	2789	2676
特殊教育	1	11	26	114	29	33	29
幼儿园	67	6685	8057	21649	7140	2292	1432
电大	1	2286	2052	6097	2412	36	33
电视中专	—	114	68	181	113	—	—
普通中专	1	1167	1041	3042	865	94	83
成人中专	1	—	—	—	—	53	43
技工学校	1	613	891	2740	593	199	162
成人技术培训	33	81722	—	81779	—	681	169

全市升入高校、高中段人数情况

表79

单位：人

指标名称	2015年	2016年
高校：		
报名人数	3574	3351
上线人数	3503	3246
其中：一本	635	651
二本、三本	1794	1508
专科	1074	1087
上线率（%）	98.01	96.87

指标名称	2015年	2016年
高中段：		
初中毕业生数	6032	5757
招生人数	6002	5725
其中：普通高中	3236	2902
职业高中	2185	1830
普通中专	154	196
成人中专	49	4
中技及其他	378	793
升学比例（%）	99.50	99.44

表 80

卫生事业

指标名称	计量单位	2015年	2016年	指标名称	计量单位	2015年	2016年
卫生机构数	个	299	307	2. 卫生院	人	1530	1534
1. 医院	家	9	9	3. 门诊部	人	147	72
2. 卫生院	家	14	14	4. 疾病预防控制中心	人	103	99
3. 门诊部	个	10	8	5. 卫生监督所	人	32	35
4. 疾病预防控制中心	个	1	1	6. 市卫生学校	人	89	94
5. 卫生监督所	个	1	1	7. 其他卫生机构	人	22	22
6. 市卫生学校	所	1	1	8. 急救站	个	12	12
7. 其他卫生机构	个	3	3	9. 诊所、卫生所、医务室、护理站	人	308	354
8. 急救站	个	1	1	10. 社区卫生服务站	人	0	0
9. 诊所、卫生所、医务室、护理站	个	103	116	卫生技术人员	人	5354	5570
10. 社区卫生服务站	个	156	153	其中：执业医师	人	1442	1528
医疗床位数	张	4027	4232	执业助理医师	人	237	255
1. 医院	张	3526	3723	注册护士	人	2134	2332
2. 卫生院	张	501	509	药师（士）	人	358	369
医疗卫生机构人员数	人	6125	6366	技师（士）	人	215	227
1. 医院	人	3882	4144	其他	人	968	859

表 81

体育事业

指标名称	计量单位	2015年	2016 年	指标名称	计量单位	2015年	2016 年
一、体育系统体育场馆				四、参加嘉兴市及以上竞赛获奖牌数	枚	403.5	310
1. 体育场	个	1	1	金牌	枚	157.5	134
2. 体育馆	个	2	2	银牌	枚	136.25	92
3. 游泳池	个	1	1	铜牌	枚	109.75	84
其中：室内游泳池	个	1	1	其中：获省级及以上奖牌数	枚	177	81
4. 射击场	个	1	1	金牌	枚	62	30
5. 举重房	个	1	1	银牌	枚	73.25	25
6. 乒乓房	个	1	1	铜牌	枚	41.75	26
7. 门球场	个	2	2	五、破纪录项数	项	3	4
二、市级运动会举办次数	次	117	135	其中：省级及以上	项	0	0
参加运动会的运动员人数	人	15968	18084	破纪录人数	人	1	2
三、参加嘉兴市及以上比赛次数	次	84	41	其中：省级及以上	人	0	0
其中：参加省级及以上次数	次	24	15	六、等级运动员新发展人数	人	281	270
参加省级及以上运动员人数	人	408	470	七、等级裁判员新发展人数	人	48	10
				八、新发展社会体育指导员人数	人	69	159

表 82

科技事业

指标名称	计量单位	2015年	2016 年	指标名称	计量单位	2015年	2016 年
国家重点扶持高新技术企业	家	109	148	科技项目	项	996	1123
省级以上高新企业	家	109	148	其中：国家级	项	2	5
产值	万元	4593668	5449737	省(部)级	项	952	1011
利税	万元	390360	621429	获奖项目	项	51	60
创汇	万美元	132262	193681	其中：国家级	项	0	0
申请专利数	件	4556	5947	省(部)级	项	3	3

表83 抽样调查平均每百户耐用消费品年末拥有量

指标名称	计量单位	2015年	2016年	指标名称	计量单位	2015年	2016年
农村住户：				城镇住户：			
家用汽车	辆	60	67	家用汽车	辆	67	69
摩托车	辆	61	53	摩托车	辆	26	25
助力车	台	159	169	助力车	台	68	64
洗衣机	台	97	100	洗衣机	台	100	99
电冰箱（柜）	台	100	100	电冰箱（柜）	台	100	100
微波炉	台	51	55	微波炉	台	90	91
彩色电视机	台	236	240	彩色电视机	台	221	223
其中：接入有线电视	台	227	229	其中：接入有线电视	台	214	210
空调	台	219	240	空调	台	280	289
热水器	台	114	123	热水器	台	150	153
其中：太阳能热水器	台	102	101	其中：太阳能热水器	台	90	90
消毒碗柜	台	6	6	消毒碗柜	台	18	20
洗碗机	台	0	0	洗碗机	台	3	1
排油烟机	台	66	76	排油烟机	台	91	91
固定电话	线	77	53	固定电话	线	72	58
移动电话	部	321	336	移动电话	部	286	282
其中：接入互联网	部	261	277	其中：接入互联网	部	209	220
计算机	台	108	117	计算机	台	124	127
其中：接入互联网	台	105	113	其中：接入互联网	台	119	121
摄像机	台	2	2	摄像机	台	4	5
照相机	台	29	28	照相机	台	54	49
中高档乐器	架	3	4	中高档乐器	架	9	11
健身器材	台	7	7	健身器材	台	5	7
组合音响	套	15	15	组合音响	套	12	13

表 84　2016 年浙江省主要县（市、区）统计信息网络年度交流指标

县（市、区）	年末户籍总人口（万人）	行政区划面积（平方千米）	生产总值（亿元）	第一产业增加值（亿元）	第二产业增加值（亿元）	第三产业增加值（亿元）
柯桥区	66.12	1066	1234.54	35.74	640.10	558.70
萧山区	127.59	1420	1954.18	67.63	927.92	958.62
余杭区	98.46	1228	1447.84	49.71	493.07	905.06
慈溪市	104.94	1361	1276.17	52.68	762.27	461.22
余姚市	83.77	1501	904.75	44.92	507.59	352.24
海宁市	68.17	863	767.92	21.68	414.74	331.50
桐乡市	69.28	727	717.95	26.90	359.63	331.42
上虞区	78.03	1406	788.04	45.36	423.02	319.66
温岭市	121.67	836	899.14	69.58	366.44	463.12
鄞州区	84.16	814	1358.83	24.71	523.22	810.90
诸暨市	108.21	2311	1120.05	51.88	592.61	475.56
瑞安市	123.52	1350	795.02	22.27	349.95	422.80
义乌市	78.22	1105	1131.80	22.31	401.23	708.26
乐清市	129.59	1385	861.52	21.46	417.36	422.71
平湖市	49.36	554	528.68	15.19	305.68	207.80
富阳区	67.16	1831	712.70	44.80	330.00	337.90
永康市	60.20	1049	527.00	8.80	315.85	202.35

续表 84

县（市、区）	规模以上工业总产值（当年价）（亿元）	固定资产投资额（亿元）	房地产开发投资额（亿元）	社会消费品零售总额（亿元）	实际利用外资（万美元）
柯桥区	3438.76	746.67	156.83	260.91	18299
萧山区	3750.91	1078.32	391.83	635.04	165390
余杭区	1461.49	1040.32	586.91	433.16	103964
慈溪市	2350.20	807.78	186.57	518.88	48547
余姚市	1438.77	584.97	90.27	390.17	50344
海宁市	1466.69	555.43	72.25	370.22	40467
桐乡市	1365.90	480.61	78.56	327.87	34408
上虞区	1821.55	548.12	91.70	301.81	15021
温岭市	720.37	450.97	64.82	526.76	2825
鄞州区	1625.17	772.66	458.72	655.51	—
诸暨市	2307.85	741.05	176.29	395.20	24013
瑞安市	969.06	564.15	153.58	351.75	3853
义乌市	813.39	581.67	121.10	586.36	10188
乐清市	1376.61	631.56	94.11	355.69	6377
平湖市	1333.01	365.48	50.62	181.66	41453
富阳区	1176.70	404.40	107.31	222.50	29141
永康市	1032.30	239.28	39.10	209.19	2629

续表 84

县（市、区）	自营出口（海关数）（万美元）	自营进口（海关数）（万美元）	一般公共预算收入（亿元）	全社会用电量（亿千瓦小时）	城镇常住居民人均可支配收入（元）	农村常住居民人均可支配收入（元）
柯桥区	957351	45445	106.02	128.34	54410	31490
萧山区	897135	223554	195.16	216.21	55712	31849
余杭区	489475	42760	244.29	81.82	53215	31608
慈溪市	872143	93529	132.10	123.78	50828	29547
余姚市	658850	272206	81.16	80.77	48831	28589
海宁市	554542	72166	72.00	79.37	51954	30200
桐乡市	321803	105091	58.00	87.50	48020	29623
上虞区	336066	35865	59.65	52.34	50910	27089
温岭市	2310408	160811	61.69	53.94	48941	25922
鄞州区	1396185	260857	230.40	—	—	—
诸暨市	400550	48553	71.89	73.44	53547	30224
瑞安市	301200	29336	59.05	66.88	50904	25570
义乌市	3339403	42032	81.79	79.97	60773	30570
乐清市	1241384	42098	72.23	56.17	50263	26943
平湖市	381021	293813	56.79	70.44	49775	29028
富阳区	140370	132936	57.60	75.20	47339	27236
永康市	381653	9916	48.53	43.21	46463	23625

［编辑：姚思嫄］

文件选编
Selected Documents

规范性文件选载

关于在划定区域内实行烟花爆竹禁售禁放的通告

海政发〔2016〕21号

为进一步改善环境质量，维护社会公共安全，减少人身伤害、火灾事故和大气污染，保障经济社会平稳健康发展，依据《烟花爆竹安全管理条例》《浙江省烟花爆竹安全管理办法》等法律、法规精神，结合本市实际，决定自2016年7月1日起，在划定区域内实行烟花爆竹禁售、禁放（以下简称“双禁”）。现通告如下：

一、“双禁”范围

（一）中心区域：硖石街道、海洲街道、海昌街道、马桥街道4个街道和海宁经济开发区所辖区域。

（二）盐官旅游度假区：观潮胜地公园及东至观潮大道，南至环城南路、翁金线，西至上塘河，北至拱辰路、护城河合围区域。

（三）法律、法规、规章规定的其他禁售、禁放烟花爆竹的地点、场所等。

二、“双禁”时间

中心区域和盐官旅游度假区划定区域内全年禁售、禁放；法律、法规、规章规定的其他禁售、禁放烟花爆竹的地点、场所等，按相关法律、法规、规章执行。

三、违反“双禁”的法律责任

对在“双禁”区域、“双禁”期间违规销售、燃放烟花爆竹的，由市公安、安监等部门依照《中华人民共和国治安管理处罚法》《烟花爆竹安全管理条例》《浙江省烟花爆竹安全管理办法》等相关法律、法规和规章依法予以严厉查处；构成违反治安管理行为的，依法给予治安管理处罚，构成犯罪的，依法追究刑事责任。

四、有奖举报

任何单位和个人有权劝阻或向市公安、安监等部门举报违规燃放、运输、销售、储存等行为。对有效举报，由市公安、安监等部门按照规定给予适当奖励。

关于进一步推进户籍制度改革的实施意见

海政发〔2016〕50号

一、总体要求

（一）指导思想

以邓小平理论、“三个代表”重要思想、科学发展观为指导，深入贯彻党的十八大，十八届三中、四中、五中、六中全会和习近平系列重要讲话精神，坚持以“四个全面”战略为统领，以创新、协调、绿色、开放、共享五大发展理念为引领，以“八八战略”为总纲，紧紧围绕全面提高新型城镇化水平，进一步推进户籍制度改革。统筹推进相关经济社会领域改革，合理引导农业人口有序向城镇转移，有序推进农业转移人口市民化。

（二）基本原则

1. 坚持积极稳妥、有序推进。结合本市经济、社会发展实际，坚持积极稳妥、规范有序，优先解决存量，有序引导增量，确保改革有序推进。

2. 坚持以人为本、保障权益。切实维护城乡居民合法权益，尊重城乡居民自主选择迁移的意愿，保障农业转移人口及其他常住人口的合法权益。

3. 坚持因地制宜、科学引导。按照本市经济社会发展水平、城镇综合承载能力和提供基本公共服务的能力，科学引导农民进城镇去向，合理设定落户条件，把引导农民就近进城镇落户作为工作重点。

4. 坚持统筹配套、同步推进。制定完善与户籍制度相关的配套政策，同步推进相关领域改革，建立健全各类群体进城镇落户的制度通道，不断扩大教育、就业、救助、养老、医疗、住房保障等城镇基本公共服务覆盖面。

（三）发展目标

进一步健全城乡户口登记制度，规范户口登记管理，完善居住证制度，稳步推进义务教育、就业服务、社会保障、基本医疗和公共卫生、公共文化、环境保护等基本公共服务覆盖全部常住人口。到2020年，基本建立与高水平全面建成小康社会相适应，有效支撑社会管理和公共服务，依法保障公民权利，城乡统一、以人为本、科学高效、规范有序的新型户籍制度，为全面提高全市新型城镇化水平提供有力保障。

二、进一步规范和完善城乡统一户口登记制度

继续执行现行取消农业户口和非农户口性质区分、公民按经常居住地登记户口等政策。（市公安局负责。除明确各部门分别负责的工作外，列第一位者为牵头部门，下同）

健全完善与统一城乡户口登记制度相适应的教育、卫生计生、就业、社保、文化、住房、土地及人口统计等工作机制。（市教育局、市民政局、市人力社保局、市国土资源局、市住建局、市文广新局、市卫生计生局、市统计局等分别负责）

三、进一步调整完善户口迁移政策

清理城镇落户中设置的不合理条件和限制，制定《海宁市进一步调整完善相关户口迁移管理的暂行规定》。

（一）全面放开城镇落户限制。凡在本市市区和其他建制镇镇区有合法稳定住所（含租赁）的人员，本人及其共同居住生活的配偶、未成年子女（包括无生活来源的未婚子女，下同）、父母等，可以在当地申请登记常住户口。（市公安局、市发改局、市人力社保局、市住建局、市国土资源局等负责）

（二）鼓励特殊人员落户城镇。在城镇无合法稳定住所，但城镇经济社会发展需要的引进人才、浙商回归人员、投资人员、高校毕业生、技术工人、职业院校毕业生、留学回国人员和有突出贡献人员，可以在城镇申请登记常住户口。对人才层次划分、投资规模、突出贡献的具体标准等，结合本市实际制定。（市公安局、市发改局、市人力社保局等负责）

（三）实行市内户口自由迁移。凡具有本市户籍的公民凭合法稳定住所（含租赁），可以在本市范围内城镇区域自由迁移户口。鼓励本市农村居民就近城镇集居，该类人员

申请迁移到城镇落户的，可以进一步放宽合法稳定住所（含租赁）的范围、条件。（市公安局负责）

（四）稳妥解决户口迁移中的重点问题。认真落实优先解决存量的要求，重点解决进城时间长、就业能力强、可以适应城镇产业转型升级和市场竞争环境的人员落户问题。（市人力社保局、市公安局等负责）

除本人主动申请的以外，海宁籍学生考入省内大中专院校可不办理户口迁移，已办理户口迁移的，毕业后户口按规定直接迁往就业地或实际居住地。（市公安局、市人力社保局等负责）

稳妥解决因征地拆迁、“两新”工程等政府工程推进中遗留下的户口迁移难问题。（市公安局、市国土资源局等负责）

四、规范无户口人员户口登记

按照《浙江省人民政府办公厅关于解决无户口人员户口登记问题的实施意见》要求，把计划生育、收养登记等政策与户口登记脱钩，切实解决本市无户口人员登记户口问题，保障公民依法登记户口的基本权利。对当事人私自收养弃婴（儿童）但不符合收养条件的，可由民政部门审核后，经公安机关调查核实，确认符合相关规定的，可以以非亲属关系在当事人户内办理户口登记。（市公安局、市民政局、市卫生计生局等负责）

五、完善流动人口居住证制度

健全流动人口服务管理机构和工作体系，加强流动人口协管员队伍专业化建设，扎实推动流动人口社会化管理，严格落实房屋出租人、用人单位、物业服务单位、中介机构等主体管理责任。加大科技设备投入，强化流动人口基础信息采集，全力夯实流动人口服务管理基础。以有合法稳定就业、合法稳定住所或连续就读为基本条件，进一步规范居住证申领条件和发放范围。优化积分服务机制，继续实施积分管理制度，不断扩大向居住证持有人提供公共服务和便利的范围。逐步把居住证建成集行政管理、公共服务、金融、商业应用等于一体的综合性卡证。（市新居民事务局、市发改局、市教育局、市公安局、市民政局、市人力社保局、市住建局、市国土资源局、市文广新局、市卫生计生局、市法制办等负责）

六、健全人口信息管理制度

健全实际居住人口登记制度，加强人口统计调查。深入推进户籍管理规范化、信息化、专业化建设，探索建立公民亲属关系认定制度，全面提升人口信息内容和质量。以公民身份证号码为唯一标识，充分利用市公共事务信息系统，分类完善劳动就业、教育、收入、社保、房产、住房公积金、信用、卫生计生、税务、婚姻、民族等信息系统，逐步实现跨部门信息整合和高度共享，为制定人口发展战略和政策提供信息支持，为人口服务和管理提供支撑。［市公安局、市发改局、市农经局（农办）、市教育局、市民宗局、市民政局、市财政局（地税局）、市人力社保局、市国土资源局、市住建局、市卫生计生局、市统计局、市国税局、人民银行海宁市支行等负责］

七、推进相关领域配套改革

（一）完善农村产权制度

加快推进农村不动产确权、登记、颁证，依法保障农民的土地承包经营权、宅基地使用权，深化完善村经济合作社股份合作制改革，基本建立起“三权到人（户）、权跟人（户）走”的农村集体产权制度体系，保护集体经济组织成员的集体财产权和收益分配权。［市国土资源局、市农经局（农办）等负责］

健全农村产权流转交易市场，推动农村产权流转交易公开、公正、规范运行。坚持依法、自愿、有偿原则，引导农业转移人口有序流转土地承包经营权。尊重农民意愿，鼓励和引导进城镇落户农民自愿有偿转让“三权”。不得以退出土地承包经营权、宅基地使用权、集体收益分配权作为农民进城镇落户的条件。［市农经局（农办）、市国土资源局等负责］

（二）扩大基本公共服务覆盖面

1．保障农业转移人口及其他常住人口随迁子女平等享有受教育权利。配套制定和完善中小学、幼儿园布局规划，加快标准化学校建设，根据积分入学等制度，保障符合条件的随迁子女接受义务教育和高中段教育。保障符合条件的随迁子女同等享受免学费、助学金等政策。［市教育局、市财政局（地税局）、市住建局等负责］

2．统筹推进基本公共文化服务均衡发展。加快公共文化服务体系建设，拓展文化惠民服务内容，推进公共文化服务城乡、区域、人群统筹协调发展。（市委宣传部、市文广新局等负责）

3．健全城乡劳动者平等就业制度，完善城乡统一的就业失业登记管理制度。加大职业培训力度，促进农业转移人口就地就近转移就业。加强创业体系建设，完善和落实各项就业创业扶持政策，鼓励自主创业。［市人力社保局、市发改局、市财政局（地税局）等负责］

4．将农业转移人口及其他常住人口纳入社区医疗、卫生和计划生育服务体系，提供基本医疗卫生、妇幼健康、计划生育等服务，实现卫生计生基本服务均等化。［市卫生计生局、市财政局（地税局）等负责］

5．健全城乡统一的基本养老保险、基本医疗保险和失业保险制度，进一步完善基本养老保险、基本医疗保险关系跨统筹地区的转移接续，进一步拓宽基本医疗保险异地就医联网结算范围。全面推进全民参保计划，依法督促用人单位履行社会保险义务，提高就业人员社会保险参保率。［市人力社保局、市发改局、市民政局、市财政局（地税局）、市卫生计生局等负责］

6．加快健全覆盖城乡的社会养老服务体系，完善以最低生活保障为基础的城乡统筹新型社会救助体系。［市民政局、市发改局、市人力社保局、市财政局（地税局）等负责］

7．完善优抚安置政策，农业转移人口和其他常住人口在其子女服兵役期间落户城镇的，子女退役后享受所在地城乡一体的退役士兵安置政策；享受抚恤和生活补助的优抚对象，其抚恤和生活补助从其落户城镇后开始执行统一标准。［市民政局、市财政局（地税局）等负责］

8．进城镇落户农民完全纳入城镇住房保障体系，进城镇落户的农业转移人口，享有和城镇居民同等住房救助和住房保障。未在城镇落户的农业转移人口，按照合法稳定就业和合法稳定住所、参加社会保险年限、连续居住年限等条件，逐步纳入城镇住房保障体系，采取多种方式保障农业转移人口基本住房需求。积极推进农业转移人口建缴住房公积金。［市住建局、市公安局、市国土资源局、市民政局、市财政局（地税局）、市人力社保局等负责］

（三）加强基本公共服务财力保障

完善促进基本公共服务均等化的公共财政体系。建立“政府主导、各方共担”的多渠道民生保障机制，树立全社会共推民生发展的理念，逐步提升民生保障和基本公共服务均等化水平。发挥政府主导作用，坚持公共财政导向，加大对民生事业的资金保障工作。健全政府、企业、个人共同参与的成本分担机制。充分发挥市场机制、社会管理和个人能动的积极作用，调动市场、社会和个人各方共推民生改善的积极性。深化财政体制改革，逐步理顺事权关系，建立事权和支出责任相适应的制度，市、镇两级政府按照事权划分相应承担支出责任。完善转移支付制度，加大财政均衡力度，提升基层政府提供基本公共服务的财力水平。[市财政局（地税局）、市发改局、市人力社保局等负责]

八、工作要求

（一）加强组织领导。户籍制度改革事关人民群众切身利益，事关本市新型城镇化发展和经济转型升级。各镇（街道）、各有关部门要从全局出发，充分认识做好这项工作的重要性和必要性，加强领导、周密部署，确保户籍制度改革各项政策措施和工作部署顺利落实。各镇（街道）也要成立相应工作机构，组织实施本辖区户籍制度改革的具体工作，配套推进城镇基本设施和公共服务设施建设，大力提高城镇承载能力。

（二）落实各项政策。各有关部门要尽快取消以非农业户口、农业户口之分确定居民享受各种待遇的政策，尽快建立与统一城乡户口登记制度相适应的教育、卫生计生、就业、社保、住房、土地等服务管理制度和人口统计机制，并加强与上级部门的对接，按照各自职责，密切配合，加强协作，抓紧制定细化相关配套政策，并做好风险评估工作，确保各项改革措施落到实处。

（三）强化宣传引导。各镇（街道）、各有关部门要通过多种渠道深入宣传户籍制度改革的重大意义，准确解读户籍制度改革主要内容及相关配套政策。大力宣传在解决农业转移人口落户城镇、保障权益、提供基本公共服务等方面的好经验、好做法，合理引导社会预期，回应群众关切，凝聚各方共识，形成改革合力，营造全社会支持改革、理解改革、参与改革的良好氛围，确保户籍制度改革顺利推进。

本市已出台的相关政策与本实施意见不一致的，以本实施意见为准。

关于建立疾病应急救助制度的实施意见

海政办发〔2016〕3号

一、总体要求

以构建多层次医疗保障体系为目标，建立疾病应急救助制度，设立疾病应急救助基金。明确基金管理机构，规范筹资机制和疾病应急救助行为，提高应急救助能力，快速、高效、有序地对需要紧急救助但身份不明确、无能力支付医疗费用的患者实施应急医疗救助，切实保障人民群众的生命安全和身体健康。

二、疾病应急救助基金的设立、筹集与管理

（一）基金设立

设立市级疾病应急救助基金，主要承担疾病应急救助资金募集、向辖区内医疗机构拨付疾病应急救治医疗费用的功能。

（二）基金筹集

疾病应急救助基金通过财政投入和社会各界捐助等多渠道筹集。要将疾病应急救助财政补助资金纳入市财政预算安排，资金规模原则上参照上一年度市域内应急救治发生情况等因素确定，首次按每户籍人口2元安排预算。鼓励社会各界向疾病应急救助基金捐赠资金，境内企业、个体工商户、自然人捐赠的款项可按规定享受所得税优惠政策。由市红十字会负责接收社会各界捐赠款项。

（三）基金管理

疾病应急救助基金由市卫生计生局会同市财政局管理，基金纳入财政专户，实行分账核算、专项管理、专款专用，接受社会各界捐赠的资金由市红十字会专户进行核算。

基金经办机构设在市卫生计生局。坚持公开、透明、专业、规范原则，加强疾病应急救助基金管理，加强疾病应急救助与现行医疗救助等政策的衔接，杜绝应救不救以及虚报信息套取基金、过度医疗等行为。

（四）基金监管

成立由市卫生计生局、市财政局组织相关部门以及人大代表、政协委员、医学专家、捐赠人、媒体人士等组成的基金监督管理委员会，负责审议疾病应急救助基金管理制度及财务预决算等重大事项，监管基金运行等。

基金独立核算，并依法接受外部审计。基金使用、救助的具体事项、费用以及审计报告等向社会公示，接受社会监督。审计机关依法对疾病应急救助基金的筹集、使用情况进行审计或专项审计调查。

三、疾病应急救助的对象、范围、支付程序与定点医疗机构

（一）救助对象

在本市行政区域内发生急重危伤病、需要急救但身份不明确或无力支付相应医疗费用的患者。医疗机构对其紧急救治所发生的医疗费用（通常指72小时内），向疾病应急救助基金申请拨付应急救助资金。

（二）支付范围

1．无法查明身份且无力缴费患者所发生的急救费用。

2．身份明确但无力缴费的患者所拖欠的急救费用。

疾病应急救助基金不得用于支付有负担能力但拒绝付费患者的急救医疗费用。

（三）支付程序

1．救助申报。医疗机构应先由责任人、工伤保险和基本医疗保险等各类保险以及医疗救助基金、道路交通事故社会救助基金等渠道支付。无上述渠道或上述渠道费用支付有缺口的，由疾病应急救助基金给予支付或补助。由医疗机构向市疾病应急救助基金经办机构申请拨付疾病应急救助资金。

2．身份认定。“110”接警病人，直接由公安确认身份；无人陪同病人由医院报警后，再由公安确认身份。对特殊病人，由市卫生计生局牵头，会同公安、民政、人力社保等部门，根据职责分工进行审核，确认应急救助患者身份。

3．资金核报。基金经办机构受理医疗机构提交的疾病应急救助资金申请后，对提交的申请进行稽核，形成稽核报告。由市卫生计生局牵头，会同财政、公安、民政、人力社保、基金经办机构等部门，每半年对疾病应急救助案例进行审核并确认救助金额。

4．资金拨付。基金经办机构在接到多部门共同审核同意的资金核报材料和审核意见后，于10个工作日内将核准的医疗费用直接拨付至各相关医疗机构。由市红十字会接收社会各界捐赠款项的支付规定另行制订。

5．资金追偿。疾病应急救助基金向医疗机构支付欠费后，查明患者身份或查实患者有负担能力、有其他支付渠道的，医疗机构应当及时向患者追偿欠费，并将追回资金退回疾病应急救助基金。

四、疾病应急救助工作机制

（一）相关部门职责

1．市公安局：协助医疗机构和基金管理及经办机构核查疾病应急救助对象的身份。

2．市民政局：协助基金管理及经办机构做好对疾病应急救助对象有无负担能力的鉴别工作，加强与医疗机构的衔接，按规定对符合救助条件的患者给予医疗救助。

3．市财政局：合理安排疾病应急救助基金财政补助资金和基金管理部门的工作经费，切实加强基金财务监管。

4．市人力社保局：做好基本医疗保险政策衔接，进一步完善基本医疗保险政策体系，不断提高医疗保障水平。做好参保患者的基本医疗保险管理服务工作，保障参保患者按规定享受基本医疗保险待遇，并配合相关部门对救助对象个人信息的鉴别和稽核工作。

5. 市卫生计生局：负责定期会同相关部门做好对疾病应急医疗救助案例进行审核并确认救助金额。督促医疗机构及其工作人员无条件对疾病应急救助对象进行急救，对拒绝、推诿或拖延救治的，要依法依规严肃处理；查处医疗机构及其工作人员虚报信息套取基金、过度医疗等违法行为。

6. 市审计局：做好疾病应急救助基金筹集资金、使用情况的审计和医疗机构追偿医疗费用情况的审计调查。

7. 市红十字会：主动开展各类募捐活动，积极向社会募集资金。

（二）医疗机构职责

1. 医疗机构及其工作人员必须及时、有效地对急重危伤患者施救，不得以任何理由拒绝、推诿或拖延救治。

2. 对救助对象急救后发生的欠费，应当尽快设法查明欠费患者身份；对有负担能力的患者要及时追偿治疗费用。

3. 协助符合条件的患者按程序向有关救助机构等申请救治费用。

4. 建立疾病应急救助信息通报制度，及时将收治的应急救助患者情况向相关部门报告并进行公示。

5. 严格控制医疗费用，鼓励各级各类医疗机构主动减免无负担能力患者的救治费用。

（三）基金经办机构职责

1. 负责受理医疗机构提交的疾病应急救助资金的申请，对医疗机构在救助对象、合理用药、合理检查、资金追偿等方面进行稽查，形成稽核报告，并报告基金监督管理委员会办公室。

2. 负责救助资金核查与拨付，以及其他基金管理日常工作等。

3. 编制疾病应急救助基金预决算，并向同级财政及基金主管部门报送预决算报告。

4. 充分利用筹集资金，定期足额向医疗机构支付疾病应急救治医疗费用。

五、疾病应急救助的组织实施

建立疾病应急救助制度，是健全多层次医疗保障体系的重要内容，是保障和改善民生的客观要求，是坚持以人为本、构建社会主义和谐社会的具体体现。各有关部门要充分认识建立疾病应急救助制度的重要性，切实加强组织领导，确保各项工作落到实处。

各部门和单位要按照分工落实责任，各司其职，加强协作，建立责任共担、多方联动的机制。卫计、财政等部门要加强沟通协调，共同做好政策研究和推动落实等工作。进一步完善基本医疗保障制度、社会救助体系，要将疾病应急救助制度与基本医疗保险、大病保险和医疗救助等医疗保障制度有机衔接。把握好政府引导与发展社会医疗慈善、基金管理与利用第三方专业化服务的关系，不断提高服务水平。积极探索、创新机制，建立健全疾病应急救助制度，让有需要的疾病应急救助对象及时得到救治。

海宁市建设用地指标管理办法（试行）

海政办发〔2016〕46号

为合理配置土地资源，持续稳步推进农村土地整治复垦，优化土地利用格局，保障全市重点建设项目和招商选资项目用地需求，特制定本办法。

一、加强土地规划引领管控，实施用地指标精准配置

建设项目（包括招商选资项目）用地选址必须符合土地利用总体规划，避免占用基本农田，尽量少占耕地。重大基础设施和民生项目积极争取列入省重点项目；重大产业、浙商回归、特色小镇等项目积极争取省级奖励计划指标；其他项目通过“去存量定新增”原则争取省级挂钩计划指标支持；镇（街道）项目通过农村土地整治项目“先复垦、后挂钩”获取增减挂钩指标。

二、实施新增建设用地指标分类保障

（一）市本级列入政府投资项目的基础设施项目和民生项目所需新增建设用地指标由市政府统筹保障（用地指标有偿使用费按海政办发〔2015〕216号执行）。

（二）尖山新区所需的未利用地新增建设用地指标由市政府统筹保障（用地指标有偿使用费按海政办发〔2015〕216号执行）。

（三）省重大产业项目和对海宁经济发展影响巨大的重大优质项目由市政府统筹保障用地指标（用地指标有偿使用费按海委办发〔2013〕40号执行）。

（四）省级小城市试点、重点扶持村、小微企业等符合用地指标扶持政策的，由市政府多途径统筹保障用地指标。

（五）各镇（街道）、经济发展平台已经准入的招商选资项目及其他所有项目所需新增建设用地指标通过盘活存量及农村土地整治节余指标保障。

三、统筹管理土地整治节余指标

（一）上级下达年度计划指标结余部分和符合强制盘活转而未供用地指标一并视作市政府所有的土地整治节余指标（以下简称“市节余指标”）；各镇（街道）、经济发展平台组织实施农村土地综合整治项目产生的土地整治节余指标属各投资主体所有（以下简称“镇节余指标”）。

（二）村集体建设用地拆除置换节余指标，按海委办发〔2015〕71号文件精神，市政府按60万元/亩统一收购储备，储备后转化成“市节余指标”管理范畴。

（三）实施农村土地整治项目应优先保障安置用地和配套用地（含村集体用地安置），经充分论证确有结余的列为“镇节余指标”，市鼓励各镇（街道）、经济发展平台使用“镇节余指标”。凭项目准入意见书（或项目立项批复）挂钩使用“镇节余指标”的，给予20万元/亩新增建设用地奖励（完成供地结算后奖励）。

（四）农村土地整治项目其他“镇节余指标”，根据全市节余指标额度和用地指标需求情况，市政府按40万元/亩收购储备，储备后转化成“市节余指标”管理范畴。

（五）“市节余指标”实行统一管理，统一用于市政府统筹保障用地指标以外的项目。

（六）各镇（街道）、经济发展平台有其他用地需求，可以凭项目准入意见书（或项目立项批复），申请使用“市节余指标”。在“镇节余指标”储备额度内的（不含村集体节余指标储备额度），支付40万元/亩新增建设用地指标费（不再享受20万元/亩新增建设用地奖励）；在“镇节余指标”储备额度外的，支付60万元/亩新增建设用地指标费。

（七）使用“市节余指标”的项目不再收取耕地开垦费、新增建设用地有偿使用费和用地指标有偿使用费。

（八）鼓励“镇节余指标”在海宁市范围内互相有偿调剂，不得擅自跨县（市）调剂。

四、调整土地开发垦造耕地补助政策

自2016年起，土地开发垦造耕地专项资金补助标准调整为水田4万元/亩、旱地1万元/亩；旱地改水田1.5万元/亩（耕地质量等级不降低）；耕地质量等级提升0.5万元/亩·1等级；“十二五”高标准基本农田质量提升工程 0.1 万元 / 亩。

五、健全土地指标费管理

市设立土地指标交易管理财政专户，资金实行封闭运行，单独建立土地指标费管理台账。将耕地占补平衡指标费、土地整治节余指标费、耕地质量等级提升费等纳入统一管理，专项用于耕地保护和农村土地整治工作。

六、其他

本办法执行期限自 2016 年 1 月 1 日起至 2017 年 12 月 31 日止。

海宁市违法建筑即查即拆实施意见

海政办发〔2016〕54 号

为加强城乡规划管理，严厉打击违法建设行为，提高城乡规划执法效率，及时、有效制止违法建设行为，根据《中华人民共和国行政强制法》《中华人民共和国城乡规划法》《浙江省城乡规划条例》《浙江省违法建筑处置规定》《嘉兴市违法建筑认定与处置办法》和《海宁市违法建筑处置办法》等法律规定，特制定本意见。

一、指导思想

以构建和谐社会为指导，以城乡规划管理法律法规为依据，以保障城乡规划有效实施为目标，紧紧围绕执法效果和维护社会稳定这个核心，充分运用《浙江省违法建筑处置规定》第九条赋予的即查即拆行政强制措施，切实提高执法效率，实现快速拆除违法抢建建筑的效果。

二、组织领导

按照“资源共享、就近处置、协同应对”的要求，充分运用基层综合行政执法联动平台，确保违法建筑即查即拆措施的规范和有效实施。按照决定权与执行权相分离原则，市人民政府概括性责成综合行政执法部门依照《浙江省违法建筑处置规定》第九条启动即查即拆程序；镇人民政府、街道办事处和海宁经济开发区管委会、盐官度假区管委会依法组织实施抢建建筑物或构筑物的行政强制拆除工作。镇人民政府（街道办事处）综合行政执法办公室具体负责在建违法建筑的处置工作。

三、即查即拆的实施

（一）实施对象

除法律法规有特别规定外，本市城镇规划区内未依法取得建设工程规划许可证或者未按照建设工程规划许可证的规定进行建设，综合行政执法部门作出《责令停止违法行为决定书》后，当事人拒不停止建设，继续抢建的建筑物和构筑物适用本实施意见。

（二）实施程序

1. 镇（街道）、村（社区）网格化管理人员及物业公司在其管理区域内发现建设违法建筑的，应当予以劝阻、制止；劝阻、制止无效的，应当及时报告所在地的综合行政执法办公室。

2. 综合行政执法部门的执法人员巡查发现违法建设行为或接群众举报，经初步核查，确认当事人正在涉嫌进行违法建设的，应当及时征求城乡规划主管部门的规划认定意见。

3. 对于城乡规划主管部门认定建设行为无法采取改正措施消除影响的，执法人员应当及时制作《责令停止违法行为决定书》并依法送达当事人。

4. 综合行政执法办公室应当第一时间组织执法人员对当事人的违法建设行为进行复查。若复查发现违法建设当事人在收到《责令停止违法行为决定书》后仍继续进行违法建设活动的，执法人员应当对继续建设现场进行取证并于当日报告。

5．镇人民政府（街道办事处）在组织、实施行政强制拆除活动前应按照依法行政和维护稳定的原则，制定详细的拆除方案及配套维稳措施。情况特殊，认为不应当立即实施强制拆除的，可以暂缓执行并报告市人民政府决定。

6．实施拆除

（1）执法人员依法向当事人送达即查即拆决定，如当事人拒签，可以采取留置送达或公告送达。

（2）对违法建筑现场外围实施安全警戒，责令当事人、施工人员和其他无关人员退出施工现场。

（3）两名以上执法人员出示执法证件，当场告知当事人采取即查即拆行政强制措施的理由、依据及依法享有的陈述和申辩权利、申请复议和提起诉讼的救济途径。执法人员听取当事人的陈述和申辩，并制作现场笔录，由当事人在现场笔录上签名或盖章。如果当事人拒绝或者不在场的，在笔录中予以注明，并邀请见证人到场，由见证人和执法人员在现场笔录上签名或者盖章。

（4）镇人民政府（街道办事处）组织实施强制拆除违法建筑，需要公安机关、市场监管、税务、医疗卫生机构、居（村）民委员会和供电、供水、供气、通信、物业服务企业等单位配合的，有关单位应当予以配合。

7．情况紧急，需要当场实施即查即拆措施的，执法人员应当在24小时内向行政机关负责人报告，并补办批准手续。

8．即查即拆执行完毕后，综合行政执法办公室应及时填写《违法建筑即查即拆报告表》，并于5日内向市人民政府法制办公室报告。

四、工作要求

（一）无新增违法建筑。全面禁止新增违法建设行为，适用即查即拆程序处理的新增违法建筑，从发现到拆除原则上不超过30日。

（二）推进快速发现机制。整合基层网格资源，建立以镇（街道）分管领导为辖区第一责任人的村（社区）网格化管理机制，落实专职干部、物业管理人员和志愿者开展日常巡查，并做好巡查登记台账。行业主管部门要加强对建设工程施工单位（装修）及物业服务企业的行业监管；加大建设项目审查和事中事后监管力度。

（三）加强执法保障。公安部门要严肃查处以暴力手段阻挠执法人员执法检查、拆除违法建筑等妨碍执行公务的行为，情节严重构成犯罪的依法追究其刑事责任。

（四）设立举报专项奖励。为鼓励社会公众参与违法建设防治工作，市级财政每年安排奖励资金，专项用于奖励违法建设举报。

（五）严明纪律，严肃追究。严格执行“无违建”创建和拆违控违有关工作纪律要求，坚决纠正有令不行、有禁不止的行为，对管理不严、新增违法建设严重或抑制拆除违法建设不坚决、不彻底的村（社区）和镇（街道），要给予严肃批评并限制享受相关扶持政策；对违反相关规定和纪律的人员，要严肃查处，严格责任追究。

镇人民政府（街道办事处）对乡村规划区内违法建筑的处置工作遵照本意见执行。法律、法规另有规定的，从其规定。

（吴琼贤）

文 件 目 录

表 85　中国共产党海宁市委员会 2016 年文件目录（一）

海委文号	日期	题 名
1	1 月 15 日	中共海宁市委关于 2015 年度履行党风廉政建设主体责任情况报告
2	1 月 21 日	中共海宁市委关于召开市委常委会“三严三实”专题民主生活会的报告
3	1 月 28 日	中共海宁市委、海宁市人民政府关于要求批复《海宁市关于深化供销合作社和农业生产经营管理体制改革构建“三位一体”农民合作经济组织体系的实施方案》的请示
4	2 月 1 日	中共海宁市委关于同意召开海宁市第十四届人民代表大会第五次会议的批复
5	2 月 1 日	中共海宁市委关于同意召开中国人民政治协商会议海宁市第十二届委员会第五次会议的批复
6	2 月 5 日	中共海宁市委关于建议朱永强同志为近期可提拔人选的请示
7	2 月 5 日	中共海宁市委关于市委常委班子专题民主生活会的情况报告
8	3 月 3 日	中共海宁市委、海宁市人民政府关于落实省审计厅对林毅、戴锋同志任期经济责任审计和市政府 2014 年度财政决算审计情况的整改报告
9	3 月 9 日	中共海宁市委关于同意建立中共海昌街道胜利社区委员会的批复
10	3 月 11 日	中共海宁市委关于朱有田同志免职表决结果的报告
11	3 月 18 日	中共海宁市委关于同意市人大常委会 2016 年工作要点的批复
12	4 月 22 日	中共海宁市委关于同意建立中共海宁爱心联盟综合委员会的批复
13	5 月 5 日	中共海宁市委关于准予孙群等三名同志晋升正处级职级的请示
14	5 月 31 日	中共海宁市委关于同意建立中共袁花镇长啸村委员会的批复
15	6 月 14 日	中共海宁市委关于何瑜同志任职表决结果的报告
16	6 月 15 日	中共海宁市委关于落实嘉兴市纪委主体责任反馈意见整改工作情况的报告
17	6 月 17 日	中共海宁市委关于同意海宁市第十五届人民代表大会常务委员会组成人员名额的批复
18	6 月 20 日	中共海宁市委关于同意给予蒋新力开除党籍处分的批复
19	6 月 27 日	中共海宁市委、海宁市人民政府关于请求省政府给予海宁城际铁路项目政策支持的请示
20	7 月 19 日	中共海宁市委、海宁市人民政府关于要求核准浙江省美丽乡村示范县（市）的报告
21	7 月 27 日	中共海宁市委关于同意召开海宁市第十四届人民代表大会第六次会议的批复
22	8 月 2 日	中共海宁市委关于沈铁蕾等同志职务任免表决结果的报告
23	8 月 8 日	中共海宁市委关于终止祝继明等 4 人海宁市第十三次党代会代表资格的决定
24	8 月 3 日	中共海宁市委关于海宁市领导班子换届拟新进人选考察对象建议名单的请示

续表 85

海委文号	日期	题　名
25	8月22日	中共海宁市委关于同意给予徐金元同志警告处分的批复
26	8月31日	中共海宁市委关于同意召开中国共产党丁桥镇第十五次代表大会的批复
27	9月6日	中共海宁市委关于同意召开中国共产党黄湾镇（尖山新区）第十五次代表大会的批复
28	9月6日	中共海宁市委关于同意召开中国共产党海昌街道第三次代表大会的批复
29	9月6日	中共海宁市委关于同意召开中国共产党袁花镇第十五次代表大会的批复
30	9月6日	中共海宁市委关于同意召开中国共产党盐官镇第十四次代表大会的批复
31	9月6日	中共海宁市委关于同意市科学技术协会第八届四次常委会选举结果的批复
32	9月6日	中共海宁市委关于同意召开中国共产党周王庙镇第十五次代表大会的批复
33	9月6日	中共海宁市委关于同意召开中国共产党斜桥镇第十五次代表大会的批复
34	9月6日	中共海宁市委关于同意召开中国共产党长安镇(高新技术产业园区)第十四次代表大会的批复
35	9月7日	中共海宁市委关于同意召开中国共产党许村镇第十五次代表大会的批复
36	9月7日	中共海宁市委关于同意召开中国共产党马桥街道第三次代表大会的批复
37	9月7日	中共海宁市委关于同意召开中国共产党硖石街道第三次代表大会的批复
38	9月7日	中共海宁市委关于同意召开中国共产党海洲街道第三次代表大会的批复
39	9月13日	中共海宁市委关于同意增补市供销合作总社第九届监事会主任人选的批复
40	9月17日	中共海宁市委关于召开中国共产党海宁市第十四次代表大会的请示
41	9月18日	中共海宁市委关于同意中共丁桥镇第十五届委员会和纪律检查委员会候选人预备人选的批复
42	9月19日	中共海宁市委关于同意中共盐官镇第十四届委员会和纪律检查委员会候选人预备人选的批复
43	9月19日	中共海宁市委关于公布许忠德同志任职的通知
44	9月20日	中共海宁市委关于同意中共周王庙镇第十五届委员会和纪律检查委员会候选人预备人选的批复
45	9月20日	中共海宁市委关于同意中共袁花镇第十五届委员会和纪律检查委员会候选人预备人选的批复
46	9月20日	中共海宁市委关于同意中共黄湾镇（尖山新区）第十五届委员会和纪律检查委员会候选人预备人选的批复
47	9月21日	中共海宁市委关于同意中共许村镇第十五届委员会和纪律检查委员会候选人预备人选的批复
48	9月21日	中共海宁市委关于同意中共长安镇（高新区）第十四届委员会和纪律检查委员会候选人预备人选的批复
49	9月21日	中共海宁市委关于同意中共斜桥镇第十五届委员会和纪律检查委员会候选人预备人选的批复
50	9月21日	中共海宁市委关于同意中共硖石街道第三届委员会和纪律检查委员会候选人预备人选的批复
51	9月21日	中共海宁市委关于同意中共海洲街道第三届委员会和纪律检查委员会候选人预备人选的批复

续表 85

海委文号	日期	题　名
52	9月21日	中共海宁市委关于同意中共海昌街道第三届委员会和纪律检查委员会候选人预备人选的批复
53	9月21日	中共海宁市委关于同意中共马桥街道第三届委员会和纪律检查委员会候选人预备人选的批复
54	9月22日	中共海宁市委关于建议许金夫同志为近期可提拔人选的请示
55	10月17日	中共海宁市委关于同意许村镇等十二个镇（街道）党委纪委选举结果的批复
56	10月17日	中共海宁市委关于准予吴伟强等两名同志晋升正处级职级的请示
57	11月8日	中共海宁市委关于张兰等同志职务任免的请示
58	11月25日	中共海宁市委关于同意召开海宁市第十一次少代会的批复
59	11月25日	中共海宁市委关于建议张兰同志为近期可提拔人选的请示
60	11月26日	中共海宁市委关于曹国良等同志职务任免表决结果的报告
61	12月1日	中共海宁市委关于同意中国少年先锋队海宁市第十一届工作委员会候选人建议人选的批复
62	12月2日	中共海宁市委关于同意给予金伟民同志党内警告处分的批复
63	12月19日	中共海宁市委关于陈建钢等同志职务任免表决结果的报告
64	12月19日	中共海宁市委关于胡燕子同志免职表决结果的报告
65	12月19日	中共海宁市委关于方兴同志任职表决结果的报告
66	12月20日	中共海宁市委关于中共海宁市委、市纪委换届人事安排问题的请示
67	12月20日	中共海宁市委关于同意市工商联（总商会）第十届执行委员会正、副主席（正、副会长）候选人的批复
68	12月22日	中共海宁市委关于市纪委换届人事安排问题的请示
69	12月22日	中共海宁市委关于确定海宁市出席中国共产党嘉兴市第八次代表大会代表候选人预备人选情况的报告
70	12月27日	中共海宁市委关于邀请中共浙江省委领导出席杭州至海宁城际铁路项目暨海宁市扩大有效投资项目集中开工活动的请示
71	12月30日	中共海宁市委关于第十四次党代会及两委一次全会选举结果的报告

表 86　　中国共产党海宁市委员会 2016 年文件目录（二）

海委发文号	日期	题　名
1	1月28日	中共海宁市委、海宁市人民政府、海宁市人民武装部关于公布2015年度全市党管武装工作和征兵工作考核先进单位、先进个人的通知
2	2月2日	中共海宁市委、海宁市人民政府关于全市百日维稳攻坚大会战先进集体、先进个人的通报

续表 86

海委发文号	日期	题　　名
3	2月1日	中共海宁市委关于制定海宁市国民经济和社会发展第十三个五年规划的建议
4	2月6日	中共海宁市委、海宁市人民政府关于2015年度先进企业和工作目标综合考核等先进单位的通报
5	4月7日	中共海宁市委关于加强和改进党的群团工作的实施意见
6	5月4日	中共海宁市委批转《中共海宁市人大常委会党组关于领导干部人大代表带头进联络站（室）加强与选民联系的意见》的通知
7	5月10日	中共海宁市委、海宁市人民政府关于深入开展美丽镇（街道）村（社区）建设，全面提升“两美”海宁建设水平的工作意见
8	5月19日	中共海宁市委、海宁市人民政府印发《关于深化供销合作社和农业生产经营管理体制改革构建“三位一体”农民合作经济组织体系实施方案》的通知
9	5月23日	中共海宁市委、海宁市人民政府关于公布2015年度法治海宁、平安海宁建设先进集体和先进个人名单的通报
10	5月31日	中共海宁市委、海宁市人民政府关于2015年度优秀企业和优秀企业家的通报
11	6月30日	中共海宁市委关于表彰潮乡先锋和优秀共产党员、优秀党务工作者、先进基层党组织、优秀党员志愿者、优秀村（社区）干部的决定
12	6月30日	中共海宁市委、海宁市人民政府关于“十二五”期间海宁市旅游业领军人物和优秀涉旅企业的通报
13	8月3日	中共海宁市委、海宁市人民政府关于给予俞魏炜等同志奖励的决定
15	8月25日	中共海宁市委、海宁市人民政府转发《海宁市法治宣传教育领导小组关于在全市公民中开展法治宣传教育的第七个五年规划（2016—2020年）》的通知
16	8月26日	中共海宁市委关于拉高标杆补齐短板的决定
17	8月31日	中共海宁市委关于加强和改进新形势下党校工作的实施意见
18	9月17日	中共海宁市委关于中国共产党海宁市第十四次代表大会代表选举工作的通知
19	9月12日	中国共产党海宁市第十三届委员会第十一次全体会议关于召开中国共产党海宁市第十四次代表大会的决议
20	9月18日	中共海宁市委关于成立市委换届选举领导小组的通知
21	10月9日	中共海宁市委关于在全市各级领导班子中开展“五事”主题教育实践活动的实施意见
24	11月21日	中共海宁市委关于认真组织学习《胡锦涛文选》的通知
25	11月23日	中共海宁市委、海宁市人民政府关于“十二五”期间海宁市建筑业发展先进集体和先进个人的通报
26	12月9日	中共海宁市委、海宁市人民政府关于表扬海宁市保障服务重大国际峰会先进集体和先进个人的通报

（章家凤）

表 87　海宁市人民代表大会常务委员会 2016 年文件目录（一）

海人大文号	日期	题　　名
1 号	1 月 7 日	关于表彰 2015 年度先进市人大代表小组和代表履职积极分子的决定
2 号	1 月 7 日	关于表彰市十四届人大四次会议代表优秀议案、建议的决定
3 号	1 月 7 日	关于调整市人大代表小组组长的通知
4 号	1 月 11 日	海宁市人大常委会 2015 年工作总结
5 号	2 月 4 日	海宁市人民代表大会常务委员会关于召开海宁市第十四届人民代表大会第五次会议的决定
6 号	2 月 5 日	海宁市人民代表大会常务委员会关于同意调整“十二五”规划 GDP 预期目标的决议
7 号	2 月 5 日	海宁市人民代表大会常务委员会关于同意调整完善海宁市土地利用总体规划（2006—2020 年）（2014 年调整完善版）的决议
8 号	2 月 5 日	海宁市人民代表大会常务委员会关于同意海宁市 2015 年地方政府债务限额的决议
9 号	2 月 15 日	海宁市人民代表大会及其常务委员会选举或任命的国家工作人员宪法宣誓办法
10 号	2 月 15 日	关于补选王马青为嘉兴市第七届人民代表大会代表的报告
11 号	3 月 4 日	关于海宁市 2015 年财政预算执行情况和 2016 年财政预算（草案）的审查结果报告
12 号	3 月 23 日	海宁市人大常委会 2016 年工作要点
13 号	4 月 5 日	关于交办市十四届人大五次会议代表建议的意见
14 号	5 月 31 日	海宁市第十四届人民代表大会常务委员会关于海宁市棚户区改造项目采用政府购买服务模式的决议
15 号	6 月 17 日	关于海宁市第十五届人民代表大会常务委员会组成人员名额的请示
16 号	7 月 29 日	海宁市人民代表大会常务委员会关于召开海宁市第十四届人民代表大会第六次会议的决定
17 号	7 月 29 日	海宁市第十四届人民代表大会常务委员会公告
18 号	7 月 29 日	关于沈铁蕾等职务任免的通知
19 号	8 月 4 日	海宁市人民代表大会常务委员会关于批准海宁市 2015 年财政决算的决议
20 号	8 月 4 日	海宁市人民代表大会常务委员会关于同意海宁市 2016 年地方政府债务限额及新增债务预算调整方案的决议
21 号	8 月 24 日	海宁市人民代表大会常务委员会关于调整工作机构的决定
22 号	8 月 24 日	海宁市人民代表大会常务委员会关于接受陆靖英辞去海宁市第十四届人民代表大会常务委员会委员职务的决定
23 号	8 月 24 日	海宁市人民代表大会常务委员会关于许可对市人大代表苏振楚采取强制措施的决定
24 号	9 月 23 日	海宁市人民代表大会常务委员会关于组织农户刚需建房特定问题调查委员会并开展调查的决定

续表 87

海人大文号	日期	题名
25号	9月28日	海宁市人民代表大会常务委员会关于同意增列2016年度政府投资计划项目的决议
26号	9月28日	海宁市人民代表大会常务委员会关于开展第七个五年法治宣传教育的决议
27号	10月26日	关于开展先进代表小组和代表履职积极分子评选活动的通知
28号	10月26日	关于评选市十四届人大五次会议代表优秀议案、建议的通知
29号	11月7日	海宁市人民代表大会常务委员会关于市、镇两级人民代表大会换届选举有关事项的决定
30号	11月7日	海宁市人民代表大会常务委员会关于设立海宁市选举委员会的决定
31号	11月7日	海宁市人民代表大会常务委员会关于设立各镇选举委员会、市选举委员会各街道办事处的决定
32号	11月14日	关于新一届镇人民代表大会代表名额确定和构成要求的通知
33号	11月23日	海宁市人民代表大会常务委员会关于接受戴锋同志辞去海宁市人民政府市长职务请求的决定
34号	11月23日	海宁市人民代表大会常务委员会关于设立海宁市人大常委会内务司法工作委员会、海宁市人大常委会预算工作委员会的决定
35号	11月23日	海宁市人民代表大会常务委员会关于曹国良副市长代理海宁市人民政府市长职务的决定
36号	12月2日	海宁市人民代表大会常务委员会关于调整2016年财政预算的决议
37号	12月14日	海宁市人民代表大会常务委员会关于接受李斌同志辞去海宁市人民法院院长职务请求的决定
38号	12月14日	海宁市人民代表大会常务委员会关于接受陈建钢同志辞去海宁市人民检察院检察长职务请求的决定
39号	12月14日	海宁市人民代表大会常务委员会关于陈建钢副院长代理海宁市人民法院院长职务的决定
40号	12月14日	海宁市人民代表大会常务委员会关于李斌副检察长代理海宁市人民检察院检察长职务的决定
41号	12月14日	海宁市人民代表大会常务委员会关于接受倪继红辞去海宁市第十四届人民代表大会常务委员会委员职务的决定
42号	12月14日	关于接受陈建钢同志辞去海宁市人民检察院检察长职务的报告
43号	12月14日	关于决定李斌同志代理海宁市人民检察院检察长职务的报告（报嘉兴市人民检察院备案）
44号	12月14日	关于决定李斌同志代理海宁市人民检察院检察长职务的报告（报嘉兴市人大备案）
45号	12月14日	海宁市人民代表大会常务委员会关于接受徐辉等辞去海宁市选举委员会职务的决定
46号	12月14日	海宁市人民代表大会常务委员会关于接受杜莹池等辞去各镇选举委员会职务的决定

表 88　海宁市人民代表大会常务委员会 2016 年文件目录（二）

海人大干文号	日期	题　名
1 号	2 月 4 日	关于徐燕如等免职的通知
2 号	2 月 4 日	关于朱添翼免职的通知
3 号	5 月 30 日	关于何瑜任职的通知
4 号	5 月 30 日	关于周建华免职的通知
5 号	5 月 30 日	关于金娟等职务任免的通知
6 号	8 月 24 日	关于吴一平等免职的通知
7 号	8 月 24 日	关于吴一平等任职的通知
8 号	8 月 24 日	关于马明浩等职务任免的通知
9 号	8 月 25 日	关于谈水根免职的通知
10 号	9 月 28 日	关于姜雪来免职的通知
11 号	9 月 28 日	关于杜玉峰免职的通知
12 号	9 月 28 日	关于茅伟明任职的通知
13 号	11 月 23 日	关于曹国良任职的通知
14 号	12 月 14 日	关于方兴等职务任免的通知
15 号	12 月 14 日	关于陈建钢任职的通知
16 号	12 月 14 日	关于李斌任职的通知
17 号	12 月 14 日	关于倪继红等职务任免的通知
18 号	12 月 14 日	关于张正阳等职务任免的通知

表 89　海宁市人民代表大会常务委员会 2016 年文件目录（三）

海人大发文号	日期	题　名
1 号	3 月 1 日	关于市“十二五”规划执行与“十三五”规划纲要编制情况报告的审议意见
2 号	4 月 7 日	关于对加快以盐官古城为龙头的百里钱塘国际旅游长廊开发建设的决定执行情况的审议意见
3 号	5 月 9 日	关于市人民法院贯彻实施修订后民事诉讼法情况的审议意见
4 号	6 月 13 日	关于市人民政府“六五”普法规划执行和“七五”普法规划编制情况报告的审议意见
5 号	7 月 12 日	关于医疗资源“双下沉、两提升”长效机制建设情况的视察意见
6 号	7 月 12 日	关于我市技术市场交易运作机制建设情况的视察意见
7 号	8 月 30 日	关于 2016 年上半年全市经济社会发展情况和下半年工作安排报告的审议意见

续表 89

海人大发文号	日期	题　　名
8 号	8 月 30 日	关于海宁市 2015 年财政预算执行和其他财政收支情况审计工作报告的审议意见
9 号	9 月 2 日	关于大气污染防治工作的审议意见
10 号	8 月 31 日	关于修订后的食品安全法贯彻实施情况的审议意见
11 号	9 月 5 日	关于全国文明城市创建工作情况的视察意见
12 号	10 月 13 日	关于 2016 年 1 至 8 月政府投资重大建设项目计划执行情况的审议意见
13 号	10 月 13 日	关于 2016 年 1 至 8 月全市财政预算执行情况的审议意见

（许晓飞）

表 90　　海宁市人民政府 2016 年文件目录（一）

海政文号	日期	题　　名
1 号	1 月 12 日	海宁市人民政府关于要求批准海宁皮革城市场采购贸易方式试点集聚区范围的请示
2 号	1 月 27 日	海宁市人民政府关于提请审议海宁市土地利用总体规划（2006—2020 年）(2014 年调整完善版）的议案
3 号	1 月 21 日	海宁市人民政府关于要求再次协调杭海城际工可报批涉及余杭境内段相关事宜的请示
4 号	1 月 25 日	海宁市人民政府关于对国家审计署上海特派办审计报告相关问题整改情况的报告
5 号	1 月 28 日	海宁市人民政府关于扩大杭嘉湖南排工程（海宁段）建设项目的用地请示
6 号	1 月 28 日	海宁市人民政府关于对市人大常委会智慧城管建设运行情况视察意见办理落实情况的报告
7 号	[illegible]	海宁市人民政府关于上报《海宁市[illegible]》的请示
8 号	3 月 14 日	海宁市人民政府关于《2015 年度保障性安居工程审计报告（征求意见稿）》反馈意见的函
9 号	3 月 18 日	海宁市人民政府关于申报扶持村级集体经济发展试点项目的报告
10 号	3 月 18 日	海宁市人民政府关于申报农村综合改革示范试点助推农村生活污水治理设施运维管理的报告
11 号	3 月 18 日	海宁市人民政府关于申报“一事一议”财政奖补助推美丽乡村建设试点县的报告
12 号	4 月 5 日	海宁市人民政府关于上报海宁市城镇危险住宅房屋治理改造工作三年行动专项规划的报告
13 号	4 月 18 日	海宁市人民政府关于要求开展工程建设项目招标评标与定标分离试点的请示
14 号	4 月 21 日	海宁市人民政府关于恳请对 220 千伏王双 4461 线、店山 4464 线实施改迁的函
15 号	4 月 27 日	海宁市人民政府关于提请审议海宁市棚户区改造项目采用政府购买服务模式的议案
16 号	4 月 27 日	海宁市人民政府关于要求审批长安镇等 8 个镇土地利用总体规划（2006—2020 年）(2014 调整完善版）的请示
17 号	4 月 14 日	海宁市人民政府关于恳请中国轻工业联合会共同主办 2016 中国·海宁潮国际博览会暨第二十三届海宁·中国皮革博览会的请示

续表 90

海政文号	日期	题　名
18 号	4 月 27 日	海宁市人民政府关于杭海城际铁路途经农科院段线位方案反馈意见的函
19 号	5 月 7 日	海宁市人民政府关于恳请协调解决杭平申线五长段鹤塘桥施工受阻问题的紧急请示
20 号	5 月 12 日	海宁市人民政府关于申报创建浙江省服务业强县（市、区）试点地区的请示
21 号	4 月 28 日	海宁市人民政府关于海宁市公款竞争性存放专项检查自查的报告
22 号	5 月 20 日	海宁市人民政府关于提请审议何瑜同志任职的议案
23 号	5 月 20 日	海宁市人民政府关于要求申办 2017 世界花卉大会的请示
24 号	5 月 24 日	海宁市人民政府关于海宁市 2015 年及“十二五”主要污染物减排工作的自查报告
25 号	5 月 26 日	海宁市人民政府关于邀请浙江省人民政府领导出席 2016 中国·海宁潮国际博览会暨第二十三届海宁·中国皮革博览会开幕活动的请示
26 号	5 月 30 日	海宁市人民政府关于海宁市粮食收储中心（袁花）项目建设整改情况的报告
27 号	6 月 22 日	海宁市人民政府关于要求审核 G20 峰会期间环境质量保障管控企业停产限产的函
28 号	6 月 29 日	海宁市人民政府关于申请发起设立海宁市城际铁路投资基金的函
29 号	6 月 30 日	海宁市人民政府关于 2015 年海宁市保障性安居工程审计的整改落实报告
30 号	7 月 11 日	海宁市人民政府关于提请审议海宁市 2016 年地方政府债务限额及新增债务预算调整方案的议案
31 号	7 月 12 日	海宁市人民政府关于申请 2016 年度城乡建设用地扩展边界内规划新增建设用地指标的函
32 号	7 月 14 日	海宁市人民政府关于提请审议沈铁蕾等职务任免的议案
33 号	7 月 14 日	海宁市人民政府关于海宁中国家纺城股份有限公司申请首次公开发行股票并上市的请示
34 号	7 月 14 日	海宁市人民政府关于要求举办第二十三届钱江（海宁）观潮节的请示
35 号	7 月 25 日	海宁市人民政府关于恳请浙江省旅游局作为第二十三届中国国际钱江（海宁）观潮节主办单位的请示
36 号	7 月 29 日	海宁市人民政府关于长安镇申报省特色农业强镇的请示
37 号	8 月 19 日	海宁市人民政府关于提请审议马明浩等职务任免的议案
38 号	8 月 17 日	海宁市人民政府关于申报 2017 年度农村综合改革试点助推农村生活污水治理设施运维管理的报告
39 号	8 月 18 日	海宁市人民政府关于申报“一事一议”财政奖补助推美丽乡村建设试点县的报告
40 号	8 月 31 日	海宁市人民政府关于上报海宁市流通业综合改革试点实施方案的请示
41 号	9 月 12 日	海宁市人民政府关于东方学院、浙江机电学院部分教职工起诉浙江金海洲建设开发有限公司虹桥花园项目情况的报告
42 号	9 月 13 日	海宁市人民政府关于提请审议增列 2016 年度政府投资计划项目的议案

续表 90

海政文号	日期	题　名
43 号	9 月 13 日	海宁市人民政府关于海宁市经编行业申报浙江省 2016 年“机器换人”试点的报告
44 号	9 月 22 日	海宁市人民政府关于杭州至海宁城际铁路线站位方案意见征集及处理情况的报告
45 号	9 月 23 日	海宁市人民政府对市十四届人大常委会关于医疗资源“双下沉、两提升”长效机制建设视察意见办理情况的报告
46 号	9 月 23 日	海宁市人民政府关于要求将海宁海塘列入世界文化遗产预备名单的请示
47 号	9 月 30 日	海宁市人民政府关于清理偿还政府欠款专项工作的报告
48 号	10 月 14 日	海宁市人民政府关于请求配合做好杭海城际铁路建设高压线迁改工作的函
49 号	10 月 26 日	海宁市人民政府关于要求协调海宁市、余杭区区域战略合作开发项目有关事项的请示
50 号	10 月 25 日	海宁市人民政府关于恳请给予浙江万凯新材料有限公司乙醛回收装置建设项目政策支持的函
51 号	10 月 28 日	海宁市人民政府关于创建浙江省信息经济发展示范区的请示（报浙江省经信委）
52 号	10 月 28 日	海宁市人民政府关于创建浙江省信息经济发展示范区的请示（报浙江省财政厅）
53 号	10 月 31 日	海宁市人民政府关于要求正式设立海宁技师学院的请示
54 号	11 月 6 日	海宁市人民政府对市十四届人大常委会第三十八次会议关于大气污染防治工作审议意见办理情况的报告
55 号	11 月 22 日	海宁市人民政府关于提请审议调整 2016 年财政预算的议案
56 号	11 月 22 日	海宁市人民政府关于提请审议曹国良同志任职的议案
57 号	11 月 23 日	海宁市人民政府关于对市十四届人大常委会第三十八次会议关于修订后的食品安全法贯彻实施情况审议意见办理情况的报告
58 号	11 月 23 日	海宁市人民政府关于对市十四届人大第五次会议关于加快以盐官古城为龙头的百里钱塘国际旅游长廊开发建设的决定执行情况审议意见落实情况的报告
59 号	12 月 8 日	海宁市人民政府关于申报第四批国家级农村职业教育和成人教育示范县的请示
60 号	12 月 9 日	海宁市人民政府关于落实市十四届人大常委会 2016 年 1 至 8 月全市财政预算执行情况审议意见办理情况的报告
61 号	12 月 12 日	海宁市人民政府关于提请审议方兴等职务任免的议案
62 号	12 月 14 日	海宁市人民政府关于阳光小镇申报第三批省级特色小镇创建名单的请示
63 号	12 月 20 日	海宁市人民政府关于市十四届人大常委会 2016 年 1 至 8 月政府投资重大建设项目计划执行情况审议意见办理情况的报告
64 号	12 月 27 日	海宁市人民政府关于邀请浙江省人民政府领导出席杭州至海宁城际铁路项目暨海宁市扩大有效投资项目集中开工活动的请示
65 号	12 月 27 日	海宁市人民政府关于恳请进一步加强对杭州至海宁城际铁路项目建设工作支持的函

续表 90

海政文号	日期	题　名
66 号	12 月 29 日	海宁市人民政府关于恳请配合做好杭海城际铁路建设天然气管道迁改工作的函
67 号	12 月 30 日	海宁市人民政府关于嘉兴市人民政府对斜桥“12·15”火灾督办落实情况的报告
68 号	12 月 30 日	海宁市人民政府关于上报海宁市粮食生产功能区建设规划（2010—2018 年）优化稿的报告

表 91　　海宁市人民政府 2016 年文件目录（二）

海政发文号	日期	题　　名
1 号	1 月 12 日	海宁市人民政府关于公布海宁市 2015 年上半年住房综合平均价格的通知
2 号	1 月 20 日	海宁市人民政府关于开展第三次农业普查的通知
3 号	1 月 29 日	海宁市人民政府关于印发《海宁市自主就业退役士兵一次性经济补助金发放办法》的通知
4 号	2 月 2 日	海宁市人民政府关于公布陈利江任职的通知
5 号	2 月 22 日	海宁市人民政府关于 2015 年度全市安全生产目标管理考核结果的通报
6 号	2 月 24 日	海宁市人民政府关于认定 2015 年度优秀农业生产经营主体的通知
7 号	2 月 26 日	海宁市人民政府印发《关于推进财政支持经济转型发展专项资金分配方式改革若干意见》的通知
8 号	2 月 25 日	海宁市人民政府关于公布 2015 年度海宁市市长质量奖获奖企业的通知
9 号	3 月 9 日	海宁市人民政府关于公布 2015 年度全市依法行政工作示范先进单位和先进个人的通知
10 号	3 月 15 日	海宁市人民政府关于暂停全市活禽交易的通告
11 号	3 月 20 日	海宁市人民政府印发《关于海宁市国民经济和社会发展第十三个五年规划纲要》的通知
12 号	3 月 23 日	海宁市人民政府印发《关于实施精准扶贫和化解因病因灾致贫问题工作意见》的通知
13 号	3 月 28 日	海宁市人民政府关于重启全市活禽交易的通告
14 号	4 月 28 日	海宁市人民政府印发《关于进一步推进创建浙江省教育现代化县（市）工作方案》的通知
15 号	5 月 6 日	海宁市人民政府关于公布 2015 年度海宁市科学技术奖奖励项目及人员名单的通知
16 号	5 月 25 日	海宁市人民政府关于公布海宁市 2015 年下半年住房综合平均价格的通知
17 号	5 月 31 日	海宁市人民政府关于公布海宁市第五批非物质文化遗产代表性项目名录、第四批非物质文化遗产代表性项目代表性传承人、第三批非物质文化遗产传承保护(教学、研发)基地名单的通知
18 号	5 月 30 日	海宁市人民政府关于表彰海宁市第八届“海宁潮”文学艺术奖获奖作品的决定
19 号	6 月 6 日	海宁市人民政府批转市住建局等三部门《关于海宁市 2016—2020 年农村困难户危旧房改造实施意见》的通知
20 号	6 月 12 日	海宁市人民政府关于印发《海宁市“十三五”水务发展规划》的通知

续表 91

海政发文号	日期	题　　名
21 号	6 月 23 日	海宁市人民政府关于在划定区域内实行烟花爆竹禁售禁放的通告
22 号	6 月 26 日	海宁市人民政府关于调整 2016 年度社会保险缴费基数及有关问题的通知
23 号	6 月 25 日	海宁市人民政府关于全面推进全域旅游提升发展的若干政策意见
24 号	7 月 4 日	海宁市人民政府关于印发《海宁市“十三五”幼儿园布局建设规划》的通知
25 号	7 月 14 日	海宁市人民政府关于废止海政发〔2005〕75 号文件的通知
26 号	7 月 19 日	海宁市人民政府关于印发《海宁市“十三五”美丽乡村建设提升规划》的通知
27 号	7 月 27 日	海宁市人民政府批转市拥军优属拥政爱民领导小组办公室等三单位《关于城投房产拥军优属购销实施方案》的通知
28 号	8 月 22 日	海宁市人民政府关于印发《海宁市困难残疾人生活补贴实施办法》和《海宁市重度残疾人护理补贴实施办法》的通知
29 号	8 月 31 日	海宁市人民政府关于公布陈明锋等职务任免的通知
30 号	9 月 18 日	海宁市人民政府关于公布沈振定等任职的通知
31 号	9 月 18 日	海宁市人民政府关于公布姜尧祖等任职的通知
32 号	9 月 19 日	海宁市人民政府关于公布洪国清等任职的通知
33 号	9 月 22 日	海宁市人民政府关于公布徐洪华等任职的通知
34 号	9 月 22 日	海宁市人民政府关于公布朱燕刚等任职的通知
35 号	9 月 22 日	海宁市人民政府关于公布钱立辉等任职的通知
36 号	9 月 26 日	关于印发《杭州至海宁城际铁路建设工程征迁工作实施意见》的通知
37 号	9 月 26 日	海宁市人民政府关于公布魏立琴等任职的通知
38 号	10 月 5 日	海宁市人民政府关于公布海宁市农民合作经济组织联合会二届二次会员代表大会选举及聘任结果的通知
39 号	10 月 5 日	海宁市人民政府关于公布郭如松任职的通知
40 号	10 月 10 日	海宁市人民政府关于授权杭州至海宁城际铁路 PPP 项目实施机构的通知
41 号	10 月 17 日	海宁市人民政府关于公布王迪等任职的通知
42 号	10 月 18 日	海宁市人民政府关于公布海宁市 2016 年上半年住房综合平均价格的通知
43 号	11 月 4 日	海宁市人民政府关于印发《海宁市深化医药卫生体制综合改革实施方案》的通知
44 号	12 月 27 日	海宁市人民政府关于授权市交投集团出资组建城际铁路项目公司的通知
45 号	11 月 18 日	海宁市人民政府关于促进外贸回稳向好的若干意见
46 号	11 月 23 日	海宁市人民政府关于加快推进残疾人全面小康进程的实施意见
47 号	11 月 23 日	海宁市人民政府关于成立海宁浙江海利得新材料股份有限公司“11·22”事故调查组的通知

续表 91

海政发文号	日期	题　名
48 号	12 月 6 日	海宁市人民政府关于公布 2016 年度海宁市“金桥工程”立项项目验收定类的通知
49 号	12 月 21 日	海宁市人民政府关于印发《海宁市综合交通运输发展“十三五”规划》的通知
50 号	12 月 30 日	海宁市人民政府关于进一步推进户籍制度改革的实施意见

（庞剑峰）

表 92　　政协海宁市委员会 2016 年文件目录

海政协文号	日期	题　名
1 号	2 月 1 日	关于表彰 2015 年度市政协工作优秀集体、先进个人和市政协十二届四次会议以来优秀提案的决定
2 号	2 月 3 日	政协海宁市第十二届委员会常务委员会关于委员增补、辞职的决定
3 号	2 月 3 日	关于朱有田不再担任政协海宁市第十二届委员会副主席职务的通知
4 号	2 月 3 日	关于免去徐霞梅文教卫体与文史委员会副主任职务的通知
5 号	2 月 3 日	关于徐霞梅等职务任免的通知
6 号	3 月 18 日	关于调整政协海宁市第十二届委员会主席会议成员分工的通知
7 号	3 月 18 日	关于印发《政协海宁市委员会 2016 年工作要点任务分解表》的通知
8 号	6 月 28 日	关于报送《加快培育海宁经济发展新动力建议案》的函
9 号	10 月 9 日	政协海宁市第十二届委员会常务委员会关于委员增补、辞职的决定
10 号	10 月 9 日	关于朱洪海等职务任免的通知
11 号	10 月 9 日	关于免去干马升政协海宁市委员会学习与委员工作委员会副主任职务的通知
12 号	10 月 9 日	关于俞叶良任职的通知
13 号	10 月 9 日	关于表彰市政协十二届一次会议以来第二批“最具影响力提案”的决定
14 号	10 月 11 日	关于报送“推进全市新一轮‘五水共治’建议案”的函
15 号	11 月 21 日	关于报送“加强城乡社区协商提高基层群众自治水平的建议案”的函
16 号	12 月 22 日	关于同意汪维辞去政协海宁市第十二届委员会秘书长职务的决定
17 号	12 月 22 日	关于孙踏海等职务任免的通知
18 号	12 月 22 日	政协海宁市第十二届委员会常务委员会关于政协海宁市第十三届委员会委员名额、常委会组成人员名额和界别设置的决定

（吴亚红）

［编辑：王国坚］

附　　录

Appendix

表 93　　2016 年海宁召开或承办的省级以上会议、展览、比赛

时间	会议、展览、比赛名称	主办及承办单位
2 月 25 日	全省农村生活垃圾减量化资源化处理技术对接会	浙江省委、省政府农业和农村工作办公室主办 海宁市委、海宁市人民政府承办
3 月 3—5 日	2016 海宁·中国家用纺织品(春季)博览会	中国家用纺织品行业协会、中国国际贸易促进委员会纺织行业分会主办 海宁市人民政府承办
3 月 15—16 日	浙江省农办（扶贫办）理论中心组学习（扩大）会	浙江省委、省政府农业和农村工作办公室主办 海宁市委、海宁市人民政府承办
3 月 24—26 日	中国(海宁)法制栏目剧微电影制播峰会	中国广播电影电视社会组织联合会、中华全国法制新闻协会、中华炎黄文化研究会传播文化促进会主办 中国（浙江）影视产业合作实验区海宁基地管委会承办
3 月 31 日至 4 月 1 日	第五届华东六省一市小学语文教学观摩研讨会	华东六省一市小学语文学会主办 嘉兴市小学语文学会、海宁市教师进修学校、海宁市南苑小学承办
4 月 12 日	浙江省城乡社区治理“十三五”发展规划座谈会	浙江省民政厅主办 海宁市民政局承办
4 月 19 日	全省“双下沉、两提升”工作现场会	浙江省委、浙江省人民政府主办 海宁市委、海宁市人民政府承办
4 月 21—22 日	全省公安理论研讨会	浙江省公安厅主办 海宁市公安局承办
4 月 24 日	中国基层医院院长沙龙	中国研究型医院学会主办 海宁市人民医院承办
5 月 5 日	全国铁路护路联防办公室主任会议暨信息化建设现场观摩会	中央铁路护路联防办公室主办 浙江省铁路护路联防办公室承办 海宁市委政法委员会协办
5 月 9—10 日	首届浙江灯彩文化传承与产业发展研讨会	浙江省民间文艺家协会、海宁市文化创意产业办公室主办 海宁市硖石灯彩研究会、海宁市文联民间文艺家协会、海宁市非物质文化遗产保护中心协办

续表 93

时间	会议、展览、比赛名称	主办及承办单位
5月21日	全国首届“万步有约”职业人群健走激励大奖赛（海宁赛区）	中国疾控中心慢病中心主办 海宁市疾病预防控制中心、海宁日报有限公司承办
5月26—27日	浙江省培智学校个别化教育研讨会	浙江省特殊教育指导中心主办 海宁市教育局承办
6月2日	全省新领域新业态党建现场推进会	浙江省委新经济组织与新社会组织工作委员会、浙江省工商行政管理局主办 海宁市委新经济组织与新社会组织工作委员会、海宁市市场监督管理局、海宁中国皮革城管委会承办
6月15日	第三届中国时尚之都网络模特大赛	中国皮革协会主办 海宁市皮革行业协会、海宁市电子商务协会、海宁市广播电视台承办
6月16日	2016中国·海宁潮国际博览会暨第二十三届海宁·中国皮革博览会开幕式	中国轻工业联合会、中国国际贸易促进委员会、中国皮革协会、浙江省人民政府主办 中国国际贸易促进委员会浙江省分会、嘉兴市人民政府、海宁市人民政府承办
6月30日	全省铁路护路联防工作会议	浙江省铁路护路联防办公室主办 海宁市委政法委员会承办
7月7日	全省“平安护航G20”千场政法微电影进基层展播活动启动仪式	浙江省委政法委员会主办 海宁市委政法委员会承办
8月13日	2016年先进制造与焊接国际论坛	中国机械工程学会焊接学会、海宁市人民政府主办 海宁市人力资源和社会保障局承办
8月19日	2016年中国服装产业集群发展会议暨全国服装行业统计工作会议	中国服装行业协会主办 海宁市人民政府承办
8月21—23日	2016海宁·中国家用纺织品（秋季）博览会	中国家用纺织品行业协会、中国国际贸易促进委员会纺织行业分会主办 海宁市人民政府承办
9月8日	2016首届中国家纺布艺产业互联网大会	海宁市众越电子商务有限公司主办 北京京东世纪贸易有限公司、海宁中国家纺城股份有限公司承办
9月13—22日	第二十三届钱江（海宁）观潮节	浙江省旅游局、嘉兴市人民政府主办 海宁市人民政府承办
9月18日	2016年涌潮国际研讨会	浙江省水利河口研究院、浙江省钱塘江管理局、海宁市人民政府主办 浙江省钱塘江涌潮研究会、浙江省海洋学会协办
9月20日至10月5日	纪念春峰乐会成立90周年暨钱君匋及其同时代音乐作品鉴赏研讨系列活动	人民音乐出版社、浙江省音乐家协会、海宁市文学艺术界联合会主办 浙江传媒学院音乐学院、浙江师范大学音乐学院承办 钱君匋艺术研究馆、海宁市工人文化宫执行承办

续表 93

时间	会议、展览、比赛名称	主办及承办单位
9 月 23—24 日	第二届浙江省社会医疗机构康复医学高峰论坛	浙江省社会办医协会、浙江省医学会物理医学与康复学分会、浙江省医师学会康复医师分会主办 海宁康华医院承办
9 月 29 日	浙江省小微企业三年成长计划“互学互查互促”交流活动	浙江省小微企业三年成长计划工作领导小组主办 海宁市人民政府承办
10 月 16—18 日	浙江省经编工技能大赛	浙江省人力资源和社会保障厅、共青团浙江省委主办 海宁市人力资源和社会保障局承办
10 月 21—22 日	全国皮影邀请展演暨专题研讨会	浙江省民间文艺家协会主办 海宁市文学艺术界联合会承办
10 月 29 日	2016 浙闽两省首届鉴定与加固学术交流会	浙江省建筑装饰行业协会建筑加固改造装饰分会、福建省土木建筑学会鉴定与加固分会主办 海宁市住房和城乡规划建设局承办
11 月 18—20 日	第七届王国维戏曲论文奖颁奖典礼暨“网络时代的戏曲走向”学术研讨会	中国艺术研究院、浙江省文化厅、浙江省文学艺术界联合会、海宁市人民政府主办 中国艺术研究院戏曲研究所、浙江省戏剧家协会、海宁市文学艺术界联合会承办
11 月 19 日	“新月如歌”2016 徐志摩音乐诗会暨第四届中国（海宁）·徐志摩微诗歌大赛颁奖典礼	中国诗歌学会、浙江省作家协会、海宁市人民政府主办 海宁市委宣传部、海宁市文学艺术界联合会承办
12 月 1—2 日	全省创建全国县级文明城市现场推进会	浙江省精神文明建设委员会办公室主办 海宁市委、海宁市人民政府承办
12 月 8—10 日	2016“浙江好腔调”传统戏剧系列展演	浙江省文化厅、浙江省戏剧发展促进会主办 浙江省非物质文化遗产保护中心、浙江省非物质文化遗产保护协会、海宁市文化广电新闻出版局承办
12 月 8—20 日	第四届“潮乡舞墨”全国书法邀请展	海宁市群众文化建设领导小组主办 海宁市文化广电新闻出版局承办
12 月 10—11 日	“工联·红郡杯”第九届中华辩论联赛	争鸣辩论网、海宁市文化创意产业办公室、海宁日报社主办 海宁市文化馆、海宁日报有限公司承办
12 月 12—13 日	浙江省属国有企业按比例安置残疾人就业工作会议	浙江省残疾人劳动就业服务中心主办 海宁市残疾人联合会承办
12 月 20—21 日	全国流动人口计生协工作经验交流暨年度工作研讨会	中国计划生育协会主办 浙江省计划生育协会、海宁市计划生育协会承办
12 月 20—21 日	2016 首届全国生活数学研讨会	中国陶行知研究会主办 海宁市教师进修学校、海宁市紫微小学承办

说明：海宁市承办的省级以上体育赛事参见体育篇相关条目内容及第 342 页表 41

（市府办　史志办）

表 94　在外部分海宁籍知名人士（副教授以上）2016 年成果或主要业绩一览

序号	姓名	性别	出生年月	出生地	职务或职称	2016 年著作成果或主要业绩
1	蔡蓬	男	1934 年 8 月	海宁长安	浙江工商大学副教授	《守望珠算家园》，发表于 2016 年第 4 期《杭州财会》
2	曹菊安	男	1935 年 10 月	海宁盐官	公安部第一研究所原研究员、教授	5 月，创作的篆刻作品入编《第五届全国老年书画展作品集》，中国老年大学协会编印
3	顾於松	男	1938 年 8 月	海宁伊桥	浙江省统计局原处长	1.《话规矩》《提升杭州知名度的极好机会》《峰会之后话杭州》，分别发表于 2016 年第 2 期、第 4 期、第 6 期《东南烽火》 2.《忆古城松潘——红军长征的著名纪念地》，发表于《之江风雷》
4	蒋德隆	男	1928 年 9 月	海宁硖石	上海气象局原副局长、高级工程师	参与《大辞海》及《辞海》第二、第四、第五、第六版有关气象学科部分辞目的编写。2015 年 12 月，《大辞海》由上海辞书出版社出版。2016 年 12 月，在《大辞海》出版暨《辞海》出版 80 周年座谈会上，习近平专门致信祝贺和慰问
5	李芽	女	1977 年 11 月	海宁硖石	上海戏剧学院副教授	1. 专著《耳畔流光：中国历代耳饰》和《脂粉春秋：中国历代妆饰》获 2015 年度中国纺织工业联合会优秀出版物一等奖 2.《戒指之恋》，发表于《设计学论坛》（第 6 卷），南京大学出版社 2016 年出版 3.《大汶口墓葬人物服饰复原研究》，发表于 2016 年 8 月《南都学坛》 4.《腰间的风景》，发表于 2016 年 7 月《中华遗产》 5.《中国古代男子朝服中的腰饰》，发表于 2016 年第 4 期《服饰导刊》 6. 4 月，被聘为上海美术（专业）出版中心纺织服装研究出版中心学术委员会专家
6	贾柏松	男	1926 年 10 月	海宁黄湾	福建人民出版社副编审	主编《贾祖璋全集》（第六卷），福建科学技术出版社 2016 年 4 月出版
7	马厚生	男	1933 年 5 月	海宁马桥	哈尔滨商业大学教授	1. 诗歌《纪念抗日战争胜利日大阅兵》等 4 首，入选《伟大的胜利》（抗战诗词集），中国文化出版社 2016 年 5 月出版 2. 诗歌《暮年自问》《赞腊梅》《伟哉屈原》等 41 首，入选《中国一级作家》，中国作家交流协会、北京百花文艺图书编著中心主编，作家出版社 2016 年 9 月出版

续表 94

序号	姓名	性别	出生年月	出生地	职务或职称	2016 年著作成果或主要业绩
8	沈南鹏	男	1967 年 12 月	海宁硖石	美国红杉资本中国基金创始及执行合伙人	1. 1 月，《创业者背后的创业者》，发表于中国全球化智库《CCG》丛书——《海归者说》，中译出版社发行 2. 3 月，入选《纽约时报》评选的“100 位顶尖风险投资人” 3. 3 月，上榜《福布斯》年度“百强科技投资人”榜单 4. 4 月，出席上海交通大学建校 120 周年校庆，获上海交通大学杰出校友思源贡献功勋奖。捐资设立上海交通大学医学研究基金，支持上海交通大学医学事业发展 5. 4 月，继 2015 年再次入选“2016 年中国最具影响力商界领袖”，列商界领袖中上榜的股权投资人之首 6. 8 月，入选“中国最具影响力的 30 位投资人”名录 7. 9 月，任“未来论坛”轮值主席 8. 10 月，出席由红杉资本中国基金、耶鲁大学管理学院等共同成立的“耶鲁——红杉领导力中心”成立仪式，并作主题发言 9. 11 月，出席第三届世界互联网大会·乌镇峰会，并在数字经济论坛发表“信息化未来智慧化的治理”演讲 10. 12 月，获(上海)第一财经中国最佳商业领袖奖——年度经济英雄大奖
9	宋来凤	男	1935 年 12 月	海宁硖石	中国医学科学院国家心血管病中心教授	1. 参与“雷 Y 案”的死因认定和心脏病理方面的咨询，撰写《急性心肌梗死早期的病理学认定》 2. 参与编写《原发性心肌病组织形态和超微结构图谱》 3. 继续承担《中华心血管病杂志》和《中国循环杂志》的来稿审定，被中华医学会中华心血管病杂志社评为优秀编委
10	王传铭	男	1929 年 4 月	海宁盐官	东华大学教授	《入京那一天有感》，发表于东华大学 2016 年第 5 期《离退休生活》
11	王复民	男	1933 年 3 月	海宁长安	上海戏剧学院教授、国家一级导演	1.《大师风范·松柏品格——记王元化、张可先生》，发表于 2016 年 5 月华东师范大学王元化研究中心编辑的论文集及第 13 辑《杭州艺览》 2. 应上海《大百科全书》约稿，撰写《朱端钧艺术经纬录》 3.《记叶露茜、赵丹、杜宣的人生往事——纪念赵丹诞生 100 周年》《浅论舆论宣传与文化建设》，发表于第 15 辑《杭州艺览》
12	吴敏超	女	1979 年 1 月	海宁丁桥	中国社会科学院近代史研究所博士、副研究员	1.《抗日战争与华侨社会的演变——以新西兰华侨捐款风波为中心的探讨》，发表于 2016 年第 1 期《抗日战争研究》，被 2016 年第 8 期《中国现代史》全文转载 2.《漂泊异乡的抗战“支援军”——新西兰华侨》，发表于 2016 年第 4 期《中国国家历史》 3.《资产阶级是中国近代政治运动的风向标——读虞和平著〈资产阶级与中国近代政治运动〉》，刊载于 2016 年 9 月 29 日《团结报》 4.《全面抗战前期的浙西：从沦陷区到游击区》，发表于 2016 年第 6 期《军事历史研究》

续表 94

序号	姓名	性别	出生年月	出生地	职务或职称	2016 年著作成果或主要业绩
13	吴鹏程	男	1935 年 6 月	海宁硖石	中国科学院植物研究所研究员（享受国务院政府特殊津贴）	1.《苔藓名词及名称》(新版)，吴鹏程、汪楣芝、贾渝编著，中国林业出版社 2016 年出版 2. CHENIA（隐花植物生物学），吴鹏程等编著，海洋出版社 2016 年 7 月出版 3. A review of the East Asiatic genera and endemic genera of the bryophytes in China.（中国苔藓植物东亚特有属和中国特有属的校订研究），Wu Peng-Cheng 等，China 12:42-57 4. 6 月，应邀到山东师范大学作“苔藓植物、环境和人类”报告
14	邬建荣	男	1944 年 1 月	海宁	浙江省商务厅原副厅长	文章《岁月如歌，浪花朵朵》《难忘的激情岁月》，发表于《浙江商务风云录》，浙江省商务厅 2016 年 5 月编印
15	徐有邻	男	1943 年 4 月	四川泸州（祖籍海宁）	中国建筑科学研究院建筑结构研究所研究员、教授	《混凝土结构工程裂缝的判断与处理》(第二版)，中国建筑工业出版社 2016 年 1 月出版
16	徐余新	男	1966 年 3 月	上海（祖籍海宁）	比利时优时比药业集团有限公司亚太地区高级顾问、上海华侨基金会理事长特别助理	1. 当选为上海侨联海外委员，被聘为中国战略与管理研究会特邀研究员，被聘为上港集团足球俱乐部高级顾问 2. 被任命为上海华侨基金会理事长特别助理。主要工作为：协助安排孟建柱作为习近平特别代表访问比利时优时比药业集团总部，协助上港足球俱乐部和德国汉堡足球俱乐部及比利时安特卫普市足球俱乐部结成合作伙伴，在华侨基金会成立“一带一路”青少年体育科创发展专项基金，在华侨基金会成立中欧友城可持续发展专项基金
17	许志祥	男	1937 年 11 月	海宁袁花	上海大学教授	1. 10 月，组织北美华人华侨纪念孙中山先生诞辰 150 周年暨北美温哥华中国和平统一促进会成立大会，兼任秘书长 2. 10 月，任北美上海国际总商会秘书长
18	张振华	男	1947 年 4 月	上海（祖籍海宁）	复旦大学教授、上海蒙太奇进修学院院长	1. 学术论文《论谢晋导演的电影艺术教育思想》，发表于《海上影谭》(第一辑)，上海人民出版社 2016 年 12 月出版 2. 1 月，参与复旦大学教学贡献奖评审 3. 4 月，出席在北京召开的中国电影评论学会全国代表大会，并作学术演讲，当选为第七届理事 4. 10 月，应邀参与南京大学优秀课程评审 5. 11 月，复旦大学督导组换届，当选为第二届复旦大学人文学科督导 6. 12 月，应邀验收上海市教委 2012—2015 年度重点科研项目 11 个、创新项目 38 个，并撰写评语

续表 94

序号	姓名	性别	出生年月	出生地	职务或职称	2016 年著作成果或主要业绩
19	张乐天	男	1949 年 4 月	海宁硖石	复旦大学教授、博士生导师，复旦发展研究院当代中国社会生活资料中心主任	1. Preserving collective and individual memories: the Contemporary China Social Life Data and Research Center at Fudan University. (Volume 10 Number 1 June 2016) 2.《文化脱贫：一个贫困治理中的难题》，发表于 2016 年第 2 期《贵州民族大学学报》 3. 主编八卷本《当代中国农民的脚印——浙北村落 50 年》，并为主要撰写人 4. 继续进行国家社科重大项目“当代苏浙赣黔农村基层档案的搜集、整理与出版”研究，搜集个人信件 5 万余封 5. 7 月，组织召开全国学术会议“社会生活工作坊” 6. 9 月，到日本东京参加“展望当代中国研究：档案资料的内与外”国际学术研讨会，并在会上作报告 7. 11 月，出席第三届全球高校东亚图书馆国际论坛并做主旨发言。提出建设当代中国社会生活资料共建共享机制，得到北美与国内著名图书馆的积极响应，20 余家图书馆负责人在论坛签订发起意向书 8. 12 月，出席第三届全球中国对话（英国）并发言，在“语料库与中国社科研究（英国）工作坊”会议做主题演讲
20	周执中	男	1934 年 6 月	海宁硖石	中华诗词研究员、副主任药师	1.《卜算子·仙人镜》《江城子·高铁引领世界》《月宫行·竹云涧》，分别发表于 2016 年第 5 期、第 7 期、第 12 期《中华诗词》，中华诗词学会主办 2.《清平乐·灵江秋冬》发表于 2016 第 1 期《浙江诗潮》，浙江省诗词与楹联学会主办 3.《七律·[illegible]》等 24 首，发表于《抒写天南[illegible]明——中华诗词优秀作品选》，中国文化出版社 2016 年 8 月出版，并获特等奖，周执中被中华文学艺术家协会等单位评为当代诗坛之星 4. 10 月，出席浙江省诗联第三届研讨会并发言，诗论《科技诗词刍议》发表于《浙江省诗联第三届研讨会论文集》，浙江省诗词与楹联学会编 5.《忆江南·游轮上白族三道茶》发表于 2016 年第 3 期《浙江诗联》，浙江省诗词与楹联学会主办 6.《美哉！灵山江赋》等 2 首，发表于《龙游年鉴（2015）》，方志出版社 2015 年 12 月出版 7.《七律·和吴洪激先生“八十书怀”步原玉》发表于《检点人生八十年》，博览图书出版社 2015 年 9 月出版 8.《破阵子·我建第二艘航母》等 3 首、诗论《姜夔的诗词风格》，分别发表于《浙江诗联选粹》第 22 辑《诗词创作(2016)》和《诗苑述评（2016)》，浙江省诗词与楹联学会主办 9.《满江红·2016 元旦感吟》等 250 余首，分别发表于《香港诗词（词楼）》《香港诗词（浙江诗潮）》，香港诗词学会主办

续表 94

序号	姓名	性别	出生年月	出生地	职务或职称	2016 年著作成果或主要业绩
21	朱炯强	男	1933 年 9 月	海宁盐官	浙江大学外国语学院教授、英语国家文字研究中心主任（享受国务院政府特殊津贴）	1.《当代澳大利亚中短篇小说选》，被澳大利亚政府和澳大利亚中国理事会授予 2016 年优秀翻译奖 2. 7 月，出席在北京大学举行的中国—澳大利亚国际研究会，并作“澳大利亚研究在中国”学术报告 3.《当代澳大利亚小说选》长篇序言，发表于 2016 年第 2 期《浙江作家》
22	朱莹莹	女	1982 年 7 月	杭州（祖籍海宁）	浙江方圆检测集团股份有限公司高级工程师	1. A Highly Efficient Red-Emitting Ruthenium Complex with 3,5-Difluorophenyl Substituents，发表于 ChemPlusChem（2016，81，73-79），SCI 收录 2.《ICP-OES 法测定塑料给水管中 11 种重金属元素含量的研究》，发表于 2016 年第 24 期《广州化工》
23	朱子南	男	1932 年 11 月	上海（祖籍海宁）	苏州大学文学院教授	1.《宋云彬雅好昆曲》，发表于 2016 年第 4 期《世纪》 2.《王国维〈人间词甲稿·诗附〉自印本考》《叶圣陶、郑正铎、徐铸成和宋云彬》《从苏州走出去的柯岩》，分别发表于 2016 年第 1 期、第 2 期、第 4 期《苏州杂志》 3.《就诊记》，刊载于 2016 年 6 月 16 日《新华时报》
24	邹怡	男	1980 年 2 月	海宁硖石	复旦大学历史地理研究中心副教授	1. 与马学强、胡端合撰《八百里瓯江》，商务印书馆 2016 年 1 月出版 2.《日本是如何保护和利用工业遗产的》，刊载于 2016 年 2 月 19 日《文汇报》 3.《游牧、农耕两大生态区整合背景中的清代多民族治理》，发表于 2016 年第 3 期《复旦学报》（社会科学版），并被 2016 年第 7 期《人大复印报刊资料·明清史》全文转载和 2016 年第 8 期《社会科学文摘》摘要转载 4. 邹怡、林曦：Sectoral Agglomeration and Urban Development: The History of Tunxi-The Tea Business Centre in Huizhou, Fudan Journal of the Humanities and Social Sciences, Vol. 9, No. 3, Sep., 2016, pp. 643-661 5.《丝绸之路串起的世界史——评〈丝绸之路：一部全新的世界史〉》，刊载于 2016 年 11 月 1 日《光明日报》 6.《民国硖石的区位条件与产业布局——兼议城市史研究的当代意义》，发表于 2016 年第 3 期《海宁档案史志》 7.《宋元时期普陀山佛教圣地的发展与东亚文化交流》，入选《传统中国研究集刊》（第 14 辑），上海社会科学院出版社 2016 年 8 月出版

（史志办）

［编辑：曾晓莲］

索　　引

Index

说　　明

1. 本索引采用主题分析索引法，按主题词首字汉语拼音字母顺序排列；声韵母相同字按声调顺序排列；首字相同，按第二字音序排列，以此类推；

2. 篇目、分目索引款目用黑体，条目用宋体，表用楷体。数字表示内容所在的页码，数字后的英文字母 a、b 表示内容在该页的左右栏别；

3. 索引款目的“附见”内容于次行缩后一格起排，“参见”内容只标页码和栏别；

4. 年鉴的“特载”“大事记”“文件选编”“附录”内容及插图未作索引，条目中的标点符号不作索引。

C

G

H

K

L

M

N

R

S

X